Bien dit!™

Houghton
Mifflin
Harcourt.

AUTHORS

John DeMado | **Séverine Champeny**

Marie Ponterio | **Robert Ponterio**

FRENCH 3

Contributing Authors

John DeMado

John DeMado has been a vocal advocate for second-language acquisition in the United States for many years. He started his career as a middle/high school French and Spanish teacher, before entering the educational publishing profession. Since 1993, Mr. DeMado has directed his own business, John DeMado Language Seminars, Inc., a company devoted exclusively to language acquisition issues. He has authored numerous books in French, Spanish, and ESL that span the K–12 curriculum. Mr. DeMado served as the lead consultant for program content at all levels. He created and recorded the **On rappe!** songs for Levels 1 and 2.

Séverine Champeny

Séverine Champeny, a native of Provence, has been involved in the development of French language educational programs for over 17 years. She has worked on print and media products ranging from introductory middle-school texts to advanced college-level texts. She created activities for the core sections of the chapters. She authored the **Télé-roman** scripts and wrote activities for the DVD Tutor.

Marie Ponterio

Marie Ponterio is a native of France and teaches French language and civilization at the State University of New York College at Cortland. She's the author of the web site **Civilisation française** and the recipient of several awards from Multimedia Educational Resource for Learning and Online Resources. She has co-authored video activities for several high-school textbooks for Harcourt. She has co-authored the culture notes in the program and reviewed all the **Géoculture** sections.

Robert Ponterio

Bob Ponterio is Professor of French at the State University of New York College at Cortland where he teaches all levels of French. He is a moderator of FLTEACH, the Foreign Language Teaching Forum e-mail list. He has published numerous articles and is a recipient of the Anthony Papalia Award for Outstanding Article on Foreign Language Education and the Dorothy S. Ludwig Award for Service to the FL profession. He has co-authored the culture notes in the program and reviewed all the **Géoculture** sections.

Contributing Writers

Elizabeth Baird
Garfield Heights, OH
Ms. Baird developed the AP activities.

Rhonda Brunson
Mrs. Brunson developed review section activities.

Dianne Harwood
Mrs. Harwood created the grammar presentations.

Christian Hiltenbrand
Austin, TX
Mr. Hiltenbrand developed grammar activities and wrote material for the **Chroniques**.

Serge Laîné
Austin, TX
Mr. Laîné wrote material for the **Chroniques**.

Karine Letellier
Paris, France
Mrs. Letellier developed the vocabulary presentations.

Stephanie Mitchel
Mrs. Mitchel wrote material for the **Chroniques**.

Annick Penant
Mrs. Penant researched and wrote the materials for the culture pages.

Mayanne Wright
Austin, TX
Ms. Wright developed reading and process writing activities. She also developed **Géoculture** material.

Reviewers

These educators reviewed one or more chapters of the Student Edition.

Todd Bowen
Barrington High School
Barrington, IL

J. Blake Carpenter
Department of Modern Languages
The University of Texas at Arlington
Arlington, TX

Mari Kathryn Drefs
Butler Middle School
Waukesha, WI

David Graham
Morrisonville, NY

Magda Khoury
West Covina High School
West Covina, CA

Todd Losie
Renaissance High School
Detroit, MI

Linda Mercier
Conestoga Valley High School
Lancaster, PA

Todd Losie
Renaissance High School
Detroit, MI

Colleen Turpin
Scarsdale High School
Scarsdale, NY

Jennifer Wells
Hamilton High School
Hamilton, IN

Thomasina I. White
School district of Philadelphia
Philadelphia, PA

Lori Wickert
Wilson High School
West Lawn, PA

Field Test Participants

We thank the teachers and students who participated in the field test of *Bien dit!* Level 3.

Carmel McDonnell
Mills High School
Millbrae, CA

Cynthia Driesner
Triad High School
Troy, IL

Cynthia Madsen
St. Joseph High School
Lakewood, CA

Jennifer Cox
The Harpeth Hall School
Nashville, TN

Joanne Capek
Sidney High School
Sidney, NY

Karen Simmons
Troy Buchanan High School
Troy, MO

Lenee Soto
St. Victor High School
Arlington Heights, IL

Linda Masterson
Granby High School
Norfolk, VA

Linda Stone
Marshfield High School
Marshfield, MA

Lynn Rau
Brentwood High School
Brentwood, TN

Magalie Danier-O'Connor
William Allen High School
Allentown, PA

Maria Bonito
Sanderson High School
Raleigh, NC

Mary Ellen Gianturco
Depew High School
Depew, NY

Melanie L. Calhoun
Sullivan South High School
Kingsport, TN

Melody Bennett
DeForest High School
DeForest, WI

Patricia D. Shanahan
Swampscott High School
Swampscott, MA

Ramona Ngolla
Christopher Columbus High School
Bronx, NY

Samantha Godden-Chmielowicz
Carl Shurz High School
Chicago, IL

Stephen Lynch
St. Marks School
Southborough, MA

Suzanne Polo
Pittsfield High School
Pittsfield, MA

Valerie Hughey
Starr's Mill High School
Fayetteville, GA

 Sommaire

La France

Chapitres 1 et 2

Chapitre 1 Retour de vacances 4

Objectifs

In this chapter you will learn to
- express likes, dislikes, and preferences
- ask about plans
- tell when and how often you did something
- describe a place in the past

Géoculture

Online Practice
my.hrw.com
Online Edition

Chapitre 2 Le monde du travail 42

Objectifs

In this chapter you will learn to
• ask about future plans
• make polite requests
• make a phone call
• write a formal letter

Online Practice

my.hrw.com
Online Edition

L'Afrique francophone

Chapitres 3 et 4

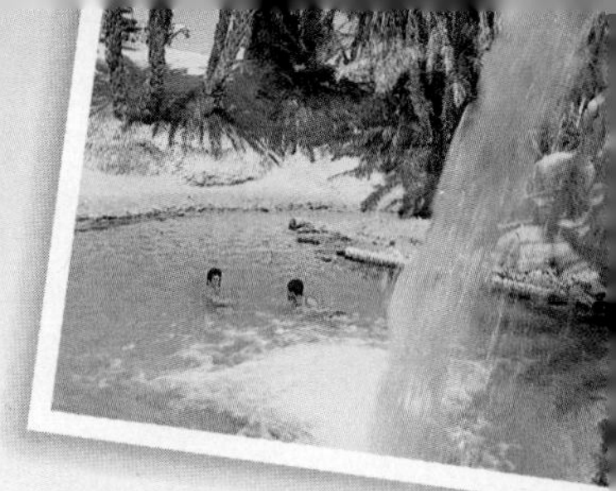

Chapitre 3 Il était une fois... 94

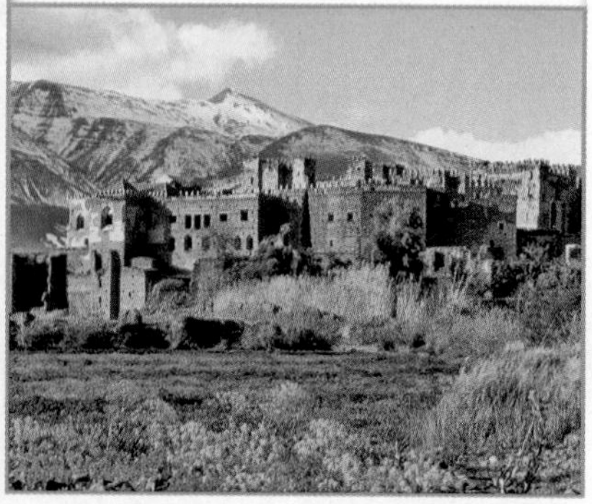

Online Practice

my.hrw.com

Online Edition

Chapitre 4 Amours et amitiés 132

Objectifs

In this chapter you will learn to
- say what happened
- ask for and give advice
- share good and bad news
- renew old acquaintances

Online Practice
my.hrw.com
Online Edition

L'Amérique francophone

Chapitres 5 et 6

Chapitre 6 La presse 222

Objectifs

In this chapter you will learn to
• express certainty and possibility
• express doubt and disbelief
• break news
• ask about information

Online Practice
my.hrw.com
Online Edition

L'Europe francophone

Chapitres 7 et 8

Chapitre 7 Notre planète

Géoculture

Chapitre 8 La société 312

Objectifs

In this chapter you will learn to
- express a point of view
- speculate about what happened
- ask for assistance
- get information and explain

Online Practice
my.hrw.com
Online Edition

L'outre-mer
Chapitres 9 et 10

Chapitre 9 L'art en fête 364

Chapitre 10 Bon voyage!

Objectifs

In this chapter you will learn to
- ask for and give information
- remind and reassure
- ask for and give help
- ask for directions

🌐 **Online Practice**

my.hrw.com
Online Edition

Chers élèves de français,

Perhaps you have already discussed 'why' it is important to speak other languages. But the real question for you, the student, is 'how' ... How do you acquire a second language? Overall, it is very important to be positive and to have a 'can do' attitude. *If you speak a language, you are already a candidate to speak another one at some level.* Above all, don't buy into the idea that you are either not smart enough or too old. These are myths. Ignore them!

Stay calm! It is natural to feel uncomfortable when you are trying to make yourself understood in another language or when listening to another language. However, if you are overly nervous, it will seriously block your ability both to speak and/or to understand that language. That is why it is important simply to stay calm. Use hand gestures, body language and facial expressions to make yourself understood, too. The idea is to stay in the second language and stay out of English as much as possible. If you stay calm, you can piece a message together. Really!

The same applies to listening to a native speaker. Stay calm! Don't worry about the words you may have missed. If you focus on them, the entire message will pass you by! Try to listen for the overall message instead of listening to each separate word.

Take risks in the second language. This is just what little children do when they are acquiring their first language. Everyone around them has more of that language than they do, yet they take risks to participate. Understand that native speakers are generally very appreciative when you try to use their language. Just use the best second language that you can on any given day and don't worry when you make mistakes. Errors in language are common and natural occurrences. It is only by making errors that you eventually come to improve your second language. Just as with athletics, drama, art and vocal/instrumental music, the only way you gain skill in your second language is through performance; by just doing it! Ability is acquired through trial and error. *Communicating less than accurately in a second language is better than not communicating in that language at all!* Please ... Don't let the rules of a language stop you from performing.

Make educated guesses. Look for clues to help you understand. Where is the conversation taking place? What words are similar in English? Go beyond just the words to find meaning by considering the speaker's facial expressions, hand gestures and general body language. Learn in advance how to say certain phrases like "Please. More slowly." in the second language. Above all, don't be afraid to guess! Even when people read, listen to someone or view a movie in their own native tongue, they still guess at the message being delivered. It is also that way in another language. Exploring the Internet for target language music, movies, blogs and social media can help you develop this skill.

Bonne chance et à bientôt en classe!

John De Mado

Modes of Communication

What is communication?

When you attempt to understand someone or something, or make yourself understood, you are communicating. In any language, you rely on various skills to communicate: listening, reading, speaking, writing and deciphering body language and other non-verbal cues, to name a few. In English, you've been building these skills all your life, and are probably unaware how hard you worked as a child to make meaning. The good news is that these skills are already in place—you just have to develop them in new ways to learn French!

What are the modes of communication?

Depending on the purpose of your communication, you're engaging in one of three modes: interpretive, interpersonal, or presentational.

Say you click on an online ad for a store in Paris. When you read, watch or listen to the ad, you have to decipher the language to understand the ad. This is an interpretive activity.

If you go into the store and talk to a sales clerk, you'll have to ask some questions and then understand the answers you get back. You might also exchange a couple of texts with your friend about the store where you're shopping. In both cases, you're talking directly with someone, so these are interpersonal activities.

If you write a review about the store or the items you bought there, and post it online, this is presentational, since your audience isn't expected to immediately react and interact with you.

Practicing the three modes of communication is crucial to building your communication skills. It's also challenging! You'll find that you won't be equally strong across the modes, but that's okay. The key is to practice, practice, practice.

How do I use *Bien dit!* to practice communication?

In *Bien dit!,* you'll have a lot of opportunities to practice. At the beginning of each chapter, you'll see the types of interpretive, interpersonal, and presentational activities that you'll be able to do in the chapter. Throughout the chapter, the **Communication** activities will help you practice the interpersonal mode. The **Lecture** section and the **Écoutons** activities will help you work on your interpretive skills. Throughout the chapter, there will be opportunities for you to present your activities and projects. Finally, in the **Révisions cumulatives** section, you'll have the chance to put your interpretive, interpersonal, and presentational skills to the test in fun, real-world ways.

Le monde francophone
Welcome to the French-speaking World

Did you know that French is spoken not only in France but in many other countries in Europe (Belgium, Switzerland, Andorra and Monaco), North America (New England, Louisiana and Quebec province), Asia (Vietnam, Laos and Cambodia), and over twenty countries in Africa? French is also the official language of France's overseas territories like Martinique, Guadeloupe, French Guiana, and Reunion.

As you look at the map, what other places can you find where French is spoken? Can you imagine how French came to be spoken in these places?

La France

Saint-Pierre-et-Miquelon

QUÉBEC

NOUVELLE-ANGLETERRE

OCÉAN ATLANTIQUE

ÉTATS-UNIS

LOUISIANE

Antilles françaises

HAÏTI

Le Québec

OCÉAN PACIFIQUE

GUYANE FRANÇAISE

La Louisiane

Polynésie française

La Martinique

N O E S

OCÉAN ARCTIQUE

Le Maroc

Le Sénégal

Le Mali

Le Viêtnam

BELGIQUE
LUXEMBOURG
SUISSE
FRANCE
ANDORRA
MONACO
TUNISIE
MAROC
ALGÉRIE
MAURITANIE
MALI
NIGER
TCHAD
SÉNÉGAL
DJIBOUTI
GUINÉE
BÉNIN
CÔTE
D'IVOIRE
TOGO
RÉPUBLIQUE
CENTRAFRICAINE
BURKINA
FASO
CAMEROUN
GABON
RÉPUBLIQUE
DÉMOCRATIQUE
DU CONGO
RUANDA
CONGO
BURUNDI

OCÉAN
ATLANTIQUE

Mayotte

OCÉAN INDIEN

MADAGASCAR

Île de la
Réunion

VIÊTNAM
LAOS
OCÉAN
PACIFIQUE
CAMBODGE

Îles Wallis
Île Futuna

Nouvelle-
Calédonie

xix

Instructions

Directions

Throughout the book, many activities will have directions in French. Here are some of the directions you'll see, along with their English translations.

Complète... avec un mot/une expression de la boîte.
Complete . . . with a word/expression from the box.

Complète le paragraphe avec...
Complete the paragraph with . . .

Complète les phrases avec la forme correcte du verbe entre parenthèses.
Complete the sentences with the correct form of the verb in parentheses.

D'après..., réponds aux questions suivantes par *vrai* ou *faux*. Si la phrase est fausse, corrige-la.
Based on . . ., respond to the following questions with true or false. If the sentence is false, correct it.

Avec un(e) camarade, jouez...
With a classmate, act out . . .

Réponds aux questions en utilisant...
Answer the questions using . . .

Réponds aux questions suivantes.
Answer the following questions.

Complète les phrases suivantes.
Complete the following sentences.

Fais tous les changements nécessaires.
Make all the necessary changes.

Choisis l'image qui convient.
Choose the most appropriate image.

Écoute les phrases et indique si...
Listen to the sentences and indicate if . . .

Regarde les images et dis...
Look at the images and say . . .

Écoute les conversations suivantes. Fais correspondre chaque conversation à l'image appropriée.
Listen to the following conversations. Match each conversation with the appropriate image.

En groupes de..., discutez...
In groups of . . ., discuss . . .

Regarde les images et dis ce qui se passe.
Look at the images and say what is happening.

Remets... en ordre.
Put . . . in order.

Demande à ton/ta camarade...
Ask your classmate . . .

Échangez les rôles.
Switch roles.

Suggestions pour apprendre le français
Tips for Learning French

Do you remember everything you learned last year? It's easy to forget your French when you don't use it for a while. Here are some tips to help you in French class this year.

Listen

When someone else is speaking, ask yourself what that person is saying. Listen for specific words or phrases that either support or do not support your guess. If you don't hear or understand a word, don't panic or give up. Try to figure out its meaning from the sentences that follow it.

Speak

Have you ever tried to say something in English, but then you forgot a certain word? Chances are you did not let that stop you. You simply thought of another way of saying the same thing. Use that same trick when speaking French.

With a classmate, practice short conversations on topics you learned about last year. If you can't remember how to say something in French, look in the glossary or ask someone, **"Comment dit-on...?"** You can also try using words you do know or gestures to explain what you mean.

Read

Sometimes you might feel anxious when you read in French because understanding the entire text seems to be an overwhelming task. One easy way to reduce this anxiety is to break the reading up into parts. With the reading divided into small sections, you can focus all your attention on one section at a time.

If you look up specific words or phrases in an English-French dictionary, be careful about choosing the meaning. Many words can have several different meanings in English or in French. Be sure to look closely at the context, if one is given, before choosing a word.

Write

Before you begin writing, organize your ideas. Write a sentence that states the main idea. Then choose the details that support it. List them in an order that makes sense to you. After you have listed all of your ideas, you can write about the ones that appeal to you most.

One way to make the task of writing easier is to make sure you know most of the words you will need to use. With a classmate, make a list of words you will probably need to complete your task. Then look up the words you don't know in the dictionary. Look at the charts in the back of this book to refresh your memory on important grammar points.

Learning a foreign language is like any other long-term project, such as getting into shape or taking up a new sport: it will take some time to see the results you want. Remember, knowing another language is a valuable asset, and you've already come a long way. Keep up your French and...

Bonne chance! (Good luck!)

DVD

Géoculture

> **La Corse,** lieu de naissance de Napoléon Bonaparte, est une île située dans la mer Méditerranée. C'est un lieu touristique qui mérite son surnom d'«île de beauté». ③

Géoculture
La France

Lille•

Reims•

Paris★ ⑤ Strasbourg•

•Amboise

⑦ **FRANCE**
Poitiers

④ Annecy•
⑥ Lyon•

② ▲les grottes de Lascaux

① •Avignon

•Biarritz

⑧

③ Corse

Mer Méditerranée

OCÉAN ATLANTIQUE

N O E S

♥ **Les grottes de Lascaux** sont parmi les sites préhistoriques les plus importants d'Europe. On y trouve des dessins de taureaux, de chevaux et de cerfs qui datent de près de 17.000 ans. ②

♥ **Avignon** a été la capitale de l'Europe chrétienne au XIVe siècle. Les papes y ont résidé pendant près de 70 ans. Le palais des Papes est le plus important palais gothique du monde. ①

Savais-tu que...?

On surnomme la France «l'Hexagone» parce qu'elle a six côtés.

Annecy se trouve dans les Alpes, au bord du lac d'Annecy. C'est de là que partent certaines expéditions pour le Mont-Blanc, la montagne la plus haute d'Europe de l'ouest. **4**

Strasbourg est passée de la France à l'Allemagne plusieurs fois au cours de son histoire. La culture, la cuisine et l'architecture de la ville reflètent les influences de ces deux pays. Aujourd'hui, c'est le siège du Parlement européen. **5**

Lyon se trouve au carrefour de régions riches en produits agricoles. Cette ville est réputée pour sa gastronomie. **6**

À Poitiers, le Futuroscope est un parc qui présente des spectacles et des expositions futuristes, comme par exemple des voyages simulés et des films en trois dimensions. **7**

Biarritz est le rendez-vous des amateurs de surf en Europe. **8**

Géo-quiz

Quelle ville française a été influencée par la culture allemande?

L'histoire
La France

52 AVANT J.-C.–Vᵉ s.   **XIᵉ s**   **1500**   **1700**

52 avant J.-C.–Vᵉ s.
Jules César a mis fin à la résistance du chef gaulois Vercingétorix. Les Romains ont gouverné les Gaulois pendant cinq siècles. Ils ont construit de grandes villes et ils ont introduit un système juridique, les impôts, le christianisme et le latin.

1515–1547
À son retour des guerres d'Italie, le roi de France François Iᵉʳ a introduit la Renaissance italienne en France. Il a invité des artistes italiens à décorer tous les châteaux royaux. Léonard de Vinci a même passé les dernières années de sa vie près du roi, à Amboise.

1793
Pendant la Révolution, en 1792, le gouvernement révolutionnaire a aboli la monarchie et a établi la première République. Sa devise était *liberté, égalité, fraternité*. En 1793, Louis XVI, roi de France, et sa femme Marie-Antoinette, ont été guillotinés.

XIᵉ s.–XIIIᵉ s.
Les chrétiens de France sont partis en croisade pour faire la guerre aux infidèles à Jérusalem au milieu du XIᵉ siècle. Les croisades sont en partie responsables du réveil religieux qui a mené à la construction de vastes cathédrales. La plus riche est celle de Reims où les rois de France étaient couronnés.

1800　　　　　　　　　　1900　　　　　　　　　　2000

1862

Napoléon III, l'empereur de France, a envoyé Maximilien d'Autriche au Mexique pour établir un empire. Les Mexicains ont vaincu les Français à Puebla le 5 mai 1862, date que les Mexicains continuent à fêter aujourd'hui.

2002

En 1957, la CEE (Communauté économique européenne) a été créée. En 1992, la CEE est devenue l'Union européenne. Les pays membres de l'UE ont des réglementations politiques et économiques communes.
En 2002, l'euro est devenu la monnaie commune à la majorité de ces pays. En France, il a remplacé le franc, utilisé depuis 1360.

1944

En août 1944, vers la fin de la Seconde Guerre mondiale, les Alliés ont libéré Paris. Le général de Gaulle est entré dans Paris avec les Forces françaises qui ont repris la ville avec l'aide de la Résistance.

1968

En mai 68, la révolte des étudiants, suivie de grèves ouvrières, provoque une crise politique. En 1969, le général de Gaulle quitte le pouvoir après l'échec d'un référendum sur la régionalisation et la réforme du Sénat.

Activité

1. **Quelles sont les contributions romaines à la civilisation gauloise?**

2. **Comment est-ce que la Renaissance italienne est arrivée en France?**

3. **Où est-ce que les Français ont essayé d'établir un empire?**

4. **En quelle année Paris a été libérée?**

5. **Qu'est-ce que la France a adopté en 2002?**

1

Retour de vacances

Objectifs

In this chapter, you will learn to
- express likes, dislikes, and preferences
- ask about plans
- tell when and how often you did something
- describe a place in the past

And you will review
- the present
- verbs followed by the infinitive
- the **passé composé**
- the **passé composé** and the **imparfait**
- reflexive verbs in the **passé composé**

▶ *Que vois-tu sur la photo?*

Où se trouvent ces adolescents?

Qu'est-ce qu'ils font?

Et toi, qu'est-ce que tu aimes faire en vacances?

MODES OF COMMUNICATION

INTERPRETIVE	INTERPERSONAL	PRESENTATIONAL
Listen to people talk about where they went on vacation and what they did.	Ask a friend if he or she likes certain activities, and make plans together.	Present survey results about classmates' past vacations to the class.
Read a selection about camping in France.	Write an email to a friend asking about weekend plans.	Write an essay about your ideal vacation.

Des cavaliers sur une plage de Bretagne

Objectifs
- to express likes, dislikes, and preferences
- to ask about plans

Révisions Voici mon lycée

J'ai **un emploi du temps chargé** cette année.

Au CDI, on peut **emprunter des livres** et parler **au conseiller d'éducation.**

C'est dans **le laboratoire** qu'on a cours de **physique-chimie** et de **biologie.**

Ça, c'est **la salle de classe** où j'ai mes cours de **maths, de français, d'histoire-géo** et **d'anglais.**

Dans **la salle d'informatique,** il y a des ordinateurs.

On déjeune à **la cantine** à midi.

Ça, c'est **le gymnase** où on a sport.

Pendant **la récréation,** on peut lire.

▶ **Vocabulaire supplémentaire—À l'école, p. R16**

Les passe-temps préférés de mes copains

Online Practice

my.hrw.com
Vocabulaire 1 practice

Mehdi **joue de la guitare.**

Le mercredi après-midi, Agnès aime **faire du skate.**

Deux fois par semaine, Rémi **fait de la photo** en noir et blanc.

Céline et Jeanne **vont** souvent **au cinéma.** Elles adorent les **films d'horreur.**

D'autres mots utiles

les arts plastiques	*visual arts*	faire de la vidéo amateur	*to make amateur videos*
un devoir	*homework*	monter à cheval	*to go horseback riding*
une matière	*school subject*	jouer	*to play*
faire la fête	*to party*	au basket/au volley	*basketball/volleyball*
faire les magasins (m.)	*to go shopping*	aux échecs	*chess*

Exprimons-nous!

To express likes, dislikes, and preferences

Mon sport **préféré, c'est** la natation.
Ma matière **préférée, c'est** l'anglais.
My favorite . . . is . . .

Ce que j'aime, c'est faire la fête avec mes copains.
What I like is . . .

J'aime bien manger à la cantine, **mais je préfère** manger à la maison.
I like . . . but I prefer . . .

Je déteste me lever tôt pendant la semaine et **j'adore** dormir tard le dimanche.
I hate . . . I love . . .

Vocabulaire et grammaire,
pp. 1–3

Online Workbooks

1 Où doit-elle aller?

Lisons C'est le jour de la rentrée et Chloé ne connaît pas son lycée. Aide Chloé à trouver l'endroit où elle doit aller.

1. Oùest-ce qu'on déjeune?
2. J'ai besoin d'un ordinateur.
3. Je dois rendre des livres.
4. J'ai sport cet après-midi.
5. J'ai maths à 8h30.

a. la salle de classe
b. le CDI
c. le gymnase
d. la cantine
e. la salle d'informatique
f. le laboratoire

2 Écoutons

Écoute les élèves du lycée Voltaire et dis si ceux qui parlent sont **a) au CDI, b) à la cantine, c) au gymnase, d) au laboratoire** ou **e) dans la salle d'informatique.**

3 La vie scolaire

Lisons/Écrivons Complète les phrases avec les mots de la boîte.

jouer de la guitare	la récréation
les arts plastiques	faire de la vidéo amateur
la cantine	la salle d'informatique
emprunter des livres	monter à cheval

1. Je fais beaucoup de recherche sur Internet. Je suis tout le temps dans _____.
2. J'ai acheté un caméscope pour _____.
3. Il faut aller au CDI pour _____.
4. J'adore _____, surtout la sculpture.
5. On va manger au café aujourd'hui? _____ est fermée.
6. J'aime bien _____ mais je déteste le piano.
7. Ce que j'aime, c'est parler avec mes copains pendant _____.

4 Et toi?

Écrivons/Parlons Réponds aux questions suivantes.

1. Quelle matière est-ce que tu n'aimes pas?
2. Qu'est-ce que tu aimes manger à la cantine?
3. Est-ce que tu préfères aller au cinéma ou faire tes devoirs?
4. Quel est ton cours préféré?
5. Qu'est-ce que tu fais quand tu fais la fête avec tes amis?

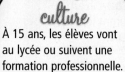

Flash culture

À 15 ans, les élèves vont au lycée ou suivent une formation professionnelle.

Ceux qui vont au lycée préparent le baccalauréat. Ils ont des cours communs et des cours qu'ils choisissent en fonction de ce qu'ils veulent devenir.

D'autres suivent une formation professionnelle et font un apprentissage. Après deux ans, ils ont un **CAP** (certificat d'aptitude professionnelle) et après trois ans, un **BEP** (brevet d'études professionnelles). Y a-t-il des écoles professionnelles dans ta ville?

À la québécoise

In Quebec, the word used to say **faire la fête** is **foirer**.

But in other francophone countries, the verb **foirer** means to mess up.

Exprimons-nous!

To ask about plans	To respond
Qu'est-ce que tu veux faire **comme** sport cette année? *What . . . do you want to . . . ?*	**Je n'arrive pas à me décider.** *I can't decide.*
Quel film **tu vas** voir ce soir? *What . . . are you going to . . . ?*	**Je n'en sais rien.** *I have no idea.*
Pourquoi on n'irait **pas** à Nice pour le week-end? *How about / Why not . . . ?*	**Bonne idée!** *Great idea!* **Non, désolé(e), je n'ai pas le temps.** *Sorry, I don't have time.*

Vocabulaire et grammaire, pp. 1–3  Online Workbooks

5 Qu'est-ce qu'on fait samedi?

Lisons/Écrivons Ali et Tom parlent de leur projet de week-end. Complète leur conversation logiquement.

TOM   ___1___ faire ce week-end?

ALI   Samedi soir, je vais au cinéma.

TOM   ___2___ tu vas voir?

ALI   ___3___ à me décider. Tu veux venir avec moi?

TOM   Non, désolé, ___4___. ___5___ au café dimanche?

ALI   ___6___!

6 Qu'est-ce que tu vas faire?

Écrivons Écris un e-mail à un(e) camarade et demande -lui ce qu'il/elle va faire ce week-end. Pose-lui au moins trois questions.

Digital **performance space**

Communication

7 Scénario

Parlons Demande à un(e) camarade s'il/si elle aime les activités représentées et propose-lui d'en faire une. Il/Elle va accepter ou refuser. S'il/Si elle refuse, suggère une autre activité.

1.   2.   3.   4.

Objectifs
- regular verbs in the present
- irregular verbs in the present

Grammaire à l'œuvre 1

Révisions Regular verbs in the present

1 To conjugate **-er**, **-ir**, and **-re** verbs in the present tense (to say that something *is happening* or *happens*), drop the last two letters from the infinitive and add the endings below.

	aimer	choisir	attendre
je/j'	aim**e**	chois**is**	attend**s**
tu	aim**es**	chois**is**	attend**s**
il/elle/on	aim**e**	chois**it**	attend
nous	aim**ons**	chois**issons**	attend**ons**
vous	aim**ez**	chois**issez**	attend**ez**
ils/elles	aim**ent**	chois**issent**	attend**ent**

2 To make a sentence negative, place **ne/n'... pas** around the conjugated verb.

Il attend le bus. Il **n'**attend **pas** le bus.

Vocabulaire et grammaire, *pp. 4–5*
Cahier d'activités, *pp. 1–3*

Online Workbooks

Déjà vu!

You already know that in English any verb, for example *to play,* can be conjugated in the present tense three different ways:

I play chess.

I do play chess.

I am playing chess.

Do you remember how you would say the same sentences in French?

Je joue aux échecs.

8 **Suite logique**

Lisons Complète chaque début de phrase logiquement.

1. Paul et moi, nous...
2. Aline...
3. Je/J'...
4. Fabrice et toi, vous...
5. Tu...
6. Mes chiens...

a. attends mon fils.
b. grossissent facilement.
c. ne perd jamais ses devoirs.
d. téléphones souvent à tes copains?
e. choisissez un cadeau pour Laurent.
f. attendons le bus pour aller en ville.

9 **Écoutons**

Tu es à la cantine et tu entends des bouts de conversation parce qu'il y a trop de bruit. Pour chaque phrase choisis le bon verbe.

a. prends c. grossit e. jouez g. parle i. entends
b. prend d. grossis f. jouer h. parlent j. entend

Grammaire 1

⑩ Devoirs pour lundi

Écrivons Isabelle et ses amis ont des devoirs à faire ce week-end. Complète leur conversation avec la forme correcte des verbes entre parenthèses.

JEAN-MARC Tous mes copains ___1___ le dimanche soir pour faire leurs devoirs. (attendre)

ISABELLE Marie ___2___ tous ses devoirs le samedi soir. Et moi aussi! (finir)

FRANÇOISE Oui, avant le week-end, elle ___3___ toujours plein de livres au CDI. (emprunter)

JEAN-MARC Oh là là... moi, je ___4___ faire mes devoirs le samedi. (détester)

ISABELLE Oui, mais Marie et moi, nous ___5___ toujours aux interros du lundi. (réussir)

⑪ Qu'est-ce qu'ils font?

Écrivons Regarde les photos et dis ce que ces gens font.

MODÈLE **Sylvestre attend son amie.**

Sylvestre

1. ils

2. Lucas

3. Koffi et son oncle

4. Laurie

Digital performance space

Communication

⑫ Interview personnelle

Parlons Ton/Ta camarade est très curieux/curieuse et te pose des questions. Réponds à toutes ses questions, puis échangez les rôles.

> toi / préférer le français ou les maths
>
> tes copains et toi / aimer tous vos cours
>
> tes amis / attendre le dimanche soir pour étudier
>
> toi / perdre quelquefois ton stylo ou ton cahier
>
> tes professeurs / finir leur cours à l'heure

MODÈLE —**Est-ce que tu préfères le français ou les maths?**

1 You've already learned many irregular verbs. Do you remember how to conjugate these verbs?

	avoir	être	aller
je/j'	ai	suis	vais
tu	as	es	vas
il/elle/on	a	est	va
nous	avons	sommes	allons
vous	avez	êtes	allez
ils/elles	ont	sont	vont

Vous **avez** raison!
Tu **es** vraiment sympa!
Je **vais** en Grèce cet été.

	faire	prendre	venir
je	fais	prends	viens
tu	fais	prends	viens
il/elle/on	fait	prend	vient
nous	faisons	prenons	venons
vous	faites	prenez	venez
ils/elles	font	prennent	viennent

Julien **fait** ses devoirs.
Tu **prends** l'avion pour aller en Angleterre?
Vous **venez** avec moi?

Vocabulaire et grammaire, *pp. 4–5*
Cahier d'activités, *pp. 1–3*

Online Workbooks

13 **Le bon verbe**

Lisons Complète chaque phrase avec la forme correcte du verbe.

1. Ali et moi, nous (sont / sommes) dans la même classe.
2. Nous (avons / ont) un beau gymnase dans notre lycée.
3. Tu (comprend / comprends) les explications du professeur?
4. Tu (va / vas) au cinéma ce soir?
5. Mes parents (font / faisons) les magasins le week-end.
6. Tu (fait / fais) souvent du skate?
7. Vous (prenez / prends) du sucre dans votre thé?

Flash culture

Il y a plusieurs sortes de bac: le bac L (littéraire), le bac S (scientifique) et le bac STMG (Sciences et technologies du management et de la gestion). Pour ceux qui préfèrent une formation pratique, il y a le bac ES (Sciences économiques et sociales) ou le bac pro (professionnel). Pour réussir, il faut une moyenne générale de 10/20. Si le lycéen échoue, il peut le repasser l'année suivante. Le bac permet d'entrer à l'université.

Dans ton état, y a-t-il un examen d'entrée à l'université?

DIPLÔME DU BACCALAURÉAT DE L'ENSEIGNEMENT DU SECOND DEGRÉ

---

14 Hein? Quoi?

Écrivons Remets les phrases suivantes dans le bon ordre.
Fais tous les changements nécessaires.

1. à la MJC / tu / de la photo / faire / les cours / après
2. mes / être / copains / intelligent / vraiment
3. venir / ils / souvent / nous / chez
4. je / pas / ne / aller / soir / au / ce / cinéma
5. les / prendre / tous / mes / le métro / parents / jours
6. avoir / nouveau / une / tu / guitare
7. ma / cette / cousine / apprendre / année / l'allemand

15 Et toi?

Parlons/Écrivons Réponds aux questions suivantes.

1. Vous êtes combien dans ta classe de français?
2. Tu as beaucoup de devoirs à faire le week-end?
3. Tes amis et toi, vous prenez le bus pour aller à l'école?
4. Qu'est-ce que tu fais après les cours?
5. Tes copains et toi, vous allez souvent au centre commercial?
6. Est-ce que ton/ta meilleur(e) ami(e) vient souvent chez toi?

Digital performance space

Communication

16 Scénario

Parlons Tes copains et toi, vous voulez faire quelque chose ensemble
ce week-end. Fais un emploi du temps pour ce week-end et dis-leur
si tu es libre. Si tu es occupé(e), propose un autre moment.

MODÈLE —Tu viens jouer au foot avec nous samedi matin?
        —Non, j'ai...

Vendredi	Samedi	Dimanche
18h: photos à la MJC	10h: cours de tennis	16h: chez mes grands-parents
	12h: déjeuner avec Sara	
	20h: cinéma	

Application 1

17 **Que font-ils?**

Parlons Regarde les photos et dis ce que font ces jeunes en ce moment.

MODÈLE **Je vais au lycée.**

je

1. nous

2. Bernard et ses copains

3. toi, tu

4. Amélie

Un peu plus Révisions

Verbs followed by the infinitive

In French, as in English, many verbs are often followed by an infinitive. Some of those verbs are vouloir, devoir, and pouvoir.

Je dois **finir** mes devoirs.

Use the verb aller with an infinitive to indicate that something *is going to happen.*

Je vais **étudier** les arts plastiques cette année.

Use the verb venir (followed by de) with an infinitive to indicate that something *just happened.*

Caroline vient de **partir** en vacances.

Vocabulaire et grammaire, p. 6
Cahier d'activités, pp. 1–3
Online Workbooks

18 **Écoutons**

Écoute les conversations entre Nathalie et ses parents et décide si Nathalie a) **vient de faire** ou b) **va faire** quelque chose.

19 **Des phrases à faire**

Écrivons Remets les phrases dans le bon ordre et fais les changements nécessaires.

MODÈLE Je / voir un bon film / venir de
Je viens de voir un bon film.

1. Ali / téléphoner à sa tante / devoir

2. Mes amis et moi, nous / manger une glace / aller

3. Mes parents / partir en vacances / vouloir

4. Mon cousin / rentrer à l'université / venir de

5. Madame Gantois, vous / faire les magasins / vouloir / ne... pas

6. Tu / acheter le dernier CD de Zouk / aller

7. Et moi, je / finir cet exercice / venir de

20 **L'emploi du temps de Laura**

Lisons/Parlons Regarde l'emploi du temps de Laura et réponds aux questions qui suivent.

Lycée Victor Hugo
18 boulevard Berthier
29000 Brest
Fax: 02.92.03.10
Tel: 02.92.10.10

	lundi	mardi	mercredi	jeudi	vendredi
8h	anglais	informatique		sport	biologie
9h	maths	histoire	informatique	physique	biologie
10h	français	histoire	maths	géographie	espagnol
11h	français	maths	physique	géographie	informatique
12h			DÉJEUNER		
13h					
14h	sport	anglais		français	histoire
15h	sport	français		chimie	maths
16h	informatique	espagnol		espagnol	anglais

1. Où est Laura à midi?

2. Quand est-ce qu'elle est au gymnase?

3. Où est-ce qu'elle est le lundi à huit heures du matin?

4. Est-ce qu'elle a cours à une heure?

5. Qu'est-ce qu'elle fait le vendredi à 11h?

6. Est-ce que Laura peut aller au cinéma le jeudi après-midi?

21 **Mon école**

Écrivons Écris un e-mail à ton/ta correspondant(e) pour lui parler de ton école, des cours que tu as et de ceux que tu préfères. Pose-lui aussi des questions sur son école et ses cours préférés.

Digital **performance space**

Communication

22 **Scénario**

Parlons Tu viens d'arriver dans un nouveau lycée. Pose cinq questions à un(e) camarade de classe pour lui demander ce qu'on peut ou ne peut pas faire et ce qu'on doit faire dans ce lycée.

MODÈLE —**On peut faire du skate pendant la récréation?**

23 **Préférences personnelles**

Parlons Avec un(e) camarade, parlez de ce que vous aimez et n'aimez pas faire et de ce que vous allez faire ce week-end.

MODÈLE —**J'adore lire et je viens d'acheter une BD, alors,**
ce week-end, je vais...

Culture

Lecture culturelle

La mer reste la destination préférée des Français et les sports nautiques y sont très populaires. Toutefois, d'autres formes de loisirs se développent. C'est ainsi que depuis plusieurs années, de plus en plus de clubs équestres s'installent sur le littoral. Tôt le matin ou tard le soir, on peut voir des chevaux galoper sur la plage ou nager dans la mer. Que penses-tu de l'activité ci-dessous?

Judith Belisha, propriétaire du club de l'Oxer depuis 7 ans, s'est lancée dans l'élevage[1] et le dressage[2] de 10 chevaux de polo. La plage à marée[3] basse lui fournit[4] un excellent terrain d'entraînement pour l'initiation, destinée à tout bon cavalier[5] : « Les chevaux de polo sont de véritables athlètes. Ils naissent en Amérique du Sud, principalement en Argentine, issus[6] d'une jument[7] de la Pampa et d'un pur-sang[8], pour la vitesse. Les chevaux doivent être extrêmement intelligents, rapides et endurants. Un joueur débutant a besoin de 2 ou 3 bêtes[9] pour un match, mais au plus haut niveau, il faut jusqu'à 16 chevaux. » Le club propose par ailleurs des baignades[10] en mer, « là où les chevaux n'ont plus pied », avec tangage[11] garanti.

Compréhension

1. Quelle est l'activité de Judith Belisha?
2. Quelles sont les qualités d'un bon cheval de polo?
3. D'où viennent ces chevaux?

---

1. *breeding* **2.** entraînement **3.** *low tide* **4.** donne **5.** personne qui monte à cheval **6.** nés de **7.** femelle du cheval
8. *thoroughbred horse* **9.** animals **10.** bains **11.** balancement d'un côté et de l'autre

Comparaisons

Un moniteur de ski

Les moniteurs

Imagine que tu es champion de ski et que tu donnes des cours de ski depuis deux ans dans le Colorado. Tu décides d'aller travailler en France pour une saison. Tu dois...

a. envoyer une lettre de recommandation.

b. montrer les médailles *(medals)* que tu as gagnées.

c. obtenir un monitorat de ski *(ski diploma)*.

En France, la planche à voile, le ski, le tennis, l'équitation et de nombreux autres sports sont enseignés le plus souvent par des moniteurs. Pour être moniteur, il faut avoir 18 ans et obtenir une Attestation de Prévention et Secours Civiques de niveau 1 (PSC1). Il faut aussi être titulaire du Brevet d'État d'Éducateur Sportif (BEES). Ce diplôme est délivré par le ministère des Sports et comprend des épreuves théoriques (niveau bac) et pratiques.

ET TOI?

1. Est-ce qu'il existe un diplôme similaire au BEES aux États-Unis? Fais des recherches sur Internet et compare les deux.

2. Est-ce que tu crois qu'il est nécessaire d'avoir un diplôme pour enseigner un sport?

Communauté et professions

Le français et le développement des loisirs et du tourisme

Le développement des loisirs et du tourisme a permis la création de nouveaux métiers. Le plus souvent ces métiers requièrent la connaissance d'une langue étrangère, comme le français. Quels sont les centres d'intérêt touristique de ton état? Fais des recherches sur le tourisme dans ton état. En faisant tes recherches, as-tu trouvé des renseignements sur ta région en français? Présente ce que tu as trouvé à ta classe.

Une guide au pont du Gard

Objectifs
- to tell when and how often you did something
- to describe a place in the past

Vocabulaire à l'œuvre 2

Révisions

Une carte postale de Damien

Chers mamie et papi,
Les vacances à la montagne, c'est génial! Hier, je suis allé à la pêche avec papa pendant que maman faisait la sieste, et j'ai même attrapé un poisson! Papa, lui, n'a rien pris. On fait de la randonnée en forêt tous les jours. Merci encore pour le sac à dos et la gourde que vous m'avez offerts. Je les utilise beaucoup. J'ai plein de copains à l'hôtel. La semaine dernière, on est allés camper.
J'ai pris beaucoup de photos. Je vous les montrerai à mon retour.

Grosses bises,
Damien

M. et Mme Noiret
10, place des Platanes
71240 Châtenoy-le-Royal

▶ Vocabulaire supplémentaire—À la montagne, p. R16

Mes copains aussi sont partis en vacances

Online Practice

my.hrw.com
Vocabulaire 2 practice

Johanna est allée **au bord de la mer**. Elle **a fait de la planche à voile**.

Léna est allée **au Canada** avec ses parents. Elle **a adoré!**

Mathilde **a rendu visite** à ses cousins **à la campagne**.

Nicolas **est parti** à Paris pour **une semaine**.

D'autres mots utiles

la canne à pêche	*fishing rod*	la lotion anti-moustiques	*insect repellent*
les chaussures de randonnée	*hiking shoes*	le sac de couchage	*sleeping bag*
la demi-pension	*room with breakfast and 1 meal included*	le sac de voyage	*traveling bag*
		la tente	*tent*
la pension complète	*room with 3 meals*		

Exprimons-nous!

To tell when and how often you did something

Je me suis baigné(e) **tous les jours** pendant les vacances.	*. . . every day . . .*
Quand il faisait beau, j'allais à la plage.	*When . . .*
Le soir, on faisait un feu de camp et on jouait de la guitare.	*Every evening/In the evening, . . .*
Tous les deux jours, on allait à la pêche avec mon grand-père.	*Every other day, . . .*

Vocabulaire et grammaire, *pp. 7–9*

Online Workbooks

▶ **Vocabulaire supplémentaire—À la mer, p. R16**

24 Écoutons

Écoute ce que disent ces personnes et décide où elles sont allées ou ce qu'elles ont fait en vacances.

    a. la montagne   **d.** le bord de la mer

    b. l'hôtel   **e.** la pêche

    c. le camping   **f.** la campagne

25 Qu'est-ce qu'il leur faut?

Lisons/Parlons Dis à ces personnes quels objets de la liste ils doivent emporter avec eux.

MODÈLE   **Léa:** Je vais à Rome. (un sac de voyage / une tente / un dictionnaire / une planche à voile / des skis)

      Il te faut un sac de voyage et un dictionnaire.

1. **Julien:** Je vais faire une randonnée. (une gourde / une canne à pêche / un sac de voyage / un sac à dos / un dictionnaire)
2. **Max:** Je vais à la mer. (des chaussures de randonnée / des skis / une canne à pêche / un ordinateur / une planche à voile)
3. **Éloïse:** Vincent et moi, nous allons camper cet été. (des sacs de couchage / une planche à voile / des skates / de la lotion anti-moustiques / une tente)
4. **Lucas:** Avec des copains, on va pêcher cet après-midi. (une planche à voile / une canne à pêche / une tente / un livre d'histoire / une gourde / un sac à dos)

26 Un petit mot d'Ibrahim

Écrivons Choisis des mots de la boîte pour compléter le mot d'Ibrahim à son amie Clara.

bord de la mer	soir	rendre visite
pêche	planche à voile	demi-pension
gourde	semaines	sac de couchage
quand	tous les jours	tente

Je passe deux ___1___ chez mes cousins, au ___2___. On va ___3___ à la plage. C'est vraiment super! Hier, je suis allé à la ___4___ avec Soliman mais on n'a pas attrapé de poisson. Il faisait très chaud. Heureusement, j'avais ma ___5___. Le ___6___, on a joué de la guitare et on a dansé. C'était très sympa. ___7___ il fait beau, on fait de la ___8___. Demain, nous allons ___9___ à mon frère qui campe dans la région. Il a une super ___10___. Je voulais rester camper avec lui, mais j'ai oublié mon ___11___ à la maison.

Flash culture

Les jeunes Français sont en vacances en juillet et en août. Ce sont «les grandes vacances».

Ils vont à la mer, à la montagne ou à l'étranger pour se perfectionner dans la langue du pays.

La plupart ne travaillent pas l'été, mais certains ont un diplôme qui leur permet d'être moniteur et de s'occuper d'enfants dans des centres aérés en ville ou dans des colonies de vacances.

Que fais-tu pendant tes vacances?

Exprimons-nous!

To describe a place in the past	
Il y avait beaucoup de monde à l'hôtel.	*There was/were . . .*
Les paysages **me rappelaient** la Corse.	*. . . reminded me of . . .*
Il faisait froid le soir.	*The weather was . . .*
C'était super/génial, les châteaux de la Loire.	*It was . . .*

Vocabulaire et grammaire, pp. 7–9 | e Online Workbooks

Vocabulaire et grammaire, pp. 7–9

27 C'était comment?

Parlons/Écrivons Regarde ces photos et imagine ce que ces personnes disent de leurs vacances.

MODÈLE —J'ai fait des randonnées en montagne. C'était super.

1. nous

2. Julie

3. André

4. Alain et Lise

5. ils

6. je

Digital **performance** space

Communication

28 Sondage

Parlons Tu dois écrire un article sur les vacances des jeunes. Prépare une liste de 10 questions sur les vacances (lieux, activités, comment c'était, etc.) à poser à tes camarades de classe. Présente les résultats de ton sondage à la classe.

MODÈLE —Où est-ce que tu es allée en vacances? Qu'est-ce que tu as fait? Est-ce que c'était bien?

Vocabulaire 2

Objectifs
- the *passé composé*
- using the *passé composé* and the *imparfait*

Grammaire à l'œuvre 2

Révisions — The *passé composé*

1 Use the **passé composé** to say that something happened at a specific time. The **passé composé** has two parts: the helping verb (avoir or être) and the past participle of the main verb. To make a sentence negative, place **ne/n'… pas** around the helping verb.

2 The helping verb avoir is used with most verbs in the **passé composé**.

The helping verb être is used with verbs of transition and motion and with reflexive verbs.

3 To form the past participle of regular verbs, drop the last two letters of the infinitive and add the following endings to the stem.

-er → -é   -ir → -i   -re → -u

Here are the past participles of some irregular verbs you already know.

aller → allé	être → été	pouvoir → pu
avoir → eu	faire → fait	prendre → pris
connaître → connu	lire → lu	venir → venu
croire → cru	mettre → mis	voir → vu
devoir → dû	pleuvoir → plu	vouloir → voulu

4 If the helping verb is être, the past participle agrees in gender and number with the subject.

> Elles **sont allées au cinéma.**

If the helping verb is avoir, the past participle agrees in gender and number with a preceding direct object.

> Tu **as lu les livres** de Pagnol?   Non, je ne **les** ai pas **lus.**

Vocabulaire et grammaire, *pp. 10–11*
Cahier d'activités, *pp. 5–7*

Online Workbooks

29 **Écoutons**

Émilie parle avec ses amis. Dis si ce qu'ils disent…
a) se passe habituellement ou **b) s'est passé une seule fois.**

Grammaire 2

30 Souvenirs de vacances

Lisons/Écrivons Complète les souvenirs de vacances de Paul. Utilise **le passé composé.**

Un jour, pendant les vacances, Denis et moi, nous ___1___ (aller) à la pêche. Nous ___2___ (attraper) beaucoup de poissons. Nous les ___3___ (manger) le soir même! Véronique et Liliane ___4___ (venir) nous rendre visite un week-end. Nous ___5___ (faire) une grande randonnée. Elles ___6___ (rentrer) chez elles très fatiguées. Nous les ___7___ (revoir) le week-end suivant. Cette fois, elles ___8___ (ne pas vouloir) venir avec nous! Nous les ___9___ (voir) au parc avec d'autres garçons!

31 Vacances en famille

Parlons Pascale part souvent en vacances avec sa famille. Regarde les images et imagine ce qu'elle dit.

MODÈLE J'ai attrapé des poissons.

1. mes parents et moi

2. je

3. mes parents

4. ma sœur

32 Le week-end dernier

Écrivons Écris une lettre à un(e) ami(e) pour dire cinq choses que tu as faites ou qui se sont passées le week-end dernier.

MODÈLE J'ai rendu visite à ma tante et je suis allé(e) au cinéma avec mes cousins...

Digital **performance space**

Communication

33 Expérience personnelle

Parlons Demande à tes camarades ce qu'ils ont fait pendant leurs vacances: s'ils ont rendu visite à leur famille, s'ils sont allés camper, s'ils ont fait du sport, etc. Ensuite, échangez les rôles.

MODÈLE —Qu'est-ce que tu as fait? Tu es allé(e) camper?

Révisions — The *passé composé* and the *imparfait*

1 To conjugate verbs in the **imparfait** take the present tense **nous** form of the verb, minus **-ons**, and add the following endings: **-ais, -ais, -ait, -ions, -iez, -aient**.
Être is the only verb that has an irregular stem in the **imparfait**: **ét-**.

2 To talk about events that *used to happen* or *were happening,* and to describe people, things, and situations in the past, use the **imparfait**.

> Quand j'étais enfant, on allait souvent à la montagne.
>
> Il faisait beau et la mer était bleue.

3 To talk about past events that happened at a *specific time in the past* or during a *well-defined period of time,* use the **passé composé**.

> *Hier,* Fabrice est parti en vacances.
>
> Sonia a rendu visite à ses grands-parents *l'été dernier.*

4 When a continuous action is interrupted by an event, use the **imparfait** to describe the continuous action and the **passé composé** to describe the interrupting event.

> Élisa faisait sa valise quand son copain lui a téléphoné.

Vocabulaire et grammaire, *pp. 10–11*
Cahier d'activités, *pp. 5–7*

e Online Workbooks

En anglais

In English, to say that you used to do something repeatedly, you use a variety of expressions in the past tense:

When I was young,
- I **used to play** soccer.
- I **would play** soccer.
- I **played** soccer.

What is the difference between the above sentences and "Last weekend, I played soccer"?

In French, the **imparfait** includes all these expressions:
Quand j'étais petit(e), je jouais au foot.

---

34 Les vacances de Martin

Lisons Martin vient de rentrer de vacances et il te raconte tout ce qu'il a fait. Complète ses phrases correctement.

1. _____ en vacances en Corse.
   a. Je suis parti   **b.** Je partais

2. En général, le matin, _____ à la plage.
   a. j'allais   **b.** je suis allé

3. _____ qu'une fois pendant toute la semaine.
   a. Il n'a plu   **b.** Il ne pleuvait

4. _____ visite à mes cousins.
   a. Je rendais   **b.** J'ai rendu

5. Un jour, _____ de la plongée avec eux.
   a. je faisais   **b.** j'ai fait

6. _____ vraiment super!
   a. C'était   **b.** Ça a été

35 Vacances à la mer

Écrivons Didier raconte ses vacances. Complète ses phrases avec **le passé composé** ou **l'imparfait** des verbes entre parenthèses.

1. Quand nous _____ (arriver) à la plage, il n'y _____ (avoir) personne.

2. Il y _____ (avoir) beaucoup de vent et la mer _____ (être) dangereuse.

3. Ce jour-là, je _____ (rester) à l'hôtel.

4. Le jour suivant, comme il _____ (faire) beau, nous _____ (retourner) à la plage.

5. Nous _____ (faire) de la planche à voile tout l'après-midi.

6. Quand il avait mon âge, papa _____ (venir) tous les étés au même endroit.

36 Raconte, maman!

Parlons Anne a trouvé de vieilles photos de famille. Sa mère lui raconte l'histoire de chaque photo. Imagine ce qu'elle dit.

oncle Lucien / avoir faim / alors...

MODÈLE **Oncle Lucien avait faim, alors il a attrapé un poisson.**

1. tes tantes / devoir acheter un cadeau / alors....

2. je / être à une fête / et...

3. faire beau / alors, papa et moi,...

4. tu / passer les vacances à la mer / et...

Communication

37 Expérience personnelle

Parlons Demande à un(e) camarade ce qu'il/elle faisait en vacances quand il/elle était petit(e) ou ce qu'il/elle a fait ces vacances-ci. Ensuite, dis à la classe ce que tu as appris.

MODÈLE —Où est-ce que tu allais en vacances quand tu étais petit(e)? Est-ce que tu es allé(e)...?

Application 2

38 Écoutons

Anaïs raconte une histoire qui lui est arrivée il y a bien longtemps. Écoute et décide si c'est **a) une habitude ou une description,** ou **b) une action qui s'est passée à un moment précis.**

39 Que se passait-il quand…?

Écrivons Lis les premières phrases de la rédaction d'Amélie où elle raconte ses dernières vacances. Imagine un événement qui leur est arrivé. Utilise le **passé composé** et **l'imparfait** pour raconter cet événement. Tu peux t'inspirer des mots de la boîte.

tomber	soudain	quand	génial
monter à cheval	pleuvoir	perdre	pendant

MODÈLE **L'été dernier, je suis partie en vacances avec ma meilleure amie et sa famille. Nous faisions une randonnée quand…**

Un peu plus Révisions

Reflexive verbs in the passé composé

• Reflexive verbs always use **être** as the helping verb in the **passé composé.**

• When the main verb is a reflexive verb AND the reflexive pronoun is a direct object, the past participle agrees in gender and number with the direct object.

Alice s'est lavée.

• If the direct object of the reflexive verb is placed after the verb, there is no agreement of the past participle.

Alice s'est lavé les cheveux.

Vocabulaire et grammaire, *p. 12*
Cahier d'activités, *pp. 5–7*

Online Workbooks

40 Ce matin

Écrivons Bénédicte a fait beaucoup de choses ce matin. Complète ses phrases avec le **passé composé** du verbe indiqué.

1. Mes parents et moi, nous _____ (se lever) à sept heures.
2. Ensuite, je/j' _____ (prendre) un bain.
3. Je _____ (se laver) les cheveux.
4. Je _____ (se sécher).
5. Puis, je _____ (se peigner).
6. Et je _____ (se brosser) les dents.
7. Finalement, je _____ (s'habiller).
8. Et je _____ (se dépêcher) de partir.

Online Practice

my.hrw.com

Application 2 practice

41 Quelle aventure!

Lisons/Écrivons Pendant ses vacances, Gilles a tenu un journal. Lis ce passage de son journal et réponds aux questions.

Hier, je suis allé faire une randonnée avec des copains. On a marché dans les bois et après un moment, on ne savait plus où on était! On n'avait pas de carte et on commençait à avoir peur quand on a vu des gens qui nous ont dit comment rentrer au village. On était très fatigués quand on est arrivés au village, mais super-contents! La prochaine fois, je vais prendre une carte de la région! Ça, c'est sûr!

1. Est-ce que Gilles est parti faire une randonnée tout seul?
2. Qu'est-ce qui s'est passé?
3. Qu'est-ce qu'il n'avait pas avec lui?
4. Comment est-ce qu'il était quand il est rentré?

42 Carte postale

Écrivons Tu es en vacances. Écris une carte postale à un(e) ami(e). Raconte-lui quatre choses que tu as faites.

MODÈLE **Salut de Paris! Aujourd'hui nous avons visité...**

Digital performance space

Communication

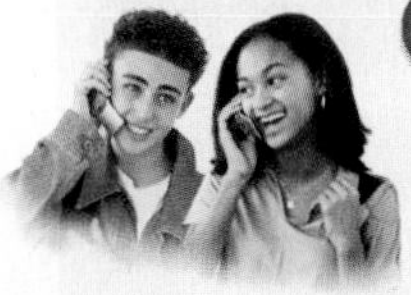

43 Alors, les vacances?

Parlons Ton/ta camarade et toi parlez de ce que vous avez fait pendant vos vacances. Lisez les questions ci-dessous et répondez-y de manière logique. Ensuite, vous allez échanger les rôles.

— **Où est-ce que tu es allé(e) pendant tes vacances?**

—

— **C'était comment?**

—

— **Est-ce que tu as fait du camping?**

—

— **Qu'est-ce que tu as fait?**

—

— **Qu'est-ce que tu faisais le soir?**

—

Gisèle Pineau est née à Paris en 1956, de parents guadeloupéens. Elle a passé son enfance en France. Les Pineau se sont installés[1] à la Martinique en 1970, puis à la Guadeloupe deux ans plus tard. Gisèle Pineau est retournée en France pour finir ses études et ensuite elle a regagné[2] la Guadeloupe. Elle réside à Paris depuis 2000. Elle a aussi écrit *L'Exil selon Julia* (1996), *Caraïbes sur Seine* (1999), *C'est la règle* (2002), *Les Colères du volcan* (2004).

STRATÉGIE

Paraphrasing One way to check if you understood what you read or heard is to find other words in French to describe the key ideas and the details. As you read and/or listen to this excerpt, recap the information in your own (French) words.

A Avant la lecture

Comment est-ce que tu imagines les «banlieues[3]» en France? Et la Guadeloupe, à quoi est-ce que cela ressemble d'après toi? Quelles images te viennent à l'esprit? Écris les mots qui te viennent à l'esprit pour décrire la Guadeloupe.

Un papillon dans la cité

*Dans l'extrait suivant d'**Un papillon dans la cité**, Félicie (Féli) est une adolescente qui vient de déménager[4] de la Guadeloupe dans une banlieue pauvre de Paris. Elle raconte à Mohamed (Mo), un copain, comment elle passait ses vacances à la Guadeloupe dans la maison de sa grand-mère, Man Ya.*

D es fois, je pense à Laurine, aux belles vacances qu'elle doit vivre à Haute-Terre[5]. Je songe à tous mes amis que j'ai laissés là-bas. Et mon cœur se serre.

---

1. sont partis habiter   2. retourné   3. suburb
4. changer de maison   5. La Guadeloupe est divisée entre Haute-Terre *(high land)* et Basse-Terre *(low land)*

J'imagine Laurine en train de grimper dans le manguier[1] de la cour pour ramener des tas de mango-ponm[2] tout ronds. Je vois sa bouche barbouillée[3] du bon jus orangé, épais et sucré. Je ferme les yeux très fort et je prie pour me réveiller à Haute-Terre, au pied de ce même manguier, après une sieste habitée par un rêve qui m'aurait fait atterrir dans la Cité grise de maman. Je me souviens... je me souviens aussi des bains de rivière que nous prenions avec toute la marmaille[4] des alentours. On rassemblait nos sous[5] pour acheter une grosse bouteille de Fanta orange ou de Coca-Cola. Après le bain, on en buvait à tour de rôle, en tenant le coude des plus voraces. Pendant les vacances, Man Julia criait toujours qu'elle deviendrait folle par ma faute. Elle n'aimait pas les filles qui suivaient les garçons dans toutes les monté et désann[6]. Mais quand je lui demandais la permission, elle ne savait pas refuser. Un peu comme madame Fathia. Elle faisait toujours semblant d'être fâchée. Elle promettait des coups de ceinture et des raclées[7] phénoménales, mais son cœur était chaud et bon comme le soleil de midi qui sèche en trois minutes le linge étalé sur l'herbe, devant la case. C'est bizarre, quand je vivais auprès d'elle, je n'entendais que les « bête, sotte, couillon[8] » qu'elle me lançait. Aujourd'hui que la mer nous sépare, d'autres mots me reviennent en mémoire. Oui, chacune de ses phrases finissait par « p'tit a manman[9], doudou en mwen[10], Féfé doudou » Une fois, j'ai appelé ainsi Mimi : « Ti doudou en mwen ». Il s'est arrêté net de gigoter[11] et m'a fixée longuement de ses gros yeux noirs, bouche bée. On ne parle pas créole dans l'appartement. Il n'est pas interdit de cité, mais il n'est pas non plus invité.

1. *mango tree* 2. mangue-pomme *(mango)* 3. *smeared*
4. un groupe d'enfants 5. argent 6. aller et venir
7. *spanking* 8. idiot 9. créole pour petite chérie de maman 10. créole pour: ma chérie à moi 11. bouger

L'autre jour, je racontais à Mo les vacances que je passais à Haute-Terre, les bains de mer et de rivière, les jeux dans la cour à l'ombre du manguier, les promenades dans les bois. Lors de l'évocation de mes ancêtres nèg-mawon[1], les yeux de Mohamed étaient moins ronds. Il m'a dit que, depuis sa naissance, il n'avait jamais connu la mer. J'ai ri immédiatement, bien sûr, parce que j'ai trouvé la blague[2] trop facile. J'ai pensé qu'il me croyait assez naïve pour gober[3] une telle énormité[4]. Devant Mimi, il a juré sur la tête de sa grand-mère Fathia (qu'il aime plus que sa maman) que c'était la pure vérité. Incroyable mais vrai ! Mohamed pense qu'il ne verra jamais la mer. Faute d'argent pour y aller ! En plus, il connaît plein de grands à la Cité qui n'ont jamais touché la mer autrement qu'en caressant l'écran carré de la télé où les vagues déferlent[5] comme dans un bocal[6]. C'est là que j'ai mesuré la chance que j'avais eu de vivre en Guadeloupe pendant dix ans, avec les rivières et la mer où plonger, les bois et les mornes[7] à escalader. Et d'habiter au ras du sol, dans une vieille case en bois, aux planches toutes grises, au toit tiqueté de rouille semblable à la figure de Bernard, le fiancé de Marie-Claire. La Guadeloupe a la forme d'un grand papillon. Mais il ne faut pas croire les gens qui disent que c'est le paradis sur terre. Chaque année, à l'approche de la saison des cyclones[8], j'ai tremblé avec Man Ya dans notre case branlante[9]. Et la Soufrière, notre terrible

---

1. ancêtres esclaves 2. *joke* 3. croire (slang) 4. histoire 5. *waves break* 6. pot
7. nom donné à de petites montagnes rondes aux Antilles 8. *hurricanes* 9. *shaky*

volcan, peut aussi se réveiller, sur un coup de tête, et tous nous engloutir[1]. Et la terre peut se mettre à danser sous nos pieds, et puis nous faire chavirer[2] ; c'est comme si le papillon battait des ailes pour un envol impossible et désespéré. Pourtant, il ne se passe pas un jour sans que je ne songe à ma vie de là-bas. Y retourner, voilà ce qui me travaille[3].

Compréhension

B Est-ce que les phrases suivantes sont **a) vraies** ou **b) fausses?** Si la phrase est fausse, dis pourquoi.

1. Laurine est une amie de Féli.
2. Laurine aime manger des mangues.
3. Féli rêve qu'elle habite encore à la Guadeloupe.
4. Man Julia était très sévère avec Féli. Féli n'avait pas le droit de sortir.
5. Mo va à la mer tous les étés.
6. La Guadeloupe est un paradis.

C Réponds aux questions suivantes.

1. Qu'est-ce que Féli faisait pendant ses vacances à Haute-Terre?
2. Est-ce que Féli était heureuse à Haute-Terre? Est-ce qu'elle est heureuse maintenant? Pourquoi? Pourquoi pas?
3. Comment est la Cité? Comment imagines-tu la vie de Mohamed et des gens de la Cité?
4. Mo pense qu'il ne verra jamais la mer. Pourquoi?
5. Mo dit à Féli qu'il ne verra sans doute jamais la mer. Qu'est-ce que Féli réalise après cette conversation?
6. Qu'est-ce que Féli veut faire un jour?

Après la lecture

D Relis ou écoute encore le texte et exprime *(express)* dans tes propres mots les détails principaux. Est-ce que les vacances de Féli te rappellent un souvenir d'enfance à toi?

---

1. faire disparaître **2.** *to capsize*
3. j'y pense

L'atelier de l'écrivain

Des vacances extraordinaires

Tu vas écrire un récit autobiographique dans lequel tu vas décrire un incident qui t'est arrivé. Pense aux vacances d'été de ton enfance. Qu'est-ce que tu faisais? Avec qui est-ce que tu jouais? Maintenant, essaie de te rappeler d'un incident en particulier — un jeu que tu as gagné, un accident que tu as eu... Décris cet incident et explique son importance.

1 Plan: un organigramme de base

Une fois que tu as décidé quel incident de vacances tu veux décrire, crée un organigramme comme celui ci-dessous. Divise ta feuille de papier en deux colonnes. Dans la première colonne, écris les questions suivantes: *Qui?, Où?, Quand?, Qu'est-ce qui s'est passé?, Pourquoi?* et *Comment?* Réponds aux questions dans la deuxième colonne.

Ajoute des détails qui font appel aux cinq sens (la vue, l'odorat, le goût, le toucher et l'ouïe). Qu'est-ce que tu as vu? Quelles odeurs y avait-il? Qu'est-ce que tu as entendu? Puis, décide de l'ordre logique des actions et des détails.

Qui?	
Où?	
Quand?	
Qu'est-ce qui s'est passé?	
Pourquoi?	
Comment?	

L'atelier de l'écrivain

② Rédaction

Tout d'abord, fais un brouillon *(draft)* de ton récit. Commence avec une phrase de description qui va captiver l'attention du lecteur, comme par exemple:

Il m'est arrivé quelque chose de bizarre ce jour-là.

Puis, écris les actions et les détails d'une manière logique. N'oublie pas d'utiliser des expressions telles que **à ce moment-là, ensuite, tout d'un coup,** etc. pour lier les différents moments de ton récit.

Écris une conclusion qui explique l'importance de l'incident.

③ Correction

Maintenant, lis ton récit pour t'assurer qu'il raconte les faits d'un seul incident.

- Est-ce que l'introduction est intéressante?

- Est-ce que les actions suivent un ordre chronologique?

- Est-ce qu'il y a assez de détails qui font appel aux cinq sens?

- As-tu expliqué l'importance de l'incident?

Ensuite, échange ton récit avec celui d'un ou d'une camarade de classe. Demande-lui de vérifier l'emploi de l'imparfait et du passé composé et de corriger les fautes d'orthographe. Fais les corrections et écris la version finale de ton récit.

④ Application

Trouve des photos de toi et des personnes qui ont joué un rôle dans ton récit autobiographique. Ou bien, dessine des images pour illustrer l'incident que tu as décrit. Organise les images et le texte de ton récit. Tu peux montrer ta composition avec tes camarades.

Vocabulaire à la carte

Quand j'avais... ans,...	*When I was . . . years old, . . .*
Quand j'étais petit(e),...	*When I was little, . . .*
Au moment où...	*As . . .*
J'étais sur le point de...	*I was about to . . .*
Ça sentait mauvais/bon.	*It smelled bad/good.*
Ça avait un goût de (poulet).	*It tasted like (chicken)*

Le passé

Use the **passé composé** to tell what happened in the past. It is used to describe an action.

Je suis allé(e) chez ma grand-mère.

Use the **l'imparfait** to describe something in the past. It sets the scene in which the action occured.

Le ciel était bleu.

Je me levais tous les jours à 6 heures.

La tour Eiffel

Le tour de l'Europe en 10 jours

La Suisse

Pendant l'été, je suis allée en Europe avec mes parents, ma sœur et mes cousins. Nous avons pris l'avion de

Prépare-toi pour l'examen

@**HOME**TUTOR

1 Mets ces activités par ordre de préférence. Dis celle que tu préfères et celle que tu détestes. Pour chaque activité, explique pourquoi.

1.   2.   3.   4.

1 Vocabulaire 1
- to express likes, dislikes, and preferences
- to ask about plans
  pp. 6–9

2 Fais des phrases avec les éléments donnés. Utilise le présent et n'oublie pas de faire les changements nécessaires.

1. CDI / Angélique / emprunter / Camille / livres / et
2. dans / attendre / copain / la cour / son / Robert / de récréation
3. tu / ne / jouer / échecs / pas
4. expérience / cet après-midi / laboratoire / vous / Samir / Annick / faire / et
5. et / prendre / cantine / Vincent / moi / croque-monsieur / toujours / nous
6. ils / nous / ce / cinéma / venir / soir / avec
7. nous / ce / nager / week-end / aller

2 Grammaire 1
- regular verbs in the present
- irregular verbs in the present
Un peu plus
- verbs followed by the infinitive
  pp. 10–15

3 Vocabulaire 2
- to tell when and how often you did something
- to describe a place in the past
  pp. 18–21

3 Complète le journal de Lucas avec les expressions de la boîte.

Il y avait	échecs	me rappelaient	faisait
C'était	jouer	les jours	le matin

Me voilà de retour après mes vacances au bord de la mer.
_____1_____ incroyable! _____2_____ , je me levais très tôt et j'allais à la plage. Je me baignais tous _____3_____. Mais un jour, je me suis senti mal, alors, je ne me suis pas baigné. Et une autre fois, il _____4_____ très froid, je ne me suis pas baigné non plus. Mais, j'ai adoré la plage. _____5_____ beaucoup de gens qui faisaient de la planche à voile. Ils _____6_____ les beaux oiseaux sur l'eau.

④ Complète les phrases suivantes avec **le passé composé** ou **l'imparfait** des verbes entre parenthèses.

1. Sophie _____ (dormir) quand je _____ (arriver).
2. Ce matin, Camille _____ (laver) le chien.
3. Maman _____ (se couper) quand elle _____ (préparer) le repas.
4. Mes amies _____ (se maquiller) pour aller à la fête d'Ali.
5. Nous _____ (se brosser) les dents après le dîner.

⑤ Réponds aux questions suivantes.

1. Comment s'appelle l'examen qu'on passe à la fin du lycée?
2. Qu'est-ce qu'un moniteur?
3. Qu'y a-t-il dans certaines villes en été? Donne deux exemples.

⑥ Marie raconte ses souvenirs de vacances. Dis si elle parle d'un événement **a) habituel** ou **b) occasionnel.**

⑦ C'est la rentrée et tu parles avec un nouveau/une nouvelle camarade de ce que vous aimez faire et de ce que vous allez faire pendant l'année scolaire. Lisez les instructions, puis créez votre dialogue. Utilisez des expressions que vous avez apprises.

| Élève A: Salue ton/ta camarade. Demande-lui ses préférences en sport. |
| Élève B: Réponds et pose-lui la même question. |
| Élève A: Réponds et demande à ton/ta camarade quelles activités il/elle fait. |
| Élève B: Réponds et demande à ton/ta camarade ce qu'il/elle déteste. |
| Élève A: Réponds et pose une question à ton/ta camarade sur ses projets *(plans)* cette année. |
| Élève B: Dis que tu hésites entre deux activités qui t'intéressent. |
| Élève A: Suggère de faire une des deux activités ensemble *(together).* |
| Élève B: Réponds positivement. |

④ **Grammaire 2**
• the **passé composé**
• using the **passé composé** and the **imparfait**
Un peu plus
• reflexive verbs in the **passé composé** pp. 22–27

⑤ **Culture**
• Comparaisons p. 17
• Flash culture pp. 8, 12, 20, 22

Prépare-toi pour l'examen

Grammaire 1
- regular verbs in the present
- irregular verbs in the present

Un peu plus
- verbs followed by the infinitive
  pp. 10–15

Résumé: Grammaire 1

Most verbs ending in **-er, -ir**, and **-re** are regular and have the following endings in the present:

aimer: j'aim**e**, tu aim**es**, il aim**e**
   nous aim**ons**, vous aim**ez**, ils aim**ent**

choisir: je chois**is**, tu chois**is**, il chois**it**
   nous chois**issons**, vous chois**issez**, ils chois**issent**

attendre: j'attend**s**, tu attend**s**, il attend
   nous attend**ons**, vous attend**ez**, ils attend**ent**

To make a sentence negative, place **ne/n'... pas** around the conjugated verb: **Je n'attends pas le bus.**

Here are some verbs that have irregular forms in the present:
aller, avoir, voir, être, faire, prendre, venir.

Some verbs can be followed by an infinitive:
Je dois parler à Luc. Je vais aller au parc. Je viens de faire du tennis.

Grammaire 2
- the **passé composé**
- using the **passé composé** and the **imparfait**

Un peu plus
- reflexive verbs in the **passé composé**
  pp. 22–27

Résumé: Grammaire 2

The **passé composé** is made up of a helping verb (**avoir** or **être**) and the past participle of the main verb. The helping verb **avoir** is used with most verbs. The helping verb **être** is used with most verbs of *motion* and *reflexive verbs.*

To form the past participles of regular verbs, drop the last two letters of the infinitive and add these endings: **-er** → **é, -ir** → **i, -re** → **u.**

To form the **imparfait,** take the **nous** form of the verb in the present, drop the ending **-ons,** and add these endings: **-ais, -ais, -ait, -ions, -iez, -aient.**

Use the passé composé	Use the imparfait
• to talk about an event that happened at a specific time in the past	• to talk about an event that used to happen • to describe in the past • to set a scene in the past

When a continuous action is interrupted by an event, use the **imparfait** for the continuous action and the **passé composé** for the event.
   Je regardais la télé quand Julien est arrivé.

With reflexive verbs, the past participle agrees in gender and number with a preceding direct object. There is no agreement if the direct object is placed after the verb:
   Claire s'est lavée. but **Claire s'est lavé les cheveux.**

Résumé: Vocabulaire 1

To express likes, dislikes, and preferences

aller au cinéma	to go to the movies	l'histoire-géo(graphie) (f.)	history/geography
la biologie	biology	jouer au basket/au volley (m.)	to play basketball/volleyball
les arts plastiques (m.)	visual arts	jouer aux échecs (m.)	to play chess
l'anglais (m.)	English	jouer de la guitare	to play guitar
la cantine	school cafeteria	le laboratoire	laboratory
la classe/la salle de classe	classroom	le lycée	school
le/la conseiller(-ère) d'éducation	school counselor	les maths (f.)	math
un devoir	homework	une matière	school subject
un emploi du temps (m.) chargé	busy schedule	monter à cheval	to do horseback riding
emprunter des livres	to borrow books	la physique-chimie	physics/chemistry class
faire la fête	to party	la récréation (récré)	break
faire de la photo	to do photography	la salle d'informatique	computer lab
faire de la vidéo amateur	to make amateur videos	Ce que j'aime, c'est...	What I like is . . .
faire du skate	to skateboard	J'aime bien... mais je préfère...	I like . . . but I prefer . . .
faire les magasins (m.)	to go shopping	Je déteste... j'adore...	I hate . . . I love . . .
le film d'horreur	horror movie	Mon/Ma... préféré(e), c'est...	My favorite . . . is . . .
le français	French		
le gymnase	gymnasium		

To ask about plans and respond .... *See p. 9*

Résumé: Vocabulaire 2

To tell when and how often you did something

adorer	to love	rendre visite à	to visit (a person)
aller à la pêche	to go fishing	le retour	return
attraper un poisson	to catch a fish	le sac à dos	backpack
le bord de la mer	the seashore	le sac de couchage	sleeping bag
la campagne	countryside	le sac de voyage	traveling bag
camper	to camp	une semaine	week
la canne à pêche	fishing rod	la tente	tent
les chaussures de randonnée (f.)	hiking shoes	utiliser	to use
la demi-pension	room with breakfast and 1 meal	Le soir...	Every evening . . .
faire de la randonnée	to go hiking	Quand...	When . . .
la gourde	canteen	Tous les jours/deux jours...	Every day/other day . . .
l'hôtel (m.)	hotel		

To describe a place in the past

la lotion anti-moustiques	insect repellant	C'était...	It was . . .
la montagne	mountain	Il faisait...	The weather was . . .
partir en vacances	to go on vacation	Il y avait...	There were . . .
la pension complète	room with 3 meals included	...me rappelait/rappelaient...	. . . reminded me of . . .
la planche à voile	surfboard		

Prépare-toi pour l'examen

Activités préparatoires

Listen to the dialogue and choose the most appropriate response.

1. **A.** Alors, tu as cours de géo tous les jours.
   B. Alors, tu as cours de géo tous les deux jours.
   C. Alors, tu as cours de géo deux fois par semaine.
   D. Alors, tu as toujours cours de géo.

2. **A.** Bonne idée.
   B. Je fais un feu de camp.
   C. J'allais à la pêche.
   D. Je n'arrive pas à me décider.

Interpretive Reading

This selection provides information about camping in France.

> **Le camping a la cote en France!**
>
> Depuis quelques années, le camping redevient très «tendance» et il a la cote parmi un grand nombre de vacanciers: jeunes et moins jeunes, couples avec ou sans enfants, retraités, etc. Le camping est, en effet, un mode de vacances qui peut s'adapter à tous les goûts. Pour certains, le camping est idéal pour les séjours à petit budget. Pour d'autres, la formule camping offre un dépaysement simple et un contact avec la nature. Il y a des options insolites, comme par exemple le camping en roulottes ou en yourtes ainsi que le camping à la ferme. On compte aussi, bien sûr, ceux pour qui camping doit quand même rimer avec confort; dans ce cas, on opte pour des terrains «haut de gamme» qui offrent de bons équipements de loisirs: location de mobil-homes ou d'habitations légères de loisirs (HLL), piscine, terrains de sport, infrastructures de loisirs variées.
>
> Avec 40% des campings européens, la France est la première destination européenne pour les campeurs. En effet, chaque année, près de 8 millions de campeurs font un séjour dans un camping français. Le tarif moyen pour une nuitée varie de 15 € à environ 45 €, selon le nombre d'étoiles du camping et selon le type d'installations offertes.

1. Le camping est un mode de vacances qui plaît...
   A. principalement aux familles.
   B. surtout aux retraités.
   C. seulement à ceux qui ont des petits moyens financiers.
   D. à toutes sortes de vacanciers.

2. Les vacanciers qui aiment la nature peuvent...
   A. aller dans des campings «haut de gamme».
   B. louer des mobil-homes.
   C. camper à la ferme.
   D. loger en habitations légères de loisirs (HLL).

3. Les campings «haut de gamme» offrent...
   A. des tarifs à partir de 15 €.
   B. des roulottes ou des yourtes.
   C. une option de camping à la ferme.
   D. un équipement confortable et des activités variées.

4. Le prix d'une nuit en camping...
   A. varie en fonction du type de camping.
   B. est plus élevé en France que dans le reste de l'Europe.
   C. a augmenté de 40% en un an.
   D. est trop cher, d'après 8 millions de campeurs interrogés.

The following activities can be used to help you to prepare for the Advanced Placement® French Language and Culture Exam, or to further practice the vocabulary and grammar concepts you have seen in this chapter.

Interpersonal Writing

You wrote to a campsite asking for information. The campsite owner replied to you. Answer his e-mail confirming that you're interested in booking a small bungalow for a week. You should also ask one or two questions. Start with a polite greeting and thank your correspondent at the end of your message.

> Bonjour,
>
> Nous vous remercions pour l'intérêt que vous portez à notre camping.
>
> Nous proposons actuellement des tarifs spéciaux pour la semaine qui vous intéresse. Veuillez trouver les détails ci-dessous. Tous les tarifs sont valides pour les locations allant du samedi au samedi.
> - emplacement tente 1-2 personnes : 20€ par nuit pour la semaine du 23-30 août
> - emplacement tente 3-6 personnes : 35€ par nuit pour la semaine du 23-30 août
> - bungalow jusqu'à 4 personnes : 270€ pour la semaine du 23-30 août
>
> Toutes les installations ouvertes en pleine saison devraient toujours être à disposition, y compris les piscines: la piscine couverte et la piscine extérieure (si les conditions météorologiques le permettent). Cependant, un des cours de tennis sera fermé pour réfection.
>
> N'hésitez pas à me contacter si vous avez des questions.
>
> En attendant de pouvoir vous être utile et de vous voir, je vous prie de croire en mes salutations distinguées.
>
> Pierre Durant,
> Propriétaire et gérant. Camping Le Ker.

Presentational Writing

You're going to write an essay about vacation based on a text and several interviews. In your essay, you will discuss what you read and heard, and you will tell about your ideal vacation plans. Would they include your friends? Make sure to organize your essay in logical sections and to clearly indicate your sources as you refer to them.

Quelques conseils pour le camping entre copains

Choisissez bien les copains avec qui vous partez. Un petit groupe composé d'amis qui ont beaucoup en commun (activités et sports préférés, etc.) est l'idéal.

Prenez les décisions importantes tous ensemble, avant de partir: destination, type de camping, activités, plage ou campagne, etc.

Faites une liste du matériel à emporter en précisant qui s'occupera de quoi: tentes, sacs de couchage, matelas, chaises et tables, réchaud, vaisselle, lampes de poche, trousse de premiers soins, etc.

Pour éviter les problèmes d'argent, faites un pot commun. Si chacun contribue une certaine somme dès le départ, s'occuper des dépenses sera plus simple.

Préparez un emploi du temps pour la répartition des tâches ménagères.

Au camping, choisissez ensemble un bon emplacement et disposez les tentes en cercle pour créer un coin sympa pour tous les copains.

Qu'est-ce que tu fais pendant les vacances?

Essay Topic: **Les vacances idéales: entre copains ou pas?**

Révisions cumulatives

🎧 **1** Choisis la photo qui correspond à chaque conversation.

a.　　　　　b.　　　　　c.　　　　　d.

2 Lis cette brochure qui décrit une école d'été en France. Ensuite, décide si les personnes suivantes **a) devraient aller à cette école** ou **b) ne devraient pas y aller.**

L'École d'Été de Pau

L'École d'été de Pau est située dans la ville historique de Pau, la « porte des Pyrénées ».

L'école est destinée à tous les élèves de secondaire désirant s'améliorer dans les matières suivantes :

- informatique • physique • anglais
- histoire-géo • SVT • français
- mathématiques • arts plastiques
- espagnol • chimie

Cependant, l'école n'est pas seulement un camp pédagogique, mais aussi un camp de vacances, où les participants peuvent faire des sports et des activités divers :

- photo • ski • pêche • randonnée
- foot • stage de vidéo
- camping • tennis • stage de guitare

Quand : du 4 juillet au 5 août
- Les cours seront donnés en intensifs d'une semaine ou le week-end.
- Horaire des cours : de 9h à 12h de 13h à 15h
- Activités et sports : après 15h

Pour s'inscrire : Remplir le formulaire et le renvoyer à :
L'ÉCOLE D'ÉTÉ DE PAU, 20 Rue Louis-Barthon, 64000 Pau (France)

1. Ce que Nicole aime, c'est la nature. Elle adore faire des randonnées.
2. Raphaël adore les ordinateurs.
3. Lise n'aime ni aller à la pêche ni camper. Ce qu'elle aime, c'est faire les magasins.
4. Le sport préféré de Simon, c'est le basket.
5. Mélodie aime parler anglais et espagnol.
6. Félix déteste le sport et les devoirs! Il préfère aller au cinéma.

3 Ton/Ta camarade et toi, vous assistez à l'École d'été de Pau de l'activité 2. Demande-lui quelles activités il/elle préfère et dis-lui lesquelles tu aimes. Puis, invite-le/la à faire une des activités que l'école offre. Il/Elle va accepter ou refuser.

4 Regarde ce tableau et décris les activités de ces gens. Dis où et en quelle saison cette scène se passe. Nomme au moins trois activités différentes. Est-ce que tu fais des activités semblables le week-end? Pourquoi ou pourquoi pas?

Seurat, Georges; A Sunday Afternoon on the Island of La Grande Jatte, 1884-86. ©The Granger Collection, New York

Un dimanche après-midi à l'Île de la Grande Jatte de Georges Seurat

5 Imagine que tu es en vacances à la montagne ou au bord de la mer. Dessine une carte postale de l'endroit où tu es et envoie-la à un(e) ami(e) pour lui raconter ce que tu fais pendant tes vacances.

6

À ton tour

Le nouveau/La nouvelle Tu es chargé(e) de faire visiter ton école à un(e) nouvel/nouvelle étudiant(e). Indique les salles où les différentes matières sont enseignées et demande à l'étudiant(e) ce qu'il/elle pense de chaque matière.

Le monde du travail

Objectifs

In this chapter, you will learn to
- ask about future plans
- make polite requests
- make a phone call
- write a formal letter

And you will use and review
- the future
- the feminine forms of nouns
- the verb **conduire**
- the future perfect
- the present participle
- the **conditionnel de politesse**

▶ *Que vois-tu sur la photo?*

Où se trouvent ces jeunes gens?

À ton avis, quel genre de travail est-ce qu'ils font?

Et toi, qu'est-ce que tu voudrais faire plus tard comme travail?

MODES OF COMMUNICATION

INTERPRETIVE	INTERPERSONAL	PRESENTATIONAL
Listen to people making requests.	Interview a classmate about future plans.	Act out a "Professional Day" scene for the class.
Read about translation careers.	Write a formal email about a possible summer job.	Write an essay about what profession you'd like to have.

De jeunes professionnels devant le ministère de l'Économie, des Finances et de l'Industrie, à Paris

Objectifs
- to ask about future plans
- to make polite requests

Vocabulaire à l'œuvre 1

Métiers et professions

▶ **Vocabulaire supplémentaire—Les métiers, pp. R16–R17**

Vocabulaire 1

On doit...

se faire couper les cheveux

faire réparer sa voiture

faire faire un gâteau

une coiffeuse/un coiffeur

faire soigner son chat

un mécanicien/
une mécanicienne

un pâtissier/
une pâtissière

un(e) vétérinaire

D'autres mots utiles

un(e) couturier/couturière	*fashion designer*	un(e) moniteur/monitrice	*instructor*
		un plombier	*plumber*
un(e) cuisinier/cuisinière	*cook*	un(e) teinturier/teinturière	*dry cleaner*
un diplôme	*degree*	un(e) tuteur/tutrice	*tutor*
un(e) libraire	*book seller*	faire livrer/garder...	*to have . . . delivered/watched*
un médecin	*doctor*		

Exprimons-nous!

To ask about future plans	To respond
Qu'est-ce que tu as l'intention de faire après le bac? *What do you intend to . . . ?*	**Ça me plairait d'**être dentiste. *I'd like to . . .*
Qu'est-ce que tu comptes/vous comptez faire comme métier? *What are you planning to do . . . as a . . . ?*	Quand j'aurai mon diplôme, je voudrais **travailler dans** l'informatique. *. . . to work in . . .*
Quels sont tes projets d'avenir? *What are your plans for the future?*	J'aimerais faire le **même** métier **que** mon père. *. . . same . . . as . . .*
	Aucune idée. *No idea.*

Vocabulaire et grammaire,
pp. 13–15

Online Workbooks

1 Projets d'avenir

Lisons Remets la conversation de Paul et Maya dans le bon ordre.

—J'aimerais être vétérinaire.

—Tu devrais parler à la conseillère d'éducation!

—Oui, je sais, mais j'aime les animaux. Et toi, tu as des projets?

—Dis Paul, qu'est-ce que tu comptes faire après le lycée?

—Moi, j'aimerais continuer mes études, mais je ne sais pas quoi faire.

2 Écoutons

Ces jeunes parlent de ce qu'ils voudraient faire plus tard. Écoute-les et dis si les phrases suivantes sont **a) vraies** ou **b) fausses**.

1. Maxence aimerait être mécanicien.
2. Plus tard, Laure voudrait être pharmacienne.
3. Laure voudrait avoir la même profession que son père.
4. Mélanie voudrait être interprète.
5. Mélanie va être cuisinière dans le restaurant de ses parents.

3 À chacun son métier

Écrivons/Parlons D'après les photos, dis ce que ces jeunes aimeraient faire plus tard.

MODÈLE Serge voudrait être informaticien.

Serge

1. Mégane

2. Louise

3. Bastien

4. Lynn

5. Thomas et Sylvain

6. Mathilde

Exprimons-nous!

To make polite requests

Te/Vous serait-il possible de tondre la pelouse?
Would it be possible for you to . . . ?

Ça ne t'/vous ennuierait pas de nettoyer ces chemises?
Would you mind . . . ?

Si possible, pourrais-tu/pourriez-vous faire réparer l'ordinateur?
If possible, could you . . . ?

Vocabulaire et grammaire,
pp. 13–15

4 Une fête d'anniversaire

Parlons/Écrivons Madame Martin prépare l'anniversaire de son fils. Complète ses phrases et dis à qui elle parle. Utilise des expressions différentes.

1. _____ faire un gâteau d'anniversaire pour samedi?

2. Bonjour madame Clément, _____ couper les cheveux de Romain cet après-midi?

3. J'organise une petite fête pour l'anniversaire de Romain. _____ venir chanter «Bon anniversaire»? Mais chut (*shhh!*)! C'est une surprise!

4. _____ nettoyer tous ces vêtements pour vendredi?

5 Que de choses à faire!

Écrivons Tes parents louent leur maison à une famille française. Tu demandes poliment à la famille de faire (ou de faire faire) ces choses.

faire le ménage	arroser les plantes
tondre la pelouse	promener le chien
donner à manger aux animaux	prendre le courrier

MODÈLE **Pourriez-vous faire le ménage régulièrement?**

Communication

6 Scénario

Parlons Tu ne sais pas quoi faire après le lycée. Tu vas voir un conseiller/une conseillère d'éducation. Il/Elle te demande ce que tu aimes et te donne des idées. Joue cette scène avec un(e) camarade.

MODÈLE **—Tu aimes savoir ce qui se passe dans le monde? Tu pourrais faire des études pour devenir journaliste.**

Flash culture

En France, la population active est répartie en 3 secteurs: l'agriculture (le primaire), l'industrie (le secondaire) et les services (le tertiaire). En 2012, 76,6% de la population active travaillait dans le tertiaire, 20,1% dans l'industrie et seulement 3,3% dans l'agriculture. En 2014, la France était le cinquième pays exportateur de produits agricoles au monde derrière les États-Unis, l'Allemagne, les Pays-Bas et le Brésil.

La population active est-elle répartie de la même manière aux États-Unis?

Objectifs
- review of the future
- feminine forms of nouns

Grammaire à l'œuvre 1

Révisions The future

1 To conjugate **-er** and **-ir** verbs in the future, just add the endings listed below to the end of the infinitive. To conjugate **-re** verbs in the future, drop the **-e** from the infinitive before adding the endings. Notice that all the future stems end in **-r**.

	aimer	choisir	attendre
je/j'	aimerai	choisirai	attendrai
tu	aimeras	choisiras	attendras
il/elle/on	aimera	choisira	attendra
nous	aimerons	choisirons	attendrons
vous	aimerez	choisirez	attendrez
ils/elles	aimeront	choisiront	attendront

Je travaillerai dans le restaurant de mes parents.

Jacques apprendra l'allemand cet été.

2 Many verbs that have a spelling change in the present have the same spelling change in their future stems.

Infinitive	Present tense	Future tense
acheter →	j'achète →	j'achèterai
appeler →	j'appelle →	j'appellerai

3 Some verbs have **irregular future stems** to which you add the future endings. Here are the stems of the most common ones.

aller → **ir-**	être → **ser-**	venir → **viendr-**
avoir → **aur-**	faire → **fer-**	voir → **verr-**
devoir → **devr-**	pouvoir → **pourr-**	vouloir → **voudr-**
savoir → **saur-**	envoyer → **enverr-**	recevoir → **recevr-**

Vocabulaire et grammaire, pp. 16–17
Cahier d'activités, pp. 11–13

Online Workbooks

Déjà vu!

In English we use the helping verb *will* with a main verb to indicate a future action.

I will finish my homework this evening.

Remember that in French, unlike in English, a verb in the future tense does not need a helping verb.

Je finirai mes devoirs ce soir.

7 Écoutons

Ces personnes répondent à des questions sur leur vie professionnelle. Écoute et dis si elles parlent **a) du passé** ou **b) de l'avenir.**

8 Future carrière

Parlons/Écrivons Cathy a des projets très intéressants. Complète sa conversation avec Julien en mettant les verbes entre parenthèses au futur.

JULIEN Qu'est-ce que tu ___1___ (faire) après le lycée?

CATHY Moi, j'___2___ (apprendre) l'espagnol.

JULIEN Tu ___3___ (être) professeur?

CATHY Non, je ___4___ (travailler) comme interprète.

JULIEN Tu ___5___ (devoir) suivre des cours d'espagnol, alors...

CATHY Oui, et ensuite j'___6___ (aller) travailler à Barcelone.

JULIEN J'espère que tu m'___7___ (envoyer) des cartes postales.

CATHY Oui, et toi, tu ___8___ (venir) me rendre visite!

9 Leur métier favori

Parlons/Écrivons En te basant sur les photos, dis ce que ces personnes aiment et ce qu'elles feront après le lycée.

MODÈLE **Alexandra aime les animaux. Elle sera vétérinaire.**

Alexandra

1. Éva   2. Fabien   3. Jean-Marc   4. Ali et Lise

Communication

Digital performance space

10 Interview

Parlons Demande à un(e) camarade de classe ce qu'il/elle fera plus tard. Ton/Ta camarade te dira ce qu'il/elle compte faire comme métier et pourquoi. Puis, échangez les rôles.

MODÈLE —**Dis, Martin, qu'est-ce que tu feras plus tard?**
—**Moi, j'adore les voitures et je deviendrai mécanicien comme mon père. Je travaillerai avec lui au début et puis j'aurai mon garage.**

Feminine forms of nouns

1 To form most feminine nouns add an -e to the masculine noun.

un avocat / une avocate   un marchand / une marchande

2 Masculine nouns with the following endings follow a different pattern to form the feminine form.

MASCULINE	FEMININE
un musicien	une musicienne
un serveur	une serveuse
un acteur	une actrice
un boulanger	une boulangère
un fermier	une fermière

3 Others have only one form that can be masculine or feminine.

un journaliste / une journaliste   un dentiste / une dentiste

un architecte / une architecte   un artiste / une artiste

4 Some nouns of professions which were historically held by men remain masculine whether they refer to a man or a woman.

un auteur   un juge   un écrivain

un ingénieur   un pilote   un médecin

5 However, there are some exceptions to the rules, for example:

un chanteur / une chanteuse   un docteur / une doctoresse

un prince / une princesse   un maître / une maîtresse

Vocabulaire et grammaire, *pp. 16–17*
Cahier d'activités, *pp. 11–13*

 Online Workbooks

11 **Des métiers en tout genre**

Parlons/Écrivons Ces gens ont le même métier que leur époux/ épouse (*spouse*). Dis ce qu'ils font comme métier.

MODÈLE Monsieur Julot est couturier.
          Madame Julot est couturière.

1. Monsieur Ripeau est ingénieur.
2. Madame Vermon est cuisinière.
3. Monsieur Galant est décorateur.
4. Monsieur Durant est chanteur.
5. Madame Arman est pharmacienne.
6. Monsieur Bonnet est médecin.
7. Monsieur Dupont est journaliste.
8. Monsieur Allard voudrait devenir acteur.

À la québécoise

In some parts of the francophone world, like Quebec, people use the feminine form of some words listed as traditionaly only having a masculine form:

une auteure
une écrivaine

⑫ Ce qu'elles vont faire

Lisons/Écrivons Floriane et ses amies discutent de ce qu'elles aimeraient faire plus tard. Complète leur conversation.

FLORIANE Moi, je crois que je vais devenir ___1___. Comme ça, je pourrai dessiner ma maison!

THUY Moi, je serai ___2___ parce que j'adore la mode et je ferai de très belles robes.

MAEVA Moi, j'aimerais être ___3___. J'irai en Afrique soigner les malades dans les petits villages!

CAROLE Moi, je veux soigner les animaux. Je serai ___4___.

CHLOÉ Moi, mon rêve, c'est de devenir ___5___ et d'avoir mon avion.

SYLVIANE Et moi, je me marierai *(to marry)* avec un prince et je serai ___6___!

⑬ Les femmes au travail

Parlons/Écrivons Dis ce que ces femmes font comme métier.

| 1. Karima | 2. Lise | 3. Léa | 4. Corinne | 5. Marie-Pierre | 6. Fabienne |

Digital
performance space

Communication

⑭ Questions personnelles

Parlons Demande à tes camarades s'ils connaissent des gens qui ont les métiers suivants. Est-ce que ces gens aiment ce qu'ils font? Pourquoi ou pourquoi pas?

ingénieur	musicien	médecin	fermier	plombier
artiste	interprète	avocat	??	chanteur

Application 1

15 Écoutons

Dis si on parle **a) d'une femme, b) d'un homme** ou si **c) on ne peut pas dire.**

16 Rien ne va plus!

Écrivons/Parlons Dis ce que ces gens feront dans ces situations.

1. Le chat de ta sœur est malade.
2. Tes cheveux sont longs.
3. Le chemisier en soie de ta mère est sale.
4. La voiture de tes parents ne marche pas bien.
5. Ta mère voudrait un gâteau pour l'anniversaire de ton père.
6. Tes copains ont besoin d'argent pour partir en vacances.

Un peu plus

The verb *conduire*

1. The verb **conduire** *(to drive)* is irregular. Its past participle is **conduit**.

conduire	
je cond**uis**	nous cond**uisons**
tu cond**uis**	vous cond**uisez**
il/elle/on cond**uit**	ils/elles cond**uisent**

2. The verbs **traduire** *(to translate)*, **construire** *(to build)*, and **produire** *(to produce)* are conjugated like **conduire**.

Vocabulaire et grammaire, *p. 18*
Cahier d'activités, *pp. 11–13*

Online Workbooks

17 Un choix à faire

Écrivons Complète ces phrases logiquement avec la forme correcte des verbes **traduire, conduire, produire** et **construire**.

1. Tous les matins, ma mère _____ mon petit frère à l'école.
2. Tes amis sont interprètes. Ils _____ des textes allemands.
3. Hier, nous _____ une maison pour le chien dans le jardin.
4. Cette région _____ des raisins de bonne qualité.
5. Vous _____ trop vite! J'ai peur!

Flash culture

En France, les employés ont droit à 5 semaines de congés payés. La semaine de travail est de 35 heures. Et il y a 11 jours fériés par an: le jour de l'an, le lundi de Pâques, la fête du Travail, le 8 mai 1945, l'Ascension, la Pentecôte, la fête nationale, l'Assomption, la Toussaint, l'Armistice de 1918 et Noël.

En général, combien de jours de congé les Américains ont-ils?

Application 1

18 Faites-le faire!

Lisons/Parlons Regarde cette affiche que des jeunes distribuent dans ton quartier et réponds aux questions suivantes. Fais des phrases complètes.

1. Pourquoi ça s'appelle SOS Corvées, à ton avis?

2. Qu'est-ce qu'on peut leur demander de faire?

3. Quelle corvée ajouterais-tu à la liste?

4. Est-ce que tu utiliserais SOS Corvées? Qu'est-ce que tu ferais faire?

5. Est-ce que tu aimerais travailler pour SOS Corvées?

Si vous ne voulez pas:

Appelez le 06. 88. 44. 53. 74
SOS Corvées le fera pour vous!

19 Tes projets et expériences professionnelles

Écrivons/Parlons Tu vas bientôt finir tes études. Tu as peut-être déjà une expérience professionnelle. Quels sont tes projets d'avenir? Réponds en faisant des phrases complètes.

1. Quel métier tu voudrais faire plus tard? Pourquoi?

2. Tu aimerais aller à l'université? Si oui, dans quelle université aimerais-tu aller?

3. Est-ce que tu aimerais faire le même métier que tes parents? Pourquoi ou pourquoi pas?

4. Est-ce que tu aimerais travailler comme moniteur/monitrice avec des enfants? Pourquoi?

5. Est-ce que tu as déjà eu des jobs d'été? Lesquels?

6. Est-ce que tu travailles pendant l'année scolaire? Si oui, qu'est-ce que tu fais?

7. Tu aimerais travailler pour une grande société ou pas?

Digital **performance** space

Communication

20 Questions personnelles

Parlons Demande à un(e) camarade s'il/si elle a fait ou a fait faire des choses récemment et par qui. Ensuite échangez les rôles.

MODÈLE —Tu t'es fait couper les cheveux?
—Oui, tu aimes?
—Tu es allée chez la même coiffeuse que d'habitude?

Lecture culturelle

Nous sommes entourés par des odeurs: l'odeur du café le matin au réveil, l'odeur de l'herbe coupée, l'odeur d'un toast brûlé ou encore l'odeur de la poubelle. Les odeurs sont plus ou moins agréables et aussi dépendent de la sensibilité de chacun. Et certaines personnes ont un nez plus développé que d'autres. Alors pourquoi ne pas s'en servir? Il existe des métiers, comme celui de parfumeur, où l'odorat[1] est un atout[2]. On surnomme les personnes qui composent des parfums des «nez».

Designer Olfactif[3]

Très jeune, j'ai eu conscience que de même qu'il existe une nuance entre entendre et écouter, il y a plusieurs façons d'être attentif aux odeurs. Depuis, je n'ai jamais perdu l'idée de devenir parfumeur. Je m'en suis donné les moyens[4] : après un bac S[5], j'ai enchaîné avec un Deug[6] de chimie. Sans ce diplôme, impossible de rentrer à l'ISIPCA[7], la seule école de parfumeurs en France. Après deux ans en alternance[8] et plusieurs expériences dans de grandes entreprises, j'ai senti le besoin de me démarquer[9] pour suivre mon propre chemin. Aujourd'hui à mon compte[10], je dessine des logos olfactifs pour des marques de prêt-à-porter[11]. En partant du logo et de ses couleurs, je signe les espaces de vente par une odeur originale. L'important, c'est de faire évoluer la fragrance afin qu'elle devienne la traduction exacte de la commande.

Phosphore, Juin 2005

Karine Chevalier *designer olfactif[3]*

REPÈRES

Formation : ISIPCA *(Institut supérieur international du parfum, de la cosmétique et de l'aromatique alimentaire).*

Évolution : débutant en tant que préparateurs dans les maisons de compositions, les « nez » les plus talentueux sont formés pour devenir parfumeurs-créateurs.

Compréhension

1. Designer olfactif, qu'est-ce que c'est?
2. Quelle formation est-ce qu'il faut suivre pour devenir parfumeur?
3. Qu'est-ce qu'un « nez »?

---

1. *sense of smell* 2. un avantage 3. *olfactory* 4. possibilités 5. Bac en sciences 6. diplôme obtenu après deux ans d'études universitaires 7. école qui forme les «nez» 8. *training which alternates study and work* 9. d'être différente 10. *being self-employed* 11. *ready-to-wear*

Comparaisons

Forum sur le travail

Curriculum vitæ

Tu décides de trouver un travail pour l'été en France. Sur ton CV *(résumé)* tu dois inclure:

a. juste tes études et ton expérience professionnelle.

b. tes études, ton expérience professionnelle et tes activités extra-scolaires.

c. tes études, ton expérience professionnelle, ton âge et une photo d'identité.

Il n'existe pas de modèle type de CV. Il doit tenir sur une page et il doit inclure:

— Nom, adresse, téléphone, fax, e-mail, photo
— Âge, situation de famille
— Études
— Expérience professionnelle
— Langues parlées
— Connaissances en informatique
— Centres d'intérêt (facultatif)

Il est souvent accompagné d'une lettre de motivation manuscrite.

ET TOI?

1. Est-ce que tu travailles? Qu'est-ce que tu as fait pour trouver et obtenir ce travail?

2. As-tu déjà fait un CV pour trouver un travail? Quelles informations as-tu inclues?

Communauté et professions

Le français et la publicité

La France est réputée[1] pour la haute couture, les parfums et autres produits de luxe. Certains produits se vendent mieux s'ils ont un nom français ou un slogan publicitaire qui fait référence à la France. Est-ce que tu connais un produit américain qui utilise cette technique? Est-ce qu'il existe un produit unique à ta région? Fais des recherches pour savoir quelle est son origine. D'où vient son nom? Quelles sont les techniques publicitaires[2] utilisées pour le vendre? Fais des recherches et présente ce que tu as trouvé à ta classe.

Produits de luxe

1. *known* 2. *advertising techniques*

Objectifs
- to make a phone call
- to write a formal letter

Vocabulaire à l'œuvre 2

Une conversation téléphonique

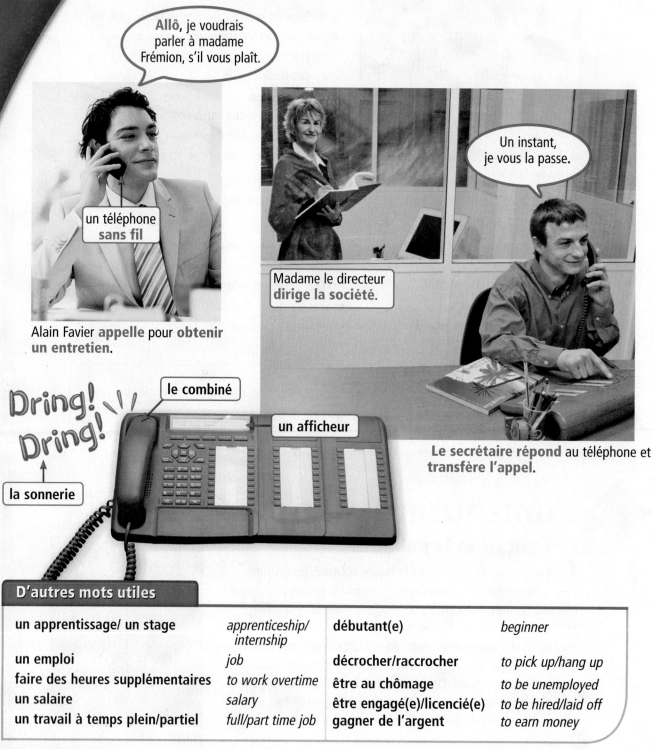

Allô, je voudrais parler à madame Frémion, s'il vous plaît.

un téléphone **sans fil**

Alain Favier **appelle** pour **obtenir un entretien**.

Madame le directeur **dirige la société**.

Un instant, je vous la passe.

Dring! Dring!

la sonnerie

le combiné

un afficheur

Le secrétaire **répond** au téléphone et **transfère l'appel**.

D'autres mots utiles

un apprentissage/ un stage	*apprenticeship/ internship*	**débutant(e)**	*beginner*
un emploi	*job*	**décrocher/raccrocher**	*to pick up/hang up*
faire des heures supplémentaires	*to work overtime*	être au chômage	*to be unemployed*
un salaire	*salary*	être engagé(e)/licencié(e)	*to be hired/laid off*
un travail à temps plein/partiel	*full/part time job*	gagner de l'argent	*to earn money*

▶ **Vocabulaire supplémentaire—Au téléphone, p. R17**

Une lettre de motivation

Alain Favier
17, boulevard Jourdan
75013 PARIS
Tél: 01.53.05.00.06   Paris, le 3 septembre

À l'attention de: Monsieur Tevet
Objet: demande de stage

Monsieur,

Étant actuellement étudiant en architecture, je
désirerais effectuer un stage d'une durée d'un
mois dans votre cabinet dans le but d'acquérir
une expérience nécessaire à ma formation.

Vos réalisations m'intéressent et j'aimerais
vivement travailler avec vous.

Veuillez trouver ci-joint mon curriculum vitae.

Dans l'attente d'une réponse qui, je l'espère, me
sera favorable, je vous prie d'agréer, Monsieur,
l'expression de mes salutations distinguées.

            A. Favier

 m Vitæ

Annecy
Jourdan

des en architecture
l'études professionnelles

ONNELLES:
ndeur-caissier

ordinateur inventaire

hui: Directeur des

ATIQUES

QUES:

couramment
allemand: niveau scolaire

CENTRES D'INTÉRÊT:
• Volley-ball
• Randonnée pédestre

Exprimons-nous!

To make a phone call	To respond
Bonjour, **est-ce que je pourrais parler à** Sylvain/Sylvie, s'il vous plaît? *. . . may I speak with . . . ?*	**Un instant/Ne quittez pas,** je vous **le/la passe.** *Hold on, . . . I'll put him/her on.* Désolé(e), il/elle n'est pas là. **Vous pouvez rappeler?** *. . . Could you call back?* **C'est de la part de qui/Qui est à l'appareil?** *May I ask who is calling?*
Est-ce que je peux laisser un message? *Can I leave a message?*	**Un moment,** je prends un papier et un crayon. *One moment, . . .*
Je suis bien chez Patricia? *Is this . . .'s house?*	Non, **vous avez fait le mauvais numéro.** *. . ., you have the wrong number.*
La ligne est occupée. *The line is busy.*	
Ça ne répond pas. *There is no answer.*	

Vocabulaire et grammaire, *pp. 19–21*

Online Workbooks

▶ **Vocabulaire supplémentaire**—Le monde du travail, **p. R17**

21 Écoutons

🎧 Dis à quelle illustration chaque phrase correspond.

Alain Favier
17, boulevard Jourdan
75013 PARIS
Tél: 01.53.05.00.0

À l'attention de: Monsieur
Objet: demande de stage

Monsieur,

Étant actuellement étudian
désirerais effectuer un sta.
mois dans votre cabinet de

a.　　　　**b.**　　　　**c.**　　　　**d.**

22 La bonne définition

Lisons Trouve les mots ou expressions de la première colonne qui correspondent aux mots ou expressions de la deuxième colonne.

1. une description des études et de la vie professionnelle
2. expression qui termine une lettre officielle
3. un autre mot pour «études»
4. situation de quelqu'un qui n'a pas de travail
5. travailler dans une compagnie pendant ses études

a. une formation
b. un curriculum vitae
c. faire un stage
d. mes sentiments distingués
e. être au chômage
f. un salaire

23 Au téléphone

✏️ **Écrivons** Zachary téléphone pour la première fois à son correspondant français. Complète sa conversation téléphonique.

—Bonjour. ____1____ Tanguy Gatineau?

—Non. ____2____.

—Excusez-moi.

—DRING! ____3____

—Bonjour, madame. ____4____ M. et Mme Gatineau?

—Oui.

—____5____ Tanguy, s'il vous plaît?

—____6____?

—C'est Zachary à l'appareil, son correspondant américain.

—____7____, je vous le passe.

Exprimons-nous!

To write a formal letter
Suite à notre conversation téléphonique, ... *Following our phone conversation, . . .*
En réponse à votre petite annonce du... *In response to your ad of . . .*
Dans le cadre de ma formation, je voudrais faire un stage dans votre société.   *As part of my education, . . .*
Veuillez trouver ci-joint mon curriculum vitæ. *Please, find my resumé attached.*
Je vous prie d'agréer, Monsieur/Madame, l'expression de mes **sentiments distingués.**   *Sincerely.*

Vocabulaire et grammaire, pp. 19–21

 Online Workbooks

24 Une lettre officielle

 Écrivons Alexandra voudrait faire un stage au *Monde*, un grand journal français. Elle a écrit une lettre mais elle n'a pas utilisé de formules de politesse. Récris sa lettre de façon polie. Inspire-toi du modèle de la page 57.

> *Bonjour,*
> *Je vous ai parlé au téléphone le 3 septembre. Je vous envoie cette lettre parce que je veux faire un stage chez vous. Je suis étudiante en journalisme et je veux travailler dans votre journal. Voici une description de mes études et de mes expériences professionnelles.*
> *Au revoir.*
> *Alexandra*

Digital
performance space

Communication

25 Scénario

Parlons Tu voudrais faire un stage dans une banque en France. Tu appelles la banque et tu demandes à parler à la personne qui s'occupe d'engager le personnel, monsieur Préjean. Joue cette scène avec un(e) camarade.

MODÈLE   —Bonjour, madame. Est-ce que je pourrais parler à
          monsieur Préjean?
      —Oui, c'est de la part de qui?

Objectifs
• the future perfect
• the present participle

Grammaire à l'œuvre 2

The future perfect

1 To indicate that one future action precedes another future action, use the future perfect (**futur antérieur**) for the action that will happen first.

2 To form the future perfect, use **avoir** or **être** in the future and add the **past participle of the main verb**.

> Quand j'**aurai fini** mes études, je travaillerai avec ma mère.
> *When I have finished my studies, I will work with my mother.*

> Julie te téléphonera quand maman **sera** rentrée.
> *Julie will call you when mom has arrived.*

Vocabulaire et grammaire, *pp. 22–23*
Cahier d'activités, *pp. 15–17*

Online Workbooks

26 Écoutons

Écoute ces phrases et dis quel événement doit arriver d'abord pour que l'autre puisse se passer.

1. écrire la lettre de motivation / téléphoner à Michel
2. aller au cinéma / déjeuner
3. parler à Stéphanie / aller voir Alice
4. venir vous rendre visite / arriver
5. comprendre la leçon / finir les exercices

27 Et ensuite?

Écrivons Ces choses se passeront quand quelque chose d'autre sera arrivé. Complète les phrases avec les formes correctes des verbes entre parenthèses.

1. Marie _____ (se maquiller) quand elle _____ (prendre) sa douche.
2. Quand l'infirmière _____ (se laver) les mains, elle _____ (aller) aider le docteur.
3. Je _____ (être) contente quand il m'_____ (téléphoner).
4. Nous _____ (venir) quand nous _____ (finir) nos devoirs.
5. Ils _____ (trouver) plus facilement du travail quand ils ____ (faire) leur stage.

28 Dans quel ordre?

Lisons/Parlons Pour chaque paire d'activités, dis quelle activité ces gens feront logiquement en premier.

MODÈLE Pascaline: faire ses devoirs / aller au cinéma
Pascaline ira au cinéma quand elle aura fait ses devoirs.

1. Laurent et Olivier: finir ses études / travailler
2. Tu: pouvoir se payer des vacances / trouver un travail
3. Vous: être prof d'italien / apprendre l'italien
4. Anaïs: étudier le russe / devenir interprète
5. Je: te la montrer / écrire ma lettre de motivation
6. Nous: sortir avec nos amis / finir les cours
7. Il: s'habiller / se raser
8. Elles: recevoir leur passeport / aller en France

29 Téléphone-moi!

Écrivons/Parlons Tes camarades te demandent de leur téléphoner. Dis-leur quand tu pourras les appeler.

MODÈLE Je vous téléphonerai quand...
...mon petit frère aura fini ses devoirs.

mon petit frère

1. nous   2. je 3. vous   4. ma sœur

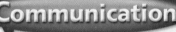

Communication

Digital **performance space**

30 Questions personnelles

Parlons Demande à un(e) camarade ces projets de week-end. Il/Elle va te dire trois choses qu'il/elle doit faire avant de pouvoir faire ce qu'il/elle a envie de faire. Puis, échangez les rôles.

MODÈLE —Virginie, qu'est-ce que tu vas faire ce week-end?
—Je vais d'abord faire mes devoirs. Quand j'aurai fini mes devoirs, je... Ensuite, quand j'aurai..., je...

The present participle

1 As you already know, to form the **present participle** of all regular and most irregular verbs, you remove the **-ons** from the present **nous** form and add the ending **-ant**.

> nous écoutons → écout**ant**   nous faisons → fais**ant**

2 **Être, avoir,** and **savoir** have irregular present participles.

> être → **étant**   avoir → **ayant**   savoir → **sachant**

3 Use **en** + present participle to say that someone is doing something *at the same time as* something else.

> Ils sont partis de chez nous **en chantant**.
> *They left our house singing.*

en + present participle may also express *how* or *why* something is done. This translates as *by* or *through* in these cases.

> **En étudiant**, tu réussiras.
> *By studying, you'll succeed.*

4 The present participle can be used without **en.**

> **Étant** étudiante en art, je voudrais faire un stage.

The present participle may also be used instead of a *relative clause.* This construction is typical of formal speech and writing.

> En Chine, les personnes **parlant** (*qui parlent*) français sont rares.

5 You can also use the present participle as *an adjective* to describe someone or something. In this case, it will agree in gender and number with the noun being described.

> C'est une histoire **passionnante**.   *It's an exciting story.*

Vocabulaire et grammaire, *pp. 22–23*
Cahier d'activités, *pp. 15–17*

Online Workbooks

Entre copains

une boîte	company
un boulot	job
bosser	to work
un coup de fil	phone call
un job	job

31 La langue de l'administration

Parlons Remplace les mots soulignés par le participe présent.

1. Les élèves <u>qui passent</u> un examen demain devront arriver à 8h.
2. Les gens <u>qui cherchent</u> du travail devraient lire le journal.
3. Les gens <u>qui ont</u> de l'expérience ont un meilleur salaire.
4. Les personnes <u>qui font</u> une demande d'emploi doivent envoyer leur CV.
5. Voici un plan <u>qui indique</u> les endroits importants de la ville.
6. Les gens <u>qui savent</u> parler anglais trouvent du travail plus facilement.

32 **Comment dirais-tu?**

Écrivons/Parlons Pour chaque phrase, écris l'adjectif verbal.

1. En automne, les feuilles ont des couleurs _____.(changer)
2. Les enfants de Laura sont très _____.(obéir)
3. Il a trouvé un travail _____.(intéresser)
4. Il m'a offert une jolie plante _____.(grimper)
5. Cette bande dessinée n'est pas très _____.(amuser)

33 **Voilà comment il faut faire!**

Écrivons Remplace chaque condition par un participe présent.

MODÈLE Si tu étudies bien, tu auras de bonnes notes.
En étudiant bien, tu auras de bonnes notes.

1. Si vous travaillez régulièrement, vous réussirez.
2. S'il fait un apprentissage, il aura plus d'expérience.
3. Si tu pars à 7 heures, tu arriveras à temps au travail.
4. Je gagnerai plus d'argent si je fais des heures supplémentaires.
5. Nous apprendrons beaucoup si nous faisons un stage.

34 **Des conseils**

Parlons/Écrivons Que dirais-tu à ces gens?

MODÈLE **Vous ne devriez pas surfer sur Internet en préparant le repas.**

1. tu   2. il   3. elle

Communication

35 **Scénario**

Parlons Un(e) camarade te demande ce qu'il/elle doit faire pour réussir à son cours de français. Tu vas lui donner trois conseils. Ensuite, échangez les rôles.

MODÈLE **Tu apprendras beaucoup en regardant des films français.**

Application 2

36 **Voilà ce qui arrivera**

Parlons/Écrivons Dis ce que Christelle aura dû faire pour arriver aux choses suivantes. Utilise le futur antérieur.

MODÈLE réussir ses examens
Quand elle aura étudié, elle réussira ses examens.

1. finir le lycée
2. aller à l'université
3. chercher du travail
4. trouver du travail
5. avoir un bon salaire
6. partir en vacances

Un peu plus Révisions

The *conditionnel de politesse*

1. To form the conditional, use the future stem and add the **imparfait** endings: **-ais, -ais, -ait, -ions, -iez, -aient**

2. The conditional is used to soften statements, making them sound more polite than the present or a command.

   Je **voudrais** travailler avec vous.

   Pourrais-tu laver la voiture?

   Vous **serait**-il possible de laver les vitres?

Vocabulaire et grammaire, *p. 24*
Cahier d'activités, *pp. 15–17*

 Online Workbooks

37 **Écoutons**

Madame Aubry a beaucoup de choses à faire faire. Dis si elle demande ces services de manière **a) polie** ou **b) impolie.**

38 **Où se trouve...?**

Parlons/Écrivons Sam est perdu et demande poliment des renseignements à une jeune fille dans la rue.

SAM   Mademoiselle, ___1___-vous (pouvoir) me dire où il y a une station de métro?

LA FILLE   Il y en a une juste là, à droite.

SAM   ___2___-vous (savoir) aussi s'il y a une pharmacie près d'ici?

LA FILLE   Non, je suis désolée.

SAM   ___3___-vous (connaître) un bon restaurant dans le quartier?

LA FILLE   Oui, il y en a un bon près d'ici.

SAM   Je ne ___4___ (savoir) assez vous remercier. ___5___-vous (accepter) une invitation à dîner?

Online Practice

my.hrw.com

Application 2 practice

39 Offres d'emploi

Lisons/Écrivons Lis ces offres d'emploi et réponds aux questions.

1. Quels emplois sont offerts?
2. Est-ce qu'il faut avoir de l'expérience pour être chauffeur?
3. Où faut-il envoyer sa lettre?
4. Combien de langues la/le secrétaire doit-elle/il parler? Lesquelles?
5. Écris une lettre de motivation pour un de ces emplois.

Service Express

RECHERCHE

- **Secrétaire bilingue :** français/espagnol expérience souhaitée
- **Chauffeurs Poids Lourds** débutant accepté, salaire motivant
- **Mécaniciens** Niveau BEP, expérience nécessaire

Envoyer CV et lettre de motivation à

Service-Express

Zone Industrielle Nord, 64100 Pau

40 Ta petite annonce

Écrivons Tu as un restaurant ou une société de ton choix et tu voudrais engager du personnel. Crée une petite annonce disant ce que tu cherches chez les candidats pour cet emploi.

MODÈLE **Restaurant des Trois Ponts recherche cuisinier et serveurs/serveuses. Travail à temps partiel...**

Digital performance space

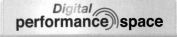

Communication

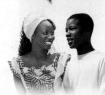

41 Une conversation téléphonique

Parlons Imagine que tu appelles une compagnie pour obtenir un entretien. D'abord, ton/ta camarade va jouer le rôle du/de la secrétaire. Il/Elle va lire les questions ci-dessous et tu vas y répondre de manière logique. Ensuite, vous allez échanger les rôles.

— **Allô, bonjour.**

—

— **C'est de la part de qui?**

—

— **Désolé(e), Monsieur Durand n'est pas là.**

—

— **Oui. Un moment, s'il vous plaît.**

—

— **D'accord. Quel est votre numéro de téléphone?**

—

Lecture

Antoine de Saint-Exupéry (1900–1944) écrivain français, découvre l'aviation à l'âge de dix ans. En 1922, il devient pilote. En 1926, il est pilote pour l'Aéropostale, compagnie de transport du courrier entre la France, l'Afrique et l'Amérique du Sud. Pendant la Deuxième Guerre mondiale, il fait des vols[1] de reconnaissance pour l'armée française. C'est à cette époque qu'il écrit et illustre son récit le plus connu, *Le Petit Prince* publié en 1943. Saint-Exupéry disparaît pendant une mission le 31 juillet 1944. Saint-Exupéry a aussi écrit *Courrier-Sud* (1928), *Vol de Nuit* (1931) et *Terre des Hommes* (1938) entre autres.

STRATÉGIE

Summarizing and Paraphrasing are an easy way to help you concentrate on meaning. After you listen to or read a short passage, stop and write down what has happened. If you have questions, jot them down as well. Repeat this process for the rest of the listening or reading. Ultimately, it might help you answer your own questions.

A Avant la lecture

Est-ce que tu as déjà entendu parler de l'histoire du petit prince? Qu'est-ce que tu connais de l'histoire? Lis le paragraphe d'introduction au texte. Qui sont les personnages de l'histoire? Où se passe-t-elle?

Le Petit Prince

L'extrait suivant est tiré du récit
Le Petit Prince. *Un aviateur s'écrase[2] dans le Sahara. Il y rencontre le petit prince qui a quitté sa planète parce qu'il se sentait seul. Le petit prince lui raconte ses aventures. Dans cet extrait, le petit prince arrive sur la cinquième planète où il fait la connaissance d'un allumeur de réverbères[3].*

---

1. *flights* **2.** tombe **3.** *street lights*

La cinquième planète était très curieuse. C'était la plus petite de toutes. Il y avait là juste assez de place pour loger un réverbère et un allumeur de réverbères. Le petit prince ne parvenait[1] pas à s'expliquer à quoi pouvaient servir, quelque part dans le ciel, sur une planète sans maison, ni population, un réverbère et un allumeur de réverbères. Cependant il se dit en lui même :

— Peut-être bien que cet homme est absurde. Cependant il est moins absurde que le roi, que le vaniteux[2], que le businessman et que le buveur. Au moins son travail a-t-il un sens. Quand il allume son réverbère, c'est comme s'il faisait naître une étoile de plus, ou une fleur. Quand il éteint[3] son réverbère ça endort la fleur ou l'étoile. C'est une occupation très jolie. C'est véritablement utile puisque c'est joli.

Lorsqu'il aborda[4] la planète il salua respectueusement l'allumeur :

— Bonjour. Pourquoi viens-tu d'éteindre ton réverbère ?

— C'est la consigne[5], répondit l'allumeur. Bonjour.

— Qu'est-ce que la consigne ?

— C'est d'éteindre mon réverbère. Bonsoir.

Et il le ralluma.

— Mais pourquoi viens-tu de le rallumer ?

— C'est la consigne, répondit l'allumeur.

— Je ne comprends pas, dit le petit prince.

— Il n'y a rien à comprendre, dit l'allumeur. La consigne c'est la consigne. Bonjour.

Et il éteignit son réverbère.

Puis il s'épongea[6] le front avec un mouchoir[7] à carreaux rouges.

— Je fais là un métier terrible. C'était raisonnable autrefois. J'éteignais le matin et j'allumais le soir. J'avais le reste du jour pour me reposer, et le reste de la nuit pour dormir...

— Et, depuis cette époque, la consigne a changé ?

— La consigne n'a pas changé, dit l'allumeur. C'est bien là le drame ! La planète d'année en année a tourné de plus en plus vite, et la consigne n'a pas changé !

— Alors ? dit le petit prince.

— Alors maintenant qu'elle fait un tour par minute, je n'ai plus une seconde de repos. J'allume et j'éteins une fois par minute !

— Ça c'est drôle ! Les jours chez toi durent une minute !

— Ce n'est pas drôle du tout, dit l'allumeur. Ça fait déjà un mois que nous parlons ensemble.

— Un mois ?

— Oui. Trente minutes. Trente jours ! Bonsoir.

Et il ralluma son réverbère.

Le petit prince le regarda et il aima cet allumeur qui était tellement fidèle[8] à la consigne. Il se souvint des couchers de soleil que lui-même allait autrefois

---

1. ne pouvait pas 2. prétentieux 3. *turns off* 4. *landed* 5. ordre 6. s'essuya 7. *handkerchief* 8. *faithful*

chercher, en tirant sa chaise. Il voulut aider son ami :

— Tu sais... je connais un moyen de te reposer quand tu voudras...

— Je veux toujours, dit l'allumeur.

Car on peut être, à la fois, fidèle et paresseux.

Le petit prince poursuivit :

— Ta planète est tellement petite que tu en fais le tour en trois enjambées[1]. Tu n'as qu'à marcher assez lentement pour rester toujours au soleil. Quand tu voudras te reposer tu marcheras... et le jour durera aussi longtemps que tu voudras.

— Ça ne m'avance pas à grand'chose, dit l'allumeur. Ce que j'aime dans la vie, c'est dormir.

— Ce n'est pas de chance, dit le petit prince.

— Ce n'est pas de chance, dit l'allumeur. Bonjour.

Et il éteignit son réverbère.

Celui-là, se dit le petit prince, tandis qu'il poursuivait plus loin son voyage, celui-là serait méprisé[2] par tous les autres, par le roi, par le vaniteux, par le buveur, par le businessman. Cependant c'est le seul qui ne me paraisse pas ridicule. C'est, peut-être, parce qu'il s'occupe d'autre chose que de soi-même.

Il eut un soupir de regret et se dit encore :

— Celui-là est le seul dont j'eusse pu faire[3] mon ami. Mais sa planète est vraiment trop petite. Il n'y a pas de place pour deux...

Ce que le petit prince n'osait pas s'avouer, c'est qu'il regrettait cette planète bénie à cause, surtout, des mille quatre cent quarante couchers de soleil par vingt-quatre heures !

---

1. un grand pas 2. *despised* 3. *could have been*

B Compréhension

Complète les phrases suivantes.

1. Le petit prince atterrit sur...
   a. la quatrième planète.
   b. la cinquième planète.
   c. la quinzième planète.

2. L'allumeur de réverbères doit...
   a. éteindre et allumer trois réverbères.
   b. seulement éteindre les réverbères.
   c. éteindre et allumer un seul réverbère.

3. L'allumeur de réverbères allume et éteint le réverbère...
   a. tous les soirs.
   b. toutes les minutes.
   c. tous les mois.

4. L'allumeur de réverbères peut arrêter d'allumer et d'éteindre le réverbère toutes les minutes s'il...
   a. fait trois enjambées.
   b. marche lentement.
   c. marche vite.

5. Le petit prince aime cette planète...
   a. parce qu'il y a beaucoup de couchers de soleil.
   b. parce qu'il y a beaucoup de réverbères.
   c. parce que la planète est petite.

C Réponds aux questions suivantes.

1. Comment est la cinquième planète?

2. Qu'est-ce qu'il y a sur la planète?

3. Pourquoi le petit prince pense-t-il que l'occupation d'allumeur de réverbères est utile?

4. Quelles sont les consignes de l'allumeur?

5. Quand l'allumeur faisait-il son travail autrefois?

6. Quel est le problème de l'allumeur?

7. Comment le petit prince se sentait-il après avoir quitté la planète? Pourquoi?

Après la lecture

D Relis le texte encore une fois et résume l'histoire. Assure-toi que tous les faits importants de l'histoire se trouvent dans ton résumé. Puis, élimine les détails qui ne sont pas nécessaires.

L'atelier de l'écrivain

Ta lettre de motivation

Tu as vu une offre d'emploi qui t'intéresse sur Internet. Pour poser ta candidature, tu vas écrire une lettre de motivation qui va accompagner ton curriculum vitae. Dans cette lettre, il faut convaincre l'employeur que tu es le meilleur candidat/la meilleure candidate pour le poste.

1 Plan: l'araignée

Choisis un emploi qui t'intéresse. Écris le nom de ce travail dans le cercle de ton organigramme. Sur les lignes à droite du cercle, fais la liste de tes qualifications, compétences et qualités (tu peux les imaginer) pour persuader l'employeur de ton expérience et de l'intérêt que tu portes à ce travail. Ensuite, pense à ce dont l'employeur aura besoin. Écris tes idées sur les lignes à gauche du cercle. Revois les détails que tu as écrit et mets-les par ordre d'importance. Commence par le moins important pour finir par le plus important.

> **STRATÉGIE pour écrire**
>
> Use details and organization to maximize the effect of your persuasive writing. First, try to predict your readers' concerns, and choose facts and supporting examples to address each one. Begin writing by clearly stating your objective, and then proceed to explain and to support your point of view. Back up each statement with specific information that illustrates your point. Be sure to end with your strongest arguments. Your most convincing argument will have the biggest impact if your audience reads it last.

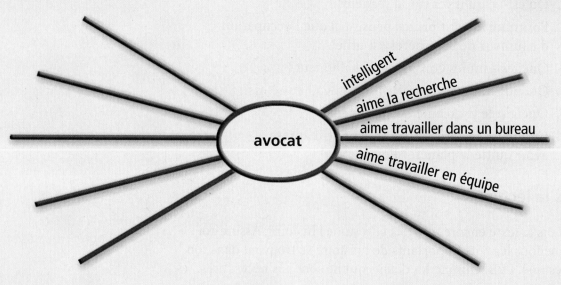

intelligent

aime la recherche

aime travailler dans un bureau

avocat

aime travailler en équipe

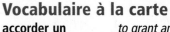
2 Rédaction

Fais un brouillon de ta lettre. Commence par une phrase qui explique l'objectif de ta lettre. Puis, essaie de convaincre l'employeur que tu es le ou la meilleur(e) candidat(e) en parlant de ton expérience et de tes qualités. Utilise le futur et le futur antérieur pour lui dire ce que tu apporteras à son entreprise. N'oublie pas d'utiliser les formules de politesse nécessaires.

3 Correction

Échange ta lettre avec celle d'un ou d'une camarade de classe. Posez-vous les questions suivantes pour corriger vos lettres respectives:

• Est-ce que toutes les qualifications, les compétences et les qualités nécessaires pour l'emploi sont remplies?

• Est-ce que les détails et la structure rendent la lettre convaincante?

• Est-ce que la lettre est assez polie et le style adéquat?

Ensuite, assurez-vous de l'emploi correct des temps des verbes et des formules de politesse. Corrigez les fautes d'orthographe.

Fais les corrections suggérées et écris la version finale de ta lettre.

4 Application

Lis ta lettre à un petit groupe de camarades qui va jouer le rôle des employeurs. Ils vont la lire et dire si tu les as persuadés de t'accorder un entretien. Sinon, ils vont te suggérer ce que tu dois faire pour améliorer ta candidature.

Vocabulaire à la carte

accorder un entretien	*to grant an interview*
une compétence	*skill, ability*
contribuer	*to contribute*
une lettre de motivation	*cover letter*
poser sa candidature	*to apply for a position*
un emploi	*job*
souhaiter	*to wish*

The futures

The future is used to talk about an event that is going to happen.

Tu seras boulanger.

The future perfect is used to talk about a future event that needs to happen before another future event.

Quand j'aurai fini mes études, je partirai faire le tour du monde.

Alain Favier
17, boulevard Jourdan
75013 PARIS
Tél: 01.53.05.00.01   *Paris, le 3 septembre*

À l'attention de: Monsieur Tevet
Objet: demande de stage

Monsieur,

Étant actuellement étudiant en architecture, je désirerais effectuer un stage d'une durée d'un mois dans votre cabinet dans le but d'acquérir une expérience nécessaire à ma formation.

Vos réalisations m'intéressent et j'aimerais vivement

...lum Vitæ

...embre à Annecy
...oulevard Jourdan

....com
...nçaise

... DIPLÔMES:
...Diplôme d'études en architecture
...DEP Diplôme d'études professionnelles

...ES PROFESSIONNELLES:
...oût 2002: Vendeur-caissier service à la

L'atelier de l'écrivain

Prépare-toi pour l'examen

@HOME TUTOR

1 Ces gens te parlent de leurs projets. Dis à quelle photo chaque phrase correspond. Il n'y a pas de photo pour chaque phrase.

a.

b.

c.

d.

① Vocabulaire 1
- to ask about future plans
- to make polite requests
  pp. 44–47

1. Cet été, j'aimerais trouver un job de serveuse.
2. Après ma retraite, je voudrais travailler comme libraire.
3. Moi, j'aimerais travailler dans l'informatique.
4. Ça me plairait d'être avocate, comme mon père.
5. J'aimerais faire un stage chez un coiffeur avant de me décider.

2 Mets les verbes entre parenthèses au futur.

② Grammaire 1
- the future
- feminine form of nouns
Un peu plus
- the verb **conduire**
  pp. 48–53

1. Ma sœur _____ (aller) à l'université après le lycée.
2. Mon frère _____ (être) cuisinier.
3. Vous _____ (finir) vos cours d'anglais au mois de mai.
4. Nous _____ (acheter) une maison cette année.
5. Je _____ (devenir) plombier comme mon père.
6. Mes cousins _____ (conduire) des voitures de sport et _____ (faire) de la compétition.

3 Sylvie est la secrétaire de monsieur Legrand. Complète la conversation téléphonique entre Sylvie et Lucas, un garçon qui cherche du travail.

③ Vocabulaire 2
- to make a phone call
- to write a formal letter
  pp. 56–59

SYLVIE   Bonjour. Le cabinet de M. Legrand.

LUCAS   ___1___ à monsieur Legrand, s'il vous plaît?

SYLVIE   ___2___ de qui?

LUCAS   Je m'appelle Lucas Tiemont et je voudrais avoir ___3___ parce que j'aimerais faire ___4___ chez vous.

SYLVIE   Désolée, sa ligne ___5___. Vous pouvez ___6___?

4 Complète les phrases suivantes. Utilise le futur antérieur.

1. Quand... (finir mes études), je serai avocat.
2. M. Petit vous répondra quand... (lire votre lettre de motivation)
3. Il aura un meilleur salaire quand... (finir son stage)
4. Nous ne serons plus au chômage quand... (trouver du travail)
5. Quand... (lire ce livre), je te le prêterai.
6. Vous serez contents quand... (finir cet exercice)

 5 Réponds aux questions suivantes.

1. En France, dans quel secteur est-ce que la majorité de la population active travaille?
2. Depuis quand est-ce que le droit de grève est reconnu par la Constitution française?
3. Qu'est-ce que Pôle Emploi fait?

6 Écoute les phrases suivantes et dis si elles sont **a) polies** ou **b) impolies.**

7 Tu discutes avec ton/ta camarade de vos projets d'avenir. Ton camarade ne sait pas ce qu'il/elle veut faire. D'abord, lisez les instructions pour chaque réplique *(exchange)*. Ensuite, créez votre dialogue en utilisant des expressions que vous avez apprises.

Élève A:	Demande à ton/ta camarade quels sont ses projets après le lycée.
Élève B:	Dis que tu ne sais pas. Pose une question similaire.
Élève A:	Parle d'aller à l'université. Dis quelles études tu veux faire.
Élève B:	Demande pourquoi.
Élève A:	Dis quel métier tu voudrais faire après tes études.
Élève B:	Parle d'aller à l'étranger.
Élève A:	Demande pourquoi.
Élève B:	Donne une explication.

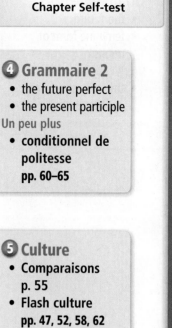

Online Assessment

my.hrw.com
Chapter Self-test

4 Grammaire 2
- the future perfect
- the present participle

Un peu plus
- **conditionnel de politesse**
  pp. 60–65

5 Culture
- **Comparaisons**
  p. 55
- **Flash culture**
  pp. 47, 52, 58, 62

Prépare-toi pour l'examen

Grammaire 1
- the future
- feminine form of nouns

Un peu plus
- the verb **conduire**
  pp. 48–53

Résumé: Grammaire 1

To form the future of -**er** and -**ir** verbs, add the future endings to the infinitive. For -**re** verbs, first drop the -**e** from the infinitive and then add the future endings: **-ai, -as, -a, -ons, -ez, -ont.** Verbs like **appeler** or **jeter** that have spelling changes in the present also have the same spelling changes in the future. Some verbs have irregular future stems:

avoir → **aur-**	être → **ser-**	pouvoir → **pourr-**
aller → **ir-**	faire → **fer-**	vouloir → **voudr-**

Form most **feminine nouns** by adding an -**e** to the masculine noun. Some nouns have masculine endings and must be changed to a feminine ending.

-ien → -ienne   -eur → -euse   -teur → -trice   -er → -ère   -ier → -ière

Some nouns have one form that can take either masculine or feminine articles (**un/une vétérinaire**). Some nouns are masculine whether they refer to a man or a woman (**un plombier**).

The verb **conduire** is irregular: **je conduis, tu conduis, il/elle/on conduit, nous conduisons, vous conduisez, ils/elles conduisent.** Past participle is **conduit.**

Grammaire 2
- the future perfect
- the present participle

Un peu plus
- the **conditionnel de politesse**
  pp. 60–65

Résumé: Grammaire 2

To indicate that one future action will happen before another future action, use the future perfect (**futur antérieur**). To form the future perfect, use **avoir** or **être** in the future and add the past participle of the main verb.

precedes

Quand tu **arriveras**, nous **serons partis**.

To form the **present participle,** remove the -**ons** from the **nous** form and add the ending -**ant.**
Few verbs have irregular present participles:

être → **étant**   avoir → **ayant**   savoir → **sachant**

Use **en** + **present participle** to say that someone *is doing something at the same time as something else* or to express *how or why something is done.* The **present participle** can be used without **en** to replace a relative clause or as an adjective.

The **conditional** can be used to make a statement more polite. To form the conditional, use the future stem and add the **imparfait** endings: **-ais, -ais, -ait, -ions, -iez, -aient.**

Résumé: Vocabulaire 1

PRACTICE FRENCH WITH HOLT MCDOUGAL APPS!

Professions

à l'étranger	abroad
un/une **agriculteur(-trice)**	farmer
un/une **architecte**	architect
un/une **artiste**	artist
un **auteur**	author
un/une **avocat(e)**	lawyer
un/une **chanteur(-euse)**	singer
un **chauffeur**	driver
un/une **coiffeur(-euse)**	hair dresser
un/une **comptable**	accountant
un/une **couturier(-ière)**	fashion designer
un/une **cuisinier(-ière)**	cook
un/une **décorateur(-trice)**	interior designer
un **diplôme**	degree
faire des **études** (f.)	to study (university level)
faire **livrer/garder**	to have . . . delivered/watched
un/une **étudiant(e)**	college student
un/une **fermier(-ière)**	farmer
un/une **informaticien(ne)**	programmer
un **ingénieur**	engineer
un/une **interprète**	interpreter
un/une **journaliste**	journalist

un/une **juge**	judge
un/une **libraire**	book seller
un/une **marchand(e)**	salesperson
un/une **mécanicien(ne)**	mechanic
un **métier**/une **profession**	trade/profession
un/une **moniteur(-trice)**	instructor
un **médecin**	doctor
un/une **musicien(ne)**	musician
un/une **pâtissier(-ière)**	baker
un **plombier**	plumber
réparer	to fix
un/une **serveur(-euse)**	waiter/waitress
soigner	to care for
un/une **teinturier(-ière)**	dry cleaner
un/une **traducteur(-trice)**	translator
un/une **tuteur(-trice)**	tutor
un/une **vendeur(-euse)**	salesperson
un/une **vétérinaire**	veterinarian

To ask about future plans
and respond... ....See p. 45
To make polite requests ....See p. 47

Résumé: Vocabulaire 2

A phone conversation

un **afficheur**	caller ID
Âllo.	Hello.
avoir de l'**expérience**	to have experience
une (petite) **annonce**	ad
appeler/répondre	to call/answer
un **apprentissage**/un **stage**	apprenticeship/internship
l'**architecture** (f.)	architecture
un **cabinet**	office
le **combiné**	receiver
débutant(e)	beginner
diriger	to lead/to be in charge of
une **durée** de	a duration of
décrocher/raccrocher	to pick up/hang up the phone
un **emploi**	job
un **entretien**/une **entrevue**	interview
être au **chômage**	to be unemployed

être **engagé(e)/licencié(e)**	to be hired/laid off
un/une **étudiant(e)**	college student
gagner de l'argent	to earn money
faire des **heures supplémentaires**	to work overtime
obtenir	to get
un **salaire**	salary
sans fil	cordless
le/la **secrétaire**	secretary
la **société**	company
la **sonnerie**	ringing
transférer l'appel/**passer**	to transfer the call/to transfer
un **travail à temps plein/partiel**	full time/part time job

To make a phone call
and respond ....See p. 57
To write a formal letter ....See p. 59

Prépare-toi pour l'examen

Activités préparatoires

Listen to the dialogue and choose the most appropriate response.

1. **A.** Oui, je serai avocat.
   B. Oui, je fais nettoyer mes vêtements.
   C. Oui, je suis moniteur au club de tennis des Cèdres.
   D. Oui, je compte être vétérinaire.

2. **A.** Et si tu cherchais un boulot à mi-temps?
   B. Aucune idée.
   C. Tu n'as qu'à faire réparer ta voiture.
   D. Tu devrais te reposer.

Interpretive Reading

The following reading selection is about the skills and knowledge required if you want to have a successful career in translation. It also explores the various types of translation careers available.

Traducteur ou interprète?

Le 21e siècle est le siècle de la globalisation. L'interdépendance économique entre nations est un facteur important dans la vie de tous. Dans le monde du travail, il est de plus en plus important de communiquer, même si l'on ne parle pas la même langue. Et pour nous aider à le faire, certains se spécialisent dans la traduction. Du document scientifique ou juridique aux sous-titres de films et aux romans populaires, des centaines de milliers de textes sont traduits chaque jour dans le monde. Les traducteurs professionnels sont souvent appelés à se spécialiser dans un type précis de traduction. Avoir fait des études de droit, par exemple, donne au traducteur de documents juridiques un avantage certain.

Mais il existe une autre forme de traduction qui, quoique faisant également appel à la connaissance de langues étrangères, requiert un procédé mental différent de la traduction écrite. Il s'agit de l'interprétariat. Les interprètes doivent traduire en un temps très limité. S'ils peuvent parfois prendre des notes à partir d'un discours (interprétariat consécutif), ils doivent pouvoir analyser très vite ce qui est essentiel à traduire. Et s'ils font de la traduction simultanée, il leur faut une énorme capacité de concentration et une grande rapidité intellectuelle.

---

1. Un(e) traducteur/traductrice est une personne qui...
   A. traduit ce qui est parlé.
   B. traduit ce qui est écrit.
   C. enseigne (teaches) une langue étrangère.
   D. parle anglais.

2. Pour être traducteur/traductrice, il vaut mieux...
   A. voyager.
   B. regarder des films.
   C. avoir une spécialisation.
   D. pouvoir penser rapidement.

3. Un(e) interprète doit...
   A. traduire rapidement.
   B. écrire rapidement.
   C. traduire des textes spécialisés.
   D. faire des études de droit.

4. Il y a deux formes d'interprétariat: ...
   A. écrit et oral.
   B. dans une langue et dans deux langues.
   C. analytique et intellectuel.
   D. consécutif et simultané.

The following activities can be used to help you to prepare for the Advanced Placement French Language and Culture Exam, or to further practice the vocabulary and grammar concepts you have seen in this chapter.

Interpersonal Writing

You wrote to a veterinary clinic close to your house to inquire about a summer job. The veterinarian wants to know what your motivations are to be working there. Answer his e-mail stating your motivations. You should use formal style in your e-mail. Start with a polite greeting and thank your correspondent at the end of your message.

> Bonjour,
>
> Je vous remercie de votre courrier.
>
> Avant de pouvoir faire suite à votre demande de poste pour l'été, il me faudrait consulter votre curriculum vitae. Pourriez-vous donc me l'envoyer dans les plus brefs délais? Je vous serais aussi reconnaissant de bien vouloir me dire quelles sont vos motivations quant à travailler dans une clinique vétérinaire. De plus, si vous avez déjà travaillé avec des animaux, pourriez-vous me donner les coordonnées des personnes avec qui vous avez travaillé (ou le nom des institutions, si vous avez fait du volontariat dans un refuge, par exemple).
>
> En l'attente de vos documents, je vous prie de croire en mes salutations distinguées.
>
> Guillaume Bussy,
> Docteur vétérinaire

Presentational Writing

You're going to write an essay related to professions based on a text and several interviews. In your essay, you will discuss what you read and heard, and you will tell about what you would like to do as a profession. Make sure to organize your essay in logical sections and to clearly indicate your sources as you refer to them.

Classement de 15 métiers selon les Français

Selon un sondage récent de l'Ifop pour *France Soir* sur un échantillon d'environ 1 000 personnes interviewées au sujet de leurs opinions de 15 professions, ce sont les professionnels de la santé qui sont les plus populaires. En effet, les infirmières arrivent en tête (99% d'opinions favorables), suivies de près par les médecins, puis par les dentistes et les pharmaciens. 85% des Français disent aussi avoir une bonne opinion des commerçants. Les enseignants, les policiers et les chefs d'entreprise sont également bien jugés par la majorité des Français.

Vers le bas du tableau, avec moins de 40% d'opinions favorables, on retrouve les agents immobiliers et les banquiers. Quant au métier qui a reçu le moins d'opinions favorables: député (moins de 35% d'opinions favorables). La crise financière, les problèmes de l'immobilier et la méfiance envers les personnalités politiques sont sans doute en partie responsables de la mauvaise image de ces trois professions.

▶ **Quel métier aimerais-tu faire?**

Essay Topic: **Quel métier aimerais-tu faire et pourquoi?**

Révisions cumulatives

🎧 **1** Écoute ces phrases et dis de qui on parle.

1. Éric

2. Martin

3. Joseph

4. Léa et Albert

5. Albin

2 Lis ce curriculum vitæ et réponds aux questions suivantes.

Curriculum Vitæ

État civil :
Nom : Alice Perrin
Née le : 28 octobre 1985 à Paris
Adresse : 46, rue des Templiers
        59850 NIEPPE
Téléphone : 03 56 25 87 91
E-mail : aperrin@hrw.com
Nationalité : française

Diplômes :
Diplôme de comptabilité de l'Université de Lille

Expérience professionnelle :
Bureau d'Éducation : a travaillé comme secrétaire,
répondu au téléphone, aidé les étudiants et classé
des documents.

Références :
Mme Gardé, Bureau d'Éducation
   tél : 03 43 70 30 27
M. Blanc, Professeur de comptabilité
   tél : 03 12 51 00 42

Connaissances linguistiques :
Français : parlé, lu et écrit
Anglais : parlé, lu et écrit
Espagnol : assez bon (niveau scolaire)

1. Qui cherche un emploi?
2. Quel est son numéro de téléphone?
3. Est-ce qu'elle parle bien espagnol?
4. Pour des renseignements sur Alice, à qui peut-on téléphoner?
5. Qu'est-ce qu'elle a fait pour le Bureau d'Éducation?

Révisions cumulatives

3 Tu téléphones à un(e) ami(e). C'est son père qui répond. Tu demandes à parler à ton ami(e), mais il/elle n'est pas là. Tu laisses un message. Avec un(e) camarade, jouez cette scène.

4 Regarde ce tableau de Fernand Léger et réponds aux questions qui suivent.

1. Qu'est-ce que ces gens font? Est-ce que tu aimerais faire ce métier? Pourquoi ou pourquoi pas?

2. Est-ce que les gens qui font ce métier dans ton état sont habillés comme ceux que tu vois sur ce tableau?

3. Est-ce que c'est un tableau moderne, à ton avis? Pourquoi ou pourquoi pas?

4. Est-ce que tu aimes les couleurs de ce tableau? Est-ce que le choix des couleurs te semble réaliste? Qu'est-ce que cela apporte au tableau?

Léger, Fernand; Les Constructeurs, 1950. ©Art Resource, New York

***Les constructeurs* de Fernand Léger**

5 Écris une lettre pour demander à un(e) journaliste français(e) de venir parler à ta classe. N'oublie pas d'utiliser des formules de politesse.

6 **À ton tour** **La Journée des Professions** Ton lycée organise une Journée des Professions pendant laquelle des gens viennent parler de leur profession et les jeunes peuvent leur poser des questions. Un groupe d'élèves joue le rôle de ces professionnels et l'autre groupe leur pose des questions sur leur métier.

Travailler
pour vivre

ou **vivre**
pour travailler?

En France, le travail n'est pas considéré comme la chose la plus importante au monde. Beaucoup de Français travaillent seulement parce qu'il faut gagner sa vie[1].

Les loisirs et la vie de famille

En France, on aime souvent mieux gagner moins d'argent et avoir plus de temps libre pour être avec sa famille et ses amis.

Le temps de travail légal est de 35 heures par semaine et les Français ont 5 semaines de congés payés par an. Pour obtenir une retraite complète, il faut avoir travaillé pendant 40 ans. Mais les Français peuvent choisir de prendre leur retraite[2] à 60 ans, ou dans certains cas de partir en préretraite à 56 ans.

La protection sociale

La France est réputée pour son système de protection sociale. Tout d'abord, il existe un salaire minimum: le SMIC, ou «salaire minimum interprofessionnel de croissance». En 2016, il était de 9,67€ de l'heure.

Ensuite, il y a la Sécurité sociale, le système français de protection sociale. C'est la Sécurité sociale qui paie les retraites, l'assurance-maladie et la formation professionnelle. La Sécurité sociale aide aussi les chômeurs pendant qu'ils cherchent du travail et les familles avant même la naissance de leur enfant.

Tous ces avantages sociaux expliquent les impôts élevés que les Français sont obligés de payer.

1. to make a living **2.** retirement

Les jobs d'été

En France, les élèves des lycées ne peuvent pas travailler toute l'année pendant qu'ils vont en classe, comme ils le font aux États-Unis. Ils ont seulement le droit de travailler pendant leurs vacances d'été. Il y a beaucoup de chômage en France et les emplois pour les jeunes sont rares et limités (babysitter, moniteur de colonie de vacances, etc.); beaucoup d'employeurs préfèrent faire travailler des jeunes qui sont majeurs[1]. S'ils ont entre 14 et 16 ans, ils doivent obtenir une autorisation officielle de l'Inspection du Travail en plus de la permission de leurs parents et ils n'ont pas le droit de travailler le soir après 20h. Quand ils ont entre 16 et 18 ans, la permission de leurs parents est suffisante mais ils n'ont toujours pas le droit de travailler la nuit après 22h, ni de faire des travaux dangereux.

Les stages en entreprise

Certaines entreprises[2] offrent des stages aux lycéens et aux étudiants pendant les vacances d'été. C'est souvent leur première expérience professionnelle; malheureusement, ces stages ne sont pas toujours rémunérés[3].

Mais c'est l'occasion pour les jeunes de découvrir l'univers de l'entreprise et le monde du travail.

Parfois, ces stages créent des vocations, pour d'autres, cela confirme le choix déjà fait, et pour d'autres encore, ces stages conduisent à des réorientations suite à une expérience décevante[4]. Suite à un stage, certains jeunes qui avaient décidé d'arrêter leurs études choisissent parfois de les continuer pour obtenir un emploi plus satisfaisant.

APRÈS ▸ la lecture

1. Dans votre pays, est-ce qu'on travaille plus ou moins qu'en France? Explique.

2. Qu'est-ce qui est plus important pour vous, avoir beaucoup d'argent ou du temps libre? Pourquoi?

3. À quel âge est-ce qu'on peut commencer à travailler aux États-Unis?

4. Quels sont les avantages des stages?

---

1. adults, of age   **2.** companies   **3.** remunerated, paid   **4.** disappointing

Chroniques

Le système scolaire *français*

En France, l'école est obligatoire[1] de six à seize ans et elle est gratuite sauf dans les écoles privées.

Dans les écoles françaises, il n'y a pas de *graduation,* pas de *prom,* pas de *homecoming,* ni de *cheerleaders.* Par contre, il y a d'autres activités telles que les voyages de fin d'année ou des classes de neige ou de mer.

L'enseignement secondaire

L'enseignement secondaire en France consiste en quatre années de collège et trois années de lycée. Au collège et au lycée, une classe compte de 20 à 30 élèves qui suivent tous les mêmes cours ensemble, à l'exception de quelques options (art, sport, 3ème langue vivante). On entre au collège vers l'âge de onze ans. À la fin de la 5ème deux formes d'enseignement sont offertes: un enseignement général ou un enseignement technique selon les capacités et souhaits des élèves. S'orienter vers un enseignement technique, ne signifie pas nécessairement que l'élève ne peut pas ensuite bénéficier d'un enseignement universitaire.

Le système de notation

Dans le système français, les notes sont sur 20, et il est suffisant d'avoir 10/20 pour réussir à un examen ou à une interrogation écrite[2]. Ce qui est important pour passer dans la classe supérieure ou pour avoir le baccalauréat, c'est la moyenne générale[3]. S'il est encore possible d'avoir un 20/20 en sixième, cela devient presque impossible en seconde, sauf pour certains quiz. 10/20 est l'équivalent d'un C, 13/20 d'un B et 16/20 d'un A.

Le bac

Le baccalauréat, ou bac, est un examen qui a lieu à la fin du mois de juin pour les élèves de terminale. Les épreuves[4] ont lieu sur plusieurs jours. Il y a des épreuves écrites et des épreuves orales. Chaque épreuve écrite dure environ 4 heures. L'examen se déroule dans un lycée d'enseignement public, autre que[5] le lycée fréquenté par les élèves. Les copies sont corrigées par des professeurs autres que les professeurs des élèves. Les copies sont anonymes. Les résultats sont affichés dans le lycée où l'élève a passé le Bac.

Un élève peut avoir son Bac avec:
- mention **Très bien et félicitations du jury** (au moins 18/20)
- mention **Très bien** (au moins 16/20)
- mention **Bien** (entre 14/20 et 16/20)
- mention **Assez bien** (entre 12/20 et 14/20)
- sans mention

Si les résultats ne sont pas suffisants mais supérieurs à 8, l'élève peut aller au «rattrapage[6]». C'est-à-dire qu'il peut repasser deux matières[7] à l'oral.

S'il échoue[8] il peut redoubler son année de terminale.

L'examen du baccalauréat ouvre les portes de l'université et des grandes écoles.

---

1. mandatory   2. quiz   3. Grade Point Average   4. exams   5. other than   6. make-up exam   7. subjects   8. fail

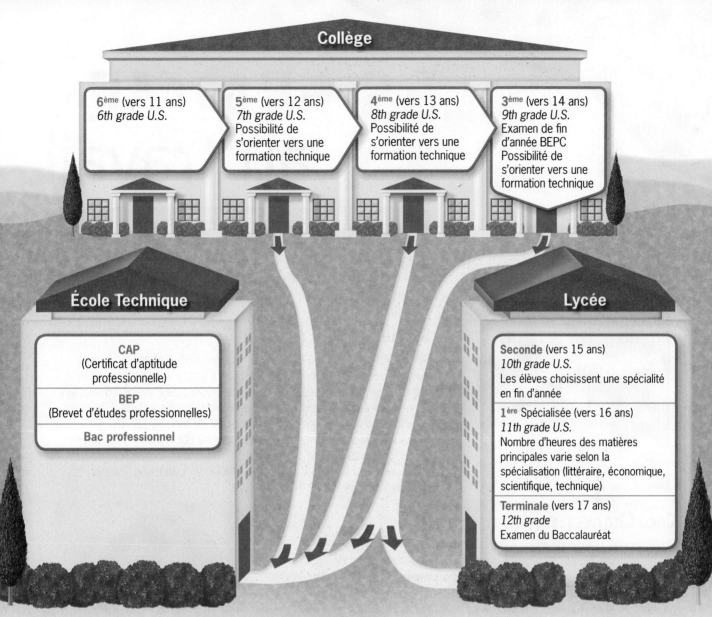

Après le bac

Les élèves qui ont leur bac ont plusieurs options. Si leurs notes au bac sont très bonnes et s'ils réussissent le concours d'entrée[1], il peuvent rentrer dans une grande école, comme polytechnique, HEC, Sciences Po, ENA[2]… Ils peuvent aussi entrer dans une école spécialisée, comme une école de commerce ou de journalisme. Une autre option est l'université. L'université est presque gratuite (les frais d'inscription sont d'environ 180€ par an) et offre beaucoup de choix.

Dans certains cas[3], les élèves qui avaient quitté le cursus[4] scolaire général au collège, peuvent quand même faire des études universitaires. Ils devront pour cela passer un bac professionnel.

1. competitive exam   2. high level school (Polytechnique) is a military school, HEC (École des hautes études commerciales) is a business school, Science Po is a political/international relations school, ENA (École nationale d'administration) high level civil servant school, for diplomats for instance.   3. In some instances   4. school path

APRÈS ▶ la lecture

1. Quelles différences y a-t-il entre les écoles en France et les écoles aux États-Unis?

2. Fais un tableau de comparaison des classes françaises et américaines.

3. Aimerais-tu avoir le système de notes français dans ton lycée? Pourquoi ou pourquoi pas?

4. Est-ce que tu dois passer un examen spécial pour entrer à l'université?

LES FEMMES
au travail

Les femmes jouent un rôle important dans le monde du travail. En France, plus de 81% des femmes entre 25 et 50 ans ont un emploi.

Sylvie Guillem (1965 –)

Sylvie Guillem est née à Paris le 25 février 1965. Enfant, elle fait de la gymnastique de compétition. Puis, à 11 ans, elle découvre la danse classique et entre à l'école de danse de l'Opéra de Paris. À 16 ans, elle commence sa carrière de danseuse professionnelle à Paris. Elle gagne la médaille d'or[1] au Concours international de ballet à 18 ans. À 19 ans, elle devient la plus jeune danseuse étoile[2] de l'Opéra de Paris, après sa performance dans le célèbre ballet *Le Lac des Cygnes*[3]. Elle a aussi dansé au London Royal Ballet et à l'American Ballet Theater de New York.

Coco Chanel (1883 – 1971)

Couturière et styliste de mode à Paris, Coco Chanel a révolutionné la mode féminine. En effet, dans les années 1910, elle crée la mode «à la garçonne», c'est-à-dire une mode pour les femmes qui emprunte beaucoup d'éléments à la mode masculine, comme par exemple le pantalon et le costume. Elle invente aussi le concept du tailleur féminin, qui est encore aujourd'hui synonyme de la maison Chanel. Pour Coco Chanel, le confort est important et ses vêtements sont simples, élégants et classiques.

Gisèle Halimi (1927 –)

Avocate, écrivain et militante[4] pour les droits[5] de la femme, cette Tunisienne se bat[6] pour l'égalité de tous et pour les libertés fondamentales. Après des études de droit[7], elle devient avocate en 1948. C'est dans les années 1970 qu'elle commence surtout à s'intéresser à l'égalité entre les hommes et les femmes. Puis, elle devient ambassadrice de la France à l'UNESCO[8] et conseillère spéciale de la délégation française à l'Assemblée générale de l'ONU[9].

---

1. gold medal　2. prima ballerina　3. Swan Lake　4. activist　5. rights　6. fights　7. law　8. United Nations Educational, Scientific, and Cultural Organization　9. UN

Julie Payette (1963 –)

Après avoir fait des études pour être ingénieur électricienne et informatique et après avoir travaillé comme ingénieur pour plusieurs compagnies internationales, Julie Payette est entrée dans le programme spatial canadien en 1992. Elle a obtenu sa licence de pilote et elle est devenue la première astronaute canadienne à travailler à bord de la Station spatiale internationale.

Euzhan Palcy (1958 –)

Euzhan Palcy est une réalisatrice[1], cinéaste[2] et productrice de cinéma martiniquaise. Passionnée de cinéma depuis son enfance, elle a fait son premier film à l'âge de 17 ans. Parmi ses films les plus célèbres, il faut noter *Rue cases nègres*, un film qui a reçu 17 prix et pour lequel Euzhan Palcy a obtenu le César[3] de la Meilleure première œuvre[4], et *Une saison blanche et sèche*, avec Marlon Brando. Elle est ainsi devenue la première femme noire à avoir réalisé un film à Hollywood.

Assia Djébar (1936 – 2015)

Assia Djébar était l'un des plus grands écrivains du Maghreb. Elle a obtenu de nombreux prix de littérature pour ses livres et elle a été la première maghrébine élue à[5] l'Académie française[6]. Après des études en Algérie et en France, elle a habité au Maroc où elle a été professeur à l'université de Rabat. C'est là qu'elle a commencé sa carrière d'écrivain. Plus tard, elle a aussi fait du cinéma. Elle a aussi vécu aux États-Unis où elle était professeur au département d'études françaises de New York University.

APRÈS ▶ **la lecture**

1. Pourquoi est-ce qu'on appelle le style de Coco Chanel, la mode «à la garçonne»?

2. Pour quelles organisations est-ce que Gisèle Halimi a travaillé?

3. Pourquoi est-ce que Julie Payette est célèbre?

4. Qu'est-ce qu'Assia Djébar et Euzhan Palcy ont en commun?

5. Pourquoi est-ce que le film *Rue cases nègres* a été important pour Euzhan Palcy?

---

1. director **2.** filmmaker **3.** the French equivalent of an Oscar **4.** work **5.** elected to **6.** prestigious French institute

L'artisanat[1] sans frontière

Les produits artisanaux qui nous viennent des pays francophones sont aussi variés que les cultures de ces pays.

En Polynésie française

Les coquillages[2] à coquilles de nacre[3] qu'on trouve dans la mer au large de la Polynésie française sont utilisés de deux façons. D'abord, ils produisent la célèbre perle de culture[4] de Tahiti, qui est la principale ressource de ces îles. Ensuite, les artisans utilisent également les coquilles de ces coquillages pour fabriquer des bijoux en nacre (boucles d'oreilles, bagues, bracelets, colliers) et des accessoires (boucles[5] de ceinture, porte-monnaie[6], etc.). Ces bijoux et objets en nacre sont parfois gravés[7] ou bien travaillés avec d'autres matériaux (bois, fibre de coco[8], corail, autres coquillages, etc.).

Au Viêtnam

La laque[9] est une vieille tradition de l'artisanat viêtnamien. Les artisans fabriquent de nombreux objets laqués: des boîtes, des bols, des plats, des vases et toutes sortes d'autres objets décoratifs.

La technique de la laque consiste à appliquer plusieurs couches[10] de laque sur des objets qui sont à l'origine souvent en bambou. Chaque objet reçoit ensuite une couche de vernis[11]. Il faut souvent plusieurs mois à un artisan pour finir un objet en laque parce que le temps de séchage[12] est très long.

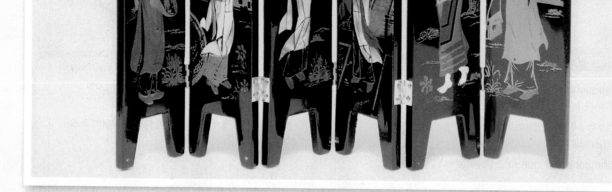

---

1. crafts   2. seashells   3. shells made of mother-of-pearl   4. cultured pearl   5. belt buckles   6. coin purses   7. engraved   8. coconut fiber
9. lacquer   10. layers   11. varnish   12. drying time

En Côte d'Ivoire

Les artisans[1] africains sont réputés pour leur travail du bois. Ils le sculptent pour créer des objets divers: des masques, des statuettes ou des objets de tous les jours.

Le masque africain est un objet sacré[2] qui est utilisé dans les cérémonies religieuses et traditionnelles. En Côte d'Ivoire, les Sénoufo (un peuple[3] du nord du pays) et les Baoulé (un peuple du centre et du sud-est du pays) sont réputés pour leurs masques. Les artisans africains produisent aussi beaucoup de statuettes en bois. Celles-ci sont aussi souvent utilisées pendant les cérémonies.

En ce qui concerne les objets de tous les jours, on trouve de magnifiques peignes[4], des outils de tissage[5], des plats, des instruments de musique, des jeux et des assises qui sont des tabourets[6] utilisés aussi pour certaines occasions spéciales, comme les mariages.

Au Maghreb

En général, les artisans du Maghreb vendent leurs produits dans des souks. Les souks sont des marchés qu'on trouve dans la médina (la vieille ville). Ils sont organisés par types de produits vendus: par exemple, le souk des épices, le souk des bijoux en or, etc. Dans les souks, tout le monde marchande[7].

Dans le souk des tapis[8], on peut trouver des tapis berbères magnifiques. Le terme «berbères» décrit les peuples qui parlent la langue berbère et qui vivent dans les pays du Maghreb (Maroc, Tunisie et Algérie) et dans quelques autres pays d'Afrique. Les tapis des artisans berbères sont très réputés. Ils sont faits avec de la laine de mouton et en général, ils sont blancs ou beiges avec des motifs[9] de couleurs chaudes.

APRÈS ⟩ **la lecture**

1. Quelles sont les deux choses qu'on trouve dans les coquillages de la Polynésie française?

2. Décris la technique utilisée dans le travail de la laque au Viêtnam.

3. Quand est-ce qu'on utilise les masques et les statuettes en Afrique?

4. Cite quatre types d'objets en bois que les artisans africains fabriquent.

5. Décris l'organisation des souks au Maghreb.

6. Comment sont les tapis berbères?

---

1. craftsmen   2. sacred   3. people   4. combs   5. weaving tools   6. stools   7. haggles   8. carpets   9. patterns

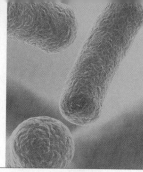

D'où vient le cinéma? l'avion? et même le Velcro? Si vous avez répondu «des États-Unis, bien sûr», vous allez être surpris!

Inventions

Louis Pasteur

Louis Pasteur (France, 1822–1895), scientifique français, a fait des recherches dans des domaines très variés mais est surtout connu pour ses découvertes médicales. La plus importante: les microbes provoquent des maladies. De là, il fallait trouver des moyens pour combattre les microbes, surtout dans les hôpitaux. Il a mis au point[1] des méthodes de stérilisation, connues aujourd'hui sous le nom de «pasteurisation». Il est difficile de croire que le milieu médical de l'époque s'est vivement opposé à ses conseils.

En 1879, Pasteur et ses collaborateurs ont découvert que les cultures de certains microbes ne déclenchaient[2] pas de maladie chez les animaux. De plus, ces animaux résistaient à de nouvelles infections. Il avait découvert le principe du vaccin! En 1885, il a réussi à sauver la vie d'un garçon mordu par un chien enragé[3]. En 1888, Pasteur a créé l'Institut Pasteur uniquement pour traiter la rage[4]. Ayant changé à jamais le monde de la médecine, il est resté à la tête de son Institut jusqu'à sa mort.

Louis Braille

Louis Braille (France, 1809–1852) a perdu la vue à l'âge de trois ans. À dix ans, il est rentré à l'école pour aveugles[5] fondée par Valentin Haüy, qui avait développé un système de caractères en relief qui était difficile à lire. Élève doué, Braille est devenu assistant dès l'âge de 15 ans et, plus tard, professeur. À cette époque, il a pris contact avec un monsieur Barbier, inventeur d'un système de lecture nocturne qui permettait aux soldats de lire des messages dans l'obscurité. Cela a inspiré Braille à créer le système actuel[6]: un alphabet tout comme celui des voyants, mais à une différence près: son alphabet était en points[7]. Braille, qui était doué en musique, a aussi créé un système de notation musicale ponctuée pour aveugles.

Clément Ader

Clément Ader (France, 1841–1925), ingénieur et inventeur, a consacré une grande partie de sa vie à la réalisation d'un rêve d'enfant: le vol aérien. Ses études sur le vol des oiseaux l'ont conduit à construire un planeur[8] en plumes d'oie. On ignore si Ader a réussi à voler avec ce planeur. Quoi qu'il en soit[9], il a convaincu le ministre de la Guerre de financer ses travaux, et a réalisé trois appareils entre 1890 et 1897. Le premier, l'Éole, avait un moteur à vapeur ultraléger; le deuxième, le Zéphyr, n'a pas été achevé mais a servi de base au troisième, l'Aquilon, qui était plus stable grâce à ses deux moteurs.

Le 14 octobre 1897, l'Aquilon a effectué un vol de 300 mètres devant un comité militaire. Mais, à cause du mauvais temps, l'appareil a été endommagé lors de son atterrissage. Le ministère de la Guerre a donc retiré son soutien[10], et Ader a dû arrêter la construction de ses prototypes. Contraint[11] au secret militaire, Ader n'a parlé de ses vols qu'en 1906. C'est à cause de son silence qu'est née la controverse: avait-il inventé l'avion avant les **frères Wright** dont le premier vol a eu lieu en 1903?

1. to implement 2. to trigger 3. rabid 4. rabies 5. blind 6. current 7. dots 8. glider 9. in any case 10. support 11. sworn

et découvertes

Les frères Lumière

Les frères Lumière (France : Louis, 1864–1948 / Auguste, 1862–1954) sont connus dans le monde entier pour avoir inventé le cinématographe. Mais la vérité[1] est plus riche et plus compliquée. D'abord, c'est grâce à leur père que les frères ont appris l'existence du kinétoscope inventé par l'Américain Thomas Edison. Cet appareil destiné au visionnage individuel permettait de visionner[2] des films de quelques secondes. Edison n'avait pas pensé à faire projeter les films... alors les frères Lumière ont pris le relais[3].

Les frères Lumière se sont mis tout de suite à améliorer un appareil existant, le phonoscope. Ils ont créé une machine qui aurait pû marcher s'il n'y avait pas eu un problème d'entraînement de la pellicule[4]. Finalement, Louis a trouvé la solution: utiliser le même principe que les machines à coudre[5], et monter le tout sur une manivelle[6]. Ils ont réalisé des essais sur bandes de papier et ensuite sur celluloïd transparent. Le cinématographe était né! Le public a vu tourner le cinématographe pour la première fois en 1895: *Arrivée d'un train à la Ciotat* montrait une locomotive qui entrait en gare et tous les spectateurs ont eu peur et sont sortis de la salle en courant.

Georges de Mestral

Georges de Mestral (Suisse, 1907–1990) a inventé le Velcro® en s'inspirant de la nature. Un jour, il est revenu d'une promenade en montagne avec ses vêtements couverts de mauvaises herbes[7] très collantes. Il a examiné une de ces herbes au microscope et a distingué une multitude de fibres se terminant par de petits crochets, ce qui permettaient à ces plantes de s'accrocher solidement aux tissus. De là, il a eu l'idée d'un nouveau dispositif de fermeture.

En 1951, de Mestral a déposé une demande pour un brevet sur son nouveau produit, qu'il appelait «Velcro» (la combinaison des mots «velours»[8] et «crochet»[9]).

Zénobe Gramme

Zénobe Gramme (Belgique, 1826–1901), n'était pas un homme de science. C'était un technicien, un bricoleur[10] de génie. Menuisier[11] habile, il a été engagé dans deux entreprises faisant usage de l'électricité. Là, il

a observé des machines magnéto-électriques. Il a travaillé ensuite chez un constructeur d'instruments scientifiques. En 1868, il a construit la première dynamo à courant continu[12]. En 1873, un ami lui a montré que la dynamo était réversible: elle pouvait servir de moteur. C'était le point de départ de l'industrie électrique moderne. En 1881, Gramme aurait dit, «s'il m'avait fallu savoir tout cela, je ne l'aurais jamais inventée».

APRÈS ► la lecture

1. Quelles découvertes est-ce que Pasteur a faites?

2. Qui est-ce qui a inspiré Braille?

3. Comment s'appelait le premier appareil qui a volé? Quelle distance est-ce qu'il a parcouru?

4. Qu'est-ce que les frères Lumière ont inventé?

5. Comment est-ce que de Mestral a eu l'idée d'inventer le Velcro?

---

1. truth **2.** to screen **3.** to take up the idea **4.** film **5.** sewing machines **6.** crank **7.** weeds **8.** velvet **9.** hook **10.** handyman **11.** carpenter **12.** direct current

DVD

Géoculture

Géoculture

L'Afrique francophone

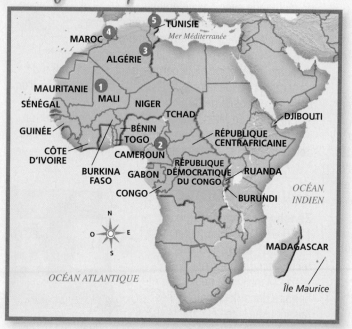

▲ **LE CAMEROUN: Le parc national de Korup** est une forêt tropicale très diversifiée. On y trouve de nombreuses espèces animales et végétales dont plusieurs plantes médicinales. ②

▲ **LE MALI: Le pays Dogon** abrite une des plus anciennes populations d'Afrique. ①

➤ **LE MALI: La grande mosquée de Djenné** est célèbre dans toute l'Afrique musulmane. Elle est construite en argile *(adobe).* ①

Savais-tu que...?

Le Maroc, l'Algérie et la Tunisie forment une unité géographique, religieuse et culturelle qu'on appelle le Maghreb.

➤ **L'ALGÉRIE:** Le **Sahara** est le plus grand désert du monde. Il s'étend sur plusieurs pays africains dont les pays du Maghreb. Il couvre presque 90% du territoire algérien. **3**

◄ **LE MAROC: La place Jemaa el Fna** est le cœur de la ville de Marrakech. En fin d'après-midi, on y trouve des marchands de toutes sortes, des acrobates, des musiciens, des conteurs et des charmeurs de serpents. **4**

▲ **LE MAROC: Le Haut-Atlas** est une chaîne de montagnes qui se trouve dans l'est du Maroc. Son sommet le plus élevé est le djebel Toubkal (4.165 m). **4**

▼ **LA TUNISIE: Matmata** Le paysage autour de Matmata ressemble à la lune, mais les cratères sont les patios de maisons souterraines. Ce paysage irréel a servi de décor pour le film *La Guerre des Étoiles*. **5**

▲ **LA TUNISIE: L'oasis de Tozeur** doit sa prospérité aux deux cents sources qui produisent huit cents litres d'eau par seconde. **5**

Géo-quiz

Comment s'appelle le désert qui couvre une grande partie du territoire algérien?

L'Afrique francophone

L'histoire
L'Afrique francophone

814–146 av. J.-C.

En 814 avant J.-C., les Phéniciens ont fondé **Carthage,** à l'endroit où se trouve Tunis aujourd'hui. Ils avaient développé un grand empire en Méditerranée basé sur le commerce maritime.

VIIᵉ s.–VIIIᵉ s.

La conquête arabe Au VIIᵉ siècle, les Arabes ont conquis le nord de l'Afrique, de Kairouan, en Tunisie, jusqu'au Maroc. Les Berbères, qui habitaient la région, se sont alors convertis à l'islam et l'arabe est devenu leur langue officielle.

1590–1591

En 1590–1591, le Maroc a attaqué le Mali et a pris la ville de **Tombouctou.** Cette ville était un des plus importants centres de commerce et d'études musulmanes en Afrique. Elle était légendaire pour sa richesse, sa liberté politique et ses universités. La conquête de la ville a mis fin à la gloire de Tombouctou.

XIIIᵉ s.–XIVᵉ s.

Au XIIIᵉ siècle, l'empire du Mali s'est établi entre les fleuves Sénégal et Niger. Sous les règnes de **Soundjata** et **Mansa Musa,** l'empire était très prospère. Beaucoup de mosquées et d'écoles ont été construites et l'administration et la justice du Mali étaient réputées dans toute l'Afrique.

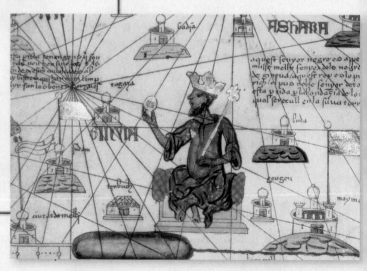

1700　　　　　　**1900**　　　　　　**2000**

XVIIIe s.–XIXe s.

Au XVIIIe siècle, **des pirates** contrôlaient Alger. Pour assurer la sécurité des bateaux et de leurs équipages, les pays devaient leur payer un tribut *(bribe)*. En 1815, les États-Unis ont fait la guerre à Alger pour mettre fin à cette pratique.

1919

En 1919, le **Cameroun** a été divisé entre l'Angleterre et la France. En 1960, le Cameroun est devenu indépendant mais le pays n'a été unifié qu'en 1972.

1954–1962

En 1956, le Maroc et la Tunisie ont proclamé leur indépendance vis-à-vis de la France. Les Algériens ont aussi voulu leur indépendance, mais la France ne voulait pas abandonner cette colonie. **La guerre d'Algérie** a commencé en 1954 et s'est terminée en 1962 par la signature des accords d'Évian qui ont reconnu l'indépendance de l'Algérie.

2004

En 2004, le Maroc a adopté un **nouveau code de la famille** qui reconnaît l'égalité entre les hommes et les femmes. Cette réforme a changé les lois relatives au mariage, au divorce, à la polygamie, aux enfants et aux biens de la famille.

Activité

1. Qui a fondé Carthage?

2. Quelles conséquences la conquête arabe a-t-elle eues?

3. Le Cameroun a été divisé entre deux pays. Lesquels?

4. Quel pays a fait la guerre à la France pour obtenir son indépendance?

5. Qu'est-ce que le nouveau code de la famille au Maroc reconnaît?

chapitre **3**

Il était une fois...

Objectifs

In this chapter, you will learn to
- set the scene for a story
- continue and end a story
- relate a sequence of events
- tell what happened to someone else

And you will use and review
- the **passé simple**
- relative pronouns with **ce**
- adjective placement and meaning
- the past perfect
- sequence of tenses
- the past infinitive

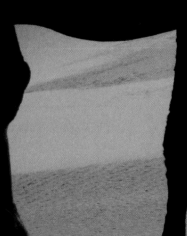 *Que vois-tu sur la photo?*

Où est cette personne?

À quoi est-ce que cette photo te fait penser?

Et toi, est-ce que tu aimerais voyager dans une région retirée *(far away)*? Laquelle? Pourquoi?

MODES OF COMMUNICATION

INTERPRETIVE	INTERPERSONAL	PRESENTATIONAL
Listen to someone talk about what he did today.	Interview classmates about things they had already done at age nine.	Create and present a children's story to the class.
Read a French history test.	Write to a movie production company about a screenplay you wrote.	Write an essay about the most important historical figures of the French-speaking world.

Un chamelier dans les dunes de la région d'Erg Chebbi, au Maroc

Objectifs
• to set the scene for a story
• to continue and end a story

Vocabulaire à l'œuvre 1

Les contes, les légendes et les fables

Chaque culture a des croyances locales d'**il y a bien longtemps**. Dans ces **récits**, il y a souvent de **la magie** et des **personnages** héroïques et **maléfiques**.

Dans les contes du **Moyen-Orient**, le **sultan** est **souverain**. Il y a **des génies** qui **accordent des souhaits** au héros ou à l'héroïne. Il y a aussi **le calife** et **le vizir** qui **intriguent** contre le sultan.

D'autres mots utiles

des pouvoirs (m.)	*powers*
une potion	*potion*
le mal	*evil*
un tapis volant	*flying carpet*
un(e) sorcier(-ière)	*sorcerer*
se déplacer	*to get around*

▶ **Vocabulaire supplémentaire**—Les contes de fées, **p. R17**

Dans les contes, il y a **des ogres**, **des géants** et **des nains**. La **fée** et **le magicien** utilisent **une baguette** ou **une formule magique** pour faire **apparaître**, **disparaître** ou **transformer** des personnes et des objets.

Vocabulaire 1

Dans les contes européens, **le roi** et **la reine** habitent dans **un palais**. Il y a aussi **les chevaliers** qui **tuent des monstres** pour **sauver** les princesses **en danger** ou **prisonnières** dans **des tours**.

Dans les légendes et les fables, la nature est souvent **personnifiée**. Les animaux parlent et les éléments naturels, comme les arbres ou **les pierres**, jouent un rôle dans l'histoire. **Le but** des fables, c'est de donner **une leçon de conduite**, appelée **morale**.

D'autres mots utiles

une épée	*sword*	un sort	*spell*
un fantôme	*ghost*	un traître	*traitor*
une marâtre	*cruel stepmother*	enchanté(e)	*enchanted*
une marraine	*godmother*	combattre	*to fight*
un passage secret	*secret passage*	délivrer	*to set free*
un personnage	*character*	transformer	*to transform*

Exprimons-nous!

To set the scene for a story

Il était une fois...	*Once upon a time, . . .*
Il y a bien longtemps, **dans un pays lointain...**	*. . . in a faraway place . .*
Jadis, dans une tribu reculée,...	*A long time ago, in a remote tribe,. . .*
On raconte qu'autrefois...	*It is said that in times past, . . .*

Vocabulaire et grammaire,
pp. 25–27

Online Workbooks

Associations logiques

Lisons Associe les mots de la colonne de droite avec
un mot ou une expression de la colonne de gauche.

1. un nain
2. autrefois
3. une morale
4. un beau prince
5. un palais

a. la maison d'un roi
b. quelqu'un de petit
c. une formule magique
d. il y a bien longtemps
e. une leçon de conduite
f. un héros

 Écoutons

Écoute ces extraits de contes et choisis l'image qui correspond
à chaque conte.

a.

b.

c.

d.

e.

f.

Définitions

Parlons/Écrivons Donne une courte explication pour chacun
des mots suivants.

MODÈLE   un ogre: **c'est un homme qui mange beaucoup.**

1. un sultan
2. un génie

3. une princesse
4. un chevalier

Exprimons-nous!

To continue a story	To end a story
Le lendemain, il est parti voir le sorcier. *The following day, . . .*	**Ils vécurent heureux et eurent beaucoup d'enfants.** *They lived happily ever after and had many children.*
La veille de son départ, il a préparé la potion. *On the eve of . . .*	**Tout est bien qui finit bien.** *All is well that ends well.*
Le temps a passé et le prince a grandi. *Time went by and . . .*	**La morale de cette histoire est que...** *The moral of this story is that . . .*
Un an **plus tard,** il est retourné au village. *. . . later . . .*	**Nul ne sait ce qui lui est arrivé.** *No one knows what happened to him/her.*

Vocabulaire et grammaire, pp. 25–27 — Online Workbooks

4 **Un conte de fées**

Écrivons Complète ce conte avec les expressions de la boîte.

pouvoirs magiques	sa marraine	a passé	morale	sa marâtre
une potion magique	disparaître	nul ne sait	veille	tout est bien

    Le temps ___1___ et la princesse a grandi. Mais ___2___ était de plus en plus méchante. Un jour, la princesse a décidé d'aller voir ___3___ qui avait des ___4___. La princesse lui a demandé de préparer ___5___ pour faire ___6___ sa marâtre. Plus tard, au dîner, la princesse a mis la potion dans l'eau de sa marâtre. Tout à coup, la marâtre a disparu et ___7___ ce qui lui est arrivé. Et pour la princesse, ___8___ qui finit bien.

À la créole

In Haïti, every story starts with **Cric-crac.** **It is like "Il était une fois..."** that starts every story in French. The storyteller says **"Cric!"** and if the listeners want to hear, they say **"Crac!"**. **"Crac"** is a promise to listen."

5 **Mon conte préféré**

Écrivons Écris un paragraphe pour résumer ton conte préféré. Utilise l'imparfait et le passé composé.

Souviens-toi! Imparfait et passé composé, p. 24

MODÈLE **Jadis, il y avait un garçon qui s'appelait Aladin...**

Digital performance space

Communication

6 **Histoire personnelle**

Écrivons/Parlons En petits groupes, faites une liste de dix choses associées au thème du conte. Ensuite, échangez votre liste avec un autre groupe. Chaque groupe doit utiliser les mots de la liste pour inventer un conte. Une personne est le narrateur/la narratrice et les autres jouent les rôles des personnages du conte.

Objectifs
- the *passé simple*
- relative pronouns with *ce*

Grammaire à l'œuvre 1

The *passé simple*

1 In French, the **passé simple** is a past tense, used in place of the **passé composé**, primarily in literary texts. To form the **passé simple** of regular verbs, remove the **-er, -ir,** or **-re** ending from the infinitive and add the following endings. Notice that **-ir** and **-re** verbs have the same endings.

	parler	**finir**	**perdre**
je	parl**ai**	fin**is**	perd**is**
tu	parl**as**	fin**is**	perd**is**
il/elle/on	parl**a**	fin**it**	perd**it**
nous	parl**âmes**	fin**îmes**	perd**îmes**
vous	parl**âtes**	fin**îtes**	perd**îtes**
ils/elles	parl**èrent**	fin**irent**	perd**irent**

2 Here are the forms of a few verbs with irregular **passé simple** forms.

avoir: j'**eus**, tu **eus**, il **eut**, nous **eûmes**, vous **eûtes**, ils **eurent**
être: je **fus**, tu **fus**, il **fut**, nous **fûmes**, vous **fûtes**, ils **furent**
faire: je **fis**, tu **fis**, il **fit**, nous **fîmes**, vous **fîtes**, ils **firent**
venir: je **vins**, tu **vins**, il **vint**, nous **vînmes**, vous **vîntes**, ils **vinrent**
dire: je **dis**, tu **dis**, il **dit**, nous **dîmes**, vous **dîtes**, ils **dirent**

In the **passé simple, aller** is conjugated like a regular **-er** verb.

Here are some verbs that are often used in stories in the **passé simple:**
naître: **il naquit**   vivre *(to live)*: **il vécut**   mourir: **il mourut**

Vocabulaire et grammaire, *pp. 28–29*
Cahier d'activités, *pp. 21–23*

Online Workbooks

Un griot en Afrique

7 C'était un rêve?

Lisons L'auteur de ce passage a fait un rêve bizarre… mais était-ce un rêve? Souligne les verbes qui sont au **passé simple**.

«Après le dîner, je passai une ou deux heures dans un fauteuil à lire une vieille légende. Soudain, j'entendis sonner minuit. J'en fus surpris, parce qu'il n'y avait pas d'horloge *(clock)* dans la pièce. Alors la porte s'ouvrit, et le fantôme de la princesse Anaïs entra: elle portait une robe blanche et je la trouvai très belle. Elle me dit de me lever et nous allâmes vers un passage secret… à ce moment-là, mon portable sonna et me réveilla…»

8 **Livres de contes**

Écrivons Dans les contes, on utilise souvent le **passé simple**.
Récris les phrases suivantes au **passé composé**.

MODÈLE   Le sultan et sa femme arrivèrent au palais.
Le sultan et sa femme **sont arrivés** au palais.

1. Ce jour-là, le sultan vint à la fête.
2. Il parla à ses invités.
3. Vous fûtes héroïques, leur dit-il.
4. Je n'eus jamais de meilleurs amis.
5. Nous combattîmes ensemble le mauvais sort.
6. Vous fîtes obstacle au génie.
7. Et toi, Ali, tu cherchas le traître dans tout le pays.
8. Tu le fis prisonnier.
9. Ensuite, tes hommes le conduisirent dans la tour du palais.
10. Et nous fûmes tous contents de ne plus être en danger.

Digital
performance space

Communication

9 **Scénario**

Parlons Tu racontes cette histoire à un(e) camarade. Il/Elle ne
comprend pas les verbes au passé simple et te pose des questions.

MODÈLE   —**Le roi et la reine arrivèrent au palais.**
—**Qu'est-ce qu'ils ont fait?**
—**Ils sont arrivés au palais.**

Il était une fois un roi et une reine qui n'avaient pas d'enfant. Ils
allèrent voir une sorcière et lui demandèrent de leur donner un
fils. La sorcière accepta à une condition: le jour où le prince
aurait vingt ans, il devrait se marier avec elle. Le roi et la reine
n'acceptèrent pas cette condition et s'en allèrent, très tristes. En
rentrant, ils virent une vieille dame qui portait beaucoup de
paquets et ne pouvait plus marcher. La reine lui offrit de monter
dans sa voiture. Alors, la vieille se transforma en une belle jeune
fille. Elle dit que la sorcière l'avait transformée en vieille dame.
Seul quelqu'un de gentil pouvait changer le mauvais sort. Et la
jeune fille, qui était aussi une fée, accorda son souhait à la reine
et quelques mois plus tard, un petit prince naquit.

Relative pronouns with *ce*

Ce qui and ce que are relative pronouns that mean *what* (or *that which*) and are used to refer to *a general idea* or *to something that hasn't been mentioned*. For example, in the sentence *"I don't understand **what** he means,"* **what** doesn't refer to anything specifically mentioned.

1 Ce qui is a subject and is usually followed by a **verb**.

> Ce qui **est** incroyable, c'est la fin de la fable.
> *What's incredible is the end of the fable.*

2 Ce que/qu' is an object and is usually followed by a **subject** and a **verb**.

> Le génie a accordé au prince ce qu'il **voulait**.
> *The genie granted the prince what he wanted.*

3 Ce dont also means *what*. It replaces a phrase that starts with **de**.

> Elle parlait **de** quelque chose. Il ne savait pas ce dont elle parlait.
> *She talked about something. He did not know what she was talking about.*

Vocabulaire et grammaire, *pp. 28–29*
Cahier d'activités, *pp. 21–23*

 Online Workbooks

Déjà vu!

Do you remember how to use the relative pronouns **qui, que,** and **dont**? These pronouns help you avoid repeating a word or phrase previously mentioned.

Qui is the subject of a clause. It is usually followed by a verb.

> C'est la reine **qui** a dit ça.

Que is the direct object of a clause. It is usually followed by a subject and a verb.

> Voici le conte **que** je lis.

Dont replaces a phrase starting with de.

> Il a peur **de** ce chien.

> Le chien **dont** il a peur n'est pas méchant.

10 **Suite logique**

Lisons Trouve la continuation logique de chaque phrase.

1. Je voudrais savoir ce qui…
2. Les génies accordent tout ce que/qu'…
3. Le héros réussit toujours à trouver ce que/qu'…
4. Une baguette magique, c'est ce dont…
5. La potion magique est ce que…

a. elle aurait besoin.
b. les magiciens utilisent.
c. j'ai peur.
d. est arrivé à la fin de l'histoire.
e. il cherche.
f. on veut.

11 **Soyons réalistes**

Lisons/Écrivons Ahmed parle des contes de fées. Complète ses phrases avec **qui, que/qu', dont, ce qui, ce que/qu'** et **ce dont**.

____1____ est fantastique dans cette histoire, c'est ____2____ le prince utilise la chaussure ____3____ Cendrillon a perdue pour la retrouver. ____4____ le prince avait vraiment envie, c'était de danser encore avec Cendrillon ____5____ il trouvait très belle. Moi, ____6____ je n'aime pas, ce sont les histoires peu réalistes, comme l'histoire du prince ____7____ réveille une princesse ____8____ personne ne parlait plus, ____9____ on avait oubliée et ____10____ dormait depuis cent ans.

12 Écoutons

Tu es dans un endroit où il y a beaucoup de bruit et tu entends des bouts de conversation mais certains mots sont difficiles à entendre. Écoute les phrases suivantes et complète-les avec **a) ce qui, b) ce que/qu'** ou **c) ce dont**.

13 Mille et une nuits

Écrivons Fais des phrases avec les mots des colonnes.

Je n'ai pas bien compris	ce que/qu'	la légende parle.
C'est le tapis volant	dont	lui a accordé trois souhaits.
Voilà le héros	ce dont	s'est passé.
Il y a un génie	que/qu'	il parle.
	ce qui	le vizir veut.
	qui	le sultan va faire.

14 Un peu de magie

Écrivons/Parlons Fais une phrase avec chacun des objets représentés. Utilise **ce qui, ce que** et **ce dont**.

MODÈLE **Ce que le magicien a fait apparaître, c'est un lapin.**

1.   2.   3.   4.

Digital
performance space

Communication

15 Questions personnelles

Parlons Pose des questions à un(e) camarade. Il/Elle va te dire ce qu'il/elle aime en littérature, en sport, comme films, ce dont il/elle parle avec ses ami(e)s et de quoi il/elle a envie ou peur, etc. Ensuite, échangez les rôles.

MODÈLE —De quoi est-ce que tu as envie?
—Moi, ce dont j'ai envie, c'est…

Application 1

16 Plein de questions

Parlons/Écrivons Réponds à ces questions en utilisant **ce qui**, **ce que** et **ce dont** dans tes réponses.

MODÈLE   De quoi a-t-on besoin pour écrire un bon conte?

Ce dont on a besoin pour écrire un bon conte, c'est d'un prince qui doit sauver une princesse et d'un mauvais génie qui le transforme en...

1. Qu'est-ce qui est arrivé à la fin du conte de Cendrillon?
2. De quoi est-ce que tu avais peur quand tu étais petit(e)?
3. Qu'est-ce que tu préfères, les contes ou les fables? Pourquoi?
4. Qu'est-ce que tu aimes prendre avec toi pour lire quand tu pars en vacances?
5. Qu'est-ce qui se passe en général à la fin d'un conte?

Un peu plus

Adjective placement and meaning

Some French adjectives have a different meaning depending on whether they are placed before a noun or after a noun. When they are placed after a noun adjectives usually have a more *literal meaning*: un homme **grand** is a *tall man*. If the adjectives are placed before a noun the meaning is more *figurative*: un **grand** homme is a *great man*.

| un **ancien** professeur | *a former professor* |
| une légende **ancienne** | *an ancient (old) legend* |

| un **vrai** cauchemar | *a real nightmare* |
| une histoire **vraie** | *a true story* |

Here are some other adjectives that change meaning:

certain: *certain (some)* / *sure*
cher: *dear* / *expensive*
dernier: *last* / *previous*
pauvre: *poor (unfortunate)* / *poor (destitute)*
propre: *own* / *clean*
sale: *nasty* / *dirty*
seul: *only* / *lonely*

17 Écoutons

Écoute cette histoire et dis si les phrases suivantes sont **a) vraies** ou **b) fausses**.

1. Ali Pacha est grand.
2. L'homme lui offre une vieille lampe.
3. L'homme n'a pas beaucoup d'argent.
4. Ali Pacha a utilisé la lampe plusieurs fois sans problème.
5. Le génie est sorti de la lampe la fois dernière.
6. L'histoire que tu viens d'entendre est une histoire vraie!

Vocabulaire et grammaire, *p. 30*
Cahier d'activités, *pp. 21–23*

Online Workbooks

18 À la bonne place

Écrivons Place les adjectifs correctement dans ces phrases.

1. Pépin le Bref fût un _____ roi _____ mais il était très petit. (grand)
2. Le _____ cours _____ que j'aime, c'est le cours de français! (seul)
3. Cendrillon mit une _____ robe _____ pour aller au bal. (propre)
4. «Mon _____ ami _____!», dit le traître. (cher)
5. Le _____ jour _____ des vacances, j'étais triste. (dernier)

19 La nuit du Sultan

Lisons/Écrivons Regarde ce poster et réponds aux questions.

1. Quel conte de fées est présenté?
2. En quelle saison ce spectacle a-t-il lieu?
3. À quelle heure est-ce que le spectacle commence?
4. Quels jours de la semaine est-ce que cela a lieu?
5. D'après toi, cela se passe dans quel pays? Pourquoi?

Flash culture

La partie ancienne des villes arabes s'appelle **«la médina»**. À Marrakech, la médina est entourée de remparts qui datent du XIIᵉ siècle. Là, on trouve **les souks**, le marché, où les vendeurs sont groupés par profession, par exemple, le souk des teinturiers, le souk des bijoutiers, etc.

Connais-tu une ville qui a un quartier historique?

La nuit du Sultan

Son et Lumière sur la médina

Pendant tout l'été, venez assister au spectacle son et lumière qui vous transportera au XIVᵉ siècle.

Tous les vendredis et samedis, les sultans, les vizirs et les califes seront vos guides.

Redécouvrez l'histoire d'Ali Baba et des 40 voleurs.

Spectacle à 21h • Entrée gratuite

Digital **performance space**

Communication

20 Préférences personnelles

Parlons Avec un(e) camarade, discutez de ce que vous aimez et n'aimez pas comme contes et parlez de ce qui est essentiel dans un bon conte de fées. Pensez aux contes de votre enfance.

MODÈLE —Moi, ce que j'aime dans les contes, c'est quand il y a des génies qui...

Lecture culturelle

La littérature maghrébine de langue française prend ses racines dans l'histoire, celle de la colonisation territoriale, politique, linguistique et culturelle; elle est le produit d'écrivains arabes ou berbères[1] nés au Maghreb mais formés à l'école française et dont les textes témoignent de la rencontre des cultures arabo-berbère et occidentale. Que penses-tu d'une culture bilingue comme celle décrite ci-dessous?

La littérature Maghrébine en Français

La littérature englobe[2] souvent plusieurs cultures en un seul style d'écriture, comme c'est le cas de la littérature maghrébine de langue française. [...] Les auteurs maghrébins se servent[3] du français, parce que l'histoire de leurs pays l'a voulu ainsi[4]. [...] Le français est la deuxième langue officielle dans tout le Maghreb, elle s'apprend à l'école, au lycée, à l'université. Les gens parlent le français, l'entendent à la télévision, à la radio, bref, le français est partout[5], même[6] dans les administrations.

Par ailleurs[7], il existe des auteurs nouveaux, qui connaissent l'arabe et écrivent aussi bien en arabe qu'en français. D'autres, dominent mieux le français que l'arabe et préfèrent donc s'exprimer en français.

Du reste[8], la langue française leur ouvre une audience plus large que l'arabe, surtout pour les écrivains publiés par de grands éditeurs parisiens.

Compréhension

1. Quelle est la deuxième langue officielle du Maghreb?
2. Où est-ce que l'on pratique le français?
3. Pourquoi les auteurs maghrébins écrivent-ils en français?

---

1. habitants d'une région du Maroc et de l'Algérie 2. inclut 3. utilisent 4. *this way* 5. *everywhere* 6. *even* 7. *Moreover* 8. De plus

Comparaisons

SAMUEL BECKETT

En attendant
Godot

LES ÉDITIONS DE MINUIT

Pièce de Samuel Beckett

Écrire en français

Tu es au lycée en France. Pour un cours tu dois lire la pièce de théâtre *En attendant Godot* de Samuel Beckett, un écrivain irlandais. Est-ce que la pièce est écrite à l'origine en anglais ou en français?

    a. en français

    b. en anglais

    c. dans les deux langues

Samuel Beckett, lauréat du Prix Nobel de littérature en 1969, a d'abord écrit en anglais, puis en français, puis dans l'une et l'autre langue. *En attendant Godot* est sa première pièce de théâtre en français. Beaucoup d'écrivains pour des raisons personnelles, économiques ou même politiques quittent[1] leur pays d'origine et s'installent à l'étranger[2]. Lorsque tu penses à des auteurs vivant loin de leur pays natal[3], tu t'imagines qu'ils écrivent automatiquement dans leur langue maternelle[4]. Et pourtant, ce n'est pas toujours le cas.

ET TOI?

1. Connais-tu des personnes qui viennent d'un autre pays? Dans quelle langue s'expriment-elles?

2. Connais-tu des écrivains, acteurs, chanteurs, politiciens, chercheurs... étrangers qui vivent aux États-Unis? Dans quelle langue s'expriment-ils?

Communauté et professions

Doubleur – un métier en plein boum

De nos jours, on a souvent besoin de doubler des voix pour la version française de films, de reportages étrangers et même de jeux vidéo. Le doublage est difficile: il faut être juste et fidèle à l'interprétation de l'acteur. Pour devenir doubleur, on passe des castings et on apprend sur le tas[5]. Que faut-il faire pour devenir doubleur aux États-Unis? Y a-t-il des écoles spécialisées? Fais des recherches et présente ce que tu as découvert sur le doublage à ta classe.

Une séance de doublage

1. partent de   **2.** un autre pays   **3.** où une personne est née
4. première langue parlée   **5.** en pratiquant

Objectifs
• to relate a sequence of events
• to tell what happened to someone else

Vocabulaire *à l'œuvre* 2

Un peu d'histoire franco-africaine

La **conquête** de l'Algérie a commencé en 1830. Ce fut **le commencement** de **la colonisation** française.

Au XIXᵉ **siècle**, des **explorateurs** français sont allés en Afrique pour **établir des cartes géographiques**. Ils ont **exploré** les pays du **Maghreb** (la Tunisie, le Maroc et l'Algérie) et des pays d'**Afrique de l'Ouest**.

1830   **1940–1945**   **1955**

Souvent, les pays **colonisés** ont combattu aux côtés de l'armée française. Des **combats ont eu lieu** au Maghreb pendant **la Seconde Guerre mondiale**. Il y a eu beaucoup de **victimes** parmi les soldats.

À la fin des années cinquante, les pays colonisés ont voulu leur **indépendance**. La plupart des **colonies** et **protectorats** français **ont obtenu** leur **autonomie pacifiquement**. Le Maroc est resté une **monarchie** et le sultan Mohammed V est devenu **roi**.

▶ **Vocabulaire supplémentaire—Les conflits, p. R18**

Après son indépendance, la Tunisie **a élu** Habib Bourguiba comme **président** et est devenue **une république**.

Online Practice

my.**hrw**.com
Vocabulaire 2 practice

D'autres mots utiles

une **bataille**	*battle*
un **cessez-le-feu**	*cease-fire*
un **coup d'état**	*hostile takeover*
un **drapeau**	*flag*
un **empereur**	*emperor*
un(e) **ennemi(e)**	*enemy*
une **invasion**	*invasion*
le **peuple**	*nation*
signer un accord	*to sign*
un **traité (de paix)**	*(peace) treaty*

1957 **1962**

Cependant, **un conflit a éclaté** entre la France et l'Algérie. Il **s'est terminé** en 1962 par l'indépendance de l'Algérie. Ce fut la fin de **la décolonisation** française.

Exprimons-nous!

To relate a sequence of events

Avant de devenir un protectorat français, le Maroc était une monarchie.   *Before . . .*

À cette époque, la capitale était Marrakech.   *At that time . . .*

Par la suite, pendant le protectorat français, Rabat est devenue la capitale.   *Later, . . .*

Au moment où l'indépendance, le Maroc est redevenu un royaume.   *At the time of . . .*

Après la mort du roi Hassan II, son fils est devenu roi.   *After . . .*

Une fois qu'il est devenu roi, Mohammed VI a fait de nombreuses réformes.   *Once . . .*

Vocabulaire et grammaire, *pp. 31–33*

Online Workbooks

L'Afrique francophone *cent neuf* **109**

Vocabulaire 2

21 **L'intrus**

Lisons Identifie le terme qui ne va pas avec les autres dans chacune des listes suivantes.

1. un conflit / un drapeau / un ennemi / un soldat
2. une colonie / un soldat / un protectorat / une monarchie
3. une armée / une bataille / une colonie / une guerre
4. le Maroc / le Sénégal / l'Algérie / la Tunisie
5. le cessez-le-feu / la paix / l'empereur / pacifiquement

22 **Quelques faits historiques**

Lisons/Parlons Complète les phrases suivantes de façon logique. Attention! Il faut bien respecter les faits historiques!

guerre	indépendance	monarchie	pacifiquement
une fois que	fin	autonomie	colonisation
décolonisation	président	après	par la suite

Au XIXe siècle, ce fut le début de la ___1___ française. ___2___, quand le Maroc a voulu son ___3___, cela s'est passé assez ___4___. Aujourd'hui, le Maroc est une ___5___. ___6___ son indépendance, la Tunisie a élu un ___7___.

L'Algérie, elle, a dû se battre pour son ___8___. ___9___ la ___10___ d'Algérie se termina, ce fut la ___11___ de la ___12___ française.

23 **Des photos**

Écrivons D'abord, dis ce qui est représenté sur chaque photo. Ensuite, fais une phrase complète et logique qui contient ce terme.

MODÈLE une carte géographique: Les explorateurs ont fait des cartes géographiques de l'Afrique.

1.

2.

3.

4.

Chapitre 3 • Il était une fois...

Exprimons-nous!

To tell what happened to someone else

On **a rapporté que** le président voulait un cessez-le-feu.
It was reported that . . .

Le président **a déclaré qu'**il ne voulait pas de conflit.   *. . . declared that . . .*

Le roi **a annoncé que** son fils partait combattre.   *. . . announced that . . .*

Il paraît que le prince est malade.   *It seems that . . .*

Vocabulaire et grammaire,
pp. 31–33

Online Workbooks

24 Écoutons

Écoute les nouvelles à la télévision. Dis ce que chaque personne a fait ou dit.

1. Le Japon
2. Le président français
3. Le roi
4. La reine

a. aller à l'hôpital
b. aller en Tunisie
c. visiter le sud du pays
d. signer un cessez-le-feu
e. signer un accord

25 Rumeurs

Écrivons Quelles sont les rumeurs qui circulent dans la classe? Complète chacune des phrases suivantes.

1. On a rapporté que/qu'...
2. Il paraît que/qu'...
3. Les élèves ont annoncé que/qu'...
4. Le conseiller/La conseillère d'éducation a déclaré que/qu'...
5. Le prof a annoncé que/qu'...

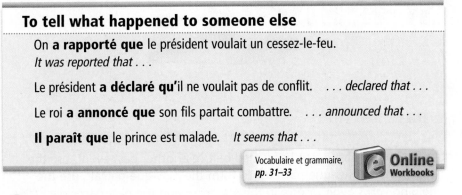

Entre copains

le bidasse	*soldier*
le troufion	*soldier*
rempiler	*to re-enlist*

Digital performance space

Communication

26 Scénario

Parlons Tu es journaliste et ton journal t'envoie dans un pays où il y a eu un coup d'état. À ton retour, on t'interviewe. Joue cette scène avec un(e) camarade. Ton/Ta camarade est le présentateur/la présentatrice et tu réponds à ses questions.

| peuple | conflit | le président | a annoncé que | après |
| les soldats | victime | l'armée | au moment de | a déclaré |

MODÈLE —**Vous étiez au palais au moment du coup d'état?**
—**Oui, les soldats sont arrivés et après...**

Objectifs
- the past perfect
- sequence of tenses in indirect discourse

The past perfect

1 To say that a past event happened before another past event, use the past perfect (**plus-que-parfait**). To form the **plus-que-parfait**, use the helping verbs **avoir** or **être** in the imparfait and the past participle of the main verb.

	dire	**rentrer**
j'	avais dit	étais rentré(e)
tu	avais dit	étais rentré(e)
il/elle/on	avait dit	était rentré(e)(s)
nous	avions dit	étions rentré(e)s
vous	aviez dit	étiez rentré(e)(s)
ils/elles	avaient dit	étaient rentré(e)s

2 The rules for agreement of past participles in the **plus-que-parfait** are the same as those for the **passé composé**.

L'explorateur a dit qu'il **avait traversé** l'océan Atlantique.
The explorer said that he had crossed the Atlantic Ocean.

La princesse **était** déjà **partie** quand l'armée est arrivée.
The princess had already left when the army arrived.

Vocabulaire et grammaire, *pp. 34–35*
Cahier d'activités, *pp. 25–27*
 Online Workbooks

Déjà vu!
Most verbs are conjugated with avoir in the **passé composé**.

Le prince a bu la potion.

Reflexive verbs, verbs of motion (**aller, arriver, descendre, entrer, monter, partir, rentrer, retourner, revenir, sortir, tomber, devenir,** and **venir**), and verbs that indicate a state or condition (**mourir, naître,** and **rester**) are conjugated with être in the **passé composé**.

La reine s'est levée, puis elle est allée dans le parc.

27 Histoire d'une Maghrébine

Lisons/Écrivons Bénédicte t'a raconté l'histoire de Zora. Et toi, raconte-la à un(e) ami(e) en utilisant le **plus-que-parfait**.

MODÈLE **Bénédicte m'a dit que Zora était née en Algérie...**

Zora est née en Algérie mais ses parents ont dû quitter le pays et sont venus s'installer en France quand elle avait trois ans. À vingt ans, parce qu'elle a décidé de devenir chanteuse, elle a dû quitter sa famille qui ne voulait pas qu'elle soit artiste. Pour gagner sa vie, Zora a d'abord écrit des livres qui racontaient son histoire. Ensuite, elle a aussi essayé de faire du cinéma, malheureusement, sans grand succès. Enfin, elle et sa sœur, Fatima ont formé un groupe musical inspiré par les rythmes et les mélodies de leur pays d'origine. Là, le succès a été immédiat! Zora est finalement arrivée à ce qu'elle voulait!

Grammaire 2

28 L'année dernière

Écrivons Ta famille et toi, vous vivez à Paris et ton ami Ahmed t'a rendu visite cet été, mais ce n'était pas la première fois. Tu racontes ce qui s'était passé pendant sa première visite. Remets les mots dans le bon ordre et utilise le **plus-que-parfait.**

MODÈLE déjà / Ahmed / en / voyager/ France
Ahmed avait déjà voyagé en France.

1. aller / il / déjà / à / Paris
2. l'année dernière / visiter / Ahmed et Amira / la tour Eiffel
3. avec eux / nous / monter / y
4. au / déjeuner / puis / restaurant / nous
5. Amira / rencontrer / des amis
6. chez Jean-Pierre / dîner / ils / ce soir-là
7. aller / au / pendant ce temps / nous / théâtre

29 Il n'y a pas de mal!

Parlons Ton ami t'a téléphoné de Marrakech à 2h de l'après-midi mais chez toi, il n'était que 8h du matin! Rassure-le et dis-lui tout ce que toi et ta famille aviez déjà fait quand il a appelé.

Tigre

MODÈLE **Tigre avait déjà mangé.**

1. je

2. nous

3. mon frère

4. ma mère

Communication

Digital
performance space

30 Interview

Parlons Fais une liste de cinq choses et demande à un(e) camarade s'il/si elle avait déjà fait ces choses quand il/elle avait neuf ans. Ensuite dis à la classe ce que tu as appris.

MODÈLE —**Est-ce que tu avais déjà voyagé en avion?**
—**Non, je n'avais pas encore voyagé en avion.**

Sequence of tenses (in indirect discourse)

When you're reporting what someone else said without using a direct quotation, you use **indirect discourse**. In indirect discourse, you will have a main clause and a dependent clause.

Sequence of tenses describes the agreement between the verb in the main clause and the verb in the dependent clause.

1 If the verb in the main clause is in the present, the verb in the dependent clause can be in the present, the future, the **passé composé,** or the **imparfait.**

2 If the verb in the main clause is in the **passé composé,** the verb in the dependent clause can be in the **imparfait,** the conditional or the past perfect.

Main clause	Dependent clause
Le roi dit *the king says* (présent)	qu'il travaille. *that he works.* (at the present time)
	qu'il travaillera. *that he will work.* (at some time in the future)
	qu'il a travaillé./qu'il travaillait. *that he worked.* (at some time in the past)
Le roi a dit *the king said* (passé)	qu'il travaillait. *that he was working/worked.* (at some time in the past)
	qu'il travaillerait. *that he would work.* (at some time in the future)
	qu'il avait travaillé. *that he had worked.* (at some time further in the past)

Vocabulaire et grammaire, *pp. 34–35*
Cahier d'activités, *pp. 25–27*

Online Workbooks

Vocabulaire et grammaire, *pp. 34–35*
Cahier d'activités, *pp. 25–27*

En anglais

In English, one way to retell what someone said is to use a quotation:

The president said, "Our army will defeat the enemy."

Can you think of a way to retell what someone said without using a direct quotation?

In French, as in English, you can retell what someone said using a quotation:

Le président a dit, «Notre armée réussira à battre l'ennemi.»

You can also use indirect discourse:

Le président a dit que notre armée réussirait à battre l'ennemi.

31 **Mauvaise communication**

Lisons Lis ces phrases et dis **a) si on rapporte ce que quelqu'un a dit** ou **b) si on ne rapporte pas ce que quelqu'un a dit.**

1. Mamadou m'a dit qu'il viendrait ce soir.
2. Moi, je crois qu'il viendra.
3. Et toi, Saïd, tu penses qu'il va venir?
4. Oui, il m'a aussi dit qu'il viendrait.
5. Ah bon? Il ne m'a rien dit à moi!

32 **Écoutons**

La grand-mère de Pauline et de Gérard vient de téléphoner. Écoute ce que Pauline et Gérard disent et dis si l'événement dont ils parlent **a) est déjà arrivé** ou **b) va arriver.**

33 Chagrin d'amour

Écrivons Adrien a des problèmes avec sa copine Nicole. Il en parle à ses amis. Récris ses phrases **au discours indirect.**

MODÈLE Ali m'a dit: «Je t'aiderai à lui parler.»
Ali m'a dit qu'il m'aiderait à lui parler.

1. Vous m'avez dit: «Nous irons tous au cinéma ce week-end.»
2. Nicole m'a dit: «J'ai trop de devoirs pour aller au ciné.»
3. Nicole m'a aussi dit: «Je suis sortie avec Jean-Charles.»
4. Et elle m'a dit: «Je ne veux pas en parler.»
5. Ses amies m'ont dit: «Ce n'est pas sérieux.»

34 C'est ce qu'ils ont dit

Écrivons/Parlons C'est samedi midi et tu viens d'appeler différentes personnes. Qu'est-ce que ces personnes ont dit qu'elles faisaient quand tu leur as téléphoné à midi? Qu'est-ce qu'elles ont dit qu'elles avaient fait ce matin et qu'elles feraient ce soir?

MODÈLE **Quand j'ai téléphoné à Aziza, elle a dit qu'elle avait lavé la voiture ce matin et que maintenant elle lisait le journal. Elle a dit qu'elle ferait ses devoirs cet aprèm.**

samedi	
10h	laver la voiture
12h	lire le journal
16h	faire mes devoirs

Aziza

samedi	
11h	faire du skate
12h	écouter de la musique
20h	regarder la télé

1. Abdul et Tarik

samedi	
9h	faire le ménage
12h	laver le chien
14h	faire les magasins

2. Fatima

samedi	
9h	jouer au tennis
12h	lire un magazine
13h	aller au restaurant.

3. toi et ton frère

Digital
performance)space

Communication

35 Expérience personnelle

Parlons Demande à un(e) camarade ce que ses parents ont dit la dernière fois qu'il/elle leur a demandé s'il/elle pouvait sortir tard le soir. Ensuite, échangez les rôles.

MODÈLE —Qu'est-ce que tes parents t'ont dit quand tu leur as demandé de sortir?
—Ils m'ont dit que…

Application 2

36 Les nouvelles

Lisons/Parlons Tu lis le journal et tu racontes ce que tu as lu à tes copains. Commence par: **Dans le journal, ils disaient que...**

> Pendant son voyage en France, le roi du Maroc a parlé du rôle de la femme dans la famille marocaine.

1.

> Le président a dit qu'il allait tout faire pour que les jeunes aient une meilleure formation professionnelle et trouvent du travail plus facilement.

2.

> Le roi et la reine de Suède ont rendu visite aux familles des victimes de l'accident d'avion qui a eu lieu la semaine dernière.

3.

> Le président a décidé de partir en vacances. Ses médecins lui ont conseillé de se reposer.

4.

Un peu plus

The past infinitive

1. You already know how to use infinitives in some sentences.

   Le conflit va éclater entre les deux pays.

2. Infinitive phrases can also be used to express past time. To form the past infinitive, use the helping verbs **avoir** or **être** in the infinitive and add the **past participle of the main verb**. The rules for agreement with past participles are the same as for the **passé composé**.

   Il a célébré sa victoire après avoir gagné.
   He celebrated his victory after having won.
   Après être rentrée chez elle, la reine s'est couchée.
   After returning home, the queen went to bed.
   Il a dû partir à l'école sans avoir pris son petit-déjeuner.
   He had to go to school without having had breakfast.

   Vocabulaire et grammaire, *p. 36*
   Cahier d'activités, *pp. 25–27*

   e Online Workbooks

37 Écoutons

Écoute monsieur Darouk parler de ce qu'il a fait aujourd'hui, puis remets les événements dans le bon ordre.

a. Il déjeune.
b. Il appelle son fils.
c. Il prépare le thé.
d. Il va chez son fils.
e. Ils décident de faire une fête.
f. Ils prennent des poissons.

Online Practice
my.hrw.com
Application 2 practice

38 Et après?

Écrivons Qu'est-ce qu'on a fait après avoir fait les choses suivantes? Fais des phrases complètes.

1
- Après

2
- faire ses devoirs
- être une monarchie
- laver la voiture
- aller au CDI
- explorer les pays africains
- finir l'examen
- être colonisé

3
- je
- tu
- le Cameroun
- Francine
- nous
- vous
- les Français
- les Marocains

4
- être contents.
- élire un président.
- commencer à les coloniser.
- combattre aux côtés des Français.
- aller au centre commercial.
- regarder la télé.

Digital performance space

Communication

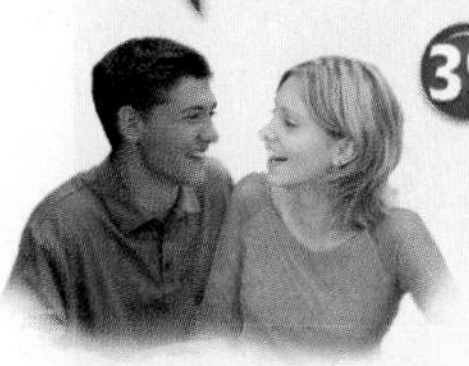

39 Questions personnelles

Parlons Demande à un(e) camarade de te dire cinq choses qu'il/elle a faites le week-end dernier. Répète chaque réponse pour demander ce qu'il/elle a fait après. Ensuite, échangez les rôles.

MODÈLE — **Qu'est-ce que tu as fait samedi dernier?**
— **Je me suis levé(e) à neuf heures.**
— **Et après t'être levé(e)?**

40 Une boutique chère

Parlons Avec un(e) camarade, complétez l'histoire suivante en ajoutant des détails. Un(e) de vous lit les parties de l'histoire données ci-dessous et l'autre invente le reste de l'histoire. Ensuite, échangez les rôles.

— **Il était une fois un roi qui habitait dans un grand palais.**
—
— **Il a demandé à ce magicien de le transformer en cheval.**
—
— **Quand le roi-cheval est revenu au palais, le magicien n'était plus là.**
—
— **Un an plus tard, le magicien est revenu.**
—

Contes et légendes Les pays d'Afrique ont une tradition orale très riche. Les contes folkloriques et les légendes sont transmis de génération en génération par des conteurs[1]. Beaucoup ont pour but de transmettre des valeurs morales ou une explication pour un phénomène social ou naturel. Les légendes sont fondées sur une histoire vraie. Elles expliquent souvent l'origine de quelque chose, d'une tradition ou d'un peuple[2]. Par contre[3], les contes sont de la pure fiction. Ils ont souvent des éléments magiques et mystiques.

A Avant la lecture

Le texte suivant est une légende marocaine. Lis le titre et regarde les illustrations. De quoi est-ce que ce texte va parler? Imagine l'histoire et sa chronologie. Note tes idées.

🎧 Les origines de l'inimitié[4] entre l'homme et les animaux

Les anciens racontent qu'au tout début, l'homme menait[5] une vie de nomade, mais comme sa famille s'agrandissait, il songea[6] à s'installer définitivement.

Il se mit à chercher un site où il aurait de l'eau, des fruits et du gibier[7]. Il trouva son lieu de résidence et s'y établit.

Or, le site qu'il avait choisi n'était autre que le territoire du serpent. Celui-ci vint voir l'homme et lui dit :

---

1. personne qui raconte une histoire 2. les personnes qui habitent une région 3. *On the other hand* 4. *enmity/hatred* 5. *led* 6. a pensé
7. des animaux

— Homme, je te conjure¹ ! Cherche-toi un autre site, tu as des enfants et j'en ai aussi, tôt ou tard nous nous disputerons à cause de nos enfants et comme je tiens à garder de bons rapports avec toi, je te conseille d'aller ailleurs² !

L'homme qui ne voulait rien entendre lui répondit :

— Tu sais, serpent, je suis fatigué de ma vie d'errance³ et je ne suis pas prêt à déménager⁴, cependant, je te promets que je vais recommander à mes enfants de ne jamais importuner⁵ les tiens. De ton côté, tu en feras de même avec tes enfants, et de la sorte nous garderons des relations de bon voisinage !

Il en fut ainsi pendant longtemps, mais un jour, les enfants se querellèrent⁶ et le cadet de l'homme tua⁷ le cadet du serpent.

Le serpent jura de se venger. Il attendit la nuit et se glissa dans la demeure de l'homme, il le chercha et quand il le trouva, il s'enroula⁸ autour de son cou et se mit à l'étrangler⁹ en lui disant :

— Tu te souviens de ce que je t'ai dit le jour où tu es venu t'installer sur mon territoire, tu vas payer pour ta fatuité¹⁰ !

L'homme lui rétorqua :

— Je comprends ta douleur, mais je te propose qu'on aille voir un arbitre et je te promets que j'accepterai la sentence quelle qu'elle soit !

Le serpent accepta. Le lendemain ils partirent à la recherche d'un arbitre. Ils trouvèrent un vieux mulet, chétif¹¹ et usé par le temps. Ils lui racontèrent l'objet de leur litige et demandèrent son avis.

Le mulet, après les avoir écoutés, leur expliqua en s'adressant au serpent :

— Je connais la perfidie de l'homme, tant que j'étais jeune, il m'aimait, il m'entretenait et me faisait travailler dur ; mais dès que j'ai donné les premiers signes de vieillesse, il me chassa¹². Alors s'il ne tenait qu'à moi, je te conseillerais de le tuer, mais pour être plus juste demandez un second avis !

Le serpent acquiesça et ils continuèrent leur chemin ; ils rencontrèrent un chien. Le serpent lui raconta ses déboires¹³ et lui demanda son avis. Le chien répondit :

— La mesquinerie¹⁴ de l'homme, j'en ai souffert ! Que de temps j'ai passé à le distraire, à lui tenir compagnie, à garder sa maison et ses moutons, à subir tous les caprices de ses enfants. Quand j'ai vieilli, il me chassa. S'il ne tenait qu'à moi, je le jugerais coupable et passible de mort, mais sachant ta sagesse, consulte un troisième arbitre afin que ta sentence soit sans appel !

---

1. demande 2. dans un endroit différent 3. voyageur 4. aller habiter dans un nouvel endroit 5. ennuyer 6. *quarreled* 7. *killed*
8. *wrapped himself* 9. *strangled* 10. *self-conceit* 11. petit et maigre 12. *chased me away* 13. difficultés 14. *pettiness*

Le duo continua son chemin. Ils rencontrèrent un hérisson[1], le mirent au courant. Celui-ci dit au serpent :

— Tu sais, la justice est sourde, alors approche-toi et parle dans mon oreille pour que je puisse t'entendre et rendre mon jugement en toute équité[2] !

Le serpent s'approcha de l'oreille du hérisson et se mit à renarrer les péripéties du litige qui l'opposait à l'homme. Le hérisson se tourna alors vers l'homme et lui dit :

— De la tête à la tête !

L'homme comprit l'allusion, prit une grosse pierre et écrasa la tête du serpent. Il remercia le hérisson de sa précieuse aide et l'invita à dîner chez lui.

Or, quand ils arrivèrent chez l'homme, la femme lui rappela qu'il s'était absenté toute la journée : ils n'avaient rien à se mettre sous la dent !

L'homme revint auprès du hérisson et lui dit :

— Tu m'excuseras mon cher hérisson, je t'ai invité alors que mon garde-manger est vide et il se trouve que mes enfants ont cruellement faim. Aussi, me vois-je dans l'obligation de te sacrifier !

Le hérisson, connu pour sa ruse, rétorqua :

— Voyons, rien ne me fera plus plaisir que de servir de festin à toi et aux tiens, mais je suis chétif. Pourquoi ne m'accompagnes-tu pas chez moi, tu ramèneras toute ma famille, comme ça, je ne laisserai pas d'orphelins derrière moi et vous aurez de quoi vous rassasier[3] !

L'homme accepta la proposition et accompagna le hérisson chez lui. Arrivés sous un grand rocher, le hérisson dit à l'homme :

— Tu vois ce trou, je vais y entrer et tu vas placer tes mains, juste devant la sortie. Dès que nous sortons tu nous attrapes tous !

L'homme se posta devant le terrier[4] et plaça ses mains comme convenu. C'est alors qu'une grande vipère en sortit et le mordit si fort qu'il en tomba mort. [...]

Voilà le secret de l'inimitié entre l'homme, le serpent, le hérisson et bien d'autres.

---

1. *hedgehog* **2.** égalité **3.** *to satisfy one's hunger* **4.** *burrow*

Compréhension

 Remets l'histoire dans l'ordre.

1. L'enfant de l'homme a tué l'enfant du serpent.
2. L'homme et le serpent ont demandé conseil au mulet.
3. Le serpent a essayé d'étrangler l'homme.
4. L'homme a décidé de s'installer sur le territoire du serpent.
5. Le chien a dit à l'homme et au serpent d'aller demander conseil à un troisième animal.
6. L'homme s'est fait piquer par une vipère et il est mort.
7. Le serpent a mis l'homme en garde contre son installation sur son territoire.
8. L'homme a voulu manger le hérisson et sa famille.
9. Le mulet a dit à l'homme et au serpent de demander un second avis.
10. Le hérisson dit à l'homme de tuer le serpent.

C Réponds aux questions suivantes.

1. Pourquoi le serpent veut que l'homme cherche un autre endroit?
2. L'enfant de l'homme a tué l'enfant du serpent. Quelles réactions ont eu leur père?
3. Qu'est-ce que le mulet a conseillé? Pourquoi?
4. Quelle était la solution du troisième arbitre, le hérisson?
5. Qu'est-ce que l'homme voulait faire quand le hérisson est arrivé chez lui?
6. Qu'est-ce qui est arrivé à l'homme devant le terrier?

Après la lecture

D Est-ce que ce texte est une légende ou un conte folklorique? A-t-il une morale? Si oui, quelle est-elle? Connais-tu d'autres textes qui parlent des relations entre l'homme et les animaux? Lesquels?

L'atelier de l'écrivain

Ta légende à toi

C'est à ton tour d'écrire une légende sur les origines de quelque chose. Ton histoire doit avoir des éléments fantastiques et la nature doit être personnifiée. Ta légende peut aussi avoir une morale. La légende africaine que tu viens de lire peut te servir d'exemple ou souviens-toi des contes et légendes que tu lisais quand tu étais petit(e).

1 **Plan: chronologie**

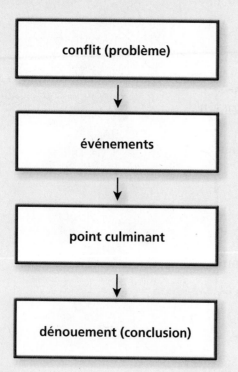

Choisis d'abord un phénomène ou élément dont tu veux expliquer l'origine. Imagine pourquoi il existe. Les causes peuvent être fantastiques ou basées sur la réalité. Parmi les causes, choisis-en une pour commencer ta légende. Écris-la dans ton organigramme. Puis, décide quels événements vont suivre, le point culminant et le dénouement. Écris-les dans ta chronologie. S'il y a une morale, note-la dans le dernier carré de ton organigramme.

> **conflit (problème)**
>
> ↓
>
> **événements**
>
> ↓
>
> **point culminant**
>
> ↓
>
> **dénouement (conclusion)**

STRATÉGIE pour écrire

Using realistic dialogue makes the characters in a story come alive. When writing dialogue, consider who your characters are. What style would they use to express themselves? Are they old? Young? Sophisticated? Shy? Would their tone be emotional or intellectual? Match your characters' forms of expression to their personalities and backgrounds.

Tom Browne

2 Rédaction

Fais un brouillon de ta légende. N'oublie pas de suivre ton plan. Ajoute des détails et des dialogues pour rendre tes personnages intéressants.

3 Correction

Relis ton brouillon pour t'assurer que tu as respecté l'ordre de ton plan.

- **Le conflit:** est-ce que le problème est présenté clairement?
- **Les événements:** est-ce que les détails donnent une image claire de la scène et des événements? Est-ce que les dialogues reflètent les personnalités des personnages?
- **Le point culminant:** as-tu oublié quelque chose?
- **Le dénouement:** est-ce que la morale est claire?

Maintenant, assure-toi que les verbes sont bien conjugués et que les temps sont corrects. N'oublie pas de vérifier l'orthographe des mots dont tu n'es pas sûr(e) dans le dictionnaire. Relis ton brouillon une troisième fois. Fais les corrections nécessaires et écris la version finale de ta légende.

4 Application

Copie le texte de ta légende sur plusieurs grandes feuilles de papier. Dessine ou trouve des illustrations pour accompagner le texte. Quand tu auras terminé, tu auras un livre pour enfant. Tu peux lire ta légende illustrée à des élèves d'une école primaire. Tu peux aussi donner une copie de ta légende à la bibliothèque de ta communauté.

Vocabulaire à la carte

heureusement	*fortunately*
malheureusement	*unfortunately*
à cause de	*because of*
s'échapper	*to escape*
avoir de la chance	*to be lucky*

Le plus-que-parfait

To say that a past event happened before another past event, use the **plus-que-parfait,** or the past perfect tense.

> **La sorcière avait déjà transformé la princesse en grenouille quand le prince est arrivé.**

Il était une fois un roi qui avait trois fils. Ses deux fils aînés aimaient se battre mais son dernier fils préférait jouer avec les animaux sauvages de la forêt. Il avait pour ami un chat,

L'atelier de l'écrivain

Prépare-toi pour l'examen

@**HOME**TUTOR

1 Utilise les dessins pour compléter les phrases suivantes et ensuite remets l'histoire dans le bon ordre.

1. Elle rencontra un _____ qui la transforma en pierre.
2. Il était une fois une belle _____ qui adorait l'aventure.
3. Un peu plus tard, un beau prince arriva et délivra la princesse du _____.
4. Un jour, elle se promenait dans une forêt _____.

2 Récris les phrases suivantes et ajoute **ce que, ce qui** ou **ce dont**.

1. j'adore / a acheté / au centre commercial / elle
2. ne sais pas / a peur / elle / je
3. tu / dis-moi / pour Noël / veux /
4. est / raconte-moi / arrivé
5. le prof / nous / ne comprenons pas / parle

3 Farida a trouvé une lettre que son grand-père avait écrite à sa grand-mère pendant la guerre. Aide-la à trouver les mots qui manquent. Fais les changements nécessaires.

| combattre | traité | ennemi | une fois | soldat |
| cessez-le-feu | paix | guerre | annoncé | armée |

Chère Salima,

Notre ___1___ avance. Nous ___2___ avec courage. On a ___3___ que l'___4___ était fatigué. Les autres ___5___ et moi, nous espérons qu'il y aura un ___6___. ___7___ que cette ___8___ sera finie, je rentrerai chez nous!

Mansour

4 Lis ce que ces gens ont fait et dis ce qu'ils avaient fait avant.

MODÈLE À midi, la reine est allée au parc. (Hier / au palais)
Hier, elle était allée au palais.

1. Lundi, le héros a parlé au roi. (lundi dernier / l'ennemi)
2. Cette année, notre président a visité le Mali. (l'an dernier / le Cameroun)
3. Au XIXᵉ siècle, des explorateurs ont exploré le Maghreb. (avant / d'autres pays)
4. La semaine dernière, la sorcière a utilisé une potion. (le mois dernier / formule magique)
5. Cet été, je suis allé(e) en Afrique. (l'année dernière / France)

4 Grammaire 2
• the past perfect
• sequence of tenses (in indirect discourse)
Un peu plus
• the past infinitive
pp. 112–117

5 Réponds aux questions suivantes.

1. Qu'est-ce que c'est, une **médina?**
2. Quel est le nom donné aux colons français qui vivaient en Algérie?
3. Quel était le rôle des **griots?**

5 Culture
• Comparaisons p. 107
• Flash culture pp. 100, 105, 110

6 Écoute les phrases suivantes et dis si elles sont **a) vraies** ou **b) fausses.**

7 Ton/ta camarade et toi devez écrire un article pour un journal satirique. Vous devez inventer un événement et le raconter comme un fait historique réel. D'abord, lisez les instructions pour chaque partie de votre récit. Ensuite, créez votre article en utilisant des expressions de ce chapitre et d'autres chapitres.

Élève A: Parle d'un pays imaginaire qui a été une colonie française. Donne des dates.
Élève B: Parle de l'indépendance de ce pays imaginaire.
Élève A: Dis quel est le système politique de ton pays imaginaire.
Élève B: Parle du premier président de ton pays imaginaire.
Élève A: Rapporte une déclaration importante que le président a faite.
Élève B: Dis ce qui s'est passé après la déclaration du président.
Élève A: Parle des événements qui ont suivi.
Élève B: Parle de ce qui s'est passé après les événements.

- **Grammaire 1**
  - the **passé simple**
  - relative pronouns
    with **ce**
- Un peu plus
  - adjective placement
    and meaning
    pp. 100–105

Résumé: Grammaire

To form the **passé simple** of regular verbs, remove the **-er**, **-ir**, or **-re** ending, then add the correct endings.

- For **-er** verbs, add **-ai, -as, -a, -âmes, -âtes, -èrent.**
- For **-ir** and **-re** verbs, add **-is, -is, -it, -îmes, -îtes, -irent.**

These are some irregular verbs in the **passé simple**:

	avoir	être	faire	venir	dire
je/j'	eus	fus	fis	vins	dis
tu	eus	fus	fis	vins	dis
il/elle/on	eut	fut	fit	vint	dit
nous	eûmes	fûmes	fîmes	vînmes	dimes
vous	eûtes	fûtes	fîtes	vîntes	dites
ils/elles	eurent	furent	firent	vinrent	dirent

The relative pronouns **ce qui, ce que,** and **ce dont** mean *what* and refer to something that hasn't yet been mentioned or to a general idea.

- **Ce qui** is a subject and is usually followed by a verb.
- **Ce que/qu'** is an object and is followed by a subject and verb.
- **Ce dont** replaces a phrase that follows an expression with **de**.

Some French adjectives have a different meaning depending on whether they are placed **before** or **after** the noun. For a list of such adjectives, see p. 104.

Résumé: Grammaire 2

- **Grammaire 2**
  - the past perfect
  - sequence of tenses (in
    indirect discourse)
- Un peu plus
  - the past infinitive
    pp. 112–117

To say that one past event happened before another past event, use the **plus-que-parfait**. To form the **plus-que-parfait**, use the **imparfait** of **avoir** or **être** and the past participle of the main verb.

The sequence of tenses for indirect discourse is:

Main clause	Dependent clause
Le roi dit (présent)	qu'il travaille *(present)*
	qu'il travaillera *(future)*
	qu'il a travaillé/qu'il travaillait *(past)*
Le roi a dit (passé)	qu'il travaillait *(imperfect)*
	qu'il travaillerait *(conditional)*
	qu'il avait travaillé *(past perfect)*

To form the *past infinitive*, use **avoir** or **être** in the infinitive and add the past participle of the main verb. The past infinitive with **être** follows the same agreement rules as the **passé composé**.

Résumé: Vocabulaire 1

To set the scene for a story

apparaître/disparaître	to appear/to disappear	une marraine	godmother
une baguette magique	magic wand	un monstre	monster
le but	goal	le Moyen-Orient	Middle East
un calife/un vizir	caliph/vizir	un/une nain(e)	dwarf
un chevalier	knight	un/une ogre(sse)	ogre/ogress
un conte/une histoire/un récit	tale/story/narrative	un palais	palace
combattre	to fight	un passage secret	secret passage
le danger/en danger	danger/in danger	un personnage/personnifié(e)	character/personified
délivrer/sauver	to rescue	la pierre	stone
enchanté(e)	enchanted	des pouvoirs magiques (m.)	magic powers
une épée	sword	prisonnier(-ière)	imprisoned
une fable	fable, tale	la reine/le roi	queen/king
un fantôme	ghost	un/une sorcier(-ière)	sorcerer/sorceress
une fée	fairy	un sort	spell
une formule/une potion	formula/potion	un souhait	wish
un géant	giant	un/une souverain(e)	monarch
un génie	spirit/genie	le sultan	sultan
héroïque/maléfique	heroic/evil	un tapis volant	flying carpet
intriguer	to intrigue	une tour	tower
la leçon de conduite/la morale	moral	transformer	to change
une légende	legend	un traître	traitor
un/une magicien(ne)	magician	tuer	to kill
une marâtre	cruel stepmother		

To continue and end a story, ... See p. 99

Résumé: Vocabulaire 2

To relate a sequence of events

un accord/un traité de paix	agreement/peace treaty	un/une ennemi(e)	enemy
une armée	army	un explorateur/explorer	explorer/to explore
l'autonomie (f.)	autonomy	l'indépendance (f.)	independence
avoir lieu	to take place	une invasion	invasion
une bataille/un combat	battle/fight	une monarchie/une république	monarchy/republic
un cessez-le-feu	cease-fire	pacifiquement	peacefully
une colonie/la colonisation	colony/colonization	le peuple	nation/people
le commencement/la fin	beginning/end	un protectorat	protectorate
un conflit	conflict	la Seconde Guerre mondiale	World War II
la conquête	conquest	se terminer	to end
un coup d'état	hostile take over	un siècle	century
la décolonisation	decolonization	signer	to sign
un drapeau	flag	un soldat	soldier
éclater	to break out	une victime	victim
élire	to elect		
un empereur/un président	emperor/president		

To tell what happened to
someone else, ... See p. 111

Activités préparatoires

🎧 **Interpersonal Speaking**

Listen to the dialogue and choose the most appropriate response.

1. A. Oui, ils ont déclaré un cessez-le-feu.
 B. Oui, ils ont signé un accord.
 C. Oui, ils vont déclarer la guerre.
 D. Oui, ils ont élu un président.

2. A. Tout est bien qui finit bien.
 B. Ils vécurent heureux.
 C. Nul ne sait ce qui lui est arrivé.
 D. C'est la morale de cette histoire.

Interpretive Reading

This selection is a test designed to help French students check their historical knowledge.

Êtes-vous incollable en histoire? Faites donc ce petit test pour vérifier vos connaissances!

1. Je suis le roi symbole de l'absolutisme. J'ai régné en France entre 1643 et 1714. Je suis...

2. Je suis un ancien esclave né en 1743 sur l'île de Saint-Domingue (Haïti). J'ai été à la tête de la révolte des esclaves en 1791. Je suis...

3. Né en 1913 à Basse-Pointe, je suis un poète et un homme politique martiniquais associé au mouvement littéraire de la Négritude. Je suis...

4. Navigateur et explorateur né à Saint-Malo en 1491, j'ai exploré le fleuve Saint-Laurent. Je suis...

5. J'ai dirigé la résistance contre l'invasion allemande et libéré mon pays en 1944. Je suis...

6. Surnommé «le père de la Nouvelle-France», j'ai fondé la ville de Québec. Je suis...

7. J'ai été le président de la République du Sénégal de 1960 à 1980. Je suis...

8. J'ai rendu l'école primaire obligatoire et gratuite en France. Je suis...

9. Prix Nobel en 1964, je suis un des plus grands défenseurs des droits de l'homme et j'ai lutté en faveur de l'intégration des Noirs aux États-Unis. Je suis...

10. Né en 1903, j'ai lutté pour l'indépendance de la Tunisie et je suis devenu son premier président. Je suis...

Maintenant, vérifiez et comptez vos réponses!

1. Louis XIV; **2.** Toussaint Louverture; **3.** Aimé Césaire; **4.** Jacques Cartier; **5.** Charles de Gaulle; **6.** Samuel de Champlain; **7.** Léopold Sédar Senghor; **8.** Jules Ferry; **9.** Martin Luther King; **10.** Habib Bourguiba

---

1. Le quiz a pour but de tester vos connaissances au sujet...
 A. des grands événements de l'histoire de France.
 B. des hommes politiques.
 C. des rois et des présidents francophones.
 D. des personnages historiques dans le monde.

2. ... se sont battus pour les droits de l'homme.
 A. Toussaint Louverture et Martin Luther King
 B. Charles de Gaulle et Jules Ferry
 C. Louis XIV et Aimé Césaire
 D. Jacques Cartier et Samuel de Champlain

3. Le seul roi mentionné dans le quiz est...
 A. Toussaint Louverture.
 B. Louis XIV.
 C. Samuel de Champlain.
 D. Aimé Césaire.

4. ... est un personnage célèbre de l'histoire du Canada.
 A. Jules Ferry
 B. Jacques Cartier
 C. Samuel de Champlain
 D. B et C sont vrais.

The following activities can be used to help you to prepare for the Advance Placement French Language and Culture Exam, or to further practice the vocabulary and grammar concepts you have seen in this chapter.

Interpersonal Writing

You wrote a synopsis for a fantasy story that you would like to turn into a screenplay. You submitted your synopsis to a French film production company. They replied to you in an email. Answer the production company's questions and request details on the requirements they mention. You should use formal style in your email.

Bonjour.

Nous avons bien reçu votre synopsis «Les Petites Fées» et sommes très intéressés par votre projet. Pour mieux comprendre votre histoire, nous avons besoin de détails supplémentaires sur ses personnages et leurs actions. Voici donc quelques questions que nous voudrions vous poser.

- Où vivent le petites fées? Pourriez-vous nous donner des détails à ce sujet?

- Est-qu'il y aura des animaux et quel sera leur rôle dans l'histoire?

- Qu'utilisent les fées pour faire de la magie (objets, actions, etc.)?

- Y a-t-il un magicien dans votre histoire? Si c'est le cas, pouvez-vous nous en parler?

Pour s'assuser de satisfaire un public aussi large que possible, il est important d'inclure certains éléments dans votre histoire, comme par exemple, un traître, un monstre et/ou un personnage en danger. Nous serions curieux d'avoir plus de détails de ce genre.

Nous attendons vos réponses avec impatience.

En attendant de vous lire, je vous prie de croire en mes salutations distinguées.

Jean-Paul Lemaire, Producteur, Grand Écran Productions

Presentational Writing

You're going to write an essay about favorite historical figures of the French-speaking world. You will discuss what you read and heard and tell about a French-speaking historical figure you admire. First read the text and listen to the interviews twice. Then write your essay. Make sure to organize your essay in logical sections and to indicate your sources as you refer to them.

Napoléon: Personnage préféré de l'histoire

Avec 28,5 % des suffrages, Napoléon Bonaparte arrive grand premier dans ce classement des 10 personnalités historiques préférées des lecteurs. Pour la plupart d'entre vous, il est le *"symbole de la grandeur de la France"*.

Vous avez admiré en lui "le grand homme qui a laissé sa marque dans l'Histoire" mais aussi un être "charismatique et ambitieux". Homme de pouvoir controversé, il a été nommé général à 26 ans durant la Révolution, et a accumulé les victoires, dont il a profité pour s'emparer du pouvoir (coup d'Etat du 18 Brumaire An VIII). Il devient alors Premier consul puis prend le titre d'Empereur des Français. Vous notez d'ailleurs qu'il est une *"personnalité complexe"*.

Il a laissé son empreinte sur la France grâce à ses nombreuses réformes, notamment institutionnelles. Certains d'entre vous mettent ainsi en avant son héritage : "le Code civil, la Cour des Comptes, le *Conseil d'Etat*".

▶ Quel est ton personnage historique préféré?

Topic of the essay: **Quels sont les plus grands personnages de l'histoire?**

Activités préparatoires

Révisions cumulatives

1 Choisis l'image qui correspond à chaque phrase.

a.

b.

c.

d.

e.

2 Lis cette publicité et réponds aux questions suivantes.

VENEZ ASSISTER À UN SPECTACLE DU MOYEN ÂGE TOUT EN DÉGUSTANT UN FESTIN ROYAL

Des chevaliers combattent pour le cœur de la princesse

LE ROYAUME

3, place de l'Opéra
44000 Nantes
Site Web :
Leroyaume@hrw.exchange.fr

*Pour faire une réservation,
téléphonez au 05.22.35.77.95*

LE MENU À 40

Entrées
Pâté du prince
Potion de légumes

Plats principaux
Steak royal
Poisson impérial

Desserts
Gâteau enchanté
Tarte de la sorcière

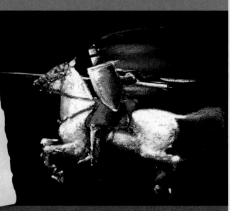

Vendredi : 18h et 21h   **Dimanche :**
Samedi : 18h et 21h   12h, 15h, 18h et 21h

1. Qu'est-ce qu'on peut faire au Royaume?
2. Qu'est-ce que tu peux prendre comme entrées?
3. À combien est le menu?
4. Quel genre de spectacle est-ce que c'est?
5. Comment peux-tu réserver une table?

3 Crée une entrevue entre les chefs d'état *(head of state)* de deux pays francophones. Ils discutent la possibilité de la paix dans le monde. Chacun dit ce qui devrait arriver pour que la paix dans le monde soit possible.

4 Regarde ce dessin d'une déesse peint sur les murs d'une grotte *(cave)* en Algérie.

1. Imagine une légende qui raconte ce que cette déesse faisait.

2. Est-ce qu'à ton avis, c'était un personnage maléfique ou non? Est-ce que les hommes de la tribu représentés sur le dessin avaient peur d'elle?

3. À quelle époque tu crois que ce dessin a été fait? Pourquoi crois-tu que les gens dessinaient de telles scènes sur les murs des grottes?

4. Est-ce que tu connais d'autres endroits dans le monde où il y a des dessins comme celui-ci? Lesquels?

Peinture rupestre d' Aounrhet, Tassili

Prehistoric Cave Art, Aounrhet, Tassili, Algeria. ©The Granger Collection, New York

5 Tu as vu un film historique ou un film qui racontait une légende que tu as beaucoup aimé. Écris un petit paragraphe de dix lignes pour raconter l'histoire de ce film. Utilise le passé composé, l'imparfait et le plus-que-parfait.

6 À ton tour

Conte pour enfants Un(e) camarade de classe et toi, vous allez créer un conte pour enfants. Une personne fera les dessins et l'autre créera l'histoire. Ensuite, racontez votre conte à la classe.

Amours et amitiés

Objectifs

In this chapter, you will learn to
- say what happened
- ask for and give advice
- share good and bad news
- renew old acquaintances

And you will use and review
- reciprocal verbs
- the past conditional
- the verbs **manquer** and **plaire**
- the subjunctive
- the subjunctive with necessity, desire, and emotions
- the disjunctive pronouns

▶ *Que vois-tu sur la photo?*

Où sont ces personnes?

Qu'est-ce que ces personnes font?

Et toi, est-ce que tu as déjà assisté à un mariage? Comment est-ce que c'était?

MODES OF COMMUNICATION

INTERPRETIVE	INTERPERSONAL	PRESENTATIONAL
Listen to couples describe their relationships. Read a travel guide.	Speak with a friend about what you have to do this weekend. Respond to an email about an Au Pair position for which you applied.	Create a family photo album, and present it to the class. Write an essay about friendship.

Un mariage traditionnel à Bamako, au Mali

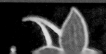

Objectifs
• to say what happened
• to ask for and give advice

Vocabulaire
à l'œuvre 1

L'histoire de Saliou et Coumba en Afrique

 Amadou

 Saliou

 Coumba

Saliou et Coumba, la sœur d'Amadou, **se sont rencontrés** au cybercafé.

Saliou et Coumba **se sont** beaucoup **parlé**. C'était un vrai **coup de foudre**.

Ils **ont échangé** leurs numéros de mobile.

Malheureusement, un jour, Amadou et Saliou **se sont énervés** en jouant au baby-foot et ils **se sont disputés**.

Les deux amis **se sont quittés** très **fâchés** et ils **ne se sont pas revus** pendant une semaine.

Mais après, ils **ont regretté** de s'être énervés et ils **se sont téléphoné** et ils **se sont réconciliés**.

▶ **Vocabulaire supplémentaire—La vie, p. R18**

Chapitre 4 • Amours et amitiés

Online Practice

my.hrw.com
Vocabulaire 1 practice

Ils ont décidé de **se retrouver** chez Amadou pour le thé.

C'est ainsi que Saliou et Coumba **se sont revus**!

D'autres mots utiles

de bonne/mauvaise humeur	*in a good/bad mood*	**inquiet/inquiète**	*worried*
déçu(e)	*disappointed*	**vexé(e)**	*offended*
ensemble	*together*	**rompre (avec)**	*to break up*
gêné(e)	*embarrassed*	**se donner rendez-vous**	*to make a date*
indifférent(e)	*indifferent*	**tomber/être amoureux(euse)**	*to fall/be in love*

Exprimons-nous!

To say what happened	To respond
J'ai entendu dire qu'ils se sont revus. *I heard that . . .*	**Raconte!** *Tell me about it!*
Devine qui j'ai rencontré hier! *Guess . . .*	**Je n'en ai pas la moindre idée./Aucune idée.** *I have no idea.*
Figure-toi qu'elles se sont disputées. *You know what . . . ?*	**Ce n'est pas vrai!** *You're kidding!*
Tu savais que Léa et Tom étaient **toujours** ensemble? *Did you know that . . . still . . . ?*	**Pas possible!** *No way!*

Vocabulaire et grammaire, *pp. 37–39*

Online Workbooks

Entre copains

draguer	*to flirt*
casser	*to break up*
laisser tomber	*to dump (someone)*
Tu charries!	*You're going too far!*
Tu rigoles!	*You're kidding!*

x

① Sentiments et émotions

Lisons Choisis la réaction qui correspond le mieux à chaque situation.

1. Lola a rencontré un garçon super. Elle est _____.

   a. inquiète   **b.** déçue   **c.** heureuse

2. La copine de Yann ne l'aime plus. Yann est _____.

   a. triste   **b.** gêné   **c.** de bonne humeur

3. Entre Juliette et Sébastien c'est le vrai coup de foudre. Ils sont _____.

   a. vexés   **b.** amoureux   **c.** de mauvaise humeur

4. La femme de M. Reynaud est très en retard à leur rendez-vous. Il est _____.

   a. inquiet   **b.** gêné   **c.** content

5. Aziz et son copain Mohammed se sont disputés et ils ne se parlent plus. Ils sont _____.

   a. fâchés   **b.** gênés   **c.** de bonne humeur

6. Mamadou a rompu avec Fatou. Elle est très _____.

   a. amoureuse   **b.** inquiète   **c.** malheureuse

② Écoutons

Les couples suivants ont une relation assez difficile et se disputent souvent. Écoute les conversations et dis si on parle de quelque chose qui est **a) positif** ou **b) négatif**.

③ Dernières nouvelles

Lisons/Écrivons Lana raconte les dernières nouvelles à son amie Fatia. Complète leur conversation avec les expressions de la boîte. Fais tous les changements nécessaires.

ensemble	deviner	pas possible	entendre dire
amoureux	tu savais	aucune idée	rompre

LANA Hier, je suis allée au centre commercial et ___1___ qui j'ai vu!

FATIA ___2___.

LANA Karim et Læticia! ___3___ qu'ils sortaient ___4___?

FATIA ___5___!

LANA Mais oui! Et ils avaient l'air vraiment ___6___!

FATIA Pauvre Læticia! J'ai ___7___ que Karim n'était pas très sérieux!

Flash culture

L'hospitalité est très importante au Mali. C'est un honneur de recevoir des invités et la tradition est de leur servir du thé à la menthe qu'il est mal élevé de refuser.

Le premier verre de thé n'a pas beaucoup de sucre et est appelé **amer comme la mort**; le deuxième, plus sucré, **bon comme la vie**, et le troisième, très sucré, **doux comme l'amour**.

Qu'est-ce que ta famille sert aux invités?

Exprimons-nous!

To ask for advice	To give advice
Qu'est-ce que tu en penses? Je lui téléphone? *What do you think about it?*	Non, **tu ferais mieux d'**attendre. *. . . it would be better to . . .*
Qu'est-ce que tu aurais fait **à ma place?** *. . . in my place?*	**Si j'avais été toi,** j'aurais fait la même chose. *If I had been you, . . .*
À ton avis, je devrais rompre avec Pascal? *In your opinion, . . . ?*	**Pas nécessairement.** *Not necessarily.*
D'après toi, je devrais lui parler? *In your opinion, . . . ?*	**Surtout pas!** *Certainly not!* **Jamais de la vie!** *Not in a million years!*

Vocabulaire et grammaire, *pp. 37–39*   Online Workbooks

4 Des conseils

Écrivons Jennifer et son copain se sont disputés. Tu donnes toujours de bons conseils, alors Jennifer t'a envoyé cet e-mail. Mais, il y a des mots qui manquent. Complète son e-mail logiquement. Ensuite, écris-lui une réponse.

> Salut,
>
>   __1__ ce qui est arrivé hier soir! Mon copain et moi, nous nous sommes disputés.   __2__ qu'il pense que j'aime un autre garçon! Mais ce n'est pas vrai. Je suis très amoureuse de lui.   __3__, est-ce que je devrais lui parler et essayer de me réconcilier avec lui? Est-ce que je lui offre un cadeau? Qu'est-ce que tu   __4__? Qu'est-ce que tu ferais   __5__? Merci d'avance pour tes conseils.
> Jennifer

Digital performance space

Communication

5 Scénario

Parlons En petits groupes, jouez la scène suivante. Une personne est animateur/animatrice pour une radio francophone. Les autres personnes du groupe sont des jeunes qui appellent pour parler de leurs problèmes. Chaque jeune invente un problème et téléphone à l'animateur/l'animatrice qui va lui donner son avis et proposer des solutions. Ensuite, échangez les rôles.

MODÈLE —**Bonjour. Je m'appelle Nora. Hier, je me suis disputée avec ma meilleure amie et...**

Grammaire
à l'œuvre 1

Reciprocal verbs

1 In French, the pronouns nous, vous, and se may be used to make a verb reciprocal (**verbe réciproque**). They mean *(to/for/at) each other* when added before a verb.

Nous nous aimons.	*We love each other.*
Ils se sont rencontrés hier.	*They met each other yesterday.*

2 In the **passé composé**, use être as the helping verb when you make a verb reciprocal. Make the past participle agree if the reciprocal pronoun (nous, vous or se) is the *direct object* of the verb.

Nous avons vu Paul hier.   Elles ont revu Paul au musée.

MAIS

direct object   direct object

Nous nous **sommes vu**s hier.   Elles se **sont revue**s au musée.

3 Do not make the past participle agree with the reciprocal pronoun if it is the *indirect object* of the verb, that means if it answers the question "à qui?". Some verbs that take an indirect object are **conseiller, demander, dire, écrire, offrir, parler, plaire,** and **téléphoner.**

J'ai parlé **à Pauline**. Nous nous sommes parlé.   *indirect objects*

Vocabulaire et grammaire, *pp. 40–41*
Cahier d'activités, *pp. 31–33*

e Online Workbooks

Déjà vu!

Reciprocal verbs and reflexive verbs are not the same. **Reflexive verbs** are used when the same person performs and receives the action of the verb while **reciprocal verbs** are used when two people reciprocate an action. In the **passé composé**, both reflexive and reciprocal verbs use **être** as helping verb and the past participle agrees with the reflexive pronoun only if it is the direct object of the verb.

Elle s'est lavée.
Ils se sont rencontrés ici.

---

6 Accord ou pas accord?

Lisons Aimé et Taki discutent les dernières nouvelles du week-end. Fais l'accord si nécessaire.

1. Paul et Virginie se sont quitté_____.
2. Sylvie et Julien se sont longtemps parlé_____.
3. Malik et Thérèse ont rencontré_____ Vincent hier.
4. Karima et Lise se sont finalement réconcilié_____.
5. Rémy et Julie se sont disputé_____.
6. Aline et Salima se sont téléphoné_____ la semaine dernière.

7 Écoutons

Ça a été le coup de foudre entre Édouard et Sophie. Pour chaque phrase, dis si l'action est **a) réciproque** ou **b) pas réciproque**.

Grammaire 1

8 **Une bonne copine**

Écrivons Alexandre raconte comment il a rencontré Martine et ce qui s'est passé depuis leur première rencontre. Complète le texte avec la forme appropriée des verbes entre parenthèses.

Martine et moi, nous ___1___ (se parler) pour la première fois il y a trois mois. Nous ___2___ (échanger) nos adresses e-mail. Nous ___3___ (se donner) rendez-vous le samedi suivant au centre commercial. Depuis cette fois-là, nous ___4___ (se téléphoner) régulièrement et maintenant, nous ___5___ (se retrouver) chaque week-end. Chaque fois que nous nous voyons, nous ___6___ (beaucoup se parler). Nous ___7___ (se quitter) toujours à six heures, parce qu'elle doit rentrer chez elle pour dîner. Nous ___8___ (se revoir) le week-end prochain à la fête d'anniversaire de Koffi.

9 **Histoire d'amour**

Parlons/Écrivons Utilise des verbes réciproques et les photos pour raconter ce qui se passe dans la vie de Philippe et Rebecca.

la première fois

MODÈLE **Ils se sont vus pour la première fois au café.**

1. d'abord

2. ensuite

3. hier

4. mais après

Digital performance space

Communication

10 **Opinions personnelles**

Parlons Avec un(e) camarade, choisissez un couple célèbre, réel ou fictif, et discutez de leur relation. Ton/Ta camarade n'est pas toujours d'accord avec toi.

MODÈLE —Je pense que Roméo et Juliette, c'est la plus belle histoire d'amour de tous les temps!
—Tu rigoles! Ils...

L'Afrique francophone

The past conditional

1 Use the **past conditional** to state the result in a hypothetical situation. Use the **past perfect** in the **si** clause, and the **past conditional** in the other clause.

    past perfect   *past conditional*

    S'il avait su la réponse, il **aurait réussi** son examen.

2 To form the **past conditional**, use the conditional of the helping verb (avoir or être) and add the past participle of the main verb.

    Si nous avions vu les Renaud, nous leur aurions parlé.
    If we had seen *the Renauds, we would have spoken with them.*

    Ils se seraient réconciliés s'ils s'étaient parlé.
    They would have made up if they had spoken to each other.

3 The **past conditional** is also used by itself to state an event that could have taken place in the past, but did not.

    Tu **aurais pu** m'aider!   *You could have helped me!*

Vocabulaire et grammaire, *pp. 40–41*
Cahier d'activités, *pp. 31–33*

 Online Workbooks

⑪ Rien que des critiques

Lisons Complète les phrases suivantes logiquement.

1. Si Léon s'était réconcilié avec Julie…

2. Si je n'avais pas été si timide…

3. Si tu ne t'étais pas disputée avec Pierre…

4. Si vous aviez étudié…

5. Si tu avais rangé ta chambre…

a. tes parents ne t'auraient pas punie.

b. vous auriez eu de bonnes notes.

c. il l'aurait invitée à sa boum.

d. Pierre se serait fâché.

e. vous ne vous seriez pas quittés.

f. j'aurais parlé à David.

⑫ Si seulement…

Lisons Choisis la forme correcte des verbes entre parenthèses.

1. Si j'(avais / aurais) su, j'(avais / aurais) tout dit à maman.

2. Si Martin t'(avait / aurait) parlé, tu (avais / aurais) compris.

3. Elles (seraient / avaient) venues si tu leur (aurais / avais) dit.

4. Vous (seriez / aviez) allé le voir si vous (aviez / auriez) su.

5. Si nous (avions / aurions) pu, nous (aurions / avions) fait ce qu'il fallait.

6. Ils (avaient / auraient) joué s'ils (auraient / avaient) pu.

13 Avec des «si»…

Lisons/Écrivons Patrice dit ce qui se serait passé si…! Complète ses phrases avec la forme correcte du verbe entre parenthèses.

1. Si je n'avais pas fait du skate, je/j'_____ (finir) mes devoirs.

2. Si j'avais fini mes devoirs, je/j'_____ (ne pas avoir) une mauvaise note.

3. Si je n'avais pas eu de mauvaise note, mes parents _____ (ne pas me punir).

4. Si mes parents ne m'avaient pas puni, je/j'_____ (aller) au cinéma.

5. Si j'étais allé au cinéma, je/j'_____ (rencontrer) la sœur d'Ali!

14 Voilà pourquoi

Parlons/Écrivons Explique les sentiments de ces gens et ce qui se serait passé si les choses avaient été différentes.

Amadou

MODÈLE Amadou est triste. S'il ne s'était pas cassé la jambe, il aurait pu jouer avec ses copains et alors, il n'aurait pas été triste.

1. madame Dakeyo

2. les parents de Fatia

3. Véronique

4. M. Brutus

Digital
performance space

Communication

15 Questions personnelles

Parlons Demande à un(e) camarade cinq choses qu'il/elle aurait faites pendant ses vacances si les choses avaient été différentes. Ton/Ta camarade va te dire ce qu'il/elle aurait fait. Puis, échangez les rôles.

MODÈLE —Qu'est-ce que tu aurais fait si tu n'étais pas parti(e) en vacances?
—Si je n'étais pas parti(e), j'aurais…

Application 1

16 **Encore des «si»...**

Écrivons/Parlons Imagine ce qui se serait passé et quels sentiments ces gens auraient eus si les choses suivantes étaient arrivées.

MODÈLE Si ton prof vous avait donné congé aujourd'hui.
S'il nous avait donné congé, nous ne serions pas venus à l'école et nous aurions été très contents.

1. Si tes amis avaient organisé une fête pour ton anniversaire pour te faire une surprise.

2. Si tes parents avaient gagné un voyage en France l'été dernier.

3. Si ton/ta meilleur(e) ami(e) et toi, vous vous étiez disputé(e)s.

4. Si ton frère s'était cassé la jambe la veille d'un match très important et que son équipe avait perdu!

5. Si tu avais oublié d'inviter ton/ta meilleur(e) ami(e) à ta boum.

Un peu plus

The verbs *manquer* and *plaire*

1. **Manquer** is a regular **-er** verb.

When used with *a direct object*, **manquer** means *to miss something*.

Il a **manqué** le bus.

When used with an **indirect object**, **manquer** à + a *person* means *to be missed by*.

Ma sœur leur **manque**. (*Ma sœur* **manque** à *mes parents*.)
They (*my parents*) **miss** *my sister*.

Mes amis me **manquent**.   I **miss** *my friends*.

2. The verb **plaire** à means *to please or to be liked by*. The past participle is **plu**.

Le cours de français **me plaît** mais les maths ne **me plaisent** pas du tout.

As a reflexive verb, **se plaire** means *to enjoy oneself at a place or event*.

Je **me suis** beaucoup **plu** en Tunisie cet été.

As a reciprocal verb, **se plaire** means *to like each other*.

Farid et Malika **se sont plu** tout de suite.

Vocabulaire et grammaire, *p. 42*
Cahier d'activités, *pp. 31–33*

Online Workbooks

17 **Écoutons**

Écoute ce que Fortuné a fait ce week-end et dis si cela **a)** **lui a plu** ou **b)** **ne lui a pas plu**.

18 **Souvenirs de camping**

Écrivons Tes amis sont allés camper et te racontent leur expérience! Complète leurs phrases avec la forme appropriée de **manquer**.

1. Les soirées autour du feu de camp me _____.

2. Quand on campait, ce qui me_____, c'était mon lit!

3. Ce qui va me _____, c'est de dormir jusqu'à midi!

4. Mais les moustiques ne me _____ pas!

5. Tu aurais dû venir avec nous! Tu nous as beaucoup _____.

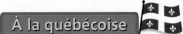
⑲ On aime ou on n'aime pas

Écrivons Jean-René et ses camarades parlent de personnes et de choses qu'ils aiment et qu'ils n'aiment pas. Utilise le verbe **plaire** et le temps qui convient pour récrire leurs commentaires.

> **MODÈLE**   J'adore ce CD.   →   **Ce CD me plaît beaucoup.**

1. Tarek aime les voitures de sport italiennes.
2. J'ai beaucoup aimé le film que j'ai vu samedi soir.
3. Tu aimes bien la sœur d'Isabelle, hein?
4. Nous n'aimons pas du tout ces gens-là.
5. Je suis sûr que tu vas aimer ce livre.

> **À la québécoise**
>
> In Quebec, people say **"être en amour"** for being in love and refer to a boyfriend as a **"chum"**.

⑳ Ton avis compte

Lisons/Écrivons Lis la lettre de Valentin au courrier du cœur d'un magazine pour adolescents. Qu'est-ce que tu aurais fait si tu avais été à la place de Valentin? Écris un petit paragraphe pour lui dire ce qu'il aurait dû faire d'après toi.

Courrier du cœur

Je suis amoureux.
Dans mon lycée, il y a une fille que j'aime bien. J'aimerais bien lui demander de sortir avec moi, mais je suis plutôt timide. L'autre jour, elle a laissé tomber ses cahiers juste devant moi. Je suis resté pétrifié. J'aurais dû l'aider mais je n'ai pas pu. Maintenant, je suis gêné quand je la vois. Qu'est-ce que je peux faire?
-Valentin

Digital
performance space

Communication

㉑ Scénario

Parlons Tu es nouveau/nouvelle dans cette école et un de tes nouveaux camarades te demande ce qui te manque et ce qui te plaît plus dans cette école-ci.

> **MODÈLE**   —Est-ce que les amis de ton ancienne école te manquent?
>   —Oui beaucoup, mais...

Lecture culturelle

Aujourd'hui, la femme française est indépendante et elle travaille (plus des trois quarts des Françaises travaillent); toutefois, au foyer¹, elle fait encore la plupart des tâches ménagères. Aussi, si l'égalité entre les sexes n'est pas encore totale, la situation de la femme s'est considérablement améliorée. Que sais-tu de la condition des femmes en Afrique?

FAMILLE

Maroc : nouveau code de la famille

Le Roi Mohammed VI a annoncé vendredi la réforme du Code de la famille. Les nouveaux amendements, salués par les associations de femmes et l'ensemble des partis politiques, doivent permettre à la femme marocaine de s'émanciper et de ne plus être considérée comme une mineure à vie. Un vrai bouleversement².

10 octobre 2003, journée historique pour les Marocaines. C'est ce que s'accordent à dire les journaux nationaux, les associations des droits de l'Homme et l'ensemble des partis politiques. Le 10 octobre 2003 ou la vraie Journée de la femme au Maroc... En effet, le Roi Mohammed VI a annoncé vendredi, lors de son discours³ d'ouverture de la nouvelle session parlementaire, la réforme du Code de la famille ou Moudawana⁴. [...]
Onze nouvelles règles donnent ainsi vie aux revendications⁵ de ces associations. La plus importante : la responsabilité conjointe⁶ des époux au sein⁷ de leur famille. Ce qui marque la fin de l'inégalité juridique entre l'épouse et son mari. Deuxième point important : la règle qui soumettait⁸ la femme à la tutelle⁹ d'un membre mâle de sa famille et faisait d'elle une éternelle mineure est abolie. L'âge du mariage passe de 15 à 18 ans pour la femme[...]

■

Compréhension

1. Qu'est-ce que le roi Mohammed VI a proclamé le 10 octobre 2003?

2. Quel est le plus important changement apporté au Code de la famille?

3. À partir de quel âge peut-on se marier au Maroc?

---

1. à la maison 2. *upheaval* 3. *speech* 4. *family law in Morocco* 5. demandes 6. ensemble 7. à l'intérieur 8. *submitted*
9. *guardianship*

Comparaisons

Sorties entre copains!

Aurélien est français et il a une petite amie, Laure. Quand ils vont au café ou au cinéma, ils sont le plus souvent:

    a. juste tous les deux.

    b. avec leurs copains.

    c. avec leur famille.

Des adolescents en France

Le terme de *date* n'a pas vraiment de traduction en français. Le concept n'existe pas. Les jeunes Français(es) qui ont des petit(e)s ami(e)s, préfèrent généralement sortir en groupe. Si un garçon va chercher une fille chez elle ou la retrouve dans un café, très souvent c'est pour l'emmener rejoindre d'autres amis et décider avec eux de ce qu'ils vont faire tous ensemble.

ET TOI?

1. Quand tu as une «date», est-ce que tu préfères sortir avec juste ta «date» ou avec un groupe d'amis?

2. Connais-tu beaucoup de jeunes Américains qui ont les mêmes habitudes de sorties que les Français?

Communauté et professions

Les formateurs multiculturels

Les formateurs multiculturels sont là pour aider les familles qui partent habiter dans un pays étranger ou les familles qui viennent d'arriver dans un nouveau pays. Ces formateurs sont eux-mêmes étrangers ou ont une bonne connaissance des coutumes du pays en question. Est-ce que tu sais s'il existe des formateurs multiculturels dans ta communauté qui aident les Français? Et à l'inverse, est-ce qu'il y a des formateurs qui vont aider les Américains qui partent habiter dans un pays francophone? Fais des recherches à la bibliothèque ou sur Internet pour en savoir plus. Présente ce que tu as découvert à la classe.

Un formateur multiculturel

Objectifs
• to share good and bad news
• to renew old acquaintances

Vocabulaire à l'œuvre 2

Ma famille au Mali

J'ai fait un **album de photos** de la vie de mon oncle, Habib.

Il est né le 3 avril à Koulikoro. **Il a vécu** là-bas pendant toute **son enfance**.

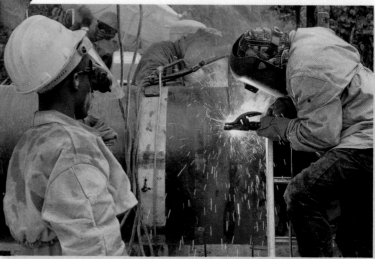

Après le lycée, **il a fait un apprentissage** à Bamako.

Ensuite, il a **déménagé** et **s'est installé** à Ségou où **il a trouvé du travail**.

▶ Vocabulaire supplémentaire—La vie, p. R18

Il s'est marié avec ma tante et ils ont eu cinq enfants.

Lorsqu'il a eu soixante-cinq ans, mon oncle **a pris sa retraite**.

À soixante-dix ans, **il est tombé malade** et **il est mort** un an plus tard.

D'autres mots utiles

un(e) orphelin(e)	orphan
un(e) veuf/veuve	widower/widow
adopter	to adopt
célibataire	single
des jumeaux (m.)/ jumelles (f.)	twins
divorcer	to divorce
faire un emprunt	to take a loan
louer	to rent
poser sa candidature	to apply for (a job)
se fiancer/être fiancé(e)	to get/ be engaged

Exprimons-nous!

To share good and bad news	To respond
À propos, nous allons bientôt nous marier. *By the way, . . .*	**Tous mes vœux de bonheur.** *All my best wishes.*
Vous savez, nous avons eu un petit garçon. *You know, . . .*	**Toutes mes félicitations!/Félicitations!** *Congratulations!*
Malheureusement, mon oncle est mort la semaine dernière. *Unfortunately, . . .*	**Mes sincères condoléances.** *My deepest sympathy.*

Vocabulaire et grammaire, *pp. 43–45*

Online Workbooks

22 Écoutons

Fatou te raconte sa vie. Fais correspondre chaque photo avec ce qu'elle dit.

a.   b.   c.   d.   e.

23 Biographie

Lisons Voici la fiche biographique de Marcel Duguélec. Complète-là avec les informations appropriées.

des jumelles	mort	né	travail
apprentissage	marié	veuf	louer

Nom : Paul Marcel Duguélec
_____1_____ le 10 mars 1922 à Quimper
Études/Formation : _____2_____ à Paris
_____3_____ : Employé dans une librairie, écrivain
Situation familiale : S'est _____4_____ avec Annie Dupuis en 1950
A eu trois enfants dont un garçon et _____5_____ .
Est tombé malade et est _____6_____ en 1995.

24 Des nouvelles

Parlons Qu'est-ce que tu dirais à quelqu'un qui t'annonce les choses suivantes?

1. Sylvain et moi, nous nous sommes fiancés. Nous allons nous marier l'été prochain.
2. Mon grand-père est mort le mois dernier.
3. Nous avons gagné le championnat de tennis.
4. J'ai posé ma candidature pour une place de comptable et j'ai été engagé tout de suite!
5. Ma tante vient de perdre son mari.
6. J'ai eu mon bac avec mention «bien»!

Flash culture

En Afrique du Nord, la cérémonie du mariage est très traditionnelle et peut durer plusieurs jours. La mariée porte plusieurs robes chargées de broderies et de paillettes. La mariée a aussi les mains peintes au henné avec des dessins très élaborés. Après le mariage, dans les familles traditionnelles, le couple va habiter chez les parents du marié.

Quelles sont les traditions dans ta famille quand quelqu'un se marie?

Un mariage au Maroc

Exprimons-nous!

To renew old acquaintances	
Comment va ton ami Hassan? *How is . . . ?*	**Je ne le vois plus.** Il a déménagé. *I don't see him any more.*
Quoi de neuf? *What's new?*	**Rien de spécial.** **Plein de choses!** *Nothing much.* *A lot!*
Tu n'as pas changé! *You haven't changed!*	**Toi non plus.** *You haven't either.*
Je suis ravi(e) de te revoir. *I am delighted to . . .*	Oui, **ça fait longtemps qu'**on ne s'est pas vu(e)s. *. . . it's been a long time since . . .*

Vocabulaire et grammaire, *pp. 43–45*

 Online Workbooks

25 **Conversation dans la rue**

Écrivons Justine rencontre une amie qu'elle n'a pas vue depuis longtemps. Complète leur conversation de façon logique.

JUSTINE   Tiens, Fabienne! ____**1**____ on ne s'est pas vues!

FABIENNE   Oui, c'est vrai. En tout cas, toi, ____**2**____!

JUSTINE   Toi non plus! Toujours aussi élégante!

FABIENNE   Alors, ____**3**____?

JUSTINE   Eh bien, Gilles et moi, nous allons nous marier.

FABIENNE   Ah bon? ____**4**____.

JUSTINE   Merci. Et toi, ____**5**____ ton mari?

FABIENNE   Très bien. Et tu sais, nous avons eu des jumeaux.

JUSTINE   Des jumeaux! ____**6**____!

Digital **performance space**

Communication

26 **Scénario**

Écrivons/Parlons Comment imagines-tu ta vie dans vingt ans? Après le lycée, penses-tu aller à l'université, faire un apprentissage, etc.? Prends quelques notes pour décrire la vie que tu aimerais avoir. Ensuite, imagine que tous tes souhaits se sont réalisés. Joue une scène avec un(e) camarade dans laquelle vous vous rencontrez dans un restaurant. Vous ne vous êtes pas vu(e)s depuis vingt ans. Vous vous dites bonjour et vous parlez de tout ce qui s'est passé dans votre vie. Utilisez des gestes appropriés.

MODÈLE —Ah! Patrick! Ça fait longtemps qu'on ne s'est pas vus! Quoi de neuf?

Vocabulaire 2

Grammaire à l'œuvre 2

Révisions — The subjunctive

1 To conjugate most verbs in the subjunctive, take the present indicative **ils/elles** form, drop **-ent**, and add the subjunctive endings.

	regarder	**choisir**	**perdre**
je	regard**e**	choisiss**e**	perd**e**
tu	regard**es**	choisiss**es**	perd**es**
il/elle/on	regard**e**	choisiss**e**	perd**e**
nous	regard**ions**	choisiss**ions**	perd**ions**
vous	regard**iez**	choisiss**iez**	perd**iez**
ils/elles	regard**ent**	choisiss**ent**	perd**ent**

Il faut que tu lises ce roman. Il faut que tu finisses tes études.

2 Some verbs, like **prendre, venir,** and **voir** have a different stem for the **nous** and **vous** forms. Take the **nous** form of the present indicative, drop **-ons,** and add the subjunctive endings.

nous **pren**ons	→	nous prenions, vous preniez
nous **ven**ons	→	nous venions, vous veniez
nous **voy**ons	→	nous voyions, vous voyiez

Il faut que vous reveniez avant onze heures.

3 Être, avoir, aller, faire, and **pouvoir** are irregular in the subjunctive.

	aller	**avoir**	**être**	**faire**	**pouvoir**
je/j'	aille	aie	sois	fasse	puisse
tu	ailles	aies	sois	fasses	puisses
il/elle/on	aille	ait	soit	fasse	puisse
nous	allions	ayons	soyons	fassions	puissions
vous	alliez	ayez	soyez	fassiez	puissiez
ils/elles	aillent	aient	soient	fassent	puissent

En anglais

In English, we use the subjunctive, but its forms often look like forms in other tenses and moods.

I wish you were in Paris with me. (subjunctive, same form as past tense)

It is important that he finish his homework. (subjunctive, same as infinitive)

Can you think of other sentences in English that use the subjunctive?

In French, there are specific phrases and expressions that require the use of the subjunctive.

Il faut qu'il finisse ses devoirs.

Vocabulaire et grammaire, *pp. 46–47*
Cahier d'activités, *pp. 35–37*

Online Workbooks

27 Ce qu'il faut faire

Parlons/Écrivons Dis ce qu'il faut que ces gens fassent.

1. vous: venir nous voir plus souvent
2. nous: louer une voiture pour partir en vacances
3. moi: poser ma candidature avant la fin du mois d'août
4. vous: faire un emprunt pour acheter une maison
5. ton frère: téléphoner à son patron lundi matin
6. Amadou: déménager avant la fin du mois
7. nous: trouver un travail plus intéressant
8. toi: faire un apprentissage pour avoir plus d'expérience
9. mes grands-parents: prendre leurs médicaments régulièrement
10. ma sœur: avoir plus d'argent pour pouvoir partir en vacances

28 Des choses à faire

Parlons Les personnes suivantes doivent faire certaines choses. Dis ce qu'il faut que chacune d'elles fasse.

MODÈLE **Il faut que tu lises ce livre.**   tu

1. ils   2. vous   3. Delphine   4. elles

Communication

Digital
performance space

29 Interview

Parlons Un(e) camarade va te demander ce que toi et ta famille devez faire ce week-end. Dis-lui six choses qu'il faut que tu fasses ou que les membres de ta famille fassent, puis échangez les rôles.

MODÈLE —Qu'est-ce qu'il faut que tu fasses, ce week-end?
        —Ce week-end, il faut que je... parce que...

Subjunctive with necessity, desire, and emotions

1 The **subjunctive** is used after certain expressions of *necessity, desire,* and *emotion*. Some of these phrases are listed below.

Expressions of necessity:

Il faut que…	**Il est nécessaire que…**
Il est essentiel que…	**Il est important que…**
Il faudrait que…	**Il vaudrait mieux que…**

Expressions of desire:

Je désire que…	**J'ai envie que…**
Je souhaite que…	**Je voudrais que…**

Expressions of emotion:

Je suis désolé(e) que…	**Je suis content(e) que…**
C'est dommage que…	**Je suis ravi(e) que…**
Je suis triste que…	**Je suis heureux(-se) que…**

Note that **espérer** does not require the subjunctive.

2 If the subject of both clauses in the sentence is the same, you use the **infinitive** in the second clause. In the expressions with **être** and **avoir** add **de** before the infinitive.

Nous sommes désolés que **vous** deviez déménager.
We are sorry that you need to move.

Nous sommes désolés **de** devoir déménager.
We are sorry that we need to move.

Vocabulaire et grammaire, *pp. 46–47*
Cahier d'activités, *pp. 35–37*

 Online Workbooks

Flash culture

Au Mali, tout se déroule selon une hiérarchie très stricte. La famille, au sens large, est l'unité de base. Le chef de famille est le souverain absolu. Mais c'est la mère qui gère l'argent des salaires (même si la personne est âgée et a sa propre famille). Ce système permet de subvenir aux besoins de beaucoup de personnes au lieu de juste quelques-unes.

Est-ce qu'il y a une telle hiérarchie familiale aux États-Unis ?

30 **Écoutons**

Les parents et les amis d'Honoré sont réunis pour fêter ses dix-huit ans. Écoute les conversations et dis s'ils parlent **a) d'Honoré** ou **b) d'eux-mêmes** (*about themselves*).

31 **Qu'est-ce que vous dites?**

Écrivons/Parlons Reconstitue les phrases suivantes. Fais tous les changements nécessaires!

1. ils / être / ravi / que / tu / faire / apprentissage
2. il / être / important / que / vous / ne pas tomber malade
3. nous / désirer / que / elle / être / heureux
4. Marie / être / désolé / que / nous / ne pas venir / ce / week-end
5. c' / être / dommage / que / on / ne pas pouvoir / rester
6. elle / être / triste / que / il / avoir rendez-vous / avec / autre / fille

32 Des choses importantes

Parlons/Écrivons Fais des phrases complètes avec les éléments suivants.

1	**2**	**3**	**4**
Il est important	que	je	s'installer dans un
Il faudrait	de	tu	bel appartement
Je suis ravi(e)		mon frère/	apprendre le français
Ma mère désire		ma sœur	trouver du travail
Le prof souhaite		nous	avoir beaucoup d'enfants
Je ne veux pas		vous	être malade
J'ai envie		mes camarades	être heureux
			se marier

33 Bonheur et tristesse

Parlons Quelle est ta réaction dans chacune de ces situations? Dis si tu es content(e) ou désolé(e) pour les personnes suivantes.

MODÈLE **Je suis désolé(e) que Lubin chante mal.**

Lubin

1. John

2. Cyril

3. tu

4. ils

Digital **performance** space

Communication

34 Questions personnelles

Parlons Demande à un(e) camarade s'il/si elle ou quelqu'un de sa famille a une raison d'être content(e) ou triste et ce qu'il souhaite. Il/Elle va te donner trois explications différentes. Puis, échangez les rôles.

MODÈLE —**Est-ce que tu es triste ou content(e)?**
—**Je suis triste que…, mais je suis content(e)…,**
   et je voudrais vraiment que…

Application 2

35 Et la suite...

Écrivons En groupes de quatre, imaginez une suite pour chacune des phrases suivantes. Vous pouvez parler d'événements qui se passent dans votre école, votre famille, votre ville, etc.Échangez vos réponses et choisissez les plus originales!

1. C'est dommage que...
2. Il faudrait que...
3. Nous voudrions que...
4. Le professeur souhaite que...
5. Il vaudrait mieux que...
6. On désire que...
7. Il est important que...

Un peu plus

Disjunctive (*stress*) pronouns

1. These are the disjunctive pronouns (**pronoms disjoints**) in French.

je	→ moi	nous	→ nous
tu	→ toi	vous	→ vous
il	→ lui	ils	→ eux
elle	→ elle	elles	→ elles

2. Disjunctive pronouns are used:

• after prepositions: **Il est arrivé après** moi.

• after the verb être: **Si j'étais** toi, **j'irais le voir.**

• as a one-word-answer (without a verb).

   —Qui aime étudier le français?
   —Moi!

• to emphasize a subject pronoun

   Lui, il est fâché, mais moi, **je suis content(e).**

Vocabulaire et grammaire, *p. 48*
Cahier d'activités, *pp. 35–37*

e Online Workbooks

36 Et lui, c'est qui?

Parlons Dans chacune des phrases suivantes, remplace la partie soulignée (*underlined*) par un pronom disjoint.

MODÈLE Il est sorti avec <u>Michèle</u>.
   Il est sorti avec elle.

1. Elle est amoureuse de <u>Jérôme</u>.
2. En classe, il est assis derrière <u>Monique et moi</u>.
3. Je travaille pour <u>monsieur Schaeffer</u>.
4. Nous sommes venus avec <u>Pierre et Isabelle</u>.
5. C'est <u>toi et Paul</u> qui m'avez appelé?
6. Je pense à <u>mes amies</u>.
7. Mon frère et moi, nous pensons souvent à <u>nos parents</u>.
8. Si j'avais été <u>Paola</u>, j'aurais déjà rompu depuis longtemps.

Online Practice

my.hrw.com

Application 2 practice

37 Écoutons

Écoute les phrases et choisis un pronom disjoint pour insister sur la personne dont on parle.

38 Si c'est pas toi, c'est qui?

Parlons Dis qui a fait ces choses. Utilise des pronoms disjoints.

MODÈLE demander l'e-mail de Léa / Marcel
C'est lui qui a demandé l'e-mail de Léa.

1. faire un emprunt pour acheter une voiture / Patrick
2. louer une maison à la mer cet été / Francine et Léa
3. gagner le match / mes copains
4. être engagé dans une grosse société / ma copine et moi
5. donner rendez-vous à Lucie et Stella / Lucas et Théo

Digital performance space

Communication

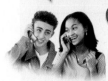

39 Interview

Parlons Demande à un(e) camarade de classe ce qu'il/elle aime faire comme activités, et ce que d'autres membres de sa famille aiment faire. Il/Elle utilisera des pronoms disjoints dans ses réponses.

Souviens-toi, Les activités, pp. 7, 18–19

MODÈLE **—Qu'est-ce que tu aimes faire comme activités?**
—Moi, j'aime…
—Et tes frères?

40 Tes grands-parents

Parlons Ton/Ta camarade et toi parlez de vos grands-parents. D'abord, il/elle va te poser les questions ci-dessous et tu vas y répondre de manière logique. Ensuite, vous allez échanger les rôles.

— **Où sont nés tes grands-parents?**
—
— **Où est-ce qu'ils se sont rencontrés?**
—
— **Quand est-ce qu'ils se sont mariés?**
—
— **Combien d'enfants est-ce qu'ils ont eus?**
—
— **Et maintenant, qu'est-ce qu'ils font?**
—

Francis Bebey (1929–2001) est à la fois écrivain et musicien-chanteur. Né à Douala, au Cameroun, il fait ses études d'abord au Cameroun, puis en France. De retour en Afrique, il travaille comme journaliste. En 1961, il commence à travailler pour l'UNESCO à Paris où il est responsable pour le développement de la musique. Son premier roman, *Le Fils d'Agatha Moudio*, publié en 1967, reçoit le Grand Prix Littéraire de l'Afrique Noire.

Ⓐ Avant la lecture

Le personnage principal du texte suivant doit se marier. L'histoire se situe au Cameroun. Qu'est-ce que tu sais sur le mariage en général et en Afrique en particulier? Quel rôle est-ce que les traditions jouent pendant un mariage?

*L'extrait suivant est tiré du roman **Le Fils d'Agatha Moudio**. Mbenda est assez âgé pour se marier. Selon la tradition, un conseil d'anciens[1] doit choisir une femme acceptable pour lui. Mais Mbenda est coincé[2] entre deux cultures, celle de la tradition et celle de la vie moderne. Cet extrait raconte ce qui se passe pendant son conseil de mariage.*

Lorsque j'y arrivai, je le trouvai assis, parmi les autres. Tous les anciens étaient là : il y avait Moudiki, Bilé, Ekoko, Mpondo-les-deux-bouts, le roi Salomon, et même Eya. Avec le chef Mbaka, cela faisait sept personnes... sept anciens du village, pour me parler de mon cas. J'avoue[3] que leur mine[4] et leur attitude ne laissèrent pas de m'impressionner vivement.

Les sept visages noirs prirent leur air des grandes occasions, renforcé par la pénombre[5] de la pièce où se

---

1. personnes âgées **2.** *stuck* **3.** J'admets **4.** l'expression des visages
5. *semi-darkness*

tenait la réunion[1]. On me fit asseoir au milieu du groupe, et l'on me parla. Ce fut, comme il se devait, le chef lui-même qui parla le premier.

— Écoute, fils, me dit-il, je dois t'annoncer tout d'abord que l'esprit de ton père est présent ici, avec nous, en ce moment même. Sache donc que nous ne faisons rien qui aille contre sa volonté. D'ailleurs[2], même s'il était encore vivant, il nous laisserait faire, car il avait confiance aux anciens, et il les respectait beaucoup...

Mbaka prit un temps, puis continua :

— Nous allons te marier. C'est notre devoir de te marier, comme cela a toujours été le devoir de la communauté de marier ses enfants. Mais, si, à l'exemple de certains jeunes gens d'aujourd'hui, tu crois que tu peux mener à bien[3], tout seul, les affaires de ton propre mariage, nous sommes prêts à te laisser les mains libres[4], et à ne plus nous occuper de toi dans ce domaine-là. La seule chose que nous allons te demander, c'est si tu consens à ce que ton mariage soit pris en mains par les anciens du village, ou si, au contraire, tu estimes que c'est une affaire qui ne regarde[5] que toi, et dont nous aurions tort de nous occuper. Réponds-nous, fils, sans peur ; réponds franchement : tu es libre de choisir ton propre chemin.

Je compris : j'étais au carrefour[6] des temps anciens et modernes. Je devais choisir en toute liberté ce que je voulais faire, ou laisser faire. Liberté toute théorique, d'ailleurs, car les anciens savaient que je ne pouvais pas choisir de me passer d'eux, à moins de décider ipso facto d'aller vivre ailleurs[7], hors de ce village où tout marchait selon des règles séculaires[8], malgré l'entrée d'une autre forme de civilisation qui s'était manifestée, notamment, par l'installation de cette borne-fontaine que vous connaissez. Et puis, comment oser[9] dire à ces gens graves et décidés, que je voulais me passer d'eux ? Je vous dis qu'il y avait là, entre autres personnes, Eya, le terrible sorcier, le mari de la mère Mauvais-Regard. Dire à tout le monde présent que je refusais leur médiation, c'était presque sûrement signer mon arrêt de mort[10]. Tout le monde, chez nous, avait une peur terrible d'Eya, cet homme aux yeux rouges comme des piments mûrs[11], dont on disait qu'il avait déjà supprimé[12] un certain nombre de personnes. Et malgré ma force qui entrait peu à peu dans la légende des lutteurs doualas[13], moi aussi j'avais peur d'Eya. Il était là, il me regardait d'un air qu'il essayait de rendre indifférent et paternel à la fois. Ses petits yeux brillaient au fond d'orbites profondes, en harmonie avec les joues maigres. Il n'avait pas dû manger beaucoup

---

1. *where the meeting was held* 2. *besides* 3. réussir 4. il doit décider seul 5. concerne 6. *intersection* 7. *elsewhere*
8. qui existent depuis des siècles 9. *dare* 10. *death sentence* 11. *ripe pimentos* 12. *exterminated*
13. *name given to the coastal people of the area*

quand il était jeune. Il était là, devant moi, véritable allégorie de la mort habillée d'un pagne immense, et d'une chemise de popeline moisie[1]. Je n'osai pas le regarder en face. Je pensai, dans mon for intérieur[2], que de tous ces hommes groupés autour de moi, seul le roi Salomon pouvait m'inspirer une certaine confiance. Lui au moins, était un homme sincère. À part les moments où il désirait vraiment inventer des histoires, ce qu'il réussissait d'ailleurs fort bien, à part ces moments-là, il disait les choses qu'il pensait, avec des pointes de sagesse[3] dignes du nom célèbre qu'il portait. C'était, du reste, à cause de cette sagesse que notre village l'avait sacré roi, bien que de toute sa vie, Salomon n'eût connu que son métier de maçon[4]. Je tournai les yeux vers lui, comme pour lui demander conseil. Il secoua affirmativement la tête, assez légèrement pour que les autres ne voient pas, assez cependant pour que je comprenne. Oui, le roi Salomon était de l'avis du groupe, et moi je devais me ranger[5] à son avis, à leur avis à tous.

— Chef Mbaka, et vous autres, mes pères, dis-je, je ne puis vous désobéir. Je suis l'enfant de ce village-ci, et je suivrai la tradition jusqu'au bout. Je vous déclare que je laisse à votre expérience et à votre sagesse le soin[6] de me guider dans la vie, jusqu'au jour lointain où moi-même je serai appelé à guider d'autres enfants de chez nous.

Chacun des hommes manifesta sa satisfaction à sa manière [...]

— C'est bien, fils, dit le chef Mbaka. Voilà la réponse que nous attendions de notre fils le plus digne, et nous te remercions de la confiance que tu nous accordes, de ton plein gré[7]. Maintenant, tu vas tout savoir : dès demain, nous irons « frapper à la porte » de Tanga, pour sa fille Fanny... Esprit, toi qui nous vois et qui nous écoutes, entends-tu ce que je dis ? Je répète que nous irons demain frapper à la porte de Tanga, pour lui demander la main de sa fille pour notre fils La Loi[8], comme tu l'as ordonné toi-même avant de nous quitter. Si tu n'es pas d'accord avec nous, manifeste-toi

---

1. *musty poplin (cloth)* **2.** *in my mind* **3.** *wisdom* **4.** *mason* **5.** *être d'accord* **6.** *care* **7.** *avec ton accord*
8. *French translation of the narrator's name (Mbenda)*

Chapitre 4 • Amours et amitiés

d'une manière ou d'une autre, et nous modifierons aussitôt nos plans...

Il parla ainsi à l'esprit de mon père, qui était présent dans cette pièce, et nous attendîmes une manifestation éventuelle[1], pendant quelques secondes. Elle ne vint point ; rien ne bougea dans la pièce, ni le battant de la porte, ni l'unique fenêtre avare de lumière, et qui s'ouvrait par une petite natte[2] rectangulaire de raphia tressé[3] ; nous n'entendîmes rien, même pas de pas sur le sol frais de terre battue. Rien : mon père nous donnait carte blanche[4].

1. possible **2.** *mat* **3.** *braided palm* **4.** libre choix

Compréhension

 B Dis si les phrases suivantes sont **a) vraies** ou **b) fausses**. Précise pourquoi elles sont fausses.

1. Les sept anciens du village doivent décider de l'avenir de Mbenda.
2. C'est le père de Mbenda qui parle le premier.
3. Les anciens veulent marier Mbenda selon la tradition.
4. Les anciens sont prêts à laisser Mbenda choisir: soit il accepte le choix des anciens, soit il se marie avec qui il veut.
5. Mbenda est libre de son choix.
6. Eya est un homme qui fait peur.
7. Salomon est le roi du village.
8. Mbenda décide de choisir lui-même sa femme.

 C Réponds aux questions suivantes.

1. Qui est présent au conseil?
2. Quel est le choix donné à Mbenda par le conseil?
3. De quoi Mbenda a-t-il peur s'il refuse la médiation du conseil?
4. Qui est Eya? Comment est-il?
5. Pourquoi le roi Salomon s'appelle-t-il ainsi?
6. Quelle est la décision de Mbenda?

Après la lecture

 D Qu'est-ce que la phrase «...j'étais au carrefour des temps anciens et modernes» veut dire dans le texte? À ton avis, qu'est-ce qui a causé cette situation dans laquelle Mbenda se trouve? Est-ce que c'est une situation universelle, qui existe dans toutes les cultures?

L'Afrique francophone

L'atelier de l'écrivain

Une histoire d'amour

C'est l'anniversaire de mariage d'un couple que tu connais. Ce couple peut être tes grands-parents, des amis de la famille, des gens célèbres ou un couple imaginaire. Tu vas écrire leur histoire d'amour. Parle de leur première rencontre, de leurs rendez-vous, de leur mariage et comment ils ont vécu jusqu'à maintenant. Décris aussi les traditions culturelles que le couple a suivies. Par exemple, est-ce que l'homme s'est mis à genoux pour demander la main de sa femme? Ou bien, est-ce qu'il a demandé sa main à son père d'abord?

1 Plan: l'arête de poisson

Choisis le couple dont tu veux parler. Si tu ne connais pas toute leur histoire d'amour, pose-leur des questions ou fais des recherches. Écris les étapes ou les événements importants de leur histoire dans ton organigramme en forme d'arête de poisson. Commence avec leur première rencontre au bout de l'arête de poisson (au niveau de la queue) et termine avec leur dernier anniversaire de mariage (au niveau de la tête). Sur chaque arête, marque les étapes de leur vie (naissance de leurs enfants par exemple).

STRATÉGIE pour écrire

Using similes A simile is a comparison that can make people and things you write about come to life for your readers. When you compare people, or what they are doing with something familiar or easily imagined, you help your readers better understand and visualize your narrative. For example, **Ses yeux étaient noirs comme une nuit sans étoiles** is a simile that compares someone's dark eyes to a night without stars.

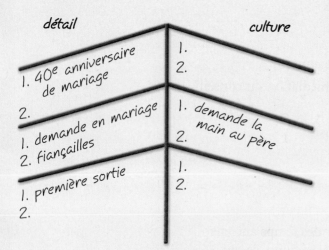

détail

1. 40e anniversaire de mariage
2.

1. demande en mariage
2. fiançailles

1. première sortie
2.

culture

1.
2.

1. demande la main au père
2.

1.
2.

Première rencontre

② Rédaction

Fais un brouillon de ton histoire d'amour. Utilise les informations de ton organigramme et n'oublie pas de faire des comparaisons quand tu décris les détails des différents événements et les traditions. N'oublie pas que les comparaisons aident les lecteurs à mieux comprendre les personnages et les actions de ton histoire.

③ Correction

Maintenant, assure-toi que ton histoire est bien écrite. Vérifie :

- la conjugaison des verbes.
- l'orthographe des mots.

Ensuite, échange ton histoire avec celle d'un ou d'une camarade de classe. Posez-vous ces questions:

- Est-ce que chaque étape ou événement de l'histoire est clair?
- Est-ce que ton histoire comprend des détails pour chaque étape et chaque tradition?
- Est-ce qu'il y a des comparaisons qui rendent les personnages et les événements plus vivants?

Pour finir, corrige ton histoire en tenant compte des commentaires de ton/ta camarade.

④ Application

Lis ton histoire d'amour à la classe. Quelle histoire est la plus romantique? La plus traditionnelle? La moins traditionnelle? Tu peux aussi discuter avec la classe des traditions culturelles décrites dans les différentes histoires. Quelles sont les origines des différentes traditions? Quelles traditions est-ce que les histoires ont en commun? Quelles traditions sont uniques?

Vocabulaire à la carte

demander la main de quelqu'un	to ask for someone's hand (in marriage)
embrasser	to kiss
épouser	to marry
les noces	wedding
faire la connaissance de	to meet (someone)
la lune de miel	honeymoon

La concordance des temps

Sequence of tenses describes the agreement between the verb in the main clause and the verb in the dependent clause.

Mon grand-père m'a dit que ma grand-mère l'avait demandé en mariage.

Mon grand-père et ma grand-mère se sont rencontrés quand ils étaient encore adolescents. Mon grand-père avait 16 ans et ma grand-mère, 15 ans. Mon grand-père venait de déménager de Chicago. Il n'aimait pas du tout la petite ville où habitait ma grand-mère. Il préférait la

L'atelier de l'écrivain

L'Afrique francophone

Prépare-toi pour l'examen

@**HOME**TUTOR

1. Lis l'e-mail que Céleste a envoyé à ses amis. Dis s'ils lui donnent **a) un bon conseil, b) un mauvais conseil** ou **c) pas de conseil.**

> J'ai rencontré un beau garçon. Il s'appelle Fortuné. Je crois que je suis tombée amoureuse de lui. Je n'ai jamais pensé que je trouverais un garçon qui soit mignon, gentil, intelligent et toujours de bonne humeur. Je crois qu'il m'aime aussi! Je sais que je viens de faire sa connaissance mais je ne veux plus jamais le quitter. Qu'est-ce que je dois faire à votre avis?

1 Vocabulaire 1
- to say what happened
- to ask for and give advice
  pp. 134–137

1. Amadou: «Tu ferais mieux d'attendre un peu.»
2. Ali: «À mon avis, il faudrait que tu le connaisses un peu plus.»
3. Sophie: «Si j'étais toi, je me marierais cette semaine.»
4. Joseph: «Je n'en ai pas la moindre idée!»
5. Et toi, quel conseil lui donnerais-tu?

2 Grammaire 1
- reciprocal verbs
- the past conditional
Un peu plus
- **manquer** and **plaire**
  pp. 138–143

2. Mets les verbes entre parenthèses au **conditionnel passé.**

1. S'ils avaient échangé leurs numéros de téléphone, ils _____ (se téléphoner).
2. S'ils s'étaient parlé, ils _____ (se réconcilier).
3. Si elles avaient été vexées, elles _____ (se fâcher).
4. S'ils étaient tombés amoureux, ils _____ (se marier).
5. Si Joseph m'avait offert un cadeau, cela _____ (me plaire).

3 Vocabulaire 2
- to share good and bad news
- to renew old acquaintances
  pp. 146–149

3. Complète ces phrases avec la forme correcte des mots suivants.

né	orphelin	célibataire	jumeau
veuf	louer	malheureusement	adopter

1. Mon oncle est mort. Maintenant, ma tante est _____.
2. Ma sœur n'est pas mariée. Elle est _____.
3. Le héros de cette histoire n'a plus ses parents. Il est _____.
4. Léa et Chloé sont nées le même jour. Elles sont _____.
5. Ce couple n'avait pas d'enfant. Alors ils _____ une petite fille.

4 Fais des phrases en utilisant les éléments donnés. N'oublie pas de faire tous les changements nécessaires.

1. il / être / triste / que / son chien / être / mort
2. nous / être / ravi / que / Aline / être / fiancé
3. c' / être dommage / que / vous / devoir / partir
4. je / être / désolé / que / tu / avoir / un gros rhume
5. vous / souhaiter / que / Jeanne et Marc / avoir beaucoup d'enfants
6. il / être essentiel / que / nous / être / à l'heure / au boulot

5 Réponds aux questions suivantes.

1. Dans les familles traditionnelles d'Afrique du Nord, où les mariés habitent-ils?
2. Quand on est invité chez des Maliens, est-ce qu'il est poli de refuser le thé?
3. Comment les salaires sont gérés dans les familles maliennes?

6 Écoute les phrases suivantes et dis si la personne qui parle exprime **a) une nécessité, b) une émotion** ou **c) un fait réel.**

7 Tu vas avoir une conversation avec un(e) camarade au sujet d'un copain de lycée, Benoît, qui vient de rencontrer une fille, Coralie. D'abord, lisez les instructions pour chaque réplique *(exchange)*. Ensuite, créez votre dialogue en utilisant des expressions que vous avez apprises.

Élève A:	Dis bonjour à ton/ta camarade avec des gestes appropriés. Annonce-lui la nouvelle au sujet de Benoît.
Élève B:	Demande à ton/ta camarade des détails sur ce qu'il/elle vient d'annoncer.
Élève A:	Raconte à ton/ta camarade la rencontre de Benoît et Coralie.
Élève B:	Exprime ta surprise.
Élève A:	Parle à ton/ta camarade d'une dispute entre Benoît et Coralie.
Élève B:	Demande à ton/ta camarade si, à son avis, les choses vont aller mieux entre Benoît et Coralie.
Élève A:	Dis que tu es optimiste et explique pourquoi.
Élève B:	Dis ce que tu ferais à la place de Benoît.

Online Assessment

my.hrw.com
Chapter Self-test

4 Grammaire 2
- the subjunctive
- subjunctive with necessity, desire, and emotions
Un peu plus
- disjunctive pronouns
pp. 150–155

5 Culture
- **Comparaisons** p. 145
- **Flash culture** pp. 136, 148, 152

Prépare-toi pour l'examen

Grammaire 1
- reciprocal verbs
- the past conditional

Un peu plus
- **manquer** and **plaire**
  pp. 138–143

Résumé: Grammaire 1

The pronouns **nous**, **vous**, and **se** are used to make a verb reciprocal. Reciprocal verbs use **être** as the helping verb in the **passé composé.** The past participle agrees with a preceding direct object.

agreement   no agreement

Elles **se** sont vue**s** samedi et **se** sont parl**é** pendant des heures!

After a **si** clause with the **plus-que-parfait** use the past conditional to state the result. The past conditional is formed with the **conditional** of the helping verb plus the **past participle** of the main verb.

si clause   result clause

Si j'**avais su**, je ne **serais** pas **venu(e)**!

Manquer means *to miss something* when used with a direct object.
    Ils ont manqué leur train.

When **manquer** is used with an indirect object, it means *to be missed.*
    Mes amis me manquent!   *I miss my friends! (My friends are missed by me!)*

Plaire means *to please* or *to be liked.* **Se plaire** means *to like each other* or *to enjoy oneself at a place or event.*

Grammaire 2
- the subjunctive
- subjunctive with necessity, desire, and emotions

Un peu plus
- disjunctive pronouns
  pp. 150–155

Résumé: Grammaire 2

To form the subjunctive, take the **ils/elles** form of the present, drop the **-ent**, and add **-e, -es, -e, -ions, -iez, -ent**.
Some verbs have a different stem for the **nous** form of the present. In this case, drop the **-ons** and add the subjunctive endings.
Some verbs are irregular in the subjunctive:

	aller	avoir	être	faire	pouvoir
je/j'	aille	aie	sois	fasse	puisse
tu	ailles	aies	sois	fasses	puisses
il/elle/on	aille	ait	soit	fasse	puisse
nous	allions	ayons	soyons	fassions	puissions
vous	alliez	ayez	soyez	fassiez	puissiez
ils/elles	aillent	aient	soient	fassent	puissent

Some phrases and expressions require the subjunctive. They usually express an emotion, desire or necessity:
Je suis désolé(e) que…, Je désire que…, Il faut que…

The disjunctive pronouns are used after prepositions, the verb **être**, or to emphasize.

- **moi, toi, lui, elle, nous, vous, eux, elles**

Résumé: Vocabulaire 1

PRACTICE FRENCH WITH HOLT MCDOUGAL APPS!

To say what happened

un coup de foudre	love at first sight
de bonne/mauvaise humeur	in a good/bad mood
déçu(e)	disappointed
échanger	to exchange
ensemble	together
être/tomber amoureux(-euse)	to be/fall in love
fâché(e)	mad
gêné(e)	embarrassed
indifférent(e)	indifferent
inquiet/inquiète	worried
manquer	to miss
regretter	to be sorry
rompre (avec)	to break up (with)
se disputer	to argue
se donner rendez-vous	to have a date
s'énerver	to get annoyed
se parler	to talk (to each other)
se plaire	to like each other/enjoy oneself
se quitter	to leave (each other)
se réconcilier	to make up (with each other)
se rencontrer	to meet
se retrouver	to meet again
se revoir	to see (each other) again

se téléphoner	to call (each other)
vexé(e)	offended
Devine…	Guess . . .
J'ai entendu dire que…	I hear that . . .
Figure-toi que…	You know what . . .
Tu savais que… toujours	Did you know that . . . still . . . ?
Ce n'est pas vrai!	You're kidding!
Je n'en ai pas la moindre idée. Aucune idée!	I have no idea.
Pas possible!	Really?
Raconte!	Tell me about it!

To ask for and give advice

Qu'est-ce que tu en penses?	What do you think about it?
…à ma place?	. . . in my place?
À ton avis…	In your opinion . . .
D'après toi…	In your opinion . . .
… tu ferais mieux de…	. . . it would be better to . . .
Si j'avais été toi…	If I had been you . . .
Pas nécessairement.	Not necessarily.
Surtout pas!	Certainly not!
Jamais de la vie!	Not in a million years!

Résumé: Vocabulaire 2

To share good and bad news and respond

adopter	to adopt
célibataire	single
déménager	to move
divorcer	to divorce
l'enfance (f.)	childhood
faire un emprunt	to apply for a loan
des jumeaux (m.)/jumelles (f.)	twins
louer	to rent
naître/mourir	to be born/to die
un orphelin/une orpheline	orphan
poser sa candidature	to apply for a job
prendre sa retraite	to retire
se fiancer/être fiancé(e)	to get/be engaged
s'installer	to move in

se marier	to get married
tomber malade	to fall ill
trouver du travail	to find work
un veuf/une veuve	widower/widow
vivre	to live
À propos…	By the way . . .
Vous savez…	You know . . .
malheureusement	unfortunately
Tous mes vœux de bonheur.	I wish you all the best.
Toutes mes félicitations!/ Félicitations!	Congratulations!
Mes sincères condoléances.	My deepest sympathy.

To renew old acquaintances ....See p. 149

Activités préparatoires

Listen to the dialogue and choose the most appropriate response.

1. **A.** Je suis ravie que tu dises la vérité!
   B. Tu savais que le prof était de bonne humeur.
   C. À mon avis, tu ferais mieux de dire la vérité.
   D. Tu devrais faire un emprunt.

2. **A.** Et maintenant, tu es veuve?
   B. Alors, ta grand-mère est orpheline?
   C. Je n'en ai pas la moindre idée.
   D. Mes sincères condoléances.

Interpretive Reading

This selection from a travel guide provides information about two traditional West African celebrations.

Deux fêtes africaines traditionnelles

La fête des récoltes en Casamance (Sénégal)

Le kamagnène, ou fête des récoltes, est une fête traditionnelle d'action de grâce pour la bonne récolte. Le kamagnène a lieu à la fin des récoltes du riz et sa date exacte est annoncée par un chant spécial une semaine environ avant le début de la fête. C'est une grande fête annuelle qui dure plusieurs jours et pendant laquelle les habitants des différents villages se réunissent et partagent de grands repas composés de spécialités traditionnelles préparées avec des produits locaux. Pendant les festivités, les jeunes hommes des villages s'affrontent dans des matchs de lutte. Le kamagnène est aussi considéré comme le début des fiançailles pour les futurs époux, qui sont présentés en public à l'occasion de la fête. Les futurs mariés participent alors à leurs derniers combats de lutte. Cela met symboliquement fin à leur vie de célibataires.

La fête des générations de Moossou (Côte d'Ivoire)

La fête des générations est une célébration annuelle qui a lieu tous les lundis de Pâques à Grand-Bassam. C'est une fête initiatique qui célèbre le passage à l'âge adulte. Pendant cette fête, hommes et femmes font diverses démonstrations de danses et de chants traditionnels au son de tambours et de tam-tams. Il y a également une grande parade en pirogues.

---

1. Le kamagnène est une fête associée...
   A. à l'agriculture et au mariage.
   B. à la jeunesse.
   C. à la religion et aux ancêtres.
   D. aux célibataires.

2. Pendant le kamagnène, on peut assister à...
   A. des événements sportifs.
   B. de grands repas traditionnels.
   C. des défilés de bateaux.
   D. A et B sont vrais.

3. Le kamagnène...
   A. symbolise la passage à l'âge adulte.
   B. est annoncé à l'avance aux habitants.
   C. est une fête initiatique.
   D. B et C sont vrais.

4. La fête des générations...
   A. débute par un chant spécial.
   B. coïncide avec la fin des récoltes.
   C. combine musique et défilés de bateaux.
   D. célèbre le mariage.

166 *cent soixante-six*   **Chapitre 4** • Amours et amitiés

The following activities can be used to help you to prepare for the Advanced Placement French Language and Culture exam, or to further practice the vocabulary and grammar concepts you have seen in this chapter.

Interpersonal Writing

You applied for an Au Pair position in a French-speaking country. The placement organization replied to you in an e-mail. Send a reply to the organization answering the questions they ask you, and asking one or two questions about the family they're suggesting. You should use formal style in your e-mail. Start with a polite greeting and thank your correspondent at the end of your message.

Cher candidat, Chère candidate,

Merci d'avoir posé votre candidature pour un poste de fille/garçon au pair. Nous pensons avoir trouvé une famille canadienne qui vous conviendra.

Il s'agit d'une mère divorcée qui a trois enfants, une fille de quatorze ans et des jumeaux de dix ans. Il y aura des corvées à faire dans la maison mais vous aurez aussi du temps libre. Cette famille voudrait avoir quelques détails sur vous. Vos réponses aux questions suivantes nous aideront aussi à déterminer si c'est une bonne famille pour vous.

- D'après vous, quelle serait une famille d'accueil idéale?
- Parlez-vous déjà français? Si oui, quel est votre niveau de langue?
- Avez-vous déjà voyagé à l'étranger? Si oui, dans quel(s) pays?

Nous vous prions de nous répondre au plus vite pour faciliter la prise en compte de votre dossier. En vous remerciant d'avance, je vous prie d'accepter mes sincères salutations.

Marine Antoine, Directrice des Échanges Aupair-France

Presentational Writing

You're going to write an essay based on two sources that present various points of view on friendship. In your essay, you will summarize the points of view that you read and hear, and you will express your own opinion on friendship and show that you understand the difference between the words **copain/copine** and **ami(e)**. Make sure to organize your essay in logical sections and to clearly indicate your sources as you refer to them.

Forum amitié

Quelles sont les qualités nécessaires à l'amitié? Trois lecteurs répondent.

«Dans une véritable amitié, chacun s'intéresse à la vie de l'autre et fait preuve de gentillesse. Un ami, c'est quelqu'un qui est vraiment content de ton bonheur car il n'y a pas de place pour la jalousie dans l'amitié.» Samira, Tunisie

«Les amis doivent se respecter. Il faut être loyal et honnête. Et pour qu'une amitié dure, les amis doivent savoir se pardonner.» Jean, Québec

«Un ami, c'est quelqu'un sur qui je peux compter et qui peut aussi compter sur moi. C'est quelqu'un que je connais depuis longtemps parce qu'en amitié, il faut du temps.» Justin, Sénégal

Comment est l'ami idéal? Quelle est la différence entre un copain et un ami?

Essay Topic: **Qu'est-ce que l'amitié?**

Révisions cumulatives

1 Regarde les photos et dis qui pourrait dire chaque phrase.

a. Albin et Corinne

b. Aurélie et Estelle

c. Ophélia

d. le roi

e. Philippe

2 Lis le journal d'Aminata et réponds aux questions.

Mon petit frère Joseph est né le 7 juin à 8 heures du matin. Il était très mignon. J'étais heureuse d'être une grande sœur. Aujourd'hui, c'est mon meilleur ami.

Mon petit frère et moi adorions Noël! Quand nous étions petits, nous ouvrions nos cadeaux le matin de Noël. Ensuite, nous chantions des chansons de Noël. C'était ma fête préférée!

Ça c'est le jour de mon mariage. Ce matin-là, il faisait chaud... mais après, il a plu! Nous avons dû rester à l'intérieur. J'étais déçue mais tout s'est bien terminé.

1. Qu'est-ce qui s'est passé le 7 juin?
2. À quelle heure est-ce que son petit frère est né?
3. Est-ce qu'elle était contente d'avoir un petit frère?
4. Qu'est-ce qu'ils faisaient le matin de Noël? Est-ce que tu fais cela aussi?
5. Pourquoi est-ce qu'elle était déçue, le jour de son mariage?

3 Toi et ton/ta camarade vous êtes acteurs/actrices. Vous jouez dans un nouveau film. Jouez la scène suivante. Ce sont deux ami(e)s qui parlent: un(e) ami(e) est tombé(e) amoureux(euse) mais il/elle a beaucoup de problèmes. Il/Elle demande conseil à son ami(e).

4 Regarde ce tableau et réponds aux questions suivantes.

1. Quel événement de la vie le peintre a-t-il représenté?

2. Où est-ce que l'événement a lieu?

3. À ton avis, quelles sont les relations familiales entre les personnes qui sont représentées sur ce tableau?

4. Est-ce que cet événement se célèbrerait de la même façon dans ta famille?

Rousseau, Henri; The Wedding Party, 1904-1905.

d'Henri-Julien Félix Rousseau dit Le Douanier

5 Tu t'es disputé(e) avec un(e) ami(e) et maintenant, tu ne sais pas quoi faire pour arranger la situation. Écris à ton frère pour lui demander conseil. Raconte-lui tout ce qui s'est passé et demande-lui ce qu'il pense de la situation et ce que tu dois faire, d'après lui.

6

À ton tour

La vie de star Ton groupe va créer une émission de télévision consacrée aux célébrités. Il y a un hôte qui interroge des personnes célèbres. Les questions portent sur les activités préférées, les amours, le travail, la famille des célébrités, etc. Joue cette scène avec des camarades devant la classe.

Les fables de La Fontaine

Nous avons tous un jour appris une fable. Ce sont des histoires simples qui mettent en scène, le plus souvent, des animaux et parfois, des hommes ou des objets. Il s'agit de leçons de morale ayant un caractère symbolique.

Le premier auteur de fables connu de tous est Ésope, un esclave grec affranchi[1] et boiteux[2] (son nom signifie "pieds inégaux[3]"). Il est né au VIIe siècle avant Jésus-Christ. C'était un conteur qui, n'a sans doute jamais écrit ses fables. Celles-ci ont été recueillies plus tard par *Démétrios de Phalère* (IVe siècle avant J.-C.).

Le plus célèbre des fabulistes français, Jean de la Fontaine, s'est inspiré des fables d'Ésope, d'Horace (poète lyrique de l'Antiquité romaine) et de la Panchatantra (collection de fables en sanskrit[4]). La Fontaine, né en Champagne en 1621, était poète et fréquentait les salons parisiens. Il a publié ses premières fables, "Les Fables Choisies", en 1668, contenant 124 fables mises en vers. Pendant sa vie, il en a écrit 243. La Fontaine a été élu à l'Académie française[5] en 1683.

« Je me sers des animaux pour instruire les hommes », dit-il. Chaque fable utilise une histoire courte pour souligner une vertu et un vice. La vertu triomphe à la fin. *La Cigale et la Fourmi*, *Le Corbeau et le Renard*, *Le Laboureur et ses Enfants* sont parmi les plus connues de ses fables.

---

1. freed **2.** lame **3.** unequal feet **4.** the classical old Indian literary language **5.** a prestigious society of writers founded in 1635 by Richelieu

Le Laboureur et ses Enfants

Travaillez, prenez de la peine[1] :
C'est le fonds qui manque le moins.
Un riche Laboureur, sentant sa mort prochaine,
Fit venir ses enfants, leur parla sans témoins.
Gardez-vous[2], leur dit-il, de vendre l'héritage
Que nous ont laissé nos parents.
Un trésor est caché dedans.
Je ne sais pas l'endroit ; mais un peu de courage
Vous le fera trouver, vous en viendrez à bout.
Remuez[3] votre champ dès qu'on aura fait l'Oût.
Creusez[4], fouillez[5], bêchez[6] ; ne laissez nulle place
Où la main ne passe et repasse.
Le père mort, les fils vous retournent le champ
Deçà, delà[7], partout ; si bien qu'au bout de l'an
Il en rapporta davantage[8].
D'argent, point de caché. Mais le père fut sage[9]
De leur montrer avant sa mort
Que le travail est un trésor.

Le Corbeau et le Renard

Maître Corbeau, sur un arbre perché,
Tenait en son bec un fromage.
Maître Renard, par l'odeur alléché[10],
Lui tint à peu près ce langage :
« Hé ! bonjour, Monsieur du Corbeau,
Que vous êtes joli ! que vous me semblez beau !
Sans mentir, si votre ramage[11]
Se rapporte à votre plumage,
Vous êtes le phénix des hôtes de ces bois. »
À ces mots le Corbeau ne se sent pas de joie ;
Et pour montrer sa belle voix,
Il ouvre un large bec, laisse tomber sa proie[12].
Le Renard s'en saisit, et dit : « Mon bon Monsieur,
Apprenez que tout flatteur
Vit aux dépens de[13] celui qui l'écoute :
Cette leçon vaut bien un fromage, sans doute. »
Le Corbeau, honteux[14] et confus[15],
Jura[16], mais un peu tard, qu'on ne l'y prendrait plus[17].

1. to make an effort   2. take care not to   3. stir up   4. dig   5. dig up   6. turn over   7. here and there   8. was more profitable   9. wise   10. lured
11. song   12. prey   13. at the expense of   14. shameful   15. embaressed   16. swore   17. wouldn't be fooled again

LES CONTES FRANÇAIS

Les contes de fées, issus du folklore populaire, n'étaient pas destinés aux enfants. À leur origine, c'étaient des histoires racontées entre femmes et ayant leur racine dans l'imaginaire médiéval.

Charles Perrault est le plus connu des auteurs de contes. Contemporain de La Fontaine, Perrault est né à Paris en 1628. Ses contes les plus connus sont *La Belle au bois dormant*, *Les Contes de ma mère l'Oye*[1], *Cendrillon, Barbe-bleue, Le Chat botté, Peau d'Ane, Les Fées* et *Le Petit Chaperon rouge*. Perrault est élu a l'Académie française en 1671.

La Belle au bois dormant

Une jeune princesse, fille unique[2], est condamnée à une mort accidentelle par une méchante fée vexée de n'avoir pas été invitée au baptême de la Belle. Grâce à[3] l'intervention d'une bonne fée, au lieu de subir[4] la mort prédite, elle s'endort pour un sommeil de cent ans. Au terme des cent ans, un Prince l'éveille[5] puis l'épouse en secret. La Belle donne naissance[6] à une fille, l'Aurore, et à un garçon, le Jour, que sa belle-mère, l'Ogresse, cherche à dévorer: une ruse de son maître d'hôtel l'en empêche[7] et l'Ogresse meurt[8], victime de l'horrible vengeance qu'elle avait préparée.

---

1. goose   2. only daughter   3. Thanks to   4. to be subjected to   5. awakens her   6. gives birth   7. prevents   8. dies

Cendrillon

Il existerait pas moins de 345 versions du conte de *Cendrillon*. La plus ancienne serait une histoire chinoise écrite au IXe siècle avant Jésus-Christ. Depuis celle de Perrault, écrite en 1697, *Cendrillon* a été largement reprise à la scène[1]. Un gentilhomme peiné par le deuil[2] de sa première épouse se remarie à la plus méchante des femmes. Cendrillon, sa première fille, est maltraitée par cette belle-mère dominatrice et ses deux filles. Elle doit s'occuper des tâches les plus pénibles de la maison. Un jour, un bal organisé par le Prince convie[3] toutes les jeunes femmes du royaume à s'y rendre.

Les sœurs se préparent tandis que Cendrillon pleure de ne pas pouvoir y aller. Sa marraine la fée vient la consoler et l'habiller somptueusement[4] pour qu'elle puisse se rendre au bal. Le Prince tombe tout de suite amoureux d'elle. À minuit, cependant, elle doit fuir[5] car l'enchantement[6] doit s'éteindre. En s'enfuyant, elle laisse tomber l'une de ses pantoufles de verre[7]. Le lendemain, le prince fait rechercher la propriétaire de la pantoufle dans tout le royaume. Personne ne peut la mettre sauf... Cendrillon. C'est ainsi qu'elle épouse le Prince.

APRÈS ▶ la lecture

1. Est-ce que les contes ont été écrits pour les enfants?

2. Quels sont les points communs entre les contes et les fables?

3. Quelle est la différence entre le conte de La *Belle au bois dormant* et la version de Disney?

4. D'où viendrait la première version de *Cendrillon?*

---

1. remade into plays and movies   2. mourning   3. invites   4. lavishly   5. flee   6. spell   7. glass slippers

Quand le cinéma célèbre l'amour...

Le cinéma est riche en histoires d'amour. Voici quatre films français qui ont l'amour pour thème.

Cyrano de Bergerac

de Jean-Paul Rappeneau, avec Gérard Depardieu, Anne Brochet et Vincent Perez

Cyrano de Bergerac est une comédie dramatique de Jean-Paul Rappeneau.

Sorti en 1990, le film est une adaptation de la célèbre pièce en vers[1] que l'écrivain Edmond Rostand avait écrite en 1897.

Roxanne est belle et elle est aimée par deux hommes. L'un, Christian, est beau, mais il est timide et il n'ose pas avouer[2] son amour à Roxanne. L'autre, Cyrano, maîtrise[3] les mots et il sait parler aux femmes mais il n'est pas beau. Cyrano décide d'aider Christian à conquérir Roxanne[4].

Avec *Cyrano de Bergerac*, Jean-Paul Rappeneau a réussi une adaptation magnifique d'un grand classique de la littérature française, et le film a reçu de nombreux prix.

La Belle et la Bête

un film de Jean Cocteau, avec Jean Marais et Josette Day

La Belle et la Bête est la première adaptation cinématographique du conte de fées écrit en 1757 par Mme Leprince de Beaumont. C'est un film fantastique[5] en noir et blanc qui a été tourné[6] par Jean Cocteau en 1945.

À la suite d'un sort dont elle a été victime, la Bête vit seule dans un château sombre. Sa laideur[7] est repoussante[8] et la Bête en souffre[9]. Un jour, ignorant[10] qu'il est dans le jardin de la Bête, un homme cueille[11] une rose pour sa fille (la Belle). La Bête s'offense et, pour sauver son père, la Belle accepte d'aller vivre au château de la Bête.

La Belle et la Bête a remporté un immense succès et reste un grand moment du cinéma français, un magnifique conte de fées pour adultes qui est riche en émotion et en poésie.

1. play in verse 2. doesn't dare reveal 3. masters 4. win Roxanne's love 5. literary genre that mixes realism and the supernatural 6. directed 7. ugliness 8. repulsive 9. suffers from it 10. not knowing 11. picks

Un long dimanche de fiançailles

un drame de Jean-Pierre Jeunet
sorti en 2004, avec Audrey Tautou,
Gaspard Ulliel et Albert Dupontel

En 1919, Mathilde a 19 ans. Un jour, on lui annonce que
son fiancé, Manech, qui était parti à la guerre, est mort.

Mathilde refuse de le croire car son intuition lui dit que
Manech est toujours en vie. Mathilde commence alors
une véritable enquête¹ pour découvrir la vérité sur le sort²
de Manech.

Sorti en 2004 et adapté d'un roman de Sébastien
Japrisot, *Un long dimanche de fiançailles* est l'histoire
émouvante³ d'une quête⁴ désespérée pour retrouver
un amour perdu.

Un homme et une femme

un film de Claude Lelouch,
avec Anouk Aimée et Jean-Louis Trintignant

Un homme et une femme est une comédie dramatique qui
est sortie en 1966.

C'est l'histoire de la rencontre, sur une plage, d'une
femme dont le mari est mort, et d'un homme dont
la femme est morte. Les deux personnages vont se
découvrir et de cette rencontre, une histoire d'amour d'une
grande beauté va naître.

Pour beaucoup, *Un homme et une femme* est un des
chefs-d'œuvre⁵ du cinéma français.

De l'interprétation exceptionnelle des acteurs à la
mise en scène⁶ originale de Lelouch, qui choisit de
filmer certaines scènes en couleur et d'autres en noir et
blanc, *Un homme et une femme* est un film troublant⁷ et
inoubliable⁸ à voir et à revoir. Le film a gagné la Palme
d'Or du Festival de Cannes⁹ en 1966.

APRÈS ▶ la lecture

1. Comment sont les trois personnages principaux du
   film *Cyrano de Bergerac*?

2. Décris la vie de la Bête avant l'arrivée de la Belle
   dans son château.

3. Dans le film *Un homme et une femme*, qu'est-ce qui
   est original dans la mise en scène de Claude Lelouch?

4. Résume la quête de Mathilde dans le film *Un long
   dimanche de fiançailles*.

5. Lequel de ces films aimerais-tu voir?
   Pourquoi?

---

1. investigation 2. fate 3. moving 4. quest 5. masterpiece 6. directing 7. unsettling 8. unforgettable
9. French equivalent to the Sundance Film Festival

L'amour et le mariage

« Le respect et l'amour doivent être si bien proportionnés qu'ils se soutiennent[1] sans que ce respect étouffe[2] l'amour. » Citation de l'écrivain Pascal au sujet du mariage dans le *Discours sur les passions de l'amour*

Où se marie-t-on en France?

En France, on doit obligatoirement se marier à la mairie[3], devant le maire[4], avec deux témoins[5] (un pour le marié et un pour la mariée). C'est la cérémonie civile. Si on le souhaite, on peut aussi avoir une cérémonie religieuse. Aujourd'hui, environ 40% des mariés choisissent d'avoir une cérémonie religieuse en plus du mariage civil.

Les jeunes Français et l'amour

Contrairement aux jeunes Américains, les jeunes Français ne sortent pas souvent en couple. Le rendez-vous à l'américaine, ou *date*, n'existe pas vraiment. On préfère sortir avec un groupe de copains. En général, les jeunes Français se retrouvent en ville et ils vont au café, au cinéma, au restaurant ou au concert. Ils aiment aussi organiser des soirées chez eux.

1. complement each other   2. suffocates   3. city hall   4. mayor   5. witnesses

Quelques traditions du monde francophone:

En Polynésie française

Les Polynésiennes portent souvent une fleur à l'oreille. Le côté où elles portent cette fleur révèle leur situation maritale. Si la fleur est portée à l'oreille droite, la jeune femme est célibataire[1]. Si la fleur est portée à l'oreille gauche, cela veut dire que son coeur est pris.

En Tunisie

Avant la cérémonie du mariage, les femmes se retrouvent et appliquent du henné[2] sur les cheveux, les mains et les pieds de la future mariée tout en chantant des chants traditionnels et en buvant du thé. Les peintures corporelles[3] au henné sont souvent très élaborées.

En Haïti

Dans certaines parties de l'île d'Haïti, la demande en mariage doit être écrite. Le jeune homme explique ses désirs et ses intentions dans sa lettre. Il met ensuite la lettre dans une enveloppe et il écrit son nom sur l'enveloppe. Son frère ou sa sœur apporte la lettre à la jeune fille. Si elle ouvre l'enveloppe tout de suite, cela veut dire qu'elle accepte. Si elle ne l'ouvre pas, cela veut dire qu'elle refuse.

Au Maroc

La tradition de la negafa existe depuis plusieurs centaines d'années. La negafa est l'habilleuse de la mariée[4] au Maroc. Elle lui loue des vêtements et des bijoux. Son rôle est de s'assurer que la mariée sera magnifique au moment de la cérémonie.

APRÈS ▷ **la lecture**

1. Est-ce qu'en France, il est possible d'avoir seulement une cérémonie de mariage religieuse? Explique ta réponse.

2. Si une jeune Polynésienne porte une fleur à l'oreille droite, elle est mariée?

3. Que doit faire une jeune Haïtienne qui n'accepte pas une demande en mariage?

4. Que fait la negafa au Maroc?

---

1. single 2. henna 3. body paintings 4. the woman who dresses the bride

Les grands couples de l'histoire

Voici les portraits de quelques couples célèbres de l'histoire de France

Louis XVI et Marie-Antoinette

Louis XVI a 20 ans quand il devient roi de France, en 1774. Sa femme, Marie-Antoinette d'Autriche, a 19 ans. C'est une période difficile pour le jeune roi qui a peu d'expérience et qui hérite d'un royaume où le peuple a faim et où le mécontentement[1] augmente[2] de jour en jour. La reine, elle, aime le luxe et elle dépense des sommes d'argent énormes, ce qui la rend impopulaire. Elle est aussi mêlée[3] à plusieurs scandales. De plus, elle est contre les réformes demandées par le peuple et contre l'abolition des privilèges. On l'accuse même de pousser le roi à résister aux changements. Quand la Révolution éclate[4], le couple s'enfuit[5], mais Louis XVI et Marie-Antoinette seront tous les deux arrêtés, puis guillotinés en 1793.

Henri II et Diane de Poitiers

Henri II, qui est né en 1519, a été roi de France de 1547 à 1559. C'est le deuxième fils du célèbre roi François Ier. En 1533, Henri II se marie avec Catherine de Medicis, une Italienne, mais quelques années plus tard, il tombe amoureux de Diane de Poitiers, une veuve plus âgée que lui dont la beauté était célèbre et avec laquelle il va avoir une liaison pendant toute sa vie. Intelligente et passionnée, Diane de Poitiers a eu beaucoup d'influence sur Henri II. Pour lui montrer son amour, Henri II lui a offert le magnifique château de Chenonceau, un geste qui a rendu la reine, Catherine de Médicis, furieuse. À la mort du roi, la reine a repris le château et fait construire la magnifique salle de bal au-dessus du Cher.

1. discontent **2.** increases **3.** mixed up **4.** breaks out **5.** flees

Napoléon Bonaparte et Joséphine de Beauharnais

Joséphine de Beauharnais est née à la Martinique en 1763. En 1796, elle épouse Napoléon Bonaparte, un jeune officier de l'armée française d'origine corse[1]. Napoléon se distingue[2] rapidement par ses victoires militaires. Leur vie de couple est tumultueuse. Napoléon est très jaloux et Joséphine refuse de le suivre dans ses campagnes[3]. En 1804, Napoléon se proclame empereur des Français et Joséphine devient ainsi impératrice, mais en 1809, Napoléon répudie Joséphine parce qu'elle ne lui a pas donné d'héritier[4]. Elle va cependant garder son titre d'impératrice et elle restera, malgré leur séparation, l'unique grand amour de Napoléon.

Lucie et Raymond Aubrac

Lucie et Raymond Aubrac ont fait partie de la Résistance pendant la Deuxième Guerre mondiale. La Résistance est le mouvement qui a lutté contre[5] l'occupation des armées de l'Allemagne nazie. En 1943, Raymond Aubrac est arrêté par la Gestapo, la police secrète allemande. C'est sa femme, Lucie, qui va former un commando armé pour le libérer. Ils quittent alors la France et rejoignent[6] le général de Gaulle[7], chef de la France libre, à Londres pour continuer à organiser la Résistance.

APRÈS ▶ **la lecture**

1. Pourquoi Marie-Antoinette n'était-elle pas une reine populaire?

2. Pourquoi est-ce que Napoléon a répudié Joséphine en 1809?

3. Qu'est-ce que c'est, la Résistance?

4. Pourquoi est-ce que Lucie et Raymond Aubrac sont allés à Londres?

---

1. who was originally from Corsica   2. distinguishes himself   3. military campaigns   4. heir   5. fought against   6. join
7. a famous general who encouraged the French to fight back and later became president.

DVD

Géoculture

Géoculture
L'Amérique francophone

CANADA

QUÉBEC 2

LA NOUVELLE-ANGLETERRE

ÉTATS-UNIS

OCÉAN ATLANTIQUE

LOUISIANE 1

Golfe du Mexique

MEXIQUE

CUBA

RÉPUBLIQUE DOMINICAINE

HAÏTI 3

▲ LA LOUISIANE: Les bayous se trouvent dans tout le sud de la Louisiane. Un bayou est un cours d'eau qui passe lentement à travers les marais ou les terrains bas. 1

▼ LA LOUISIANE: Cette plantation de style colonial est typique de cette région des États-Unis autrefois française. 1

➤ LA LOUISIANE: Le Vieux Carré est l'ancien quartier français de La Nouvelle-Orléans. Son architecture, ses restaurants et ses clubs de jazz en ont fait le cœur touristique et historique de la ville. 1

Savais-tu que...?

Une grande partie de La Nouvelle-Orléans se trouve au-dessous *(under)* du niveau de la mer. Entourée d'eau, la ville a été inondée après l'ouragan Katrina, en 2005.

marée basse — marée haute

▶ **LE CANADA: La baie de Fundy** a des marées spectaculaires. Elle a aussi un riche écosystème marin. Plusieurs espèces de baleines y vivent. ❷

◀ **LE CANADA: La forêt acadienne** abrite une grande variété d'arbres et d'oiseaux migrateurs. Elle est aussi la base économique de la région. ❷

▲ **LE CANADA: Saint-Laurent,** dans le Manitoba, est une communauté de Métis, un des grands peuples aborigènes du Canada. ❷

▲ **HAÏTI: La Citadelle** a été construite au début du XIXe siècle pour défendre Haïti. C'est un important symbole national. ❸

Géo-quiz

Qu'est-ce que c'est, un bayou? Où est-ce qu'il y en a?

L'Amérique francophone

L'histoire
L'Amérique francophone

1492

En 1492, **Christophe Colomb** a découvert l'île où se trouvent Haïti et la République dominicaine. Il y a rencontré les indigènes **Taïnos** et **Arawaks.** Colomb leur a donné le nom d'*Indiens* parce qu'il pensait être arrivé en Inde.

1755

Entre 1755 et 1763, les Anglais ont expulsé beaucoup de francophones qui vivaient en Acadie, région de l'est du Canada. La plupart ont émigré à Saint-Domingue (l'actuel Haïti) et en Louisiane. On a appelé cette déportation des Acadiens le **Grand Dérangement.** Les Acadiens établis en Louisiane sont les ancêtres des Cajuns d'aujourd'hui.

1682

En 1682, l'explorateur français **Robert Cavelier de la Salle** a descendu le Mississippi jusqu'au golfe du Mexique. Il a pris possession de ce territoire au nom de la France et l'a appelé Louisiane en l'honneur du roi de France, Louis XIV.

1791–1804

En 1791, il y a eu une révolte des esclaves noirs contre les colons français. Cela a été le début de la guerre pour l'indépendance haïtienne. En 1804, **Jean-Jacques Dessalines,** général de l'armée des esclaves, a déclaré l'indépendance d'Haïti. L'ancienne colonie française a été le premier état noir des temps modernes.

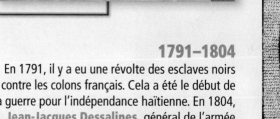

J.J. DESSALINES
Kaiser auf St. Domingo.

| 1800 | 1900 | 1950 | 1980 | 1990 | 2000 |

1803

En 1803, **Napoléon** a vendu le territoire de la Louisiane aux États-Unis pour 15 millions de dollars. À cette époque, c'était une vaste région qui comprenait la plus grande partie du centre des États-Unis. Par cet achat, les États-Unis ont doublé leur territoire.

1957–1986

François Duvalier, dit *Papa Doc*, a gagné les élections présidentielles en Haïti en 1957. Il s'est déclaré président à vie en 1964. Sous sa dictature, des milliers d'Haïtiens ont été tués ou se sont exilés. Après sa mort, en 1971, son fils, **Jean-Claude Duvalier,** dit *Bébé Doc*, a continué la dictature de la terreur jusqu'en 1986.

1995

En 1995, **la province franco-phone du Québec** a décidé pour la seconde fois de son histoire de ne pas se séparer du reste du Canada. Mais le «non à la sépara-tion» ne l'a emporté qu'à une toute petite majorité des voix (50,58% contre 49,42%).

1982

En 1982, **le Canada et l'Angleterre** ont signé une loi qui a donné la souveraineté au Canada. Cette loi a établi le français et l'anglais comme les deux langues officielles du pays.

Activité

1. Pourquoi Colomb a-t-il donné le nom d'Indiens aux Taïnos et aux Arawaks?

2. Qui sont les ancêtres des Cajuns?

3. Qui a pris possession de la Louisiane pour la France?

4. Comment les États-Unis ont-ils doublé leur territoire en 1803?

5. Qu'est-ce que la loi de 1982 a établi au Canada?

L'Amérique francophone

En pleine nature

Objectifs

In this chapter, you will learn to
- express astonishment and fear
- forbid and give warning
- give general directions
- complain and offer encouragement

And you will use and review
- the subjunctive with expressions of fear
- the imperative
- the verbs **voir** and **regarder**
- the verbs **apporter, amener, emporter,** and **emmener**
- verbs followed by **à** or **de** and the infinitive
- idiomatic expressions

▶ *Que vois-tu sur la photo?*

Où se trouve cet homme?

Qu'est-ce qu'il fait?

Et toi, est-ce que tu es déjà allé(e) dans les bayous de Louisiane? Si oui, où?

MODES OF COMMUNICATION

INTERPRETIVE	INTERPERSONAL	PRESENTATIONAL
Listen to people who went to a park.	Talk with others about extreme sports.	Present a scene in which you give warnings to tourists on safari.
Read about national parks in Madagascar.	Write an email describing your area and what sports are played there.	Create a poster for tourist activities in Louisiana.

Promenade sur le lac Martin, en Louisiane

Objectifs
- to express astonishment and fear
- to forbid and give warning

Les animaux sauvages

un aigle

un castor

un loup

un orignal

un ours

Dans les **parcs naturels** du Québec, quand on **a de la patience**, on peut **observer des animaux sauvages** vivre **en liberté**.

un papillon

un alligator

un héron

une écrevisse

De nombreuses **espèces** vivent dans **les bayous** de Louisiane.

Online Practice

my.hrw.com
Vocabulaire 1 practice

un dauphin

le corail

un requin

une méduse

En Haïti, il y a **une flore** et **une faune** de type **tropical**.

D'autres mots utiles

une abeille	*bee*
une baleine	*whale*
un crocodile	*crocodile*
un écureuil	*squirrel*
une guêpe	*wasp*
un(e) guide	*guide*
un renard	*fox*
cueillir	*to pick*
mordre/	*to bite/*
piquer	*sting*
se perdre	*to get lost*

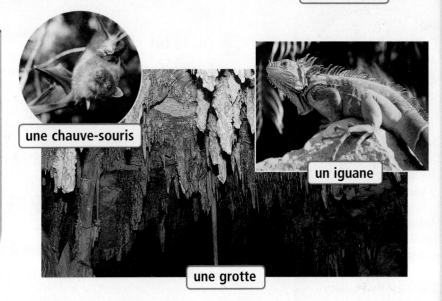

une chauve-souris

un iguane

une grotte

Exprimons-nous!

To express astonishment	To express fear
Ce n'est pas vrai! *It can't be true!*	**Quelle horreur!!** Une araignée! *How horrible!*
C'est incroyable! *It's incredible!*	**J'ai peur des** alligators! *I'm afraid of . . . !*
Pas possible! *Impossible!*	**J'ai peur qu'**il me pique! *I'm afraid that . . . !*
Je n'en reviens pas! *I can't get over it!*	**Au secours!/À l'aide!** *Help!*

Vocabulaire et grammaire, *pp. 49–51*

Online Workbooks

▶ **Vocabulaire supplémentaire—La faune, pp. R18–R19**

L'Amérique francophone

1 Écoutons

Devine quel animal est décrit et donne son nom en français.

a.

b.

c.

d.

e.

f.

2 Oh là là!

Lisons/Écrivons Jonas et Noémie sont dans un parc national. Complète leur conversation.

JONAS Regarde! Un orignal!

NOÉMIE ___1___

JONAS Mais si! Et là-bas, il y a un loup aussi!

NOÉMIE Oh là là! ___2___ des loups, moi!

JONAS Il est déjà parti. Oh! Il y a une araignée près de toi!

NOÉMIE ___3___

JONAS Oh! Elle est toute petite et elle ne ___4___ pas!

NOÉMIE ___5___ Jonas! Viens vite! Je suis tombée!

3 Une visite dans une école française

Parlons/Écrivons Tu es en France et on te demande quels animaux on peut voir aux États-Unis. Réponds aux questions.

1. Est-ce qu'il y a des parcs naturels dans ta région? Quels animaux est-ce qu'on peut voir dans ces parcs?

2. Quel est ton animal sauvage préféré? Pourquoi?

3. De quels animaux est-ce que tu as peur?

4. Qu'est-ce qu'on peut voir dans les bayous en Louisiane?

5. Est-ce que tu as déjà vu (ou bien est-ce que tu aimerais voir) un requin? Pourquoi ou pourquoi pas?

Exprimons-nous!

To forbid	To give warning
Il est interdit de cueillir les fleurs. *It is forbidden to . . .*	**Fais/Faites attention,** il y a un serpent! *Watch out, . . .*
Prière de ne pas nourrir les animaux. *Please don't . . .*	**Prends/Prenez garde** à tes/vos affaires. *Pay attention to . . .*
Interdiction de prendre des photos. *. . . is not allowed.*	**Méfie-toi/Méfiez-vous des** araignées. *Look out for . . .*
Défense de sortir de votre voiture. *You cannot . . .*	**Surtout,** ne va pas près des alligators. *Above all, . . .*

Vocabulaire et grammaire, *pp. 49–51*

  Online Workbooks

④ Au zoo

 Écrivons Tu es directeur/directrice d'un zoo. Tu dois écrire le nouveau règlement pour les futurs visiteurs. Crée des interdictions ou des avertissements *(warnings)* pour les choses suivantes.

1. donner à manger aux loups
2. marcher sur la pelouse
3. les serpents
4. jeter des papiers par terre *(on the ground)*
5. déranger les petits avec leurs mamans
6. la marche *(step)*
7. faire du bruit

> ### À la française
> Names of animals are different between France and Quebec. For example, what is called a **caribou** in Quebec is a **renne** in France, and an **orignal** in Quebec is the same as an **élan** in France.

⑤ Tout est interdit!

Parlons Dis cinq choses que tu aimerais interdire si tu le pouvais.

MODÈLE Défense de nourrir mon poisson rouge!

Digital performance space

Communication

⑥ Scénario

Parlons En petits groupes, jouez la scène suivante. Une personne est guide dans un parc naturel. Le/La guide accompagne un groupe d'élèves pour une visite guidée du parc mais les élèves ne respectent pas les règles du parc!

MODÈLE **ÉLÈVE 1** Ces fleurs sont très belles.
  GUIDE Léa! Il est interdit de cueillir les fleurs!

Grammaire à l'œuvre 1

The subjunctive with expressions of fear

1 As you already know the subjunctive is used with expressions of *necessity, desire,* and *emotion.* It is also used with expressions of *fear* like **avoir peur que...** *(to be afraid that . . .)* and **craindre que...** *(to fear that . . .).*

craindre			
je	crains	nous	craignons
tu	crains	vous	craignez
il/elle/on	craint	ils/elles	craignent

The past participle of **craindre** is **craint.**

> J'ai peur qu'il y **ait** des ours.   Je **crains** que cette guêpe te **pique.**

2 With expressions of fear, the dependent clause is in the subjunctive regardless of the tense of the main clause.

> Je n'aimerais pas nager là où il y a des requins. J'aurais peur qu'ils m'**attaquent.**

3 Remember that if the subject is the same in both clauses of the sentence, you use **de** with the **infinitive** instead of the **subjunctive.**

> J'ai peur que vous vous **blessiez. MAIS** J'ai peur de me **blesser.**

Vocabulaire et grammaire, *pp. 52–53*
Cahier d'activités, *pp. 41–43*

Online Workbooks

---

7 Écoutons

Éric est allé dans un parc avec ses amis. Écoute ce qu'ils disent et décide si **a) quelqu'un a peur** ou **b) personne n'a peur.**

8 Une faune hostile

Écrivons Éva et ses amies se sont perdues dans les bayous. Complète ces phrases avec la forme correcte des verbes donnés.

1. Tu sais que les bayous _____ (être) pleins d'alligators?
2. J'ai peur qu'il y _____ (avoir) aussi des loups ici.
3. J'ai vraiment peur de _____ (rencontrer) un alligator.
4. Il faut que nous _____ (faire) très attention.
5. Tu n'as pas peur que ça _____ (être) un peu difficile, la nuit?

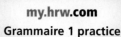

9 **Que d'angoisses!**

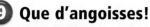**Parlons/Écrivons** Dis ce que les gens représentés craignent.

1. Fabien   2. Laurent   3. Théo

10 **Expédition dans la nature**

Parlons/Écrivons Tu vas aller observer la faune locale avec un groupe de touristes. Fais des phrases complètes avec ces élé-

1	2	3	4	5
Il faut	(que)	(je)	ne... pas	des loups
Il a peur	(de)	(tu)	voir	un alligator
Il est important		(elle)	rencontrer	un orignal
Je veux		(nous)	y avoir	des hérons
Je crains		(vous)	faire des photos	un requin
Elle est contente		(ils)	se perdre	un iguane
Mes parents ont peur			nourrir	un ours
			se baigner	

Digital
performance space

Communication

11 **Sondage**

Parlons Demande à tes camarades de quoi ils/elles ont peur. Ils/Elles te répondront. Ensuite présente ce que tu as appris à la classe.

MODÈLE —**De quoi as-tu peur?**
—**Je crains d'avoir une mauvaise note. Et toi?**

12 **Scénario**

Parlons Demande à un(e) camarade quel animal il/elle aimerait voir dans la nature et de quel animal il/elle aurait peur et pour-quoi. Ensuite, échangez les rôles.

MODÈLE —**J'aimerais voir... quand... Mais je n'aimerais pas...**
J'aurais peur que... Et toi?

Grammaire 1

The imperative

1 To form the imperative of most verbs, use the **tu, nous,** or **vous** form of the present indicative without the subject. Drop the final **-s** from the **tu** form of verbs that end in **-er**, including **aller.**

> **Va** au parc!   **Prenons** des photos!   **Faites** attention!

When the **tu** command form of an **-er** verb is followed by **y** or **en** don't drop the final **-s**.

> **Vas**-y!   **Parles**-en!

2 In an **affirmative command**, place **object pronouns** after the verb. Place a **hyphen** between the verb and pronoun. The pronouns **me** and **te** become **moi** and **toi.**

> Tu me la donnes? **Donne-la-moi!**
> Tu en prends? **Prends-en!**

3 In a **negative command,** object pronouns precede the verb. Place **ne...pas** around the conjugated verb and the object pronouns.

> Ne donne pas la lampe à Louis. **Ne la lui donne pas.**

4 The verbs **être** and **avoir** have irregular **imperative** forms.

> **être: sois, soyons, soyez**   **avoir: aie, ayons, ayez**
> **Sois** patient!   **N'ayez** pas peur!

Vocabulaire et grammaire, *pp. 52–53*
Cahier d'activités, *pp. 41–43*

Online Workbooks

⑬ De bonnes résolutions

Écrivons Toi et tes amis visitez les parcs naturels. Dis-leur ce qu'il faut et ce qu'il ne faut pas que vous fassiez.

> **MODÈLE**   nous: nourrir les animaux (non)
> **Ne nourrissons pas les animaux!**

1. tu: faire attention aux ours (oui)
2. vous: déranger les guêpes (non)
3. nous: sortir de la voiture dans le parc (non)
4. tu: attraper des papillons (non)
5. vous: se reposer (oui)
6. nous: prendre des photos où ce n'est pas interdit (oui)
7. tu: avoir un peu de patience (oui)
8. nous: être prudents (oui)
9. vous: faire du bruit (non)

14 Tout un programme

Écrivons/Parlons Ton ami(e) voudrait faire ces choses pendant ses vacances. Dis-lui de les faire seulement si tu penses que c'est une bonne idée. Récris les phrases à l'impératif.

MODÈLE attraper des guêpes **N'attrape pas de guêpes!**

1. aller à la mer
2. prendre beaucoup de photos
3. nourrir les pélicans
4. visiter les grottes
5. nager avec les dauphins
6. allumer un feu

15 Il faut le savoir

Parlons Il y a beaucoup de choses qu'on n'est pas autorisé à faire dans ce parc. Dis à tes amis ce qu'ils ne doivent surtout pas faire.

à Louis et Rémy

MODÈLE **Surtout, ne faites pas de vélo!**

1. à Théo

2. à Lucas et Mia

3. à Tristan

4. à Margot et Luc

16 Juste le contraire

Écrivons/Parlons Pour chaque ordre que Félix donne, dis le contraire. Remplace les mots soulignés par un pronom.

MODÈLE Regarde <u>Julie</u>. **Ne la regarde pas!**

1. Donnons à manger <u>aux requins.</u>
2. Va <u>au zoo.</u>
3. Ne prenez pas <u>de photos.</u>
4. Faisons peur <u>aux hérons</u>.
5. Attrape <u>des méduses</u>.
6. Jouons avec <u>les loups</u>.

Digital
performance space

Communication

17 Scénario

Parlons Tu guides un groupe de touristes et tu leur dis ce qu'il faut qu'ils fassent et ce qu'il ne faut pas qu'ils fassent. Suggère-leur aussi des choses intéressantes à faire. Joue cette scène avec des camarades.

MODÈLE —C'est incroyable, je n'ai jamais vu d'ours de si près!
—Méfiez-vous! Ils sont très dangereux! Surtout quand il y a des petits!

Application 1

18 Écoutons

Jacques donne des conseils à ses camarades. Dans chacune des phrases que tu entends, décide si Jacques **a) leur donne un ordre** ou **b) ne leur donne pas d'ordre.**

19 Des conseils

Parlons/Écrivons Quels conseils donnerais-tu à quelqu'un qui va aller en vacances à la montagne? à la mer? Dis quatre choses qui sont interdites là où cette personne va aller et dis-lui deux choses dont elle doit se méfier.

20 Carnet de voyages

Écrivons Ta famille a gagné un voyage dans une région francophone. Écris ce que tu as fait aujourd'hui dans ton journal.

MODÈLE Haïti, le 9 juillet
Aujourd'hui, on a fait un tour en bateau. Le guide nous a montré...! C'était...!

Un peu plus

The verbs *voir* and *regarder*

You've already learned the verbs voir *(to see)* and regarder *(to look at* or *to watch)*. Be careful to choose the appropriate verb when creating sentences in French.

> **Regarde** cet ours!
> *Look at that bear!*

> Tu **vois** cet ours?
> *Do you see that bear?*

Vocabulaire et grammaire, *p. 54*
Cahier d'activités, *pp. 41–43*

Online Workbooks

21 Le bon verbe

Lisons/Écrivons Julien et son copain sont dans un parc au Canada. Complète ce passage avec **voir** ou **regarder** au temps correct.

____1____, Julien! Cet ours va attraper un poisson! Tu ____2____ ça! Il l'a attrapé! Je n'ai jamais ____3____ ça! Tu sais, je ____4____ souvent des émissions sur les animaux à la télévision, mais pouvoir les ____5____ dans leur milieu naturel, c'est incroyable! Tu ____6____, c'est pour cela que j'aime passer mes vacances dans des parcs naturels!

22 Regarde les panneaux

Lisons/Écrivons Regarde la brochure de ce parc national et dis si ces personnes pourraient y aller ou pas et pourquoi.

Règlement du parc des Eaux Claires

Les feux doivent être allumés dans les endroits prévus en utilisant le bois fourni à cette fin.

Il est interdit de faire de l'escalade.

Un permis est obligatoire pour camper.

Les animaux domestiques sont interdits.

On peut faire du vélo sur les sentiers munis de ce panneau.

Il est défendu de prélever tout élément naturel (faune, flore, fossile, roche, etc.)

Aucun déchet ne doit être laissé dans le parc.

Il est défendu de nourrir les animaux sauvages.

1. Éric a un chien.
2. Yanis a pris sa tente.
3. Léa veut faire du vélo.
4. Maya aime nourrir les animaux.

23 Ton propre panneau

Écrivons Crée un panneau pour interdire ou permettre quelque chose. Ensuite montre-le à tes camarades. Est-ce qu'ils comprennent ce que ton panneau veut dire?

Digital **performance space**

Communication

24 Scénario

Parlons Tu organises des safaris photos et des touristes te posent des questions pour savoir quels animaux ils vont voir. Ils sont très étonnés. Tu leur dis aussi quelles précautions ils vont devoir prendre. Joue cette scène avec des camarades.

Lecture culturelle

*Les parcs d'Amérique francophone offrent des activités variées:
randonnées à pied ou à vélo, escalade ou encore descentes de rivières en
kayak, etc. Au Québec, on peut admirer les ours, les loups et les orignaux
en pleine nature, observer les baleines dans l'estuaire du Saint-Laurent
ou faire des balades en traîneau à chiens dans le Grand Nord. Dans le
pays cajun au climat subtropical, on peut parcourir les bayous et les rives
du Mississippi et y découvrir une faune pittoresque. Observes-tu souvent
les animaux? Que penses-tu de l'activité ci-dessous?*

NATURE

LES OIES[1] VOYAGEUSES

**Des allers-retours à ne pas manquer
C'est un spectacle unique!**

D es centaines de milliers[2] d'oies
des neiges (oies blanches) font
escale deux fois l'an sur les
berges[3] du Saint-Laurent.

À l'automne, de retour des îles Baffin
et Bylot[4], elles viennent y prendre des
forces avant de poursuivre le grand
voyage qui les mènera[5] vers leurs
chauds quartiers d'hiver. Puis elles
reviennent au printemps, en route[6]
vers le Grand Nord, où elles
vont passer l'été. Un périple[7]
annuel de près de 4.000 km!
Surveillez[8] leur vol dans le
ciel[9] ou, encore mieux, allez les
observer dans leurs trois haltes
de prédilection : Cap-Tourmente,
Baie-du-Febvre et Montmagny.

Compréhension

1. Où peut-on observer la migration des oies sauvages?
2. Combien de fois par an font-elles escale sur les berges du Saint-Laurent?
3. D'où viennent-elles et où vont-elles?
4. Combien de kilomètres parcourent-elles chaque année?

---

1. *geese* **2.** *hundreds of thousands* **3.** *banks* **4.** des îles proches du Groenland **5.** dirigera **6.** vers **7.** voyage **8.** Observez **9.** *sky*

Chapitre 5 • En pleine nature

Comparaisons

Une pancarte dans un parc en France

Les parcs publics en France

Tu te promènes avec tes amis au jardin du Luxembourg. Il est midi et vous décidez de manger dans le parc.

a. Vous mettez les chaises sur la pelouse et vous vous installez.

b. Vous vous asseyez sur les chaises qui sont dans l'allée.

c. Vous vous asseyez sur la pelouse.

Dans les villes françaises, il y a beaucoup de parcs publics. Les gens s'y promènent, y lisent, y font du jogging. Il y a des bancs[1] où l'on peut s'asseoir, des bacs à sable[2] et des balançoires pour les tout-petits. Ces parcs sont agréables avec leurs parterres[3] de fleurs et leurs pelouses bien vertes. Malheureusement, il est très souvent interdit de marcher sur les pelouses. Elles sont bien trop fragiles!

ET TOI?

1. Fais des recherches sur Internet concernant les interdictions dans les parcs français.

2. Peut-on jouer, pique-niquer ou même marcher sur les pelouses près de chez toi?

Communauté et professions

Moniteurs/Guides de sports extrêmes

Les sports extrêmes sont de plus en plus populaires et les accrocs[4] à ces sports partent souvent à l'étranger à la recherche de sensations fortes. Est-ce qu'il y a des activités sportives proposées dans ton état (rafting, escalade...)? Quelle formation ont les moniteurs, accompagnateurs ou guides? Est-ce qu'ils doivent savoir parler français ou une autre langue étrangère? Fais des recherches et présente ce que tu as découvert à ta classe.

Canyoning dans le Colorado

1. *benches* 2. *sandboxes* 3. *flower beds* 4. *addicted*

Objectifs
- to give general directions
- to complain and offer encouragement

Vocabulaire *à l'œuvre* 2

Les sports extrêmes

Ah, au fait, j'ai fait de la plongée sous-marine en Haïti.

J'ai fait de la spéléologie.

une corde

J'ai fait de l'alpinisme (m.) au Québec, cet été.

un VTT

Et j'ai parcouru les Alpes en VTT.

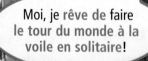

Moi, je rêve de faire le tour du monde à la voile en solitaire!

On peut aussi...

faire du deltaplane

faire du parachutisme

faire du canoë-kayak

descendre des rapides (m.)

un canoë

Online Practice

my.hrw.com
Vocabulaire 2 practice

Exprimons-nous!

To give general directions

Les rapides se trouvent/sont **dans le nord de** l'île.
. . . in the north of . . .

Au sud de la ville, il y a des montagnes où on fait de l'alpinisme.
South of . . .

Si tu vas plus à l'est, tu arriveras aux grottes.
If you go further east, . . .

Continue **vers l'ouest,** ce n'est plus très loin.
. . . toward the west, . . .

C'est à environ trois kilomètres **d'**ici.
It's about . . . from . . .

D'autres mots utiles	
une bouteille de plongée	*scuba tank*
une combinaison de plongée	*wetsuit*
un équipement	*equipment*
une île	*island*
un parachute	*parachute*
du rafting	*rafting*

Vocabulaire et grammaire, pp. 55–57

Online Workbooks

▶ **Vocabulaire supplémentaire**—Le matériel pour les sports extrêmes, **p. R19**

25 Écoutons

Indique si on parle d'activités qu'on fait **a) à la mer** ou **b) à la montagne**.

26 Vacances en Haïti

Lisons Tu passes des vacances chez Maurice, un ami haïtien. Identifie les endroits qu'il mentionne en utilisant la carte d'Haïti.

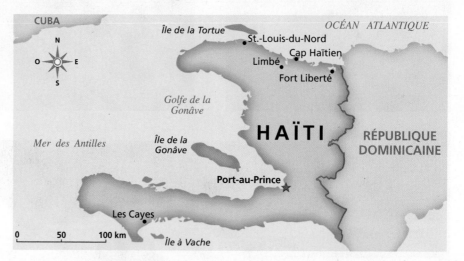

1. Cette ville est dans le nord de l'île, à l'est de Cap Haïtien.
2. De Port-au-Prince, si tu vas plus à l'ouest, tu arriveras dans cette ville.
3. C'est le pays qui est à l'est d'Haïti.
4. Cette ville est juste au sud de l'île de la Tortue.
5. La capitale est à environ 150 km au sud de Cap Haïtien.
6. Cette île est au sud du pays.

27 Envie d'extrême

Lisons/Écrivons Ces jeunes ont envie d'essayer une nouvelle activité sportive. Quel sport est-ce qu'ils vont faire, d'après toi?

MODÈLE Léo adore la mer et il veut aller dans le monde entier.
Il va faire le tour du monde à la voile en solitaire.

1. Luc a envie de sauter d'un avion.
2. Patrick et moi, nous voulons voir des requins.
3. Stéphanie veut visiter des grottes.
4. Le cousin de Laurent veut descendre des rapides.
5. Sylvia et Nadine adorent faire du vélo, mais pas en ville.
6. Joshua a pris des cordes et il est parti à la montagne.

Entre copains

une bestiole	bug
casse-cou	daredevil
être casse-cou	to be a daredevil
crever de soif	to die of thirst
faire gaffe	to be careful

Exprimons-nous!

To complain	To offer encouragement
C'est trop loin! *That's too . . . !*	Oui, mais **ça en vaut la peine.** *. . . it's worth it.*
J'ai le vertige! *I suffer from vertigo!*	**Allez, encore un petit effort!** *Come on, one last effort!*
Je meurs de soif! *I'm dying of . . . !*	**Tu y es presque!** *You're almost there!*
Je n'en peux plus! *I can't do any more!*	**Courage,** on est presque arrivés! *Hang in there/Cheer up, . . .*

Vocabulaire et grammaire, pp. 55–57 — Online Workbooks

28 Que tout est difficile!

Écrivons/Parlons Samir fait visiter la région où il habite à son ami Fabien. Aujourd'hui, Samir a décidé d'emmener son ami voir de magnifiques grottes. Complète leur conversation de manière logique.

FABIEN Où sont les grottes dont tu parlais?

SAMIR Elles sont à ___1___ 10 km ___2___ de la ville.

FABIEN 10 km! C'est ___3___ loin!

SAMIR Mais non! On y ___4___.

FABIEN Et en plus, il fait si chaud! Je ___5___.

SAMIR Allez, ___6___ ! Encore un petit ___7___ !
Tu verras, ça ___8___ !

FABIEN J'espère qu'elles ne sont pas trop grandes, ces grottes, parce que tu sais, j'ai ___9___ !

Digital performance space

Communication

29 Scénario

Parlons Deux ami(e)s ont décidé de passer le week-end à faire de la randonnée dans une région qu'ils/elles ne connaissent pas. Un(e) des deux ami(e)s critique tout et se plaint *(complains)* tout le temps! L'autre ami(e) essaie de l'encourager et de le/la rassurer. Joue cette scène avec un(e) camarade.

MODÈLE —**Mais il n'y a pas d'animaux ici!**
—**Mais si! Si on va plus à l'ouest, il y a...**
Je suis sûr(e) qu'on va voir des...
—**Ah non! C'est...**

Grammaire à l'œuvre 2

Apporter, amener, emporter and emmener

1 In French, there are two verbs that mean *to bring,* **apporter** and **amener**. Use **apporter** to say that someone is *bringing something to someone*.

> François m'a **apporté des fleurs**.

Use **amener** to say that someone is *bringing someone to where the speaker is*. **Amener** has the same spelling change as **acheter**.

> Pauline amène **son chien** chez moi tous les week-ends.

2 There are also two verbs that mean *to take,* **emporter** and **emmener**. Use **emporter** to say that *something is being taken somewhere*.

> J'**emporte** toujours **mon portable** avec moi quand je fais du jogging.

Use **emmener** to say that *a person is being taken somewhere*. **Emmener** has the same spelling change as **amener**.

> Pauline emmènera **Charles** à la gare demain matin. *(she's dropping him off there)*

Vocabulaire et grammaire, *pp. 58–59*
Cahier d'activités, *pp. 45–47*

 Online Workbooks

En anglais

In English, *bring* is generally used when an object or person is being moved towards someone. *Take* is generally used when an object or person is being moved away.

Which verb would you use in each of these sentences?

1. *Would you_____me another soft drink?*

2. *The flight attendant is going to_____ your ticket.*

In French also the verb you choose depends on whether the movement is towards or away from someone.

30 Transport

Lisons Rita et ses sœurs parlent des personnes et des choses qu'il faut transporter. Complète leurs phrases de manière logique.

1. J'ai besoin de tes dictionnaires, ...

2. Maman viendra aussi à la fête, ...

3. Voici tes lunettes, ...

4. Julien veut aller au cinéma avec toi, ...

5. C'est l'anniversaire de mariage de papa et maman, ...

a. tu peux l'amener?

b. n'oublie pas de les emporter.

c. apporte-le!

d. emmenons-les au resto!

e. tu peux me les apporter?

f. emmène-le, s'il te plaît.

31 Écoutons

Pour chaque phrase que tu entends, dis si on parle **a) d'une personne ou d'un animal** ou **b) d'une chose.**

32 **À ne pas oublier**

Écrivons/Parlons Il y a certaines personnes et certaines choses qu'il ne faut pas oublier. Complète les phrases avec **amener, emmener, apporter** et **emporter**. Attention aux temps des verbes!

♻ *Souviens-toi! Subjunctive, p. 150*

1. Le prof a demandé qu'on _____ notre livre de maths en classe demain.

2. Toi, il faut que tu _____ ton petit frère à l'école.

3. Si nous faisons une promenade ce soir, il faudra que nous _____ le chien.

4. Il va sûrement pleuvoir. Si tu sors, _____ ton parapluie!

5. Oh... vous m'avez _____ un cadeau? Qu'est-ce que c'est?

6. N'oublie pas d'_____ ton appareil photo quand tu pars en vacances.

33 **Qu'ont-ils fait?**

Parlons Choisis le bon verbe pour décrire ce que ces gens ont fait.

MODÈLE **Véronique a emmené sa grand-mère à l'aéroport.**

Véronique / sa grand-mère

1. Vincent / canoë

2. le mécanicien / voiture

3. Amélie / amis

4. Valérie / sa fille

Digital performance space

Communication

34 **Expérience personnelle**

Parlons Demande à un(e) camarade ce que tu devrais emporter quand tu pars en vacances, quand il pleut, etc.

MODÈLE —Qu'est-ce que je dois emporter quand je vais à la mer?
—Eh bien, tu dois emporter...

Verbs followed by *à/de* and the infinitive

1 Some **verbs** are directly followed by an **infinitive**.

aimer	espérer	préférer
aller	falloir (il faut)	savoir
devoir	pouvoir	vouloir

Je **vais** faire du parachutisme avec ma cousine.

2 Some **verbs** are followed by **à** + **infinitive**.

aider à	arriver à	encourager à
s'amuser à	commencer à	penser à
apprendre à	continuer à	réussir à

Jean-François m'a **aidé à trouver** le livre que je cherchais.

3 Some **verbs** and **expressions** are followed by **de** + **infinitive**.

(s')arrêter de	craindre de	mourir de
avoir peur/raison de	décider de	offrir de
choisir de	dire de	oublier de
conseiller de	essayer de	venir de

J'ai **peur de tomber** quand je fais de l'alpinisme.

Vocabulaire et grammaire, *pp. 58–59*
Cahier d'activités, *pp. 45–47*

Online Workbooks

---

35 Passionnés de sport

Lisons/Écrivons Ces gens-là pratiquent tous des sports plus ou moins extrêmes. Complète les phrases suivantes avec **à** ou **de**, mais seulement si c'est nécessaire.

1. Vous aimeriez _____ descendre des rapides?
2. Elle a choisi _____ faire du deltaplane.
3. Ses parents lui ont dit _____ faire attention.
4. Le mois prochain, il commencera _____ suivre des cours de voile.
5. Moi, j'ai décidé _____ parcourir les routes de France à vélo.
6. Toi, tu préfères _____ faire de la spéléologie, n'est-ce pas?
7. En ce moment, nous apprenons _____ faire du parachutisme.
8. Pour faire de la plongée, il faut _____ avoir un masque, des palmes et une bouteille.
9. Vous me conseillez _____ ne pas faire de la plongée ici?
10. Mes parents ont essayé _____ faire du rafting! Quelle aventure!

36 Travail et loisirs

Écrivons Fais des phrases complètes avec les éléments suivants.

1	**2**	**3**	**4**
Je	savoir	(à)	faire du parachutisme
Tu	avoir raison	(de)	parler français
Bruno	aimer		faire de la plongée sous-marine
Mes amis et moi	apprendre		descendre les rapides
Toi et moi	oublier		voir des animaux sauvages
Tes amis et toi	vouloir		faire ses devoirs
Magalie et toi	réussir		aller dans des pays francophones
Mes amis	essayer		bien travailler en classe

37 Que font-ils?

Parlons/Écrivons Fais des phrases pour dire ce que ces gens font.

Éric et Émilie / commencer

MODÈLE Éric et Émilie commencent à faire du ski.

1. il / avoir peur

2. nous / devoir

3. ils / apprendre

4. je / oublier

Communication

38 Interview

Parlons Avec des camarades, discutez des sports extrêmes que vous avez envie d'essayer et pourquoi. Utilisez des verbes qui demandent les prépositions **à** et **de** dans votre conversation.

MODÈLE —Quel sport est-ce que tu as décidé de pratiquer?
—Un jour, j'aimerais... parce que...

Application 2

39 Un peu de géographie

Écrivons Un(e) élève francophone va passer un mois chez toi. Dans un e-mail, décris-lui ta région et les sports qu'on y fait.

MODÈLE J'habite à... C'est dans le... Ma région est super parce qu'on peut faire...

40 Mes projets

Parlons Parle de tes projets de vacances. Dis où tu voudrais aller, ce que tu as décidé de faire là-bas et ce que tes amis te conseillent d'emporter avec toi. Dis aussi ce que tu voudrais essayer de faire comme sport extrême mais ce dont tu as un peu peur, etc.

MODÈLE Cette année, je vais aller..., dans le sud de... pour faire du... Mes copains m'ont dit..., et mes parents m'ont conseillé...

Un peu plus · Révisions

Idiomatic expressions

An idiom is an expression that can't be translated literally. Here are some that use verbs you know.

	besoin de	*to need*
	envie de	*to feel like*
avoir	l'intention de	*to intend to*
	lieu	*to take place*
	peur de	*to be afraid of*
être	en retard	*to be late*
	en train de	*to be in the middle of*
	des études de	*to study*
faire	la fête	*to party*
	la queue	*to wait in line*
	la sieste	*to take a nap*
mettre	la table	*to set the table*
	le petit-déjeuner	*to have breakfast*
prendre	sa retraite	*to retire*
	des risques	*to take chances*

Vocabulaire et grammaire, *p. 60*
Cahier d'activités, *pp. 45–47*

e Online Workbooks

41 Écoutons

Écoute Tatiana parler de sa famille et fais correspondre chaque conversation à une des personnes suivantes.

a. Ma tante a 59 ans et elle va bientôt arrêter de travailler.

b. Mon cousin aime sortir avec ses amis et aller danser.

c. Moi, j'aime me reposer après le déjeuner.

d. Ma sœur apprend une langue étrangère.

e. Mon frère aime les sports extrêmes.

f. Ma mère aimerait vraiment aller au Sénégal cette année.

42 Qu'est-ce qui manque?

Écrivons Complète les phrases suivantes avec les expressions qui manquent. Fais les changements nécessaires.

faire chaud	mettre la table	être en train de
avoir lieu	faire la queue	avoir peur de
être en retard	prendre le petit-déjeuner	prendre sa retraite

1. Mes parents et moi, nous _____ ensemble tous les matins.

2. Ohhhh... il _____, aujourd'hui! Il fait plus de 30 degrés Celsius!

3. Mon petit frère fait du vélo pour la première fois. Il _____ tomber.

4. Ne me dérange pas! Tu ne vois pas que je _____ faire mes devoirs?

5. Je sais, il est déja trois heures. Je suis désolé de/d'_____.

6. Il y a trop de gens à la caisse. Je ne veux pas _____. Je reviendrai demain matin.

7. C'est généralement papa qui _____ avant le dîner.

8. Mon grand-père a arrêté de travailler. Il _____.

9. Cette année, la fête de fin d'année _____ dans le gymnase.

Digital
performance space

Communication

43 Comment on y arrive?

Parlons Tu habites une région où on fait du rafting. Un(e) jeune Français(e) te pose des questions. Ton/Ta camarade va d'abord jouer le rôle du/de la Français(e) en lisant les questions ci-dessous. Toi, tu vas répondre de manière logique. Ensuite, vous allez échanger les rôles.

— **Bonjour. Quel sport extrême est-ce qu'on fait dans ta région?**
—

— **Où se trouve la rivière où on fait du rafting?**
—

— **Comment on fait pour y arriver?**
—

— **C'est loin d'ici?**
—

— **Oh! C'est trop loin!**
—

Lecture

Poète et journaliste, Anthony Phelps, est né à Port-au-Prince en Haïti en 1928. Il étudie aux États-Unis et au Canada. Il retourne en Haïti en 1953 où il écrit pour plusieurs revues et journaux. En 1964, il est obligé de s'exiler. Il trouve asile à Montréal où il fait du journalisme et du théâtre. Phelps est l'auteur de romans, de pièces de théâtre et de plus d'une dizaine de recueils de poèmes, qui ont été traduits en plusieurs langues. Sa poésie est marquée par son expérience de l'exil. Il a écrit entre autres: *Été* (1960), *Points cardinaux* (1967), *Mon pays que voici* (1968) et *Une phrase lente de violoncelle* (2005).

A Avant la lecture

Le poème *Je viens d'une île de soleil* parle de l'expérience du poète comme immigrant haïtien au Canada. Qu'est-ce que tu sais sur Haïti? Et sur le Québec? Imagine la vie d'un immigrant haïtien au Canada.

Cap-Haïtien, Haïti

Port-au-Prince, Haïti

Je viens d'une île de soleil

Je viens d'une île de soleil une île au nom indien
Haïti ? connaissez-vous ?
et je vous dis à la manière de mon peuple
« Honneur ». Répondez-moi

5 « Respect ».
Et laissez-moi m'asseoir auprès¹ de vous
Je ne réclame² point
dans ce premier matin de ma nouvelle naissance
le secret de vos fusées

10 encore moins la recette du sirop d'érable.
Je n'ai pas d'atouts maîtres³.
En fait, je n'ai même pas de cartes
étant très peu joueur
mais j'ai des mots à vous offrir.

15 Des mots puissance de vent puissance de mer
des mots tant que vous en voudrez
et j'échangerai les miens contre les vôtres.
(Sur le mur d'un garage
j'ai vu des mots hâtifs écrits en rouge

20 Main malhabile⁴ qui teniez le pinceau
vous avez épaissi mon sang et j'ai pressé le pas
car il m'arrive d'oublier
que Montréal est une Cité
où l'arbre a le droit de chanter

25 selon ses branches et la distance entre ses feuilles.)

Extrait de *Mais c'est le feu qui fait l'acier*, Points cardinaux (1966)

1. à côté   2. demande   3. *master trumps*   4. *clumsy*

**Anse-Blanchette,
en Gaspésie**

Vue sur le centre de Montréal

Compréhension

B Relis *Je viens d'une île de soleil*. Ensuite, utilise la stratégie
pour choisir la réponse qui complète les phrases suivantes.

1. Le poète veut savoir si les lecteurs _____.

   a. savent où se trouve Haïti   **b.** ont entendu parler d'Haïti

2. Le poète veut que les gens _____.

   a. l'acceptent   **b.** l'admirent

3. Le poète offre _____ aux lecteurs.

   a. son amitié   **b.** sa poésie

4. Le poète oublie qu'au Canada tout le monde _____.

   a. peut vivre en liberté   **b.** n'est pas complètement libre

Octave Crémazie, poète national du Canada, est né à Québec en 1827. Après avoir terminé ses études, il travaille dans la librairie de son frère. En 1849, il devient secrétaire de l'Institut Canadien à Québec, une organisation littéraire et philosophique. En 1862, il a des problèmes financiers et il part pour la France où il passe les dernières années de sa vie dans la misère[1]. Il meurt en 1879. Crémazie n'a écrit que 25 poèmes, mais il est considéré comme le poète le plus important du Canada francophone du XIXe siècle. Ses poèmes expriment[2] sa fidélité à son héritage francophone et à son pays natal[3], le Canada.

A Avant la lecture

Le poème suivant s'appelle *Le Canada*. Qu'est-ce que tu sais sur le Canada? Quels pays l'ont colonisé? Quelles sont les traces (langues, traditions, culture) laissées par ces pays? Quelles sont les caractéristiques géographiques les plus importantes du pays?

Le Canada

Parc national Jasper

La rivière Rouge en automne près de Lanaudière

Il est sous le soleil un sol unique au monde,
Où le ciel a versé ses dons les plus brillants,
Où, répandant ses biens, la nature féconde[4]
À ses vastes forêts mêle ses lacs géants.

5 Sur ces bords enchantés notre mère, la France,
A laissé de sa gloire un immortel sillon[5] ;
Précipitant ses flots vers l'Océan immense,
Le noble Saint-Laurent redit encor son nom.

Heureux qui le connaît, plus heureux qui l'habite,
10 Et, ne quittant jamais pour chercher d'autres cieux
Les rives du grand fleuve où le bonheur l'invite,
Sait vivre et sait mourir où dorment ses aïeux[6].

---

1. pauvreté 2. disent 3. où il est né 4. fertile 5. *furrow* 6. ancêtres

Compréhension

B Relis *Le Canada*. Ensuite, utilise la stratégie (p. 208) pour déterminer si chaque phrase suivante est **a) vraie** ou **b) fausse**.

1. Il y a toujours du soleil au Canada.
2. Le Canada est un pays d'une grande beauté naturelle.
3. D'après l'auteur, la France a joué un rôle plus important que la Grande-Bretagne dans l'histoire du Canada.
4. D'après l'auteur, le Canada regrette la présence française.
5. On peut être heureux en habitant au Canada.

C Auquel de ces poèmes est-ce que les phrases suivantes correspondent: **a)** *Je viens d'une île de soleil,* **b)** *Le Canada* ou **c) aux deux?**

1. On ressent de la nostalgie pour un temps passé.
2. Le ton du poème est très personnel.
3. Les idées canadiennes font du Canada un pays unique.
4. Les images de la nature représentent des caractéristiques positives.
5. Le poète est fier (*proud*) de ses origines francophones.

Après la lecture

D Lequel des deux poèmes aimes-tu le plus? Pourquoi? Qu'est-ce que le poème te dit? Comment est-ce que tu t'identifies avec les sentiments, les images ou les symboles du poème? Est-ce que le poème a changé ta perspective sur Haïti ou sur le Canada? Explique.

Les Laurentides

L'atelier de l'écrivain

Hommage à la nature

Dans cette activité, tu vas écrire un poème qui rend hommage à la nature en utilisant des techniques poétiques. Tu peux parler de la nature en général, des animaux, des caractéristiques naturelles de ta ville ou de ton état qui inspirent de la fierté ou d'autres émotions, d'une expérience que tu as eue dans la nature. Ton poème doit avoir au moins vingt vers.

❶ Plan : les cinq doigts de la main

Choisis le sujet de ton poème et écris-le dans «la paume» de ton organigramme. Écris les idées dont tu veux parler dans chaque «doigt». Ajoute des détails pour chaque idée dans les doigts. Puis, décide de l'ordre dans lequel tu veux parler de tes idées.

STRATÉGIE pour écrire

Using multiple techniques can help you communicate a variety of ideas and emotion, and create interesting effects with the sound of language. Poets often use **figurative language** and **imagery** to create vivid descriptions of a subject. Poets may also use **alliteration, rhyme, repetition,** and **rhythm** to convey a feeling or mood. Try experimenting with these poetic techniques and see how they add to the depth and intensity of your poem. To help you with your experimentation, use reference books in French, such as a dictionary and a thesaurus, to find synonyms, antonyms, and homonyms.

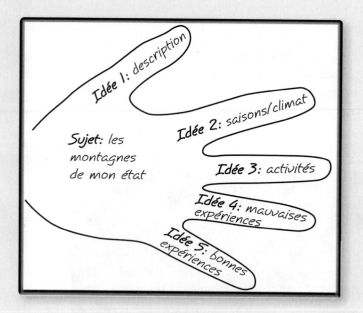

Idée 1 : description

Idée 2 : saisons/climat

Idée 3 : activités

Idée 4 : mauvaises expériences

Idée 5 : bonnes expériences

Sujet : les montagnes de mon état

Cascade dans le jardin botanique de Montréal

L'atelier de l'écrivain

② Rédaction

Fais un brouillon de ton poème en utilisant les idées et les détails qui sont dans ton organigramme. Tu peux utiliser:
- les verbes avec prépositions que tu as vus dans ce chapitre
- le subjonctif pour exprimer des émotions
- les mots du **Vocabulaire à la carte**

Tu peux aussi utiliser différentes techniques poétiques comme:
- la répétition des sons ou des mots
- l'allitération (série de mots qui commencent par le même son)
- les rimes (série de mots qui se terminent par le même son)

N'oublie pas de te servir d'un dictionnaire bilingue ou d'un dictionnaire des synonymes.

③ Correction

Relis ton brouillon.
- As-tu utilisé deux ou trois techniques poétiques de la stratégie? Par exemple, as-tu utilisé l'allitération, les rimes et la répétition?
- Est-ce que tu as utilisé toutes les idées de ton organigramme?

Échange ton poème avec celui d'un(e) camarade. Relisez vos poèmes ensemble et discutez de la manière de les améliorer.

Corrige les fautes d'orthographe, de vocabulaire et de grammaire. Puis, écris la version finale de ton poème.

④ Application

Trouve des images pour accompagner ton poème. Les images peuvent illustrer les idées principales de ton poème ou elles peuvent représenter les émotions décrites. Projète-les sur un écran ou montre-les d'une autre manière pendant que tu lis ton poème à la classe. Après ta récitation, demande à tes camarades quelles sont leurs réactions. Est-ce qu'ils ont compris ton message? Quelles émotions est-ce qu'ils ont ressenties?

Vocabulaire à la carte	
au milieu de	*in the middle of*
partout	*everywhere*
au pied de	*at the foot of*
quelque part	*somewhere*
au sommet de	*at the top/ summit/height of*
repérer	*to spot, locate, find*
nulle part	*nowhere*
se situer	*to be located*

Le subjonctif

The subjunctive is used with expressions of emotion.

J'ai peur des requins.

J'ai peur qu'ils me mordent.

Dans mon jardin, il y a une montagne
Tous les matins, je la regarde
Ma montagne

Prépare-toi pour l'examen

@**HOME**TUTOR

1 Tes copains te racontent des histoires incroyables. Choisis une image pour chaque histoire et puis raconte ton histoire incroyable à toi!

a.   b.   c.

1 **Vocabulaire 1**
- to express astonishment and fear
- to forbid and give warning
pp. 186–189

1. Je suis allé à la plage et j'ai vu des requins jouer à la balle!
2. C'est incroyable! Moi, quand je pêchais avec mon frère, j'ai vu un poisson sauter en dehors de la rivière et attraper un aigle.
3. Pas possible! Moi, j'ai vu un ours qui avait peur d'un castor!
4. Ce n'est pas vrai! Eh bien moi, j'ai _____!

2 **Grammaire 1**
- the subjunctive with expressions of fear
- the imperative
Un peu plus
- **voir** and **regarder**
pp. 190–195

2 Tu es guide et tu dis à des touristes ce qu'il doivent ou ne doivent pas faire. Remplace les mots soulignés par des pronoms.

MODÈLE attraper <u>un papillon</u> Ne l'attrapez pas!
1. ne pas donner à manger <u>aux animaux sauvages</u>
2. regarder <u>ces ours</u>
3. visiter <u>le parc national des Cent Cascades</u>
4. ne pas faire peur <u>aux dauphins</u>
5. ne pas avoir peur <u>des chauves-souris</u>

3 **Vocabulaire 2**
- to give general directions
- to complain and offer encouragement
pp. 198–201

3 Sylvie dit ce qu'elle a fait en Haïti. De quels sports parle-t-elle?

1. Tout d'abord, j'ai pris un avion et j'ai sauté de l'avion.
2. Après, avec une corde, j'ai grimpé en haut d'une montagne.
3. Ensuite, j'ai descendu la rivière dans un canoë.
4. À la plage, j'ai loué une combinaison de plongée, une bouteille de plongée et un masque. Dans l'eau, j'ai vu du corail.
5. Finalement, j'ai rencontré un ami et nous sommes descendus dans une grotte où j'ai vu beaucoup de chauves-souris!

4 Choisis le bon verbe ou la bonne préposition pour compléter ces phrases. Fais tous les changements nécessaires.

1. La mère de Michelle lui (apporter / amener) son déjeuner.
2. Il faut que j'(emporter / emmener) mon masque de plongée.
3. Au zoo, les employés (apporter / amener) les repas aux animaux.
4. J'ai peur que mon frère (apporter / amener) son iguane chez moi.
5. Nous (emporter / emmener) nos cousins faire un tour dans les bayous.
6. Julien m'a conseillé (de / à) visiter les grottes.
7. Est-ce que tu pourrais m'aider (à / de) chercher mes lunettes?

4 Grammaire 2
- apporter, amener, emporter, emmener
- verbes + **à/de** + infinitive
Un peu plus
- idiomatic expressions
pp. 202–207

5 Réponds aux questions suivantes.

1. Cite deux sports extrêmes qu'on peut pratiquer au Canada.
2. Quels sont les rôles de certains parcs nationaux louisianais?
3. Peut-on marcher sur les pelouses dans les parcs en France?

5 Culture
- Comparaisons p. 197
- Flash culture pp. 188, 192, 204

6 Écoute les phrases et dis si elles sont **a) vraies** ou **b) fausses.**

7 Tu fais une randonnée dans un parc naturel avec ton/ta camarade. D'abord, lisez les instructions pour chaque réplique *(exchange)*. Ensuite, créez votre dialogue en utilisant des expressions que vous avez apprises.

Élève A:	Parle à ton/ta camarade des animaux sauvages qui vivent dans ce parc.
Élève B:	Exprime ta surprise.
Élève A:	Pour plaisanter *(to joke)*, parle d'autres animaux exotiques.
Élève B:	Exprime ta peur.
Élève A:	Tu vois que ton/ta camarade fait quelque chose qui est interdit. Dis-le-lui.
Élève B:	Tu vois que ton/ta camarade va marcher *(step)* sur un papillon. Dis-le-lui.
Élève A:	Préviens *(warn)* ton/ta camarade qu'un animal va manger son sandwich.
Élève B:	Tu vois des guêpes et tu préviens ton/ta camarade.
Élève A:	Exprime ta peur.
Élève B:	Les guêpes te suivent, alors, tu demandes de l'aide.

Prépare-toi pour l'examen

Grammaire 1

- the subjunctive with expressions of fear
- the imperative

Un peu plus

- voir and regarder
pp. 190–195

Résumé: Grammaire 1

The **subjunctive** can be used with *expressions of fear*: **avoir peur que** and **craindre que**. If the subject is the same in both clauses of the sentence, use **de + infinitive** instead of the subjunctive.

J'ai peur qu'il y ait des requins.
J'ai peur de nager avec des dauphins.

To form the **imperative**, use the **tu**, **nous**, or **vous**, form of the verb in the present and drop the subject. For **-er**, verbs, drop the final **-s**, of the **tu**, form. To make the command negative, place the **ne… pas** around the verb. The verbs **être** and **avoir** both have irregular command forms.

être	sois	soyons	soyez
avoir	aie	ayons	ayez

In an **affirmative command**, **object pronouns** follow the verb using a hyphen. In a **negative command**, **object pronouns** come before the verb.

Écris-lui!   Ne lui **téléphone** pas!

The verb **voir** means *to see;* the verb **regarder** means *to look at* or *to watch.*

Grammaire 2

- apporter, amener, emporter, emmener
- verbs + à/de + infinitive

Un peu plus

- idiomatic expressions
pp. 202–207

Résumé: Grammaire 2

The verbs **apporter** and **amener** mean *to bring.*

The verbs **emporter** and **emmener** mean *to take.*

Use verbs with **-porter** when talking about *things*.

Use verbs with **-mener** when talking about *people* or *animals*.

Some **verbs** are followed immediately by an **infinitive**. Some need **à** or **de** before an infinitive.

An *idiom* is an expression which can not be translated literally. Many idiomatic expressions use the verbs **avoir, être, faire, mettre,** and **prendre.** See p. 206 for a list of idiomatic expressions.

To express astonishment and fear

une **abeille**	bee	en **liberté**	free
un **aigle**	eagle	un **loup**	wolf
un **alligator**	alligator	une **méduse**	jellyfish
avoir de la patience	to have patience	**mordre/piquer**	to bite/sting
une **baleine**	whale	**observer**	to watch
un **bayou**	bayou	un **orignal**	moose
un **castor**	beaver	un **ours**	bear
une **chauve-souris**	bat	un **papillon**	butterfly
le **corail**	coral	un **parc naturel**	nature reserve
craindre	to fear	se **perdre**	to get lost
un **crocodile**	crocodile	un **renard**	fox
cueillir	to pick/gather	un **requin**	shark
un **dauphin**	dolphin	**sauvage**	wild
une **écrevisse**	crayfish	**tropical(e)**	tropical
un **écureuil**	squirrel	**C'est incroyable!**	It's incredible!
une **espèce**	species	**Ce n'est pas vrai!**	It can't be true!
la **faune**/la **flore**	fauna/flora	**Je n'en reviens pas!**	I can't get over it!
une **grotte**	grotto/cave	**Pas possible !**	Impossible!
une **guêpe**	wasp	**Quelle horreur!**	How horrible!
un/une **guide**	guide	**J'ai peur de/que...**	I'm afraid of/that . . .
un **héron**	heron	**Au secours! À l'aide!**	Help!
un **iguane**	iguana		

To forbid and give warning ....*See p. 189*

Résumé: Vocabulaire 2

To give general directions

une **bouteille de plongée**	scuba tank	**parcourir**	to travel across
une **combinaison de plongée**	wetsuit	la **plongée sous-marine**	scuba diving
une **corde**	rope	**rêver de**	to dream of
descendre des **rapides (m.)**	to shoot the rapids	la **spéléologie**	caving
un **équipement**	equipment	un **sport extrême**	extreme sport
faire de l'alpinisme (m.)	mountain climbing	un **vélo tout terrain (VTT)**	mountain bike
faire du canoë/kayak (m.)	canoeing/kayaking	**au sud de...**	south of . . .
faire du deltaplane (m.)	hang gliding	**C'est à environ... de/d'...**	It's about . . . from . . .
faire du parachutisme (m.)	parachuting	**... dans le nord de/d'...**	. . . in the north of . . .
faire du rafting (m.)	rafting	**Si tu vas plus à l'est...**	If you go farther east . . .
faire le tour du monde à la voile en solitaire	to sail around the world alone	**... vers l'ouest...**	. . . toward the west . . .
une **île**	island		
un **parachute**	parachute		

To complain and offer encouragement ....*See p. 201*

Prépare-toi pour l'examen

Activités préparatoires

Interpersonal Speaking

Listen to the dialogue and choose the most appropriate response.

1. **A.** N'oublie pas ton gilet de sauvetage.
   B. Tu aimeras faire de l'alpinisme.
   C. Oui, tu as besoin de tout cet équipement pour faire du deltaplane.
   D. Apporte aussi ton VTT.

2. **A.** Vous y rencontrez souvent les baleines?
   B. Je n'en reviens pas! Moi, j'aurais peur des chauves-souris!
   C. Tu dois te méfier des hérons.
   D. Tu ne crains pas qu'une grenouille te pique?

Interpretive Reading

This reading selection comes from a Web site dedicated to the protection of the environment. The following excerpt describes some national parks on the island of Madagascar.

Parcs nationaux de Madagascar

L'île de Madagascar possède plus de 90% d'espèces animales et végétales endémiques, c'est-à-dire uniques au monde. Malheureusement, l'exploitation agricole, la déforestation et le braconnage ont pour conséquence la dégradation de l'environnement. Ainsi de nombreux animaux et plantes sont actuellement menacés d'extinction. Pour y remédier, certaines zones naturelles, dont les 15 parcs nationaux, sont aujourd'hui protégées. Ces parcs sont des lieux de conservation des écosystèmes ainsi que des lieux de loisirs pour les amoureux de la nature. Ils sont ouverts au public et certains offrent des circuits écotouristiques qui proposent de nombreuses randonnées pendant lesquelles les guides expliquent les causes de la détérioration de l'environnement.

Parmi les 15 parcs nationaux, nous retenons les deux suivants:

Le parc national d'Andasibe est un des parcs les plus visités. On peut y voir de nombreux lémuriens, divers oiseaux, plusieurs espèces d'amphibiens et de reptiles et des insectes rares. Dans la forêt tropicale, on pourra admirer de nombreuses espèces de fougères, d'orchidées, de plantes médicinales et d'arbres. Ce parc est doté d'un centre d'interprétation et d'aires de pique-nique et de camping.

Le parc national de Masoala, qui est situé sur la côte nord-est de Madagascar, est à la fois un parc terrestre et un parc marin où la plongée vous permettra d'admirer un grand nombre d'espèces marines et de magnifiques récifs coralliens.

1. Dans les parcs nationaux de l'île de Madagascar,...
   A. il y a peu d'espèces uniques.
   B. on trouve beaucoup d'espèces protégées.
   C. on voit surtout des mammifères.
   D. on ne peut pas faire de circuits guidés.

2. ... contribue à la dégradation de l'environnement.
   A. Le camping
   B. L'exploitation des ressources
   C. La plongée
   D. Le tourisme

3. Dans le parc d'Andasibe, on peut...
   A. voir des espèces marines.
   B. admirer de nombreuses espèces végétales.
   C. pratiquer des sports nautiques.
   D. A et B sont vrais.

4. Le parc national de Masoala...
   A. possède des plantes médicinales.
   B. est dédié à la protection des mammifères.
   C. possède des espèces de la mer.
   D. est réputé pour ses espèces végétales.

The following activities can be used to help you to prepare for the Advanced Placement French Language and Culture exam, or to further practice the vocabulary and grammar concepts you have seen in this chapter.

Interpersonal Writing

You wrote an association for the protection of wild animals to learn how you can help. They've answered your request and are asking for information in return. Answer their e-mail explaining why you're interested in sponsoring a wild animal. You should use formal style in your e-mail. Start with a polite greeting and thank your correspondent at the end of your message.

Bonjour,

Nous vous remercions de l'intérêt que vous portez à la protection des animaux en voie de disparition. Actuellement, nous soutenons plusieurs programmes concernant:
- les éléphants en Indonésie
- les tigres en Inde
- les bonobos au Congo
- les lémuriens de Mayotte
Sans oublier les refuges de votre région.
Vous pouvez aider de plusieurs manières: dons, bénévolat, atelier de sensibilisation.
Pourriez-vous nous indiquer pourquoi vous désirez sponsoriser un animal sauvage? Qu'est-ce qui vous intéresse le plus: la participation passive (don monétaire) ou seriez-vous intéressé(e) par une participation plus active? Dans quelle région habitez-vous? Y a-t-il une espèce à protéger au niveau local? Pouvons-nous vous aider à trouver des informations à ce sujet.
En l'attente de votre réponse et en espérant vous compter bientôt parmi nos membres actifs, je vous prie de croire en mes salutations distinguées.

Bertrand Noël, Président, AnimaProtection

Presentational Writing

You're going to write an essay about endangered species based on two sources. In your essay, you will discuss what you read and heard, and tell about endangered animals you know about, what causes these species to be in danger, and what can be done to protect them. Make sure to organize your essay in logical sections and to clearly indicate your sources as you refer to them.

La protection des animaux

Protéger la planète, c'est aussi protéger toutes les espèces qui y habitent. Pour empêcher la disparition d'espèces animales, il faut d'abord en comprendre les causes. Et celles-ci sont multiples. D'abord, les humains étant de plus en plus nombreux sur terre, le besoin de chasser et de consommer augmente avec le temps. On ne tue pas seulement pour se nourrir mais aussi pour produire des vêtements, des accessoires et d'autres produits pour le commerce international. Les espèces animales sont également menacées par la destruction de leur environnement naturel. Par exemple, les feux de forêt, la pollution et la sécheresse contribuent à la diminution de certaines populations animales. Si l'on veut assurer la survie des espèces, il faut apprendre à respecter et préserver leur habitat et à réduire leur commercialisation.

Quels sont les animaux en voie de disparition dans ta région?

Essay Topic: **Les animaux en danger: problèmes et solutions**

Révisions cumulatives

🎧 **1** Écoute et dis si on parle **du dessin a** ou **du dessin b**.

a.

b.

2 Lis cette brochure des parcs nationaux et réponds aux questions.

Découvrez nos
PARCS NATIONAUX

	alpinisme	rafting	location de VTT	deltaplane	observation de la faune	période d'ouverture	Tarif		
							adulte	enfant	groupe
Parc des Trois Lacs	●		●		●	mai à octobre	$15	$7	$30
Parc du Mont Pointu		●	●	●	●	toute l'année	$10	$5	—
Parc Alain Travier			●		●	juin à août	$10	$7	$40
Parc des Cascades		●			●	juin à septembre	$12	$6	—

1. Quels parcs ont des prix spéciaux pour les groupes?
2. Où est-ce qu'on peut faire du rafting?
3. Quel parc est-ce qu'on peut visiter en avril?
4. Qu'est-ce qu'on peut faire au parc du Mont Pointu?
5. Dans quel parc est-ce que tu aimerais aller? Pourquoi?

3 Tu annonces à tes parents que tu vas faire un sport extrême (de la spéléologie ou de l'alpinisme, par exemple) avec tes copains et ils te disent de prendre des précautions. Joue cette scène avec un(e) camarade.

4 Regarde ce tableau et dis quel endroit est représenté. Est-ce que tu as déjà vu cet animal en vrai ou dans un zoo? Quels autres animaux y aurait-il dans l'endroit représenté sur ce tableau?

An Illustration engraved by Robert Havell, Jr. and published in The Birds of America by John James Audubon.

Louisiana Heron de Jean-Jacques Audubon

5 Après avoir parlé avec tes parents, tu as décidé de faire un sport extrême. Écris une lettre à un(e) ami(e) où tu lui expliques où tu vas aller, ce que tu vas faire et ce que tes parents craignent et les avertissements qu'ils t'ont donnés.

6 À ton tour **Découvrez la Louisiane!** Avec des camarades, créez un poster pour attirer des touristes en Louisiane. Faites une recherche sur la nourriture, les animaux, les activités de plein air, les festivals, la culture cajun, etc. Ensuite, présentez votre poster.

6

La presse

In this chapter, you will learn to
- express certainty and possibility
- express doubt and disbelief
- break news
- ask for information

And you will use and review
- the subjunctive with doubt, disbelief, and uncertainty
- the verbs **croire** and **paraître**
- **quelque part, quelqu'un, quelque chose,** and **quelquefois**
- the object pronouns
- **qui est-ce qui, qui est-ce que, qu'est-ce qui** and **qu'est-ce que**
- more negative expressions

▶ *Que vois-tu sur la photo?*

Où sont ces personnes?

Qu'est-ce qu'elles font?

Et toi, est-ce que tu as déjà lu un journal ou un magazine de langue française?

MODES OF COMMUNICATION

INTERPRETIVE	INTERPERSONAL	PRESENTATIONAL
Listen to people reading newspaper headlines. Read an article from a magazine.	Speak with classmates about something incredible you read in the newspaper. Respond to an email from a famous reporter.	Present a scene to the class in which you and a partner discuss a new magazine for young people. Create a news magazine consisting of articles written by students.

Un marchand de journaux, à Québec

Objectifs
- to express certainty and possibility
- to express doubt and disbelief

Vocabulaire à l'œuvre **1**

La presse francophone

un kiosque à journaux

Le marchand de journaux vend des journaux et des magazines.

Les **quotidiens paraissent** tous les jours.

la couverture

La **presse spécialisée** est très développée; il y a par exemple de nombreux **magazines féminins**.

Les magazines sont souvent **hebdomadaires** ou **mensuels**.

▶ Vocabulaire supplémentaire—La presse, p. R19

Online Practice
my.hrw.com
Vocabulaire 1 practice

La première page (la une)

JEUDI 12 JANVIER 2007

FRANCE-ÉCHO

le (gros) titre →

Le Salon de l'auto a ouvert ses portes

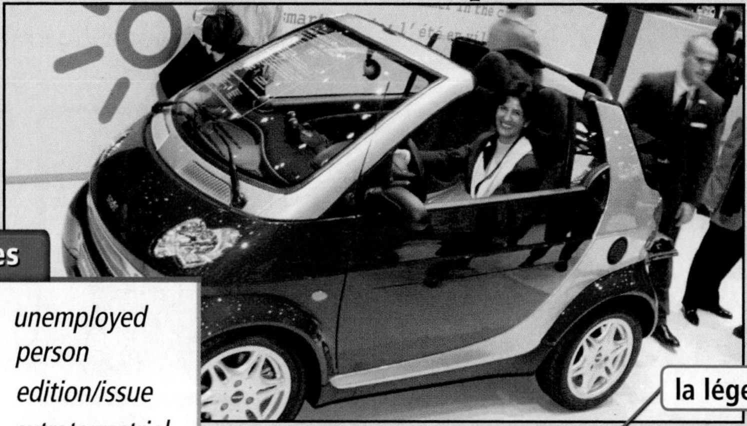

...conomiques ont de plus en plus de succès !

← la légende

...des prix

prix de plusieurs produits de consommation de base: la baguette, le litre de lait, la farine et le sel. Le prix du pain a ainsi doublé en dix ans. Quant au prix du lait, il a triplé!

l'article

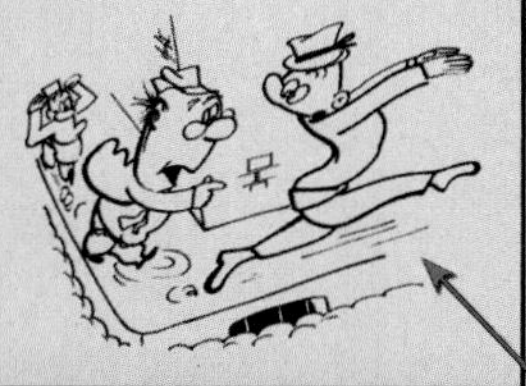

le dessin humoristique

Les dépê...

Catastrophe à Neuilly : un immeuble s'effondre. p.4

Attentat en Corse : deux suspects arrêtés. p.8

D'autres mots utiles

un(e) chômeur(-euse)	*unemployed person*
l'édition (f.)	*edition/issue*
un extraterrestre	*extraterrestrial*
les nouvelles (f.)	*news*
la vérité	*truth*
le numéro précédent	*previous issue*
la presse à sensation	*tabloids*
le/la rédacteur(-trice) en chef	*editor-in-chief*
la revue	*journal*
s'abonner à	*to subscribe*
publier	*to publish*

Exprimons-nous!

To express certainty	To express possibility
Je suis sûr(e) qu'il va faire beau! *I am sure that . . .*	**Il me semble qu'**il devrait lire cet article. *It seems to me that . . .*
Je suis certain(e) qu'il viendra. *I am sure that . . .*	**Il se peut/est possible que** cet article paraisse demain. *It's possible that . . .*
Il/Elle est persuadé(e) que ce film te plaira. *He/She is convinced that . . .*	**Il paraît que** c'est le meilleur film de l'année. *It seems that . . .*

Vocabulaire et grammaire, *pp. 61–63* — Online Workbooks

① Des définitions

Lisons Trouve la définition de chaque mot.

1. une légende
2. un mensuel
3. un quotidien
4. un hebdomadaire

a. Il paraît tous les mois.
b. C'est ce qui explique la photo.
c. Il paraît tous les jours.
d. Il paraît toutes les semaines.

② Écoutons

Dis à quelle conversation chaque illustration correspond.

a.

b.

c.

d.

e.

f.

③ Certitude ou possibilité?

Lisons/Écrivons Complète les phrases suivantes en te basant sur les indices donnés. Utilise les expressions d'**Exprimons-nous!**

1. Aline _____ que Marc aime cette revue. (certitude)

2. Il _____ que cet article soit intéressant. (possibilité)

3. Adrien est _____ que j'ai encore le dernier numéro. (certitude)

4. Il me _____ que vous êtes fatigués! (possibilité)

5. Victoria est _____ que tu trouveras ce livre génial. (certitude)

6. Il est _____ qu'elle devienne rédactrice en chef du journal. (possibilité)

7. Il se _____ que la sœur de Victor soit en couverture des *Copains d'abord* cette semaine. (possibilité)

Exprimons-nous!

To express doubt and disbelief

Je ne crois pas qu'il connaisse la nouvelle.   *I don't think that . . .*

Je ne pense pas qu'il lise des BD.   *I don't think that . . .*

Je doute que cela soit vrai.   *I doubt that . . .*

Ça m'étonnerait qu'il puisse venir!   *It would surprise me if . . .*

Vocabulaire et grammaire, *pp. 61–63*   **Online Workbooks**

4 Conversation

Lisons/Écrivons Complète la conversation de Tanguy et de son ami Mehdi qui doute toujours de tout. Utilise les expressions d'**Exprimons-nous!**

TANGUY   Tu sais que Luc lit régulièrement le journal?

MEHDI   Ça ___1___ qu'il lise le journal. Il ne l'achète jamais!

TANGUY   Oui, mais il connaît toujours toutes les dernières nouvelles!

MEHDI   Je ___2___ qu'il lise les journaux. Il regarde la télé toute la journée!

TANGUY   Je ne ___3___ pas que ce soit vrai. Il doit faire réparer sa télé. Ça fait des mois qu'elle ne marche plus!

MEHDI   Alors, je ne sais pas. Mais je ne ___4___ toujours pas qu'il lise les journaux!

TANGUY   Il se ___5___ qu'il lise les journaux en ligne. Il est toujours devant son ordinateur!

MEHDI   Pour une fois, il est ___6___ que tu aies raison!

TANGUY   Ça m' ___7___ que tu le penses vraiment!

Digital **performance space**

Communication

5 Interview

Écrivons/Parlons Pour gagner un peu d'argent, tu as décidé de faire des sondages pour un groupe de presse spécialisée. D'abord, fais une liste de questions à poser à tes camarades sur la presse écrite. Demande-leur aussi des suggestions pour le nouveau magazine.

MODÈLE   —Marc, est-ce que tu lis un quotidien, un hebdomadaire ou un mensuel?
—Je lis un...
—Quels articles tu aimes lire dans...?

The subjunctive with doubt, disbelief and uncertainty

1 As you've already seen, you use the subjunctive in French with expressions of *necessity, desire, emotion,* and *fear.* You also use the subjunctive with expressions of *doubt, disbelief* and *uncertainty.*

> Je **doute que** ce film **ait** du succès.
> Ça m'**étonnerait que** ces articles **soient** publiés.

2 With most expressions of *possibility,* use the subjunctive.

> **Il se peut que** nous **allions** au cinéma ce soir.
> **Il est possible que** Martin **vienne** avec nous.

3 With **il me semble que** and expressions of *certainty* like: **je suis sûr(e)/ certain(e) que, je crois que, il/elle est persuadé(e) que, je pense que,** use the indicative.

> Je **pense que** c'**est** le meilleur film de l'année.
> **Il me semble que** nous **passerons** une soirée amusante!

4 When expressions of *certainty* are used in negative sentences or questions, they become expressions of *uncertainty,* so they take the subjunctive.

> Je **ne pense pas que** ce **soit** le meilleur film de l'année.

Vocabulaire et grammaire, *pp. 64–65*
Cahier d'activités, *pp. 51–53*

e Online Workbooks

6 La presse écrite

Lisons Lis les articles suivants et dis s'ils parlent **a) d'un fait certain** ou **b) d'une possibilité.**

> Il se peut que le président des États-Unis rencontre le président du Mexique avant la fin du mois.

1.

> Il est possible que la situation s'améliore si les deux parties signent un accord de paix.

2.

> Il n'est pas certain que l'équipe de France gagne la Coupe du monde cette année.

3.

> Il est certain que le nombre de chômeurs va encore augmenter pendant la période des vacances.

4.

Grammaire 1

7 Des gens difficiles

Lisons Léa et Luc pensent aller au cinéma et ils proposent à Ali de venir avec eux. Mais Ali est difficile et sa copine Mia aussi.

LUC   Il se peut que nous (irons / allions) au cinéma.

ALI   Je doute qu'il y (a / ait) un bon film à voir.
Qu'est-ce que vous voulez aller voir?

LÉA   *Les choristes.* Je suis sûre que ce film te (plaira / plaise).

ALI   Non, je ne crois pas qu'il (est / soit) très intéressant.

LUC   Je suis persuadé que tu le (trouveras / trouves) formidable.

ALI   Je ne crois pas que Mia (a / ait) envie de venir.

LÉA   Ça m'étonnerait qu'elle ne (vient / vienne) pas si tu viens.

8 Écoutons

Il y a eu un accident et les gens parlent de ce qui s'est passé. Décide si la personne qui parle **a) est certaine** ou **b) n'est pas certaine** de quelque chose.

9 Le doute dans les esprits

Écrivons Récris les phrases suivantes à la forme négative.

Souviens-toi, Subjunctive forms, regular and irregular p.150

MODÈLE   Je pense que tous les kiosques ont ce journal.
Je ne pense pas que tous les kiosques aient ce journal.

1. Ils sont sûrs que cette photo fait partie de l'article.
2. Monsieur Loriot pense que la presse nous dit toujours tout.
3. Gaby est persuadé que cette revue est intéressante.
4. Je crois qu'elle choisit cette revue parce que la couverture lui plaît.
5. Nous sommes certaines qu'il a toutes les BD de Tintin.

Digital
performance space

Communication

10 Scénario

Écrivons/Parlons En groupes de trois, préparez des titres d'articles incroyables et lisez-les à un autre groupe qui va réagir en utilisant les expressions de doute, de possibilité ou de certitude.

MODÈLE   —Un homme est resté trois ans tout seul sur une
île déserte.
—Je doute que cela soit possible.

The verbs *croire* and *paraître*

1 The verb **croire** is irregular. It is conjugated like the verb **voir**.

croire (*to think* or *to believe*)		
je crois	nous	croyons
tu crois	vous	croyez
il/elle/on croit	ils/elles	croient
past participle: cru		

Croire used with the preposition à means *to believe in.*

2 When **croire** expresses *certainty,* it is followed by the indicative. When **croire** expresses *doubt,* it is followed by the subjunctive.

Ils **croient** qu'il viendra.   Elle **ne croit pas** qu'il soit malade.

3 The verb **paraître** is irregular. **Paraître** is followed by the indicative.

paraître (*to appear, to be released*)		
je parais	nous	paraissons
tu parais	vous	paraissez
il/elle/on paraît	ils/elles	paraissent
past participle: paru		

Vocabulaire et grammaire, *pp. 64–65*
Cahier d'activités, *pp. 51–53*

Online Workbooks

11 **Des phrases à faire**

Écrivons Fais des phrases avec **le présent** des verbes donnés.

1. est-ce que / ton / magazine préféré / paraître / tout / les mois
2. nous / ce / croire que / article / être / intéressant
3. ces revues / paraître / tout / les semaines
4. cela / croire / vous / ?
5. moi / être / je / croire que / cette histoire / vrai

12 **La presse et nous**

Écrivons Forme des phrases complètes avec les éléments don-

Mon quotidien préféré	ne... (pas)	ce qui est écrit dans cette revue.
Toi, tu	croire	que ce soit vrai.
Édouard	paraître	toutes les semaines.
Les journaux		que les journalistes sachent ce qu'ils disent.
Chloé et Luc		jamais le dimanche.

Flash culture

Contrairement à la France, il n'existe pas d'école de journalisme au Québec. La profession de journaliste est très ouverte: pas d'études ou de stage particulier, mais un diplôme universitaire est quand même conseillé. La plupart des journalistes commencent par travailler **à la pige** *(free-lance)* pour un journal. S'ils sont bons, le journal les engagera.

Qu'est-ce qu'il faut faire pour devenir journaliste aux États-Unis?

13 **Histoire policière**

Écrivons Complète cette conversation entre une personne et un policier *(policeman)* avec la forme correcte des verbes **croire** et **paraître**.

LE POLICIER   Je ___1___ que vous vouliez juste lui demander l'heure.

LA VICTIME   Oui, mais lui, quand il m'a vu il ___2___ que j'avais de l'argent.

LE POLICIER   L'inspecteur ne vous ___3___ pas. Votre histoire ne me ___4___ pas très vraisemblable *(believable)*.

LA VICTIME   Je suis innocent, il faut absolument que vous me ___5___ !

LE POLICIER   Et vous, vous me ___6___ si je vous racontais une histoire aussi incroyable?

14 **On y croit ou pas**

Écrivons/Parlons Regarde les titres parus dans les journaux. Réagis à ces titres en utilisant les verbes **croire** et **paraître**.

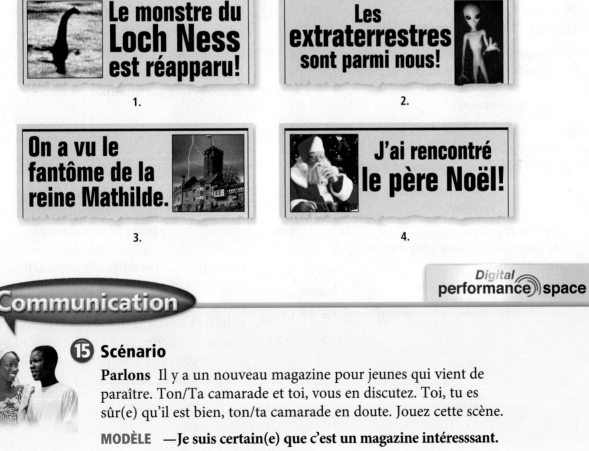

1. Le monstre du **Loch Ness** est réapparu!

2. Les **extraterrestres** sont parmi nous!

3. On a vu le fantôme de la reine Mathilde.

4. J'ai rencontré **le père Noël!**

Communication

Digital **performance** space

15 **Scénario**

Parlons Il y a un nouveau magazine pour jeunes qui vient de paraître. Ton/Ta camarade et toi, vous en discutez. Toi, tu es sûr(e) qu'il est bien, ton/ta camarade en doute. Jouez cette scène.

MODÈLE   —Je suis certain(e) que c'est un magazine intéresssant.
          —Je ne crois pas que...

Application 1

16 À ton avis?

Écrivons Réponds aux questions suivantes pour parler de tes goûts personnels et de ceux des jeunes en matière de presse écrite.

1. Quel journal te semble le plus sérieux? Pourquoi?

2. Quels journaux est-ce que tu penses que les jeunes lisent?

3. Est-ce que la couverture d'un magazine est importante? Est-ce que tu crois qu'une belle couverture fait vendre les magazines?

4. Qu'est-ce qui est à la une des journaux aujourd'hui?

5. Est-ce que tu crois que le métier de journaliste est intéressant? Si tu étais journaliste pour quel journal aimerais-tu travailler?

Un peu plus

Quelque part, quelqu'un, quelque chose and quelquefois

Quelque means *some*. You've already seen quelque in words and phrases like quelquefois *(sometimes)*, quelque chose *(something)*, and quelqu'un *(someone)*.

Quelquefois, j'aime lire des articles sur la mode.
Allons manger quelque chose!
Quelqu'un m'a téléphoné à deux heures du matin.

Quelque is also used in the expression quelque part which means *somewhere*.

—Tu vois le journal?
—Je l'ai laissé quelque part, mais je ne sais plus où.

Vocabulaire et grammaire, *p. 66*
Cahier d'activités, *pp. 51–53*

17 Rencontre matinale

Écrivons Le grand-père de Jean-Marie perd un peu la mémoire. Complète ce qu'il dit avec **quelqu'un, quelque chose, quelquefois** ou **quelque part**.

____1____, le matin, après avoir acheté le journal, je prends le petit-déjeuner à la terrasse d'un café. Ce jour-là, je mourais de faim, il fallait que je mange ____2____. Je suis allé à ma table habituelle, il y avait déjà ____3____. J'avais déjà vu cette fille ____4____, mais je ne savais pas où. C'est ____5____ qui m'arrive souvent car j'ai mauvaise mémoire. Je lisais le journal quand j'ai compris ____6____: la personne assise en face de moi était ____7____ de connu et faisait la une du journal que je venais d'acheter. Alors, je lui ai demandé de signer l'article. Maintenant, je sais que j'ai mis ce journal ____8____ mais je ne sais plus où!

18 Écoutons

Complète la conversation de Joëlle et Clarisse avec **a) quelque part, b) quelqu'un, c) quelquefois** et **d) quelque chose.**

Online Practice

my.hrw.com
Application 1 practice

19 Publications variées

Parlons Regarde les couvertures suivantes et dis

1. quel genre de magazines/journaux ce sont,
2. de quoi tu crois qu'ils parlent,
3. qui les lit
4. quand tu crois qu'ils paraissent.

MODÈLE **Je crois/Il me semble que c'est un magazine pour jeunes. Il doit paraître toutes les semaines.**

| 1. | 2. | 3. | 4. |

20 Qu'est-ce que tu lis?

Écrivons/Parlons Écris un petit paragraphe pour expliquer tes goûts en matière de journaux et de magazines. Qu'est-ce que tu lis? Pourquoi? Est-ce qu'il y a des magazines spécialisés auxquels tu es abonné(e)?

MODÈLE **Je ne lis pas les journaux mais je lis des revues de sport parce que je suis un(e) fan de foot. Etc.**

Digital
performance space

Communication

21 Scénario

Parlons Ta sœur veut savoir tout ce que tu vas faire et te pose des questions. Tu n'as pas envie de le lui dire. Utilise quelquefois, quelqu'un, quelque part et quelque chose dans tes réponses.

MODÈLE —Avec qui est-ce que tu vas sortir ce soir?
—Avec quelqu'un... que tu ne connais pas.

Lecture culturelle

Presse, radio, télévision, Internet... autant de moyens qui permettent de s'informer, de se faire une opinion et d'agir. En France, il existe beaucoup de magazines et de journaux d'information pour les jeunes. Certains magazines et journaux ont à la fois une version adulte et une version jeune. D'autres, comme Mon Quotidien, ciblent[1] des tranches d'âge différentes avec un format similaire mais adapté au public.

MON QUOTIDIEN,
UN JOURNAL POUR LES 10-14 ANS

Mon Quotidien est un journal d'actualité destiné aux 10–14 ans et diffusé à 59.000 exemplaires.

Ce quotidien de huit pages, édité du lundi au vendredi, a été lancé le 5 janvier 1995 par

Play-Bac[2]. C'est l'un des rares quotidiens pour enfants dans le monde. L'idée de départ était que les jeunes devraient pouvoir se tenir au courant[3] de l'actualité tous les jours et avoir accès à un journal qui leur est destiné. L'actualité y est racontée du point de vue des jeunes. Il y a un bon équilibre entre les articles sérieux et les articles plus récréatifs.

Une des particularités de *Mon Quotidien* est de faire régulièrement participer ses lecteurs aux réunions de la rédaction[4]. Par exemple, les enfants peuvent préparer des questions à poser à des personnalités du monde politique. Celles-ci sont ensuite posées par un journaliste. C'est instructif et c'est une bonne expérience pour les jeunes. Depuis sa création, *Mon Quotidien* a fait des petits[5] : *Le Petit Quotidien* pour les 6–9 ans et *l'Actu* pour les 14–17 ans.

Compréhension

1. *Mon Quotidien,* qu'est-ce que c'est?
2. Quel est le but de *Mon Quotidien?*
3. Quelle est l'une des particularités de *Mon Quotidien?*

---

1. *target*   2. *name of the publisher*   3. *to be kept informed*   4. *editorial meeting*   5. *has given birth to*

Comparaisons

Créole ou français en Haïti?

Tu passes des vacances à Port-au-Prince et tu veux acheter un journal. En Haïti, on écrit les journaux:

a. en français seulement.

b. en créole seulement.

c. dans les deux langues.

Piétonville, Haïti.

En Haïti, le français et le créole sont les langues officielles. Le créole est la langue maternelle de tous les Haïtiens. 5% d'entre eux parlent aussi français. La presse écrite est très majoritairement en langue française. Les quotidiens tels que *Le Matin* ne paraissent qu'en français. Parmi les revues, hebdomadaires et mensuels, quelques rares journaux sont publiés en créole, parmi lesquels *Boukan, Bon Nouvèl,* etc. Quelques périodiques consacrent régulièrement une ou deux pages au créole. Un périodique paraît en anglais, le *Haitian Times.*

ET TOI?

1. Est-ce qu'il y a des états bilingues aux États-Unis? Est-ce que la presse dans ta région est bilingue?

2. Est-ce qu'il y a des états où l'on parle créole aux États-Unis? Lesquels? Pourquoi?

Communauté et professions

Le français et le journalisme

Qui n'a pas rêvé d'être un jour grand reporter. Les reporters voyagent dans le monde entier et parler français peut être un avantage dans de nombreux pays. En France, il existe 9 écoles de journalisme. Pour y entrer, il y a une sélection sur concours[1]. On peut aussi devenir journaliste avec une licence en communication et un master[2] de journalisme. Dans ton état comment peut-on devenir journaliste? Fais des recherches et présente ce que tu as découvert à ta classe.

Des journalistes interviewant Peggy Bouchet.

1. *competitive exam* 2. *Master's degree*

L'Amérique francophone

Objectifs
- to break news
- to ask about information

Vocabulaire *à l'œuvre* 2

Les différentes rubriques

Une patineuse **en or !**

L'équipe canadienne **remporte** une **médaille** d'or et **grâce à cette victoire**, Cindy devient une **des athlètes** les plus médaillées du monde.

Société

Grève **des pilotes**

Des **centaines** de passagers **en colère** attendent leur avion pour partir en vacances. Les pilotes sont en grève parce qu'ils veulent une **augmentation de salaire**. On ne sait pas combien de temps cette grève va **durer**.

Météo

Une **vague de chaleur s'est abattue sur tout le pays !**

Lundi	Mardi	Mercredi
36°C	38°C	40°C

Des **records de température** ont été **enregistrés** hier au Québec. Les agriculteurs sont les seuls à ne pas se réjouir de ces températures inespérées pour la saison !

Petites annonces

Maison à vendre. Beau séjour, 3 chambres, 2 salles de bain, grand jardin, quartier résidentiel. Prix : 178.000 €

Villa 3 chambres, 2 salles de

Actualité internationale

Sommet international pour la paix dans le monde

Le sommet s'est terminé sur une note optimiste.

▶ **Vocabulaire supplémentaire—L'actualité, p. R19**

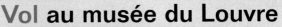
Vocabulaire 2

Culture

Les critiques sont tous d'accord !

L'été de mes quinze ans

Jean-Pierre Beaupré

Le nouveau roman de Jean-Pierre Beaupré
connaît déjà un grand **succès** en librairie.

Économie

Baisse du **chômage**

| février | mars | avril | mai |

Pour la troisième fois depuis le
début de l'année, le chômage est
en baisse. Le **ministre** du travail a
dit que ces chiffres reflétaient le
travail de son **équipe.**

D'autres mots utiles

un accident	*accident*
un attentat	*terrorist attack*
une catastrophe	*catastrophe*
le courrier des lecteurs	*letters to the Editor*
une œuvre	*work of art*
gratuit(e)	*free*

Faits divers

Vol au musée du Louvre

Les voleurs avaient
du goût : ils ont
emporté les plus
beaux **tableaux** de la
collection italienne du
XIVᵉ siècle.

Exprimons-nous!

To break news	To respond
Tu as vu la photo de l'accident? *Did you see . . . ?*	**Fais voir!** *Let me see!*
Devine qui est en couverture du *TV 7 Jours. Guess . . .*	**Montre-moi!** *Show me!*
Tu connais la dernière? *Have you heard the latest?*	Non, **raconte!** *. . . tell me!*
Tu es au courant de ce qui est arrivé à Chloé? *Are you aware of . . . ?*	Non, **je t'écoute!** *. . . I'm listening!*
Tu sais quoi? *Do you know what?*	Non, **qu'est-ce qui s'est passé?** *. . . what happened?*
Tu as entendu parler du vol de voitures? *Have you heard about . . . ?*	

Vocabulaire et grammaire,
pp. 67–69

Online Workbooks

22 Des extraits

Lisons Lis chaque extrait de journal ou de magazine et indique dans quelle rubrique il est probablement paru.

Je vous écris au sujet de votre article paru dans le numéro du 19 janvier...

1.

À louer : Appartement 2 pièces, centre-ville...

2.

Pluie et mauvais temps sur tout le nord du pays

3.

À voir absolument ! Dans son dernier film, Audrey Tautou montre tout son talent.

4.

Le président des États-Unis en visite officielle en France

5.

Une dame retrouve son chien qu'elle avait perdu il y a 10 ans!

6.

a. les petites annonces   e. le courrier des lecteurs
b. les faits divers   f. la météo
c. l'actualité internationale g. la culture
d. les sports   h. l'économie

23 Écoutons

Écoute ces personnes qui lisent les gros titres du journal et dis dans quelle rubrique on va trouver chaque article.

a. actualité   d. économie   g. culture
b. sports   e. faits divers   h. météo
c. petites annonces f. courrier des lecteurs

24 Au café

Lisons/Écrivons Éric et Charlotte discutent à la terrasse d'un café. Complète leur conversation de façon logique avec les mots et les expressions du vocabulaire.

ÉRIC   ___1___ qui est en couverture du journal *L'Équipe!*

CHARLOTTE Je ne sais pas, ___2___ voir!

ÉRIC   Ma cousine Ophélie! Elle a remporté une médaille aux Jeux olympiques!

CHARLOTTE Ouah! C'est une patineuse incroyable, ta cousine!

ÉRIC   Oui, c'est vrai. Et ___3___ ?

CHARLOTTE Non, je ___4___!

ÉRIC   Elle a vu Ivan Trosky, le champion de patinage russe et elle lui a demandé un autographe pour moi!

CHARLOTTE Génial! ___5___-moi!

Flash culture

Le blog ou cyberjournal est un phénomène de société. Certains blogs à vocation professionnelle partagent des observations et des commentaires de spécialistes en tout genre, comme des journalistes, des informaticiens, etc. Beaucoup d'adolescents ont leur blog qui parle de leur vie personnelle et de leurs passions. Le langage des blogs varie autant que les thèmes. On peut trouver des abréviations en langage texto de style SMS:

JTM = Je t'aime.

Est-ce qu'il existe un langage similaire en anglais?

Exprimons-nous!

To ask for information

Qui est-ce qui a gagné le match de foot?	*Who (as subject)* . . . ?
Qui est-ce que tu as rencontré à la soirée de Patrick?	*Whom (as object)* . . . ?
Qu'est-ce qui lui est arrivé?	*What (as subject)* . . . ?
Qu'est-ce que le voleur a emporté?	*What (as direct object)* . . . ?

Vocabulaire et grammaire,
pp. 67–69

Online Workbooks

25 Un vol au Musée d'Orsay

Lisons/Écrivons Lis cet article et complète les questions.
Ensuite, réponds-y.

Un Monet volé à Orsay

Hier après-midi, deux voleurs ont réussi à entrer dans une salle du musée d'Orsay qui était fermée au public. Ils étaient en train de voler deux tableaux de Claude Monet quand un employé du musée les a surpris. Il a tout de suite essayé d'appeler la police, mais malheureusement, les voleurs ont gravement blessé l'employé du musée. Ils ont ensuite réussi à quitter le musée avec un des deux tableaux avant que la police arrive. On a emmené l'employé du musée d'urgence à l'hôpital.

1. _____ est entré dans le musée?
2. _____ l'employé a appelé?
3. _____ l'article raconte?
4. _____ est arrivé à la fin?

Digital
performance space

Communication

26 Scénario

Parlons Tu as lu quelque chose d'incroyable dans le journal et tu en parles à tes copains.

♻ *Souviens-toi,* Sequence of tenses, p. 114

MODÈLE —Tu connais la dernière?
—Non, raconte!
—Eh bien, dans le journal, ils disaient que...

Grammaire à l'œuvre 2

Révisions Object pronouns

1 If there is more than one object pronoun in a sentence, use the following pronouns, preceding the verb, in the order indicated:

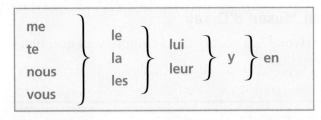

—Tu donnes du chocolat aux enfants? —Oui, je **leur en** donne.

2 In negative commands, use the same pronouns in front of the verb.

Ne m'en parle **pas!**   *Don't talk to me about it!*

3 In affirmative commands, the object pronoun follows the verb and is connected to it by a hyphen. **Me** becomes **moi,** and **te** becomes **toi.** When there is more than one pronoun, the order is:

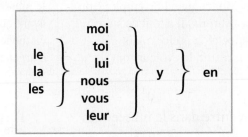

La revue? Donne-la-moi. Donne-lui le journal.

Vocabulaire et grammaire, *pp. 70–71*
Cahier d'activités, *pp. 55–57*

 Online Workbooks

Déjà vu!
In compound tenses like the **passé composé,** the past participle agrees with the preceding <u>direct</u> object (noun or pronoun).

La clé? Je l'ai donnée à mon père.
I gave it to my father.

27 Le bon pronom

Parlons Complète les phrases suivantes avec le bon pronom.

1. Prête ton livre à Johan. Prête-(les / le)-(la / lui).
2. Je peux aider Camille? Je peux (l' / la) aider?
3. Jonas a offert des fleurs à Lise. Jonas (la / lui) (y / en) a offert.
4. Mia ne va pas au resto. Mia n'(en / y) va pas.
5. Nous n'avons pas parlé de la fête aux profs. Nous ne (les / leur) (le / en) avons pas parlé.

28 Faits divers

Écrivons/Parlons Remplace les mots soulignés par des pronoms.

MODÈLE   Julien a donné <u>la revue</u> <u>à Pauline</u>.
  Il la lui a donnée.

1. J'ai prêté <u>ma nouvelle BD</u> <u>à mes cousins</u>.
2. Mes parents n'ont pas envoyé <u>de cartes postales</u> <u>à leurs amis</u>.
3. Voudrais-tu acheter <u>du chocolat</u> si tu vas <u>au marché</u>?
4. J'ai rencontré <u>mon prof d'espagnol</u> <u>au Mexique</u> cet été.
5. Le prof explique souvent <u>la politique internationale</u> <u>aux élèves</u>.

29 Exercices de maths

Parlons Jacques fait ses devoirs de maths avec un copain.
D'abord, il répond «oui» à chacune de ses questions. Mais,
ensuite il change d'avis et dit «non». Utilise **l'impératif**.

MODÈLE   —Je peux <u>te</u> poser <u>une question</u>?
  —Oui, pose-m'en une. Non, ne m'en pose pas!

1. Tu veux que je <u>te</u> prête <u>ma calculatrice</u>?
2. Je peux <u>te</u> montrer <u>mes réponses</u>?
3. Il faut que j'aille <u>à la bibliothèque</u>?
4. Est-ce que je devrais téléphoner <u>aux autres</u>?
5. J'achète <u>des crayons</u> pour le cours de maths?

Digital
performance space

Communication

30 Interview

Parlons Demande à un(e) camarade s'il/si elle a fait
certaines choses récemment. Utilise les images pour
t'inspirer. Ton/Ta camarade utilisera des pronoms
pour te répondre.

MODÈLE   —**Est-ce que tu as écrit une lettre à ta tante?**
  —**Oui, je lui en ai écrit une la semaine dernière.**

1.   2.   3.   4.

Qui est-ce qui, qui est-ce que, qu'est-ce qui, and qu'est-ce que

En anglais

In English, we use *who* if the question word is the subject of the sentence and *whom* if the question word is the object.

Who stole the painting?

Whom did you see at the museum?

Would you use *who* or *whom* to complete the following sentences?

1. _____ won the game?

2. _____ did she beat to win the title?

3. _____ wants to go see her next match?

In French, there are also different question words for *who* and *whom*.

*Qui est-ce qui **a volé le tableau?***

*Qui est-ce que **tu as vu au musée?***

1 Which word you use in French for *what, who,* and *whom* depends on whether the question word is the **subject** or the **object** of the sentence.

	PERSON	**THING**
SUBJECT	qui est-ce qui	qu'est-ce qui
OBJECT	qui est-ce que	qu'est-ce que

2 Use **qui est-ce qui** for *who,* when the question word is the **subject** of the sentence. **Qui (est-ce qui)** will usually be followed by a verb. **Qui est-ce qui** is often shortened to **qui.**

Qui (est-ce qui) a volé la voiture?   *Who stole the car?*

Use **qui est-ce que** for *whom* (the **object** of the verb). **Que** becomes **qu'** before a word beginning with a vowel sound. **Qui est-ce que** will usually be followed by a noun or pronoun.

Qui est-ce que tu as vu dans le parking hier soir?
Whom did you see in the parking lot yesterday evening?

3 Use **qu'est-ce qui** when *what* is the **subject** of the verb. **Qu'est-ce qui** will usually be followed by a verb.

Qu'est-ce qui se passe?   *What is happening?*

Use **qu'est-ce que** when *what* is the **object** of the verb. **Qu'est-ce que** will usually be followed by a subject. **Que** becomes **qu'** before a word beginning with a vowel sound.

Qu'est-ce que tu vas faire?   *What are you going to do?*

Vocabulaire et grammaire, *pp. 70–71*
Cahier d'activités, *pp. 55–57*

Online Workbooks

31 Actualités régionales

Écrivons Forme des questions logiques et correctes.

Qui est-ce qui	Qui est-ce que/qu'
Qu'est-ce qui	Qu'est-ce que/qu'

1. ... le voleur a emporté?

2. ... la police a demandé?

3. ... il a fait?

4. ... s'est passé?

5. ... est en grève?

6. ... a écrit cet article?

7. ... tu as lu dans le journal?

8. ... tu as rencontré au kiosque?

32 Écoutons

Écoute et dis si on parle **a) d'une personne** ou **b) d'une chose**.

33 Réponses sans questions

Écrivons/Lisons Il y a des gens qui parlent sur leur portable. Écris la question qui correspond à chacune de leurs réponses. Utilise la construction **qui/qu' est-ce qui/que**.

MODÈLE —Le lundi? Je travaille, bien sûr.
   Qu'est-ce que tu fais le lundi?

1. C'est Philippe de Saintonges qui est ministre des Affaires Étrangères.

2. J'ai vu la sœur de Pascale à l'aéroport.

3. Les araignées me font peur.

4. Ce que je ne comprends pas, c'est comment un accident comme ça peut arriver.

5. Je crois que Thu Hông, elle, parle vietnamien.

34 On se le demande

Parlons Il se passe des choses pas ordinaires. Imagine les questions que ces gens pourraient poser. Utilise la construction **qui est-ce qui, qui est-ce que, qu'est-ce qui** ou **qu'est-ce que**.

MODÈLE **Mais, qu'est-ce que tu fais?**

faire

1. appeler   2. arriver   3. lancer   4. manger

Digital performance space

Communication

35 Scénario

Parlons Tu es journaliste et on te demande d'écrire un article sur des faits divers dans ta ville. Invente six questions et pose-les à trois camarades qui vont jouer le rôle des personnes interrogées.

MODÈLE —Qu'est-ce que vous avez vu?
   —J'ai vu quelqu'un entrer par cette fenêtre et...

Application 2

36 Écoutons

Sybille parle des membres de sa famille qui sont allés au centre commercial. Décide s'ils ont acheté quelque chose **a) pour Sybille** ou **b) pour quelqu'un d'autre.**

37 Devinettes

Écrivons/Parlons Tu veux savoir si tes copains sont au courant *(aware of)* des actualités. Fais une liste de cinq questions sur des sujets de ton choix et pose tes questions à la classe.

MODÈLE **Qui est-ce qui a gagné la Coupe du monde de football cette année?**

Un peu plus

More negative expressions

1. You've learned about some negative expressions. Two other negative expressions are ne... aucun(e) *(no, not any)* and ne... nulle part *(nowhere).*

2. When ne... aucun(e) is used with a verb, it is placed around the verb like **ne... pas.** In the **passé composé,** aucun(e) goes after the past participle.

> Notre équipe n'avait aucune chance.
> Il n'a écrit aucun article intéressant.

When *no* or *none* is the subject of the verb, use Aucun(e)... ne

> Aucun journal ne parle de cette histoire.

3. Ne...nulle part goes around the verb like **ne... pas.**

> J'ai le journal, mais je ne le vois nulle part.

In the **passé composé** and other compound tenses, nulle part goes after the direct object.

> Je n'ai trouvé tes clés nulle part.

Vocabulaire et grammaire, *p. 72*
Cahier d'activités, *pp. 55–57*
Online Workbooks

38 Mais non...

Écrivons/Parlons Tes amis sont vraiment trop curieux. Utilise **ne** et une expression de la boîte pour répondre **non** à chacune de leurs questions.

| rien | pas encore | jamais | plus |
| personne | nulle part | aucun | |

1. Est-ce que tu fais souvent le ménage?
2. Est-ce que ton frère a beaucoup d'amis?
3. Est-ce que quelqu'un t'a téléphoné hier?
4. Est-ce que tu vas quelque part en vacances, cette année?
5. Est-ce que tu as quelque chose à faire ce week-end?
6. Est-ce que tu as déjà fini tes devoirs?
7. Est-ce que tu as encore de l'argent?
8. Quel magazine a la photo de cette actrice en couverture?

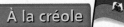
39 **Toujours non!**

Écrivons/Parlons Réponds négativement à ces questions. Utilise des pronoms dans tes réponses si possible.

1. Est-ce que tu as déjà lu des livres en français?
2. Est-ce que tu connais quelqu'un qui parle chinois?
3. Est-ce que tu as beaucoup de bandes dessinées françaises?
4. Est-ce que tu as déjà été dans un pays où on parle français?
5. Est-ce que quelqu'un t'a offert un cadeau aujourd'hui?
6. Qu'est-ce qui te plaît?

40 **Et toi?**

Écrivons Écris un petit paragraphe pour dire quels magazines et journaux chaque membre de ta famille lit. Êtes-vous abonnés à des journaux ou à des revues? Lesquels? Est-ce que ce sont des quotidiens ou des revues mensuelles? Quelles rubriques intéressent les différents membres de ta famille?

MODÈLE **Mon père lit *Le Monde* tous les jours. Ma mère préfère lire des magazines féminins sur la mode. Ma sœur ne lit jamais le journal.**

> **À la créole**
>
> In Creole, people refer to **un journal** as **un nouvelté** and to **un journaliste** as **un nouveltis**.

Digital
performance space

Communication

41 **Tu connais la dernière?**

Parlons Ton/ta camarade et toi parlez des Jeux olympiques d'hiver qui ont lieu en ce moment. Lisez les questions ci-dessous et répondez-y de manière logique. Ensuite, échangez les rôles.

— **Tu connais la dernière?**
—

— **Céline Redon n'a pas eu de médaille à sa compétition.**
—

— **Elle est tombée. Je ne pense pas que son équipe gagne. Qu'est-ce que tu en penses, toi?**
—

— **Ah oui, et devine ce qui est arrivé en patinage aujourd'hui!**
—

— **Les Américains ont gagné la médaille d'or! Regarde, c'est dans le journal!**

Françoise Giroud, écrivain, journaliste et femme politique française est née à Genève en 1916. Elle a 14 ans quand son père meurt. Elle arrête alors l'école. À 16 ans, elle devient sténodactylo, puis *script-girl*, assistante metteur en scène et scénariste au cinéma. Après la Seconde Guerre mondiale, elle se lance dans le journalisme. En 1953, elle fonde *L'Express*®, avec Jean-Jacques Servan-Schreiber, le premier magazine hebdomadaire d'actualité en France. Françoise Giroud meurt en 2003 à l'âge de 86 ans. Elle a écrit entre autres *Nouveaux portraits* (1954), *Si je mens* (1972), *Le bon plaisir* (1979) et *Profession journaliste* (2001).

Ⓐ Avant la lecture

Tu vas lire un texte sur le journalisme et l'art d'écrire. Quels journaux, revues ou sites Internet lis-tu? Est-ce que le style des articles est différent de celui d'autres textes que tu lis? Explique. À ton avis, quelles sont les caractéristiques d'un bon article?

 # Profession journaliste

*L'extrait suivant est tiré de **Profession journaliste,** une biographie de Françoise Giroud écrite sous forme de conversation entre elle-même et Martine de Rabaudy. Dans cet extrait, Françoise Giroud parle de l'écriture.*

L'ÉCRITURE

« Le plaisir que j'ai à poser mes banderilles[1]. » Émile Henriot, de l'Académie française.

FRANÇOISE GIROUD.   Je répondrai à la phrase d'Émile Henriot par une citation, de Malraux : « On sent les coups[2] que l'on reçoit, jamais ceux qu'on donne.

---

1. banderillas- darts decorated with streamers that are used in bullfight 2. the blows

» Il m'est arrivé[1] d'écrire des articles virulents et par conséquent de blesser les personnes que je mettais en cause. Il m'est arrivé d'être attaquée aussi et donc de sentir la morsure[2] des mots. Je dirais que c'est le jeu, en tout cas la règle qui s'applique aux personnes qui sont exposées, spécialement en politique où tous les coups semblent permis. Les journaux d'aujourd'hui, si on les compare avec ceux du siècle dernier, sont moins violents, du moins dans la forme. Il n'existe plus de grands polémistes[3]. Le dernier fut François Mauriac et c'était à *L'Express* entre 1956 et 1960. Son *Bloc-notes*[4] demeure un modèle dans l'art de « poser les banderilles ».

MARTINE DE RABAUDY. *Le scénario qui a été votre formation est, dites-vous, la meilleure école d'écriture du journalisme.*

Attention, ce n'est plus vrai. Je parle d'une époque, celle où j'étais scénariste[5] dans les années 1940 où un bon film devait toujours raconter une histoire avec des ressorts[6] dramatiques. Le cinéma américain a conservé cette règle.

En France, la Nouvelle Vague et ses séquelles l'ont détruite, pour le meilleur et pour le pire, jugeant que c'était du cinéma d'autrefois. J'ai appris à écrire un film avec Henri Georges Clouzot, entre autres. Un article bien construit, c'est un bon scénario. Il prend le lecteur par la main et celui-ci n'a plus envie de la lâcher[7]. Voilà en quoi je suis redevable[8] à cette formation.

Dans Le Voleur et la Maison vide, *Jean-François Revel témoigne*[9] : « *Françoise Giroud avait joué longtemps la couturière aux doigts de fée qui ravaudait les articles les plus bancals*[10] *et sirupeux. Elle raccourcissait*[11] *les phrases, supprimait les chevilles, éliminait les transitions pesantes*[12], *rajoutait des attaques et des conclusions frappantes*[13], *coupait et intervertissait les paragraphes, pressait le récit. Elle avait contribué à expurger le journalisme de son ton déclamatoire, didactique, raisonneur, pompeux et prolixe qui terrassait le lecteur.* » *Est-ce ça, la griffe*[14] *Giroud ?*

Ce que dit Revel est flatteur, ses remarques m'honorent. Avec l'équipe du journal, nous avions conscience d'avoir électrisé le style journalistique, trop souvent empêtré[15] dans des tics universitaires. Le journalisme n'est pas un sous-produit de la littérature, mais une discipline particulière, dont un magazine comme *Time* avait la totale maîtrise. On a tout cassé jusqu'à faire école en France. Et ça a marché !

---

1. *I happened to*   2. *bite*   3. *a polemist is someone who practices the art of disputation or controversy*   4. *« Scratch pad »*   5. *personne qui écrit des scénario de film*   6. *twists*   7. *to let go*   8. *indebted*   9. *declares*   10. *badly written*   11. *cuts short*   12. *heavy*   13. *striking*   14. *a trademark*   15. *tangled up in*

« *L'écriture ne s'apprend pas, elle se travaille* », affirmez-vous.

L'écriture ne s'apprend pas, donc ne s'enseigne pas. C'est une disposition naturelle. Comme pour le piano, on a le don[1] ou on ne l'a pas. Si on l'a, il faut travailler dur. Savoir qu'un adverbe est presque toujours superflu, un « qui » ou un « que » par phrase le maximum autorisé. Il faut écrire avec l'oreille, comme le faisait Flaubert, pour éviter[2] les assonances et les hiatus. Respecter la musique personnelle de chacun, cette qualité si rare. J'avais édicté[3] un certain nombre de règles simples. Numéro 1 : inutile d'avoir du talent à la cinquième ligne si le lecteur vous a lâché à la quatrième. Numéro 2 : si on peut couper dix lignes dans un article sans enlever une idée, c'est qu'elles étaient en trop. Numéro 3 : jamais de point d'interrogation dans un titre, cette vilaine manie[4] de la presse française. Un journal est là pour répondre aux questions des lecteurs, non pour en poser. Numéro 4 : par contre, placer un verbe dans un titre le renforce. Numéro 5 : suivre le conseil de Paul Valéry : de deux mots, choisir le moindre. Et le

moindre ne signifie pas le plus mou[5], le plus plat mais celui qui a... comment dire.. la taille la plus fine.

Ne pas oublier que l'écriture est comme la danse, il ne faut jamais arrêter les exercices à la barre. Après une interruption un peu prolongée, la reprise[6] est dure.

À *L'Express*, je n'étais pas seule à effectuer le métier de « réparateur de style[7] », ainsi défini par Revel. Jacques Duquesne était excellent. Les soirs de « bouclage[8] », il reprenait toute la copie ayant besoin d'une remise en forme. C'était précieux. Cette façon de travailler importée de la presse anglo-saxonne porte le nom de « rewriting ». Elle demeure, je crois.

Angelo Rinaldi raconte qu'un soir où il vous avait accompagnée à la Comédie-Française, dès le spectacle terminé, vous lui aviez dit : « Je retourne au journal changer un mot dans mon papier », il ajoute « Avec elle, un papier n'était jamais fini. »

C'est amusant ce que raconte Rinaldi, et vrai... Chaque mot doit être le mieux approprié, le moins banal[9], sans être précieux. Le premier n'est pas toujours le bon et ça vous obsède. Il m'est arrivé plus d'une fois, l'ayant enfin trouvé, d'aller au journal, à toute heure, l'inscrire dans un de mes articles ou dans celui d'un autre. Tant que le journal n'est pas calé sur machine[10], la tentation est permanente de perfectionner un papier, un titre, une légende...

---

1. *the gift* **2.** *to avoid* **3.** décidé **4.** habitude **5.** *weakest* **6.** revenir **7.** réécrire **8.** *finalizing your article* **9.** commun **10.** *on press*

Compréhension

B Complète les phrases suivantes selon la lecture.

1. Mme Giroud a appris à bien écrire en écrivant...
2. Jean-François Revel dit que Mme Giroud a changé...
3. Le magazine *Time* illustre que le journalisme est...
4. La meilleure façon d'apprendre à bien écrire est...
5. Les premières lignes d'un article doivent...
6. L'objectif d'un article est...
7. Mme Giroud compare l'écriture avec deux arts: ... et ...
8. Selon Mme Giroud, il est important de toujours choisir le mot...

C Utilise **la stratégie pour lire** pour deviner le sens des mots en gras dans les phrases suivantes.

1. « Je dirais que c'est le jeu, en tout cas la règle qui s'applique aux personnes qui sont **exposées...**»

    a. connues   **b.** responsables   **c.** timides

2. «Un article bien **construit,** c'est un bon scénario.»

    a. lu   **b.** dessiné   **c.** écrit

3. « Avec l'équipe du journal, nous avions conscience d'avoir **électrisé** le style journalistique... »

    a. créé   **b.** revitalisé   **c.** travaillé

4. « ...cette **vilaine** manie de la presse française. »

    a. mauvaise   **b.** ridicule   **c.** bonne

5. «...l'**inscrire** dans un de mes articles...»

    a. enrôler   **b.** écrire   **c.** lire

Après la lecture

D D'après Françoise Giroud, quelles sont les caractéristiques d'un bon article? Maintenant, compare ce que tu as écrit dans **Avant la lecture** avec les commentaires de Mme Giroud. Sur quels points est-ce que vous êtes d'accord? Sur quels points vos opinions sont différentes?

L'atelier de l'écrivain

Reportage: entrer dans le vif

Tu viens de lire une entrevue avec Françoise Giroud, une journaliste très célèbre. C'est à ton tour d'imaginer que tu es journaliste. Tu travailles pour un hebdomadaire dont Mme Giroud est la rédactrice en chef. Tu dois écrire un article sur l'actualité, l'économie, les faits divers, les sports, la culture ou le monde des spectacles. Suis les règles mentionnées dans la lecture et utilise la stratégie pour écrire.

1 Plan: causes à effets

Choisis le sujet de ton article. Il est important que ton reportage soit informatif et très clair. Organise tes informations dans un tableau. Dessine un carré sur une feuille de papier. Sur la première ligne du carré, écris *Cause* et ce qui s'est passé. Au-dessous, écris des détails. Tu dois mentionner ce qui s'est passé, quand, où et comment. Dessine au moins trois flèches. Dessine un carré au bout de chaque flèche. Dans chaque carré, écris le mot *Effet* et une conséquence.

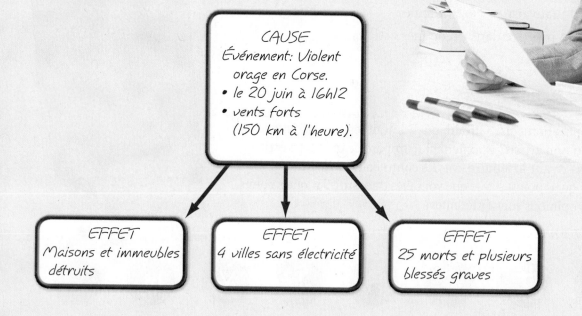

CAUSE
Événement: Violent orage en Corse.
• le 20 juin à 16h12
• vents forts (150 km à l'heure).

EFFET
Maisons et immeubles détruits

EFFET
4 villes sans électricité

EFFET
25 morts et plusieurs blessés graves

L'atelier de l'écrivain

② Rédaction

Fais un brouillon de ton article. Utilise la structure et les informations de ton tableau des causes à effets. Ajoute:

- des faits,
- des descriptions précises,
- des statistiques,
- des citations de témoins ou d'experts.

Essaie d'écrire de manière organisée et logique. Après avoir écrit le corps de ton article, écris le gros titre. Choisis les images que tu veux inclure et écris les légendes qui les accompagneront.

③ Correction

Maintenant, c'est le moment de corriger ton article. Échange ton article avec celui d'un(e) camarade. Vérifiez que:

- la première phrase engage l'attention du lecteur,
- l'article explique ce qui s'est passé, où, quand et comment,
- les phrases sont courtes et directes avec des mots précis et des verbes d'action,
- il n'y a pas de mots ou de phrases superflus,

Ensuite, fais les corrections suggérées par ton/ta camarade. Corrige les fautes d'orthographe, de vocabulaire et de grammaire. Assure-toi que tu as employé correctement les infinitifs et que tu as bien conjugué les verbes. Écris la version finale de ton article. N'oublie pas les photos ou les dessins avec leurs légendes.

④ Application

Compilez tous les articles de la classe pour en faire un magazine. Décidez ensemble du nom du magazine ainsi que des images et des gros titres qui apparaîtront en couverture. Une fois fini, distribuez votre magazine aux autres classes de français ou téléchargez-le sur le site Web de la classe.

Vocabulaire à la carte

à cause de	*because of*
aboutir à	*to lead to*
avoir lieu	*to take place*
la crise	*crisis*
être en jeu	*to be at stake*
la question	*issue, matter*
selon les derniers sondages	*according to the latest polls*

The infinitive

The infinitive can be used as:

- the **subject** of a sentence.

  Avoir un diplôme n'assure pas un travail.

- the complement to the main verb, placed directly after the main verb or after the preposition **à** or **de**

  L'équipe française doit gagner la Coupe du monde de football.

  Le ministre de l'économie a réussi à gérer la crise.

  Le président risque de perdre les élections.

Gagner impérativement !

L'équipe des Spurs doit absolument gagner ce samedi si elle veut encore avoir une chance d'être en finale.

L'équipe des Spurs n'a plus le droit à l'erreur

Prépare-toi pour l'examen

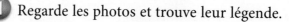

1 Regarde les photos et trouve leur légende.

a. b. c. d.

① **Vocabulaire 1**
• to express certainty and possibility
• to express doubt and disbelief
pp. 224–227

1. Il doit acheter le journal parce qu'il n'est pas abonné.
2. Les revues de mode lui plaisent.
3. Il lit le journal tous les jours.
4. Il trouve les dessins humoristiques amusants.

2 Sara doute de tout ce que Léa dit. Varie les expressions de doute.

MODÈLE Je suis sûre qu'il a le dernier numéro.
Je doute qu'il ait le dernier numéro.

1. Je suis certaine que ce magazine paraît tous les mois.
2. Je vais m'abonner à une revue de science-fiction.
3. Il fait ses devoirs avant de lire les dessins humoristiques.
4. Je suis sûre que tu as la dernière édition.
5. Je pense que mon voisin est rédacteur en chef au *Monde*.

② **Grammaire 1**
• the subjunctive with doubt, disbelief, and uncertainty
• the verbs **croire** and **paraître**
Un peu plus
• **quelque part, quelqu'un, quelque chose,** and **quelquefois**
pp. 228–233

3 À quelle section ces articles appartiennent? Trouve-leur un titre.

③ **Vocabulaire 2**
• to break news
• to ask for information
pp. 236–239

Des artistes québécois montreront et vendront leurs œuvres. C'est l'occasion d'acheter une œuvre originale à un prix raisonnable.

1.

L'empereur du Japon en visite au Québec.

2.

L'équipe de France a gagné le match contre l'Allemagne. C'est seulement la deuxième victoire française cette saison.

3.

Des records de température ont été enregistrés hier. Il faisait -15 degrés! Et on ne prévoit pas de changement d'ici la fin de la semaine.

4.

4 Réponds aux questions. Utilise des pronoms dans tes réponses.

MODÈLE —Est-ce que tu as déjà acheté le journal?
—**Oui, je l'ai déjà acheté.**

1. Veux-tu aller au parc? (non)

2. Est-ce que tu t'es abonné(e) à ce magazine? (oui)

3. Est-ce que ton copain a téléphoné à la personne qui s'occupe du courrier des lecteurs? (non)

4. Est-ce que tu as lu la météo pour ce week-end? Je sais que tu veux aller faire du camping. (oui)

5. As-tu parlé de ton idée à la rédactrice en chef? (non)

5 Réponds aux questions suivantes.

1. Qu'est-ce que c'est, un **blog?**

2. Qu'est-ce qu'il faut pour être journaliste au Québec?

3. Quelles sont les langues officielles en Haïti?

6 Quel est le mot qui correspond à chaque définition?

a. le dessin humoristique   **c.** une grève   **e.** la météo

b. une couverture   **d.** le kiosque   **f.** la une

7 Tu parles avec ton/ta camarade de ce que vous avez lu dans le journal. D'abord, lisez les instructions pour chaque réplique *(exchange)*. Ensuite, créez votre dialogue en utilisant des expressions que vous avez apprises.

Élève A:	Annonce un événement à ton/ta camarade.
Élève B:	Demande des détails.
Élève A:	Donne des détails sur l'événement.
Élève B:	Annonce un événement dont tu as entendu parler.
Élève A:	Demande qui est responsable de cet événement.
Élève B:	Réponds et donne des détails.
Élève A:	Fais des prédictions sur les résultats *(results)* de cet événement.
Élève B:	Réponds en exprimant une certitude.

Online Assessment

my.hrw.com
Chapter Self-test

4 **Grammaire 2**
• object pronouns
• **qui est-ce qui,
qui est-ce que,
qu'est-ce qui,** and
qu'est-ce que
Un peu plus
• more negative
expressions
pp. 240–245

5 **Culture**
• **Comparaisons
p. 235**
• **Flash culture
pp. 226, 230, 238**

Prépare-toi pour l'examen

Grammaire 1
- the subjunctive with doubt, disbelief, and uncertainty
- the verbs **croire** and **paraître**

Un peu plus
- **quelque part, quelqu'un, quelque chose,** and **quelquefois**
pp. 228–233

Résumé: Grammaire 1

Use the **subjunctive** with expressions of *doubt* and *uncertainty*.
Use the **indicative** with expressions of *certainty*,

> Je ne pense pas qu'il puisse venir ce soir.
> Je pense qu'il viendra ce soir.

The verb **croire** is conjugated like **voir**

paraître			
je	parais	nous	paraissons
tu	parais	vous	paraissez
il/elle/on	paraît	ils/elles	paraissent
past participle: paru			

Quelque, meaning *some*, is used in many expressions.

quelquefois *sometimes* **quelque chose** *something*,
quelqu'un *someone* **quelque part** *somewhere*.

Grammaire 2
- object pronouns
- **qui est-ce qui, qui est-ce que, qu'est-ce qui,** and **qu'est-ce que**

Un peu plus
- more negative expressions
pp. 240–245

Résumé: Grammaire 2

Object pronouns (**me, te, nous, vous, le, la, les, lui, leur, y, en**) replace the nouns that are being used as direct and indirect objects. They follow a specific order if there is more than one in a sentence.

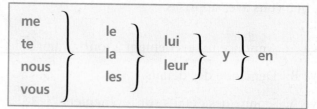

The words for *what*, *who*, and *whom* depend on whether the question word is the *subject* or *object* of a sentence.

	PERSON	THING
SUBJECT	qui est-ce qui	qu'est-ce qui
OBJECT	qui est-ce que	qu'est-ce que

Two negative expressions are **ne...aucun(e)** and **ne... nulle part**.

Résumé: Vocabulaire 1

To express certainty

s'abonner à	to subscribe	paraître	to be published/to appear
un article	article	la première page/la une	front page
un/une chômeur(-euse)	unemployed person	la presse (spécialisée)	(specialized) press
consacré(e)	established/accepted	la presse à sensation	tabloids
la couverture	cover	publier	to publish
le dessin humoristique	cartoon	un quotidien	daily (newspaper)
développer	to develop	le rédacteur/la rédactrice en chef	editor-in-chief
l'édition (f.)	edition/issue	une revue	journal
un extraterrestre	extraterrestrial	le (gros) titre	headline
un hebdomadaire	weekly	la vérité	truth
un kiosque à journaux	news stand	Je suis certain(e) que ...	I am sure that . . .
la légende	caption	Je suis sûr(e) que...	I am sure that . . .
le magazine féminin	women's magazine	Il/Elle est persuadé(e) que...	He/She is convinced that . . .
le marchand de journaux	news stand attendant		
un mensuel	monthly (magazine)		
les nouvelles (f.)	news		
le numéro précédent	previous issue		

To express possibility .... See p. 225
To express doubt and disbelief .... See p. 227

Résumé: Vocabulaire 2

Rubrics

l'actualité internationale (f.)	current events	la météo	weather forecast
un accident	accident	le ministre du Travail	secretary of Labor
un/une athlète	athlete	une œuvre	work of art
un attentat	terrorist attack	un/une patineur(-euse)	skater
une augmentation	raise	les petites annonces (f.)	classified ads
une catastrophe	catastrophe	un record	record
le chômage	unemployment	refléter	to reflect
la collection	collection	remporter	to carry away
le courrier des lecteurs	letters to the Editor	une rubrique	section of a magazine
le/la critique	critic	s'abattre (sur)	to strike
la culture	culture	se réjouir	to delight
durer	to last	la société	society
l'économie (f.)	economy	le succès	success
être en baisse	to be falling	le tableau	painting
être en colère	to be angry	la température	temperature
enregistrer	to record	une vague de chaleur	heat wave
une équipe	crew/team	une victoire	victory
les faits divers (m.)	news items	un vol/le voleur	theft/thief
grâce à	thanks to		
gratuit(e)	free		
une grève/être en grève	strike/to be on strike		
une médaille d'or	gold medal		

To break news and to respond .... See p. 237
To ask about information .... See p. 239

Prépare-toi pour l'examen

Activités préparatoires

Interpersonal Speaking

Listen to the dialogue and choose the most appropriate response.

1. A. Oui, c'est un hebdomadaire.
   B. Oui, c'est une publication quotidienne.
   C. Oui, c'est une publication mensuelle.
   D. Oui, c'est une publication annuelle.

2. A. C'est à cause d'une vague de chaleur.
   B. Ah oui, il y a eu un accident de voiture.
   C. Oui, deux tableaux ont disparu.
   D. Ah oui, c'est à cause du chômage.

Interpretive Reading

Being a journalist is not always the safest profession if you live in a country where free expression is not recognized. This selection from the French weekly magazine *Le Nouvelle Observateur* tells in which countries freedom of the press is the most respected.

Liberté de la presse : la France 44e au classement mondial

L'organisation Reporters sans Frontières diffuse l'édition 2010 du classement mondial de la liberté de la presse.

«Plus que jamais, nous observons que développement économique, réformes des institutions et respect des droits fondamentaux ne vont pas forcément ensemble», a dit Jean-François Julliard.

Pour lui «il convient de saluer, d'un côté, les moteurs de la liberté de la presse, Finlande, Islande, Norvège, Pays-Bas, Suède, Suisse en tête, et, de l'autre, rendre hommage à la détermination des militants des droits de l'homme, journalistes, blogueurs, qui par le monde défendent avec vaillance le droit de dénoncer».

Sur les vingt-sept pays membres de l'UE, treize se trouvent dans les vingt premiers. Quatorze pays sont sous la vingtième place et certains se retrouvent très bas dans le classement.

«Il est inquiétant de constater que plusieurs États membres de l'Union européenne continuent de perdre des places dans le classement. Il est urgent que les pays européens retrouvent leur statut d'exemplarité», commente le secrétaire général.

«La France perd encore une place (44e), souligne RSF ajoutant que, la majorité présidentielle a eu des mots très menaçants, parfois insultants, envers certains médias. Ces déclarations ont eu une résonance mondiale et, dans beaucoup de pays, le gouvernement français n'est plus considéré comme respectueux de la liberté d'information».

Les USA sont 20e et la Russie à la 140e place derrière la Turquie et l'Ethiopie.

Quant aux dix pays "où il ne fait pas bon être journaliste", au "trio infernal, Erythrée, Corée du Nord, Turkménistan" s'ajoutent l'Iran, la Birmanie, la Syrie, le Soudan, la Chine, le Yémen et le Rwanda.

---

1. La liberté de la presse n'est pas respectée…
   A. en Finlande.
   B. en Syrie.
   C. aux Pays-Bas.
   D. en Suède.

2. La France est… pour la liberté de la presse.
   A. mieux placée que la Suède
   B. un des derniers pays du monde
   C. mieux placée que la Chine
   D. un des premiers pays du monde

3. Les pays européens doivent…
   A. donner l'exemple de liberté.
   B. être inquiétants.
   C. aimer leur métier.
   D. être respectueux.

4. Les journalistes sont plus libres…
   A. en Iran.
   B. en Corée du Nord.
   C. en Suisse.
   D. en Russie.

The following activities can be used to help you to prepare for the Advanced Placement French Language and Culture Exam, or to further practice the vocabulary and grammar concepts you have seen in this chapter.

Interpersonal Writing

You wrote to a famous reporter to ask her if you could interview her for a class project on the freedom of the press. She just answered your e-mail. Answer her questions and submit a list of questions you would like to ask her. You should use formal style in your e-mail. Start with a polite greeting and thank your correspondent at the end of your message.

> Bonjour,
>
> Je suis très touchée par l'intérêt que votre classe porte à l'actualité et à la liberté de la presse. C'est une condition essentielle pour que nous, journalistes, puissions travailler en toute sérénité. En raison de mes obligations professionnelles, je n'ai pas le temps de donner une interview en personne, mais je suis tout à fait disposée à répondre à vos questions par écrit. Si vous voulez bien me faire parvenir vos questions par e-mail, j'y répondrai dans les plus brefs délais. En l'attente de votre réponse et en espérant pouvoir répondre aux questions de votre classe concernant ma profession, je vous prie de croire en mes salutations distinguées.
>
> Christine Romain,
> Reporter

Presentational Writing

You're going to write an essay on the importance of the news based on a text and several interviews. In your essay, you will discuss what you read and heard, and you will tell what you think about the importance of information in society. Support your opinion with constructive arguments. Organize your essay in logical sections and clearly indicate your sources as you refer to them.

Une nouvelle étude sur les habitudes médias des jeunes brise les stéréotypes

Selon une nouvelle étude menée dans trois pays sur les habitudes médias des jeunes, la télévision demeure la source d'information la plus importante pour eux, malgré l'essor d'internet - et les journaux sont capables de les intéresser également.

Cette étude révèle que :
- Les jeunes s'intéressent à l'information et sont conscients de la nécessité d'être informé.
- Les jeunes qui lisent régulièrement la presse sont plus informés, intéressés et reliés à leur communauté que les autres.
- Les parents (les mères, en particulier) et les enseignants parviennent à influencer les jeunes à lire régulièrement le journal, leurs camarades n'ayant pas d'influence sur eux.
- En général, le contenu éditorial du journal n'est pas en phase avec les intérêts des jeunes - et quand il parle d'eux, c'est principalement en termes négatifs. La musique et le cinéma arrivent en tête des intérêts des jeunes alors que la politique ne vient qu'en 30e position.

▶ **Est-ce que tu penses que c'est important de savoir ce qui se passe dans le monde?**

Essay Topic: **À ton avis, est-ce qu'il est important de suivre l'actualité, et quel type d'actualité?**

Révisions cumulatives

🎧 **1** Écoute les conversations et dis si on parle du dessin **a, b,** ou **c.**

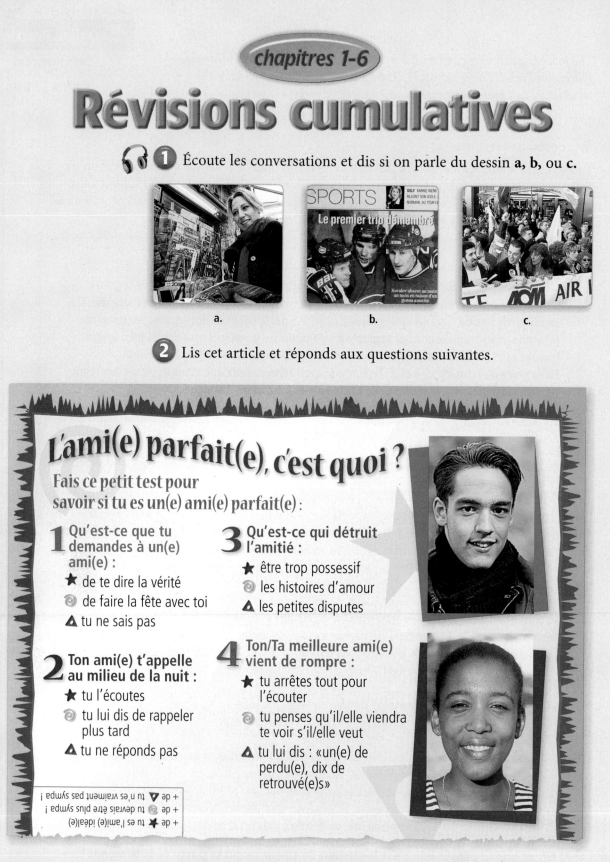

a.　　　　　　　　b.　　　　　　　　c.

2 Lis cet article et réponds aux questions suivantes.

L'ami(e) parfait(e), c'est quoi ?

Fais ce petit test pour savoir si tu es un(e) ami(e) parfait(e) :

1 Qu'est-ce que tu demandes à un(e) ami(e) :
- ★ de te dire la vérité
- ◎ de faire la fête avec toi
- ▲ tu ne sais pas

2 Ton ami(e) t'appelle au milieu de la nuit :
- ★ tu l'écoutes
- ◎ tu lui dis de rappeler plus tard
- ▲ tu ne réponds pas

3 Qu'est-ce qui détruit l'amitié :
- ★ être trop possessif
- ◎ les histoires d'amour
- ▲ les petites disputes

4 Ton/Ta meilleure ami(e) vient de rompre :
- ★ tu arrêtes tout pour l'écouter
- ◎ tu penses qu'il/elle viendra te voir s'il/elle veut
- ▲ tu lui dis : «un(e) de perdu(e), dix de retrouvé(e)s»

+ de ★ tu es l'ami(e) idéal(e)
+ de ◎ tu devrais être plus sympa !
+ de ▲ tu n'es vraiment pas sympa !

1. Dans quel genre de magazine paraît ce type d'article?
2. De quoi parle cet article? À qui s'adresse-t-il?
3. Est-ce que tu fais ce genre de test quand tu lis des magazines?
4. Fais le test et dis quel genre d'ami(e) tu es.

3 Un(e) de tes camarades te raconte quelque chose qu'il/elle a lu dans le journal. Tu mets en doute ce qu'il/elle te raconte.

4 Regarde ce dessin de Toulouse-Lautrec et réponds aux questions.

1. Qu'est-ce que c'est *Le Rire*, à ton avis?

2. Où est-ce que la scène a lieu?

3. Crée une histoire pour expliquer ce qui se passe entre les deux personnes représentées sur cette illustration.

4. Est-ce que tu connais d'autres artistes qui ont illustré des revues ou des magazines? Lesquels?

de Toulouse-Lautrec

5 Tu as des correspondants dans plusieurs pays et tu voudrais que tous tes amis puissent correspondre ensemble. Crée un blog en français dans lequel tu partages les événements de ta vie d'étudiant avec eux.

6 **À ton tour**

Le journal local Avec des camarades, préparez un journal local. Chacun choisit une de ces rubriques:

• une demande d'emploi
• l'actualité internationale
• une rubrique sur les sports extrêmes
• la météo
• un fait divers
• un événement culturel

Ensuite présentez votre journal à la classe.

ANIMAUX D'AFRIQUE

L'Afrique est un vrai paradis pour les amateurs d'animaux sauvages. Les spécimens suivants se retrouvent dans plusieurs pays francophones d'Afrique, comme le Mali, le Cameroun et le Sénégal.

Le gorille et le chimpanzé

Le gorille et le chimpanzé se distinguent des autres singes par leur poids plus important, leur taille (de 70 cm à 1,90 m selon les espèces), mais surtout par un cerveau[1] plus développé et par certaines particularités physiques comme l'absence de queue[2].

Leur vue est meilleure que celle des autres primates et leurs membres antérieurs («bras») sont plus longs que leurs membres postérieurs.

Comme nous, ces grands singes ont un taux de reproduction bas[3] et vivent longtemps, quand ils ne sont pas menacés par l'intervention de l'homme, comme la guerre ou la chasse!

L'éléphant

L'éléphant d'Afrique est plus grand que l'éléphant indien. Ses oreilles sont très grandes et il a d'énormes défenses[4], qui peuvent dépasser 3 mètres.

Les éléphants vivent en société matriarcale, les mâles vivent en dehors des groupes de femelles et de jeunes.

Les éléphants adultes peuvent manger plus de 200 kg de végétaux par jour.

La trompe des éléphants contient 40. 000 muscles! Elle est très puissante et agile. Elle leur sert à manger, à boire et à s'arroser de boue[5] pour se protéger des parasites. Cela donne à leur peau la même couleur que leur environnement, contribuant ainsi à leur camouflage. Leur seul prédateur, c'était l'homme qui les chassait pour l'ivoire de leurs défenses. Aujourd'hui, ils sont protégés.

1. brain 2. tail 3. low 4. tusks 5. mud

Le lion

Le lion, même s'il est connu sous le nom de «roi de la jungle», est un animal des plaines. Le lion est réputé être le «roi des paresseux», mais c'est une idée reçue[1] qui vient du fait qu'il chasse la nuit (températures plus basses et avantage important de l'obscurité) et qu'il est donc difficile à observer. Il fait la sieste au moment de la journée où il fait le plus chaud, ce qui facilite la digestion des grandes quantités de viandes mangées la nuit.

L'hippopotame

L'hippopotame est un animal beaucoup plus dangereux qu'il ne paraît. Il a tué plus d'hommes que n'importe quel animal en Afrique. Ses canines mesurent 50 centimètres de long et il peut charger à 45 kilomètres à l'heure. Sa peau est très fragile et il est très vulnérable aux coups de soleil. C'est pour cela qu'il passe ses journées dans l'eau douce et boueuse. Il peut fermer ses naseaux[2] et rester complètement immergé pendant dix minutes. Grâce à la grande capacité de ses poumons, il flotte[3] et se révèle très adroit dans l'eau. En revanche, il se nourrit sur la terre ferme, surtout la nuit.

Le crocodile

Le crocodile vit dans des rivières lentes et se nourrit d'une grande variété de mammifères et de poissons vivants et morts. Les crocodiles chassent à l'affût[4] et sont très rapides sur de courtes distances même hors de l'eau. Ils ont des mâchoires[5] très puissantes et des dents coupantes mais ils ne peuvent pas ouvrir leur gueule[6] si on la tient fermée. Comme il s'agit d'animaux à sang froid, ils peuvent rester de longues périodes sans manger. Les crocodiles sont protégés dans de nombreuses parties du monde.

APRÈS ▷ la lecture

1. En quoi les grands singes sont-ils différents des autres primates?

2. Quelles différences y a-t-il entre les éléphants d'Afrique et d'Asie?

3. Quand est-ce que les lions chassent? Pourquoi?

4. Pourquoi l'hippopotame est-il souvent dans l'eau?

5. Pourquoi les crocodiles sont-ils de bons chasseurs?

1. common misconception 2. nostrils 3. floats 4. lie and wait 5. jaws 6. mouth

À la découverte de la nature

La France, métropolitaine et d'outre-mer, est un pays d'une grande diversité géographique qui offre de nombreux sites naturels exceptionnels valant la peine d'être explorés.

Le parc naturel de la Soufrière

Le parc naturel de la Soufrière est situé sur l'île de Basse Terre en Guadeloupe. Ce parc est un véritable paradis tropical où on peut admirer plusieurs sortes de paysages: volcanique, forestier et maritime. La végétation du parc est composée d'une forêt tropicale luxuriante et de mangroves[1] qu'on peut découvrir en se promenant sur les 250 kilomètres de chemins de randonnée. On y trouve toutes sortes de fleurs et de plantes tropicales. Le parc possède aussi des rivières et des chutes d'eau[2], dont les très impressionnantes chutes du Carbet. Un des endroits les plus visités du parc est La Soufrière, un volcan actif qui, à 1.467 mètres, est l'endroit le plus élevé[3] des Petites Antilles.

Les gorges du Verdon

Les gorges du Verdon sont un canyon creusé[4] par le Verdon, une rivière qui coule[5] en Provence. Elles sont étroites[6] (de 6 à 10 mètres de large au niveau de la rivière) et très profondes[7] (de 250 à 700 mètres de profondeur). Les gorges du Verdon sont considérées comme le plus beau canyon d'Europe et elles attirent de nombreux touristes. Elles constituent également une destination très appréciée des grimpeurs[8] car elles offrent plus de 1.500 parcours d'escalade. Parmi les autres sports pratiqués dans la région, on peut citer également le canoë-kayak, le parapente, les randonnées et la pêche à la mouche[9].

---

1. mangrove swamps **2.** waterfalls **3.** highest **4.** hollowed out **5.** flows **6.** narrow **7.** deep **8.** climbers **9.** fly-fishing

Le massif du Mont-Blanc

Le Mont-Blanc est une montagne située dans la chaîne des Alpes, entre la France et l'Italie. Avec ses 4.807 mètres d'altitude, c'est le plus haut sommet d'Europe occidentale. La première ascension du Mont-Blanc a marqué les débuts de l'alpinisme et a eu lieu en 1786. Depuis, chaque année, des milliers d'alpinistes essaient de réaliser cet exploit.

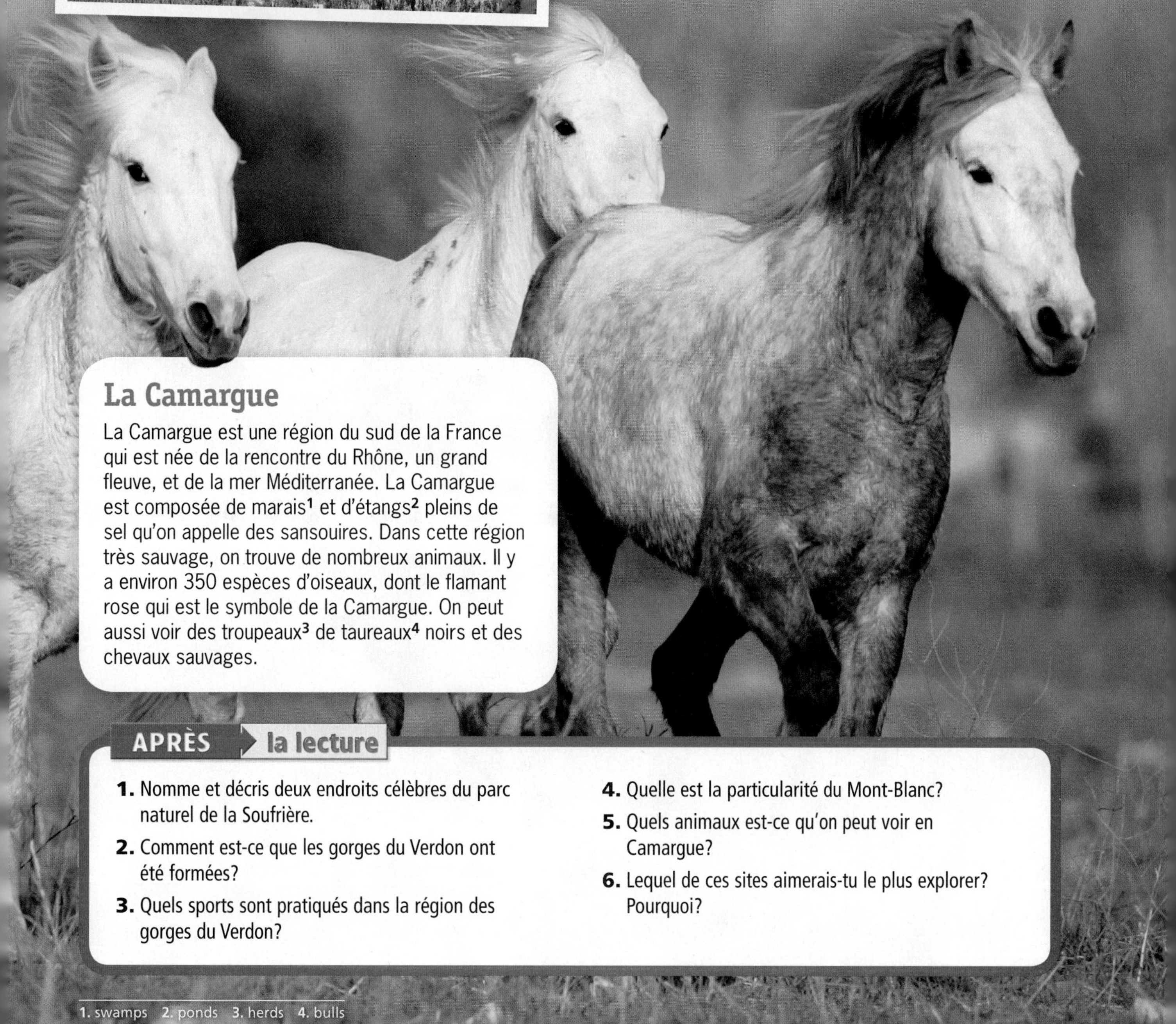

La Camargue

La Camargue est une région du sud de la France qui est née de la rencontre du Rhône, un grand fleuve, et de la mer Méditerranée. La Camargue est composée de marais[1] et d'étangs[2] pleins de sel qu'on appelle des sansouires. Dans cette région très sauvage, on trouve de nombreux animaux. Il y a environ 350 espèces d'oiseaux, dont le flamant rose qui est le symbole de la Camargue. On peut aussi voir des troupeaux[3] de taureaux[4] noirs et des chevaux sauvages.

APRÈS ❯ **la lecture**

1. Nomme et décris deux endroits célèbres du parc naturel de la Soufrière.

2. Comment est-ce que les gorges du Verdon ont été formées?

3. Quels sports sont pratiqués dans la région des gorges du Verdon?

4. Quelle est la particularité du Mont-Blanc?

5. Quels animaux est-ce qu'on peut voir en Camargue?

6. Lequel de ces sites aimerais-tu le plus explorer? Pourquoi?

---

1. swamps **2.** ponds **3.** herds **4.** bulls

Les sports extrêmes

Le terme «sports extrêmes» s'applique aux sports qui sont associés à la vitesse[1], à l'altitude ou au danger.

Le kitesurf

Le kitesurf a été développé dans les années 1990 par Manu Bertin, un Français qui vivait alors à Hawaï. C'est un sport nautique de traction qui consiste à être tiré par un cerf-volant, appelé aile[2] ou voile, et à glisser[3] sur l'eau sur une petite planche de surf. Le surfeur porte un harnais[4] et il contrôle la voile grâce à une barre qui est attachée à son harnais. Il peut ainsi faire des sauts de 15 à 20 mètres au-dessus de l'eau. Une variante de ce sport, le snowkite, est pratiquée en montagne.

1. speed   2. wing   3. to glide   4. harness

Le parkour

Le parkour ou *free running,* est décrit comme étant l'art du déplacement[1]. C'est une pratique sportive extrême qui consiste à se déplacer, toujours en avant[2], en franchissant[3] tous les obstacles que l'on rencontre. Ce sport a été développé dans la banlieue parisienne. Son fondateur, David Belle, s'est inspiré des arts martiaux et de l'expérience militaire de son père. D'autres Français, comme Sébastien Foucan et Jérôme Ben Aoues, ont aussi beaucoup contribué au développement du parkour, qui est aujourd'hui un sport pratiqué dans le monde entier.

Le traceur—c'est le nom donné à une personne qui pratique le parkour—se déplace en milieu[4] urbain ou naturel, d'une manière fluide et toujours rapide. Ses mouvements[5] doivent démontrer une grande esthétique et il doit y avoir une harmonie entre le traceur et les obstacles qu'il franchit.

Qu'il soit dans la rue ou dans un milieu naturel, le traceur va toujours rencontrer des obstacles à surmonter[6]. Il doit pouvoir rapidement analyser son parcours[7] pour trouver la meilleure route à suivre. Il doit improviser et décider comment il va franchir les divers obstacles rencontrés. Il utilise des techniques de course, de saut, d'escalade, de gymnastique et d'arts martiaux.

L'escalade

L'escalade remonte à la fin du XIXe siècle. C'est en 1897, dans la forêt de Fontainebleau que l'escalade commence en France. Mais il faut attendre les années 70 pour que l'escalade devienne plus populaire. En effet, l'escalade a pendant longtemps souffert de la médiatisation de l'alpinisme. Dans les années 60, le Belge Claudio Barbier étonne en grimpant les voies rocheuses des Dolomites, en Italie. Patrick Edlinger est sans doute le grimpeur le plus connu et le plus médiatique en France. Dans les années 80, il a marqué le monde de l'escalade et il en a fait profiter le grand public en réalisant plusieurs films avec J-P. Janssen: *La Vie au bout des doigts, Opéra vertical.* Les autres grands noms de l'escalade en France sont Jean-Christophe Lafaille, Isabelle Patissier et Catherine Destivelle (elle a réalisé le premier 7a féminin). Les sites les plus réputés pour l'escalade sont: Fontainebleau et les gorges du Verdon en France et le rocher de Freyr en Belgique.

APRÈS ▶ la lecture

1. De quel équipement a-t-on besoin pour faire du kitesurf?

2. Qu'est-ce que la voile permet de faire à la personne qui la contrôle?

3. En quelques phrases, décris ce qu'est le parkour et explique ses origines.

4. Quelles doivent être les qualités fondamentales des mouvements dans le parkour?

5. Voudrais-tu pratiquer un de ces sports? Pourquoi ou pourquoi pas?

---

1. moving   2. forward   3. by jumping over   4. environment   5. moves   6. to overcome   7. route

À vos marques!

Voici quelques sportifs venus des quatre coins du monde francophone. Certains noms sont inattendus!

Maud Fontenoy

Maud Fontenoy est la première femme à avoir réussi la traversée de l'Atlantique Nord en bateau à rames[1]. En 2003, lorsqu'elle avait 25 ans, elle a ramé pendant 4 mois sur plus de 6.700 km.

La traversée de Maud a été suivie par des élèves de classes primaires et secondaires qui ont ainsi appris des tas de choses sur l'océan, sa faune, sa protection et les différentes parties du monde. L'écologie est au coeur du projet pédagogique de Maud.

Tony Parker

Savais-tu que Tony Parker, le basketteur américain des Spurs de San Antonio, était francophone? C'est parce qu'il est né à Bruges, en Belgique, et qu'il a grandi en France où son père jouait déjà au basket-ball. (Son père, qui était originaire de Chicago, a joué dans les championnats[2] de basket-ball en Hollande et en Belgique, avant de finir sa carrière de joueur de basket en France et de gagner la Coupe de France[3] en 1984. Il a ensuite commenté les matchs de la NBA sur une chaîne de télévision française.)

Entre 2001 et 2015, Tony Parker a joué pour la France dans neuf championnats d'Europe de basket-ball, et aux jeux Olympiques de 2012.

1. rowing boat 2. championships 3. French Cup

Françoise Mbango Etone

Françoise Mbango Etone est une championne d'athlétisme camerounaise. Elle a fini première aux championnats d'Afrique de 2002 avec un saut en longueur[1] de 6 mètres 68. En 2004, elle a gagné la médaille d'or du triple saut[2] aux jeux Olympiques d'Athènes, avec un saut à 15 mètres 30, et en 2008, elle a gagné la médaille d'or du triple saut aux jeux Olympiques de Pékin, avec un saut à 15 mètres 39. C'est la première athlète du Cameroun à gagner des médailles aux championnats du Monde, aux jeux du Commonwealth et aux jeux Olympiques.

Patrick Vieira

Patrick Vieira est un grand joueur de football. Il est né à Dakar au Sénégal, mais sa famille a déménagé à Paris quand il avait 8 ans. Il a joué pour une équipe française (A.S. Cannes), italienne (A.C. Milan) et anglaise (Arsenal F.C.) ainsi que pour l'équipe de France, avec laquelle il a gagné la Coupe du monde en 1998. Il joue maintenant pour une autre équipe italienne, le Juventus de Turin[3]. Mais il a joué avec l'équipe de France en finale de la Coupe du monde en 2006.

Chantal Petitclerc

Médaillée[4] des Jeux paralympiques de Barcelone, d'Atlanta, de Sydney et d'Athènes et détentrice[5] de plusieurs records du monde, Chantal Petitclerc est championne de course en fauteuil roulant[6]. Elle est aussi animatrice de télévision au Canada et elle fait de nombreuses conférences. Elle a beaucoup contribué à la participation des femmes et des personnes handicapées en athlétisme.

APRÈS la lecture

1. Pourquoi Tony Parker parle-t-il français?

2. Pour quels pays Patrick Vieira a-t-il joué au football?

3. Pourquoi Maud Fontenoy, Françoise Mbango Etone et Chantal Petitclerc sont-elles exceptionnelles?

4. Quel champion est-ce que tu admires le plus? Pourquoi?

5. Et toi, quel sport fais-tu?

---

1. long jump   2. triple jump   3. Torino, Italy   4. medal winner   5. holder   6. wheelchair

Un grand nombre d'événements sportifs nationaux et internationaux ont lieu chaque année en France.

De grands événements sportifs

Le Tour de France

Tu as peut-être entendu parler de l'Américain Greg LeMond qui a gagné le Tour de France trois fois, en 1986, 1989 et 1990. Le Tour de France a été créé en 1903 et il a lieu au mois de juillet, en 20 étapes[1], sur plus de 3.000 km. Il y a des étapes de plaine, des étapes de montagne et des étapes contre la montre[2]. Le Tour de France passe maintenant par d'autres pays européens. En 2015, par exemple, il est parti d'Utrecht aux Pays-Bas et est arrivé à Paris après être passé par la Belgique. Les leaders des différentes catégories portent des maillots[3] de couleur: il y a le maillot jaune pour le classement général au temps, le maillot vert pour le classement général aux points, le maillot blanc à pois[4] rouges pour le meilleur grimpeur[5], et le maillot blanc pour le meilleur jeune coureur de moins de 26 ans. On appelle le coureur qui est dernier au classement général "la lanterne rouge"[6].

1. legs 2. time trials 3. jerseys 4. polka dots 5. climber 6. the red lantern

Le Paris-Dakar

Le Paris-Dakar est une course de motos, de quads, de voitures et de camions qui à l'origine reliait Paris à Dakar.

Le premier rallye Paris-Dakar a eu lieu en 1979. Il s'appelle maintenant Le Dakar, parce que depuis 1995 il ne partait plus toujours de Paris. De 2002 à 2004, il est parti d'autres villes françaises, Arras, Marseille et Clermont-Ferrand, et en 2005 et 2006, d'autres villes européennes. Depuis 2009, le Dakar se déroule en Amérique du Sud. C'est un événement très important qui a lieu au début du mois de janvier.

En 2016, 354 véhicules et 556 concurrents de 60 nationalités ont participé à cette compétition. Il y avait 7 avions pour le transport des personnes, 12 hélicoptères pour observer la course, 60 voitures pour suivre les participants, 10 camions pour les assister et 50 camions de fret. Le Dakar est très contesté, parce que de 1979 à 2006, 48 personnes, dont 8 enfants, sont mortes dans les villages où les concurrents passaient à grande vitesse. Un événement de cette importance peut bien sûr aussi avoir de mauvais effets pour la région dans les domaines écologique et humanitaire.

Le Tournoi de Roland Garros

De mai à juin, c'est au stade Roland Garros à Paris qu'ont lieu les Internationaux de France[1] de tennis, un tournoi de tennis sur terre battue[2]. Certains grands joueurs de tennis qui jouent habituellement sur surfaces rapides (dures ou gazon[3]) ont parfois des difficultés sur la terre battue de Roland Garros qui est une surface lente.

Roland Garros fait partie des tournois du Grand Chelem[4], au même titre que l'Open d'Australie, Wimbledon et l'US Open.

Les premiers Internationaux de France, qui s'appelaient alors Championnat de France International de Tennis, ont eu lieu à Paris en 1891.

Le stade Roland Garros a été inauguré en 1928 et porte le nom d'un aviateur français qui a fait la première traversée de la Méditerranée en avion en 1913.

Les 24 Heures du Mans

Depuis 1923, les 24 Heures du Mans ont lieu chaque année au Mans (à 200 km au sud-ouest de Paris). La course, qui a lieu maintenant au mois de juin, est réservée aux voitures de sport et Sport-Prototypes, sur une piste[5] qui mesure un peu plus de 13 km.

C'est la course d'endurance la plus ancienne et la plus prestigieuse. Elle permet aux constructeurs automobiles de tester la résistance de la mécanique de leur voiture pendant une période de 24 heures. Le film *Le Mans*, avec Steve McQueen, a été filmé pendant les 24 Heures du Mans de 1970. La course est suivie au Mans par plus de 200.000 spectateurs et aussi par 228 millions de téléspectateurs[6] dans le monde. Comme la course a un succès énorme, il y a aussi maintenant Les 24 Heures Moto[7] en avril, «Les 24 Heures Camion[8]» en octobre, et finalement «Les 24 Heures Karting[9]».

> **APRÈS** ▸ **la lecture**
>
> **1.** Au Tour de France, quel maillot porte-t-on quand on a le plus de points au classement général?
>
> **2.** Sur quelle distance est cette course cycliste?
>
> **3.** Depuis quand le Dakar existe-t-il?
>
> **4.** Quels tournois composent le «Grand Chelem»?
>
> **5.** Pourquoi certains joueurs ont-ils des difficultés à Roland Garros?

---

1. the "French Open"   2. red clay   3. turf, grass   4. Grand Slam   5. track   6. TV viewers   7. motorcycle   8. truck   9. go-kart

DVD

Géoculture

Géoculture

L'Europe francophone

▲ **LA BELGIQUE: Bruxelles,** capitale de la Belgique, est le siège de l'Union européenne. La Grand-Place de Bruxelles est classée au patrimoine mondial de l'Unesco. **1**

▼ **LA BELGIQUE: Han-sur-Lesse,** dans les Ardennes est connu pour ses magnifiques grottes calcaires. **1**

▼ **LA BELGIQUE: Bruges** est une ville flamande réputée pour sa dentelle, ses canaux et ses édifices du Moyen Âge. C'est la ville la plus visitée de Belgique. **1**

Savais-tu que...?

Pour traverser la frontière entre Monaco et la France, il n'y a pas de contrôle. Il faut tout simplement traverser la rue.

LA SUISSE: Les Alpes sont les montagnes les plus élevées d'Europe occidentale. On peut y admirer de nombreux glaciers. Les Alpes offrent aux skieurs de la neige même en été. **2**

LA SUISSE: La riviera suisse se trouve au bord du lac Léman. Réputée pour sa beauté, elle a toujours attiré des artistes et des écrivains. **2**

LA SUISSE: Genève est dans la région francophone de la Suisse. Elle accueille près de 200 organisations internationales, comme par exemple, la Croix-Rouge Internationale et l'Organisation des Nations Unies. **2**

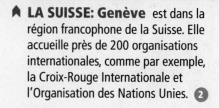

MONACO: Le Rocher de Monaco abrite le musée océanographique qui possède une remarquable collection de faune marine. **3**

MONACO: Monte-Carlo
Chaque année depuis 1929, le Grand Prix de Monaco a lieu à Monte-Carlo. Le circuit automobile est long de plus de 3 kilomètres et passe à travers la ville et le port. **3**

Géo-quiz
Où se trouve le siège de l'Union européenne?

L'Europe francophone

L'histoire
L'Europe francophone

VIᵉ S. AVANT J.C.   800   1200   1500

VIᵉ s. avant J.-C. – Iᵉʳ s.

Les Belgae et les Helvètes, d'origine celtique, habitaient les territoires de la Belgique et la Suisse actuelles avant la conquête romaine. Les noms «Belgique» et «Helvétie» (nom latin de la Suisse) rappellent ces deux tribus.

XVIᵉ s. – XVIIᵉ s.

En 1648, **le traité de Westphalie** a mis fin à la guerre de Trente Ans, conflit religieux et politique entre certains pays européens. La Suisse est restée neutre pendant ce conflit. Le traité a reconnu cette neutralité et a accordé l'indépendance à la Suisse.

1297

En 1297, **François Grimaldi (le Malizia),** chassé d'Italie, s'est déguisé en moine pour monter une attaque surprise contre la citadelle de Monaco. Il a pris possession du rocher où il a établi la souveraineté de la famille Grimaldi qui règne toujours à Monaco.

768–814

Au VIIIᵉ siècle, **Charlemagne** a unifié l'Europe et en a fait un empire. La Suisse et la Belgique faisaient partie de cet empire et la Belgique en était le centre politique et économique. Une des innovations de Charlemagne a été la création d'écoles à côté des églises et des monastères, pour les nobles et les paysans.

1800   1900   2000

1949–2005
Rainier III de Monaco, (1923–2005), a transformé la principauté en centre financier et touristique de renommée mondiale. Le monde se souvient de lui comme du prince qui a créé Monte-Carlo et qui a épousé l'actrice américaine Grace Kelly.

1830
En 1830, la Belgique obtient son indépendance des Pays-Bas. Au XIXᵉ siècle, elle connaît une révolution industrielle grâce à la **colonisation du Congo,** riche en matières premières.

1944–1945
Pendant l'hiver 1944–1945, une des batailles les plus importantes de la Seconde Guerre mondiale a eu lieu en Belgique. C'est la **bataille des Ardennes** avec le siège de Bastogne. Elle s'est terrminée par une victoire décisive des Alliés et a contribué à mettre fin à la guerre.

1971–présent
Le suffrage féminin est introduit en Suisse en 1971. En 1999, **Ruth Dreifuss** est la première femme élue présidente de la Confédération helvétique (la Suisse). Quelques années plus tard, en 2002, la Suisse devient le 190ᵉ membre des Nations Unies.

Activité

1. Qu'est-ce que le traité de Westphalie a accordé à la Suisse?

2. Qu'est-ce que la colonisation du Congo a permis à la Belgique?

3. Pourquoi est-ce que la bataille des Ardennes a été importante?

4. Quelles sont les contributions de Rainier III à Monaco?

chapitre 7

Notre planète

Objectifs

In this chapter, you will learn to
- caution
- tell why something happened
- make predictions and express assumptions
- express and support an opinion

And you will use and review
- the comparative and superlative
- the passive voice
- prepositions
- **quand, lorsque** and **dès que**
- the subjunctive after a conjunction
- the verb **éteindre**

▶ *Que vois-tu sur la photo?*

Où a lieu cette exposition?

D'après toi, qu'est-ce que l'artiste a utilisé pour faire ses sculptures?

Et toi, qu'est-ce que tu fais pour protéger l'environnement?

MODES OF COMMUNICATION

INTERPRETIVE	INTERPERSONAL	PRESENTATIONAL
Listen to news reports of natural phenomena.	Speak with a friend about how life will be in 20 years.	Act out a scene with a classmate about your school's plan to reduce waste in your town.
Read an article about how storms are named.	Respond to an email about a proposal for a clean-up day.	Write an essay about recycling and the environment.

Les « Trash People » de l'artiste allemande, H. A. Schult sur la Grand-Place, à Bruxelles

Vocabulaire

à l'œuvre 1

Les phénomènes naturels

Un incendie a ravagé la forêt.

Un **raz-de-marée** a provoqué **des inondations** sur **la côte**.

Un **tremblement de terre a secoué** la ville. Heureusement, **l'alerte** avait été donnée et les habitants ont eu le temps d'**évacuer la région sinistrée**.

▶ **Vocabulaire supplémentaire**—Les phénomènes naturels, **p. R20**

Quand il y a **des orages**, on peut voir **des éclairs** et entendre **le tonnerre**.

Une tornade a **détruit** plusieurs maisons.

Le volcan est entré en **éruption** mais **la coulée de lave** n'est pas arrivée jusqu'au village.

Les dégâts causés par **le glissement de terrain sont estimés** à plusieurs **millions** d'euros.

Exprimons-nous!

To caution

On prévoit de l'orage **pour** cet après-midi.
They are predicting . . . for . . .

Surtout, ne sortez pas pendant la tornade.
Above all . . .

Prenez garde aux avalanches quand vous irez skier.
Watch out for . . .

Méfie-toi de la grêle. **Elle peut provoquer** des dégâts.
Beware of . . . It could cause . . .

Protégez bien vos fenêtres **au cas où** il y aurait une tempête.
. . . in case . . .

Vocabulaire et grammaire, pp. 73–75

Online Workbooks

D'autres mots utiles

une avalanche	*avalanche*
le climat	*climate*
le courant	*current*
un désastre	*disaster*
le désert	*desert*
la grêle	*hail*
un ouragan/ un cyclone	*hurricane/ cyclone*
une précaution	*precaution*
la sécheresse	*drought*
une tempête (de sable/ de neige)	*(sand/snow) storm*
abîmer/ endommager	*to damage*
empirer	*to get worse*

1 C'est quoi?

Lisons/Parlons Trouve la définition des mots suivants.

1. C'est une grande lumière dans le ciel pendant un orage.
2. C'est quand il y a de l'eau partout.
3. C'est ce qui sort d'un volcan en éruption.
4. C'est quand il ne pleut pas pendant longtemps.
5. C'est une montagne qui produit du feu.

a. un volcan
b. la sécheresse
c. une inondation
d. un éclair
e. la lave
f. le tonnerre

2 Écoutons

Écoute les nouvelles à la radio et dis de quelle photo on parle.

a.

b.

c.

d.

e.

3 La tempête de sable

Lisons/Écrivons Complète la lettre d'Ali avec les mots ci-dessous.

tempête	l'alerte	précautions	au cas où	éruption	dégâts
sable	désastre	a détruit	surtout	garde	prévoit

Ici, on a eu très peur! Il y a eu une grosse ___1___ de sable près de chez moi. Quand on a entendu ___2___, on a dû quitter le village tout de suite et on n'a pas eu le temps de prendre beaucoup de ___3___ pour protéger notre maison avant de partir. On a quand même bien fermé nos fenêtres ___4___ la tempête arriverait jusqu'à notre village, mais cela n'est pas arrivé et il n'y a pas eu de ___5___. Mais la tempête ___6___ plusieurs maisons dans le village voisin. Ça a été un vrai ___7___! Malheureusement, on ___8___ un ouragan pour ce week-end! ___9___ ne viens pas nous rendre visite maintenant!

Exprimons-nous!

To tell why something happened

Il a beaucoup plu. **C'est pour ça qu'**il y a eu une inondation.
. . . That's why . . .
Il y a eu un raz-de-marée **à cause d'**un tremblement de terre.
. . . because of . . .
Ces dégâts sont **dûs à** un ouragan. *. . . due to . . .*
Il y a eu une avalanche. **Donc,** la piste de ski est fermée. *. . . Therefore, . . .*

Vocabulaire et grammaire, pp. 73–75

4 Causes et conséquences

Écrivons Complète cette conversation entre Raphaël et Mia qui discutent d'une catastrophe naturelle qui vient d'arriver.

RAPHAËL   Tu sais que cette ville a été partiellement détruite ____1____ d'un raz-de-marée ____2____ tremblement de terre qui a ravagé le nord du pays.

MIA   Oui mais grâce à l'alerte, les habitants ont eu le temps d'évacuer. ____3____ qu'il n'y a pas eu de victimes. ____4____, on peut dire qu'il y a eu plus de peur que de mal!

5 Que sais-je?

Écrivons Écris une phrase pour expliquer les causes des phénomènes suivants. Utilise les expressions d'**Exprimons-nous!**

MODÈLE   un glissement de terrain
Un glissement de terrain est dû à beaucoup de pluie.

1. un raz-de-marée
2. un incendie
3. une coulée de lave
4. la sécheresse

Communication

6 Expérience personnelle

Parlons Tu viens de survivre à un désastre. Un(e) journaliste te pose des questions sur cette terrible expérience. Réponds à ses questions et explique en détails ce qui s'est passé. Un(e) camarade va jouer le rôle du/de la journaliste, puis échangez les rôles.

MODÈLE   —**Vous étiez là quand il y a eu la tempête de neige?**
—**Oui, il y avait tellement de neige qu'on ne pouvait plus ouvrir la porte, donc... , c'est pour ça que...**

Flash culture

La Belgique, la Suisse et Monaco, grâce à leur situation géographique, sont préservés des grands cataclysmes naturels. Par exemple, la Belgique connaît un climat tempéré grâce au Gulfstream qui baigne ses côtes. Mais parfois, dans les Alpes suisses et françaises, il y a des avalanches et des glissements de terrain dûs aux pluies torrentielles et à la fonte des glaciers.

Est-ce qu'il y a beaucoup de catastrophes naturelles dans ta région? Lesquelles?

Objectifs
- review of the comparative and superlative
- the passive voice

Grammaire à l'œuvre 1

The comparative and superlative

1 To form the **comparative of nouns** in French, add **plus de** *(more of)*, **moins de** *(less/fewer of)*, or **autant de** *(as many/much of)* before the noun. Use **que** after the noun to continue the comparison.

> Il y a **moins de** tremblements de terre en **France** qu'au Japon.

2 To form the **comparative of adjectives and adverbs**, add **plus** *(more)*, **moins** *(less)*, or **aussi** *(as)* before the adjective or adverb. Use **que** to continue the comparison. The adjective agrees with the first noun in the comparison.

> *agrees*
> À mon avis, un **raz-de-marée** est **plus dangereux** qu'une tempête.

3 To form the **superlative of adjectives**, add the definite article before **plus**, or **moins**. To say *in/of* after the superlative, use **de**.

> C'était la **plus grande** tempête **de** l'hiver.

If the adjective follows the noun, use the following construction:

> **definite article + noun + definite article + plus/moins + adjective**
> C'est le **jour** le **plus long de** l'année.

4 To form the **superlative of adverbs**, use the definite article **le** with the comparative form.

> Le cyclone a frappé le **plus violemment** la côte sud du pays.

Vocabulaire et grammaire, pp. 76–77
Cahier d'activités, pp. 61–63

Online Workbooks

Déjà vu!

Do you remember the irregular comparative and superlative forms for **bon** and **bien**?

> **bon** → **meilleur**
> **bien** → **mieux**

Don't forget that **meilleur** agrees with the noun it modifies.

> **Les meilleures pistes de ski sont en Suisse.**

7 **Catastrophes naturelles**

Écrivons Fais les comparaisons suivantes.

1. Ce tremblement de terre a été _____ important _____ celui du siècle dernier. (−)

2. Mais le raz-de-marée qui l'a suivi a été _____ violent. (+)

3. Cette catastrophe a fait _____ victimes _____ l'éruption du volcan. (+)

4. Les glissements de terrain sont souvent _____ dangereux _____ les avalanches. (=)

5. Et puis surtout, ils peuvent faire _____ dégâts.(=)

Online Practice

my.hrw.com
Grammaire 1 practice

8 **La carte de France**

Lisons/Parlons Camille et ses amies comparent des villes de France. Dis si ce qu'elles disent est a) **vrai** ou b) **faux**.

1. Lille est la ville qui est le plus près de la Belgique.
2. Lyon est plus loin de Paris que Grenoble.
3. Brest est la ville la plus à l'est de la France.
4. Nice est plus à l'est que Marseille.
5. Le temps est meilleur dans le sud de la France qu'à Paris.
6. Biarritz est moins loin de l'océan que Bordeaux.

9 **C'est moi le meilleur!**

Écrivons/Parlons Ludovic est très prétentieux. Imagine ce qu'il répondrait aux phrases suivantes. Utilise des comparatifs et des superlatifs.

MODÈLE —Léa est très intelligente.
   —**Je suis plus intelligent qu'elle./Je suis le plus intelligent.**

1. Léa est bonne en maths.
2. Luc parle bien italien.
3. Rémy et Tom n'ont pas fait beaucoup d'erreurs à l'examen.
4. Aline n'a pas de mauvaises notes.
5. Yanis et Hugo ont beaucoup de jeux vidéo.

10 **Et toi?!**

Écrivons Décris tes amis, ta ville ou ton école en utilisant des comparatifs et des superlatifs.

MODÈLE —**Ma ville est plus animée que...**

Digital
performance space

Communication

11 **Opinions personnelles**

Parlons Demande à un(e) de tes camarades qui il/elle admire et pourquoi. Ensuite échangez les rôles.

MODÈLE —**Qui est ton athlète/acteur/etc. préféré et pourquoi?**
   —**Je trouve que... C'est le plus... Il est plus... que...**

The passive voice

1 The **passive voice** is used when the subject of the sentence *receives the action*. To form a sentence in the passive voice in French, use a form of **être** plus the **past participle** of the main verb. The past participle agrees in *gender* and *number* with the subject of the sentence.

receives the action

Cette tour **a été construite** en 2005.

2 To tell *who* or *what is doing the action* use **par**.

La maison **a été détruite** par un cyclone.

Vocabulaire et grammaire, *pp. 76–77*
Cahier d'activités, *pp. 61–63*

Online Workbooks

12 Écoutons

Jacques a eu un accident pendant qu'il cuisinait. Pour chaque phrase, dis si **a) c'est Jacques qui a fait quelque chose** ou **b) c'est quelqu'un d'autre qui a fait quelque chose à Jacques.**

13 Sauvons la planète

Parlons/Écrivons Qu'est-ce qu'il faut faire pour sauver la planète? Mets les phrases suivantes à la voix passive.

MODÈLE On doit respecter la nature.
La nature doit être respectée.

1. On doit économiser l'énergie.
2. On doit recycler les déchets.
3. On doit préserver la nature.
4. On doit protéger la faune.
5. On doit combattre la pollution

14 C'était dans les journaux!

Lisons/Écrivons Complète les phrases suivantes avec la forme correcte des verbes à la voix passive.

Le village___1___ (détruire) par un tremblement de terre. Les victimes___2___ (emmener) dans les hôpitaux les plus proches. Tous les autres habitants___3___ (évacuer) de la région sinistrée. Les dégâts___4___ (estimer) à plus de trois millions d'euros. Pour éviter un autre désastre de ce genre, les habitants ont décidé que les maisons allaient___5___ (construire) plus solidement à l'avenir.

15 Un cataclysme

Écrivons Reconstruis les phrases suivantes. Fais tous les changements nécessaires.

> MODÈLE famille / l'alarme / toute / réveiller / par
> **Toute la famille a été réveillée par l'alarme.**

1. par / secouer / tremblement de terre / région
2. incendie / ravager / ville / par
3. feu / par / endommager / maison
4. par / flamme (*flame*) / détruire / voiture
5. causer / inondation / dégât / beaucoup / par
6. heureusement / alerte / tout de suite / donner
7. rapidement / évacuer / région / sinistré

16 Qu'est-ce qui s'est passé?

Écrivons/Parlons Regarde les photos et explique ce qui s'est passé. Utilise la voix passive.

a. les pistes de ski

b. la ville

c. la maison

d. les champs

e. la forêt

f. le village

Digital performance space

Communication

17 Scénario

Parlons Un(e) de tes camarades et toi vous discutez d'une récente catastrophe naturelle dont on a parlé à la télévision ou dans les journaux. Chacun de vous raconte ce qu'il a appris.

Application 1

18 Un incendie

Écrivons Il y a eu un incendie en ville la nuit dernière. Forme des phrases complètes avec les éléments donnés. Pour certaines phrases, la colonne 3 ne sera pas nécesssaire.

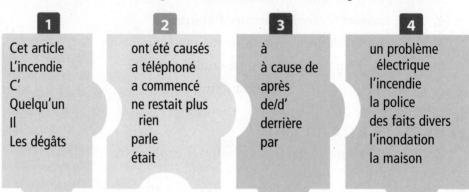

1	**2**	**3**	**4**
Cet article	ont été causés	à	un problème électrique
L'incendie	a téléphoné	à cause de	l'incendie
C'	a commencé	après	la police
Quelqu'un	ne restait plus	de/d'	des faits divers
Il	rien	derrière	l'inondation
Les dégâts	parle	par	la maison
	était		

Un peu plus

Prepositions

1. Prepositions show the relationship between a noun and another word in a sentence. In some cases, you will use a different preposition in French from English.

   À quoi est-ce que tu penses? *What are you thinking about?*

2. In some cases, a preposition can be omitted in one language, but not in the other.

   J'écris une lettre à Luc. (à is required)
   I'm writing (to) my parents tonight. (to is optional)

   Vocabulaire et grammaire, *p. 78*
   Cahier d'activités, *pp. 61–63*
   Online Workbooks

19 Écoutons

Tu écoutes ces conversations mais tu n'entends pas clairement ce que les gens disent. Dis quelle préposition compléterait logiquement chacune des phrases que tu entends.

a. après	**d.** pour	**g.** à	**j.** depuis
b. devant	**e.** sans	**h.** de/d'	**k.** dans
c. chez	**f.** avec	**i.** par	**l.** en

20 **Quelques précautions**

 Lisons/Écrivons Lis cette brochure et réponds aux questions.

Il vaut mieux prévenir que guérir!

Quelques précautions à prendre pour protéger votre maison contre:

❋ les incendies
❋ les dégâts des eaux
❋ les intempéries (orages, tempêtes)

● Fermez vos fenêtres quand il y a de l'orage
● N'oubliez pas de fermer vos robinets
● Éteignez les bougies
● Ne laissez pas de casserole sur le feu
● Coupez les branches mortes de vos arbres

1. De quoi est-ce que cette brochure parle?
2. Que faut-il faire pour éviter les incendies?
3. Pourquoi faut-il couper les branches des arbres?
4. Est-ce que tu pourrais donner un autre conseil?
5. Est-ce que tu prends certaines de ces précautions chez toi? Lesquelles?

21 **Message des autorités**

 Écrivons/Parlons Parfois la communication avec le public ne se fait plus très bien quand il y a une catastrophe naturelle. Imagine une suite logique à chacun des messages suivants.

1. Méfiez-vous...
2. Prenez garde...
3. On prévoit...
4. C'est au cas où...
5. C'est pour ça...

Communication

Digital **performance space**

 **22** **Scénario**

Parlons Tu vis dans un pays francophone (Martinique, Suisse, Mali, etc.) où il peut y avoir des catastrophes naturelles. Un(e) camarade te demande ce qui pourrait arriver dans cette région et les précautions que tu prends pour éviter des dégâts.

MODÈLE —Tu vis en Suisse? Est-ce qu'il y a souvent des catastrophes naturelles là où tu habites?
—Oui, il y a parfois des avalanches, alors on a toujours...

Lecture culturelle

L'eau continue à être une ressource vitale dans les régions agricoles françaises, comme partout dans le monde[1]. C'est pourquoi les centres de recherche comme l'Inra (Institut national de la recherche agronomique) cherchent des solutions parfois très originales pour aider les communautés agricoles à recycler leurs eaux. Que penses-tu de la méthode de recyclage décrite dans l'article ci-dessous?

Dépollution par le lombric[2]

Après six mois d'expérimentation, la commune[3] de Combaillaux (près de Montpellier, 1.400 habitants) se félicite d'avoir adopté, pour la purification de ses eaux usées, un « *lombrifiltre* » unique au monde. Basé sur une technique imaginée par une équipe de l'Inra à Montpellier, le procédé consiste à confier le traitement des eaux sales à... des centaines de milliers[4] de vers de terre[5].

Ces animaux se nourrissent des impuretés. En pullulant[6], ils creusent[7] dans les substrats[8] des kilomètres de galeries, apportant ainsi l'oxygène nécessaire aux bactéries qui collaborent à l'épuration[9] et achèvent le travail. Élaborée dès 1998, la lombrifiltration n'avait jusqu'ici fonctionné qu'en laboratoire, et n'avait jamais été expérimentée à grande échelle[10].

Compréhension

1. Qu'est-ce que les lombrics nettoient?
2. Quel est l'autre mot pour «lombric»?
3. Avec un(e) camarade, fais une liste des avantages et des inconvénients de la lombrifiltration. D'après vous, est-ce que c'est une bonne méthode de purification?

---

1. *world* 2. *earthworm* 3. *town* 4. *hundreds of thousands* 5. *earthworms* 6. *swarming* 7. *dig* 8. *substrata*
9. *purification* 10. *on grand scale*

Comparaisons

Un interrupteur muni d'une minuterie

La minuterie

Tu vas dîner chez un(e) ami(e) qui habite un immeuble à Paris. Quand tu arrives, il fait nuit. Tu allumes la lumière et tu montes l'escalier. Tout à coup, tu te retrouves dans le noir...

   a. La lampe est cassée.

   b. Il y a le feu et l'électricité est coupée.

   c. Il y a une minuterie et tout est normal.

En France, il y a des minuteries dans tous les immeubles. Une minuterie est un petit appareil muni d'un système d'horloge[1]. La minuterie est installée sur un interrupteur[2]. Ce système permet, quand on allume une lumière, qu'elle s'éteigne automatiquement au bout de quelques minutes. Sans minuterie, les lumières dans l'entrée et les couloirs des immeubles resteraient allumées tout le temps!

ET TOI?

1. Y a-t-il des minuteries dans ton école? Dans les immeubles de ta ville? Où?

2. Peux-tu penser à l'usage de minuteries dans la vie quotidienne? (feux/ordinateurs/électroménager...)

Communauté et professions

Le français et le monde de la recherche

Certains des plus grands chercheurs étaient français: Pasteur et les Curie entre autres. La recherche en France tient encore un rôle prépondérant. L'un des centres de recherche les plus connus est le CNRS (Centre national de recherches scientifiques). Est-ce qu'il y a une agence ou un bureau comme le CNRS aux États-Unis? Fais des recherches et présente ce que tu as découvert à ta classe.

Un chercheur du centre de recherche de l'hôpital de la Pitié-Salpêtrière, Paris.

---

1. *clock* 2. *switch*

Objectifs
- to make predictions and express assumptions
- to express and support an opinion

Vocabulaire
à l'œuvre 2

Les ressources naturelles en danger

Les fumées des usines polluent l'air.

Certains disent que **la déforestation a pour conséquence le réchauffement** de **l'atmosphère** appelé «**l'effet de serre**».

Un pétrolier a fait **naufrage. Une marée noire menace** les côtes.

Les pesticides utilisés en agriculture sont la cause de nombreuses maladies.

▶ Vocabulaire supplémentaire—Les problèmes de l'environnement, p. R20

Protégeons l'environnement!

Le recyclage **du papier, du verre et de** l'aluminium réduit l'accumulation des déchets.

Certaines maisons sont équipées de panneaux solaires.

Les éoliennes utilisent la force **du vent pour** produire de l'énergie.

De plus en plus, les **compagnies** automobiles produisent **des voitures qui** consomment **moins** d'essence.

D'autres mots utiles

un(e) écologiste
environmentalist

la conservation
preservation

le gaz
natural gas

la pollution
pollution

la source d'énergie
energy source

(s')améliorer
to improve

empirer
to worsen

gaspiller
to waste

planter
to plant

recycler
to recycle

Exprimons-nous!

To make predictions and express assumptions

Ça ne m'étonnerait pas que l'énergie solaire ait du succès.
It wouldn't surprise me if . . .

Je parie qu'il y aura bientôt des bateaux **hybrides.**
I bet that . . . hybrids.

Quand on arrêtera la déforestation, ça ira mieux, **j'en suis sûr(e).**
. . . I'm sure of it.

Je suis convaincu(e) que notre **environnement** va s'améliorer.
I'm convinced that . . . environment . . .

Je suppose qu'on consommera moins d'essence à l'avenir.
I assume that . . .

Vocabulaire et grammaire,
pp. 79–81

Online Workbooks

23 Qu'est-ce que c'est?

Lisons Finis chaque phrase logiquement.

1. Le recyclage
2. La déforestation
3. Les éoliennnes
4. Les fumées des usines
5. Les voitures hybrides

a. polluent l'atmosphère.
b. consomment moins d'essence.
c. réduit l'accumulation des déchets.
d. utilisent la force du vent.
e. produit l'effet de serre.

24 Écoutons

Ce soir, il y a un débat sur la protection de l'environnement à la télévision. Écoute madame Gemblinne et monsieur Bilouet discuter et dis si les phrases suivantes sont **a) vraies** ou **b) fausses**.

1. Madame Gemblinne pense que tout le monde devrait recycler.
2. Ça n'étonnerait pas monsieur Bilouet qu'il soit trop tard.
3. Madame Gemblinne ne croit pas qu'on puisse arrêter l'effet de serre.
4. Monsieur Bilouet ne pense pas que les dégâts soient déjà faits.
5. Ça étonnerait monsieur Bilouet qu'il n'y ait que le problème de la déforestation.
6. Madame Gemblinne est convaincue qu'on va trouver de nouvelles sources d'énergie.
7. Monsieur Bilouet n'est pas sûr que les voitures hybrides soient très populaires.
8. Madame Gemblinne pense qu'il y aura un jour des bateaux hybrides.

25 Des solutions

Parlons/Écrivons Explique ce qui se passe sur ces photos et dis si, à ton avis, cela améliore l'environnement. Utilise les expressions d'Exprimons-nous!

1.

2.

3.

4.

Exprimons-nous!

To express and support an opinion

A priori, l'essence pollue plus que le gaz naturel.
At first glance, . . .

D'un côté, on a besoin d'énergie, **d'un autre,** il faut protéger la planète.
On the one hand, . . . on the other hand, . . .

En principe, on devrait avoir moins de marées noires à l'avenir.
Theoretically, . . .

Ce que je sais, c'est qu'il vaut mieux conserver l'énergie.
What I know is that . . .

Vocabulaire et grammaire,
pp. 79–81 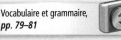 **Online** Workbooks

26 Question d'opinion

Lisons/Écrivons Jean et Léon ont des opinions différentes.
Complète leur conversation avec les expressions
d'**Exprimons-nous!**

JEAN ___1___ on vit mieux aujourd'hui que dans le temps!

LÉON ___2___ oui, mais ___3___, c'est qu'il y a plus de
maladies aujourd'hui que quand j'étais jeune!

JEAN ___4___, c'est vrai mais ___5___ les gens mouraient
plus jeunes aussi.

27 Mon point de vue

 Écrivons Choisis un problème environnemental qui t'intéresse et
écris un paragraphe pour le décrire et donner ton avis sur le sujet.

MODÈLE **Je pense que les pesticides sont un gros problème.
A priori, on en a besoin pour...**

 *Digital* **performance space**

Communication

28 Opinions personnelles

Écrivons/Parlons En groupes, organisez un débat sur
l'environnement. Choisissez un sujet et faites une liste des
«pour» et des «contre» en défendant votre opinion avec des
arguments solides. Présentez à la classe.

MODÈLE Sujet: l'énergie nucléaire
—**A priori, l'énergie nucléaire est très dangereuse.**
—**Oui, c'est vrai, mais d'un autre côté, on dit que...**
—**Ah bon? Moi, ça ne m'étonnerait pas que...**

quand, *lorsque*, and *dès que*

1 Use the **present** after **quand** *(when)*, **lorsque** *(when, at the moment of)*, and **dès que** *(as soon as)* when discussing a situation *in general*.

> **Quand** j'ai des sacs en plastique, je les **recycle**.
>
> **Lorsqu'il** fait beau, je **vais** en ville à vélo.
>
> **Dès qu'il** fait beau, il va à la mer.

en général

2 Use the **future** or the **future perfect** after **quand**, **lorsque**, and **dès que** *(as soon as)* when the event occurs in the future.

> Les écologistes **seront** contents **quand** tout le monde **recyclera**.
>
> **Dès que** les usines ne **pollueront** plus, l'environnement s'**améliorera**.
>
> **Lorsque** tu **auras acheté** une voiture hybride, tu **consommeras** moins d'essence.

dans le futur

Vocabulaire et grammaire, *pp. 82–83*
Cahier d'activités, *pp. 65–67*

Online Workbooks

En anglais

In English, you use the present after expressions like *when, as soon as,* even if the event takes place *in the future.*

> *When I arrive, I'll call you.*

Do you ever use the future after "when"?

In French, however, you will use the future whenever the event occurs in the future.

29 **Écoutons**

Écoute ces élèves et dis s'ils parlent d'actions **a)** qu'ils font généralement ou **b)** qu'ils feront dans le futur.

30 **Chaque chose en son temps**

Parlons/Lisons Complète les phrases avec la forme correcte du verbe entre parenthèses.

♻ *Souviens-toi,* The future and future perfect, *pp. 48, 60*

1. J'achèterai une voiture de sport lorsque j'(aurai / ai) un meilleur salaire.

2. Je m'habillerai dès que je/j'(aurai pris / prends) une douche.

3. Tu consommeras moins d'essence quand tu (as / auras) ta nouvelle voiture.

4. Je saurai ma note dès que le prof (rend / aura rendu) les examens.

5. Mes parents iront vivre à la campagne quand ils (sont / seront) à la retraite.

6. Quand nous (dînons / dînerons), nous ne regardons jamais la télévision.

31 **Projets de voyage**

Écrivons Julien va aller en Belgique. Complète ce que disent ses amis avec les formes correctes des verbes entre parenthèses. Utilise le futur **seulement si l'action va se passer dans le futur.**

MODÈLE   Quand je __serai__ en Europe, je prendrai l'autobus.
Quand j'__ai__ de l'argent, j'achète des souvenirs.

1. Quand tu _____ (être) en Belgique, envoie-moi des cartes postales!

2. J'aime me promener dans les rues de Bruxelles lorsqu'il _____ (faire) beau.

3. Tu nous téléphoneras dès que tu _____ (arriver) chez Jean-Michel, n'est-ce pas?

4. Lorsque tu _____ (voir) Raoul, dis-lui bonjour de notre part!

5. Rends aussi visite à Véronique dès que tu _____. (pouvoir)

6. Quand je _____ (être) là-bas, j'adore manger du chocolat.

32 **Combattre la pollution**

Parlons/Écrivons L'environnement s'améliorera quand nous ferons ce qu'il faut. Regarde les images et dis quand cela arrivera.

MODÈLE   **Il y aura moins de pollution dès que les fumées des usines ne pollueront plus l'air.**

1.   2.   3.   4.

Communication

Digital
performance space

33 **Scénario**

Parlons Avec un des tes camarades, imaginez comment sera la vie dans vingt ans. Est-ce que les problèmes de l'environnement seront résolus ou auront empiré?

The subjunctive after a conjunction

1 As you've already learned, you use the subjunctive with *expressions of necessity, desire, emotion,* and *disbelief* or *doubt.*

You also use the subjunctive after conjunctions like:

à condition que *(provided that)*	en attendant que *(while, until)*
à moins que *(unless)*	jusqu'à ce que *(until)*
afin que *(so that)*	malgré que *(in spite of)*
avant que *(before)*	pour que *(in order that)*
bien que *(although)*	pourvu que *(provided that)*
de sorte que *(so that)*	sans que *(without)*

Je vais nettoyer les bouteilles avant que nous les recyclions.
La déforestation continuera jusqu'à ce qu'il n'y ait plus d'arbres.

2 In some cases, if the subject of both clauses is the same, you can change que to de and use an **infinitive.**

Conjunction		Preposition
à condition que	→	à condition de
à moins que	→	à moins de
afin que	→	afin de
avant que	→	avant de
en attendant que	→	en attendant de
pour que	→	pour
sans que	→	sans

different subjects
Il achètera une voiture avant que nous partions en vacances.
subjunctive

same subject (il va partir)
Il achètera une voiture avant de partir en vacances.
infinitive

3 Remember to use **the indicative** after conjunctions like *parce que, pendant que, depuis que, dès que, quand,* and *lorsque.*

Je recycle *parce que* c'**est** important.

Vocabulaire et grammaire, *pp. 82–83*
Cahier d'activités, *pp. 65–67*

Online Workbooks

34 Quel est le bon verbe?

Lisons/Parlons Complète les phrases avec la forme correcte du verbe.

1. Venez me voir avant (de partir / que vous partiez).

2. J'irai à condition que tu (viennes / venir) avec moi.

3. Je ne t'entends pas bien que tu (parler / parles) fort.

4. Vous êtes contents quand vous (pourrez / pouvez) dormir.

5. Tu planteras des arbres afin (d'améliorer / tu amélioreras) l'environnement.

35 Un moyen de transport économique

Lisons/Écrivons Nadine a envoyé un e-mail à Pascale pour lui demander d'emprunter son vélo. Complète la réponse de Pascale avec la forme correcte des verbes entre parenthèses.

> Bon, d'accord, je te prête mon vélo à condition que tu me le ___1___ (rendre) le mois prochain. Ma sœur et moi, nous allons partout à pied depuis que nous ___2___ (habiter) en ville. Nous trouvons qu'il faut combattre la pollution afin que nos enfants ___3___ (pouvoir) encore sortir de chez eux! Donc, tu peux le garder jusqu'à ce que tu ___4___ (partir) en vacances, pourvu que tu n'___5___ pas (avoir) d'accident. Je vais le laver avant que tu ___6___ (venir) le chercher. Téléphone-moi pour que je ___7___ (savoir) quand tu vas venir. À moins que tu ___8___ (vouloir) que je te l'___9___ (amener)...?

36 Dans ce cas-là...

Écrivons/Parlons Regarde les photos et complète chaque phrase logiquement. Utilise différentes conjonctions dans tes phrases.

Je

MODÈLE **J'irai au parc à moins qu'il ne pleuve!**

1. Léa

2. Tanguy

3. ils

4. Huang

Communication

37 Interview

Parlons Avec des camarades posez-vous des questions pour savoir ce que vous faites pour protéger l'environnement. Utilisez des conjonctions dans vos réponses.

recycler	gaspiller	utiliser des pesticides
laisser la télé allumée	???	

Application 2

38 Pour une planète plus propre

Lisons/Écrivons Qu'est-ce que ces gens disent au sujet de la pollution? Forme des phrases complètes.

1

On gaspillera moins d'électricité
J'économiserai de l'énergie
Il y aura moins de pollution
Les plages resteront propres
Il faut régulièrement emmener sa voiture chez le mécanicien

2

dès que
quand
afin que
à condition que
malgré que
pourvu que

3

les usines (produire) moins de déchets.
cela (contribuer à) l'effet de serre.
(polluer) moins.
ma maison (avoir) des panneaux solaires.
il (ne pas y avoir) de marées noires.

Un peu plus

The verb *éteindre*

The verb **éteindre** *(to put out or switch off)* is irregular, and is conjugated like **craindre**. Notice that the plural forms have a **g** in the stem while the singular forms do not.

éteindre	
j' **éteins**	nous **éteignons**
tu **éteins**	vous **éteignez**
il/elle/on **éteint**	ils/elles **éteignent**
Past participle: éteint	

Éteins la lumière avant de quitter la maison.

Peindre *(to paint)* is conjugated like **éteindre**.

Vocabulaire et grammaire, *p. 84*
Cahier d'activités, *pp. 65–67*

Online Workbooks

39 Halte au gaspillage!

Lisons/Écrivons Sonia et ses amis parlent des économies d'énergie qu'ils font. Complète leurs phrases avec la forme correcte du verbe entre parenthèses.

1. Tu _____ (éteindre) la climatisation, toi, quand il ne fait pas trop chaud?

2. Nous, nous _____ (éteindre) les lumières quand nous sortons d'une pièce.

3. Je fais cela aussi, parce que je _____ (craindre) de gaspiller l'électricité.

4. Mon frère est écologiste et artiste. Il _____ (peindre) de beaux posters.

5. Certaines personnes _____ (éteindre) leur moteur quand ils sont arrêtés pendant plus de trente secondes.

6. Et vous, est-ce que vous _____ (craindre) le réchauffement de l'atmosphère?

40 Écoutons

Écoute ce que ces gens disent et dis si **a) ils protègent** ou **b) ils ne protègent pas** l'environnement.

1. Antoine   3. Ophélie
2. Valentin   4. Pascale

41 Des conseils écologiques

Écrivons Écris un paragraphe en mentionnant au moins six choses que tu peux faire dans la vie quotidienne pour protéger l'environnement.

42 Planète en péril

Lisons/Parlons Lis ces phrases et donne une solution au problème.

1. Il n'y a presque plus d'éléphants dans certains pays d'Afrique.
2. On a détruit une grande partie de la forêt en Amérique du sud.
3. Les voitures consomment trop d'essence et polluent l'atmosphère.
4. Les gens jettent leurs journaux dans la poubelle.
5. Beaucoup de jeunes laissent la lumière allumée quand ils quittent un endroit.

Flash culture

La Belgique, la Suisse et Monaco, comme d'autres pays de l'Europe de l'ouest, sont très actifs pour promouvoir, entre autres, l'utilisation de voitures électriques. En 2014, plus de 65.000 voitures électriques circulaient en Europe, dont plus de 15.000 en France.

Y a-t-il des voitures électriques aux États-Unis?

24/24

recharge véhicules électriques

Digital performance space

Communication

43 Question d'environnement

Parlons Tu parles avec ton/ta camarade des problèmes de l'environnement. L'un(e) de vous se demande ce qu'on peut faire pour améliorer ces problèmes. L'autre est un(e) écologiste qui suggère des solutions. Utilisez les phrases ci-dessous pour vous guider. Ensuite, présentez vos solutions à la classe.

— **Qu'est-ce qu'on pourrait faire pour réduire l'effet de serre?**
—
— **Comment peut-on réduire l'accumulation des déchets?**
—
— **Qu'est-ce qu'il faudrait faire pour qu'il y ait moins de pollution?**
—
— **Quel type de voitures consomme moins d'essence?**
—
— **À ton avis, quelles ressources on utilisera plus dans le futur?**
—

Application 2

Lecture

Marcel Pagnol (1895–1974) écrivain et cinéaste français, a beaucoup écrit sur sa région natale, la Provence. Il a commencé par écrire des pièces de théâtre. Il a écrit aussi des romans dont une série autobiographique: *La Gloire de mon père, Le Château de ma mère, Le Temps des secrets, Le Temps des amours.* Au cinéma, il a mis en scène *La femme du boulanger, Topaze* ou encore *Le curé de Cucugnan.*

A Avant la lecture

Avant de lire l'extrait, regarde le film *Jean de Florette* et note le thème du film en français. Tu peux comparer tes notes à celles de tes camarades pour voir si vous êtes d'accord sur le thème de l'histoire.

Jean de Florette

Jean de Florette raconte l'histoire de Jean, un homme de la ville qui hérite d'une ferme et décide de s'y installer avec sa famille. Jean, qui est bossu, décide de se lancer dans l'élevage¹ des lapins et fait des plantations. Mais la vie est difficile. Les autres personnages mentionnés sont le Papet (qui voudrait avoir la ferme de Jean) et Ugolin (le neveu du Papet).

« Finalement, dit-il² au Papet, le Bon Dieu est contre nous. Ce bossu de malheur a toute l'eau qu'il veut ; moi, ça m'a fait moisir³ mes pois chiches⁴, et ta vigne a pris un coup de

Gérard Depardieu dans le rôle de Jean de Florette

---

1. *raising* **2.** *It's Ugolin speaking to the Papet.* **3.** *to get moldy*
4. *chick peas*

Daniel Auteuil et Yves Montand dans les rôles d'Ugolin et du Papet

" pourridié¹ ". Lui, ses coucourdes² se gonflent³ comme si l'ange Bouffareou soufflait dedans... Il va faire fortune, et il ne partira jamais !

— Ne t'inquiète pas, disait Papet, il a eu la chance d'un printemps pourri⁴, mais c'est le signe d'un été de feu. Je te dis qu'à la fin de juillet, toute cette verdure, ça sera aussi jaune que du blé mûr, et les feuilles de ce maïs, elles chanteront comme des cigales⁵...

S'il pleut en juin,
Mange ton poing. »

**

Le vieux paysan et les dictons avaient raison.

C'est le 5 juillet que l'été tardif s'installa, avec une brutalité soudaine. Les cigales, jusque-là timides, grésillèrent⁶ frénétiquement dans les oliviers, et le soleil énorme monta tout droit au zénith comme un ballon de feu.

À midi, l'ombre des pins était toute ronde autour de leur pied. La terre se mit à fumer, en transparentes volutes bleutées⁷ : la végétation s'exalta aussitôt. Le champ de maïs grandit chaque

nuit de quelques centimètres, les courges s'accrochèrent aux troncs des oliviers, comme pour en commencer l'escalade. Leurs fruits étaient déjà plus gros que de petits melons.

« Voilà, expliqua le planteur, le secret de la végétation tropicale : après une pluie insistante et pénétrante, un grand coup de soleil stimule l'activité des tiges et des feuilles, en accélérant les échanges. Ce merveilleux système d'alternance vient de s'installer cet été, et il est visible que la Providence a décidé de récompenser nos efforts. »

Mais dès la troisième journée de soleil, il constata que les feuilles commençaient à perdre leur éclat⁸ ; quelques-unes même pendaient⁹ en arrière, comme fatiguées : il était grand temps d'utiliser la citerne.

Le soir, devant Ugolin venu aux nouvelles, il exposa son plan.

« La citerne est pleine à ras bord¹⁰. Elle contient douze mètres cubes. Il m'en faut trois par arrosage¹¹, et un arrosage tous les deux jours. La citerne m'assure donc huit jours de tranquillité.

---

1. *mildew* **2.** *type of squash* **3.** *grossissent* **4.** *rainy spring* **5.** *cicadas* **6.** *chirped* **7.** *bluish smoke* **8.** *vividness*
9. *were hanging* **10.** *full to the rim* **11.** donner de l'eau

— D'accord, dit Ugolin, mais c'est pas sûr qu'il pleuve dans huit jours !

— Prévu ! dit M. Jean. C'est pourquoi, dès demain, nous allons commencer les voyages au Plantier[1]. Cent litres par voyage, quatre voyages par jour. C'est-à-dire que, dans huit jours, nous aurons versé dans la citerne trois mille deux cents litres, ce qui nous donne deux jours de plus. Soit dix jours.

— Dix jours, c'est bien, dit Ugolin, mais en cette saison, on ne sait jamais.

— Vous avez raison : aussi, j'ai prévu le pire. Si dans dix jours le ciel continue à me trahir[2], je sacrifierai une partie de la récolte, et je vous louerai votre mulet. Il peut porter certainement deux bidons[3] de cinquante litres. Donc, nous pourrons fournir à la citerne, en faisant cinq voyages, un mètre cube par jour, ce qui sera suffisant pour attendre la prochaine pluie.

— C'est bien combiné, dit Ugolin.

— J'espère, dit M. Jean, n'avoir pas besoin d'en venir là. » [...]

**

Ils repartirent donc pour le Plantier, mais sans inquiétude et sans hâte : ces corvées d'eau n'étaient plus qu'une précaution, très probablement inutile.

Grâce à l'orage, qui avait profondément pénétré le sol, grâce à la provision de la citerne, les courges vertes, rayées de blanc, s'arrondissaient à l'ombre de leurs feuilles, les épis du maïs s'enflaient gaillardement, et l'herbe[4] rafraîchie des collines suffisait à la nourriture des lapins.

Cependant, le flamboyant soleil du mois d'août montait chaque matin dans un ciel vide, et aspirait la très légère brume qui flottait au-dessus des herbes et des plantes : vers midi, tout était sec[5], et le sol friable s'écrasait en poussière sous les pas[6] de M. Jean.

Il décida donc de changer de méthode, et de verser chaque matin deux litres d'eau au pied de chaque plante de cucurbita ; puis, pour ralentir[7] l'évaporation, il les recouvrit avec des lambeaux de toile de jute[8], un vieux tapis de table, des draps[9] de lit, des couvertures, des journaux, les portes de la

Ugolin et Jean de Florette

---

1. *part of property further away from the farm*   2. *to betray*   3. comme de grosses bouteilles   4. l'herbe forme la pelouse
5. sec est le contraire d'humide   6. le pied   7. *to slow down*   8. *pieces of fabric*   9. *sheets*

Chapitre 7 • Notre planète

remise[1] posées sur quatre pierres, de larges ramures[2] *d'yeuse* ou de pin. Lorsque le Papet (qui surveillait les opérations) vit pour la première fois cet étalage[3] il en pleura de rire : il avait tort[4], car tant qu'il y eut de l'eau dans la citerne, les plantes ainsi protégées continuèrent à prospérer.

Au dixième jour, le bossu inquiet recommença à faire des problèmes de certificat d'études : « Étant donné qu'une citerne contient encore six mètres cubes d'eau, et que son propriétaire est forcé d'en dépenser deux mètres cubes tous les deux jours ; que, d'autre part, il peut en transporter chaque jour..., etc. »

---

1. *barn*   **2.** *foliage*   **3.** *display*   **4.** *he was wrong*

Compréhension

B Dis si, d'après la lecture, les phrases suivantes sont **a) vraies** ou **b) fausses**. Justifie ta réponse en écrivant le passage de la lecture qui lui correspond.

1. D'après le Papet, s'il pleut beaucoup au printemps, l'été sera très chaud.
2. Il a commencé a faire très chaud au mois de juillet.
3. Il fait de plus en plus chaud.
4. Jean s'occupe des plantes tous les jours.
5. La citerne contient assez d'eau pour passer tout l'été.
6. Le Papet pense que les méthodes de Jean sont excellentes.

C Réponds par une phrase aux questions suivantes.

1. En quelle saison se passe cette histoire?
2. Pourquoi, au début du passage, les plantations de Jean ne sont pas en danger?
3. Pourquoi Jean décide-t-il d'arroser ses plantes chaque matin?
4. Qu'est-ce que Jean décide de faire pour empêcher l'eau de s'évaporer?
5. À ton avis, pourquoi le Papet trouve les méthodes de Jean comiques?

Après la lecture

D Quelle est l'idée principale du texte que tu viens de lire? Une fois que tu as trouvé l'idée principale du texte, fais un résumé du texte. Mentionne seulement ce qui est important à la compréhension de l'histoire.

L'atelier de l'écrivain

Lettre à Jean

Imagine que tu es un célèbre professeur de génie agricole et que tu habites près du village de Jean de Florette. Il t'a écrit une lettre pour te demander des conseils. Tu veux l'encourager à persister dans ses efforts, mais tu veux aussi le prévenir des risques qu'il prend. Donne-lui ton opinion sur les méthodes qu'il utilise. Si tu préfères, imagine qu'un(e) ami(e) te demande des conseils pour trouver un travail, pour annoncer à ses parents qu'il/elle veut se porter volontaire pour une cause humanitaire ou écologique...

STRATÉGIE pour écrire

Defining your audience Just as the way you talk depends on the person to whom you're talking, the way you write should be based on your audience. Ask yourself who your audience is before you begin to write. Are they your classmates? Teachers? A particular person? How much does your audience know about the topic? Should you use formal or informal language? Your writing will be much more effective if you keep your reader in mind.

① Plan: faits et opinions

Pour donner des conseils à Jean ou à ton ami(e), tu dois d'abord organiser les faits. Commence par tracer deux colonnes sur une feuille de papier. Dans la première colonne, liste les faits, c'est-à-dire ce que Jean fait ou ne fait pas, ou encore ce que ton ami(e) doit faire ou veut faire. Ensuite, dans la deuxième colonne, pour chaque fait, donne ton opinion et des conseils.

Faits	Opinions
Maïs	S'il ne pleut pas suffisamment, il faut arroser. Le maïs ne devrait pas être planté en Provence. Vous devriez plutôt planter des oliviers.

L'atelier de l'écrivain

② Rédaction

Fais un brouillon de ta lettre. Utilise ton organigramme pour être sûr(e) que tu utilises toutes tes idées (faits, opinions et conseils) de manière organisée et logique. N'hésite pas à les classer par ordre d'importance. Attention aussi au ton de ta lettre.
Pose-toi ces questions:

- Est-ce que je connais bien la personne à qui j'écris?
- Est-ce que c'est un bon ami ou juste une connaissance?

Cela devrait t'aider à déterminer le ton de ta lettre.

③ Correction

Maintenant, c'est le moment de t'assurer que ta lettre est bien écrite. Cherche les mots dans le dictionnaire pour vérifier leur orthographe si tu as des doutes. Assure-toi aussi que tes verbes sont bien conjugués. Échange ta lettre avec celle d'un(e) camarade de classe. Corrigez vos lettres respectives.
Posez-vous les questions suivantes:

- Est-ce qu'il y a des fautes d'orthographe, de grammaire, de vocabulaire?
- Est-ce que la lettre est claire?
- Est-ce que le ton est correct?

Fais les corrections et écris la version finale.

④ Application

Échangez les lettres entre tous les élèves de la classe. Est-ce qu'il y a des suggestions meilleures que d'autres? Est-ce qu'il y a des suggestions qui sont drôles? Affichez les lettres dans la classe.

Vocabulaire à la carte

À mon avis,...	*In my opinion, . . .*
D'après moi,...	*According to me, . . .*
Il est important que...	*It's important that . . .*
Il faudrait que...	*It would be necessary that . .*
Je vous conseille de...	*I recommend that you . . .*

Le conditionnel

The **conditionnel de politesse** is used to make a polite request or suggestion.

À mon avis, vous devriez planter des oliviers.

Professeur François Beacco
110, avenue du Général de Gaulle
13000 Marseille

le 15 juillet 2007

Cher Monsieur,

À votre demande, je vais vous faire part de mon opinion et de mes conseils concernant votre exploitation agricole. Vous devriez d'abord lire les infor-

Prépare-toi pour l'examen

1 Chaque fois que Luc est en vacances, quelque chose arrive. Écris une phrase pour dire ce qui arrive sur chaque photo.

1 Vocabulaire 1
• to caution
• to tell why something happened
pp. 276–279

a.

b.

c.

d.

2 Grammaire 1
• review of the comparative and superlative
• the passive voice
Un peu plus
• prepositions
pp. 280–285

2 Fais des phrases avec les éléments donnés.

MODÈLE Une éruption /être / + dangereux / un orage
Une éruption est plus dangereuse qu'un orage.

1. Une tempête / être / − sérieux / une avalanche
2. M. Faulon / prévoir / + bien / le temps / Mme Smith
3. Il / faire / = chaud / Texas / Iowa
4. À Paris / il / + pleuvoir / Marseille
5. Le météorologiste du *Monde* / être / = intelligent / le météorologiste d'*EuroNews.Fr*

3 Vocabulaire 2
• to make predictions and express assumptions
• to express and support an opinion
pp. 288–291

3 Devine de quoi on parle.

1. C'est quelque chose qu'on jette. Parfois, c'est mauvais pour l'environnement.
2. C'est quand on utilise quelque chose plus d'une fois et qu'on ne le jette pas.
3. Certaines maisons en ont pour utiliser l'énergie du soleil.
4. Elles tournent avec le vent et produisent de l'énergie.
5. Il en faut pour conduire une voiture, même si elle est hybride.

4 Finis les phrases suivantes. Utilise le subjonctif si nécessaire.

1. Je te donne de l'argent à condition que tu...
2. Mon père recycle afin que nous...
3. Les voitures hybrides sont économiques bien qu'elles...
4. Les tornades sont dangereuses parce que...
5. Ça ne m'étonnerait pas que...

5 Réponds aux questions suivantes.

1. Comment s'appelle le courant qui baigne les côtes de la Belgique?
2. Donne un exemple de ce que les Français font pour économiser l'électricité.
3. Quel est le nom du protocole que la plupart des pays ont adopté pour la protection de l'environnement?

6 Écoute et dis si on parle **a) de phénomènes naturels** ou **b) de l'environnement.**

7 Il y a eu un phénomène naturel dans ta ville hier. Tu en parles avec ton/ta camarade. D'abord, lisez les instructions pour chaque réplique *(exchange)*. Ensuite, créez votre dialogue en utilisant des expressions que vous avez apprises.

Élève A:	Demande à ton/ta camarade quelle à été son expérience de l'événement.
Élève B:	Décris l'événement.
Élève A:	Donne plus de détails et parle des conséquences de l'événement.
Élève B:	Demande s'il y a des problèmes dans la ville.
Élève A:	Décris les problèmes provoqués par l'événement.
Élève B:	Parle des prévisions *(forecast)* météorologiques.
Élève A:	Fais des prédictions.
Élève B:	Donne ton opinion.

Online Assessment

my.hrw.com
Chapter Self-test

4 **Grammaire 2**
- **quand, lorsque,** and **dès que**
- subjunctive after a conjunction

Un peu plus
- the verb **éteindre**
pp. 292–295

5 **Culture**
- **Comparaisons** p. 287
- **Flash culture** pp. 279, 290, 297

Prépare-toi pour l'examen

Grammaire 1
- review of the comparative and superlative
- the passive voice

Un peu plus
- prepositions
  pp. 280–285

Résumé: Grammaire 1

To form the **comparative of nouns**, use

plus de			
moins de	+	**noun**	+ que
autant de			

To form the **comparative of adjectives and adverbs**, use

plus			
moins	+	**adjective/adverb**	+ que
aussi			

To form the **superlative of adjectives**,

definite article	+	plus moins	+	**adjective**	+	de

To form the **superlative of adverbs**, use

definite article	+	plus moins	+	**adverb**	

In the *passive voice,* the subject of the sentence receives the action. To form the passive voice, use **être** plus the past participle of the main verb. The past participle will agree in number and gender with the subject. To tell *who* or *what* is doing the action use **par**.

> **La maison a été détruite par un cyclone.**

Sometimes you will use a different preposition in French than you would in English, or it could be omitted in one language but not in the other.

Grammaire 2
- **quand, lorsque, and dès que**
- subjunctive after a conjunction

Un peu plus
- the verb **éteindre**
  pp. 292–297

Résumé: Grammaire 2

After **quand** or **lorsque**, use the **present** when discussing a *general situation.* Use the **future** after **quand, lorsque,** and **dès que** when the event *will happen* in the future.

The subjunctive is used after certain **conjunctions**, see page 294. If the subjects of both clauses are the same, you can use a **preposition** and an infinitive instead of a conjunction and the subjunctive. After conjunctions like **parce que, pendant que, depuis que, dès que, quand,** and **lorsque** use the indicative.

Éteindre is an irregular verb which means *to put out* or *to switch off:* **j'éteins, tu éteins, il éteint, nous éteignons, vous éteignez, ils éteignent.** The past participle is **éteint.**

The verbs **craindre** and **peindre** are conjugated like **éteindre.**

Résumé: Vocabulaire 1

Natural phenomena

abîmer/endommager	to damage	la **grêle**	hail
une **alerte**	alert	un **incendie**	fire
une **avalanche**	avalanche	une **inondation**	flood
causer/provoquer	to cause	un **million**	million
le **climat**	climate	un **orage**	thunderstorm
la **côte**	coast	un **ouragan**/un **cyclone**	hurricane/cyclone
une **coulée de lave**	lava flow	un **phénomène naturel**	natural phenomenon
le **courant**	current	une **précaution**	precaution
les **dégâts** (m.)	damage	un **raz-de-marée**	tidal wave
un **désastre**	disaster	une **région sinistrée**	stricken region
un **désert**	desert	**secouer**	to shake
détruire/ravager	to destroy	une **tempête (de sable/neige)**	(sand/snow) storm
un **éclair**/le **tonnerre**	lightning/thunder	une **tornade**	tornado
empirer	to worsen	un **tremblement de terre**	earthquake
une **éruption**	eruption	un **volcan**	volcano
estimer	to estimate		
évacuer	to evacuate		
un **glissement de terrain**	mudslide		

To caution .... *See p. 277*
To tell why something happened .... *See p. 279*

Résumé: Vocabulaire 2

Resources

l'**accumulation** (f.)	accumulation	**hybride**	hybrid
l'**air** (m.)	air	une **marée noire**	oil slick
l'**aluminium** (m.)	aluminum	**menacer**	to threaten
(s')**améliorer**	to improve	un **panneau solaire**	solar panel
l'**atmosphère** (f.)	atmosphere	un **pesticide**	pesticide
la **conséquence**	consequence	un **pétrolier**	oil tanker
la **conservation**	preservation	**planter**	to plant
consommer/gaspiller	to use/to waste	polluer/la **pollution**	to pollute/pollution
le **déchet**	waste	**produire**	to produce
la **déforestation**	deforestation	**protéger**	to protect
un/une **écologiste**	environmentalist	le **réchauffement**	warming
l'**effet** (m.) **de serre**	the greenhouse effect	**réduire**	to reduce
l'**énergie** (f.)	energy	le **recyclage**/**recycler**	recycling/to recycle
l'**environnement** (m.)	environment	les **ressources naturelles** (f.)	natural resources
une **éolienne**	windmill	la **source d'énergie**	energy source
équipé(e)	equipped	**utiliser**	to use
l'**essence** (f.)	gasoline	le **verre**	glass
faire **naufrage**	to wreck		
la **force**	strength		
les **fumées** (f.) **des usines** (f.)	factory smoke		
le **gaz**	natural gas		

To make predictions .... *See p. 289*
To express and support an opinion ..... *See p. 291*

Prépare-toi pour l'examen

Activités préparatoires

ACTIVITÉ
PRÉPARATOIRE
PRE-AP

🎧 Interpersonal Speaking

Listen to the dialogue and choose the most appropriate response.

1. A. Oui, beaucoup de gens sont morts.
   B. Oui, C'est vrai. Mais il peut y avoir un ouragan!
   C. C'est vrai. Ici, il n'y a pas de volcans.
   D. C'est pour ça que je te préviens.

2. A. C'est bien. Le recyclage, c'est vraiment important!
   B. Dis-donc! Tu es une vraie écologiste, toi!
   C. Ah, oui, il faut trouver une solution à l'effet de serre.
   D. Je parie que bientôt, l'essence coûtera beaucoup moins cher.

Interpretive Reading

Did you notice that hurricanes have different names? Do you know how the names are chosen? This reading selection from the French newspaper *Libération* tells how hurricanes and other storms get their names.

Pourquoi Xynthia a un nom pareil

Et pourquoi les tempêtes s'appellent Günter, Klaus ou Lothar...

Avant, pour faire court, une tempête s'appelait selon le saint du jour, le lieu-dit qu'elle avait démoli ou l'humeur des météorologistes. Depuis les années cinquante, tempêtes et cyclones sont nommés selon des listes préétablies de prénoms (mais aussi noms de fleurs, arbres, oiseaux), établies par des comités de pays dont la composition varie selon la région concernée, et validées par l'Organisation météorologique mondiale des Nations Unies.

Le National Hurricane Center de Miami tourne ainsi avec six listes de prénoms. Quand les listes sont épuisées, on prend les mêmes et on recommence. Sauf pour les tempêtes particulièrement meurtrières: leurs noms sont alors supprimés de la liste, histoire de ne pas se retrouver avec une Katrina bis ou un Mitch junior.

Pour l'Atlantique nord, c'est l'Institut de météorologie de Berlin qui s'en charge, depuis 1954. D'où un penchant pour les consonances germaniques: Klaus (janvier 2009), Lothar (décembre 1999)... Les listes suivent l'alphabet, en alternant prénoms masculin féminin, parité oblige: avant Xynthia il y a eu les inoffensifs Günter, Isidor ou Wera. Après viendront Yve et Zana.

En 2004, les étudiants de l'institut ont l'idée de proposer au public d'adopter une tempête en la baptisant.

Ou comment sensibiliser l'opinion à la météorologie tout en finançant les programmes de recherche et observations météo. Car baptiser une tempête de l'Atlantique nord à un prix: 199 euros pour une dépression, 299 euros pour un anticyclone.

Les prénoms doivent répondre à certains critères : être inscrits au registre des prénoms «acceptables», pas de trait d'union, de caractères spéciaux...

---

1. Les tempêtes ont des prénoms depuis …
   A. les années 50.
   B. les années 60.
   C. 2004.
   D. 1999.

2. On peut utiliser un prénom…
   A. une seule fois si l'ouragan n'est pas fort.
   B. une seule fois si l'ouragan est très fort.
   C. deux fois au maximum.
   D. trois fois au maximum.

3. Les tempêtes de l'Atlantique nord…
   A. ont souvent des noms allemands.
   B. ont toujours des noms masculins.
   C. ont souvent des noms français.
   D. sont acceptables.

4. Comment peux-tu nommer une tempête?
   A. en inventant un prénom
   B. en payant
   C. en proposant un nouveau prénom
   D. en choisissant une tempête

The following activities can be used to help you to prepare for the Advanced Placement French Language and Culture Exam, or to further practice the vocabulary and grammar concepts you have seen in this chapter.

Interpersonal Writing

You live in a small village in France. Close by, there is forest that has been littered and you would like to see it cleaned. You wrote the mayor of your village to know if you can organize a clean up day. The mayor answered your e-mail asking for you to detail your plan before he can give his approval. Answer his e-mail. You should use formal style in your email. Start with a polite greeting and thank your correspondent at the end of your message.

Bonjour.

Je suis enthousiasmé pas votre idée de vouloir nettoyer le «Petit Bois du Clos» et de vouloir recruter les habitants de la commune.

Cependant, avant de pouvoir faire suite à votre demande et de vous donner accès aux ressources de la commune (tracteur, équipement divers), j'aimerais que vous me donniez plus de détails sur votre projet de nettoyage:
- Comment pensez-vous contacter les habitants du village?
- Comment voulez-vous organiser les différentes tâches?
- Quelle serait la date et la durée (une journée ou plusieurs journées) du projet?
- Quel serait le matériel nécessaire?
En l'attente de votre réponse, et en espérant pouvoir faire suite à votre demande et y participer moi-même, je vous prie de croire en mes salutations distinguées.

Philippe Lemaître,
Maire d'Entremonts

Presentational Writing

You're going to write an essay about the environment based on a text and several interviews. In your essay, you will discuss what you read and heard, and you will tell if you think recycling can solve problems, and why. Make sure to organize your essay in logical sections and to clearly indicate your sources as you refer to them.

Pourquoi recycler?

Les raisons sont nombreuses, mais on peut en citer trois particulières. Tout d'abord, quand on recycle, on économise les matières premières parce qu'on réutilise des matières existantes pour créer de nouveaux objets. De plus, en recyclant, on économise aussi de l'énergie: il faut en effet moins d'énergie pour recycler le verre, par exemple, que pour en produire du nouveau. Enfin, en recyclant, on crée moins d'ordures, ce qui permet de réduire le volume des déchets qui doivent être éliminés.

Les campagnes de recyclage sensibilisent les consommateurs, qui sont donc plus à même de changer leurs habitudes de tous les jours en ce qui concerne leurs efforts de tri sélectif des déchets.

Quels sont les problèmes écologiques les plus importants?

Essay Topic: **Quels sont les problèmes écologiques principaux? Est-ce que le recyclage est une solution efficace à ces problèmes?**

Révisions cumulatives

1 Écoute les phrases et décide de quelle photo on parle.

a.

b.

c.

2 On est en 2025 et le climat est complètement perturbé. Il n'y a plus de saison! Regarde ce site météo sur le Web et réponds aux questions suivantes.

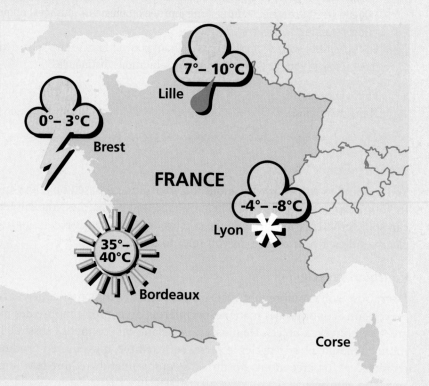

FRANCE

Lille 7°– 10°C

Brest 0°– 3°C

Lyon -4°– -8°C

Bordeaux 35°– 40°C

Corse

1. Quelle catastrophe naturelle pourrait arriver à Lille?
2. Quelle catastrophe naturelle pourrait arriver à Bordeaux?
3. Quelle catastrophe naturelle pourrait arriver à Lyon?
4. Quelle catastrophe naturelle pourrait arriver à Brest?
5. Quel temps fait-il dans ta région?

3 Tu penses qu'il y a trop de déchets dans ta ville. Tu voudrais que les élèves de ton école fassent quelque chose pour améliorer la situation. Tu vas trouver le directeur (la directrice) de ton école pour lui expliquer ton plan. Joue cette scène avec un(e) camarade.

4 Regarde le tableau et écris un article sur le phénomène naturel dépeint sur ce tableau. Quel a l'air d'être le climat de cette région? Sur quoi tu bases ton opinion?

![Painting of a jetty in stormy weather with ships at sea]

Monet, Claude. The Jetty at Le Havre, 1867.

La jetée du Havre par mauvais temps de Claude Monet

5 Il y a eu une catastrophe naturelle dans la région où un(e) de tes ami(e)s habite et sa maison a été détruite. Écris-lui une lettre pour lui dire que tu es désolé(e), donne-lui des conseils et demande-lui comment tu pourrais l'aider.

6 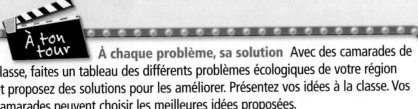 À ton tour

À chaque problème, sa solution Avec des camarades de classe, faites un tableau des différents problèmes écologiques de votre région et proposez des solutions pour les améliorer. Présentez vos idées à la classe. Vos camarades peuvent choisir les meilleures idées proposées.

8

La société

Objectifs

In this chapter, you will learn to
- express a point of view
- speculate
- ask for assistance
- relate information

And you will use and review
- contractions with **lequel**
- the past subjunctive
- adverbs
- the conditional
- the verb **vaincre**
- **chacun** and **chacune**

▶ *Que vois-tu sur la photo?*

Où se passe cette scène?

Qu'est-ce qui se passe?

As-tu déjà assisté à une relève de la garde ou à un défilé militaire? Où? Quand?

MODES OF COMMUNICATION

INTERPRETIVE	INTERPERSONAL	PRESENTATIONAL
Listen to people speak in various situations, and decide where they are.	Discuss what you would do if you were elected President of the United States.	Inquire about political habits and present results to the class.
Read about the French political system.	Respond to an email from a publisher about a story you have written.	Write an essay about the importance of politics.

La relève de la garde des Carabiniers, à Monaco

Vocabulaire
à l'œuvre **1**

Les élections

Les candidats qui **se présentent** aux élections **participent** à un **débat télévisé**.

Pendant **une campagne électorale**, il y a **des affiches** sur les murs.

un bureau de vote

un électeur

Quand il y a des élections, les électeurs **votent** pour **élire** un candidat.

les bulletins de vote

l'urne (f.)

▶ **Vocabulaire supplémentaire**—La politique, **p. R20**

Le gouvernement en France

Online Practice

my.hrw.com
Vocabulaire 1 practice

Vocabulaire 1

Le Parlement est composé de deux chambres.
Les députés et **les sénateurs** font **les lois**.

En France, **le premier ministre** est le chef du gouvernement. Il choisit les ministres qui vont **siéger** dans son **cabinet**.

Dans une république, c'est un président qui est **le chef de l'État**. Dans une monarchie, c'est un roi.

D'autres mots utiles

une démocratie	*democracy*
une dictature	*dictatorship*
un discours	*speech*
le droit de vote	*right to vote*
un(e) immigrant(e)	*immigrant*
une manifestation	*protest*
l'opposition (f.)	*opposition*
un parti politique	*political party*
un régime politique	*political regime*
un sondage	*survey/poll*
démissionner	*to resign*
manifester	*to protest*

Exprimons-nous!

To express a point of view

En ce qui me concerne, je crois qu'il a raison.
As far as I'm concerned . . .

Pour ma part, je ne pense pas qu'il ait tort.
As for me . . .

Je ne partage pas ton point de vue.
I don't share your point of view.

Vocabulaire et grammaire,
pp. 85–87

Online Workbooks

1 Écoutons

Écoute ces phrases et choisis la photo qui correspond à chacune d'entre elles.

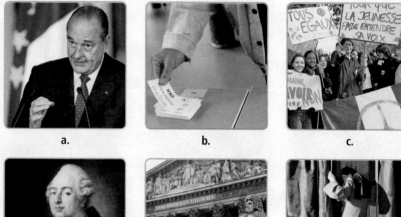

a.

b.

c.

d.

e.

f.

2 Le système politique français

Lisons/Écrivons Complète le paragraphe suivant pour décrire le système politique de la France. Utilise les mots de la boîte.

un cabinet	chambres	députés	les lois
république	partis politiques	siègent	un président
le chef du gouvernement		le premier ministre	

Aujourd'hui, la France est une ___1___ avec ___2___ qui est le chef de l'État, un premier ministre qui est ___3___ et ___4___ composé des ministres qui sont choisis par ___5___. ___6___ sont faites au Parlement. Le Parlement est composé de deux ___7___. Les hommes politiques qui ___8___ au Parlement font partie de différents ___9___.

3 Contrôle des connaissances

Lisons/Parlons Réponds aux questions suivantes pour voir si tu as de bonnes connaissances en politique.

1. Comment s'appelle le chef d'État de ton pays?
2. Quel est le meilleur régime politique, selon ton opinion?
3. À ton avis, à quel âge les jeunes devraient voter?
4. Donne le nom d'un pays qui est une monarchie.
5. Donne le nom d'un pays francophone qui est une république.

Exprimons-nous!

To speculate

À ce que l'on prétend, les agriculteurs ont voté pour lui.
Allegedly . . .

Il est probable que le ministre a changé d'avis à cause du président.
It is probable that . . .

Il y a peu de chances qu'il soit élu.   *There is little chance that . . .*

J'ai entendu dire que le président ne se représentera pas aux élections.
I heard that . . .

À supposer que ce soit vrai, le premier ministre aurait démissionné.
If what they say is true . . .

Ça ne m'étonnerait pas qu'il soit malade.
I would not be surprised if . . .

Vocabulaire et grammaire, pp. 85–87

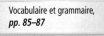 **Online Workbooks**

Vocabulaire 1

4 Parlons politique

Écrivons Aurélie et son ami Simon parlent de politique, mais ils ne partagent pas les mêmes opinions. Complète leur conversation avec les expressions d'**Exprimons-nous!**

AURÉLIE   ____1____ dire que Marine Thibault allait se présenter aux prochaines élections présidentielles!

SIMON   À ____2____ que ____3____, il y a ____4____ qu'elle soit élue.

AURÉLIE   Pourquoi? À ce que l'on ____5____, elle est très bien. C'est une vraie écolo et je crois que ce serait sympa d'avoir une femme président!

SIMON   Je ne partage pas ton ____6____! Je trouve que les femmes sont trop émotives *(emotional)* pour faire de la politique.

AURÉLIE   En ce qui me ____7____, je crois que tu as tort.

Digital performance space

Communication

5 Opinions personnelles

Parlons En petits groupes, choisissez trois événements de l'actualité (locale, régionale, nationale ou internationale) et discutez-en. Échangez vos opinions au sujet de chaque événement.

MODÈLE   —Marie Duchamps va se présenter aux élections!
  —Ça ne m'étonnerait pas que...! En ce qui me concerne...

Objectifs
• contractions with *lequel*
• the past subjunctive

Grammaire à l'œuvre 1

Contractions with *lequel*

1 Lequel is the relative or interrogative pronoun that refers to something already mentioned.

> J'aime sa politique. C'est la raison pour **laquelle** j'ai voté pour lui.
> Pour **lequel** de ces candidats tu vas voter?

2 You use the relative or interrogative pronoun **lequel** to take the place of **quel** plus a noun. When the noun is the object of the prepositions **à** or **de**, **lequel**, **lesquels**, and **lesquelles** contract with the preposition.

à + laquelle = **à laquelle**　　de + laquelle =**de laquelle**

Contraction　　　　　　　　　*Contraction*
à + lequel = **auquel**　　　de + lequel = **duquel**
à + lesquels = **auxquels**　　de + lesquels = **desquels**
à + lesquelles = **auxquelles**　de + lesquelles = **desquelles**

> J'ai parlé à un des candidats?—**Auquel** as-tu parlé?
> De tous ces partis politiques, **desquels** est-ce qu'ils ont fait partie?
> **Auxquelles** de ces manifestations as-tu assisté?

Vocabulaire et grammaire, *pp. 88–89*
Cahier d'activités, *pp. 71–73*

Online Workbooks

Déjà vu!

Do you remember how to use the interrogative pronoun **lequel**? When you want to avoid repeating a noun that has already been mentioned, use a form of **lequel** (which one(s)).

> Voici les candidats: **lequel** est-ce que tu préfères?
> (**lequel** replaces **quel candidat**)

Remember that **lequel** agrees with the noun it replaces.

The other forms of **lequel** are **laquelle, lesquels,** and **lesquelles.**

6 La suite logique

Parlons/Lisons Trouve la suite logique de chaque début de phrase.

1. Les travailleurs
2. J'ai reçu une réponse de plusieurs personnes.
3. J'ai jeté les lettres
4. Le candidat

a. auquel tu as parlé ne se présentera pas aux élections.
b. auxquelles tu as déjà répondu.
c. Desquelles?
d. auxquels le président s'est adressé ont dit qu'ils voteraient pour lui.

7 Écoutons

Choisis la photo qui correspond à chaque phrase que tu entends.

a.　　　　b.　　　　c.　　　　d.

8 Grève générale

Lisons Complète les phrases suivantes avec le bon pronom.

1. Les personnes (desquels / auxquelles) tu as parlé vont faire une manifestation demain.

2. Toutes les manifestations (auxquelles / auquel) j'ai assisté étaient pacifiques.

3. Le candidat (auquel / duquel) le journaliste a téléphoné n'avait rien à dire au sujet de la grève.

4. Ceux (desquels / auxquels) on devrait penser quand il y a une grève des médecins, c'est les malades!

5. (Duquel / De laquelle) de ces candidates as-tu le plus entendu parler?

9 Aux urnes, citoyens!

Lisons Complète correctement chaque phrase avec la forme correcte de lequel.

1. Le candidat _____ je pense est le plus jeune de son parti.

2. Le parti _____ ils parlent est dans l'opposition.

3. La personne _____ il a posé cette question est une journaliste célèbre.

4. Les élections _____ elle a participé ont déjà eu lieu.

5. Les députés _____ je t'ai présenté sont certains d'être réélus.

6. Vous n'avez pas vu l'émission _____ il a participé?

7. Le débat _____ les candidats ont assisté était très intéressant.

8. Les députées _____ j'ai écrit ne m'ont pas répondu.

9. Je n'ai pas entendu le discours du président pendant _____ il a parlé de l'augmentation du chômage.

10. Les questions _____ nous avons répondu étaient difficiles!

Flash culture

La Belgique est composée de trois communautés culturelles: les Flamands qui parlent néerlandais, les Wallons qui parlent français et à l'est, un petit groupe qui parle allemand. Les tensions entre les communautés flamande et francophone provoquent souvent des crises politiques. Pour résoudre ces conflits, le roi Albert II a changé le royaume en un état fédéral.

Est-ce que ton état a plusieurs langues officielles? Lesquelles? Est-ce que c'est une source de conflit?

Communication

10 Interview

Parlons Tu veux savoir si tes camarades suivent l'actualité politique. Pose-leur des questions sur les candidats et les partis politiques. Ensuite, présente les résultats de ton sondage à la classe.

MODÈLE —**Tu connais les candidats qui se présentent aux élections? Desquels as-tu le plus entendu parler?**

The past subjunctive

1 Use the **past subjunctive** to refer to actions and situations that took place in the past after the same expressions and conjunctions that you have used with the present subjunctive.

2 To conjugate verbs in the **past subjunctive**, use the helping verb avoir or être in the subjunctive, and add the **past participle** of the main verb.

que j'	aie **choisi**	que je	sois **rentré(e)**
que tu	aies **choisi**	que tu	sois **rentré(e)**
qu'il/elle/on	ait **choisi**	qu'il/elle/on	soit **rentré(e)**
que nous	ayons **choisi**	que nous	soyons **rentré(e)s**
que vous	ayez **choisi**	que vous	soyez **rentré(e)(s)**
qu'ils/elles	aient **choisi**	qu'ils/elles	soient **rentré(e)s**

Il est possible que notre candidat **ait perdu** les élections.
It is possible that our candidate lost the election.

Je suis contente que la reine **soit venue** voir notre nouvelle école.
I'm happy that the queen came to see our new school.

Vocabulaire et grammaire, *pp. 88–89*
Cahier d'activités, *pp. 71–73*

En anglais

In English, the subjunctive is used too, but it is difficult to recognize because the forms are similar or identical to verbs in the infinitive (*have, be*) or the past tense.

Which of the following sentences uses the subjunctive?

I wish I were the president! Do you think he won the election?

In French, the subjunctive is used much more frequently. There are two main forms: the present subjunctive, which you've already learned, and the past subjunctive.

Je suis ravi(e) que tu viennes. (present subjunctive)

Je suis ravi(e) que tu sois venu. (past subjunctive)

---

⑪ Le président des États-Unis

Lisons Il y a des conditions essentielles pour devenir président des États-Unis. Complète les débuts de phrase logiquement.

1. Il faut que le candidat soit...
2. Il est impossible qu'il ait...
3. Il ne faut pas qu'il soit...
4. Il est essentiel qu'il ait été...

a. moins de 35 ans.
b. allé en prison.
c. élu par la majorité des grands électeurs.
d. né citoyen américain.

⑫ Ah, la politique...!

Lisons/Écrivons La famille de Luc parle des nouvelles du monde politique. Complète ces phrases avec **le passé du subjonctif** des verbes entre parenthèses.

1. Il n'est pas sûr que ces ministres _____ (partir) volontairement.
2. Je doute qu'ils _____ (être) des ennemis du président.
3. C'était un bon député, bien qu'il _____ (avoir) des idées un peu révolutionnaires.
4. Il a été premier ministre jusqu'à ce qu'il _____ (se disputer) avec le président.
5. Ils ont voté pour ce parti, bien qu'ils _____ (ne pas aimer) sa candidate.
6. Nos amis doutent que nous _____ (voter) pour ce candidat.

13 Un nouveau cabinet

Écrivons Le chef du gouvernement vient de choisir de nouveaux ministres. Dans chaque phrase, mets le deuxième verbe **au passé**.

MODÈLE Je ne pense pas que le président déteste l'ancien cabinet.
Je ne pense pas que le président ait détesté l'ancien cabinet.

1. Il est possible que les ministres arrivent à l'Hôtel Matignon cet après-midi.

2. Je suis ravi que le premier ministre choisisse Gérard de Courneuve comme ministre de la culture.

3. Il est possible qu'on vive un moment historique!

4. Je suis heureux que vous ne doutiez pas des compétences de ce nouveau gouvernement.

5. Je suis triste que tu votes pour l'opposition!

14 Beaucoup de choses à faire

Parlons/Écrivons Paul travaille pour un parti politique. Regarde les images et dis ce qu'il faudra que son parti ait fait avant la date indiquée pour se préparer pour les prochaines élections.

Les candidats
☐ Henri Vasseur
☐ Luc Franquin
☐ Alain Champère

faire un sondage /
15 février

MODÈLE **Il faudra que son parti ait fait un sondage avant le 15 février.**

1. choisir un candidat / 15 juin

2. faire imprimer des affiches /
1er septembre

3. organiser un débat télévisé /
la fin de l'année

Digital **performance**)**space**

Communication

15 Scénario

Parlons Vous préparez une fête pour célébrer l'élection de «l'élève de l'année»! Avec un(e) camarade, expliquez les étapes de l'organisation de la fête et donnez les dates auxquelles elles devront être accomplies.

MODÈLE —Qu'est-ce qu'il faudra qu'on ait fait avant lundi?
—Il faudra que nous ayons...,

Application 1

16 Écoutons

Décide si on parle **a) du présent** ou **b) du passé.**

17 Des gros titres

Écrivons Réagis à ces gros titres.

♲ *Souviens-toi,* The Subjunctive pp. 190, 228, 294

MODÈLE **Je doute que le président leur donne le droit de vote!**

> **Le président va donner le droit de vote à tous les immigrants!**

> **Les sénateurs proposent de changer l'âge nécessaire pour avoir le droit de vote. On pourra peut-être bientôt voter à 15 ans.**
>
> 1.

> **Une actrice célèbre vient de créer un nouveau parti politique.**
>
> 2.

> **Le président a demandé au premier ministre de démissionner.**
>
> 3.

> **D'après un sondage du mois dernier, 75 % des électeurs ne sont pas d'accord avec les décisions du président.**
>
> 4.

> **Les professeurs ne sont pas contents de leurs conditions de travail. Ils organisent une grande manifestation demain dans la capitale.**
>
> 5.

> **Une femme chef de l'état? Marilyne Damery commence sa campagne électorale la semaine prochaine.**
>
> 6.

Un peu plus **Révisions**

Adverbs

1. To form most adverbs in French, take the feminine form of the adjective and add **-ment.** If an adjective ends in **-i** or **-e,** form the adverb with the masculine form.

poli→**poli**ment   joli→**joli**ment

2. For adjectives ending in **-ent** and **-ant,** remove **-nt,** and then add **-mment.**

récent→**réce**mment

3. Some adverbs are irregular. Here are three of the most common ones:

mal → *badly*   bien → *well*   trop → *too*

Vocabulaire et grammaire, *p. 90*
Cahier d'activités, *pp. 71–73*

Online Workbooks

18 L'actualité politique

Écrivons Complète chaque phrase avec l'adverbe qui correspond à l'adjectif entre parenthèses.

1. Les chefs d'état se sont _____ (récent) rencontrés.

2. La manifestation s'est _____ (mauvais) terminée.

3. Le ministre de la défense a annoncé _____ (triste) qu'il allait démissionner.

4. Les députés ont _____ (final) adopté le projet de loi.

5. Le gouvernement va _____ (sérieux) examiner sa politique d'immigration.

19 **Une campagne électorale**

Lisons/Écrivons Ces candidats se présentent aux élections. Regarde leurs affiches électorales et réponds aux questions en utilisant des adverbes si possible.

1. Quelles sont les principales différences entre ces deux candidats?
2. Quels sont les points communs entre ces deux candidats?
3. Pour qui voterait un écologiste?
4. Pour qui voterait quelqu'un qui est pour l'Europe?
5. Pour qui voterait un chômeur?
6. Pour qui voterais-tu? Pourquoi?

Digital performance space

Communication

20 **Sondage**

Parlons Demande à tes camarades s'ils participent aux élections scolaires, s'ils regardent les émissions politiques à la télévision, etc. Présente les résultats à la classe.

MODÈLE —Est-ce que tu participes souvent aux élections de ton école?

Lecture culturelle

La ville de Genève est située au bord du lac Léman et est dominée par le Mont-Blanc. Sports nautiques, golf, tennis, équitation et polo font partie de la vie quotidienne des Genevois[1]. La ville est à une heure des plus belles pistes de ski des Alpes! C'est dans ce cadre unique que de nombreuses négociations politiques internationales ont lieu.

Cité de la paix et de l'intégration

En 1863, Henry Dunant et quelques Genevois créent le Comité International de la Croix-Rouge[2], dont l'idéal et le rôle sont toujours aussi actuels. Depuis, Genève n'a cessé de s'identifier comme Cité de la Paix et des grandes négociations internationales.

Aujourd'hui, Genève abrite[3] quelques 190 organisations internationales, gouvernementales ou non dont l'Organisation des Nations unies (ONU), l'Organisation mondiale de la santé (OMS), l'Organisation mondiale du commerce (OMC)...

Terre d'asile[4], Genève a su accueillir, au travers des siècles, des vagues successives de réfugiés, qui ont contribué à son développement (imprimerie, horlogerie ou industrie de la soie[5], notamment[6]). Cité internationale, comptant[7] plus de 40% d'habitants étrangers, elle est un formidable *melting-pot,* ouvert à toutes les cultures, toutes les origines.

Compréhension

1. Quelle organisation a été créée à Genève en 1863?
2. Combien d'organisations internationales y a-t-il à Genève aujourd'hui?
3. Pourquoi peut-on dire que Genève est un *melting pot*?

---

1. *inhabitants of Geneva in Switzerland* 2. *the Red Cross* 3. *is home to* 4. *place which grants asylum* 5. *silk industry* 6. entre autres
7. ayant

Comparaisons

Un juge français.

Les juges en France

Tu discutes avec des amis français des prochaines élections en France et naturellement, tu parles des juges. À ton avis, en France

a. les juges sont élus.

b. les juges sont nommés par le président de la République.

c. les juges sont désignés par le ministre de la Justice.

En France, les juges sont nommés par le président de la République après avis du Conseil supérieur de la magistrature[1]. Ils bénéficient d'un statut à part[2] qui assure l'indépendance et l'impartialité de la justice et de ce fait, ils sont inamovibles[3]. Les juges suivent tous la même formation à l'école de la magistrature de Bordeaux. C'est une école très difficile où l'on est admis sur concours après avoir fait une maîtrise de droit. Il existe des cas où les juges sont élus en France: dans les tribunaux de commerce, les juges sont des commerçants[4] élus par d'autres commerçants pour une période de 2 à 4 ans.

ET TOI?

1. Comment devient-on juge aux États-Unis?

2. Est-ce que certains juges sont nommés par le président des États-Unis?

Communauté et professions

Le français et les organisations internationales

Le français est l'une des langues officielles des Jeux olympiques, à l'ONU et dans de nombreuses autres organisations internationales. Est-ce que tu peux penser à des agences gouvernementales, de ta ville ou de ton état où la connaissance du français pourrait être utile? Fais des recherches sur Internet ou à la bibliothèque. Présente ce que tu as découvert à ta classe.

Le siège de L'ONU à New York

1. *Council that oversees the office or position of someone who administers the law* 2. *on its own* 3. *appointed for life* 4. *retailer*

Objectifs
- to ask for assistance
- to relate information

Vocabulaire à l'œuvre 2

Les services publics

un accident de la circulation

l'ambulance

le camion des pompiers

Les pompiers éteignent l'incendie.

un policier

Le policier **dresse le constat** d'accident.

▶ Vocabulaire supplémentaire—Les services publics, pp. R20–R21

Les papiers d'identité

RÉPUBLIQUE FRANÇAISE

CARTE NATIONALE D'IDENTITÉ Nº : **0508XXX00000** Nationalité Française

Nom : **ALLARD**
Prénom(s) : **LUCIE FANNY**
Sexe : **F**   Né(e) le : **07.01.1986**
à : **RABAT (MAROC)**
Taille : **1.63 m**
Signature du titulaire :

la signature

la photo d'identité

<<<<<<<<<<<<<<XXX001
1234XXX00000LUCIE<<FANNY1234567X8

une carte d'identité

1. Nom   STAS
2. Prénom   YANIS BENOÎT
3. Date et lieu de naissance   24/06/70
4. Domicile   72 LE MANS
      5. RUE DES CHALETS
5. Nº   123456789123
6. A   LE MANS
   le   27.07.08
7. Délivré par SARTHE

Pour le Préfet,
Directeur délégué

Signature du titulaire

un permis de conduire

D'autres mots utiles

un(e) ambulancier (-ière)	paramedic
la caserne des pompiers	fire station
le commissariat de police	police station
une contravention	fine
un(e) fonctionnaire	civil servant
la police	police
la prison	prison
la sirène	siren
le témoin	witness
les urgences (f.)	emergency

la mairie

On a dû faire refaire nos **papiers d'identité** à la mairie.

Exprimons-nous!

To ask for assistance

Vous serait-il possible de contacter mes parents?
Would it be possible for you to contact . . . ?

À moi!/Au secours!/À l'aide!   *Help!*

Appelez la police/le 18!   *Call the police!*

Au feu!   *Fire!*

Au voleur!   *Stop thief!*

Vocabulaire et grammaire, pp. 91–93

Online Workbooks

21 Logique ou illogique?

Lisons Dans chaque situation décrite dans la première phrase, indique si la deuxième phrase est **a) logique** ou **b) illogique**.

1. Cet homme est un voleur. Il va sûrement aller en prison.
2. Je veux conduire. J'ai besoin d'un permis de conduire.
3. Il y a un voleur chez Noëlle. Elle crie «Vous serait-il possible de contacter mon père?»
4. J'ai perdu mes papiers. Je dois aller aux urgences.
5. Nous devons aller chercher nos cartes d'identité. Nous allons à la mairie.
6. Il y a un incendie au premier étage. Appelez vite la police!

22 Écoutons

Écoute chaque phrase et dis où est la personne qui parle.

a. sur la scène d'un accident
b. à la mairie
c. aux urgences
d. sur la scène d'un incendie
e. au commissariat de police
f. en prison

23 C'est leur travail

Écrivons/Parlons Explique ce que les personnes suivantes font.

1. les fonctionnaires
2. les policiers
3. les pompiers
4. les ambulanciers
5. les témoins

24 Que faire dans ces situations?

Écrivons Explique ce que ces gens feraient dans chacune des situations suivantes. Attention! Il faut être logique.

MODÈLE Tu tombes dans une piscine et tu ne sais pas nager. **Je crierais «Au secours!»**

1. Quelqu'un que tu ne connais pas part avec ton vélo.
2. Ton ami français a perdu tous ses papiers.
3. Un homme conduit très mal et il a un accident.
4. Tu es dans un ascenseur qui ne marche plus.
5. Il y a un début d'incendie dans la salle de classe.
6. Tes amis et toi, vous voyez des voleurs dans un magasin en ville.
7. Tu as eu un petit accident et les ambulanciers t'emmènent à l'hôpital. Tu n'as pas ton portable et tu ne veux pas que tes

Flash culture

La Suisse est une république fédérale. Le gouvernement fédéral s'occupe, entre autres, de la défense, des finances, de la sécurité sociale, des affaires étrangères, etc. La Suisse est divisée en **cantons**. Chaque canton a sa propre constitution, un conseil d'État et un parlement, «un Grand Conseil». Les cantons et le peuple ont beaucoup d'autonomie et de pouvoir. Les cantons sont responsables, entre autres, de la police cantonale, de la fiscalité, etc. Les Suisses font partie de l'ONU mais pas de l'Union européenne.

En quoi est-ce que la Suisse est comparable aux États-Unis?

Les Nations Unies à Genève

Exprimons-nous!

To relate information

On m'a dit de ne mettre **qu'**un bulletin par enveloppe.	
I was told to put only one ballot in each envelope.	
Il **m'a expliqué qu'**on ne pouvait pas prendre de photos ici.	
. . . explained to me that . . .	
On **m'a informé de** son accident. *. . . informed me of . . .*	
On **m'a montré où** était la mairie. *. . . showed me where . . .*	
On **m'a indiqué comment** aller au commissariat. *. . . told me how . . .*	

Vocabulaire et grammaire, pp. 91–93

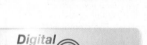

25 **L'accident de mon ami**

Écrivons Un de tes amis a eu un accident ce matin. Tu n'étais pas là, mais un de tes copains qui était témoin de la scène t'a raconté ce qui s'était passé. Écris cinq phrases pour décrire la scène. Utilise des expressions d'**Exprimons-nous!**

Digital performance)space

Communication

26 **Interview**

Écrivons/Parlons Imagine que tu as été témoin d'un incendie et un(e) journaliste t'interviewe. Joue cette scène avec un(e) camarade. Ton/Ta camarade joue le rôle du (de la) journaliste. Ensuite, échangez les rôles.

MODÈLE —Où étiez-vous quand c'est arrivé?
—J'étais là-bas, près de ce café. J'ai entendu la sirène...

Objectifs
• review of the conditional
• the verb *vaincre*

Grammaire *à l'œuvre* 2

Révisions | The conditional

1 To form the **conditional**, take the **future stem** of the verb and add the appropriate imperfect ending. For most verbs, the future stem is the infinitive. Remember to remove the **-e** from **-re** verbs.

Future Stem	Conditional
parler	je parler**ais**
finir	tu finir**ais**
entendr-	il/elle entendr**ait**

Si tu te présentais aux élections, je **voterais** pour toi.
If you ran for office, I would vote for you.

2 Some verbs that have a spelling change in the **present** tense keep the spelling change in the **future/conditional** stem.

Infinitive	Present	Conditional
acheter	j'ach**è**te	j'ach**è**terais
appeler	j'appe**ll**e	j'appe**ll**erais

Il **appellerait** la police s'il y avait un accident.
He would call the police if there were an accident.

3 Some verbs have an irregular stem in the **future** and the **conditional**. In the list below, you will see the stems for the most common ones.

aller → **ir-**	être → **ser-**	savoir → **saur-**
avoir → **aur-**	faire → **fer-**	venir → **viendr-**
devenir → **deviendr-**	pouvoir → **pourr-**	voir → **verr-**
devoir → **devr-**	recevoir → **recevr-**	vouloir → **voudr-**

Vocabulaire et grammaire, *pp. 94–95*
Cahier d'activités, *pp. 75–77*

Online Workbooks

Déjà vu!

Do you remember how to conjugate verbs in the imperfect? To form the imperfect stem, take the nous form of the verb, without -ons.

travaillons	→	travaill-
choisissons	→	choisiss-
perdons	→	perd-
croyons	→	croy-
avons	→	av-
faisons	→	fais-

Then add the endings -ais, -ais, -ait, -ions, -iez, -aient.

Je promenais le chien, quand j'ai vu le voleur.

Être is irregular in the imperfect. The stem is ét-.

J'étais devant la mairie.

27 Écoutons

Françoise et Étienne discutent dans la rue après les cours. Pour chacune de leurs phrases, dis **a) s'il y a une condition pour que cela arrive** ou **b) s'il n'y a pas de condition.**

28 Si ça arrivait

Écrivons/Parlons Qu'est-ce qui se passe dans les situations suivantes?

1. S'il y avait un incendie, les pompiers _____ .
2. J'appellerais la police si je _____ un voleur.
3. Si tu perdais tes papiers, il _____ les faire refaire.
4. S'il pouvait, il _____ fonctionnaire.
5. Si c'était un accident grave, on _____ les sirènes.

29 Si j'avais une sœur...

Écrivons Reconstruis ces phrases en utilisant **le conditionnel**.

1. je / une sœur / si / avoir / parler / nous / nous / tous les jours
2. au / ensemble / aller / nous / centre commercial
3. en / emmener / parents / à la mer / nos / nous / vacances
4. un cadeau / lui / je / acheter / son / pour / anniversaire
5. voir / partout / nous / on / ensemble

Entre copains

une contredanse/ une prune	*fine*
un flic/un poulet	*policeman*
être en tôle	*to be in jail*
un rond-de-cuir	*civil servant*

30 On peut rêver, non?

Parlons Ces gens parlent de ce qu'ils feraient s'ils étaient riches. Regarde les illustrations et imagine ce qu'ils disent.

MODÈLE **Tu donnerais de l'argent à la Croix-Rouge.**

tu

1. je

2. mes parents

3. nous

4. ma sœur

Digital **performance** space

Communication

31 Scénario

Parlons Demande à un(e) camarade tout ce qu'il/elle ferait s'il/si elle était un jour élu(e) président(e) des États-Unis. Puis dis-lui tout ce que tu ferais si tu étais élu(e).

MODÈLE —Qu'est-ce que tu ferais si tu devenais président(e)?

Grammaire 2

The verb *vaincre*

1 The verb **vaincre** *(to vanquish* or *to conquer)* is irregular. Notice that the **c** in the infinitive changes to **qu** in the plural forms.

vaincre Past participle: vaincu	
je **vaincs**	nous **vainquons**
tu **vaincs**	vous **vainquez**
il/elle/on **vainc**	ils/elles **vainquent**

2 The verb **convaincre** *(to convince)* follows the same pattern.

> Le président **convainc** les sénateurs d'adopter son plan.
> Il **a convaincu** le candidat de l'opposition.

être convaincu(e) (de/que) means *to be convinced of.* Note the use of the subjunctive.

> Je ne **suis** pas **convaincu(e)** qu'il ait raison.
> Il **est convaincu** qu'ils viendront.

Vocabulaire et grammaire, *pp. 94–95*
Cahier d'activités, *pp. 75–77*

À la belge

In Belgium, the cities are divided into **communes** and the city hall is called **une maison communale.**

People get married at **la maison communale** instead of **la mairie,** as in France.

32 **Vaincre et convaincre**

Parlons/Écrivons Complète les phrases suivantes avec la forme correcte du verbe entre parenthèses.

1. Les pompiers sont arrivés et ils (vaincu / ont vaincu) l'incendie.

2. Ou vous (vainquez / vainc) l'ennemi, ou c'est lui qui vous (vainc / vainquez).

3. Mon père (a convaincu / convaincs) les policiers de faire un constat d'accident.

4. Le chauffeur (n'a pas convaincu / n'est pas convaincu) la police qu'il venait de la droite.

5. Et toi, tu ne (convainc / convaincs) personne quand tu dis que tu as 18 ans.

33 **Convaincre ou être convaincu?**

Écrivons Complète les phrases suivantes logiquement avec la forme correcte des verbes vaincre ou convaincre.

1. Le président _____ que son parti est le plus fort.

2. Je _____ d'avoir raison!

3. Ils _____ toujours leurs adversaires.

4. Son excuse ne me _____ pas!

5. C'était difficile, mais il les _____!

34 **Voilà qui est bien dit!**

Lisons/Écrivons Complète ces citations avec les verbes entre parenthèses.

1. «Je suis venu, j'ai vu, je/j' ___1___ (vaincre).» – JULES CÉSAR

2. «On ne souffre (*suffer*) qu'une fois. On ___2___ (vaincre) pour l'éternité.» – SØREN KIERKEGAARD

3. «Si tu ___3___ (vaincre) un ennemi, il sera toujours ton ennemi. Si tu ___4___ (convaincre) un ennemi, il deviendra ton ami.» – MORIHEI UESHIBA

4. «On ne ___5___ (convaincre) pas les masses avec des raisonnements, mais avec des mots.» – BERNARD GRASSET

5. «Pour avoir du talent, il faut être ___6___ (convaincre) qu'on en possède.» – GUSTAVE FLAUBERT

6. «À ___7___ (vaincre) sans péril, on triomphe sans gloire.» – CORNEILLE

35 **Victoires**

Parlons/Écrivons Décris ce qui se passe sur chacune des images suivantes. Utilise **vaincre** et **convaincre**.

elle

MODÈLE **Elle vainc son stress.**

1. ils   2. elle   3. l'équipe de France   4. il

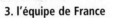

Communication

Digital **performance) space**

36 **Interview**

Parlons Demande à un/une camarade s'il/si elle convainc souvent des gens de faire quelque chose. Il/Elle te dira de quoi il/elle les a convaincus récemment, puis échangez les rôles.

MODÈLE —Est-ce que tu convaincs souvent ton...
—Oui, récemment, je l'ai convaincu...

Application 2

37 Pouvoirs magiques

Écrivons Marie-France et ses amis imaginent comment leur vie changerait s'ils trouvaient une baguette magique. Forme des phrases complètes.

Tu	vaincre	millionnaire(s)
Je	voir	parler français, arabe, russe et chinois
Alice	avoir	tous les problèmes du monde
Vous	faire	une superbe maison
Mes parents	savoir	le futur
Nous	convaincre	des miracles
Didier	être	le prof de donner des bonnes notes

Un peu plus

chacun/chacune

1. The pronouns **chacun** and **chacune** which mean *each (one)* are related to the adjective **chaque** *(each).*

> **Chacun** de nous avait peur du voleur.
> *Each (one) of us was afraid of the thief.*

2. **Chacun/Chacune** is a singular pronoun, so remember to use the **il/elle** form of the verb. Notice that you use **chacune** when the group includes only females.

> **Chacune** des étudiantes **devait** aller à la mairie pour obtenir une nouvelle carte d'identité.
> *Each (one) of the students had to go to the town hall to get a new ID card.*

Vocabulaire et grammaire, *p. 96*
Cahier d'activités, *pp. 75–77*

Online Workbooks

38 Vos papiers, s'il vous plaît!

Écrivons La police fait un contrôle de routine. Complète chacune des phrases suivantes avec **chacun** ou **chacune.**

1. «Dans la vie, _____ ne fait pas ce qu'il veut, monsieur!»

2. Les policiers ont demandé les permis de conduire de tout le monde et _____ d'eux a été vérifié.

3. Ils ont aussi demandé les cartes d'identité et _____ d'elles a été examinée très attentivement.

4. _____ des photos a été comparée à la tête du propriétaire des papiers.

5. «_____ de vous, messieurs, doit avoir ses papiers en ordre.», ont-ils dit.

6. Finalement, ils ont donné une contravention à _____ des personnes présentes.

7. Et _____ d'elles est retournée à la maison de mauvaise humeur!

Online Practice
my.hrw.com
Application 2 practice

39 Écoutons

Écoute les phrases suivantes et dis ce que **chacun** ou **chacune** remplace dans chaque situation.

1.	**a)** les cartes d'identité	**b)** les électeurs
2.	**a)** les candidats	**b)** les idées
3.	**a)** les bureaux de vote	**b)** les votes
4.	**a)** les idées	**b)** les affiches
5.	**a)** les campagnes électorales	**b)** les candidates

40 Et toi?

Écrivons/Parlons Réponds aux questions suivantes en faisant des phrases complètes.

1. Est-ce que tu es convaincu(e) que les hommes politiques disent toujours la vérité? Pourquoi?
2. Qu'est-ce que tu ferais ou dirais pour convaincre les autres élèves de voter pour toi aux élections de l'école?
3. Qu'est-ce que tu changerais si tu étais élu(e)?
4. Est-ce que tu aimerais faire de la politique plus tard? Pourquoi ou pourquoi pas?
5. Qu'est-ce qui te convainc de voter pour un candidat?.

Communication

Digital performance space

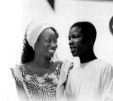

41 Au voleur!

Parlons Tu parles avec ton/ta camarade des événements du week-end. Lisez les questions ci-dessous et répondez-y de manière logique. Ensuite, échangez les rôles.

— **On m'a dit qu'un voleur était entré chez toi ce week-end.**
—
— **Qu'est-ce que tu faisais quand c'est arrivé?**
—
— **Qu'est-ce que tu as fait?**
—
— **Qui tu as appelé au téléphone?**
—
— **Et alors, qu'est-ce qui s'est passé?**

Lecture

Charles de Secondat, baron de la Brède et de Montesquieu, (1689–1755), écrivain et philosophe français, s'intéresse à l'histoire et à la politique. En 1721, il publie *Lettres persanes,* une satire de l'Europe vue par deux voyageurs persans[1]. Entre 1728 et 1731, il voyage en Angleterre et en Europe pour étudier l'organisation politique des nations. En 1748, après plusieurs années de travail, Montesquieu publie *De l'esprit des lois.* Les idées sur la liberté et la séparation des pouvoirs au sein[2] d'un gouvernement trouvées dans l'œuvre influenceront les Américains lors de[3] la fondation des États-Unis en 1776.

STRATÉGIE

Comparing and contrasting As you read this text, think of how what Montesquieu talks about applies to your country and others. Look for keywords in various titles, and think of regimes of the world that manifest the characteristics described by the author.

A Avant la lecture

Dans le texte suivant, Montesquieu parle de la démocratie, de la monarchie et du despotisme. Comment est-ce que tu définirais chaque forme de gouvernement? Lis le texte une première fois, puis relis-le en prenant des notes.

De l'esprit des lois

Du principe de la démocratie

Il ne faut pas beaucoup de probité[4] pour qu'un gouvernement monarchique ou un gouvernement despotique se maintienne ou se soutienne[5]. La force des lois dans l'un, le bras du prince toujours levé dans l'autre, règlent ou contiennent tout[6]. Mais, dans un État populaire, il faut un ressort[7] de plus, qui est la VERTU.

Ce que je dis est confirmé par le corps entier de l'histoire, et est très conforme à la nature des choses. Car[8] il est clair que dans une monarchie, où celui qui

La Déclaration universelle des droits de l'homme

---

1. iraniens. **2.** dans **3.** pendant **4.** intégrité **5.** *sustains it self* **6.** *rules and keeps everything* **7.** *level* **8.** Parce que

fait exécuter les lois se juge au-dessus des lois, on a besoin de moins de vertu que dans un gouvernement populaire, où celui qui fait exécuter les lois sent qu'il y est soumis[1] lui-même, et qu'il en portera le poids.

Il est clair encore que le monarque qui, par mauvais conseil ou par négligence, cesse[2] de faire exécuter les lois, peut aisément réparer le mal : il n'a qu'à[3] changer de Conseil, ou se corriger de cette négligence même. Mais lorsque, dans un gouvernement populaire, les lois ont cessé d'être exécutées, comme cela ne peut venir que de la corruption de la république, l'État est déjà perdu. [...]

Les politiques grecs, qui vivaient dans le gouvernement populaire, ne reconnaissaient d'autre force qui pût[4] les soutenir que celle de la vertu. Ceux d'aujourd'hui ne nous parlent que de manufactures, de commerce, de finances, de richesses, et de luxe même.

Lorsque cette vertu cesse, l'ambition entre dans les cœurs qui peuvent la recevoir, et l'avarice[5] entre dans tous. Les désirs changent d'objets : ce qu'on aimait, on ne l'aime plus ; on était libre avec les lois, on veut être libre contre elles ; chaque citoyen est comme un esclave échappé de la maison de son maître ; ce qui était *maxime,* on l'appelle *rigueur* ; ce qui était *règle,* on l'appelle *gêne* ; ce qui était *attention,* on l'appelle *crainte.* C'est la frugalité qui y est l'avarice, et non pas le désir d'avoir. Autrefois le bien des particuliers faisait le trésor public ; mais pour lors le trésor public devient le patrimoine des particuliers. La république est une dépouille[6] ; et sa force n'est plus que le pouvoir de quelques citoyens et la licence de tous.

De l'esprit des lois (livre III, chapitre III)

Marianne, symbole de la République française

La *Liberté éclairant le monde,* plus connue sous le nom de statue de la Liberté, a été offerte aux États-Unis par la France pour célébrer les 100 ans de leur indépendance.

1. *subjected* 2. arrête 3. *he only has to*
4. qui pouvait 5. *greed* 6. *skin*

L'Europe francophone

Du principe de la monarchie

Le gouvernement monarchique suppose, comme nous avons dit, des prééminences, des rangs[1], et même une noblesse d'origine. La nature de l'HONNEUR est de demander des préférences et des distinctions ; il est donc, par la chose même, placé dans ce gouvernement.

La reine Élisabeth II et le prince William

L'ambition est pernicieuse[2] dans une république. Elle a de bons effets dans la monarchie ; elle donne la vie à ce gouvernement ; et on y a cet avantage, qu'elle n'y est pas dangereuse, parce qu'elle y peut être sans cesse réprimée.

Vous diriez qu'il en est comme du système de l'univers, où il y a une force qui éloigne sans cesse du centre tous les corps, et une force de pesanteur qui les y ramène. L'honneur fait mouvoir[3] toutes les parties du corps politique ; il les lie par son action même et il se trouve que chacun va au bien commun, croyant aller à ses intérêts particuliers.[4]

Il est vrai que, philosophiquement parlant, c'est un honneur faux qui conduit toutes les parties de l'État ; mais cet honneur faux est aussi utile au public, que le vrai le serait aux particuliers qui pourraient l'avoir.

Et n'est-ce pas beaucoup d'obliger les hommes à faire toutes les actions difficiles, et qui demandent de la force, sans autre récompense que le bruit de ces actions ?

De l'esprit des lois (livre III, chapitre VII)

Du principe du gouvernement despotique

Comme il faut de la vertu dans une république, et dans une monarchie, de l'honneur, il faut de la CRAINTE dans un gouvernement despotique : pour la vertu, elle n'y est point nécessaire, et l'honneur y serait dangereux.

Le pouvoir immense du prince y passe tout entier à ceux à qui il le confie[5]. Des gens capables de s'estimer beaucoup eux-mêmes seraient en état d'y faire des révolutions. Il faut donc que la crainte

Staline

1. *ranks* 2. *injurious* 3. *puts in motion* 4. individual
5. gives

y abatte[1] tous les courages, et y éteigne jusqu'au moindre sentiment d'ambition.

Un gouvernement modéré peut, tant qu'il veut, et sans péril, relâcher ses ressorts. Il se maintient par ses lois et par sa force même. Mais lorsque, dans le gouvernement despotique, le prince cesse un moment de lever le bras ; quand il ne peut pas anéantir[2] à l'instant ceux qui ont les premières places, tout est perdu : car le ressort du gouvernement, qui est la crainte, n'y étant plus, le peuple n'a plus de protecteur. [...]

De l'esprit des lois (livre III, chapitre IX).

1. *break down*   2. *to annihilate, destroy*

Compréhension

B Lis les phrases suivantes. Est-ce qu'elles décrivent **a) une démocratie, b) une monarchie** ou **c) un gouvernement despotique** d'après Montesquieu?

1. Pour le maintenir, la force est nécessaire.
2. Le gouvernement est élu par le peuple.
3. Celui qui exécute les lois doit aussi respecter ces lois.
4. Le roi gouverne.
5. Les révolutions sont possibles.
6. Celui qui gouverne n'est pas obligé de tenir sa parole.

C Répondez aux questions avec des phrases complètes.

1. Qu'est-ce qu'il faut pour qu'une démocratie existe?
2. Pourquoi est-ce que l'auteur est sûr de ses opinions sur la démocratie?
3. Qu'est-ce qui se passe dans une démocratie corrompue?
4. Sur quel principe est-ce que la monarchie est basée?
5. Qu'est-ce qu'il faut pour maintenir un gouvernement despotique?
6. Qui a le pouvoir dans un gouvernement despotique?

Après la lecture

D Reprends les trois catégories du texte (démocratie, monarchie et gouvernement despotique) et résume-les en contrastant leurs principales caractéristiques et en donnant tes propres exemples de sociétés.

L'atelier de l'écrivain

La démocratie en pratique

Dans le texte que tu viens de lire, Montesquieu examine la nature de la démocratie et son principe. Maintenant, c'est à toi de jouer le rôle de philosophe. Écris une composition de quatre ou cinq paragraphes dans lesquels tu donnes tes propres opinions sur la démocratie. Commence avec ta définition de la démocratie. Ensuite, explique ce qui est nécessaire à ton avis pour qu'elle existe et puisse se maintenir. Tu peux parler des valeurs indispensables dans une société démocratique et des responsabilités des chefs du gouvernement et du peuple.

1 Plan: les grandes lignes

Qu'est-ce que la démocratie? Quelles sont les démocraties que tu as étudiées en classe d'histoire? Quelles sont les caractéristiques qui les définissent? Pour t'aider, consulte un livre d'histoire ou une encyclopédie. Note les informations dont tu auras besoin pour ta composition — des faits, des exemples, des citations et des anecdotes — et tes opinions. Maintenant, organise tes idées en trois sections. La première section représente ton introduction. Note une phrase qui captera l'attention des lecteurs. La deuxième section représente le corps de ta composition. Fais une liste des idées dont tu vas parler. Écris un paragraphe pour chaque idée. La troisième section représente ta conclusion. Résume tes idées et écris un commentaire ou une citation.

STRATÉGIE pour écrire

Introductions and conclusions A good introduction should grab your readers' attention and tell them what to expect. You can either give an overview of the topic, define the issue you're dealing with, or state your position. A good conclusion should review or summarize the ideas you presented and tie them all together. To make an even greater impact on your readers, include an interesting comment or quote.

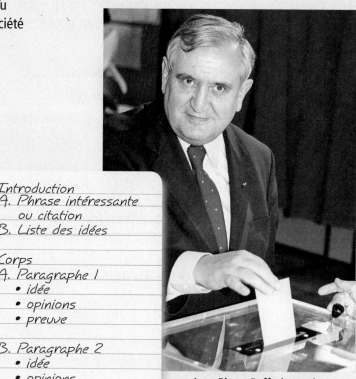

Jean-Pierre Raffarin, ancien Premier ministre de la France

I. Introduction
A. Phrase intéressante ou citation
B. Liste des idées

II. Corps
A. Paragraphe 1
• idée
• opinions
• preuve

B. Paragraphe 2
• idée
• opinions
• preuve

C. Paragraphe 3
• idée
• opinions
• preuve

III. Conclusion
A. Résumé des idées principales et conclusion
B. Anecdote ou citation

L'atelier de l'écrivain

2 Rédaction

Fais le brouillon de ton essai. Pour écrire une composition comme celle-ci, des fois c'est plus facile de commencer avec le corps de l'essai que l'introduction. Alors, commence avec le premier paragraphe de la deuxième section de ton plan.

- Explique en détails les idées et les opinions que tu y as notées.
- N'oublie pas d'inclure des exemples qui soutiennent tes idées.

Essaie de te concentrer sur le contenu et la structure de ta composition. Une fois le corps de ton essai écrit, écris l'introduction et la conclusion.

3 Correction

Maintenant, tu dois t'assurer que ta composition est claire et organisée. Pose-toi les questions suivantes. Est-ce que tu as:

- donné une définition de la démocratie?
- expliqué comment la démocratie se maintient?
- parlé des valeurs et des responsabilités du peuple et des chefs de gouvernement?
- soutenu tes opinions avec des exemples?
- suivi la structure et le contenu de ton brouillon?

Est-ce que l'introduction et la conclusion sont convaincantes? Ensuite, échange ta composition avec celle d'un(e) camarade de classe. Vérifie l'emploi du subjonctif, l'accord des verbes et des temps. Si tu n'es pas sûr(e) d'avoir employé certains mots correctement, vérifie leur usage et leur orthographe à l'aide d'un dictionnaire. Fais les corrections et écris ta composition finale.

4 Application

Lis ta composition à la classe. Après la lecture de toutes les compositions, discutez de vos réactions. Est-ce que vous partagez les mêmes idées sur la démocratie? Sur quels points n'êtes-vous pas d'accord?

Vocabulaire à la carte

à mon avis	in my opinion
un droit	right
égal(e) devant la loi	equal in the eyes of the law
justifier	to justify
maintenir	to maintain
le peuple	people
la puissance	power
sans aucun doute	without a doubt
valable	valid

Le subjonctif

In general, the subjunctive is used in relative clauses after:

- expressions of will
  La démocratie demande que nous votions.

- expressions of necessity
  Il faut que les chefs d'État soient honnêtes.

- expressions of incertitude
  Je ne crois pas que la démocratie puisse exister sans la vertu.

- certain conjunctions like **bien que, pour que, à condition que**
  Pour qu'une démocratie se maintienne, tout le peuple doit participer.

La démocratie

« Tous les êtres humains naissent libres et égaux en dignité et en droits. » Pour qu'un état soit une démocratie, il doit respecter ce principe fondamental de la Déclaration universelle des droits de l'homme. Adoptée en décembre 1948, elle doit garantir l'égalité

Prépare-toi pour l'examen

@**HOME**TUTOR

1 Écris une phrase pour décrire chaque photo.

1.   2.   3.   4.

2 Complète les phrases suivantes avec la bonne forme de **lequel**.

1. —Il a été à cette manifestation?
   —_____ parles-tu?
2. —Tu connais ce candidat?
   — _____?
3. Les députés pour _____ j'ai voté n'ont pas été élus.
4. De toutes les candidates que tu as rencontrées, _____ est la plus intelligente?
5. Comment s'appelle le sénateur _____ tu m'as présenté?
6. —Tu as vu le débat entre les deux candidats?
   — _____ parles-tu?
7. —Je crois que ces candidats feront de bons sénateurs.
   — _____ penses-tu ?

3 Trouve le mot qui correspond à chaque description.

1. Il en faut un pour pouvoir conduire une voiture.
2. On les appelle pour éteindre un incendie.
3. C'est là qu'on emmène les blessés.
4. Ils font le constat quand il y a un accident.
5. Ça sert à emmener les blessés.
6. C'est ce qu'on crie quand on est en danger.
7. C'est là qu'on va quand on doit faire refaire ses papiers.
8. C'est une expression qu'on utilise pour donner son point de vue.

4 Complète les phrases suivantes. N'oublie pas d'utiliser le conditionnel.

1. Si j'étais président, ...
2. Si Joseph avait vu l'accident il...
3. Si ma petite sœur s'était blessée, mes parents...
4. Si les députés et les sénateurs avaient fait une loi injuste, le président...
5. S'il y avait un incendie de forêt, les pompiers...

5 Réponds aux questions suivantes.

1. De combien de communautés culturelles la Belgique est-elle composée?
2. Quel est le but de l'Union européenne?
3. Est-ce que la Suisse fait partie de l'Union européenne?

6 Dis si les phrases suivantes sont **a) vraies** ou **b) fausses.**

7 Tu parles avec ton/ta camarade des candidats aux prochaines élections. D'abord, lisez les instructions pour chaque réplique *(exchange)*. Ensuite, créez votre dialogue en utilisant des expressions que vous avez apprises.

Élève A:	Annonce la rumeur d'un(e) nouveau/nouvelle candidat(e).
Élève B:	Doute des chances du/de la candidat(e).
Élève A:	Dis poliment *(politely)* que tu n'es pas d'accord.
Élève B:	Justifie ton opinion avec un argument.
Élève A:	Annonce un événement télévisé avec ce/cette candidat(e).
Élève B:	Parle de ce qu'un membre du gouvernement pense de ce/cette candidat(e).
Élève A:	Donne ton opinion sur le/la candidat(e).
Élève B:	Dis poliment que tu n'es pas d'accord.

4 **Grammaire 2**
- review of the conditional
- **vaincre** and **convaincre**

Un peu plus
- **chacun/chacune** pp. 330–335

5 **Culture**
- Comparaisons p. 325
- Flash culture pp. 316, 319, 328

Grammaire 1
- contractions with **lequel**
- the past subjunctive

Un peu plus
- adverbs
  pp. 318–323

Résumé: Grammaire 1

When you do not want to repeat a noun that has already been mentioned, use a form of **lequel** (*which one(s)*). **lequel** agrees with the noun it replaces. Forms of **lequel** are: **laquelle, lesquels,** and **lesquelles.** You can also make contractions with **lequel** if it is the relative or interrogative pronoun that refers to things after a preposition.

à + laquelle = à laquelle   de + laquelle = de laquelle

	Contraction			**Contraction**
à + lequel =	**auquel**		de + lequel =	**duquel**
à + lesquels =	**auxquels**		de + lesquels =	**desquels**
à + lesquelles =	**auxquelles**		de + lesquelles =	**desquelles**

To form the **past subjunctive**, conjugate the helping verb **avoir** or **être** in the subjunctive and add the **past participle** of the main verb. Remember to agree the **past participle** if the helping verb is **être.**

To form most adverbs, add -**ment** to the feminine form of the adjective.

- If the adjective ends in -**i** or -**e,** use the masculine form.

- If the adjective ends in -**nt,** remove the -**nt** and add -**mment.**

- Some adverbs are irregular: **beaucoup, trop, très...**

Grammaire 2
- review of the conditional
- **vaincre** and **convaincre**

Un peu plus
- chacun / chacune
  pp. 330–335

Résumé: Grammaire 2

To form the **conditional,** use the future stem of the verb and add the imperfect ending (-**ais,** -**ais,** -**ait,** -**ions,** -**iez,** -**aient**).

- For most verbs, the future stem is the infinitive. Remember to remove the -**e** from the end of verbs ending in -**re.**

- Verbs which have spelling changes in the present tense keep the same spelling changes in the future/conditional stem.

- Some verbs have irregular future stems. For a list of verbs with irregular stem, go to p. 330.

The verb **vaincre** (*to vanquish* or *to conquer*) is an irregular verb.

vaincre	
je **vaincs**	nous **vainquons**
tu **vaincs**	vous **vainquez**
il, elle, on **vainc**	ils, elles **vainquent**

The pronoun **chacun/chacune** means *each (one)*. **Chacun/Chacune** is a singular pronoun. Remember to use the **il/elle** form of the verb. You only use **chacune** when the group includes only females or female nouns.

Résumé: Vocabulaire 1

To express a point of view

une **affiche (électorale)**	campaign poster
le **bulletin de vote**	ballot
un **bureau de vote**	polling place
un **cabinet**	cabinet
une **campagne électorale**	electoral campaign
un/une **candidat(e)**	candidate
le **chef de l'État**	head of state
un **débat télévisé**	televised debate
démissionner	to resign
une **démocratie**	democracy
un/une **député(e)**	representative
une **dictature**	dictatorship
un **discours**	speech
le **droit de vote**	right to vote
un/une **électeur(-trice)**	voter
une **élection/élire**	election/to elect
le **gouvernement**	government
un/une **immigrant(e)**	immigrant
la **loi**	law
une **manifestation**	protest
une **monarchie**	monarchy

l'**opposition (f.)**	opposition
le **parlement**	parliament
un **parti politique**	political party
participer à	to participate in
un **premier ministre**	prime minister
un **régime politique**	political regime
un/une **sénateur(-trice)**	senator
se présenter	to run as a candidate
siéger	to hold a seat
un **sondage**	survey/poll
l'**urne (f.)**	ballot box
voter	to vote
En ce qui me concerne,...	As far as I'm concerned . . .
Je ne partage pas ton point de vue.	I don't share your point of view.
Pour ma part,...	As for me . . .

To speculate .... *See p. 317*

Résumé: Vocabulaire 2

To ask for assistance

un **accident de la circulation**	traffic accident
l'**ambulance (f.)**	ambulance
un/une **ambulancier(-ière)**	paramedic
le **camion des pompiers**	fire truck
une **carte d'identité**	I.D. card
la **caserne des pompiers**	fire station
une **contravention**	fine
le **commissariat de police**	police station
dresser un constat	to draw up a report
un/une **fonctionnaire**	civil servant
la **mairie**	city hall
les **papiers (m.) d'identité**	personal documents (I.D.)
un **permis de conduire**	driver's license
la **photo d'identité**	I.D. photo
la **police/un policier**	police/policeman

un **pompier**	firefighter
la **prison**	prison
les **services publics (m.)**	government services
la **signature**	signature
la **sirène**	siren
le **témoin**	witness
les **urgences (f.)**	emergency room
Vous serait-il possible de contacter...?	Would it be possible for you to contact . . . ?
À moi!/Au secours!/À l'aide!	Help!
Appelez la police/le 18!	Call the police!
Au feu!	Fire!
Au voleur!	Stop, thief!

To relate information .... *See p. 329*

Activités préparatoires

🎧 **Interpersonal Speaking**

Listen to the dialogue and choose the most appropriate response.

1. **A.** On les emmène au commissariat de police.
   B. On les emmène à l'église.
   C. On les emmène aux urgences.
   D. On les emmène à la mairie.

2. **A.** Tu dois voter. C'est ton droit.
   B. Tu dois démissionner.
   C. Les électeurs font une manifestation.
   D. Tu t'es présenté aux élections?

Interpretive Reading

This reading selection explains the organization of the French political system. The following excerpt describes the roles of its major participants.

Le système politique français en bref

Les quatre principaux acteurs du système politique français sont le président de la République, le premier ministre, le gouvernement et le Parlement.

Le président de la République Le chef de l'État français est élu au suffrage universel direct pour un mandat de cinq ans. Toute personne de nationalité française d'au moins 23 ans qui a satisfait les obligations de la loi sur le recrutement de l'armée peut être candidate. Le candidat doit se faire parrainer par 500 élus d'au moins 30 départements ou territoires d'outre-mer. Pour être élu président de la République, il faut obtenir la majorité absolue des voix. S'il n'y a pas de majorité absolue au premier tour des élections, un second tour est organisé entre les deux candidats qui ont obtenu le plus grand nombre de votes au premier tour.

Le premier ministre Le premier ministre est le chef du gouvernement. Il dirige l'ensemble de l'administration et assure l'exécution des lois.

Le gouvernement Le gouvernement détermine et exécute la politique du pays. Les ministres sont nommés par le président de la République sur proposition du premier ministre.

Le Parlement Le Parlement est composé de deux assemblées qui rédigent et votent les lois: Le Sénat comprend 348 sénateurs qui sont élus pour six ans au suffrage universel indirect et sont renouvelables par moitié tous les trois ans. L'Assemblée nationale comprend 577 députés qui sont élus au suffrage universel direct pour cinq ans.

---

1. Le président français...
   A. est élu directement par le peuple.
   B. est élu au suffrage indirect.
   C. est choisi par un collège électoral.
   D. est choisi par 500 élus de trente départements ou territoires.

2. Les membres du Parlement...
   A. sont choisis par le premier ministre.
   B. sont élus pour cinq ans.
   C. sont divisés en deux assemblées.
   D. sont nommés par le président.

3. ... composent le Parlement.
   A. Les sénateurs et les députés
   B. Le premier ministre et le président
   C. Le chef du gouvernement et le Sénat
   D. Les ministres et l'Assemblée nationale

4. La rédaction des lois est un des rôles attribués...
   A. aux ministres.
   B. au premier ministre.
   C. au Parlement.
   D. au président.

The following activities can be used to help you to prepare for the Advanced Placement French Language and Culture Exam, or to further practice the vocabulary and grammar concepts you have seen in this chapter.

Interpersonal Writing

You wrote to a magazine that publishes short stories. You wanted to know if they would be interested in publishing your story about a police detective and a politician. In her answer, the editor is asking for more details about your story. Answer her e-mail. You should use formal style in your e-mail. Start with a polite greeting and thank your correspondent at the end of your message.

> Bonjour,
>
> Nous vous remercions de l'intérêt que vous portez à notre magazine.
>
> Avant de pouvoir accepter de lire votre manuscrit, et compte tenu du nombre de demandes que nous recevons chaque jour, nous voudrions avoir une meilleure idée de son contenu. Nous vous prions donc de répondre aux questions suivantes et de soumettre un court résumé de votre nouvelle.
>
> - Qui sont les personnages principaux (nom, description physique et morale, relation entre eux)?
> - L'histoire est-elle inspirée d'un fait réel. Si oui, lequel?
> - S'agit-il d'une satire politique ou d'un récit policier?
>
> N'oubliez pas de joindre un très court résumé de votre nouvelle (en 50 mots environ).
>
> En l'attente de votre réponse, je vous prie de croire en mes salutations distinguées.
>
> Claudine Louttre,
> Éditrice en chef, le Magazine des nouvelles

Presentational Writing

You're going to write an essay about the importance of politics based on a text and several interviews. In your essay, you will discuss what you read and heard, and you will tell what you think about politics. Make sure to organize your essay in logical sections and to clearly indicate your sources as you refer to them.

Les jeunes Français et la politique

On entend souvent dire que les jeunes s'investissent peu dans la vie politique française. Cependant, un sondage récent semble suggérer que les jeunes sont en fait plus conscients de leurs devoirs civiques et plus impliqués dans les affaires du pays qu'on ne le pense généralement. Dans l'ensemble, les jeunes Français sont même souvent mieux informés et plus critiques que l'ensemble de leurs concitoyens. Bien qu'ils s'intéressent toujours fortement aux questions d'ordre social, telles que la précarité et le chômage, les jeunes d'aujourd'hui ont moins tendance à vouloir radicalement changer la société dans laquelle ils vivent que les générations précédentes. C'est donc plus leur façon de s'engager qui a changé et non pas leur niveau d'engagement lui-même.

La tendance actuelle est de vouloir mieux comprendre et améliorer les institutions, et non de les remettre complètement en question.

▶ **Est-ce que la politique, c'est important pour toi?**

Essay Topic: **Que penses-tu de la politique? Explique ton point de vue.**

Activités préparatoires

Révisions cumulatives

🎧 **1** Regarde les photos et dis à quelle photo chaque phrase correspond.

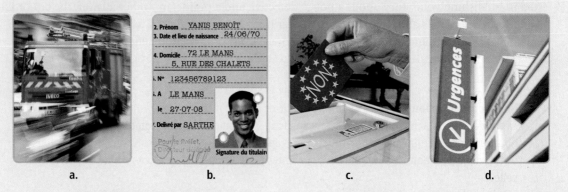

a.   b.   c.   d.

2 Lis l'e-mail que Sara a écrit à son amie Léa. Réponds aux questions qui suivent.

Chère Léa,

Le jour de mes dix-huit ans, je suis allée à la mairie pour chercher mon permis de conduire, mais j'avais oublié ma carte d'identité. Donc, j'ai dû retourner à la mairie pour le chercher. Finalement, quand je l'ai eu, je suis allée au centre commercial en voiture, mais j'ai eu un accident! J'ai dû aller aux urgences en ambulance! Je me suis cassé le bras et c'est pour cela que je n'ai pas pu t'écrire. Mais, maintenant, tout va bien et je suis à la maison. J'espère retourner au lycée à la fin de la semaine. À bientôt.

Sara

1. Quel papier était-elle allée chercher?
2. Où est-ce qu'elle est allée pour le chercher?
3. Est-ce que l'accident était sérieux?
4. Pourquoi n'a-t-elle pas écrit?
5. Qui est-ce qui a emmené Sara aux urgences?
6. Quand est-ce qu'elle espère retourner au lycée?

3 Tu veux obtenir ton permis de conduire. Tes parents pensent que tu n'es pas prêt(e). Convaincs-les de te permettre de passer ton permis. Joue cette scène avec un(e) camarade.

Révisions cumulatives

**Online Assessment**

my.hrw.com
Cumulative Self-test

4 Regarde le tableau et réponds aux questions suivantes.

Rousseau, Henri. Le Douanier. The representatives of the foreign powers coming to hail the Republic as a token of peace.

Les Représentants des puissances étrangères venant saluer la République en signe de paix d'Henri Rousseau

1. Qui sont les personnes représentées sur le tableau?
2. De quels pays est-ce que tu crois qu'ils viennent?
3. Quels drapeaux est-ce que tu reconnais? Nommes-en au moins deux.
4. Est-ce que le peuple a l'air content? Pourquoi?
5. Est-ce que cette scène pourrait arriver, à ton avis?

5 Imagine que tu es candidat(e) aux élections présidentielles. Tu as besoin de faire un discours à la télévision. Écris ton discours. Parle des problèmes qui te paraissent importants et propose tes solutions.

6 **À ton tour** **Fait divers** Il y a eu un accident de la circulation. Ce n'est pas trop grave mais il y a des blessés légers et une voiture est en feu. Tes camarades et toi vous allez jouer cette scène devant la classe. Vous avez besoin d'un policier, d'un ambulancier, d'un pompier, de victimes et d'un témoin.

Révisions cumulatives *trois cent quarante-neuf* **349**

Plus loin, plus vite

Les Français aiment bien chercher des solutions originales pour économiser l'énergie. Dans le domaine des transports, par exemple, la technologie française est très avancée.

Le train à grande vitesse

Le TGV, ou «train à grande vitesse[1]» est un train de conception française qui appartient à la Société nationale des chemins de fer français, la SNCF. Le TGV est entré en service[2] en 1981, sur la ligne Paris-Lyon et il y a maintenant à peu près 400 TGV en France. Ils transportent plus de 85 millions de voyageurs par an. Le TGV est électrique et va à des vitesses de plus de 300 km/h sur des voies spéciales (200 km/h sur les voies normales). Le TGV est devenu un moyen très rapide, confortable et relativement économique de se déplacer en France. À l'intérieur, on n'a pas l'impression de rouler[3] à 300 km/h, et on peut même aller déjeuner ou dîner dans la voiture-bar.

Les avions révolutionnaires

Airbus est une compagnie aéronautique européenne dont le bureau central[4] est à Toulouse, en France. Son dernier modèle, l'Airbus A380, est assemblé en France avec des éléments qui viennent de toute l'Europe. C'est le plus gros avion commercial du monde et il est à la pointe de la technologie. Il a deux étages et peut transporter de 555 personnes pour les vols réguliers à 840 personnes pour les charters, ce qui permettra aux compagnies aériennes d'augmenter leur profit et de réduire la consommation d'énergie. Un gros avion, même s'il est très grand, consomme moins de kérosène[5] que plusieurs petits avions. Il peut parcourir 15.000 km sans escale. L'Airbus A380 a volé pour la première fois le 27 avril 2005 et il a déjà été vendu à plusieurs compagnies aériennes étrangères, principalement en Asie. Certains aéroports doivent être modifiés pour pouvoir recevoir ce géant et le nombre important de passagers qu'il transporte.

---

1. speed   **2.** was used   **3.** go   **4.** main office   **5.** gas

Des voies de communication ultra-modernes

Le viaduc de Millau

Pour faciliter la circulation[1], la France a des ponts et des tunnels très ingénieux. Le viaduc de Millau, par exemple, est un pont pour voitures inauguré en décembre 2004. Il a été construit par le même groupe qui a construit la tour Eiffel, et c'est le deuxième pont pour véhicules le plus haut du monde. Depuis qu'il a été construit, il n'y a plus d'embouteillages[2] dans la vallée du Tarn. Quand on va de Paris à Béziers, on prend aujourd'hui l'autoroute A75 qui passe sur le pont et on économise ainsi beaucoup de temps et d'énergie.

Le tunnel sous la Manche[3]

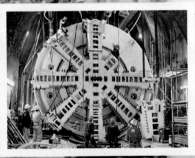

Le tunnel sous la Manche, qui relie la France à l'Angleterre, mesure 50 km et passe sous la mer pendant 39 km. C'est une construction franco-britannique. On met sa voiture dans un train et on arrive en Angleterre en 35 minutes. L'American Society of Civil Engineers a inscrit le tunnel sous la Manche sur sa liste des sept merveilles du monde moderne.

APRÈS ▷ la lecture

1. Pourquoi est-ce que la vitesse du TGV est parfois limitée à 200 km/h?

2. Où est assemblé l'Airbus A380?

3. En quoi l'Airbus A380 est-il différent des autres avions?

4. Pourquoi le viaduc de Millau a-t-il été construit?

5. Est-ce qu'on peut conduire sa voiture dans le tunnel sous la Manche?

1. traffic   2. traffic jam   3. channel

Une technologie de pointe

Les pays européens collaborent de plus en plus à la réalisation de projets communs, comme en témoigne la fusée Ariane.

Un projet européen

La mission de la fusée[1] Ariane n'est pas d'envoyer des hommes et des femmes dans l'espace: elle n'est utilisée que pour mettre des satellites en orbite. Les fusées et les satellites sont fabriqués en Europe et la base de lancement[2] d'Ariane se trouve à Kourou, en Guyane française[3]. C'est la France qui a proposé à l'Europe la construction d'une fusée européenne dans les années 70. Le gouvernement français pensait qu'il était important pour l'Europe d'avoir sa propre fusée et de ne pas dépendre des États-Unis pour placer des satellites européens dans l'espace. L'Agence spatiale européenne (ESA) a alors accepté le projet, et le Centre national d'études spatiales français (CNES) a commencé à travailler sur ce projet.

Les différentes générations de fusées Ariane

La première fusée, Ariane I, a été lancée en 1979. La France a financé les deux tiers du projet et l'Allemagne en a payé 20%. La seconde fusée, Ariane II, ressemblait à Ariane I, mais elle avait un troisième étage plus allongé[4]. Ariane III était identique à Ariane II, mais avec deux propulseurs supplémentaires au premier étage; Ariane III a volé[5] la première en 1984 et Ariane II a finalement été lancée en 1987.

Une fusée plus puissante[6], Ariane IV, a ensuite été lancée en 1988. Elle était non seulement plus puissante, mais aussi plus pratique, car il en existait six versions différentes, équipées d'une grande variété de propulseurs.

Le modèle actuel Ariane V, a volé pour la première fois en 1997. Ariane V permet maintenant de placer en orbite des satellites beaucoup plus lourds qui peuvent peser[7] jusqu'à dix tonnes.

1. rocket 2. launching pad 3. French Guyana
4. elongated 5. flew 6. powerful 7. to weigh

La fusée Ariane

L'énergie nucléaire en France

La première source d'énergie

La majorité de l'électricité française (88%) vient de l'énergie nucléaire. En comparaison, l'Allemagne n'utilise le nucléaire que pour 28% de sa production d'électricité, le Japon pour 25%, le Royaume-Uni[1] pour 24% et les États-Unis pour 20%.

Avec ses 58 réacteurs nucléaires d'une puissance de 63.200 mégawatts, la France est à 50% indépendante des autres pays pour sa production d'électricité; elle a des sociétés qui exploitent des mines d'uranium sur presque tous les continents et elle n'a pas besoin d'importer beaucoup de combustibles[2] pour produire de l'électricité. L'électricité française est aussi la plus compétitive d'Europe car elle est moins chère que celle qui est produite par le gaz ou le charbon.

Les avantages et les inconvénients

Les partisans de l'énergie nucléaire insistent sur ses avantages: elle aide à préserver l'environnement parce qu'elle n'émet pas de gaz à effet de serre et ne contribue donc pas au réchauffement climatique; les déchets de l'industrie nucléaire occupent peu de volume et peuvent être traités pour être rendus plus sûrs[3]; les réserves d'énergie nucléaire sont plus importantes que celles de pétrole ou de gaz et peuvent durer[4] des milliers d'années; le coût[5] de l'énergie nucléaire est très stable (le prix de l'uranium ne représente que 5% du coût de production de l'électricité.)

Mais le nucléaire a aussi beaucoup d'adversaires qui en rappellent les inconvénients, comme le problème du stockage[6] à long terme des déchets, les matières très dangereuses (le plutonium) que produisent les centrales nucléaires et leur eau chaude qui va dans les rivières et perturbe l'écosystème. Et puis, il y a toujours les risques d'un accident nucléaire. Par exemple, un réacteur de la centrale russe de Tchernobyl, en Ukraine, a explosé en 1986 et toute une région a été dévastée. On dit même qu'après cet accident, il y a eu des radiations dans toute l'Europe.

APRÈS > la lecture

1. Qui a payé la majorité du projet Ariane I?

2. Quelles différences y a-t-il entre Ariane I et Ariane III?

3. Est-ce qu'il y a des fusées similaires dans ton pays? Comment s'appellent-elles et que font-elles?

4. Est-ce que les États-Unis utilisent le nucléaire plus ou moins que la France pour produire de l'électricité?

5. Quel élément radioactif est-ce qu'on utilise pour produire de l'énergie nucléaire?

6. Qu'est-ce qui s'est passé à Tchernobyl?

---

1. United Kingdom 2. fuel 3. safe 4. last 5. cost 6. storage

L'Europe a adopté une politique pour la protection de l'environnement et a adhéré au protocole de Kyoto. De plus, les Verts, parti écologiste, ont environ 5% des sièges au Parlement européen.

S.O.S. Terre

Le commandant Cousteau

Jacques-Yves Cousteau, né en 1910, est devenu célèbre pour ses recherches océanographiques et l'invention du scaphandre autonome (SCUBA). Il était aussi connu pour ses documentaires extraordinaires sur le monde marin. Mais le commandant Cousteau était aussi un fervent défenseur de l'environnement et surtout, de la protection de l'écosystème marin. Par exemple, deux ans après avoir été nommé président du Conseil[1] pour les droits des générations futures par le président de la République française en 1993, il a démissionné pour protester contre les essais nucléaires menés par la France dans l'océan Pacifique. Cousteau pensait que le nucléaire était une menace pour notre planète. Jusqu'à sa mort, en 1997, cet homme qui avait commencé sa carrière dans l'armée française, a lutté pour la protection de l'environnement.

La France et les essais nucléaires

La France est un des rares pays du monde avec les États-Unis et la Grande-Bretagne, à posséder officiellement des armes nucléaires. Lorsque l'Algérie était une colonie française, les essais nucléaires français étaient menés[2] dans le désert algérien. Après l'indépendance de l'Algérie, en 1962, la France a commencé à effectuer ses essais nucléaires en Polynésie française, sur les atolls[3] de Mururoa et Fangataufa, au milieu de l'océan Pacifique. Ces essais nucléaires ont provoqué beaucoup de controverses depuis 1966. Ceux qui s'y opposent disent que leurs effets sur l'environnement marin et sur les populations locales sont dévastateurs. Malgré[4] un accord international signé en 1986, le président de la République, Jacques Chirac, a décidé de reprendre les essais nucléaires en 1995. Cette décision vaudra[5] à la France des protestations du monde entier, y compris d'une bonne partie de la population française. Finalement, en février 1996, la France a arrêté ses essais nucléaires en Polynésie.

---

1. Council   2. conducted   3. small islands   4. despite   5. will bring

Vivre
Respirer
Partager
Protéger

'essentiel
es Verts !

Les Verts

L'écologie et la Francophonie

La montée[1] des «Verts»

En français, l'expression «les Verts» désigne le mouvement écologiste en général. Depuis 1984, un parti écologiste français a repris le terme «Les Verts» dans son appellation officielle.

Depuis les années soixante-dix, les partis écologistes ont obtenu une place de plus en plus importante sur la scène politique des différents pays francophones, surtout[2] en Europe. En France, le premier événement politique important pour les écologistes a eu lieu en 1974, avec le premier candidat écologiste aux élections présidentielles, René Dumont. C'est en Suisse que le premier «vert» a été élu au Parlement national, en 1979. Le 21 février 2004, le Parti vert européen a été fondé. Aux élections européennes du 13 juin 2004, les «Verts» ont obtenu 7,2% des votes. Cette montée évidente du mouvement écologiste montre que les Européens sont de plus en plus conscients du besoin de protéger l'environnement.

La biodiversité en Afrique

L'Afrique aussi est de plus en plus consciente qu'il faut préserver la biodiversité. Les changements climatiques (l'expansion de régions désertiques comme le Sahara) et la demande commerciale de produits végétaux et animaux (l'ivoire des éléphants, par exemple) entraînent la disparition[3] d'espèces importantes à l'écosystème.

Depuis quelques années, des organisations locales et internationales comme l'AAC (Amis des animaux au Congo) et la SNPN (la Société nationale pour la protection de la nature) luttent[4] pour sauver les espèces africaines en danger. Le CITES (Convention on International Trade of Endangered Species) est un accord signé en 1973 qui définit quelles espèces animales et végétales peuvent et ne peuvent pas être exportées dans un but commercial. De plus en plus de pays, y compris des pays africains, sont membres de cette convention.

APRÈS ▶ la lecture

1. Pourquoi Cousteau est-il connu dans le monde entier?

2. À ton avis, pourquoi est-ce que Jacques-Yves Cousteau était contre les armes nucléaires?

3. Est-ce que la France continue à tester ses armes nucléaires en Polynésie?

4. D'après toi, pourquoi est-ce que les écologistes s'appellent «les verts»?

5. Est-ce que la France est le seul pays francophone à lutter pour la protection de l'environnement?

6. Pourquoi les éléphants d'Afrique sont-ils en danger? Que font certaines organisations pour les protéger?

---

1. rise **2.** especially **3.** disappearance **4.** fight

La Ve République

En France, le président est élu[1] au suffrage universel direct[2], et peut être ré-élu plusieurs fois. Depuis l'an 2000, son mandat[3] est de cinq ans; avant, le mandat présidentiel était de sept ans. Le président détient le pouvoir exécutif. Il est le chef des armées et le plus haut magistrat de France.

Charles de Gaulle
(Présidence: 1959–1969)

Le général de Gaulle devient le leader des Forces françaises libres pendant l'occupation de la France par les Allemands au cours de la Seconde Guerre mondiale. Réfugié en Angleterre, de Gaulle participe au mouvement de la Résistance et fait appel aux Français par des messages de la BBC pour combattre l'occupation.

Après la Seconde Guerre mondiale, le général de Gaulle a plusieurs responsabilités au sein du[4] gouvernement français. En 1958, il devient président du Conseil[5]. Il est alors chargé de préparer un projet de constitution. Cette nouvelle constitution, après approbation par référendum le 28 septembre 1958, devient la Constitution de la Ve République, laquelle donne plus de pouvoir au président.

Georges Pompidou
(Présidence: 1969–1974)

Né de parents enseignants[6] et enseignant lui-même, Georges Pompidou était un homme d'une grande culture. Après des années de collaboration avec Charles de Gaulle, Pompidou devient premier ministre en 1962. Après la démission de de Gaulle en 1969, Pompidou devient président. Il meurt en 1974 avant la fin de son mandat.

Beaubourg a été construit à l'initiative de Pompidou qui voulait voir la création d'un grand centre culturel à Paris.

Beaubourg

Valéry Giscard d'Estaing
(Présidence: 1974–1981)

Élu à l'âge de 48 ans, Valéry Giscard d'Estaing était à ce jour le plus jeune président français. Sa présidence est marquée par la construction de l'Europe et une volonté de modernisation. Sous sa présidence, la majorité[7] est abaissée à 18 ans. Il apporte un changement dans le protocole en portant des pull-overs en public et en allant déjeuner chez les Français «moyens[8]» le dimanche. En 2003, il a été élu à l'Académie française, au fauteuil de Léopold Sédar Senghor.

Un TGV

---

1. elected   2. direct suffrage   3. term   4. in   5. Cabinet   6. teacher   7. coming of age   8. ordinary

François Mitterrand
(Présidence: 1981–1995)

Élu en 1981 et en 1988, François Mitterrand est le premier président à avoir fait deux mandats complets. Contrairement à ses prédécesseurs, Mitterrand était socialiste (un parti politique de gauche) et pendant sa première présidence, il a pris de nombreuses mesures sociales, comme l'abolition de la peine de mort[1], l'impôt[2] sur la fortune, la nationalisation des banques, la semaine de 39 heures et la 5e semaine de congés payés. Il a également augmenté les allocations familiales[3] et de logement[4]. Sa deuxième présidence voit l'inauguration du Grand Louvre et de sa pyramide de verre, de l'opéra Bastille et de la nouvelle Bibliothèque nationale.

Jacques Chirac (Présidence: 1995–2007)

Jacques Chirac est arrivé à la présidence en 1995, après une longue carrière politique. Il a notamment été maire de Paris pendant 18 ans (1977–1995).

Au cours de son premier mandat, Chirac propose et obtient la modification de la Constitution pour changer la durée du mandat présidentiel de sept ans (le septennat) à cinq ans (le quinquennat). Sa ré-élection en 2002 est un succès sans précédent. Il obtient 82,21% des votes, reflétant le refus des Français de voter pour le candidat du Front National (parti d'extrême droite). Depuis, la situation internationale et la Constitution européenne dominent la scène politique. Chirac a connu une grande défaite avec le rejet de la Constitution européenne au référendum de 2005.

Nicolas Sarkozy
(Présidence: 2007–2012)

Après avoir été maire de Neuilly et plusieurs fois ministre, Nicolas Sarkozy devient le 23e président de la République en 2007 face à la socialiste Ségolène Royal.

Son mandat présidentiel sera marqué par un style moins formel que celui de ses prédécesseurs et par plusieurs réformes comme celle des universités en 2007 ou des retraites en 2010. Sarkozy est aussi président pendant la crise économique mondiale consécutive à la crise des prêts hypothécaires[5] de 2006-2007 aux États-Unis. Il annonce un plan de relance en 2008; en 2009, il instaure le RSA (revenu de solidarité) pour aider les travailleurs à petits salaires, mais le chômage ne diminue pas vraiment. En 2010, la loi Grenelle est votée pour lutter contre le réchauffement climatique[6] et réduire la pollution.

Nicolas Sarkozy fait un seul mandat présidentiel. Il se représente aux élections de 2012, mais il est battu par le socialiste François Hollande. Il revient à la politique comme président du parti de droite Les Républicains en 2015.

François Hollande
(Présidence: 2012–)

En 2012, François Hollande devient le 2e président socialiste de la Cinquième République après avoir été député européen, premier secrétaire du Parti socialiste et député de la Corrèze.

Bien que sa popularité soit faible en raison de la forte crise économique et sociale, certaines de ses mesures (trêve hivernale pour les sans-abri[7], allocation de rentrée scolaire, retour partiel à la retraite à 60 ans) sont populaires. D'autres mesures (taxe à 75 % sur les revenus dépassant le million d'euros, légalisation du mariage et de l'adoption pour les couples de même sexe) entraînent un déclin croissant de sa popularité.

Sa politique internationale est critiquée par la droite comme par la gauche, notamment les relations tendues[8] avec l'Allemagne (soutien pour maintenir la Grèce dans la zone euro) et la Russie (refus de coopération militaire), et les décisions concernant les troupes françaises engagées dans les conflits afghan, syrien et africains.

En 2015, la cote de popularité de François Hollande remonte à la suite de sa gestion[9] de tragiques attentats terroristes en France.

APRÈS > la lecture

1. Quel président a fait beaucoup de changements sociaux?

2. Qui est devenu président après le général de Gaulle? Pourquoi est-il connu?

3. Qui a organisé un référendum sur la Constitution européenne?

4. Lequel de ces présidents tu trouves le plus important? Pourquoi?

---

1. death penalty   2. taxes   3. family allowances   4. housing allowances   5. mortgage loans   6. global warming   7. homeless   8. tense
9. management

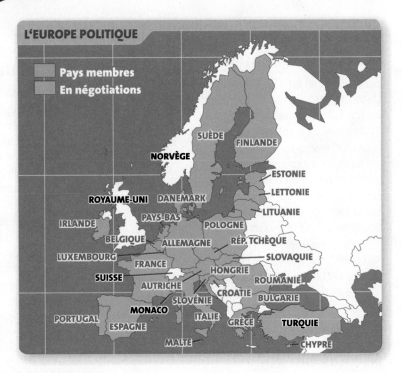

L'EUROPE POLITIQUE

Pays membres
En négotiations

L'Europe compte cinq
pays francophones:
la France, la Belgique,
le Luxembourg, la Suisse et
la principauté de Monaco.
La France, la Belgique et
le Luxembourg font partie
de l'Union européenne.
La Suisse et la principauté de
Monaco n'en font pas partie.

L'Europe *francophone*

L'Union européenne

En 2013, l'Union européenne regroupe 28 pays démocratiques:
la France, la Belgique, les Pays-Bas, le Luxembourg, l'Allemagne,
l'Italie, le Danemark, l'Irlande, le Royaume-Uni, la Grèce, l'Espagne, le
Portugal, l'Autriche, la Finlande, la Suède, Chypre, Malte, la Slovénie,
la Pologne, la Hongrie, la République tchèque, l'Estonie, la Lettonie, la
Lituanie, la Slovaquie, la Roumanie, la Bulgarie et la Croatie. En 2016,
le Royaume-Uni a décidé de quitter l'Union européenne.

L'Union européenne a pour but la libre circulation des personnes, des
biens[1], des services et des capitaux[2] au sein des pays membres. Ces
états ont aussi une politique[3] commune en matière d'agriculture, de
politique économique et sociale, de transports, de recherche et de tout
autre secteur commun aux pays de l'UE.

Les symboles

le drapeau: un cercle de douze étoiles dorées sur fond bleu
l'hymne[4] européen: l'Ode à la joie de Ludwig van Beethoven
la journée de l'Europe: le 9 mai
la monnaie: Le 1er janvier 2002, l'euro est devenu la monnaie
unique europénne dans douze des pays membres: la France,
l'Allemagne, l'Autriche, la Belgique, le Luxembourg, l'Italie,
l'Espagne, le Portugal, les Pays-Bas, la Grèce, l'Irlande et la Finlande.
la devise[5]: «*In varietate concordia*» (Unie dans la diversité)

1. goods 2. funds 3. policy 4. anthem 5. motto

La Belgique

La Belgique est une monarchie constitutionnelle et un état fédéral. Il y a trois communautés culturelles en Belgique: les Flamands[1], les francophones et les germanophones. Il ne faut pas les confondre[2] avec les quatre zones linguistiques, qui sont la région flamande (néerlandais[3]), la région bruxelloise (bilingue français-néerlandais), la région wallone (français) et les cantons de l'Est (allemand).

Les symboles

l'hymne national: la Brabançonne
la fête nationale: le 21 juillet
la monnaie: avant le 1er janvier 2002, le franc belge; depuis le 1er janvier 2002, l'euro
la devise: «L'union fait la force»

La Suisse

La Suisse est un état fédéral dont la constitution qui date de 1848, a été modifiée en 1997.
La naissance[4] de la Suisse remonte à 1291. Ce pays n'a pas participé à un conflit européen depuis 1515 mais sa neutralité n'a été reconnue officiellement qu'en 1815 au Congrès de Vienne.

Les symboles

l'hymne national: le Cantique suisse
la fête nationale: le 1er août
la monnaie: le franc suisse
la devise: «Un pour tous, tous pour un»

Le grand-duché de Luxembourg

Le Luxembourg est devenu indépendant en 1890. C'est une monarchie constitutionnelle. Avec la Belgique et les Pays-Bas, il forme en 1948 le Benelux (BElgique-NEderland-LUXembourg), une union économique. Le Benelux est à l'origine de l'Union européenne. Au Luxembourg, on parle luxembourgeois, allemand et français.

Les symboles

l'hymne national: Ons Heemecht
la fête nationale: le 23 juin
la monnaie: avant le 1er janvier 2002, le franc luxembourgeois; depuis le 1er janvier 2002, l'euro
la devise: «Nous voulons rester ce que nous sommes»

La principauté de Monaco

Monaco est une monarchie constitutionnelle. Le prince est le chef de l'état.
Selon le traité entre la France et Monaco, signé en 2002, la principauté restera indépendante même s'il n'y a pas de descendant dans la dynastie.
La principauté de Monaco n'est pas membre de l'UE mais elle utilise l'euro comme monnaie officielle. Monaco n'a pas le droit d'émettre[5] des billets en euros, mais peut produire des pièces de monnaie avec une face nationale spécifique à la principauté.

Les symboles

l'hymne national: Hymne monégasque
la fête nationale: le 19 novembre
la monnaie: avant le 1er janvier 2002, le franc français; depuis le 1er janvier 2002, l'euro
la devise: «Avec l'aide de Dieu»

APRÈS > la lecture

1. Est-ce que tous les pays européens sont membres de l'Union européenne?

2. Qu'est-ce que c'est que l'Union européenne?

3. Quel pays utilise l'euro comme monnaie mais ne fait pas partie de l'UE?

4. Quel pays francophone européen n'a pas fait la guerre depuis plus de sept cents ans?

5. Quels sont les pays francophones européens qui sont encore des monarchies?

---

1. Flemish 2. confuse 3. Dutch 4. birth 5. issue

DVD
Géoculture

Géoculture

L'outre-mer

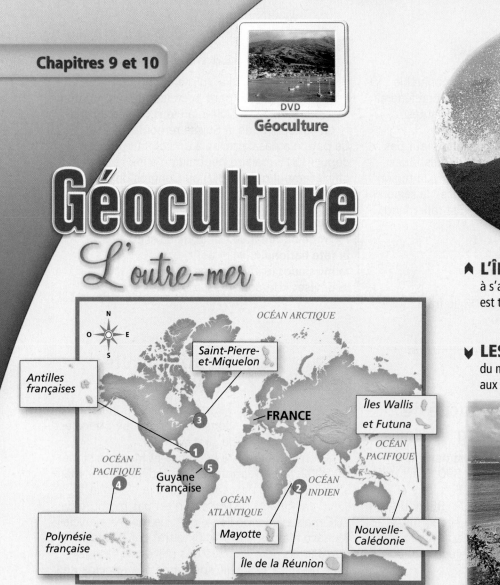

OCÉAN ARCTIQUE

Saint-Pierre-
et-Miquelon

Antilles
françaises

FRANCE

Îles Wallis
et Futuna

OCÉAN
PACIFIQUE

OCÉAN
PACIFIQUE

Guyane
française

OCÉAN
INDIEN

OCÉAN
ATLANTIQUE

Polynésie
française

Mayotte

Nouvelle-
Calédonie

Île de la Réunion

▲ L'ÎLE DE LA RÉUNION continue à s'agrandir car son volcan, La Fournaise, est toujours en activité. **②**

♥ LES ANTILLES: La Martinique vient du mot arawak «Madinina» qui veut dire «l'île aux fleurs». **①**

♥ LES ANTILLES: La Guadeloupe est un vrai paradis pour les amateurs de plongée. La réserve Cousteau protège environ 400 hectares de fonds marins où l'on trouve une impressionnante variété de coraux et de poissons. **①**

Savais-tu que...?

La Martinique, la Guadeloupe, la Guyane et la Réunion sont des DOM (départements d'outre-mer) et sont soumis aux mêmes règles juridiques que la métropole.

SAINT-PIERRE-et-MIQUELON:

Saint-Pierre est le centre administratif et commercial du seul territoire français en Amérique du Nord. La collectivité regroupe deux îles et des îlots au sud de Terre-Neuve. **3**

LA POLYNÉSIE FRANÇAISE:

Hiva Oa appartient à l'archipel des Marquises. C'est là que le peintre français Paul Gauguin a vécu à la fin de sa vie. **4**

LA POLYNÉSIE FRANÇAISE:

Tahiti est la plus grande île de l'archipel de la Société. Cette île est associée à l'histoire du capitaine Cook et de la mutinerie du Bounty. **4**

LA GUYANE: Kourou

abrite le Centre national d'études spatiales (CNES). C'est de là que la fusée européenne Ariane est lancée dans l'espace. **5**

LA GUYANE:

95% du territoire guyanais est recouvert par une forêt équatoriale très difficile d'accès. **5**

Géo-quiz

Quel est le territoire français situé en Amérique du Nord?

L'outre-mer

trois cent soixante et un **361**

1700

1800

1690–1763

Entre 1690 et 1763, la France et la Grande-Bretagne se sont disputé **l'archipel de Saint-Pierre-et-Miquelon**. À plusieurs reprises, tout a été détruit et les habitants ont été déportés. En 1763, la France fête la signature du traité de Paris qui lui a définitivement attribué cet archipel.

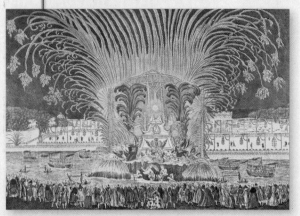

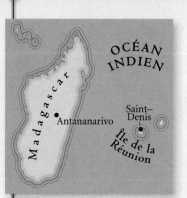

1793

En 1793, **l'île de la Réunion** a reçu son nom actuel, abandonnant le nom de Bourbon qui était celui des rois de France. Ce nom est probablement une référence aux réunions clandestines des révolutionnaires français.

1768

En 1768, **Louis-Antoine de Bougainville** a fait escale à Tahiti, un an après l'Anglais Samuel Wallis. À son retour en France, il a publié **Voyage autour du monde** dans lequel il décrit l'île comme un paradis sur terre. Sa description de Tahiti a influencé les idées des philosophes de la Révolution française.

1848

En 1848, un décret a aboli l'esclavage dans tous les territoires français et a accordé aux esclaves le statut de citoyen et le droit de vote. Ce décret a été adopté en partie grâce aux efforts de **Victor Schœlcher**, écrivain et homme politique français.

1900   **2000**

1902

En 1902, la montagne Pelée, volcan de la Martinique, est entrée en éruption et a complètement détruit la ville de Saint-Pierre, appelée le «Paris des Antilles». Une seule personne a survécu à cette catastrophe: le prisonnier!

2004

En 2004, la Polynésie française est devenue un **pays d'outre-mer (POM)**. Un POM est une division administrative de la France qui a plus d'autonomie qu'un territoire. Par exemple, la Polynésie française peut faire ses propres lois et accorder la citoyenneté polynésienne. La France métropolitaine continue à contrôler la défense, la justice et l'économie.

1852–1953

En 1852, la France a commencé à déporter des prisonniers en Guyane. Pendant près de 100 ans, 70.000 personnes environ ont été envoyées au **bagne** (colonie pénitentiaire). Un des bagnards les plus connus était Henri Charrière, dit Papillon. Un livre autobiographique et un film racontent sa vie au bagne et son évasion.

1966

Après l'indépendance de l'Algérie en 1962, la France a dû abandonner le site de ses **essais nucléaires** dans le Sahara et a choisi les atolls polynésiens, Mururoa et Fangataufa, pour servir de nouvelles bases à ses essais nucléaires. Le premier essai a eu lieu en 1966. Ils ont cessé en janvier 1996.

Activité

1. Quels pays se sont disputé Saint-Pierre-et-Miquelon?

2. Qui a lutté pour l'abolition de l'esclavage?

3. Comment Bougainville a-t-il décrit Tahiti?

4. Qu'est-ce qu'un POM peut faire?

5. Qu'est-ce qu'on faisait dans les atolls polynésiens de Mururoa et Fangataufa?

6. Qu'est-ce que c'est, le bagne?

9

L'art en fête

In this chapter, you will learn to
- ask for and give opinions
- introduce and change a topic of conversation
- make suggestions and recommendations
- give an impression

And you will use and review
- inversion
- present participles used as adjectives
- **si** and **oui**
- the comparative and superlative
- demonstrative pronouns
- the verbs **savoir** and **connaître**

▶ *Que vois-tu sur la photo?*

Qu'est-ce que cette peinture représente?

Qu'est-ce que tu penses de cette peinture?

Et toi, est-ce que tu aimes aller voir des expositions?

MODES OF COMMUNICATION

INTERPRETIVE	INTERPERSONAL	PRESENTATIONAL
Listen to people make suggestions and recommendations about shows. Read poems about two French artists.	Discuss literature, films, and other arts with a partner. Write a letter to an art gallery, suggesting that they display your work.	Act out a scene between an artist and an interviewer. Write an article about the life and work of a French-speaking artist.

Peinture de Tahiti

Objectifs
- **to ask for and give opinions**
- **to introduce and change a topic of conversation**

Vocabulaire
à l'œuvre 1

Un atelier d'artiste

le sculpteur

la sculpture

Le sculpteur **sculpte une statue**.

la potière

une poterie

Les potiers utilisent **un tour** pour faire leurs poteries.

une palette

un tube de peinture à l'huile

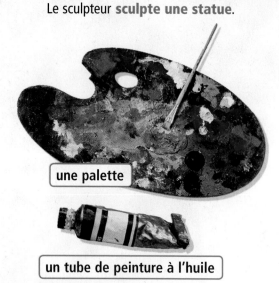

le modèle

un chevalet

le peintre

Le peintre **peint** des tableaux. Le modèle qui **pose** ne peut pas **bouger**.

Dans une galerie d'art, on peut admirer...

un paysage

une aquarelle

une peinture abstraite

une nature morte

un (auto)portrait

D'autres mots utiles

un chef-d'œuvre	*master piece*	une peinture naïve	*primitive painting*
un(e) critique d'art	*art critic*	une toile	*painting/canvas*
un croquis	*sketch*	un vernissage	*preview*
une exposition	*exhibition*	encadrer	*to frame*
une gravure	*engraving*	exposer	*to exhibit*
une œuvre d'art	*work of art*		

Exprimons-nous!

To ask for opinions	To give opinions
Comment trouves-tu cette sculpture? *How do you like . . . ?*	**Surprenant**(e)/**Émouvant**(e)... *Surprising/Moving. . .*
Cette exposition **t'a-t-elle plu?** *Did you like . . . ?*	**Je l'ai trouvé**(e) **passionnant**(e)! *I found it fascinating.*
Quel est ton avis sur les sculptures de...? *What is your opinion about . . . ?*	**Ce n'est pas mon style.** *It's not my style.*
Qu'est-ce que tu penses de ce tableau? *What do you think about . . . ?*	Il n'est **pas mal.** *It's O.K.*

Vocabulaire et grammaire, *pp. 97–99*

Online Workbooks

▶ **Vocabulaire supplémentaire—Les arts, p. R21**

① L'intrus

Lisons/Parlons Trouve le mot qui ne va pas avec les autres dans chaque liste. Ensuite, donne un terme qui va avec les autres mots.

MODÈLE un croquis / une gravure / ~~une poterie~~ / une peinture
un tableau

1. un vernissage / une exposition / exposer / un tour de potier
2. un critique d'art / une palette / un chevalet / une toile
3. une statue / un paysage / un modèle / une aquarelle
4. un potier / un paysage / une aquarelle / une peinture abstraite
5. une œuvre d'art / un tableau / un chef-d'œuvre / un modèle

② Écoutons

Dis si on parle **a) d'une exposition de natures mortes, b) de sculptures, c) d'une peinture abstraite** ou **d) d'un potier.**

③ Des descriptions

Parlons/Écrivons Regarde ces photos et dis ce que l'artiste fait.

1.

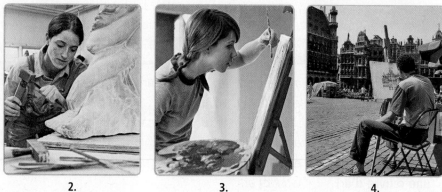

2.   3.   4.

④ L'art et toi

Lisons/Parlons Réponds aux questions suivantes au sujet de tes goûts personnels et de tes préférences en ce qui concerne l'art.

1. Comment trouves-tu l'art moderne?
2. Qu'est-ce que tu penses des tableaux de Picasso?
3. Qui est ton peintre préféré? Pourquoi?
4. Est-ce que tu es déjà allé(e) à une exposition d'art? T'a-t-elle plu? Pourquoi ou pourquoi pas?
5. Est-ce que tu pratiques un art? Lequel?
6. En sculpture, quel est ton style préféré?
7. Quel est ton avis sur les œuvres des impressionnistes?

Exprimons-nous!

To introduce and change a topic of conversation

Au fait, tu as lu cet article?	*By the way . . .*
À propos, tu sais que je suis des cours d'art?	*On that subject, . . .*
Pendant que j'y pense, tu as vu Fabrice?	*While I'm thinking about it, . . .*
Entre parenthèses, c'était nul.	*By the way . . .*

Vocabulaire et grammaire, *pp. 97–99*

Online Workbooks

5 Conversation

Écrivons Complète la conversation suivante avec les expressions d'**Exprimons-nous!**

ÉMILIE   ___1___ tu as été au concert de U2?

SARA   Non, je n'ai pas pu y aller. ___2___, tu pourrais me rendre le CD que je t'ai prêté?

ÉMILIE   Oui, bien sûr. ___3___, je ne l'ai pas trouvé si bon que ça.

SARA   Ah non? Moi, je le trouve super, ce CD. Tiens, ___4___, est-ce que tu n'aurais pas aussi mon bouquin de recettes japonaises?

> ### À la française
> A graffiti artist in French is called **un tagueur, une tagueuse,** which comes from the English slang **"to tag"**. And the drawing itself is called **un tag.**

6 Quel est ton avis?

Écrivons Deux personnes parlent d'une exposition qu'elles viennent de voir. Une des personnes pose des questions sur l'exposition mais l'autre voudrait parler d'autre chose. Crée leur conversation.

MODÈLE   —**Comment tu as trouvé cette exposition?**
—**Pas mal. Au fait,...**

Digital performance space

Communication

7 Opinions personnelles

Parlons Imagine que tu vas voir une exposition d'art moderne avec un(e) ami(e) français(e). Vous allez à la galerie le jour du vernissage et vous regardez les œuvres qui y sont exposées. Joue cette scène avec un(e) camarade.

MODÈLE   —**Comment tu trouves cette sculpture, Thomas?**
—**Euh... Ce n'est pas mon style. Je n'aime pas les sculptures abstraites.**
—**Moi, je...! Tiens, au fait, ...**

Objectifs
• review of inversion
• verbal adjectives (present participles used as adjectives)

Grammaire à l'œuvre 1

Révisions — Inversion

1 **Inversion** is a more formal way to ask a question. To ask a question using inversion, reverse the subject pronoun and the verb and add a hyphen between them.

Tu vas au musée?   Vas-tu au musée?   Ne vas-tu pas au musée?

2 If the subject is **il, elle,** or **on** and the verb ends in a vowel, add **-t-** between the verb and subject.

Quand pose-t-il pour le peintre?

3 If a noun is the subject, put the noun first and then invert the appropriate subject pronoun with the verb.

use a pronoun for inversion

Marco expose-t-il ses œuvres dans cette galerie?

4 To make a question using **inversion** in a compound tense like the **passé composé**, reverse the subject and the helping verb.

Quand sont-ils allés à l'exposition?

Vocabulaire et grammaire, *pp. 100–101*
Cahier d'activités, *pp. 81–83*

Online Workbooks

Déjà vu!
Do you remember how to form questions in French? The most informal way is to use the **intonation.**

Tu as vu ce tableau?

Orally or in informal writing, you can add **est-ce que** to a statement to form a question.

Est-ce qu'il aime ce tableau?

8 Écoutons

Dis si chacune des questions que tu entends **a) utilise l'inversion** ou **b) n'utilise pas l'inversion.**

9 Invitation à un vernissage

Parlons/Écrivons Lionel est allé à un vernissage avec ses parents et il pose beaucoup de questions au peintre. Utilise l'inversion pour poser ses questions de manière plus formelle.

MODÈLE Est-ce que vous êtes l'auteur de toutes ces œuvres?
Êtes-vous l'auteur de toutes ces œuvres?

1. Est-ce que vous faites aussi de la peinture abstraite?
2. Votre femme fait de la poterie?
3. Est-ce que vous êtes déjà allé au musée du Louvre?
4. Comment est-ce qu'on peint avec de la peinture à l'huile?
5. Est-ce que vos tableaux se vendent bien?
6. Quand est-ce que votre prochaine œuvre sera finie?

⑩ À l'école des Beaux-Arts

Écrivons Pascale et ses amies parlent pendant leur visite d'une école d'art. Utilise l'inversion.

1. Ce paysage / exister / vraiment
2. Tes parents / avoir fait encadrer / leur tableau
3. Pourquoi / ce potier / utiliser / un tour électrique
4. Comment / cette statue / s'appeler
5. Où / ces aquarelles / avoir été peintes
6. Tes cousins / être allés / à l'exposition van Gogh

⑪ Conversation avec un artiste

Écrivons/Parlons Christèle a fait la connaissance d'un ami de ses parents qui est artiste. Lis les réponses de l'artiste et imagine les questions que Christèle lui a posées. Utilise l'inversion.

MODÈLE —Comment allez-vous?
—Je vais bien, merci.

1. Je m'appelle Victor Pinseau.
2. Oui, je suis peintre.
3. Non, je n'ai jamais peint d'aquarelles.
4. Je fais des portraits parce que j'aime beaucoup ça.
5. J'expose mes œuvres dans une petite galerie d'art.
6. Non, mes tableaux ne seront jamais au musée du Louvre.
7. Non, petit, je n'aimais pas dessiner.
8. Je peins depuis vingt ans.
9. Le peintre qui m'a le plus inspiré *(inspired)*, c'est van Gogh.

Flash culture

La créativité des Tahitiens s'exprime à travers l'artisanat de bijoux faits de coquillages, de perles, les tissages de paniers ou de chapeaux, les sculptures appelées «tikis» et les tapas qui sont des tissus faits d'écorces *(bark)* de mûriers ou d'hibiscus. Ils sont peints avec des formes stylisées ou géométriques et peuvent servir de décorations ou encore de vêtements de cérémonie.

Est-ce que ton état est connu pour ses produits artisanaux? Quels sont-ils?

Digital **performance space**

Communication

⑫ Questions personnelles

Parlons Avec un(e) camarade, posez-vous cinq questions au sujet de cette toile. Utilisez l'inversion dans vos questions.

MODÈLE —À ton avis, quelle scène ce tableau représente-t-il?

Révisions — Present participles used as adjectives

1 To form the **present participle** (the *-ing* form) of most verbs, drop **-ons** from the present **nous** form of the verb and add **-ant**.

(nous) obéiss**ons**	→	obéiss**ant**
(nous) passionn**ons**	→	passionn**ant**
(nous) impressionn**ons**	→	impressionn**ant**
(nous) émouv**ons**	→	émouv**ant**

2 Present participles are often used as adjectives (des adjectifs **verbaux**). They agree with the noun they modify.

agrees

Ce sont **des statues** impressionnant**es.**

Vocabulaire et grammaire, *pp. 100–101*
Cahier d'activités, *pp. 81–83*

Online Workbooks

En anglais

In English, present participles end in *-ing*.

They can be used as adjectives:

The <u>dancing</u> clown jumped into the air.

Can you think of another way you use the present participle in English?

In French, present participles end in **-ant**. Present participles are NOT used to show progressive actions. Progressive actions are expressed with the simple present tense.

Elle chante means *She sings* or *She is singing.*

---

13 Différences d'opinion

Lisons Jade et Sophie ne sont pas d'accord sur l'exposition qu'elles viennent de voir. Finis les phrases logiquement.

1. Ta réaction est très...
2. Moi, je trouve cette exposition...
3. La visite à pied est un peu...
4. Mais ce sculpteur est vraiment un homme...
5. Ces œuvres sont très...

a. passionnante.
b. fatigante.
c. intéressant.
d. surprenante.
e. impressionnantes.

14 Comment dirais-tu?

Écrivons/Parlons Complète chaque phrase avec l'adjectif verbal du verbe entre parenthèses.

1. En automne, les feuilles ont des couleurs _____. (changer)
2. Les enfants de Laura sont très _____. (amuser)
3. Le café n'est pas une boisson _____. (calmer)
4. Il m'a offert une jolie plante _____. (grimper)
5. J'ai passé des vacances très _____. (relaxer)
6. L'acteur qui joue César est une étoile _____ du cinéma américain. (monter)
7. La cuisine française est très riche et très _____. (nourrir)
8. Quand la soupe est très très chaude, elle est _____. (brûler)
9. Bravo! Tes notes sont très _____. (encourager)

15 Au musée d'art contemporain

Écrivons Michel visite un musée d'art contemporain avec Christian et son petit frère. Christian est d'accord avec tout ce que Michel dit. Imagine les réponses de Christian.

MODÈLE —Cette exposition m'intéresse beaucoup.
—**Oui, elle est (très) intéressante.**

1. Fais attention, ces sculptures en métal sont dangereuses, elles coupent.
2. Excuse-moi, mais ton petit frère m'énerve vraiment.
3. J'adore regarder ces paysages, ils me reposent.
4. Les croquis humoristiques m'ont amusé.
5. Les explications du guide m'ennuient toujours.

16 Qu'est-ce que tu en penses?

Parlons/Écrivons Écris une phrase pour décrire chaque photo. Utilise des adjectifs verbaux.

ennuyer	amuser	relaxer
énerver	intéresser	obéir

MODÈLE **Ce chien est très obéissant.**

1.

2.

3.

4.

5.

Digital
performance space

Communication

17 Opinions personnelles

Parlons Avec un(e) camarade, posez-vous au moins cinq questions sur vos goûts personnels au sujet de littérature, de cinéma, etc. Utilisez des adjectifs verbaux.

Souviens-toi! The subjunctive, pp. 150, 190, 228, 294

MODÈLE —**Quel genre de livres aimes-tu lire?**
—**J'aime les livres qui sont amusants, par exemple, des BD, mais mes parents ne pensent pas que ce soit une lecture très intéressante...**

Application 1

18 Critique d'art

Écrivons Choisis un des tableaux suivants et écris un para-graphe pour en faire la critique, bonne ou mauvaise.

MODÈLE La toile que je trouve la plus..., c'est...
Le peintre a vraiment montré...

1. une peinture naïve

une peinture moderne

3. une peinture abstraite

Un peu plus

Si and oui

Have you noticed that there are two different words for *yes* in French: **si** and **oui**?

Use **oui** to respond affirmatively to an affirmative question:

—Tu es allée au musée?
—Oui, j'y suis allée hier.

Use **si** to contradict a negative statement or question. Use **Mais si!** for even more emphasis.

—Tu n'aimes pas les tableaux de van Gogh?
—Si! Je les aime beaucoup!

Vocabulaire et grammaire, *p. 102*
Cahier d'activités, *pp. 81–83*

Online Workbooks

19 Écoutons

Écoute les conversations suivantes et dis si la personne qui répond **a) contredit** ou **b) ne contredit pas la première personne.**

20 Conversation avec Picasso

Parlons Imagine les réponses affirmatives du célèbre peintre aux questions suivantes.

1. Vous n'êtes pas d'origine espagnole?

2. Vous avez peint des natures mortes?

3. Vous n'avez pas fait aussi des sculptures?

4. Vous êtes connu dans le monde entier?

5. N'avez-vous pas peint des tableaux abstraits?

Application 1

21 Cours d'art

Lisons/Écrivons Ahmed est un adolescent qui se passionne pour les arts. Regarde la brochure de cette école d'art, puis réponds aux questions.

Artistes en herbe

Lundi et jeudi :
de 16h à 17h30
Prix: adulte: 85 €
enfant: 55 €

Cours pour adultes. Initiation à la sculpture. *Paul Sequin*

Cours pour adultes. Principes de base de l'aquarelle, préparation de la couleur. *Chantal Leclerc*

Cours d'initiation ou de perfectionnement au tournage. Enfants à partir de 10 ans. *Alexis Legrand*

1. Quel professeur Ahmed doit-il contacter s'il veut apprendre à utiliser un tour?

2. Qui ne prend que des débutants?

3. Quel professeur est-ce qu'il doit choisir s'il s'intéresse au dessin et à la peinture?

4. À quel cours un enfant peut-il s'inscrire?

5. Ahmed voudrait apprendre à faire des statues. Qui va-t-il contacter?

22 Un mécène

Écrivons Tu as décidé d'aider un jeune artiste. Écris-lui une note pour lui expliquer ce qu'il devrait faire pour avoir du succès.

♻ *Souviens-toi!* The conditional, p. 330

Digital
performance space

Communication

23 Scénario

Parlons Tu dois écrire un article pour une revue d'art. Tu interviewes un artiste célèbre joué par un de tes camarades. Pose-lui cinq questions au sujet de ses œuvres et de sa vie. Jouez cette scène devant la classe.

Culture

Lecture culturelle

La Polynésie française est riche en artisanat. Parmi les différentes formes d'artisanat, il y a les colliers de coquillage[1], les objets en nacre[2], les bijoux faits avec des perles noires[3], la vannerie[4] et la sculpture. Les îles Marquises sont réputées pour leurs sculptures sur bois que l'on peut acheter directement à l'artiste ou dans les curios[5] de Tahiti.

La sculpture, l'âme[6] des Marquises

Les Marquisiens sont d'habiles[7] sculpteurs reconnus en dehors de l'archipel. On compte environ une centaine d'artisans sculpteurs aux Marquises.

Les sculpteurs reproduisent les objets anciens et traditionnels : les tikis (statuettes sculptées à l'image des dieux), les casse-têtes[8] et les lances. Les ustensiles de la vie de tous les jours, plats ronds ou allongés, sont aussi sculptés. Les motifs décoratifs qui ornent les sculptures sont spécifiques à chaque archipel. Ils couvrent en général toute la surface des objets.

La sculpture sur pierre existe toujours mais est rare. Le matériau le plus utilisé est le bois[9]. Le miro ou bois rose et le tou (bois très dur de couleur brune avec de larges veines[10]) sont les bois les plus recherchés. Les artisans utilisent aussi le santal[11], l'acajou[12] et aussi le maru maru[13]. Les noix de coco sont aussi sculptées et peintes.

Compréhension

1. Pourquoi est-ce que les îles Marquises sont connues?
2. Quel matériau est le plus utilisé pour la sculpture?
3. Quels sont les différents types de sculpture?

---

1. *sea shells* **2.** *mother-of-pearl* **3.** *black pearls* **4.** *wickerwork* **5.** petits magasins artisanaux **6.** *soul* **7.** *skilled* **8.** *clubs* **9.** *wood* **10.** *grains (in the wood)* **11.** *sandalwood* **12.** *mahogany* **13.** type de bois

Comparaisons

Le musée d'Orsay

Les musées en France

Tu viens d'arriver à Paris. C'est lundi, il fait beau. Tu te promènes et tu découvres la ville. Le lendemain matin, tu décides d'aller visiter le musée du Louvre. Tu arrives à la pyramide et

a. tu achètes ton billet d'entrée et tu visites les salles.

b. le musée n'est ouvert qu'aux Parisiens le mardi.

c. le musée est fermé.

En France, tous les musées nationaux ferment leurs portes le mardi. Il y a 34 musées nationaux dans le pays dont 15 à Paris. Le musée du Louvre, qui est un musée national, est ouvert tous les jours sauf le mardi et les jours fériés suivants: le 1er janvier, le 1er mai, le 15 août et le 25 décembre. Les musées nationaux et les musées municipaux ne ferment pas les mêmes jours. Alors, avant de décider de visiter un musée, vérifie les jours et les heures d'ouverture.

ET TOI?

1. Est-ce que tu visites souvent des musées? Lesquels as-tu déjà visités?

2. Aux États-Unis, est-ce que les musées sont ouverts tous les jours? Quels jours sont-ils fermés?

Communauté et professions

Le français et la musique

Certains grands opéras, comme *Carmen* de Georges Bizet, sont en français. Comment devient-on chanteur d'opéra? En France, chaque année, l'atelier lyrique de l'Opéra de Paris recrute des jeunes qui doivent passer une audition: cinq airs[1] d'opéra dans trois langues différentes, dont le français. Y a-t-il des écoles qui forment les chanteurs d'opéra aux États-Unis? Quelles langues sont nécessaires pour devenir un chanteur d'opéra de renommée internationale? Le français est-il indispensable? Fais des recherches et présente ce que tu as trouvé à ta classe.

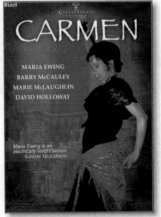

Affiche de Carmen

1. arias

Objectifs
- to make suggestions and recommendations
- to give an impression

Vocabulaire
à l'œuvre **2**

On va au spectacle

une comédie musicale

Les comédies musicales mélangent plusieurs genres: danse, chant et théâtre.

un ballet

un danseur/ une danseuse

une ballerine

un tutu

Les danseurs ont eu beaucoup de succès.

L'orchestre est composé de musiciens.

le chef d'orchestre

les violonistes

Le chef d'orchestre **donne la mesure**.

Les spectateurs applaudissent.

Allons au cirque!

le chapiteau

la piste

un clown

un jongleur/une jongleuse

un(e) trapéziste

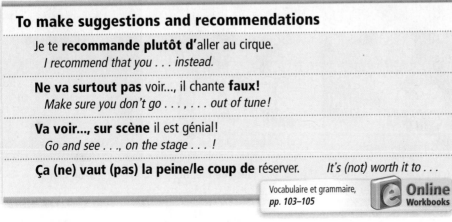

une affiche

D'autres mots utiles

la baguette	*baton*	un(e) pianiste	*piano player*
une chorégraphie	*choreography*	une représentation	*show*
le décor	*set*	un rôle	*part*
une ouvreuse	*usherette*	la scène	*set*
une partition	*music sheet*	une tournée	*tour*

Exprimons-nous!

To make suggestions and recommendations

Je te **recommande plutôt d'**aller au cirque.
I recommend that you . . . instead.

Ne va surtout pas voir..., il chante **faux!**
Make sure you don't go . . . , . . . out of tune!

Va voir..., sur scène il est génial!
Go and see . . . , on the stage . . . !

Ça (ne) vaut (pas) la peine/le coup de réserver.　　*It's (not) worth it to . . .*

Vocabulaire et grammaire,
pp. 103–105

Online Workbooks

▶ Vocabulaire supplémentaire—Les arts, p. R 21

24 Écoutons

Écoute chaque commentaire et dis de quels types de spectacles ces personnes parlent.

a. une comédie musicale
b. une pièce de théâtre
c. un ballet

d. un spectacle de cirque
e. un concert de rock
f. un opéra

25 Au spectacle

Lisons/Parlons Lis ces descriptions et dis de qui ou de quoi on parle.

1. C'est l'endroit où la ballerine danse.
2. C'est ce qu'on fait à la fin d'un spectacle qu'on a beaucoup aimé.
3. Les enfants adorent ce personnage au cirque.
4. C'est la personne qui donne des instructions aux musiciens.
5. C'est le vêtement que les danseuses portent.
6. C'est la personne qui vous amène à votre place.

a. l'ouvreuse
b. le clown
c. la scène
d. le chef d'orchestre
e. applaudir
f. l'affiche
g. le tutu

26 Des recommandations

Écrivons Écris à un(e) ami(e) pour lui recommander ces spectacles. Explique pourquoi tu les recommandes.

MODÈLE **Je te recommande d'aller à ce concert de jazz!**

1. un ballet

2. un spectacle de cirque

3. une pièce de théâtre

4. un film

Exprimons-nous!

To give an impression

On dirait que c'est le même acteur qui joue les deux rôles.
It looks like . . .

Il me semble que ce spectacle s'inspire de *Cats*. *It seems to me that . . .*

J'ai l'impression d'avoir déjà vu ça quelque part.
I have the impression that . . .

J'ai l'impression que cet acteur n'est pas fait pour le rôle.
I have the impression that . . .

Ils ont l'air de s'amuser sur scène. *They seem to . . .*

Ça me fait penser à une sculpture de César. *It reminds me of . . .*

Vocabulaire et grammaire, *pp. 103–105*

 Online Workbooks

27 Une mauvaise expérience!

Écrivons Complète la conversation suivante entre Amélie et son copain Alex. Utilise les expressions d'**Exprimons-nous!**

AMÉLIE Ne va ___1___ la dernière comédie musicale de Marcel Candide.

ALEX J'ai ___2___ que tu n'es pas la seule à ne pas avoir aimé ce spectacle! Les critiques sont très mauvaises.

AMÉLIE Pour une fois, je suis d'accord avec elles! Ça ne ___3___ d'y aller. Les danseurs ont ___4___ de s'ennuyer sur scène. Il me ___5___ qu'ils n'aiment pas ce qu'ils font.

ALEX Je suppose que tu me ___6___ plutôt d'aller au concert des *Faux Pas* qui passent en ville?

AMÉLIE Ah oui, alors! Eux, ils sont géniaux ___7___!

Digital **performance** space

Communication

28 Scénario

Parlons En groupes de 3 ou 4, choisissez un spectacle qu'on peut voir dans votre ville ou qui a du succès en ce moment. Des membres du groupe ont vu ce spectacle; les autres ne l'ont pas vu, mais veulent aller le voir. Ils/Elles demandent leurs opinions aux personnes qui ont vu le spectacle. Préparez et jouez cette scène devant la classe.

MODÈLE —Dis, Karen, tu as vu la... qui passe en ville?
—Oui et à mon avis...
—Ah bon? Pourquoi?
—J'ai l'impression...

Flash culture

La tradition musicale est très variée aux Antilles. Dans les années 30, Alexandre Stellis fait découvrir la biguine aux Français. Aujourd'hui, le Zouk, exporté par des groupes célèbres comme Kassav' et Malavoi, est très populaire. À la Guadeloupe, les esclaves ont apporté leurs rythmes battus aux sons des tambours. De nos jours, la musique gwo ka est basée sur ces deux tambours, le boula et le maké.

Quel genre de musique ressemble au Zouk aux États-Unis?

Vocabulaire 2

Objectifs
- review of comparative and superlative
- review of demonstrative pronouns

Grammaire
à l'œuvre 2

Révisions — **The comparative and superlative**

Do you remember how to form the comparative and superlative of adjectives, adverbs, and nouns in French?

COMPARATIVE	SUPERLATIVE
plus / moins / aussi } [adjective] **que** Cet acteur-ci est moins connu **que** celui-là.	*If the adjective precedes the noun:* le / la / les } plus / moins } [adjective] de C'est le plus connu des chanteurs d'opéra. *If the adjective follows the noun:* le / la / les } [noun] le / la / les } plus / moins [adjective] de C'est le chanteur le plus connu de tous.
plus / moins / aussi } [adverb] **que** Il joue aussi bien **que** toi.	le } plus / moins [adverb] C'est lui qui chante le moins bien.
plus de / autant de / moins de } [noun] **que** Il a plus de succès **qu'**elle.	

Déjà vu!

Bon, bien and **mauvais** have irregular comparative and superlative forms.

Cet acteur est **meilleur** que celui-là.

Je peins **mieux** que toi.

Cet acteur était pire que les autres.

Vocabulaire et grammaire, *pp. 106–107*
Cahier d'activités, *pp. 85–87*

Online Workbooks

29 Écoutons

Écoute ces commentaires et complète les phrases suivantes.

1. La pièce de théâtre était _____ que la comédie musicale.
   a. plus amusante   b. moins amusante
2. Les jongleurs étaient _____ bons que les trapézistes.
   a. plus   b. aussi
3. Le chapiteau de ce cirque était _____ que celui de l'autre cirque.
   a. moins grand   b. aussi petit
4. Le premier clown chantait _____ que le deuxième clown.
   a. plus mal   b. mieux
5. L'orchestre était _____ que l'orchestre de l'opéra.
   a. meilleur   b. aussi bon

30 Comparaisons

Lisons/Écrivons Philippe et ses amis comparent différents spectacles. Forme des phrases complètes avec les éléments suivants.

MODÈLE théâtre Rayneau / être / + / petit / l'opéra
Le théâtre Rayneau est plus petit que l'opéra.

1. dans / comédie musicale / la danse / être / = / important / le chant
2. violonistes / sembler / + / calme / chef d'orchestre
3. enfants / aimer / − / jongleurs / clowns
4. cirque / avoir / = / spectateurs / opéra
5. dans / théâtre moderne / scène / être / − / bien décoré / dans / théâtre classique

31 Au théâtre

Parlons Écris cinq phrases pour décrire cette illustration. Utilise des **superlatifs**.

MODÈLE **C'est la meilleure pièce de l'année!**

Plus de 50.000 personnes
ont déjà applaudi
Axel Trio
dans
Le bouffon
Les critiques sont d'accord :
C'est le chef-oeuvre
de l'année !

Digital
performance space

Communication

32 Interview

Parlons Demande à un(e) camarade quelle activité il/elle aime le plus et le moins. Ton/Ta camarade te dira aussi quelle activité il/elle fait plus souvent que les autres. Ensuite, échangez les rôles.

MODÈLE —Qu'est-ce que tu préfères faire le week-end?
　　　　—Je préfère jouer au foot, mais je fais plus
　　　　　souvent du skate. Ce que j'aime le moins, c'est
　　　　　faire la vaisselle. Et toi?

Révisions — Demonstrative pronouns

1 Use a form of **celui** to say *this one, that one, these,* or *those.*

	MASCULINE	FEMININE
SINGULAR	celui	celle
PLURAL	ceux	celles

2 Demonstrative pronouns can be used:

- with **-ci** or **-là** to specify *this/these* or *that/those*
  Tu as parlé avec quel clown? **Celui-ci** où **celui-là?**

- with **de** plus a noun
  Quelle pièce préfères-tu? **Celle de** Molière ou **celle de** Racine?

- with a relative pronoun
  Ceux qui vont à l'opéra chaque week-end doivent avoir beaucoup d'argent.

Vocabulaire et grammaire, *pp. 106–107*
Cahier d'activités, *pp. 85–87*

 Online Workbooks

33 De quoi on parle?

Lisons Complète les phrases suivantes avec le bon pronom.

1. Quel spectacle allez-vous voir? (Celui / Celle) que Jonas a recommandé?

2. J'ai offert un poster de clown à mon petit frère. (Celles / Ceux) des acrobates n'étaient pas géniaux.

3. Ces jongleurs sont impressionnants. Ils sont meilleurs que (celles / ceux) que j'ai vus l'année dernière.

4. Cette comédie-ci est plus amusante que (celle-là / celle) dont tout le monde parle!

5. Tu aimes cet acteur ou tu préfères (celui-là / celle-ci)?

34 Danse et musique

Lisons La mère de Jean-Luc l'emmène régulièrement au spectacle, mais il n'a pas l'air de beaucoup s'amuser. Choisis la réponse de Jean-Luc aux questions de sa mère.

1. Quels spectacles préfères-tu?

2. Laquelle de ces ballerines danse le mieux?

3. Quel décor trouves-tu le plus beau?

4. Des trois spectacles, lequel est le meilleur?

a. Celles de L. Weber.

b. Celle qui porte un tutu blanc.

c. Celui de la dernière scène.

d. Ceux qui sont amusants.

e. Celui qu'on a vu la dernière fois.

35 **Initiation à l'opéra**

Lisons/Écrivons Jean-Luc a finalement décidé de faire un effort et répète tout ce que sa mère dit. Dans chaque phrase, remplace les mots soulignés par un pronom démonstratif.

MODÈLE Ces places-ci ne sont pas aussi chères que <u>les places</u> qui sont au balcon *(balcony)*.
Ces places-ci ne sont pas aussi chères que celles qui sont au balcon.

1. Tous <u>les spectateurs</u> qui ont vu ce ballet l'ont beaucoup aimé.
2. <u>Ce monsieur-là</u>, c'est le chef d'orchestre.
3. La pianiste, c'est <u>la dame</u> qui lui parle.
4. <u>Ces gens-là</u> doivent être les violonistes.
5. Ces partitions, ce sont <u>les partitions</u> des musiciens.
6. Et cette baguette, c'est <u>la baguette</u> du chef d'orchestre.

36 **Professionnels du spectacle**

Parlons/Écrivons Regarde l'image et réponds aux questions. Utilise des pronoms démonstratifs.

MODÈLE —Quel jongleur a des balles?
—**Celui qui a une chemise jaune.**

1. Qui c'est, le chef d'orchestre?
2. Lesquels sont les jongleurs?
3. C'est qui, la ballerine?
4. Qui sont les violonistes?
5. Qui sont les spectateurs?

Digital **performance** space

Communication

37 **Interview**

Parlons Demande à un(e) camarade ce qu'il/elle aime le plus, puis échangez les rôles. Vous pouvez vous inspirer des mots de la boîte. Utilisez des pronoms démonstratifs dans vos réponses.

les films	les voitures	la musique	les tableaux
les activités	les spectacles	les livres	les professions
les vêtements	les matières	les profs	???

MODÈLE —**Quel genre de films est-ce que tu préfères?**
—**Je préfère ceux où il y a beaucoup d'action.**

Application 2

38 À ton avis

Écrivons Écris un e-mail à un(e) ami(e) au sujet d'un spectacle que tu as vu. Dis-lui si tu le lui recommandes ou pas et pourquoi. Demande-lui de te recommander quelque chose à son tour. Utilise des comparatifs, des superlatifs et des pronoms relatifs.

MODÈLE Samedi soir, je suis allé(e) voir... C'était la meilleure représentation de la saison. L'acteur principal était très bon mais celui qui avait le rôle du traître était...

Un peu plus — Révisions

Review of **savoir** and **connaître**

Use **savoir** to say you
• know a fact
  Je **sais** que Picasso est né en Espagne.
• know how to do something
  Elle **sait** peindre. Elle a étudié les art plastiques à l'université.

Use **connaître** to say you
• know someone or something
  Je **connais** un clown. Il s'appelle Bobo.
• are familiar with a person or place
  Elles **connaissent** bien Nice.

Vocabulaire et grammaire, *p. 108*
Cahier d'activités, *pp. 85–87*

 Online Workbooks

39 Écoutons

Ton ami t'appelle pour te demander des renseignements au sujet d'un spectacle qu'il veut aller voir. Mais il y a beaucoup de bruit et tu n'entends pas bien. Complète les phrases que tu entends avec le bon verbe.

a. connais   **e.** savoir

b. connaît   **f.** savent

c. sait   **g.** connaissent

d. sais   **h.** connaître

40 Un métier difficile

Lisons/Écrivons Le prof de musique parle du métier de chef d'orchestre. Complète ses phrases avec la forme correcte de **savoir** ou de **connaître**.

1. _____-vous Patrick Botti? C'est un chef d'orchestre français.

2. Vous _____ que ce n'est pas facile d'être chef d'orchestre?

3. Les chefs d'orchestre _____ communiquer avec les musiciens.

4. Pour être chef d'orchestre, il faut vraiment _____ la musique.

5. Un bon chef d'orchestre _____ donner le rythme.

6. Et puis aussi, il _____ bien les œuvres que l'orchestre joue.

④ Aimez-vous la musique?

Écrivons Les personnes suivantes parlent de musique. Forme des phrases complètes pour savoir ce qu'elles disent.

Je	savoir	jouer du piano.
Nous	connaître	cette comédie musicale.
Mes parents		un des musiciens.
Toi, tu		que le violon n'est pas un instrument facile.
Mon frère		d'où vient le chef d'orchestre.
Vous		si le spectacle commence à huit heures.

Digital
performance space

Communication

④ Les connaissances

Parlons Pose des questions à ton/ta camarade pour savoir s'il/elle sait faire ou s'il/elle connaît les choses ou les personnes suivantes.

1. jouer d'un instrument de musique
2. les opéras de Verdi
3. où est le musée d'art moderne
4. le prof de sculpture
5. la dernière chanson à la mode

④ Allons au ballet!

Parlons Avec ton/ta camarade vous discutez de spectacles. L'un(e) de vous veut sortir ce week-end et l'autre lui donne des conseils. Lisez les questions ci-dessous et répondez-y de manière logique. Ensuite, échangez les rôles.

— **Je vais sortir avec mes cousins samedi soir. Tu as une idée?**
—

— **Non, je n'ai pas envie d'aller au cinéma. Et si j'allais au ballet?**
—

— **Bon. Alors un concert peut-être?**
—

— **Bonne idée! J'adore les trapézistes et les jongleurs.**
—

— **Oui, et la chorégraphie est géniale. Tu veux venir avec nous?**
—

Application 2

Lecture

Louis Aragon (1897–1982), poète et écrivain parisien, fonde avec d'autres artistes et écrivains un des mouvements les plus importants du XXᵉ siècle, le surréalisme. À la fin des années 20, Aragon rompt avec les surréalistes et s'engage dans la politique. Après la Deuxième Guerre mondiale, il continue ses activités politiques, mais il retourne aux thèmes plus traditionnels dans ses écrits: la colère, l'amour et l'espérance. Il a écrit entre autres *Le Crève-Cœur* (1941), *Le Fou d'Elsa* (1963) et *Henri Matisse, roman* (1971).

STRATÉGIE pour lire

Dialoguing with the text is a technique you can use to help you understand and analyze the imagery, metaphors, mood, and ultimately, the message or theme of a text. To dialogue with a text, record your reactions and thoughts about what you read as well as any questions you have. For example, you might record how the text makes you feel or what the images in the text bring to mind.

Ⓐ Avant la lecture

Le poème suivant s'appelle *Matisse parle.* Est-ce que tu connais l'artiste Henri Matisse? Ses œuvres sont caractérisées par des couleurs vives et des lignes fluides et souples. Regarde le tableau de Matisse sur cette page. Qu'est-ce que tu vois?

Henri Matisse, (1943)

Henri Matisse (1869-1954). "The Nightmare of the White Elephant", plate IV from the 1946 illustrated book "Jazz".
© 2012 Succession H. Matisse/Artists Rights Society (ARS), New York. Photo: Archives H. Matisse.

Matisse Parle

Je défais dans mes mains toutes les chevelures[1]
Le jour a les couleurs que lui donnent mes mains
Tout ce qu'enfle un soupir[2] dans ma chambre est voilure[3]
Et le rêve durable est mon regard demain

5   J'explique sans les mots le pas qui fait la ronde
J'explique le pied nu qu'a le vent effacé
J'explique sans mystère un moment de ce monde
J'explique le soleil sur l'épaule pensée

J'explique un dessin noir à la fenêtre ouverte
10   J'explique les oiseaux les arbres les saisons
J'explique le bonheur muet[4] des plantes vertes
J'explique le silence habité des maisons

J'explique le parfum des formes passagères
J'explique ce qui fait chanter le papier blanc
15   J'explique ce qui fait qu'une feuille est légère
Et les branches qui sont des bras un peu plus lents

Je rends à la lumière un tribut de justice
Immobile au milieu des malheurs de ce temps
Je peins l'espoir des yeux afin qu'Henri Matisse
20   Témoigne à l'avenir ce que l'homme en attend

Henri Matisse, *Harmonie rouge (La Desserte)* (1908)

Henri Matisse (1869–1954). "Harmonie rouge (La Desserte), 1908". Hermitage Museum, St. Petersburg, Russia. © 2012 Succession H. Matisse/Artists Rights Society (ARS), New York.

1. *hair* 2. *All that a sigh swells* 3. *sail* 4. *silent*

Compréhension

B Réponds aux questions suivantes.

1. Qui est-ce que *je* représente dans le poème, Matisse ou le poète?

2. Quels mots dans le poème donnent une impression de légèreté?

3. Auxquels des cinq sens (toucher, odorat, vue, goût et ouïe) est-ce que ces mots font penser: *les mots, les oiseaux, muet,* et *le silence*?

4. La vision que Matisse a de l'avenir est plutôt optimiste ou pessimiste? Explique ta réponse.

Paul Éluard (1895–1952), poète français, participe au mouvement surréaliste. Il écrit ses premiers poèmes à 18 ans. Ses expériences lui inspirent des idées pacifistes. En 1926, il publie *Capitale de la douleur* qui le propulse au premier plan du monde littéraire. Pendant la Deuxième Guerre mondiale, il participe à des activités clandestines et écrit un de ses plus importants poèmes, *La Liberté* (1942). Parmi ses œuvres, il y a *L'Amour la poésie* (1929) et *Poésie et vérité* (1942).

C Avant la lecture

Est-ce que tu connais Georges Braque? Avec Pablo Picasso, il a inventé le cubisme. La nature est réduite aux formes de base: cubes, triangles... Regarde le tableau à droite. Quelles images est-ce que tu vois? Si tu étais poète, quels mots, images ou métaphores utiliserais-tu pour le décrire?

Georges Braque

Georges Braque, *La Musicienne* (1917–1918)

Georges Braque, *Les Oiseaux* (1953)

Un oiseau s'envole,
Il rejette les nues¹ comme un voile inutile,
Il n'a jamais craint la lumière,
Enfermé dans son vol,
5   Il n'a jamais eu d'ombre.

Coquilles de moissons brisées² par le soleil.
Toutes les feuilles dans les bois disent oui,
Elles ne savent dire que oui,
Toute question, toute réponse
10   Et la rosée³ coule⁴ au fond de ce oui.

Un homme aux yeux légers décrit le ciel d'amour.
Il en rassemble les merveilles
Comme des feuilles dans un bois,
Comme des oiseaux dans leurs ailes
15   Et des hommes dans le sommeil.

---

1. *clouds* 2. *Shells of ruined harvests/crops* 3. *dew* 4. *runs down/flows*

Compréhension

D Réponds aux questions avec des phrases complètes.

1. Qu'est-ce que l'oiseau fait dans la première strophe?
2. De quoi est-ce que l'oiseau a peur?
3. Comment est le ciel où l'oiseau se trouve?
4. Qu'est-ce qui est cassé?
5. Quelle caractéristique humaine est-ce que le poète donne aux feuilles?
6. Quand est-ce qu'on dit «oui» dans la deuxième strophe?
7. Qui est l'homme aux yeux légers?
8. Quelles sont les merveilles que l'homme rassemble?

Après la lecture

E Regarde les tableaux et la sculpture des pages 388 à 391. Tu peux aussi aller voir d'autres œuvres de chaque artiste sur Internet. Est-ce que tu penses que chaque poème reflète bien l'artiste dont il traite? Pourquoi ou pourquoi pas?
À ton tour, paraphrase le thème de chaque poème en français et dans tes propres mots.

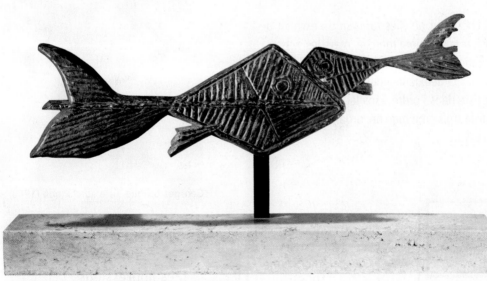

Georges Braque, *Les Deux Poissons* (1953)

L'atelier de l'écrivain

Un exposé

Tu viens de lire des poèmes sur deux artistes français. Souvent les artistes ont de l'influence sur les gens et la culture d'une société à travers leurs œuvres et leurs vies. Pour cette activité, tu vas faire des recherches sur la vie et l'œuvre d'un peintre, sculpteur ou autre artiste francophone. Ensuite, tu vas écrire un article qui comprend une courte biographie de l'artiste et une description de quelques-unes de ses œuvres.

1 Plan: l'escalier

a. Choisis un artiste francophone que tu admires ou dont tu veux en savoir plus. Tu peux regarder les pages de la **Géoculture**, des **Révisions cumulatives** ou des **Chroniques** pour te donner des idées.

b. Fais des recherches sur cette personne et ses œuvres. Tu peux trouver des informations dans des encyclopédies, des livres d'art et des articles de magazines ou de journaux ou encore sur Internet. Prends des notes sur des fiches cartonnées. N'oublie pas de noter tes sources. Ensuite, écris tes impressions sur l'artiste et son œuvre.

c. Organise tes fiches pour qu'elles forment un escalier de trois marches. Sur la première marche, mets les fiches avec les informations sur la vie de l'artiste dans l'ordre chronologique. Sur la deuxième, mets les fiches sur les œuvres de l'artiste dans l'ordre dans lequel tu veux en parler. Puis, sur la troisième marche, organise les fiches avec tes impressions.

Georges Braque, Tête au chignon (1940)

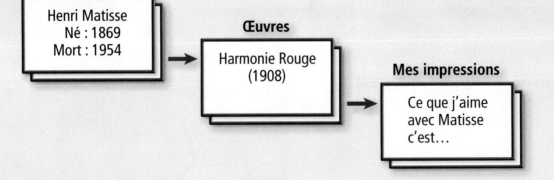

Biographie

Henri Matisse
Né : 1869
Mort : 1954

Œuvres

Harmonie Rouge
(1908)

Mes impressions

Ce que j'aime avec Matisse c'est…

② Rédaction

Fais un brouillon de ton article. Commence par un bref paragraphe qui explique l'intention de ton article. Ensuite, écris trois ou quatre paragraphes pour le corps de ton article. Suis le plan de la première et de la deuxième marche de ton escalier. Si tu te rends compte que l'ordre n'est pas logique, change-le. Pour finir, écris une conclusion avec tes impressions en suivant le plan de la troisième marche de ton escalier.

③ Correction

Maintenant, relis ton article et pose-toi les questions suivantes:
- Est-ce que j'ai suivi la structure de mon escalier?
- Est-ce que j'ai parlé des faits les plus importants de la vie de cet artiste?
- Est-ce que j'ai parlé des œuvres les plus importantes ou représentatives de l'artiste?
- Est-ce que les détails sont intéressants?
- Est-ce que j'ai donné mes impressions?

Ensuite, relis ton article. Cette fois-ci, vérifie l'emploi des adjectifs et l'accord des verbes et des temps. Assure-toi que tu as utilisé les bons pronoms relatifs. Puis, cherche les mots dans un dictionnaire si tu n'es pas sûr(e) de leur orthographe. Fais les corrections nécessaires et écris ta composition finale.

④ Application

Trouve des photos de l'artiste et des œuvres dont tu as parlées dans ta composition. Illustre ta composition et présente-la à la classe. Ensuite, tes camarades et toi pouvez compiler vos travaux dans un livre de référence sur les artistes francophones.

Vocabulaire à la carte

abstrait(e)	*abstract*
le contenu	*content*
exposer	*to exhibit*
figuratif (-ive)	*representational*
inspirer	*to inspire*
la lumière	*light*
la maquette	*mock-up; model*
le modèle	*model*
le rapport	*relationship; connection*
réaliser	*to carry out; to make; to achieve*

Les pronoms relatifs

A relative pronoun replaces a noun and introduces a relative clause.

- Use **qui** as the subject of the verb of the relative clause.

  Les artistes qui ont inventé le cubisme sont Picasso et Braque.

- Use **que** as the direct object of the verb of the relative clause.

  Guernica est une œuvre de Picasso que je n'ai jamais vue.

- Use **dont** to say **of whom**.

  L'artiste dont je vais parler est Toulouse-Lautrec.

L'atelier de l'écrivain

Henri Matisse

Dans l'article suivant vous allez découvrir la vie et l'œuvre du peintre français Henri Matisse.

Biographie en résumé

Henri Matisse est né le 31 décembre 1869 dans le nord de la France et est mort le 3 novembre 1954 à Nice. Matisse découvre la peinture alors qu'il a déjà une

Chapitre 9

Prépare-toi pour l'examen

1 Ayodele voudrait suivre des cours d'art. Elle visite une école d'art avec sa mère. Décris ce qui se passe sur l'illustration.

1 **Vocabulaire 1**
- to ask for and give opinions
- to introduce and change a topic of conversation
pp. 366–369

2 **Grammaire 1**
- review of inversion
- present participles used as adjectives
Un peu plus
- **si** and **oui**
pp. 370–375

2 Ayodele pose des questions à la directrice de l'école. Sa mère voudrait qu'elle soit plus polie. Récris les questions en utilisant l'inversion.

1. Est-ce qu'il y a aussi des cours de danse?
2. Qu'est-ce qu'il utilise pour faire ses poteries?
3. Est-ce que les étudiants utilisent de la peinture à l'huile?
4. Est-ce que le modèle n'a pas bougé?
5. À quelle heure est-ce que les cours commencent?

3 **Vocabulaire 2**
- to make suggestions and recommendations
- to give an impression
pp. 378–381

3 Lis les phrases et décide si elles sont correctes. Sinon, fais les changements nécessaires.

1. Je suis content que tu viennes au théâtre avec moi pour voir cette exposition.
2. Hier soir, le chef d'orchestre portait un tutu rose.
3. Pour voir une comédie musicale on doit aller au cirque.
4. À l'opéra, il y a toujours un orchestre.
5. Au cirque, on a vu des clowns et des trapézistes.

4 Fais une comparaison pour dire ce que tu préfères.

> MODÈLE une nature morte / une peinture abstraite
> **Je trouve les natures mortes plus jolies que les peintures abstraites.**

1. les poteries / les sculptures
2. une exposition / un spectacle
3. les jongleurs / les trapézistes
4. un croquis / un tableau
5. un opéra / une comédie musicale

5 Réponds aux questions suivantes.

1. Qu'est-ce que c'est, un tapa? Explique.
2. Qu'est-ce qui se passe pendant les fêtes du Heiva?
3. Nomme deux types de musique originaires des Antilles.

6 Écoute ces phrases et dis si on parle **a) d'une exposition** ou **b) d'un spectacle**.

7 Tu visites une exposition de peinture avec ton/ta camarade. Vous parlez des œuvres d'art que vous voyez et d'autres événements culturels. D'abord, lisez les instructions pour chaque réplique *(exchange)*. Ensuite, créez votre dialogue en utilisant des expressions que vous avez apprises.

Élève A:	Demande à ton/ta camarade ce qu'il/elle pense d'une œuvre d'art.
Élève B:	Donne ton avis. Demande à ton/ta camarade son opinion.
Élève A:	Donne une opinion contraire.
Élève B:	Demande à ton/ta camarade son impression sur un(e) artiste.
Élève A:	Réponds que tu ne connais pas et demande des détails sur son œuvre.
Élève B:	Donne autant de détails que possible.
Élève A:	Tu te souviens d'une autre exposition et tu la recommandes à ton/ta camarade.
Élève B:	Réponds positivement.

4 Grammaire 2
- review of comparative and superlative
- review of demonstrative pronouns

Un peu plus
- savoir et connaître pp. 382–387

5 Culture
- Comparaisons p. 377
- Flash culture pp. 371, 381, 384

L'outre-mer

Prépare-toi pour l'examen

Grammaire 1
- review of inversion
- present participles used as adjectives

Un peu plus
- **si** and **oui**
  pp. 370–375

Résumé: Grammaire 1

Inversion is a formal way to ask a question. Invert the subject pronoun and the conjugated verb, then insert a hyphen between the two. Add a -**t**- between the verb and the subject if the verb ends in a vowel and the subject is **on**, **il**, or **elle**.

> **Allez-vous** au théâtre ce soir?
>
> Ta pièce **a-t-elle reçu** de bonnes critiques?

To form the **present participle** for most verbs, drop the -**ons** from the **nous** form, and add -**ant**. When used as an adjective, it agrees with the noun it modifies.

agrees

> (nous) émouvons → La pièce est très **émouvante**!

Use **oui** to answer "yes" to an affirmative question. Use **si** to contradict a negative statement or question.

> Tu ne comprends pas?   Si, je comprends!

Grammaire 2
- review of comparative and superlative
- review of demonstrative pronouns

Un peu plus
- **savoir** and **connaître**
  pp. 382–387

Résumé: Grammaire 2

To form the **comparative** of adjectives and adverbs, use:

> plus/moins/aussi + adjective/adverb + **que**.

To compare nouns, use:

> plus/moins/aussi + **de** + noun + **que**.

To form the **superlative** of adjectives use:

> le/la/les + plus or moins + adjective + **de**.

If the adjective follows the noun, use:

> le/la/les + noun + le/la/les + plus/moins + adjective + **de**.

To form the **superlative** of adverbs use:

> le + plus/moins + adverb.

To say *this/that/these/those*, use a form of **celui**:

	MASCULINE	**FEMININE**
SINGULAR	celui	celle
PLURAL	ceux	celles

Use **savoir** to say you know a fact or how to do something. Use **connaître** to say you know someone or you are familiar with something, a person or a place.

> Je **sais** où il habite, mais je ne le **connais** pas.

Résumé: Vocabulaire 1

Types of fine art

une **aquarelle**	watercolor
un **atelier d'artiste**	art studio
un **(auto)portrait**	(self)portrait
bouger	to move
un **chef-d'œuvre**	master piece
un **chevalet**	easel
un/une **critique d'art**	art critic
un **croquis**	sketch
encadrer	to frame
exposer/une **exposition**	to exhibit/exhibition
une **galerie d'art**	art gallery
une **gravure**	engraving
le **modèle**	model
une **nature morte**	still life painting
une **œuvre d'art**	work of art
une **palette**	palette
un **paysage**	landscape

le **peintre/peindre**	painter/to paint
une **peinture abstraite/naïve**	abstract/primitive painting
poser	to pose
une **poterie**	pottery
un/une **potier(-ière)**	potter
sculpter/le **sculpteur**	to sculpt/sculptor
la **sculpture/**une **statue**	sculpture/statue
un **tableau/**une **toile**	painting/canvas
un **tour**	wheel
un **tube de peinture à l'huile**	tube of oil paint
un **vernissage**	preview

To ask for and give opinions .... *See p. 367*

To introduce and change a topic of
conversation .... *See p. 369*

Résumé: Vocabulaire 2

Performing arts

l'**affiche (f.)**	poster
applaudir	to applaud
un **ballet**	ballet
une **ballerine**	ballerina
la **baguette**	baton
le **chapiteau**	big top marquee
le **chef d'orchestre**	conductor
une **chorégraphie**	choreography
le **cirque**	circus
un **clown**	clown
une **comédie musicale**	musical
un/une **danseur(-euse)**	dancer
le **décor**	set
donner la mesure	to set the tempo
un/une **jongleur(-euse)**	juggler
un/une **musicien(-ienne)**	musician
un **opéra**	opera
l'**orchestre (m.)**	orchestra
une **ouvreuse**	usherette
une **partition**	music sheet

un/une **pianiste**	piano player
une **pièce de théâtre**	play
la **piste**	circus ring
une **première**	first night
une **représentation**	performance
un **rôle**	part
la **scène**	stage
un **spectacle**	show
un/une **spectateur(-trice)**	spectator/audience
une **tournée**	tour
un/une **trapéziste**	trapezist
un **tutu**	tutu
un/une **violoniste**	violinist

To make suggestions and
recommendations .... *See p. 379*

To give an impression .... *See p. 381*

Activités préparatoires

Interpersonal Speaking

Listen to the dialogue and choose the most appropriate response.

1. A. Je vais acheter une pellicule et un objectif.
   B. Je préfère cette nature morte encadrée.
   C. Je préfère faire autre chose.
   D. Je préférerais que l'on parle d'autre chose.

2. A. J'adore le cirque! C'est chouette!
   B. Ça ne vaut pas la peine de venir.
   C. Cette pièce est très mal jouée.
   D. Il n'y a personne au guichet.

Interpretive Reading

The following selection is a biography of Alpha Blondy, a world-famous, French-speaking musician.

Alpha Blondy, star internationale du reggae

Alpha Blondy est né Seydou Koné à Dimbokro, en Côte d'Ivoire, le 1er janvier 1953. Il est élevé par sa grand-mère qui lui enseigne une règle de vie importante: il faut «parler droit», ne jamais mentir.

Au lycée, il forme le groupe Atomic Vibrations avec des copains et il rêve de se rendre aux États-Unis. En 1976, il arrive à New York, et c'est lors de ce séjour qu'il a l'occasion d'assister à un concert du groupe de reggae Burning Spear, un groupe qui a une grande influence sur lui. En 1980, Alpha Blondy retourne en Côte d'Ivoire et en 1981, il est invité à participer à l'émission de télévision ivoirienne «Première chance». Il y chante une chanson de Burning Spear et trois de ses propres compositions. C'est cette émission qui va lancer sa carrière professionnelle. Son premier album, «Jah Glory» remportera un énorme succès dans toute l'Afrique de l'Ouest.

Star internationale du reggae, Alpha Blondy et son groupe, le Solar System, se produisent aujourd'hui dans le monde entier. Leurs chansons, souvent engagées, sont en français, en dioula (une langue parlée en Afrique de l'Ouest) et en anglais. Alpha Blondy est également ambassadeur de l'ONU pour la paix en Côte d'Ivoire.

1. Alpha Blondy découvre le reggae...
   A. grâce à sa grand-mère.
   B. en écoutant les Atomic Vibrations.
   C. pendant un concert à New York.
   D. pendant une émission de télévision.

2. Alpha Blondy doit principalement sa carrière...
   A. à sa collaboration avec le groupe Burning Spear.
   B. à son apparition dans une émission télévisée.
   C. au groupe Atomic Vibrations.
   D. à des producteurs rencontrés aux USA.

3. Alpha Blondy a appris que... est très importante.
   A. la célébrité
   B. l'argent
   C. la sincérité
   D. la liberté

4. Maintenant, Alpha Blondy...
   A. chante toujours en anglais.
   B. est producteur de télévision.
   C. se bat pour la paix dans son pays.
   D. apprend à parler la langue dioula.

The following activities can be used to help you to prepare for the Advanced Placement French Language and Culture Exam, or to further practice the vocabulary and grammar concepts you have seen in this chapter.

Interpersonal Writing

You saw an ad in the paper about a movie director looking for extras for a new screen version of the opera *Carmen.* You wrote the production company to enquire about being part of the cast. They have answered you, asking for information. Answer their e-mail and, in turn, ask a few questions about the film. You should use formal style in your e-mail. Start with a polite greeting and thank your correspondent at the end of your message.

> Bonjour,
>
> Comme vous pouvez l'imaginer, nous avons reçu de nombreuses demandes pour participer au tournage de « Carmen ». Pour faciliter le processus de sélection, nous vous prions de joindre un C.V. avec photos et de répondre aux questions suivantes :
> - Quels sont votre âge et votre profession ?
> - Savez-vous danser ? Chanter ?
> - Suivez-vous des cours de danse, de chant ou d'art dramatique ?
> - Avez-vous déjà participé à un tournage de film ? Si oui, lequel ?
> N'hésitez pas à nous poser des questions sur le tournage de « Carmen » si vous en avez.
> En l'attente de votre réponse et en espérant pouvoir vous compter parmi nos figurants, je vous prie de croire en mes salutations distinguées.
>
> Isabelle Gagnon,
> Assistante de distribution

Presentational Writing

You're going to write an essay on music preferences based on a text and several interviews. In your essay, you will discuss what you read and heard, and you will tell what you think about various types of music. Make sure to organize your essay in logical sections and to clearly indicate your sources as you refer to them.

Quelle musique les jeunes aiment-ils écouter ?

Racha Halabi a mené un sondage auprès de 110 élèves (12 à 16 ans) à Tripoli. Bien qu'un vaste éventail de genres musicaux s'offre aux jeunes aujourd'hui, le pop rock attire la majorité de ceux qui ont été interrogés (44%). Les mélomanes amoureux de musique classique représentent quand même 30% alors que ceux qui écoutent le RnB, le Heavy metal ou le Jazz sont nettement moins nombreux (entre 6% et 10%). Écouter des oldies ou des chansons à texte fait ringard à leurs yeux et une minorité (1 à 3%) les charge sur leurs baladeurs. Les groupes et chanteurs anglo-saxons se maintiennent au premier rang avec 51% d'adeptes. Les chanteurs en langue arabe ne viennent que bien loin dans le classement avec 26% d'aficionados et seuls 14% votent pour la chanson française. Ils sont peu nombreux à écouter les chansons italiennes (5%) et espagnoles (4%).

▶ **Qu'est-ce que tu aimes comme musique ?**

Essay Topic: **Quel type de musique est-ce que les jeunes préfèrent en général? Est-ce que tu es d'accord avec eux?**

Activités préparatoires

Révisions cumulatives

🎧 **1** Écoute les phrases et dis de quelle photo on parle.

a.　　　　　　b.　　　　　　c.　　　　　　d.

2 Lis cette affiche pour une exposition d'art et réponds aux questions.

EXPOSITION D'art

Une exposition à ne pas manquer !
Il y aura plusieurs artistes célèbres et des moins connus.

Nous aurons des natures mortes, des aquarelles, des croquis, des peintures abstraites mais aussi des sculptures et même des poteries.

Les artistes seront présents au vernissage et signeront des autographes.

Où : Galerie des Frères Bourtier
Quand : du 7 au 25 avril
Heures : en semaine de 10h à 18h
　　　　　　le week-end de 11h à 15h
Prix : adultes - 15€
　　　　　étudiants - 10€
　　　　　enfants (4-7) - 5€

1. Peut-on rencontrer les artistes qui exposent leurs œuvres?
2. Est-ce que les artistes seront là tout le temps?
3. Quel genre d'œuvres d'art seront exposées?
4. Qui aimerait aller voir cette exposition?
5. Est-ce que cette exposition t'intéresserait? Pourquoi?

3 Tu aimes bien les peintures. Ton/Ta camarade préfère les sculptures. Chacun explique son point de vue et parle des artistes qu'il préfère et de leurs œuvres. Faites des comparaisons.

🌐 **Online Assessment**

my.hrw.com
Cumulative Self-test

4 Regarde ce tableau de Degas et réponds aux questions suivantes.

1. Quel genre de spectacle est représenté dans ce tableau?

2. Est-ce que tu aimerais assister à ce spectacle? Pourquoi?

3. Que fait la personne que tu vois dans ce tableau?

4. Si tu devais faire une publicité pour ce spectacle, qu'est-ce que tu dirais?

5. Imagine que tu es critique d'art. Que dirais-tu de ce tableau?

La Danseuse au bouquet d'Edgar Degas

5 Tu es peintre et tu voudrais exposer. Écris une lettre au propriétaire d'une galerie d'art pour recommander tes œuvres et obtenir des conseils sur le genre de tableaux qui intéresseraient ses clients.

6 **À ton tour**

À l'affiche! Avec trois ou quatre camarades créez une affiche pour un spectacle ou pour une exposition. Décrivez le spectacle ou tout ce qui sera présenté à l'exposition. Ensuite, montrez votre affiche à la classe.

Révisions cumulatives

Révisions cumulatives (sidebar, rotated)

Bon voyage!

Objectifs

In this chapter, you will learn to
- ask for and give information
- remind and reassure
- ask for and give help
- ask for directions

And you will review
- prepositions with places
- the subjunctive
- adverb placement
- the future
- the past perfect
- the causative **faire**

▶ *Que vois-tu sur la photo?*

Où se trouve Saint-Martin?

As-tu déjà visité une ville sur la côte?

Et toi, où vas-tu en vacances d'habitude? Où voudrais-tu partir en vacances?

MODES OF COMMUNICATION

INTERPRETIVE	INTERPERSONAL	PRESENTATIONAL
Listen to people ask for and give information about an airline flight. Read about road safety.	Discuss an upcoming trip with a partner. Write an email describing a bad airline flight.	With a partner, speak to the class about your vacation plans. Write an essay where you compare learning to drive in France and in the United States.

Un village sur l'île de Saint-Martin

Objectifs
- to ask for information
- to remind and reassure

Vocabulaire
à l'œuvre

À l'aéroport

Votre **salle d'embarquement** est **Porte 5.** Bon voyage!

la tour de contrôle

La tour de contrôle donne l'**autorisation** de **décoller**.

le passager/la passagère

la carte d'embarquement

la piste

L'avion **atterrit** sur la piste.

À bord de l'avion

Dans **le cockpit**, il y a **le commandant de bord**.

L'hôtesse de l'air donne
les consignes de sécurité.

la cabine

le hublot

le siège

D'autres mots utiles

l'allée (f.)	*aisle*
le décalage horaire	*time difference*
l'équipage (m.)	*crew*
le hall d'arrivée	*arrival hall*
le vol intérieur/ international	*domestic/ international flight*
annuler	*to cancel*
confirmer	*to confirm*
débarquer	*to get off a plane*
embarquer	*to get on a plane*
enregistrer	*to check in*
passer la douane	*to go through customs*

Exprimons-nous!

To ask for information	To respond
Est-ce que je peux avoir **une place près du hublot?** *. . . a window seat?*	**Vous avez de la chance, on en a encore deux.** *You are lucky, we have two left!*
On a droit à combien de bagages? *How many bags are we allowed to take?*	Trois **maximum.** *Maximum . . .*
Existe-t-il un vol sans escale pour la Guyane? *Is there a non-stop flight to . . . ?*	Oui, il y a **un vol direct,** mais c'est plus cher. *. . . a direct flight . . .*

Vocabulaire et grammaire,
pp. 109–111

Online Workbooks

▶ **Vocabulaire supplémentaire**—Les voyages en avion, **p. R21**

1 En voyage

Lisons/Parlons Complète les phrases suivantes de façon logique.

1. Quand on arrive dans un pays étranger, on doit _____.
2. C'est _____ qui donne la permission d'atterrir.
3. Notre avion va décoller. Nous devons vite aller à _____.
4. Les passagers débarquent. Allons attendre Léa dans _____!
5. Si on décide de ne plus partir, il faut _____ sa réservation.

2 Écoutons

Écoute cette conversation et réponds aux questions.

1. Où va Joséphine? Quel genre de vol est-ce que c'est?
2. Est-ce que Joséphine veut un vol sans escale?
3. Où est-ce qu'elle veut s'asseoir dans l'avion?
4. Combien de temps à l'avance doit-elle arriver à l'aéroport?
5. À combien de bagages a-t-elle droit?

3 À l'aéroport

Parlons/Écrivons Regarde l'illustration et dis si les phrases qui suivent sont **a) vraies** ou **b) fausses**.

1. Le passager enregistre sa valise.
2. La passagère passe la douane.
3. La jeune femme emporte des bagages en cabine.
4. Le jeune homme vient de débarquer.
5. L'avion décolle.

Exprimons-nous!

To remind	To reassure
Est-ce que tu as pris ton passeport? *Did you take . . . ?*	**Oui, je l'ai toujours sur moi.** *Yes, I always carry it.*
Tu as prévenu la compagnie aérienne **que** tu étais allergique au poisson? *Have you told . . . that . . . ?*	**Rassure-toi,** j'ai pensé à tout. *Don't worry, . . .*
As-tu bien confirmé ton vol? *Have you confirmed . . . ?*	**Pas encore! Je le fais tout de suite.** *Not yet! I'll do it right away.*

Vocabulaire et grammaire, *pp. 109–111*

Online Workbooks

4 Le voyage de mamie

Lisons/Écrivons La grand-mère de Loïc va aller aux États-Unis. Lis les réponses de la grand-mère et imagine les questions de Loïc.

1. —_____?

   —Oui, j'ai téléphoné à l'agence pour le confirmer.

2. —_____?

   —Oui, regarde, il est là, dans mon sac.

3. —_____?

   —Oui, rassure-toi. J'ai demandé un repas végétarien.

4. —_____?

   —Non, j'ai demandé une place près de l'allée.

5. —_____?

   —Oui, on a droit à un bagage dans la cabine.

6. —_____?

   —Pas encore! Je vais téléphoner à l'hôtel tout de suite.

Digital performance space

Communication

5 Scénario

Parlons Tu décides de voyager dans une région française ou dans un autre pays francophone. Tu vas à l'agence de voyages pour choisir ta destination et pour faire ta réservation. Joue cette scène avec un(e) camarade qui va être l'employé(e) de l'agence et te rappeler ce que tu dois faire, puis échangez les rôles.

♻ *Souviens-toi!* The **conditionnel de politesse**, pp. 64, 330

MODÈLE —**Bonjour. Je peux vous aider?**

—**Oui, je voudrais aller en Suisse...**

Vocabulaire 1

Grammaire
à l'œuvre 1

Révisions · Prepositions with places

1 To say *in* or *to* most **cities**, use the preposition **à**.
To say *from* most **cities**, use **de**.

> Le vol 21 arrive **à Paris** à 13h10. Le vol 38 arrive **de Rome** à 8h20.

2 To say *in* or *to* feminine **countries** and **countries starting with a vowel**, use **en**. Use **au** before masculine **countries that begin with a consonant**, and **aux** before **countries that have plural names**.

> On fera une escale **en Belgique**.   Il voudrait aller **au Maroc**.

3 To say *from* feminine **countries**, use **de**. Use **du** before masculine **countries**, **d'** before **countries that begin with a vowel**, and **des** before **countries that have plural names**.

> Le vol en provenance **d'Algérie** est arrivé.
> Ils arriveront **du Luxembourg** demain.

Vocabulaire et grammaire, *pp. 112–113*
Cahier d'activités, *pp. 91–93*

e Online Workbooks

Déjà vu!

Remember that country names are either masculine or feminine. Most countries that end in **-e** are feminine (la Franc**e**, la Belgiqu**e**, la Suiss**e**, la Tunisi**e**, etc.)

Countries that end in letters other than **-e** are generally masculine.

le Maroc

le Canada

le Niger

There are *exceptions*, for example le Mexique and le Cambodge.

6 Écoutons

Dans les aéroports il y a des gens qui viennent de partout. Écoute et dis si les phrases suivantes sont **a) vraies** ou **b) fausses**.

1. Martine habite en France.
2. Maya vient du Mexique.
3. Audrey est belge.
4. Frank habite à la Guadeloupe.
5. Robert est canadien.
6. Ahmed ne vit pas en Algérie.

7 Itinéraire de vol

Lisons/Écrivons Lucas est de Strasbourg et étudie aux États-Unis. Il explique à Ali, qui est marocain, comment il rentre chez lui. Complète ses phrases.

J'ai étudié pendant un an ___1___ Austin, ___2___ Texas. Pour rentrer ___3___ France ___4___ États-Unis, je dois d'abord aller ___5___ Dallas. Ensuite, je dois prendre un autre avion pour aller ___6___ Bruxelles, ___7___ Belgique. Quand j'arrive ___8___ Europe, je prends le train ___9___ Bruxelles ___10___ Strasbourg. Et toi, comment vas-tu ___11___ États-Unis ___12___ Maroc?

⑧ Et eux, ils sont d'où?

Parlons/Écrivons Ces élèves viennent de partout en Europe. Regarde l'illustration pour dire d'où ils sont. Puis, dis d'où tu es.

MODÈLE Julie est de Bruxelles, en Belgique.

Julie/
Belgique

1. Johanna/
Les Pays-Bas

2. Hans/Allemagne

3. Pablo/Espagne

La Haye
Bruxelles
Bonn
Genève
Nice
Barcelone
Ajaccio

4. Alice/Suisse

5. Rémi/France

6. Sean/Corse

⑨ Un voyage

Écrivons Tu as fait un voyage récemment ou tu vas faire un voyage bientôt. Dans quelles villes ou dans quels pays est-ce que tu es allée(e) ou tu voudrais aller? Décris ton itinéraire.

MODÈLE Cet été, j'aimerais aller en Espagne et au Maroc.

Digital
performance space

Communication

⑩ Questions personnelles

Parlons Demande à un(e) camarade d'où il/elle vient et dans quelles villes il/elle a habité. Ton/Ta camarade te dira aussi où il/elle aimerait habiter plus tard. Ensuite, échangez les rôles.

♻ *Souviens-toi,* The **passé composé**, pp. 22, 26

MODÈLE —D'où viens-tu?

—Je suis né(e) à..., en... Mais j'ai habité à...

1 To conjugate most verbs in the **subjunctive**, take the present tense **ils/elles** form, drop **-ent,** and add the subjunctive endings **-e, -es, -e, -ions, -iez, -ent**.

ils **regardent** → regard- → je **regarde**, tu **regardes**
ils **choisissent** → choisiss- → il/elle **choisisse**, nous **choisissions**
elles **perdent** → perd- → vous **perdiez**, ils/elles **perdent**

> Je doute que le vol arrive à l'heure.
> Il est important que nous confirmions notre vol.

2 Some verbs, like **prendre, venir,** and **voir** have two subjunctive stems. To form the stem for **nous** and **vous**, take the **nous** form of the present tense, drop **-ons**, and add the subjunctive endings. The stem for the **je, tu, il/elle/on,** and **ils/elles** forms comes from the **ils** form of the present indicative.

nous **voyons** → **voy-** → nous **voyions**, vous **voyiez**
ils **voient** → **voi-** → je **voie**, tu **voies**

> Je ne pense pas qu'on voie l'avion atterrir d'ici.

3 Remember that **aller, avoir, être,** and **faire** are irregular in the subjunctive.

> Je ne suis pas certaine que ce vol fasse escale à Paris.
> On attend jusqu'à ce que le vol soit prêt à partir.

Vocabulaire et grammaire, *pp. 112–113*
Cahier d'activités, *pp. 91–93*

Online Workbooks

⑪ Avant le départ

Lisons/Parlons M. et Mme Fisson préparent leur voyage. Choisis la bonne forme du verbe pour compléter leurs phrases.

1. Je suis désolée qu'on ne (puisse / peut) pas emmener le chien.
2. Je suis content qu'Alain nous (conduit / conduise) à l'aéroport.
3. Il n'est pas sûr que l'avion (atterrisse / atterrit) à l'heure.
4. Il est possible que tu (as / aies) une place près du hublot.
5. Je doute qu'on (ait / a) droit à cinq valises.
6. J'espère qu'on ne (fera / fasse) pas escale à New York.
7. Tu crois que nous (ayons / avons) tout ce qu'il nous faut?
8. Si tu ne te dépêches pas, je doute qu'on (peut / puisse) arriver à temps!
9. J'ai peur qu'il y (ait / a) un orage pendant notre vol.

12 Conversations d'aéroport

Écrivons Ces gens sont à l'aéroport et parlent de leur vols. Remplace le verbe souligné par le verbe entre parenthèses et fais tous les changements nécessaires.

1. Je <u>crois</u> que les vols de cette compagnie aérienne sont souvent en retard. (avoir peur)

2. Nous <u>espérons</u> que vous ferez un bon voyage. (souhaiter)

3. Je <u>suis sûre</u> que tu ne pourras pas avoir une place près de moi. (être désolé)

4. Je <u>pense</u> qu'ils viendront nous chercher. (douter)

5. Il <u>est certain</u> que ce vol est annulé. (être possible)

6. Je <u>crois</u> qu'elle pourra trouver une place près du hublot. (il se peut que)

7. Vous <u>êtes sûrs</u> que votre vol est à l'heure. (ne pas être certain)

13 Choses à faire

Écrivons/Parlons Théo et Pauline vont prendre l'avion pour la Martinique demain. Dis-leur ce qu'il faut qu'ils fassent.

MODÈLE confirmer votre vol aujourd'hui
Il faut que vous confirmiez votre vol aujourd'hui.

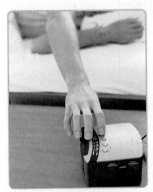   

1. se lever tôt   2. ne pas oublier   3. prendre un taxi   4. arriver à l'avance

Digital
performance space

Communication

14 Scénario

Parlons Ton ami(e) et toi, vous allez partir en vacances. Dites cinq choses qu'il faut que vous fassiez pour préparer votre voyage. Utilisez le subjonctif. Jouez cette scène devant la classe.

Application 1

15 En campagne

Écrivons Tu travailles pour une personnalité politique qui doit faire des discours dans trois pays différents les jours qui viennent. Fais son itinéraire avec les heures de départ et d'arrivée des avions qu'il va prendre.

MODÈLE **Mardi, il faudra que vous preniez l'avion qui décolle à 8h45 de Los Angeles pour arriver à 12h37 à Montréal, au Canada. Mercredi...**

16 Écoutons

Camille parle de son voyage en avion. Dis si ses phrases sont **a) logiques** ou **b) illogiques**.

Un peu plus **Révisions**

Adverb placement

1. **Adverbs** generally go directly before the adjective or adverb they modify.

   Nous avons passé la douane **très vite**!

2. In a sentence with a simple tense, **adverbs** that modify the verb usually go directly after the verb.

   Notre vol **arrivera tard**.

3. In a sentence with a compound tense, **adverbs** that modify the verb generally go before the **past participle**.

   Est-ce que vous avez **déjà confirmé** votre vol?

4. Longer **adverbs** that tell *when* can go at the beginning or end of the sentence.

   D'habitude, on **embarque** dans l'avion juste avant le départ.

Vocabulaire et grammaire, *p. 114*
Cahier d'activités, *pp. 91–93*

Online Workbooks

17 Un long voyage

Écrivons M. Pelletier est en route pour Tahiti. Récris les phrases en utilisant des adverbes.

MODÈLE M. Pelletier est en voyage. (actuel)

M. Pelletier est actuellement en voyage.

1. M. Pelletier va à Tahiti au mois de juillet. (habituel)

2. Il aime voyager. (confortable)

3. Cette fois, il a mal dormi dans l'avion. (vrai)

4. Son prochain vol va être en retard. (sûr)

5. Mais il va avoir une place près du hublot. (final)

6. Il regardera le film. (attentif)

7. Dès qu'il arrivera à l'hôtel, il ira dans sa chambre pour se reposer. (direct)

18 Tableaux d'affichage

Lisons/Écrivons Simon est à l'aéroport où il dépose ses parents qui partent en Italie et va chercher des amis qui arrivent des États-Unis. Regarde les tableaux d'affichage et réponds aux questions suivantes.

✈ ARRIVÉES INTERNATIONALES ✈

LIGNE AÉRIENNE	ORIGINE	VOL	PORTE	HEURE
AEROFLOT	MOSCOU	318	B45	ATTERRI
DELTA	NEW YORK	53	B18	RETARDÉ
AIR FRANCE	GENÈVE	44	C31	ANNULÉ
BRITISH AIRWAYS	DUBLIN	645	D23	15 H 32

✈ DÉPARTS INTERNATIONAUX ✈

LIGNE AÉRIENNE	DESTINATION	VOL	PORTE	HEURE
TRANSMERIDIAN	ATHÈNES	318	A16	EMBARQUEMENT
AIR FRANCE	ROME	53	C44	14 H 08
SWISSAIR	BRUXELLES	44	B12	15 H 54
AMERICAN AIR	DAKAR	120	F54	18 H 41

1. À quelle heure est le vol des parents de Simon?
2. Quel avion va bientôt décoller?
3. D'où vient l'avion qui vient d'atterrir?
4. Quels passagers ne vont pas arriver?
5. Qu'est-ce qui se passe avec le vol des copains de Simon?

19 Un e-mail

Écrivons Écris un e-mail à un(e) de tes camarades pour lui raconter un de tes voyages en avion ou en train. Utilise au moins cinq adverbes dans ton e-mail.

Digital
performance) space

Communication

20 Scénario

Parlons Tu travailles dans un aéroport et des passagers te demandent ce qu'ils doivent faire pour enregistrer leurs bagages, où aller pour passer la douane, etc. Joue cette scène avec un(e) camarade.

Culture

Lecture culturelle

Boeing® et Airbus® sont les deux principaux constructeurs d'avions au monde et sont en constante compétition. Dès les années 80, Airbus a décidé de développer un nouvel avion pour répondre à la demande du trafic aérien qui augmentait de 5% par an environ. Le projet a été lancé officiellement le 23 juin 2000. L'A380 est aussi le résultat de la collaboration entre la France, l'Allemagne, l'Espagne et le Royaume-Uni. Chaque pays construit une partie de l'avion et chaque partie est ensuite assemblée à Toulouse (France) pour former l'avion.

L'Express

par Bruno D. Cot

A380
Naissance[1] d'un géant

Le monde aéronautique en rêvait, Airbus l'a fait. À la veille de l'assemblage[2] de son premier exemplaire, L'Express retrace[3] les épisodes d'un feuilleton industriel hors du commun[4]: la conception et la construction du plus gros avion civil de tous les temps.

C'est le pari[5] le plus fou de l'histoire aéronautique européenne depuis le Concorde[6]. Si une lettre et trois chiffres suffisent à l'identifier, l'A380 apparaît bien comme l'avion de tous les records. Presque aussi large qu'un terrain de football est long (79,8 mètres), plus haute que l'obélisque de Louksor (24,1 mètres), plus lourde que la Station spatiale internationale (590 tonnes), possédant un des plus grands rayons d'action recensés[7] (14.400 kilomètres) et grâce à une capacité de transport exceptionnelle (de 555 à 800 passagers), la dernière créature d'Airbus ouvre la voie à une nouvelle race ailée[8], celle des paquebots[9] des airs.

Compréhension

1. Quel est le nom du nouvel avion d'Airbus?
2. Qu'est-ce qui différencie ce nouvel avion des autres avions?
3. Combien de passagers peuvent embarquer sur l'Airbus A380?

1. le fait d'être né 2. *assembly* 3. raconte 4. le contraire d'ordinaire 5. *bet* 6. avion supersonique qui allait de Paris ou de Londres à New York en 3 heures 7. la plus grande distance 8. *winged* 9. *cruise ships*

Comparaisons

Péage sur une autoroute en France

Les autoroutes en France

Tes amis et toi, vous êtes à Paris depuis une semaine. Il ne fait pas beau, alors vous décidez d'aller passer quelques jours en Provence. Vous louez une voiture et prenez l'autoroute. Les autoroutes en France sont...

a. payantes.

b. gratuites.

c. fermées la nuit.

Le système autoroutier français est en grande partie à péage[1]. La construction et l'entretien[2] du réseau autoroutier sont assurés par l'État et par des sociétés privées[3]. Il y a en France environ 10.000 kilomètres d'autoroutes. Les péages sont basés sur un forfait[4] ou sur la distance parcourue. Cela permet aux entreprises privées de pouvoir entretenir les autoroutes existantes et d'en construire de nouvelles.

ET TOI?

1. Est-ce qu'il y a des autoroutes à péage dans ta ville? Dans ta région?

2. Est-ce que tu penses que les autoroutes à péage sont une bonne idée? Pourquoi ou pourquoi pas?

Communauté et professions

Le français et les métiers du tourisme

Être steward ou hôtesse de l'air dans une compagnie aérienne peut être un métier très passionnant[5]. Si tu veux travailler pour une compagnie aérienne internationale, il faut parler au moins une langue étrangère. Selon le ministère du Travail[6] des États-Unis, certaines des grandes compagnies aériennes préfèrent des employés qui parlent deux langues étrangères. Il faut être bien qualifié parce qu'il existe plus de candidats que de postes[7]. Fais des recherches pour savoir ce que les plus grandes compagnies aériennes américaines exigent[8]. Présente les résultats de tes recherches à la classe.

Hôtesse de l'air servant un repas

---

1. *toll*   2. *maintenance*   3. *private companies*   4. *set price*   5. intéressant
6. *Department of Labor*   7. positions   8. demandent

Objectifs
• to ask for and give help
• to ask for directions

Vocabulaire
à l'œuvre 2

Bonne route!

le volant

le rétroviseur

le conducteur

le tableau de bord

On a réservé une voiture dans **une agence de location** à l'aéroport.

le coffre

la roue de secours

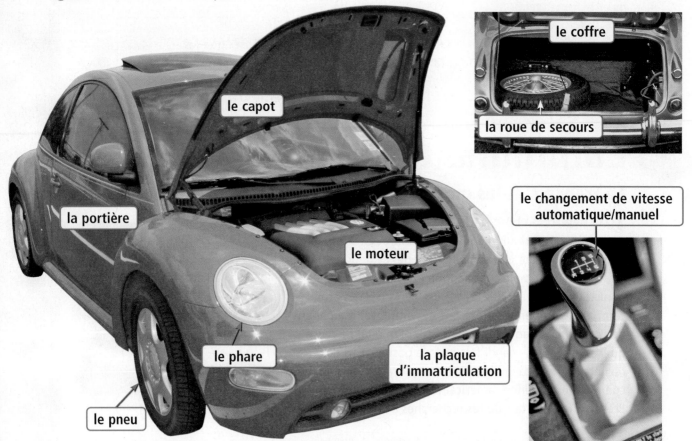

le capot

la portière

le moteur

le changement de vitesse automatique/manuel

le phare

la plaque d'immatriculation

le pneu

Pour bien entretenir sa voiture, il faut...

Vocabulaire 2

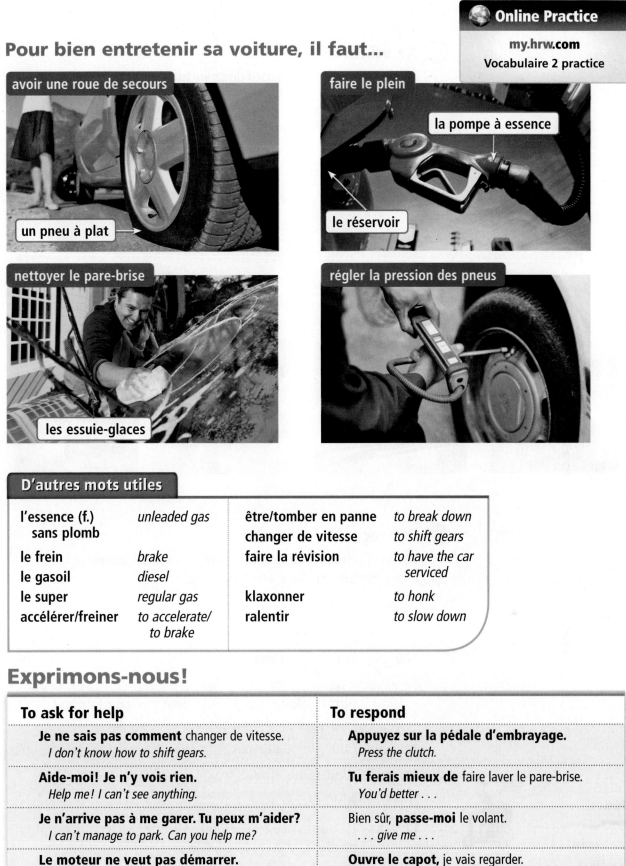

avoir une roue de secours

un pneu à plat

faire le plein

la pompe à essence

le réservoir

nettoyer le pare-brise

les essuie-glaces

régler la pression des pneus

D'autres mots utiles

l'essence (f.) sans plomb	unleaded gas	être/tomber en panne	to break down
le frein	brake	changer de vitesse	to shift gears
le gasoil	diesel	faire la révision	to have the car serviced
le super	regular gas		
accélérer/freiner	to accelerate/ to brake	klaxonner	to honk
		ralentir	to slow down

Exprimons-nous!

To ask for help	To respond
Je ne sais pas comment changer de vitesse. *I don't know how to shift gears.*	**Appuyez sur la pédale d'embrayage.** *Press the clutch.*
Aide-moi! Je n'y vois rien. *Help me! I can't see anything.*	**Tu ferais mieux de** faire laver le pare-brise. *You'd better . . .*
Je n'arrive pas à me garer. Tu peux m'aider? *I can't manage to park. Can you help me?*	Bien sûr, **passe-moi** le volant. *. . . give me . . .*
Le moteur ne veut pas démarrer. *The engine doesn't want to start.*	**Ouvre le capot,** je vais regarder. *Open the hood, . . .*

Vocabulaire et grammaire, pp. 115–117

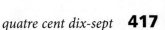

Online Workbooks

▶ **Vocabulaire supplémentaire—Les voitures, p. R21**

21 Associations

Lisons Indique les parties de la voiture associées à ces actions.

1. ralentir
2. mettre ses bagages
3. faire le plein
4. regarder derrière
5. voir la nuit
6. tourner

a. le coffre
b. le rétroviseur
c. la roue de secours
d. les freins
e. le volant
f. le réservoir
g. les phares

22 Écoutons

Écoute chaque commentaire et dis de quoi ces personnes parlent.

a.

b.

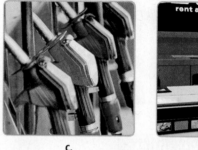
c.

d.

23 Une leçon de conduite

Lisons/Écrivons Juliane apprend à conduire. Complète la conversation qu'elle a avec son père.

JULIANE   Qu'est-ce que je fais d'abord?

LE PÈRE   Eh bien, d'abord il faut ____1____, bien sûr.

JULIANE   Je n'y arrive pas. ____2____.

LE PÈRE   Attends, je vais aller voir. Ouvre ____3____, s'il te plaît... Bon voilà, ça marche. On peut y aller. Maintenant, regarde bien dans ____4____ avant de démarrer.

JULIANE   Euh... Je ne sais pas comment changer de vitesse.

LE PÈRE   C'est facile. Il faut ____5____.

JULIANE   Ah! D'accord!

LE PÈRE   Il commence à faire nuit. Allume ____6____, c'est plus prudent... Et voilà! Gare-toi ici.

JULIANE   Je n'arrive pas à ____7____, tu peux m'aider s'il te plaît, papa.

LE PÈRE   Bon, d'accord. Passe-moi ____8____!

Entre copains

une bagnole	car
une caisse	car
un chauffard	reckless driver

Exprimons-nous!

To ask for directions

Savez-vous où est l'entrée de l'autoroute pour Caen?
Do you know where we can get on the expressway to . . . ?

Quelle sortie faut-il prendre pour visiter le château?
Which exit should I take to . . . ?

Quelle est la route la plus rapide pour Dijon?
What is the quickest way to . . . ?

Comment peut-on rejoindre l'autoroute, s'il vous plaît?
How can we get back on/to . . . ?

Est-ce qu'il existe un chemin qui évite la circulation?
Is there a way that . . . ?

Vocabulaire et grammaire,
pp. 115–117
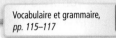 Online Workbooks

24 Demande de renseignements

Lisons/Écrivons Ces gens demandent des renseignements. Lis les réponses qu'on leur donne et imagine les questions qu'ils ont posées. Utilise les expressions d'**Exprimons-nous!**

1. L'autoroute pour Marseille? Continuez tout droit et au feu rouge, tournez à droite.

2. Vous voulez reprendre l'autoroute? C'est simple, suivez le panneau A3.

3. Alors, pour éviter la circulation, je vous conseille de prendre les petites routes de campagne.

4. C'est la prochaine sortie. Vous y êtes presque!

5. Ce n'est peut-être pas le chemin le plus court mais c'est le plus rapide!

6. Prenez la première route à droite en sortant du village. Vous verrez l'entrée de l'autoroute pour Dijon.

Digital **performance space**

Communication

25 Scénario

Parlons Tu voyages en voiture dans le sud de la France avec ta famille. Vous êtes perdus! Quelles questions est-ce que tu poserais à l'employé(e) de l'Office du tourisme pour arriver à destination? Joue cette scène avec un(e) camarade de classe.

MODÈLE —**Quel est le chemin le plus rapide pour aller à Arles?**
—**Alors, pour aller à Arles, vous feriez mieux de prendre l'autoroute A7 et de...**

Vocabulaire 2

Objectifs
• review of the future
• review of the past perfect

Grammaire
à l'œuvre 2

Révisions The future

1 To conjugate **-er** and **-ir** verbs in the **future tense**, add the appropriate future ending (**-ai**, **-as**, **-a**, **-ons**, **-ez**, **-ont**) to the infinitive.

To conjugate **-re** verbs in the **future tense**, drop the **-e** from the infinitive and add the future endings. Notice that all the future stems end in **-r**.

> Nous loue**rons** une voiture à Fort-de-France.
> Cet été, Jacques apprend**ra** à conduire.

2 Many verbs that have a spelling change in the present tense, like **acheter, appeler,** and **essayer,** have the same spelling change in their future stems.

> Nous **achète**rons un plan de la ville quand nous serons à Nice.

3 Some verbs have irregular future tense stems to which you add the future endings. Here are some of these verbs.

aller	→	**ir-**	faire	→	**fer-**
avoir	→	**aur-**	pouvoir	→	**pourr-**
devenir	→	**deviendr-**	savoir	→	**saur-**
devoir	→	**devr-**	venir	→	**viendr-**
envoyer	→	**enverr-**	voir	→	**verr-**
être	→	**ser-**	vouloir	→	**voudr-**

Vocabulaire et grammaire, *pp. 118–119*
Cahier d'activités, *pp. 95–97*

Online Workbooks

26 **Un mauvais automobiliste**

Lisons/Parlons Thierry n'entretient pas bien sa voiture. Complète ses phrases de manière logique.

1. Je changerai de voiture quand j'(aurai / ai) plus d'argent.
2. Je change de vitesse quand le moteur (fait / fera) beaucoup de bruit.
3. Je nettoierai mon pare-brise quand je ne (vois / verrai) plus rien.
4. Je règle la pression des pneus quand ils (seront / sont) à plat.
5. J'irai à la pompe quand le réservoir (est / sera) vide.
6. Je fais faire l'entretien quand j'y (penserai / pense).
7. Je ferai laver ma voiture quand elle (est / sera) tellement sale qu'on ne (peut / pourra) plus voir de quelle couleur elle est.

27 Véhicules hybrides

Lisons/Écrivons Elsa parle avec son frère Marc, qui oublie toujours de faire le plein. Complète leur conversation avec **le futur** des verbes entre parenthèses.

MARC   Ma voiture est en panne, j'___1___ (appeler) maman cet après-midi.

ELSA   La prochaine fois, tu ___2___ (essayer) de faire le plein avant de tomber en panne...

MARC   Non, j'___3___ (acheter) une voiture électrique, comme ça je ne ___4___ (devoir) pas faire le plein.

ELSA   Tu ___5___ (voir), elles sont chères ces voitures, et puis elles sont hybrides, alors tu ___6___ (être) quand même obligé de prendre de l'essence.

MARC   Non, elles ___7___ (être) bientôt moins chères, parce que c'est le soleil qui ___8___ (devenir) la principale source d'énergie.

À la sénégalaise

In Senegal, people refer to **une station-service** as **une essencerie**.

Il a fait le plein dans l'essencerie du coin de la rue.

28 Quel travail!

Parlons Ces gens parlent de tout ce qu'ils feront quand ils auront une voiture. Imagine ce qu'ils disent.

MODÈLE   Vous ferez la révision de votre voiture.

vous / faire la révision

1. Albin / nettoyer le pare-brise

2. je / changer de vitesse

3. nous / faire le plein

4. Ludovic et Fanny / prendre la pression des pneus

Digital performance space

Communication

29 Scénario

Parlons Ton/Ta camarade va aller à Québec ce week-end et tu lui demandes ce qu'il/elle va faire là-bas. Ton/Ta camarade va mentionner cinq choses qu'il/elle fera.

MODÈLE   — Que feras-tu à Québec?
— Je louerai une voiture et j'irai voir les animaux dans les parcs nationaux.

Grammaire 2

1 To say that one event happened further in the past than another event, use the **past perfect (plus-que-parfait)**.

2 To conjugate verbs in the past perfect, use the imparfait of **avoir** or **être** and the past participle of the main verb. Remember, the rules for agreement are the same as for verbs in **passé composé**.

voir	
j'	avais vu
tu	avais vu
il/elle/on	avait vu
nous	avions vu
vous	aviez vu
ils/elles	avaient vu

aller	
j'	étais allé(e)
tu	étais allé(e)
il/elle/on	était allé(e)(s)
nous	étions allé(e)s
vous	étiez allé(e)(s)
ils/elles	étaient allé(e)s

Papa a dit qu'il avait réservé une voiture.

Maman était partie quand nous sommes arrivés.

Vocabulaire et grammaire, *pp. 118–119*
Cahier d'activités, *pp. 95–97*

Online Workbooks

Flash culture

Le permis de conduire français est un permis à points. Si un conducteur a des contraventions, il perd des points. Le permis n'est plus valable si on perd tous ses points. On obtient d'abord un permis probatoire avec seulement 6 points. Après trois ans de conduite, on obtient son permis à vie avec 12 points. On peut perdre beaucoup de points, par exemple, pour un excès de vitesse *(speeding)*.

Dans ton état, est-ce que tu peux perdre ton permis de conduire pour mauvaise conduite? Comment?

30 Écoutons

Ali est tombé en panne hier. Dis si ce qu'il dit s'est passé **a) avant** la panne de voiture ou **b) pendant et après** la panne.

31 Appel longue distance

Lisons/Parlons Le frère de Nathalie est à l'étranger et il a eu des nouvelles de la famille grâce à sa tante. Il téléphone chez lui et parle avec sa sœur. Complète ses phrases avec le plus-que-parfait des verbes entre parenthèses.

Tante Alice m'a dit que/qu'...

1. Papa _____ (acheter) une nouvelle voiture.

2. Vous _____ (aller) la choisir avec lui.

3. Maman _____ (se fâcher) parce qu'il voulait une petite voiture de sport.

4. Elle _____ (choisir) une grosse voiture avec l'intérieur en cuir.

5. Ils _____ (discuter) pendant des heures.

6. Papa _____ (accepter) pour faire plaisir à maman.

7. Alors, maman _____ (dire) que papa pourrait choisir la couleur de la voiture.

32 **Rumeurs**

Écrivons/Parlons Hervé et ses parents viennent de rentrer de vacances, mais Élisabeth sait déjà tout ce qui s'est passé. Récris les phrases suivantes en les commençant par **J'ai entendu dire que...** Mets ses phrases au **plus-que-parfait.**

MODÈLE   Tu as passé de bonnes vacances.
          J'ai entendu dire que tu avais passé de bonnes vacances.

1. Tu es parti en vacances avec tes parents.
2. Tes parents ont réservé une voiture dans une agence de l'aéroport.
3. Vous avez eu un pneu à plat.
4. La compagnie de location n'a pas mis de roue de secours dans cette voiture.
5. Vous êtes rentrés à l'hôtel en taxi.

33 **Je me rappelle, ce jour-là, ...**

Parlons/Écrivons Tu te souviens du dernier jour de tes vacances et de ce que tes parents et toi aviez encore eu le temps de faire, ce jour-là.

MODÈLE   **Ils avaient visité un musée.**

ils

1. ma sœur   2. nous   3. mes parents   4. je

Digital
performance space

Communication

34 **Interview**

Parlons Demande à un(e) camarade ce qu'il/elle a fait pendant ses dernières vacances, puis demande-lui cinq choses qu'il/elle avait faites pendant les vacances précédentes. Ensuite, échangez les rôles.

MODÈLE   — **Qu'est-ce que tu as fait pendant les vacances?**
          — **Oh... pas grand-chose, je suis resté(e) à la maison.**
          — **Et pendant les vacances précédentes, qu'est-ce que tu avais fait?**

Application 2

35 Écoutons

🎧 Alexandre et ses amis se sont arrêtés au bord de la route pour étudier la carte. Pour chaque phrase, décide si Alexandre a parlé de quelque chose **a) qui s'était passé la dernière fois** qu'ils avaient pris cette route ou **b) qui allait se passer.**

36 Une nouvelle voiture

Parlons Réponds aux questions suivantes.

1. Est-ce que tu préfères une voiture à changement de vitesse automatique ou manuel? Pourquoi ou pourquoi pas?
2. Quel genre de voiture tu achèteras plus tard?
3. Est-ce que tu connais quelqu'un qui a une voiture hybride?
4. Est-ce que tes parents louent une voiture quand ils voyagent?
5. Est-ce qu'ils avaient appris à conduire à seize ans?
6. Est-ce que tu sais déjà conduire? Qui t'a appris à conduire?

Un peu plus

The causative **faire**

1. To say that you are *having something done*, use a form of the verb **faire** with the **infinitive** of the main verb.

   Je fais **changer** le pneu.

   Il a fait **régler** la pression des pneus.

2. If the main verb is **reflexive**, place the **reflexive pronoun** before the conjugated form of **faire**, and use the helping verb **être** in the **passé composé**.

   Je **me** suis fait **réveiller** tôt le jour du départ.

Vocabulaire et grammaire, *p. 120*
Cahier d'activités, *pp. 95–97*

Online Workbooks

37 À la station-service

Lisons/Écrivons Quand on n'est pas bon en mécanique, il faut faire faire le travail par un professionnel. Dis ce que ces gens-là feront faire demain.

MODÈLE Mon frère / faire la vidange *(oil change)*.
Mon frère fera faire la vidange.

1. Tu / faire la révision des 25.000 km
2. Mireille / changer une roue
3. Nous / régler nos phares
4. Vous / remplacer vos essuie-glaces
5. Les parents de Jacques / vérifier la pression des pneus
6. Moi, je / nettoyer le pare-brise de ma voiture

38 Des choses à faire faire

Parlons/Écrivons Dis ce que ces personnes font pour préparer leur voyage.

MODÈLE   Mes vêtements sont sales.
Je dois faire nettoyer mes vêtements.

1. J'ai besoin d'un vaccin contre la fièvre jaune.
2. Notre caméra ne marche pas.
3. Tes cheveux sont trop longs.
4. Vos passeports ne sont pas en ordre.
5. La voiture de ma mère est en panne.
6. Tu as perdu ta carte d'identité.

Application 2

Digital
performance space

Communication

39 Travaux récents

Parlons Demande à un(e) camarade ce qu'il/elle ou ses parents ont fait faire récemment. Il/Elle te répondra et te posera la même question.

Souviens-toi, The disjunctive pronouns, p. 154

MODÈLE   — Qu'est-ce que toi ou tes parents avez fait faire, récemment?
         — Oh... nous avons fait repeindre la maison. Et vous?

40 En voiture!

Parlons Ton/Ta camarade et toi faites un voyage en voiture. L'un(e) de vous vient d'apprendre à conduire. L'autre lui donne des conseils. Lisez les questions ci-dessous et répondez-y de manière logique en utilisant des expressions du chapitre 10. Ensuite, échangez les rôles.

— Je crois qu'on va tomber en panne d'essence. Qu'est-ce qu'on fait?
—

— Oh regarde! On a un pneu à plat. Je ne sais pas quoi faire!
—

— Comment je fais pour ralentir?
—

— Il commence à faire nuit. Je ne vois rien!
—

— Le moteur est très bruyant. Qu'est-ce qui se passe?
—

Lecture

Philippe Delerm est né en 1950 près de Paris. Il devient enseignant après avoir fait des études de lettres à Nanterre. Il publie son premier roman en 1983 mais ne connaît le succès qu'en 1997. Dans ces livres, Delerm décrit les scènes de la vie de tous les jours. Il parle des petits bonheurs, des malheurs et des choses sans beaucoup d'importance.

Il a écrit entre autres, *La cinquième saison* (1983), *Un été pour mémoire* (1985) et *Enregistrements pirates* (2004)

STRATÉGIE pour lire

Combining strategies When you read in your native language, you usually use a combination of strategies to help you understand a text. You can also combine strategies when you read in French. Some helpful prereading strategies you can combine are *activating background knowledge, skimming,* and *making predictions*.

A Avant la lecture

Est-ce que tu as déjà fait un long voyage en voiture la nuit? Quelles sont les images et les impressions qui te viennent à l'esprit?

UN ÉTÉ POUR MÉMOIRE

*Dans cet extrait d'**Un été pour mémoire,** le narrateur voyage en voiture sur l'autoroute. Il raconte son expérience, ses pensées et ses réflexions sur sa vie au cours du voyage.*

Je voyage aujourd'hui par des nuits d'autoroute aux grands soleils phosphorescents. J'aime les tons lunaires des stations-relais, le café du percolateur automatique, et la fraîcheur soudaine de la nuit contre le bruit, cette magie de traverser sans voir, de voyager sur une absence.

En passant à Orléans – mais on ne passe plus, on invente des villes en forme de panneau « Orléans nord, six kilomètres » – j'ai coupé la radio ; j'avais besoin de large, et de vide, et de nuit, de retrouver cette musique un peu légère des chagrins[1] d'enfance, et des images au bord de mon chagrin. Tout haut j'ai dit : « Grand-mère est morte à Labastide. » J'aurais voulu que ces mots-là réveillent un peu de terre blonde, l'odeur des prunes écrasées[2] sous le passage des charrettes, tout le coteau de Labastide, et dans le frais d'un chemin creux[3], une silhouette légère. Mais tout de suite j'ai pensé : « Le dernier maillon[4] qui se défait », et le coteau s'est évanoui[5].

On se ménage quelquefois, dans le désert abstrait d'une nuit d'autoroute, une de ces grandiloquentes[6] mises au point, regard de haut sur le destin... Près de cent kilomètres encore avant le péage de Tours, et le regard d'en haut donne un peu le vertige. Morts mes parents sur une route des Ardennes, il y a dix ans. Et morts bien avant eux mes grands-parents de Gandalou – le côté de mon père – et puis grand-père Labastide l'an dernier. La litanie se moque bien des kilomètres, elle chante bien trop vrai ; grand-mère Labastide était comme un dernier regard du temps de mon enfance, et je descends vers elle au fond de la nuit chaude de juillet.

Cafétéria dix kilomètres. Je vais m'arrêter. Dix kilomètres, six minutes... Pourquoi cette vitesse-là ? Le rythme de la nuit, je ne l'invente pas, ces pôles de lumière sur le tableau de bord – bleu vif, orange pâle – le ciel de nuit apprivoisé[7], ce silence capitonné de solitude. Si tout se passe bien, je serai à Bordeaux à trois heures du matin. Si tout se passe... J'aime ce temps-là qui ne fait que passer, que je peux faire semblant de maîtriser, quand tant de choses me dépassent, me ramènent malgré moi sur des chemins d'hier que j'avais refermés.

Je me suis arrêté sur le parking de la station-relais, entre deux caravanes. L'autoroute, la nuit. Ces cathédrales de lumière et de peu de paroles où l'on vous donne de l'essence et du café. Il y a le bruit tout près, mais des cavaliers noirs dorment couchés sur leur moto. Des étrangers, blafards[8] sous le néon, cherchent de la monnaie, fiévreux, devant les appareils automatiques. J'appuie sur les touches glacées : expresso-supplément sucre. Le café n'est pas si mauvais ; j'aime tous les cafés, c'est l'idée – temps arrêté, chaleur – qui compte, et pas le goût. Je me sens presque

1. *tristesse* 2. *squashed* 3. *hollow* 4. *link* 5. *the hill vanished* 6. *pompous* 7. *tamed* 8. *pale*

bien, dans cette nuit abstraite qui va vers le Midi, qui me conduit du présent vague de Paris à ce passé mal étouffé que l'aube[1] ne dessine pas encore.

[...]

Demain, j'arriverai dans la maison de brique rose et de silence. Dehors, il y aura l'odeur du magnolia. Dans la salle à manger Rouget de Lisle chantera devant le maire de Strasbourg, au dessus de la cheminée. Mais la douceur des tabliers[2] pastel, la voix chantante un peu voilée, mais ce regard humide et bleu posé si lentement sur moi... Sous l'ombre et quel soleil, dans quel jardin perdu à peine évanouis, dans quel chemin d'enfance au vent d'été... Je veux encore un peu de nuit, un peu d'autoroute glacée, un peu de café chaud – sans le sentir glisser vers les vacances d'autrefois, ma peine d'Aquitaine, et dans le frais d'un chemin creux grand-mère en tablier.

Je suis reparti vers Bordeaux, presque content de me savoir encore si loin de Labastide, lumière rassurante du tableau

de bord, orage avant Châtellerault, ronron des essuie-glaces[3], et puis la pluie s'arrête, vitre à demi ouverte, bruissement des pneus sur l'asphalte mouillé. Je suis dans le présent de cette nuit, dans les lumières et dans les bruits légers de l'autoroute presque déserte. Je suis dans le présent, mais je me laisse aller ; la nuit est faite aussi d'un vide calme et envoûtant[4] qui recueille le temps – je me laisse aller doucement vers le Midi, vers la mémoire. Demain j'arriverai... Grand-mère m'embrassait à m'étouffer[5]. Dans un petit verre cerclé d'or, elle versait l'eau venue du puits[6], sortait de son placard un flacon[7] bleu profond, avec une étiquette[8] blanche – fleur d'oranger. Dès le flacon ouvert, un bonheur familier s'échappait dans la pièce, un plaisir mesuré à la cuiller, quelques volutes suspendues dans l'eau sucrée du verre. Il n'y avait pas autre chose à boire et ce bonheur unique était le mien, couleur des soifs d'enfance qui s'étanchent[9]...

1. *dawn* 2. *apron* 3. *purring of the windshield wipers* 4. *entrancing, bewitching* 5. *to smother me* 6. *well*
7. *bottle* 8. *label* 9. *quench*

Demain j'arriverai... Je n'ai pas soif ; pour la première fois je ne veux plus gommer[1] la distance et le temps. Déjà la banlieue de Bordeaux. Sur les panneaux, Agen s'annonce bien trop vite ; après, c'est Labastide, la fin de ce voyage à l'abri d'autrefois. Déjà la nuit s'éclaire, se dilue, à chaque nom de ville dépassée me protège un peu moins des étés de lumière.

_____
1. effacer

Compréhension

B Réponds aux questions suivantes avec des phrases complètes.

1. Quand est-ce que le narrateur fait son voyage?

2. Où va-t-il? Pourquoi est-ce qu'il va là-bas?

3. Où est-ce qu'il s'arrête sur la route et qu'est-ce qu'il fait?

4. Pourquoi est-ce que le narrateur aime le café?

5. Qu'est-ce que la grand-mère faisait toujours quand le narrateur arrivait chez elle?

C Retrouve dans le texte les mots en gras des phrases suivantes. Ensuite, choisis la réponse qui complète le mieux chaque phrase.

1. Les **grands soleils phosphorescents** sont les _____.

2. Les mots **tons lunaires** et **voyager sur une absence** donnent l'impression que le narrateur voyage dans _____.

3. La **musique... des chagrins d'enfance** fait allusion aux _____.

4. Un **maillon** fait partie d'une _____.

5. Les **cathédrales de lumière** sont les _____.

6. **Je me laisse aller... vers la mémoire** veut dire que le narrateur pense à son _____.

a. stations-relais

b. l'espace

c. souvenirs

d. passé

e. réverbères

f. chaîne

Après la lecture

D As-tu jamais fait un long voyage en voiture, seul(e) ou avec tes parents? Comment c'était? À quoi pensais-tu? Qu'est-ce que ce voyage avait en commun avec celui du narrateur? Comment est-ce qu'il était différent?

L'atelier de l'écrivain

Un voyage

Tu viens de lire un texte qui parle d'un voyage. En l'utilisant comme modèle, tu vas écrire une histoire sur un voyage en voiture ou en avion. Tu peux baser ton histoire sur une expérience personnelle ou l'imaginer entièrement. Le narrateur doit parler des événements du voyage: les problèmes rencontrés, les personnes qu'il a rencontrées et ses réactions et pensées. Tu dois aussi créer une ambiance qui évoque une émotion chez le lecteur.

1 Plan: plan de l'intrigue

Les histoires naissent souvent de l'expérience personnelle d'un écrivain. Réfléchis un moment aux voyages que tu as faits, seul(e) ou avec ta famille. Essaie de trouver un souvenir qui peut devenir une histoire. Puis, fais un plan. D'abord, pose-toi les questions suivantes:

- Qui est ton personnage principal?
- Quelle sorte de voyage fait-il? Pourquoi?
- Quels sont les obstacles qu'il rencontre?
- Comment réagit-il à ces obstacles?
- Qui ou qu'est-ce qui l'aide à les surmonter?

Écris les réponses à chaque question sur une fiche. S'il y a plus d'une réponse à une question, écris chaque réponse sur une fiche séparée. Ensuite, arrange tes fiches par paragraphe.

> **STRATÉGIE pour écrire**
>
> **Mood** is the general feeling or emotion created by a story or poem. It can usually be described by one or two adjectives, such as *joyful*, *sad*, or *scary*. To create a particular mood for a story, writers use the elements of the story as well as imagery, descriptive details, figurative language, and even grammar. As you write, think about the mood you would like to create. Consider how your setting, characters, and plot help establish this mood. Choose words, images, and grammatical constructions that will create the mood you desire.

Mon personnage principal est (nom). Il/Elle fait un voyage (où et comment).

Il/Elle veut (objectif) et/mais (conflit ou problème) (conflit ou problème).

Alors, il/elle (réaction) (personne ou chose) l'aide à surmonter ses problèmes.

L'atelier de l'écrivain

② Rédaction

Révise ton plan si nécessaire. Pense à l'ambiance et au ton. Maintenant, fais un brouillon de ton histoire. Raconte-la à la première personne, **je.** Ajoute des détails descriptifs et des images qui évoquent des émotions. Essaie de *montrer* au lieu de *dire* qui sont les personnages, où ils sont et ce qu'ils font.

③ Correction

Échange ton histoire avec celle d'un(e) camarade de classe. Pour t'assurer que ton/ta camarade a bien raconté son histoire, pose-toi les questions suivantes:

- Est-ce que l'histoire est basée sur un conflit pour lequel les personnages doivent trouver une solution?
- Est-ce que l'endroit où l'action se passe est bien décrit?
- Est-ce que l'histoire finit par une résolution du conflit?
- Est-ce que l'histoire évoque une émotion ou une certaine ambiance?
- Est-ce qu'un thème ressort?

Note tes suggestions et rends-la à ton/ta camarade. Ensuite, relis ta propre histoire pour vérifier l'emploi correct du vocabulaire, de la grammaire et de l'orthographe. Assure-toi que l'accord des adjectifs avec les noms qu'ils qualifient, leur orthographe et leur place dans la phrase sont corrects. Fais les corrections nécessaires incorporant les suggestions de ton/ta camarade et écris ta version finale.

④ Application

Avec des camarades de classe, forme un groupe de quatre personnes. Lis ton histoire au groupe. Demande à tes camarades de décrire les émotions qu'ils ressentent pendant la lecture. Quelles sont les images qui les ont impressionnés? Est-ce qu'ils ont aimé ton histoire? Pourquoi ou pourquoi pas?

Vocabulaire à la carte

à temps	*in time*
du jour au lendemain	*overnight*
un endroit	*place*
un ennui	*trouble, worry*
par hasard	*by chance*
plus tard	*later on*
prévu(e)	*planned, forseen*
profiter de	*to take advantage of*

Les adjectifs

- Some adjectives change spelling when in feminine: **-er/-ère**, **-eur** ou **-eux/-euse**, **-teur/-trice**, **-f/-ve.**

  cher/chère, heureux/heureuse

- Adjectives that end in **-el, -il, -en, -et, -on, -as, -os, -sot** double the consonant and add an **e** in the feminine.

  cruel/cruelle, gentil/gentille

  except for: **discret/discrète, complet/complète.**

- A few adjectives don't follow any rules.

  blanc/blanche, sec/sèche, faux/fausse, beau (bel)/belle, vieux (vieil)/vieille, public/publique

---

Quand j'avais onze ans, je voulais absolument aller en colonie de vacances. Tous mes copains allaient en colonie de vacances, alors je voulais faire comme eux. Alors,

Prépare-toi pour l'examen

1 Écris une légende pour chaque photo.

a.   b.   c.   d.

1 **Vocabulaire 1**
• to ask for and give information and clarifications
• to remind and reassure
pp. 404–407

2 Voici ce qu'il faut faire ou ce qui peut se passer quand on voyage. Fais des phrases correctes en utilisant différentes expressions qui demandent le subjonctif.

MODÈLE nous / enregistrer les bagages
Il faut que nous enregistrions nos bagages.

1. tu / être à l'heure pour le vol
2. Cédric / montrer son passeport à la douane
3. nous / écouter l'hôtesse de l'air quand elle donne les consignes de sécurité
4. vous / prendre un taxi pour aller à l'aéroport
5. la tour de contrôle / annuler le vol à cause de la tornade

2 **Grammaire 1**
• review of prepositions with places
• review of the subjunctive
Un peu plus
• adverb placement
pp. 408–413

3 Tu as un ami allemand qui ne parle pas bien français. Il ne trouve pas toujours les mots. De quoi est-ce qu'il parle?

1. C'est rond et c'est sous la voiture. On doit en avoir une de secours dans le coffre.
2. C'est ce qu'on tourne pour changer de direction.
3. C'est la personne qui conduit la voiture.
4. Ils te permettent de voir la route la nuit ou quand il pleut.
5. Ça va d'un côté à l'autre du pare-brise et tu les utilises quand il pleut ou qu'il neige.
6. C'est là qu'on va quand on veut louer une voiture.
7. C'est le papier qu'il faut pour pouvoir conduire une voiture.
8. C'est ce qu'on dit quand la voiture ne marche pas.

3 **Vocabulaire 2**
• to ask for and give help
• to ask for directions
pp. 416–419

④ Tu vas partir en vacances avec tes parents. Dis ce qui se passera ou ce que vous ferez:

1. avant de partir
2. dans l'avion
3. à l'arrivée
4. là-bas
5. le dernier jour de vos vacances

⑤ Réponds aux questions suivantes.

1. Qu'est-ce que c'est un DROM? Donne deux exemples.
2. Qu'est-ce que cela veut dire quand on dit que les autoroutes sont «à péage»?
3. Qu'est-ce que c'est un permis de conduire «à point»?

⑥ Catherine est contente car elle va bientôt partir en vacances. Elle pense aux vacances qu'elle passait avec ses parents quand elle était petite. Écoute ce qu'elle dit et dis si elle parle **a) de ces vacances-ci** ou **b) de vacances passées.**

⑦ Avec un(e) camarade vous avez décidé de partir à Paris pour les vacances. Vous faites vos réservations sur Internet. D'abord, lisez les instructions pour chaque réplique *(exchange)*. Ensuite, créez votre dialogue en utilisant des expressions que vous avez apprises.

Élève A: Demande à ton/ta camarade les dates qui l'intéressent.
Élève B: Réponds et demande des détails sur les vols disponibles.
Élève A: Donne les options de vol pour aller de ta ville à Paris.
Élève B: Choisis le vol que tu préfères.
Élève A: Propose un type de place à réserver.
Élève B: Réponds positivement et renseigne-toi sur les bagages.
Élève A: Réponds et informe ton/ta camarade sur la date et l'heure du départ.
Élève B: Exprime ton enthousiasme.

Online Assessment

my.hrw.com
Chapter Self-test

④ Grammaire 2
- review of the future
- review of the past perfect

Un peu plus
- the causative **faire**
pp. 420–425

⑤ Culture
- Comparaisons
p. 415
- Flash culture
pp. 406, 419, 422

Prépare-toi pour l'examen

Grammaire 1
- review of prepositions with places
- review of subjunctive

Un peu plus
- adverb placement
  pp. 408–413

Résumé: Grammaire 1

Prepositions with places;

	cities	feminine countries	masculine countries	plural countries
to/in	à	en	au	aux
from	de	de	du	des

The **subjunctive** in French is used with the following: *expressions of necessity, desire, emotion, disbelief* and *doubt*, most *expressions of possibility, negative expressions of certainty*, and after *conjunctions* like **bien que, jusqu'à,** or **ce que.** To form the subjunctive of most verbs take the present **ils/elles** form and drop the **-ent.** Add the subjunctive endings **-e, -es, -e, -ions, -iez, -ent.**

Adverbs usually go before the adjective or adverb they modify. In a sentence with a simple tense, **adverbs** that modify the verb usually go directly after the verb.
In a sentence with a compound tense, **adverbs** that modify the verb generally go before the past participle.

Grammaire 2
- review of the future
- review of the past perfect

Un peu plus
- the causative **faire**
  pp. 420–425

Résumé: Grammaire 2

To form the future of **-er** and **-ir** verbs add the future endings **-ai, -as, -a, -ons, -ez, -ont,** to the infinitive. For **-re** verbs drop the **-e** from the infinitive and then add the future endings. Many verbs which have spelling changes in the present tense keep the same spelling changes in the future tense.

To form the **plus-que-parfait** or past perfect, use the **imparfait** of **avoir** or **être** and the past participle of the main verb. The rules for agreement are the same as the **passé composé.**

voir	
j'	avais vu
tu	avais vu
il/elle/on	avait vu
nous	avions vu
vous	aviez vu
ils/elles	avaient vu

aller	
j'	étais allé(e)
tu	étais allé(e)
il/elle/on	était allé(e)(s)
nous	étions allé(e)s
vous	étiez allé(e)(s)
ils/elles	étaient allé(e)s

To say you are having something done, use a form of the verb **faire** with the infinitive of the main verb. If the main verb is reflexive, place the reflexive pronoun before the conjugated form of **faire,** and use the helping verb **être** in the **passé composé.**

Résumé: Vocabulaire 1

PRACTICE FRENCH WITH HOLT MCDOUGAL APPS!

To ask for information and clarifications and respond

à bord	on board	l'hôtesse de l'air (f.)	flight attendant
l'aéroport (m.)	airport	un hublot	window
une allée	alley	le passager/la passagère	passenger
annuler	to cancel	passer la douane	to go through customs
atterrir/décoller	to land/to take off	la piste	runway
l'autorisation (f.)	authorization	la porte d'embarquement	gate
la cabine	cabin	une salle d'embarquement	terminal
une carte d'embarquement	boarding pass	le siège	seat
le cockpit	cockpit	la tour de contrôle	control tower
le commandant de bord	captain	un vol intérieur/international	domestic/international flight
confirmer	to confirm	... un vol sans escale pour...	. . . a non-stop flight for . . .
les consignes de sécurité (f.)	safety instructions	... une place près du hublot	. . . window seat
débarquer/embarquer	to get off/on a plane	maximum	maximum
le décalage horaire	time difference	On a droit à...	One is allowed . . .
enregistrer	to check in	un vol direct	direct flight
un équipage	crew	Vous avez de la chance, on en a encore deux.	You're lucky, we have two left.
l'escale (f.)	stop		
le hall d'arrivée	arrival hall		

To remind and reassure ....

Résumé: Vocabulaire 2

The car

accélérer	to accelerate	le pare-brise	wind shield
une agence de location	rental agency	le phare	headlight
le capot	hood	la plaque d'immatriculation	license plate
le changement de vitesse automatique/manuel	automatic/manual gear shift	un pneu (à plat)	(flat) tire
changer de vitesse	to shift gears	la pompe à essence	gas pump
le coffre	trunk	la portière	door
le/la conducteur(-trice)	driver	ralentir	to slow down
entretenir	to maintain	régler la pression des pneus	to put air in the tires
l'essence (f.) sans plomb	unleaded gas	le réservoir	gas tank
les essuie-glaces (m.)	windshield wipers	le rétroviseur	side mirror
être/tomber en panne	to break down	la roue de secours	spare tire
faire la révision	to check	le super	regular gas
faire le plein	to fill up the tank	le tableau de bord	dashboard
le frein (à main)	(emergency) brake	le volant	steering wheel
freiner	to brake		
le gasoil	diesel		
klaxonner	to honk		
le moteur	engine		

To ask for help and respond ....See p. 417
To ask for directions ....See p. 419

Prépare-toi pour l'examen

Activités préparatoires

Interpersonal Speaking

Listen to the dialogue and choose the most appropriate response.

1. **A.** Je ferais mieux de tourner à droite.
   B. Je dois ouvrir le capot.
   C. Tu ferais mieux de regarder la carte pour trouver un autre chemin.
   D. Je ne trouve pas de place de stationnement.

2. **A.** Rassure-toi. On s'assied près de la sortie de secours.
   B. Ne t'en fais pas. J'ai étiqueté les bagages.
   C. Tu n'as pas entendu les consignes de sécurité?
   D. J'aurais préféré un vol sans escale.

Interpretive Reading

The following reading selection announces an upcoming event related to road safety. This event is taking place in Canada.

Semaine canadienne de la sécurité routière

La Semaine canadienne de la sécurité routière est un programme dont le but est de sensibiliser les conducteurs aux règles de la sécurité routière pour les inciter à plus les respecter. Cette initiative aura lieu en mai et durera une semaine pendant laquelle les autorités de la sécurité routière viseront à démontrer l'importance d'une conduite prudente. Leurs efforts seront concentrés sur plusieurs problèmes qui sont directement liés à une grande partie des accidents de la route, en particulier le non-port de la ceinture de sécurité et la conduite avec des facultés affaiblies.

Le port de la ceinture de sécurité est primordial pour éviter les blessures graves, voire mortelles, en cas d'accident de la circulation. Dans l'ensemble, seulement 10% des Canadiens ne portent pas leur ceinture de sécurité en voiture, mais ceux qui ne le font pas représentent 40% des personnes tuées sur les routes.

Quant aux accidents causés par des conducteurs qui prennent la route malgré des facultés affaiblies, ils constituent plus de 30% des accidents mortels.

Une attention particulière sera aussi portée à sensibiliser le public aux distractions au volant, comme par exemple, l'usage d'appareils portatifs.

---

1. De quel type d'événements parle-t-on?
   A. d'une conférence sur la sécurité routière
   B. d'un programme de sensibilisation
   C. de la sécurité sociale
   D. d'un cours pour apprendre à conduire

2. L'alcool et la drogue causent... des accidents mortels.
   A. 30% ou plus
   B. 40% ou plus
   C. 10% ou plus
   D. on ne le dit pas dans l'article

3. Qu'est-ce qui contribue beaucoup à la sécurité?
   A. de mauvaises facultés mentales
   B. l'usage d'appareils portatifs
   C. le port de la ceinture
   D. les accidents de la route

4. Les appareils portatifs...
   A. peuvent affaiblir les conducteurs.
   B. peuvent causer des accidents.
   C. sensibilisent le public.
   D. aident à bien conduire.

The following activities can be used to help you to prepare for the Advanced Placement French Language and Culture Exam, or to further practice the vocabulary and grammar concepts you have seen in this chapter.

Interpersonal Writing

You're back from a trip to France and your flight to Paris was a very bad experience. You wrote the airline to complain. They have answered and are asking you to detail your flight experience. Answer their e-mail explaining what went wrong. You should use formal style in your e-mail. Start with a polite greeting and thank your correspondent at the end of your message.

> Monsieur, Madame,
>
> Nous sommes au courant des problèmes que vous avez eus sur l'un de nos vols et nous nous en excusons. Afin de pouvoir vous être agréables, il est important que vous nous adressiez un courrier détaillé relatant tous les incidents qui ont eu lieu lors de votre voyage. Nous vous prions également de nous donner les informations suivantes concernant votre vol:
> le numéro du vol, la date et l'itinéraire du vol, votre destination finale
> En vous priant d'accepter nos excuses les plus sincères, je vous prie d'agréer mes salutations distinguées.
>
> Chloé Denis, Service clientèle, Jet d'or

Presentational Writing

You're going to write an essay about learning how to drive based on a text and several interviews. In your essay, you will discuss what you read and heard, and you will tell about differences between learning how to drive in France and in the U.S. Make sure to organize your essay in logical sections and to clearly indicate your sources as you refer to them.

Apprendre à conduire en France

En France, le permis de conduire s'obtient en trois étapes: le code de la route, la conduite accompagnée et l'examen pratique de conduite.

La première étape, le code de la route, est la formation théorique suivie dans une auto-école. Cette formation doit durer au moins 20 heures et une fois la formation terminée, le candidat doit réussir à un examen théorique.

La deuxième étape, la conduite accompagnée, se fait avec un accompagnateur qui doit avoir au moins 28 ans et doit être titulaire de son permis de conduire depuis au moins trois ans. On peut commencer la conduite accompagnée à 16 ans.

La troisième et dernière étape est l'examen pratique de conduite. Il faut avoir 18 ans pour s'y présenter et il est aussi nécessaire d'avoir parcouru au moins 3 000 km en conduite accompagnée avant de pouvoir passer l'examen. Si le candidat ou la candidate réussit à cet examen sur route, il ou elle obtient alors son permis définitif.

Tu as un permis de conduire? Qu'est-ce qu'il faut faire pour avoir un permis de conduire?

Essay Topic: **Le permis de conduire en France et aux États-Unis. Les différences et les points communs. Qu'est-ce que tu préfères et pourquoi?**

Activités préparatoires

Révisions cumulatives

🎧 **1** Choisis l'image qui convient pour chaque phrase.

a.   b.   c.   d.

2 Lis cette brochure pour une station-service, ensuite réponds aux questions.

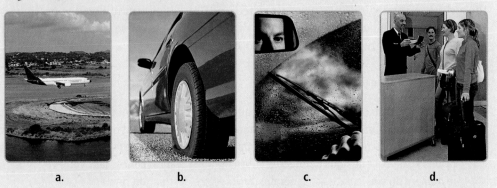

Station-Service Fixetout
Quelques bonnes raisons de choisir notre station-service

- De l'essence de qualité à un prix compétitif
- Des professionnels à votre service
- On travaille sur toutes les marques de voitures étrangères (japonaises, allemandes, américaines, anglaises)
- Une campagne cadeau pour les clients réguliers
- Tout mode de paiement accepté

Numéro de téléphone : 02.72.14.65.86
Ouvert : lundi-vendredi : 7h-19h, week-end : 7h-12h

1. Est-ce que la station est ouverte le dimanche?
2. Les mécaniciens sont-ils débutants?
3. Penses-tu qu'ils puissent réparer une auto à changement de vitesse automatique? Pourquoi?
4. Est-ce qu'il y a un avantage à être un bon client?
5. Comment est-ce qu'on peut les payer?

3 Toi et ton ami, vous voudriez aller en vacances. Discutez de l'endroit où vous voudriez aller et de ce que vous ferez là-bas. Parlez de votre itinéraire et expliquez vos projets à la classe.

4 Regarde ce tableau de Matisse et réponds aux questions.

1. Où est-ce que cette scène se passe? À quelle période de l'année?

2. Qu'est-ce que cette jeune femme fait?

3. Quelle impression te donne ce tableau?

4. Est-ce que tu aimerais aller en vacances dans cet endroit? Pourquoi ou pourquoi pas?

The Regattas at Nice d'Henri Matisse

Matisse, Henri (1869-1954). "The Regattas at Nice, 1921". © 2012 Succession H. Matisse/Artists Rights Society (ARS), New York.

5 Tu es invité(e) chez un(e) ami(e) mais tu ne sais pas où il/elle habite. Envoie-lui un e-mail pour lui demander quelle route tu dois prendre pour arriver chez lui/elle. Demande autant de détails que possible pour bien arriver à ta destination.

6 **À ton tour**

À l'aéroport Vous êtes un groupe de passagers et vous attendez dans la salle d'embarquement. L'hôtesse de l'air vous annonce que votre vol a été annulé et que vous devez attendre 5 heures avant le prochain vol. Jouez cette scène devant la classe.

L'impressionnisme

La peinture impressionniste est aujourd'hui l'école de peinture française la plus connue et la plus appréciée de l'histoire de l'art moderne. C'est un mouvement artistique qui a marqué le début de la peinture moderne même si, à sa naissance, la grande modernité de ce mouvement a fait scandale.

L'impressionnisme est caractérisé par le désir de ses peintres de rompre avec[1] les conventions et de créer une nouvelle forme d'art réaliste.

Impression soleil levant de Claude Monet (1872)

L'impressionnisme

À l'origine, les impressionnistes sont un petit groupe de jeunes peintres qui sont refusés dans les expositions officielles parisiennes parce que leur conception de l'art s'oppose à la norme de l'époque[2]. Pour eux, le monde n'est pas stable; il est mobile et changeant[3], et chaque artiste est libre d'interpréter la réalité selon sa vision personnelle des choses au moment où il les peint. Leurs sujets ont des formes qui ne sont pas distinctes, mais plutôt suggérées par les couleurs et par les juxtapositions et les contrastes de ces couleurs. Contrairement aux autres[4] peintres de l'époque, les impressionnistes peignent en plein air et la lumière[5] devient l'élément le plus important de leurs tableaux. Ils étudient son effet sur les formes et les couleurs et ils inventent de nouvelles techniques de peinture. Ils utilisent, par exemple, des petites taches[6] de couleur qu'ils posent rapidement sur leurs toiles pour représenter le mouvement de la vie.

1. break away from   2. the norm of the era   3. changing   4. Unlike the other   5. light   6. spots

Deux grands peintres impressionnistes: Claude Monet et Auguste Renoir

Auguste Renoir (1841–1919)

C'est le peintre impressionniste le plus connu pour ses représentations de personnages dans des scènes heureuses de la vie de tous les jours. Il s'intéresse surtout à la jeunesse et à la vitalité, comme le montre sa plus grande œuvre impressionniste, *Le Déjeuner des canotiers*[1].

Le Déjeuner des canotiers de Pierre-Auguste Renoir (1881)

Nympheas de Claude Monet (1916-1919)

Claude Monet (1840–1926)

Il est considéré comme le créateur du mouvement impressionniste. Dans ses tableaux, la lumière est toujours le «personnage principal». Il a pour but de saisir[2] les effets changeants de la lumière à différents moments de la journée. Parmi ses tableaux les plus connus, la série des Cathédrales de Rouen et celle des nymphéas[3] du célèbre jardin de sa maison de Giverny illustrent cette technique.

Le style impressionniste a eu une grande influence sur d'autres mouvements artistiques. En peinture, le néo-impressionnisme et le postimpressionnisme ont leurs racines dans l'impressionnisme. En musique, le terme «impressionniste» décrit un style musical qui s'est développé parallèlement à la peinture impressionniste. Parmi les grands compositeurs impressionnistes, on peut citer, entre autres, Claude Debussy, Maurice Ravel et Érik Satie.

APRÈS > **la lecture**

1. Qui étaient les impressionnistes et comment voyaient-ils le monde?

2. Quelles sont les caractéristiques principales de l'impressionnisme?

3. Quel est l'élément le plus important dans les tableaux de Monet?

4. Des trois tableaux, choisis celui que tu préfères et décris-le. Ensuite, explique quels éléments dans cette peinture sont typiques de l'impressionnisme.

5. Est-ce que le mot «impressionniste» décrit seulement la peinture? Explique.

---

1. boaters   2. His goal is to capture   3. water lilies

De l'art naïf au surréalisme

La fin du XIXe et le début du XXe siècles ont vu la naissance de plusieurs grands courants[1] artistiques. Voici les descriptions de quelques-uns de ces mouvements et des informations sur les peintres que l'on associe avec eux.

L'art naïf: Le Douanier Rousseau (1844–1910)

Dans les années 1870, Henri Julien Félix Rousseau dit le Douanier Rousseau, découvre les grands chefs-d'œuvre[2] de la peinture au musée du Louvre et il commence à peindre. Son art est qualifié de «naïf» car il n'a pas reçu d'éducation artistique formelle. Pour lui, l'art consiste simplement à reproduire ce qu'il voit, c'est-à-dire une réalité très simple. Il ne respecte pas les règles[3] de la perspective et il utilise les couleurs de façon uniforme. L'exotisme et la poésie jouent un rôle important dans son art et il aime reproduire la nature, et plus particulièrement la jungle.

Tigre dans une tempête tropicale d'Henri Rousseau (1891)

Le fauvisme: Henri Matisse (1869–1954)

Peintre, dessinateur et sculpteur français, Henri Matisse est le grand maître[4] du fauvisme, un courant artistique caractérisé par la simplification des formes (les formes elliptiques sont souvent privilégiées par les peintres fauvistes) et l'utilisation de bandes de couleurs pures, intenses et de contrastes de couleurs qui expriment les émotions de l'artiste. Matisse est aussi célèbre pour ses nombreux collages de papiers peints et pour ses vitraux[5].

Henri Matisse, *Harmonie rouge (La Desserte)* (1908)

---

1. movements **2.** masterpieces **3.** rules **4.** master **5.** stained glass

Le Viaduc de L'Estaque de Georges Braque (1908)

Le cubisme: Georges Braque (1882–1963)

En 1907, quelques artistes, dont Georges Braque et Pablo Picasso, s'inspirent des idées et des œuvres de Paul Cézanne pour créer un nouveau style artistique qu'on appellera le cubisme. Ils décident de représenter la nature et le monde avec des formes géométriques: le rectangle, le cercle, le cube et la pyramide. Braque et les cubistes décomposent les paysages et les personnages puis ils les recréent sous une forme différente, toujours géométrique. Braque est célèbre pour ses papiers collés[1] et ses nombreuses natures mortes.

La Condition Humaine de René Magritte (1933)

Le surréalisme: René Magritte (1898–1967)

Le surréalisme est un mouvement artistique qui est né après la Première Guerre mondiale. Il s'est manifesté aussi bien en peinture qu'en littérature et en musique. Les surréalistes refusent les conventions sociales, morales et logiques et ils privilégient[2] l'imagination et le rêve[3]. Pour eux, l'art est une expérimentation scientifique. L'artiste doit découvrir l'univers, y compris le monde invisible et explorer l'inconscient. D'après Magritte, un peintre belge surréaliste, la peinture n'est pas un miroir de la réalité. Le peintre ne doit pas représenter un objet réel[4]. Il doit représenter ce qu'il pense de cet objet.

APRÈS ▶ la lecture

1. Pourquoi est-ce qu'on dit que les tableaux du Douanier Rousseau sont des œuvres naïves?

2. Décris les couleurs et les formes souvent utilisées par les peintres fauvistes.

3. Quelles sont les formes que les cubistes utilisent dans leurs tableaux?

4. Décris la vision surréaliste de l'art en utilisant tes propres mots.

5. Lequel de ces tableaux est-ce que tu préfères? Pourquoi?

---

1. glued **2.** favor **3.** dream **4.** real

Voici les portraits de quelques sculpteurs français qui ont révolutionné l'art de la sculpture.

La sculpture sous toutes ses formes

Auguste Rodin (1840–1917)

est un des maîtres incontestés[1] de la sculpture. Ses œuvres montrent sa capacité[2] à la reproduction fidèle[3] et réaliste, mais gardent une grande liberté de forme et d'expression ainsi qu'une certaine sensualité. On peut admirer ses œuvres, dont *Le Penseur* et *Le Baiser,* au musée Rodin qui est dans l'ancien hôtel Biron à Paris, un endroit où Rodin a habité.

Le Penseur

Camille Claudel (1864–1943)

est une artiste française qui était passionnée de sculpture depuis son enfance. Adulte, elle vient s'installer à Paris pour étudier avec les maîtres. Elle est modèle pour Rodin. Elle devient ensuite une de ses collaboratrices et a une relation amoureuse avec lui.

Femme accroupie

1. indisputable 2. ability 3. faithful

Joseph Ferdinand Cheval (1836–1924)

est plus connu sous le surnom du facteur[1] Cheval. C'est un facteur français qui, en 1879, trouve un endroit où il y a des pierres qui ont, d'après lui, une forme étrange. Il a l'idée que si la nature «fait de la sculpture», il va, lui aussi, en faire. Il va alors passer plus de 30 ans de sa vie à construire son *Palais idéal*, fait de ces pierres étranges. C'est considéré aujourd'hui comme un chef-d'œuvre de l'art naïf.

Palais idéal

Arman (1928-2005)

est né à Nice. Il y suit les cours des Arts Décoratifs puis entre à l'École du Louvre. Il crée en 1960 le groupe des Nouveaux Réalistes avec son ami Yves Klein. En 1961, il aborde la *Destruction de l'objet; les Coupes, les Colères* (il coupe, piétine[2] et écrase[3] des violons, saxophones, réveils, meubles, etc. qu'il présente comme des tableaux éclatés). À partir de 1962, il partage sa vie entre Nice et New York. Il a installé plus de 100 monuments publics à travers le monde et ses œuvres figurent aujourd'hui dans les plus grands musées du monde.

Colère de Violon

Marcel Duchamp (1887–1968)

est un peintre et sculpteur français qui va révolutionner l'art du XXe siècle. Son style artistique est difficile à classer car il évoque plusieurs mouvements artistiques différents comme le futurisme, le cubisme, le surréalisme et le mouvement dada. Duchamp a commencé sa carrière artistique par la peinture, puis vers 1913–1915, il se concentre sur la sculpture. Il invente alors le concept des *ready-made*, des objets ordinaires de la vie auxquels il donne une nouvelle signification par la manière[4] dont il les présente en tant que[5] sculptures. Il s'installe aux États-Unis où son art va influencer d'autres mouvements artistiques comme par exemple le pop art.

Roue de bicyclette

Niki de Saint-Phalle (1930–2002)

est d'abord comédienne, puis elle commence à peindre en 1952. En 1960, elle devient membre du mouvement artistique des Nouveaux Réalistes. Plus tard, elle se lance dans la sculpture et crée la série des «Nanas[6]», des sculptures de taille humaine[7] qui représentent des femmes à certains moments importants de leur vie. En collaboration avec son mari, Jean Tinguely, elle a réalisé les sculptures de la fontaine Stravinsky devant le centre Pompidou à Paris.

APRÈS ▶ la lecture

1. Décris *Le Penseur* de Rodin. Que penses-tu de cette sculpture?

2. Comment est-ce que le facteur Cheval a eu l'idée de faire de la sculpture et de construire son *Palais idéal?*

3. Explique le concept du *ready-made* inventé par Duchamp.

4. Décris les «Nanas» de Niki de Saint-Phalle.

5. Laquelle des sculptures représentées ici est-ce que tu préfères? Pourquoi?

---

1. mailman 2. stomp 3. crush 4. by the way 5. as 6. woman (familiar) 7. lifesize

Le hit-parade

La France a une longue tradition de poésie chantée, mais c'est depuis le milieu du XIXᵉ siècle que la chanson française a, peu à peu, acquis une réputation mondiale avec l'invention du café-concert, puis du music-hall. Depuis la chanson française continue d'évoluer et chaque année, de nouveaux chanteurs et chanteuses contribuent à son évolution.

Les incontournables de la chanson française

Édith Piaf, surnommée la Môme Piaf (1915-1963)

Adolescente, elle commence par chanter dans la rue. En 1935, elle chante dans un cabaret des Champs-Élysées dont le gérant[1] la surnomme «la Môme Piaf» parce qu'elle est petite et chante comme un piaf qui est un petit oiseau. L'année suivante, elle enregistre son premier disque sous le nom d'Édith Piaf. Elle deviendra la chanteuse française la plus renommée dans le monde entier.

Jacques Brel (1929-1978)

Jacques Brel est né dans la banlieue de Bruxelles en Belgique. En 1953, il enregistre un premier disque et un découvreur de talent le fait venir à Paris. Il est engagé dans quelques cabarets parisiens mais le public ne l'apprécie pas beaucoup. Il doit attendre 1958 pour enfin connaître le succès.

En 1964, il crée une de ses chansons les plus connues, *Amsterdam*. En 1966, Jacques Brel est au sommet de sa gloire quand il décide d'abandonner sa carrière de chanteur et de commencer une carrière d'acteur. Il jouera dans huit films. À partir de 1974, sa santé décline et en 1975 il s'installe sur l'île de Hiva-Oa aux Marquises où il meurt et sera enterré aux côtés de Paul Gauguin en 1978.

Yannick Noah

Il s'est reconverti avec succès à la chanson après une carrière de joueur de tennis professionnel (il a gagné le tournoi de Roland Garros en 1983 et il a mené à la victoire l'équipe de France de Coupe Davis en tant que capitaine en 1991). En 1991, il enregistre son premier single *Saga Africa*. En 2003, il sort *Pokahra* puis son sixième album, *Métisse(s)* en 2005. Yannick Noah s'illustre aussi par son soutien[2] à des causes humanitaires. Il a créé **Les enfants de la terre** et **Fête le mur,** deux associations qui viennent en aide aux enfants défavorisés.

---

1. manager 2. support

La musique française d'aujourd'hui

Mylène Farmer

Née à Montréal, elle arrive en France à l'âge de 8 ans. Après une adolescence tumultueuse, elle se lance[1] dans le show business. Elle tourne dans des publicités. En 1984, elle sort sa première chanson *Maman a tort* qui entre au Top 50 et la fait connaître du public. Son second album, sorti en 1988, se vend à plus de 1.800.000 exemplaires. Après de longues années de silence, elle revient avec un nouvel album en 1999 et une tournée en 2000, le Mylenium Tour. En 2005, elle sort son onzième album, *Avant que l'ombre*.

Le rap français

MC Solaar

MC Solaar est sans doute le rappeur français le plus connu. Alors qu'il poursuit des études de langue à l'université de Jussieu à la fin des années 80, Claude M'Barali, alias MC Solaar, est attiré[2] par la vague de rap américain qui débarque en France. Mais, comme il n'aime pas les paroles qui prônent la violence, il développe son propre style de musique: texte pacifiste et sons empruntés au jazz. Son premier album *Qui sème le vent récolte le tempo* se vend à plus de 400.000 exemplaires. En 2003, il sort *Mach 6*.

Diam's

Elle grandit en écoutant Goldman et Cabrel mais le rap de MC Hammer la séduit[3]. Elle a le coup de foudre pour le rap français de NTM qu'elle verra en concert quand elle n'a que 14 ans. Elle décide de devenir rappeuse. En 1999, elle sort son premier album *Premier mandat*.

Dans ses récents albums *Brut de femme* et *Dans ma bulle*, elle parle de problèmes sociaux comme par exemple de l'enfance maltraitée et de la violence envers les femmes.

APRÈS ▷ la lecture

1. Pourquoi est-ce qu'Édith Piaf était surnommée la môme?

2. Quelle est l'une des chansons les plus connues de Jacques Brel?

3. Pourquoi est-ce que Yannick Noah est connu?

4. Qu'est-ce qui différencie MC Solaar des rappeurs américains?

---

1. begins 2. attracted 3. charms her

Au rythme de l'Afrique

La musique africaine est très diversifiée. Voici quelques-uns des différents genres qui nous viennent de ce continent.

L'Afrique du Nord

Le raï est un genre littéraire et musical arabe. Dès les années 20, les maîtres du raï traditionnel comme Cheikh Khaldi, Cheikh Hamada ou Cheikha Remitti, ont un répertoire officiel qui célèbre la religion, l'amour et les valeurs morales lors des fêtes, des mariages et de la veillée du Ramadan. Ils ont aussi un répertoire chanté seulement dans les souks et les tavernes. Le raï traditionnel était accompagné par la gasba, le gellal, la darbouka, le bendir.

Dans les années 70, de nouveaux instruments comme l'accordéon et la trompette viennent s'ajouter aux flûtes et tambours traditionnels. Ensuite, les guitares électriques, les synthétiseurs et les boîtes à rythmes électroniques apparaissent. De jeunes chanteurs comme Cheb Mami et Khaled, inspiré par Elvis Presley et Johnny Hallyday mélangent le raï traditionnel avec les styles rock, pop, funk, reggae, latino, hip-hop et techno. Le raï moderne a connu un grand succès en dehors du monde arabe (par exemple en Europe et en Amérique du Nord. Mami a enregistré un disque avec le chanteur anglais Sting en 1999) Alors qu'au début, cette musique a été interdite par les autorités algériennes, elle est maintenant officiellement acceptée comme faisant partie intégrante de la culture.

la darbouka

Le Mali

La culture du Mali est riche et diversifiée à cause du grand nombre d'ethnies qui y vivent et qui ont gardé leur culture spécifique.

Les instruments traditionnels comme le *n'goni* (ancêtre africain du *banjo*), la *cora* (sorte de harpe) ou le *balafon* (xylophone en bois) sont toujours utilisés.

Il y a au Mali de nombreux styles musicaux qui mélangent musique traditionnelle et musique moderne. La chanteuse Oumou Sangaré est considérée comme l'ambassadrice du **wassoulou.** Sa musique est inspirée des musiques et danses traditionnelles de la région. Elle utilise une percussion traditionnelle jouée par les femmes dans les mariages, *la gita*, faite d'une calebasse à laquelle sont attachés des coquillages. Ses chansons s'appuient sur une critique sociale, notamment de la place de la femme dans la société.

Il existe aussi un style hybride, **le blues malien**, mélange de musique arabe et de blues américain, où la guitare électrique a le premier rôle. Ali Farka Touré est le plus célèbre «bluesman» malien.

Oumou Sangaré

Le Sénégal

Au Sénégal, la musique et la danse font partie de toutes les occasions traditionnelles où l'on se rassemble autour d'un griot. Les sujets peuvent être l'histoire du village ou d'une famille mais aussi des pamphlets anticolonialistes, des chansons d'amour ou des hommages à de célèbres guerriers. La musique traditionnelle n'emploie que des instruments fabriqués avec des matériaux locaux comme le bois (*le sabar, le djembé*), des calebasses (*la cora, le balafon*), du cuir (les peaux de tambours, de luths et de harpes), des cornes de vache et des coquillages.

Un style sénégalais s'est imposé comme référence musicale africaine: **le mbalax**. Le mbalax est sans doute la musique sénégalaise la plus connue, grâce notamment à Youssou N'Dour. Sur un mélange de rythmes traditionnels et modernes, il mêle des instruments européens aux instruments typiquement sénégalais comme *le djembé* et *le tama*.

Mais le mbalax n'est qu'un des styles sénégalais modernes. Il y a aussi le **yella**, rythme d'origine pulaar, ethnie du nord du Sénégal, rendu mondialement célèbre par un de ses principaux interprètes, Baaba Maal, qui en fait n'était pas destiné à devenir musicien, n'étant pas issu d'une famille de griots.

Laba Socé et l'Orchestra Baobab ont été les précurseurs de la **salsa,** version sénégalaise, qui mêle les musiques de Cuba et du Sénégal. Et plus récemment, les influences jamaïcaines du reggae, et américaines du hip-hop et du rap, ont entraîné la formation de nombreux groupes qui fusionnent les genres et instruments traditionnels avec l'expression hip-hop et une thématique de problèmes sociaux actuels (en particulier la lutte contre le sida). En décembre 2005, la 5e édition du festival «HIP HOP AWARDS» à Dakar, avait pour thème central la lutte contre la circulation des armes en Afrique.

la gita

la cora

APRÈS ▸ la lecture

1. Pourquoi le raï moderne est-il mieux accepté en Algérie maintenant?

2. Quels musiciens ont inspiré Khaled?

3. Qu'est-ce qu'une *gita*?

4. Cite deux instruments traditionnels africains.

5. Quels sont deux styles de musique sénégalaises?

6. Quels genres de musique est-ce que Laba Socé mélange?

7. Y a-t-il des instruments communs au Sénégal et au Mali?

Références

La France

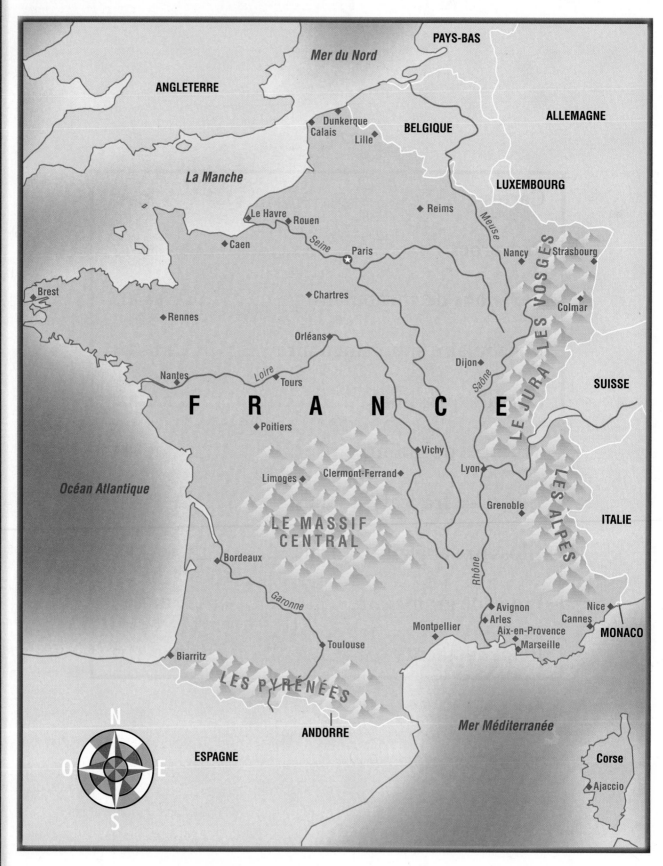

PAYS-BAS

Mer du Nord

ANGLETERRE

Dunkerque
Calais
Lille

BELGIQUE

ALLEMAGNE

La Manche

LUXEMBOURG

Meuse

Le Havre
Rouen
Seine
Caen
Paris

Reims

Nancy
Strasbourg

LES VOSGES

Brest

Chartres

Rennes

Colmar

Orléans

LE JURA

Dijon
Saône

SUISSE

Nantes
Loire
Tours

F R A N C E

Poitiers

Océan Atlantique

Vichy

Limoges
Clermont-Ferrand

Lyon

LES ALPES

Grenoble

LE MASSIF
CENTRAL

ITALIE

Bordeaux

Rhône

Garonne

Avignon
Nice

Arles
Cannes

Montpellier
Aix-en-Provence
MONACO

Toulouse
Marseille

Biarritz

LES PYRÉNÉES

N

O   E

S

ANDORRE

Mer Méditerranée

ESPAGNE

Corse

Ajaccio

R2

L'Europe francophone

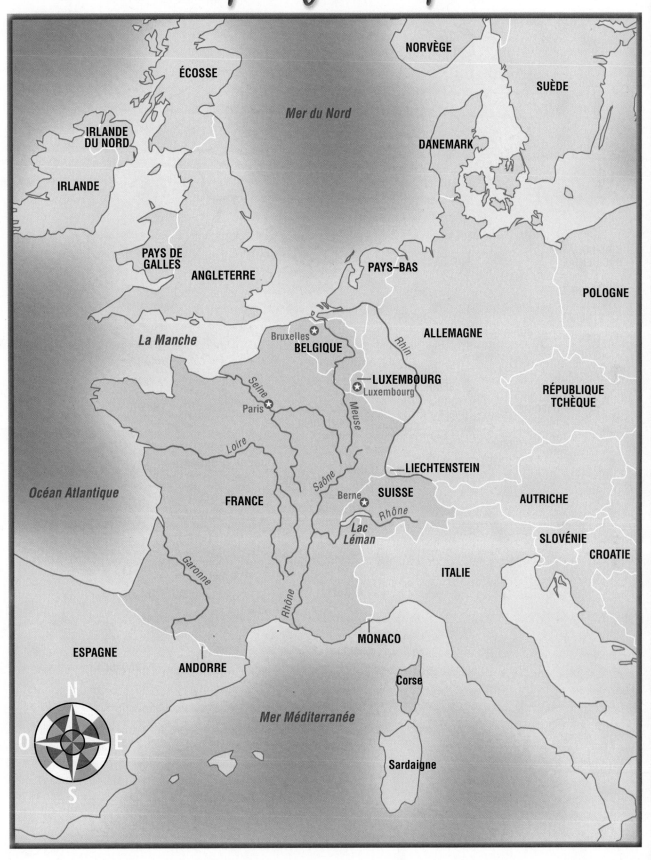

L'Afrique francophone

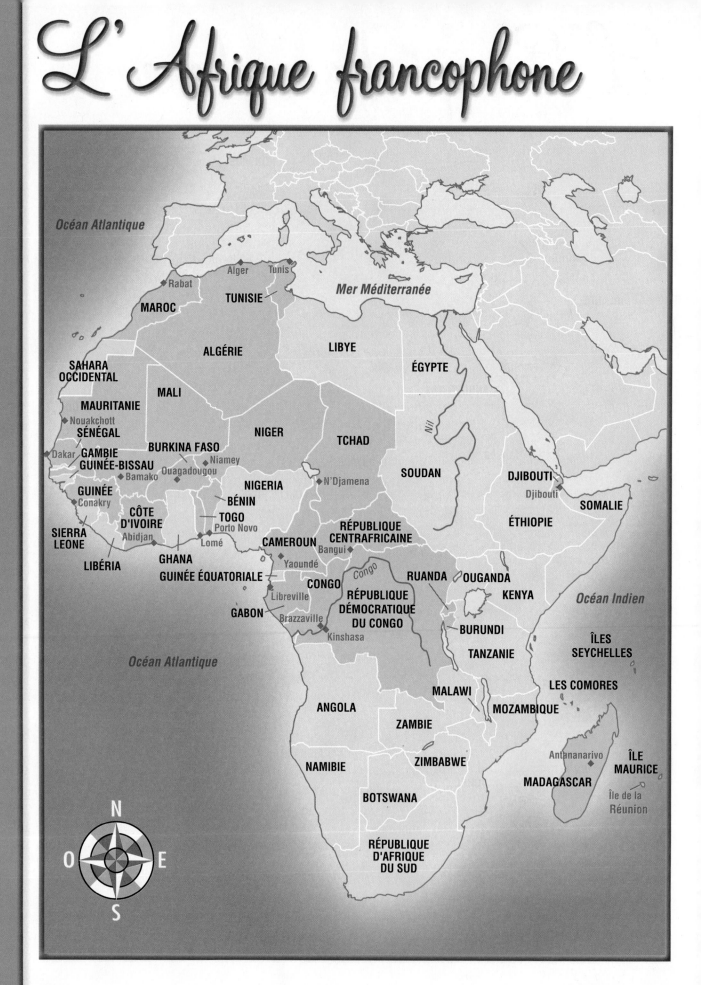

Océan Atlantique

Mer Méditerranée

Alger   Tunis

Rabat

TUNISIE

MAROC

ALGÉRIE   LIBYE

ÉGYPTE

SAHARA
OCCIDENTAL

MALI

MAURITANIE

Nouakchott

SÉNÉGAL   NIGER   TCHAD

Nil

Dakar   GAMBIE   BURKINA FASO

GUINÉE-BISSAU   Niamey

Ouagadougou   N'Djamena   SOUDAN   DJIBOUTI

Bamako   Djibouti

GUINÉE   NIGERIA

Conakry   BÉNIN   SOMALIE

CÔTE   TOGO

D'IVOIRE   Porto Novo   ÉTHIOPIE

Abidjan   Lomé   CAMEROUN   RÉPUBLIQUE
CENTRAFRICAINE

SIERRA
LEONE   Bangui

GHANA   Yaoundé   RUANDA   OUGANDA

LIBÉRIA   GUINÉE ÉQUATORIALE   Congo   KENYA   Océan Indien

CONGO   RÉPUBLIQUE
DÉMOCRATIQUE
DU CONGO

Libreville   BURUNDI

GABON   ÎLES
SEYCHELLES

Brazzaville   TANZANIE

Kinshasa   LES COMORES

Océan Atlantique   MALAWI

MOZAMBIQUE

ANGOLA   ZAMBIE

Antananarivo   ÎLE
MAURICE

ZIMBABWE

NAMIBIE   MADAGASCAR

Île de la
Réunion

BOTSWANA

RÉPUBLIQUE
D'AFRIQUE
DU SUD

N
O   E
S

L'Amérique francophone

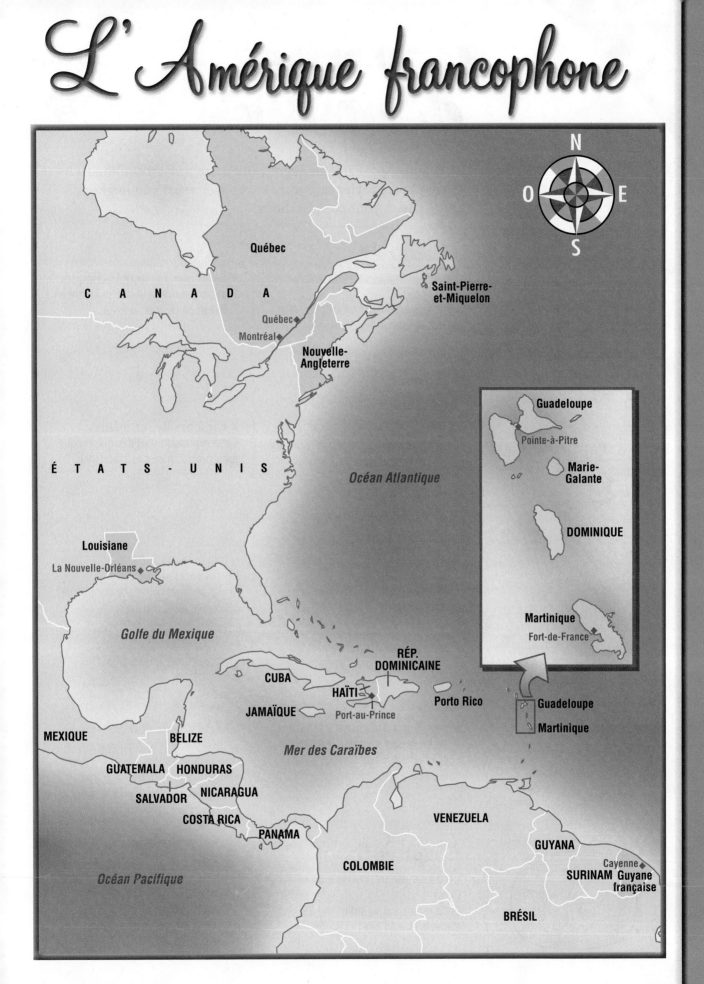

Proverbes et expressions

Like English speakers, the French often use proverbs in their everyday speech. Here are some expressions that you might want to use in your conversations.

Chapitre 1

Parler français comme une vache espagnole
Cette expression est utilisée pour décrire quelqu'un qui parle mal français.

Monter sur ses grands chevaux
Cette expression veut dire se mettre en colère et parler avec autorité.

Chapitre 2

À chacun son métier
Cette expression veut dire que si chacun s'occupe de ses propres affaires, tout ira pour le mieux.

Il n'y a pas de sot métier
Cette expression veut dire que chaque profession a sa propre importance.

Chapitre 3

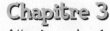

Aller à pas de géant
Cette expression veut dire faire des progrès rapides.

En raconter de belles
Cette expression veut dire raconter des histoires invraisemblables.

Chapitre 4

L'amour est aveugle
Cette expression veut dire que lorsque l'on est amoureux on ne voit pas les défauts de la personne aimée

Vivre d'amour et d'eau fraîche
Cette expression veut dire que quand deux personnes sont très amoureuses elles ne s'inquiètent de rien d'autre, comme par exemple d'acheter à manger.

Chapitre 5

Être comme un poisson dans l'eau
Cette expression veut dire être dans son élément, être à l'aise.

Il ne faut pas vendre la peau de l'ours avant de l'avoir tué
Cette expression veut dire qu'il ne faut pas promettre quelque chose sans être sûr de pouvoir le faire.

Chapitre 6

Pas de nouvelles, bonnes nouvelles
Cette expression veut dire que quand on n'a pas de nouvelles de quelqu'un, on peut présumer que tout va bien.

Les mauvaises nouvelles ont des ailes
Cette expression veut dire qu'on a plus vite les mauvaises nouvelles que les bonnes nouvelles.

Chapitre 7

Il faut de tout pour faire un monde.
Cette expression veut dire que chaque personne peut avoir ses propres goûts et sa propre personnalité.

Tout est pour le mieux dans le meilleur des mondes
Cette expression est utilisée pour dire que tout pourrait être pire.

Chapitre 8

Plus royaliste que le roi
Cette expression s'utilise pour décrire quelqu'un qui a une opinion encore plus extrême que l'idée qu'il défend.

Diviser pour régner
Cette expression veut dire que pour rester au pouvoir, il faut choisir des subordonnés qui se détestent pour empêcher les alliances.

Chapitre 9

La musique adoucit les mœurs
Cette expression veut dire que la musique rend les personnes plus aimables.

Occuper les devants de la scène
Cette expression veut dire occuper une position importante.

Chapitre 10

À vol d'oiseau
Cette expression est utilisée pour parler de la distance la plus courte. On peut dire que la distance entre Paris et Nice est de 900 km **à vol d'oiseau.** Ce n'est pas une distance exacte.

Les voyages forment la jeunesse
Cette expression veut dire que c'est bien de voyager quand on est jeune, c'est-à-dire qu'on apprend beaucoup en voyageant.

APRÈS ▸ la lecture

1. Can you think of English equivalents for some of these proverbs and expressions?

2. Pick a proverb that is not illustrated and work in groups of three to create an illustration to explain it.

3. On the Internet or at the Library find additional proverbs that use vocabulary and themes you've learned.

4. Work in small groups to create a mini-skit in which you use one or more of these proverbs in context.

Proverbes et expressions

Révisions de vocabulaire

This list includes words introduced in Bien dit! Level 2. If you can't find the words you need here, try the French-English and English-French vocabulary sections beginning on page R59.

Les animaux (Animals)

l'âne (m.)	donkey
l'araignée (f.)	spider
le canard	duck
le cheval	horse
la chèvre	goat
le cochon	pig
le flamant rose	flamingo
la grenouille	frog
l'insecte (m.)	insect
le lapin	rabbit
le lézard	lizard
la mouche	fly
le moustique	mosquito
le mouton	sheep
l'oiseau (m.)	bird
le pélican	pelican
la poule	chicken
le serpent	snake
la tortue	turtle
la vache	cow

Le camping (Camping)

aller à la pêche	to go fishing
attraper un poisson	to catch a fish
se baigner	to swim
le bateau	boat
la boîte d'allumettes	box of matches
la boussole	compass
la bouteille isotherme	thermos
le briquet	lighter
camper	to camp out
le camping	camping
la crème solaire	sunscreen
démonter la tente	to take down a tent
le désinfectant	disinfectant
faire un feu de camp	to make a campfire
le fauteuil pliant	folding chair
le gilet de sauvetage	life jacket
la gourde	canteen
la lampe de poche	flashlight
la lanterne	lantern
la lotion anti-moustiques	mosquito repellent
monter la tente	to pitch a tent
la moustiquaire	mosquito net
l'ouvre-boîte (m.)	can opener
se promener	to take a stroll
le réchaud	camping stove

Le corps (Body)

le bras	arm
le cerveau	brain
les cheveux (m.)	hair
la cheville	ankle
le cœur	heart
le corps	body
le cou	neck
le doigt (de pied)	finger (toe)
le dos	back

l'épaule (f.)	shoulder
l'estomac (m.)	stomach
le front	forehead
le genou	knee
la jambe	leg
la joue	cheek
la lèvre	lip
la main	hand
le muscle	muscle
l'œil (m.)	eye
l'os (m.)	bone
le pied	foot
le poignet	wrist
le poumon	lung
le sourcil	eyebrow
le visage	face
les yeux (m.)	eyes

Les corvées (Chores)

faire les courses	to go grocery shopping
faire le ménage	to do housework
faire la poussière	to dust
ranger la maison	to tidy up the house
ranger ses affaires	to put one's things away
s'occuper (de)	to take care (of)

Les descriptions (Descriptions)

âgé(e)	old
blond(e)	blond(e)
bruyant(e)	noisy
calme	calm
content(e)	happy
court(e)	short
dangereux(-euse)	dangerous
gentil(le)	nice
grand(e)	tall
gros(se)	fat
intelligent(e)	intelligent
long(ue)	long
marrant(e)	funny
mince	slim
obéissant(e)	obedient
pénible	annoying
pollué(e)	polluted
propre	clean
pur(e)	clear
roux (rousse)	red-headed
sale	dirty
sérieux(-euse)	serious
sportif (sportive)	athletic
stressant(e)	stressful

tranquille	peaceful
triste	sad
vert(e)	green
vivant(e)	vibrant

Faire sa toilette
(Washing up)

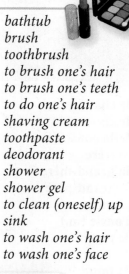

la baignoire	bathtub
la brosse	brush
la brosse à dents	toothbrush
se brosser les cheveux	to brush one's hair
se brosser les dents	to brush one's teeth
se coiffer	to do one's hair
la crème à raser	shaving cream
le dentifrice	toothpaste
le déodorant	deodorant
la douche	shower
le gel douche	shower gel
faire sa toilette	to clean (oneself) up
le lavabo	sink
se laver les cheveux	to wash one's hair
se laver la figure	to wash one's face

le maquillage	make-up
se maquiller	to put on makeup
le mascara	mascara
le peigne	comb
se peigner (les cheveux)	to comb (one's hair)
le peignoir	robe
prendre un bain	to take a bath
prendre une douche	to take a shower
se préparer	to get ready
se raser	to shave
le rasoir (électrique)	(electric) razor
le rouge à lèvres	lipstick
le savon	soap
le sèche-cheveux	blow-dryer
se sécher les cheveux	to dry one's hair
la serviette de bain	bath towel
la serviette de toilette	hand towel
le shampooing	shampoo

La famille (Family)

le chat	*cat*
le chien	*dog*
le/la cousin(e)	*cousin*
le frère	*brother*
la grand-mère	*grandmother*
le grand-père	*grandfather*
la mère	*mother*
l'oncle (m.)	*uncle*
le père	*father*
la sœur	*sister*
la tante	*aunt*

La ferme (Farm)

la basse-cour	*barnyard*
la campagne	*countryside*
le champ	*field*
la ferme	*farm*
la grange	*barn*
le paysage	*landscape*
la prairie	*meadow*
le tracteur	*tractor*
le village	*village*

Les fêtes (Parties/holidays)

allumer (les bougies)	*to light (the candles)*
les amuse-gueules (m.)	*snacks*
l'anniversaire	*birthday*
le bal populaire	*village dance*
le ballon	*balloon*
la boîte de chocolats	*box of chocolates*
les bougies (f.)	*candles*
le bouquet de fleurs	*bouquet of flowers*
la boum	*party*
la bûche de Noël	*Yule log*
les cadeaux (m.)	*presents*
la carte d'anniversaire	*birthday card*
la carte de vœux	*greeting card*

le chèque-cadeau	*gift card*
choisir la musique	*to choose the music*
les confettis (m.)	*confetti*
les décorations (f.)	*decorations*
décorer la salle	*to decorate the room*
le défilé	*parade*
emballer les cadeaux (m.)	*to wrap presents*
envoyer les invitations (f.)	*to send the invitations*
les fêtes (f.)	*parties/holidays*
la fête des mères	*Mother's Day*
la fête des pères	*Father's Day*
la fête nationale	*national holiday*
le feu d'artifice	*fireworks*
la foule	*crowd*

l'hymne national (m.)	*national anthem*
l'invité(e)	*guest*
le jour de l'an	*New Year's Day*
Noël	*Christmas*
le nouvel an	*New Year's*
organiser une soirée/fête	*to plan a party/mixer*
préparer la maison	*to prepare the house*
remercier	*to thank*
le réveillon	*midnight feast*
le sapin de Noël	*Christmas tree*
la soirée costumée	*costume party*

Les films (Films)

l'acteur (m.)	*actor*
l'actrice (f.)	*actress*
le drame	*drama*
le film classique	*classic movie*
le film comique	*a comedy*

le film d'action	action movie
le film d'aventures	adventure movie
le film d'espionnage	spy movie
le film d'horreur	horror movie
le film de guerre	war movie
le film de science-fiction	science-fiction movie
le film étranger	foreign film
l'héroïne (f.)	heroine
le héros	hero
le metteur en scène	director
le personnage principal	main character
le sous-titre	subtitle
la vedette	star
la version originale (V.O.)	original version

La littérature (Literature)

l'(auto)biographie (f.)	(auto)biography
le genre	genre/type
la pièce de théâtre	play
le recueil de poésie	poetry collection
le roman d'amour	romance novel
le roman fantastique	fantasy novel
le roman historique	historical novel
le roman policier	mystery novel

Au lycée (In high school)

aller au lycée	to go to high school
avoir entraînement	to have practice/training
la cantine	cafeteria
le CDI	library/resource center
une compétition	contest/competition
le complexe sportif	sports complex
le/la conseiller(-ière) d'éducation	school counselor

la cour de récré(ation)	playground
le/la documentaliste	librarian
emprunter (un livre)	to borrow (a book)
être en retenue	to be in detention
faire des recherches	to do research
faire ses devoirs	to do one's homework
faire une expérience	to do an experiment
le gymnase	gymnasium
l'infirmerie (f.)	nurse's office
l'interro(gation) (f.)	quiz
le laboratoire	laboratory
les lunettes (f.) de protection	safety glasses
la note	grade
passer un examen	to take a test
la piste (d'athlétisme)	(athletic) track
préparer son sac	to get one's backpack ready
prendre le bus	to take the bus
rater	to fail (an exam, a class)
rendre (un livre)	to return (a book)
réussir (à)	to pass (an exam, a class)
la salle d'informatique	computer room
suivre un cours	to take a class
le terrain de sport	sports field

La musique (Music)

l'animateur (m.)	disc jockey
l'animatrice (f.)	disc jockey
le blues	blues
le country	country
le hip-hop	hip-hop
le jazz	jazz
la pop	pop
le rap	rap
le reggae	reggae
le rock	rock
la techno	techno
le son	sound
le vidéoclip	music video

La nature (Nature)

l'arbre (m.)	tree
le bois	woods
la cascade	waterfall
la fleur	flower
le fleuve	river
la forêt	forest
la nature	nature
la plage	beach
la rivière	river
le sentier	path
le sommet	peak
la toile d'araignée	spider web
la vallée	valley

La nourriture (Food)

l'abricot (m.)	apricot
l'ail (m.)	garlic
ajouter	to add
l'aubergine (f.)	eggplant
la banane	banana
les biscuits (m.)	cookies
la boîte (de conserve)	canned food/ a box (can) of...
du bœuf	beef
les bonbons (m.)	sweets/candy
bouillir	to boil
le brocoli	broccoli
les cacahuètes (m.)	peanuts
le café	café/coffee
la carotte	carrot
la cerise	cherry
le champignon	mushroom
la charcuterie	delicatessen
le chariot	shopping cart
les chips (m.)	chips
le chocolat chaud	hot chocolate
le coca	soda
la courgette	zucchini
couper	to cut
les crevettes (f.)	shrimp
le croque-monsieur	toasted cheese sandwich w/ham
les épices (f.)	spices
faire cuire	to bake, to cook
la farine	flour
le four	oven
la fraise	strawberry
la framboise	raspberry
la fromagerie	cheese market
les fruits (m.)	fruit(s)
les fruits de mer (m.)	seafood

les fruits secs (m.)	dried fruit
le gâteau	cake
la glace	ice cream
les haricots verts (m.)	green beans
l'huile (d'olive) (f.)	(olive) oil
les huîtres (f.)	oyster(s)
le jus de fruit	fruit juice
la laitue	lettuce
les légumes (m.)	vegetables
la limonade	lemon-lime soda
manger	to eat
mélanger	to mix
le melon	melon

l'oignon (m.)	onion
le paquet (m.) de pâtes (f.)	a package of pasta
la pastèque	watermelon
la pâtisserie	pastry shop
la pêche	peach
les petits pois (m.)	peas
la poire	pear
le poivron	bell pepper
la pomme	apple
la pomme de terre	potato
le pot (m.) de confiture (f.)	a jar of jam
le poulet	chicken
le sac en plastique	plastic bag
le sandwich au jambon	ham sandwich
le sucre	sugar
la tarte aux pommes	apple tart
la tomate	tomato
le yaourt	yogurt

L'ordinateur (Computer)

l'accueil	home page
actualiser	refresh (Internet)
l'adresse (f.)	address
l'affichage (m.)	view
arrêter	stop (Internet)
les barres de défilement	scroll bars
le clavier	keyboard

cliquer	*to click*
le courrier	*mail*
le démarrage	*home (Internet)*
démarrer	*to start up*
l'écran (m.)	*screen*
l'édition (f.)	*edit*
les favoris (m.)	*favorites (Internet)*
la fenêtre	*window (Internet)*
le fichier	*file*
graver	*to burn (a CD)*
le graveur de CD/DVD	*CD/DVD burner*
l'imprimante (f.)	*printer*
imprimer	*to print*
s'informer sur Internet	*to find out/to inquire on the Internet*
l'interface (f.)	*interface*
les liens	*links (Internet)*
le logiciel	*software*
le menu déroulant	*pull-down menu*
le moniteur	*monitor*
le navigateur	*browser*
naviguer	*to navigate*
les outils	*tools*
planter	*to crash (a computer)*
la précédente	*back (Internet)*
rechercher	*to research*
retour	*return*
sauvegarder	*to save (a document)*
la souris	*the mouse*
la suivante	*forward (Internet)*
télécharger	*to download*
la touche	*key*
valider	*OK (Internet)*

Les pays et les nationalités
(Countries and nationalities)

à l'étranger	*abroad*
l'Allemagne	*Germany*
allemand(e)	*German*
anglais(e)	*English/British*
l'Angleterre	*England*
la Belgique	*Belgium*
le Danemark	*Denmark*
l'Espagne	*Spain*
espagnol(e)	*Spanish*
la France	*France*

la Grèce	*Greece*
italien(ne)	*Italian*
l'Italie	*Italy*
portugais(e)	*Portuguese*
le Portugal	*Portugal*
la Suisse	*Switzerland*
la Norvège	*Norway*

Les petits commerces
(Small businesses)

le/la boucher(-ère)	*butcher*
la boucherie	*butcher shop*
le/la boulanger(-ère)	*baker*
la boulangerie	*bakery*
le/la caissier(-ière)	*cashier*
la crémerie	*dairy market*
l'épicerie (f.)	*grocery store*
l'épicier(-ière)	*grocer*
le/la poissonnier(-ière)	*fish monger*
la poissonnerie	*fish market*

Les quantités *(Quantities)*

une bouteille de…	*a bottle of . . .*
une cuillerée à café	*teaspoon*
une cuillerée à soupe	*tablespoon*
une douzaine de…	*a dozen . . .*
un kilo(gramme) de…	*a kilogram of . . .*
un litre de…	*a liter of . . .*
une livre de…	*a pound of . . .*
un morceau de…	*a piece of . .*
une tasse de…	*a cup of . . .*
une tranche de…	*a slice of . . .*

La routine quotidienne
(Daily routine)

aller au travail	*to go to work*
se coucher	*to go to bed*
se déshabiller	*to get undressed*
s'en aller	*to run along*
s'endormir	*to fall asleep*
s'habiller	*to get dressed*
se lever	*to get up / stand up*

la matinée	morning
se mettre au lit	to go to bed
se mettre en pyjama	to put on pajamas
se mettre en chemise	to put on
de nuit	a nightgown
prendre le petit-déjeuner	to have breakfast
rentrer à la maison	to return to the house
le réveil	alarm
se réveiller	to wake up
sonner	to ring
souhaiter une bonne nuit	to say goodnight

La santé (Health)

avoir de la fièvre	to have a fever
avoir la grippe	to have the flu
avoir un régime	to have
équilibré	a balanced diet
se blesser	to injure oneself
se brûler	to burn oneself
se casser la jambe	to break one's leg
chez le docteur	at the doctor's office
consommer trop de	to consume/eat too
matières grasses	many fatty foods
se couper	to cut oneself
le/la dentiste	dentist
éternuer	to sneeze
être en bonne santé	to be healthy
être fatigué(e)	to be tired
faire de la musculation	to lift weights
faire	to do abdominal
des abdominaux	exercises

faire de l'exercice	to exercise
faire des pompes	to do push ups
faire du yoga	to do yoga
faire un régime	to go on a diet
se faire vacciner	to get vaccinated
se fouler la cheville	to twist one's ankle
se fouler le poignet	to twist one's wrist
fumer	to smoke
manger léger	to eat light
le médecin	doctor
se nourrir	to feed oneself
se peser	to weigh oneself

perdre du poids	to lose weight
prendre des vitamines	to take vitamins
prendre du poids	to gain weight
prendre	to take someone's
la température	temperature
se priver	to deprive oneself
de sommeil	of sleep
les produits (m.)	organic
bio(logiques)	products
se relaxer	to relax
se reposer	to rest
sauter des repas	to skip meals
tousser	to cough
la vie	life

Les souvenirs d'enfance (Childhood memories)

aller au cirque (m.)	to go to
	the circus
collectionner	to collect
un copain	friend
faire de la balançoire	to swing
faire des châteaux	to make
de sable (m.)	sandcastles
faire des farces (f.)	to play practical jokes
faire du manège (m.)	to go on a carousel
grimper	to climb trees
aux arbres (m.)	
jouer au ballon (m.)	to play ball
jouer aux billes (f.)	to play marbles
jouer à chat	to play a game
perché	similar to tag
jouer aux dames (f.)	to play checkers
jouer à la marelle	to play dolls
jouer aux petites	to play with
voitures (f.)	matchbox cars
jouer à la poupée	to play dolls
jouer au train	to play with
électrique (m.)	electric trains
regarder des dessins	to watch
animés(m.)	cartoons
sauter à la corde	to jump rope

Les sports et les passe-temps (Sports and hobbies)

aller au cinéma	to go to the movies
l'appareil photo (m.)	camera
(numérique)	(digital)
la balle	(tennis) ball
le caméscope	video camera
faire de la photo	to do photography

faire de la planche à voile	*to windsurf*
faire de la vidéo amateur	*to do amateur videos*
faire de l'escalade	*to mountain climb*
faire du jogging	*to jog*
faire du théâtre	*to do theater/drama*
faire un séjour	*to stay/to sojourn*
faire une randonnée	*to go hiking*
faire une visite guidée	*to take a guided tour*
gagner	*to play chess*
jouer aux échecs	*to win*
jouer au tennis	*to play tennis*
jouer de la batterie	*to play drums*
jouer de la guitare	*to play guitar*
jouer du piano	*to play piano*
lire	*to read*
monter à cheval	*to horseback ride*
la raquette	*racket*
le spectacle son et lumière	*a sound and light show*
voir un film	*to see a movie*

La télé *(T.V.)*

le bulletin météo (rologique)	*weather report*
la chaîne	*station*
le documentaire	*documentary*
l'émission de variétés (f.)	*variety show*
les émissions télé (f.)	*television programs*
en direct	*live*
le feuilleton	*soap opera*
les informations (f.)	*news*
le jeu	*game show*
le présentateur	*newscaster*
la présentatrice	*newscaster*
le reportage sportif	*sports report*
la série	*series*
le soap	*soap opera*
le spot publicitaire	*commercial*
la télécommande	*remote control*

Les voyages *(Trips)*

acheter un guide	*to buy a guidebook*
à la campagne	*in the countryside*
à la montagne	*in the mountains*
aller en colonie de vacances	*to go to summer camp*
au bord de la mer	*at the seashore*
le billet	*ticket*
la brochure	*brochure*
changer de l'argent (m.)	*to change money*
le château	*castle*
les chèques de voyage (m.)	*traveller's checks*
en ville	*in the city*
faire sa valise	*to pack one's suitcase*
faire une demande de visa	*to apply for a visa*
faire une réservation d'avion	*to make an airline ticket reservation*
faire une réservation de billet de train	*to make a train ticket reservation*
faire une réservation d'hôtel	*to make a hotel reservation*
l'itinéraire (m.)	*itinerary/route*
l'office de tourisme (m.)	*tourist center*
le passeport	*passport*
la pièce	*coin*
le permis de conduire	*driver's license*
le plan	*map*
rendre visite à (une personne)	*to visit (a person)*
se renseigner dans une agence de voyages	*to get information at a travel agency*
le site d'une compagnie aérienne	*airline website*
la trousse de toilette	*vanity case*
visiter (un endroit)	*to visit (a place)*

Vocabulaire supplémentaire

This list includes additional vocabulary that you may want to use to personalize activities. If you can't find a word you need here, try the French-English and English-French vocabulary sections, beginning on page R59.

À l'école (At school)

apprendre par cœur	*to memorize*
le bulletin (le relevé) de notes	*report card*
le cours facultatif	*optional course*
le cours obligatoire	*required course*
la dissertation	*paper*
l'enseignant(e)	*instructor*
l'estrade (f.)	*podium*
l'étude de texte (f.)	*text analysis*
l'exposé (m.)	*oral presentation*
faire les révisions (f.)	*to review, study for a test*
les gradins (m. pl.)	*bleachers*
l'interro surprise (f.)	*pop quiz*
l'option (f.)	*optional course, elective*
le parc à vélos	*bicycle parking area*
le résumé	*summary*
réviser	*to review, study for a test*
le vestiaire	*changing room*

À la montagne (In the mountains)

le col	*pass*
la crête	*ridge*
l'éboulement (m.)	*rockslide*
le gîte de montagne	*mountain cabin*
les neiges éternelles (f. pl.)	*perpetual snows*
le pic	*peak*
le sommet	*summit*
le versant	*mountain slope*

À la mer (At the beach)

le banc de sable	*sand bar*
le bateau à moteur	*motor boat*
le bateau pneumatique	*inflatable raft*
la bouée	*floating device, float*
la dune	*dune*
l'écume (f.)	*foam*
l'îlot (m.)	*small island*
la jetée	*pier*
la lagune	*lagoon*
le matelas pneumatique	*float, inflatable mattress*
la pêche au gros	*deep sea fishing*
la vague	*wave*
le voilier	*sailboat*
le yacht	*yacht*

Les métiers (Professions)

l'assistant(e) social(e)	*social worker*
le/la chercheur(-euse)	*researcher*
le/la chirurgien(ne)	*surgeon*
le/la compositeur (-trice)	*music composer*
l'éleveur (m.)	*cattle breeder*
l'esthéticien(ne)	*beautician, cosmetologist*
le/la guide de tourisme	*tourist guide*
le/la kinésithérapeute	*chiropractor*
le/la maquilleur(-euse)	*makeup artist*
le médecin généraliste	*general medicine physician*

le/la programmeur (-euse)	computer programmer
le/la psychiatre	psychiatrist
le/la psychologue	psychologist
le réparateur	repairman
le/la reporter	journalist, reporter
le/la technicien(ne)	technician

Le monde du travail (Work)

l'assurance-maladie (f.)	health insurance
le/la candidat(e)	job applicant
la carrière	career
le/la chômeur(-euse)	unemployed person
la commission	commission
les congés payés (m. pl.)	paid vacation
les cotisations sociales (f. pl.)	social security/ pension contributions
cotiser pour la retraite	to contribute to one's pension
le déplacement	business trip
l'entretien d'embauche	job interview
être candidat(e) à un poste	to apply for a position
licencier	to lay off
le poste	position (job)
postuler	to apply for a job
les qualifications (f. pl.)	qualifications
la réussite	(financial) success
le salaire de base	base salary

Au téléphone (On the phone)

l'annuaire (m.)	phonebook
l'antenne (f.)	antenna
la commande mémoire	memory button
composer un numéro	to dial a phone number
l'indicatif (m.)	area/country code

l'interlocuteur(-trice)	interlocutor, person one is talking to
l'interrupteur (m.)	power button
la messagerie vocale	voicemail
les pages blanches (f. pl.)	white pages (phonebook)
les pages jaunes (f. pl.)	yellow pages (phonebook)
patienter (en ligne)	to wait, to hold (the line)
le poste	extension
le répertoire téléphonique	telephone index
la touche d'appel	talk key
la touche de fin d'appel	end key
la touche de sélection	selection key

Contes de fées (Fairy tales)

l'arc (m.)	bow
l'armure (f.)	armor
le bal	ball
la bête	beast
le carosse	horse-drawn carriage
le château-fort	fortified castle
la citrouille	pumpkin
la cour	(royal) court
les courtisans (m. pl.)	people of the court
la demoiselle	young lady of the court, damsel
le devoir	duty
le donjon	castle keep, tower
les douves (f. pl.)	moat
empoisonner	to poison
le filtre	magic potion
la flèche	arrow
le gentilhomme	gentleman
la jalousie	jealousy
jaloux(-ouse)	jealous
la lance	spear
la licorne	unicorn
la méchanceté	unkindness, wickedness
le poignard	dagger
le pont-levis	drawbridge
le prétendant	suitor
le souterrain	underground passage

Les conflits (Conflicts)

les armes biologiques (f. pl.) — *biological weapons*
les armes chimiques (f. pl.) — *chemical weapons*
les armes nucléaires (f. pl.) — *nuclear weapons*
attaquer — *to attack, engage in battle*
battre en retraite — *to retreat*
la bombe — *bomb*
les champs de mines (m. pl.) — *mine fields*
le désarmement — *disarmament*
les droits de l'homme (m. pl.) — *human rights*
l'ethnie (f.) — *ethnic group*
exploser — *to explode*
faire prisonnier — *to take prisoner*
la guerre civile — *civil war*
le missile — *missile*
le porte-avion — *aircraft carrier*
le prisonnier de guerre — *war prisoner*
les rebelles (m. pl.) — *rebels*
se battre — *to fight, combat*
la tranchée — *trench*

La vie (Life)

l'adolescence (f.) — *adolescence*
l'alliance (f.) — *wedding band*
la bague de fiançailles — *engagement ring*
le baptême — *baptism*
les biens (m. pl.) — *assets*
la cérémonie civile (religieuse) — *civil (religious) ceremony*
le cimetière — *cemetery*
le/la conjoint(e) — *spouse*
demander en mariage — *to ask in marriage*
dire une prière — *to say a prayer*

le domicile conjugal — *marital home*
l'enterrement (m.) — *burial, funeral*
enterrer — *to bury*
les fiançailles (f. pl.) — *engagement*
fonder une famille — *to start a family*
le foyer — *household*
les funérailles (f. pl.) — *funerals*
la garde des enfants — *custody of children*
des jeunes mariés (m. pl.) — *newlyweds*
la lune de miel — *honeymoon*
le ménage — *household, family*
la messe — *mass*
les noces (f. pl.) — *wedding*
pendre la crémaillère — *to have a house warming party*
le/la retraité(e) — *retiree*
la rumeur — *rumor, gossip*
les seniors (m. pl.) — *senior citizens*
la tombe — *grave*
trahir — *to betray*
le troisième âge — *retirement years*
tromper — *to cheat*
verser une pension alimentaire — *to pay child support, alimony*
le voyage de noces — *honeymoon*

La faune (Fauna)

l'âne (m.) — *donkey*
l'antilope (f.) — *antelope*
le bison — *bison*
le caméléon — *chameleon*
le cerf — *deer*
le chameau — *camel*
le colibri — *hummingbird*
le corbeau — *raven*
la couleuvre — *garter snake*

Vocabulaire supplémentaire

le crapaud	toad
le flamant (rose)	(pink) flamingo
la girafe	giraffe
le gorille	gorilla
l'hippopotame (m.)	hippopotamus
la libellule	dragonfly
le lièvre	hare
la marmotte	groundhog
le moineau	sparrow
la mouche	fly
l'otarie (f.)	sea lion
le paon	peacock
la pieuvre	octopus
le porc-épic	porcupine
la puce	flea
le raton laveur	raccoon
le renne	caribou
le sanglier	wild boar
la sauterelle	grasshopper
le scorpion	scorpion
le serpent à sonnette	rattlesnake
le singe	monkey
le tigre	tiger
le vautour	vulture
le zèbre	zebra

Le matériel pour les sports extrêmes
(Extreme sports equipment)

la barre	tiller (boat)
le casque	helmet
la combinaison de ski	ski suit
la dérive	centerboard (boat)
le détendeur	scuba regulator
le gouvernail	rudder
le guidon	handlebar
des lunettes (f. pl.)	goggles
le masque de plongée (de ski)	dive (ski) mask
le mât	mast
la motoneige	snowmobile
des palmes (f. pl.)	fins
le protège-tibia	shin guard

le scooter de mer	jet ski
la selle	seat (bicycle, jet ski, motorcycle, etc.)
le surf des neiges	snowboard
le tuba	snorkel

La presse *(The press)*

l'abonnement (m.)	subscription
l'article de fond (m.)	in-depth article
l'exemplaire (m.)	copy
l'immobilier (m.)	real estate section
la publicité	advertisement
le sommaire	table of contents

L'actualité *(The news)*

assassiner	to assassinate
le cambriolage	robbery
la campagne (une vague) de terrorisme	terrorist campaign
les conditions de travail (f. pl.)	work environment
la criminalité	crime
la crise économique	economic crisis
la délinquance (juvénile)	(juvenile) delinquency
demander une augmentation de salaire	to demand a raise
l'événement (m.)	event
l'insécurité (f.)	lack of safety
le meurtre	murder
la mondialisation	globalization
le taux de criminalité	crime rate
le terrorisme	terrorism
le/la terroriste	terrorist

Les phénomènes naturels
(Natural phenomena)

blesser	to hurt, injure
brûler	to burn
la catastrophe naturelle	natural catastrophe
les consignes de sécurité (f. pl.)	safety instructions
déborder	to overflow
les décombres (m. pl.)	rubble, debris
détruire	to destroy
ensevelir	to bury
la foudre	thunder
le nuage en entonnoir	funnel cloud
l'œil (m.)	eye (of a hurricane)
ordonner l'évacuation	to order evacuation
les secours (m. pl.)	rescuers, emergency workers
s'écrouler	to collapse
la trombe marine	waterspout
le typhon	typhoon

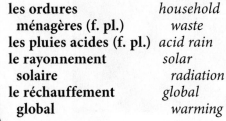

Les problèmes de l'environnement
(Environmental issues)

l'agriculture intensive (f.)	intensive farming
le bac de recyclage	recycling bin
le carton	cardboard
la centrale nucléaire	nuclear power plant
le centre de tri (pour le recyclage)	(recycling) sorting facility
le combustible fossile	fossil fuel
le conteneur	container
la décharge	landfill
les eaux usées (f. pl.)	waste water
l'élevage intensif (m.)	intensive cattle breeding
l'énergie atomique (f.)	nuclear power
les engrais (m. pl.)	fertilizers
le gaz à effet de serre	greenhouse gas

les ordures ménagères (f. pl.)	household waste
les pluies acides (f. pl.)	acid rain
le rayonnement solaire	solar radiation
le réchauffement global	global warming

La politique *(Politics)*

le centre	center (political)
la conscience politique	political awareness
la droite	right wing (political)
les écologistes (m. pl.)	"green" party, ecologists
la gauche	left wing (political)
l'injustice sociale (f.)	social injustice
la majorité	(political) majority
politisé	having a political slant
le porte-parole	spokesperson
le pouvoir (politique)	(political) power

Les services publics *(Public services)*

chercher des indices	to search for evidence
la civière	stretcher (ambulance)
commettre une infraction	to break a traffic law
le crime	serious crime, felony
le délit	misdemeanor
l'échelle (f.)	ladder (firefighting equipment)
enquêter	to investigate
faire de la réanimation	to perform CPR
faire une enquête	to conduct an investigation
la faute	fault
la fuite de gaz	gas leak
le gendarme	police officer (similar to a sheriff's deputy)

Vocabulaire supplémentaire

la preuve	proof
le procès	trial
le tribunal	courthouse

Les arts (The arts)

les accessoires (m. pl.)	stage props
l'acrobate (m./f.)	acrobat
l'artisan (m.)	craftsman
l'artisanat (m.)	arts and crafts
la brosse	brush (painting)
la céramique	ceramic, pottery
les chaussons (m. pl.)	ballet shoes
les costumes (m. pl.)	costumes
le cracheur de feu	fire blower
le four céramique	pottery kiln
la gouache	acrylic paint
huer	to boo
le metteur en scène	director
le/la mime	mime
le pinceau	paintbrush
le salle de spectacle	concert hall, performance hall
le vitrail	stained glass

Les voyages en avion (Air travel)

l'aérogare (m.)	terminal
l'aile (f.)	wing
attacher sa ceinture de sécurité	to fasten one's seat belt
la boutique hors taxe	duty-free shop
le compartiment de première classe	first-class cabin
le compartiment touriste	coach cabin
le comptoir d'enregistrement	baggage check-in counter
le comptoir de renseignements	information counter
le contrôle de sécurité	security check

le contrôle des passeports	passport control
le gilet de sauvetage	life jacket
l'office (m.)	galley (plane)
la passerelle télescopique	skywalk
le poste de pilotage	flight deck
le train d'atterrissage	landing gear
la voie de circulation	taxiway

Les voitures (Cars)

la banquette arrière	rear seat
la batterie	battery
la berline	four-door sedan
les bougies (f. pl.)	spark plugs
le break	station wagon
les câbles de démarrage (m. pl.)	jumper cables
la camionnette	van
le clignotant	turning signal
le coussin d'air	airbag
le cric	jack
la décapotable	convertible
l'embrayage (m.)	clutch
la manivelle	handle (for changing tires)
le pare-chocs	bumper
le pare-soleil	sun visor
la plaque d'immatriculation	license plate
la poignée	handle (door)
le pot d'échappement	muffler
le radiateur	radiator
la serrure	door lock
le siège	seat
le siège pour bébés	child car seat
le toit	roof
le toit ouvrant	sun roof
la trois-portes	hatchback
le véhicule tout-terrain	sport utility vehicle

Vocabulaire supplémentaire

Liste d'expressions

Functions are probably best defined as the ways in which you use a language for particular purposes. When you find yourself in specific situations, such as interviewing for a job or watching a play, you will want to communicate with those around you. In order to do that you have to "function" in French: you discuss your future plans, express your opinions or talk about what is going on in the world.

Here is a list of the functions presented in this book and the French expressions you'll need to communicate in a wide range of situations. Following each function is the chapter and page number where it is introduced.

Expressing Attitudes and Opinions

Expressing likes, dislikes, and preferences
Ch. 1, p. 7

Mon/Ma... préféré(e), c'est...
Ce que j'aime, c'est...
J'aime bien... , mais je préfère...
Je déteste... j'adore...

Asking for and giving advice
Ch. 4, p. 137

Qu'est-ce que tu en penses?
... tu ferais mieux de...
... à ma place?
Si j'avais été toi,...
À ton avis,...?
Pas nécessairement.
D'après toi,...?
Surtout pas!
Jamais de la vie!

Complaining and offering encouragement
Ch. 5, p. 201

C'est trop...!
... ça en vaut la peine.
J'ai le vertige!
Allez, encore un petit effort!
Je meurs de...
Tu y es presque!
Je n'en peux plus!
Courage,...!

Expressing certainty and possibility
Ch. 6, p. 225

Je suis sûr(e) que...
Je suis certain(e) que...
Il/Elle est persuadé(e) que...
Il me semble que...
Il se peut que...
Il est possible que...
Il paraît que...

Expressing doubt and disbelief
Ch. 6, p. 226

Je ne crois pas que...   Je doute que...
Je ne pense pas que...   Ça m'étonnerait que...

Making predictions and expressing assumptions
Ch. 7, p. 289

Ça ne m'étonnerait pas que...
Je parie que...
... j'en suis sûr(e).
Je suis convaincu(e) que...
Je suppose que...

Expressing and supporting a point of view
Ch. 7, p. 291

À priori,...
D'un côté,... , d'un autre,...
En principe,...
Ce que je sais, c'est que...

Expressing a point of view
Ch. 8, p. 315

En ce qui me concerne,...
Pour ma part,...
Je ne partage pas ton point de vue.

Speculating
Ch. 8, p. 317

À ce que l'on prétend,...

Il est probable que...

Il y a peu de chances que...

J'ai entendu dire que...

À supposer que ce soit vrai,...

Ça ne m'étonnerait pas que...

Asking for and giving an opinion
Ch. 9, p. 367

Comment trouves-tu...?

Surprenant(e)/Émouvant(e)...

... t'a-t-elle plu?

Je l'ai trouvé(e) passionnant(e)!

Quel est ton avis sur...?

Ce n'est pas mon style.

Qu'est-ce que tu penses de...?

... pas mal.

Making suggestions and recommendations
Ch. 9, p. 379

Je te recommande plutôt de...

Ne va surtout pas voir..., ... faux!

Va voir ..., sur scène...

Ça (ne) vaut (pas) la peine de...

Ça (ne) vaut (pas) le coup de...

Giving an impression
Ch. 9, p. 381

On dirait que...

Il me semble que...

J'ai l'impression de...

J'ai l'impression que...

Ils ont l'air de...

Ça me fait penser à...

Exchanging Information

Asking about plans and responding
Ch. 1, p. 9

Qu'est-ce que tu veux... comme...?

Je n'arrive pas à me décider.

Quel... tu vas...?

Je n'en sais rien.

Pourquoi on ne (n')... pas...?

Bonne idée!

Non, désolé(e), je n'ai pas le temps.

Telling when and how often you did something
Ch. 1, p. 19

... tous les jours...	Le soir,...
Quand...	Tous les deux jours,...

Describing a place in the past
Ch. 1, p. 21

Il y avait...	Il faisait...
... me rappelaient...	C'était...

Asking and telling about future plans
Ch. 2, p. 45

Qu'est-ce que tu as l'intention de...?

Ça me plairait de (d')...

Qu'est-ce que vous comptez faire... comme...?

... travailler dans...

... même... que...

Quels sont tes projets d'avenir?

Aucune idée.

Writing a formal letter
Ch. 2, p. 59

Suite à notre conversation téléphonique, ...

En réponse à votre petite annonce du...

Dans le cadre de ma formation,...

Veuillez trouver ci-joint mon curriculum vitae.

Je vous prie d'agréer, Monsieur/Madame,
    l'expression de mes sentiments distingués.

Setting the scene for a story
Ch. 3, p. 97

Il était une fois...

... dans un pays lointain...

Jadis, dans une tribu reculée,...

On raconte qu'autrefois...

Continuing and ending a story
Ch. 3, p. 99

Le lendemain,...

La veille de...

Le temps a passé et...

... plus tard,...

Ils vécurent heureux et eurent beaucoup
    d'enfants.

Tout est bien qui finit bien.

La morale de cette histoire est que...

Nul ne sait ce qui lui est arrivé.

Relating a sequence of events
Ch. 3, p. 109

Avant de...

À cette époque,...

Par la suite,...

Au moment de...

Après...

Une fois que...

Telling what happened to someone else
Ch. 3, p. 111

... a rapporté que...

... a déclaré que...

... a annoncé que...

Il paraît que...

Saying what happened and responding
Ch. 4, p. 135

J'ai entendu dire que...

Raconte!

Devine...

Je n'en ai pas la moindre idée./Aucune idée.

Figure-toi que...

Tu savais que... toujours...?

Ce n'est pas vrai!

Pas possible!

Sharing good and bad news
Ch. 4, p. 147

À propos,...

Tous mes voeux de bonheur.

Vous savez,...

Toutes mes félicitations!/Félicitations!

Malheureusement,...

Mes sincères condoléances.

Forbidding and giving warning
Ch. 5, p. 189

Il est interdit de...

Prière de ne pas...

Interdiction de...

Défense de...

Fais/Faites attention,...

Prends/Prenez garde...

Méfie-toi/Méfiez-vous des...

Surtout,...

Giving general directions
Ch. 5, p. 199

... dans le nord de...

Au sud de...

Si tu vas plus à l'est,...

... vers l'ouest,...

C'est à environ... de (d')...

Breaking news and responding
Ch. 6, p. 237

Tu as vu...?

Fais voir!

Montre-moi!

Devine...

Tu connais la dernière?

... raconte!

Tu es au courant de...?

..., je t'écoute!

Tu sais quoi?

Tu as entendu parler du /de la / des...?

..., qu'est-ce qui s'est passé?

Asking about information
Ch. 6, p. 239

Qui est-ce qui...?

Qui est-ce que...?

Qu'est-ce qui...?

Qu'est-ce que...?

Cautioning
Ch. 7, p. 277

On prévoit... pour...

Surtout,...

Prenez garde aux...

Méfie-toi de...

... au cas où...

Telling why something happened
Ch. 7, p. 279

C'est pour ça que...

... à cause de...

... dûs à...

Donc,...

Asking for assistance
Ch. 8, p. 327

Vous serait-il possible de contacter mes parents?

À moi!/Au secours!/À l'aide!

Au feu!

Appelez la police!

Au voleur!

Getting information and explaining
Ch. 8, p. 329

On m'a dit de ne... que...

Il m'a expliqué que...

On m'a informé de...

On m'a montré où...

On m'a indiqué comment...

Asking for information and clarifications
Ch. 10, p. 405

... une place près du hublot?
Vous avez de la chance, on en a encore deux.
On a droit à combien de bagages?
... maximum.
Existe-t-il un vol sans escale pour...?
... un vol direct,...

Reminding and reassuring
Ch. 10, p. 407

Est-ce que tu as pris...?
Oui, je l'ai toujours sur moi.
Tu as prévenu... que...?
Rassure-toi,...
As-tu bien confirmé ton vol?
Pas encore! Je le fais tout de suite.

Asking for help and responding
Ch. 10, p. 417

Je ne sais pas comment...
Appuyez sur la pédale d'embrayage.
Aide-moi! Je n'y vois rien.
Tu ferais mieux de...
Je n'arrive pas à me garer, tu peux m'aider?
..., passe-moi le volant.
Le moteur ne veut pas démarrer.
Ouvre le capot,...

Asking for directions
Ch. 10, p. 419

Savez-vous où est l'entrée de l'autoroute pour...?
Quelle sortie faut-il prendre pour...?
Quel est la route la plus rapide pour...?
Comment peut-on rejoindre...?
Est-ce qu'il existe un chemin qui...?

Expressing Feelings and Emotions

Expressing astonishment and fear
Ch. 5, p. 187

Ce n'est pas vrai!
C'est incroyable!
Pas possible!
Je n'en reviens pas!
Quelle horreur!
J'ai peur des...!
J'ai peur que...!
Au secours!/À l'aide!

Persuading

Making polite requests
Ch. 2, p. 47

Te/Vous serait-il posssible de...?
Ça ne te/vous ennuierait pas de...?
Si possible, pourrais-tu/pourriez-vous...

Socializing

Making a phone call and responding
Ch. 2, p. 57

... est-ce que je pourrais parler à...?
Un instant. Ne quittez pas, je vous le/la passe
Vous pouvez rappelez?
C'est de la part de qui/Qui est à l'appareil?
Est-ce que je peux laisser un message?
Je suis bien chez...?
..., vous avez fait le mauvais numéro.
La ligne est occupée.
Ça ne répond pas.

Renewing old acquaintances
Ch. 4, p. 149

Comment va...?
Je ne le vois plus.
Quoi de neuf?
Rien de spécial.
Plein de choses!
Tu n'as pas changé(e)!
Toi non plus.
Je suis ravi(e) de...
... ça fait longtemps que...

Introducing and changing a topic of conversation
Ch. 9, p. 369

Au fait, ...
À propos, ...
Pendant que j'y pense, ...
Entre parenthèses, ...

Synthèse de grammaire

ADJECTIVES

Adjective Agreement

Adjectives are words that describe or modify a noun. Adjectives agree in gender and in number with the nouns they modi fy. To make an adjective feminine, add an **-e** to the masculine singular form. To make an adjective plural, add an **-s** to the singular form.

	SINGULAR	PLURAL
MASCULINE	intelligent	intelligents
FEMININE	intelligente	intelligentes

Adjectives ending in *-eux*

If the masculine singular form of the adjective ends in **-eux**, change the **-x** to **-se** to make it feminine.

	SINGULAR	PLURAL
MASCULINE	heureux	heureux
FEMININE	heureuse	heureuses

Adjectives ending in *-if*

If the masculine singular form of the adjective ends in **-if**, change the **-f** to **-ve** to create the feminine form.

	SINGULAR	PLURAL
MASCULINE	sportif	sportifs
FEMININE	sportive	sportives

Adjectives with Irregular Feminine Forms

The following adjectives have irregular feminine forms.

SINGULAR		PLURAL	
MASCULINE	FEMININE	MASCULINE	FEMININE
long	longue	longs	longues
blanc	blanche	blancs	blanches
bon	bonne	bons	bonnes
gros	grosse	gros	grosses

The Irregular Adjectives *beau, nouveau,* and *vieux*

MASCULINE SINGULAR (before a consonant)	MASCULINE SINGULAR (before a vowel)	MASCULINE PLURAL	FEMININE SINGULAR	FEMININE PLURAL
beau	bel	beaux	belle	belles
nouveau	nouvel	nouveaux	nouvelle	nouvelles
vieux	vieil	vieux	vieille	vieilles

Adjective Placement

Most French adjectives come **after** the nouns they describe. Adjectives of **beauty, age, number, goodness,** or **size** usually come before the nouns they modify. The following adjectives fall into this group.

CATEGORY	ADJECTIVES
*B*eauty	beau, joli
*A*ge	vieux, jeune
*N*umber	un, deux, trois…
*G*oodness	bon, mauvais
*S*ize	grand, petit

> Mme Pasquier est une **belle** dame et elle a des enfants **intelligents.**

If the adjective comes before a plural noun, the word **des** becomes **de.**

> Il y a **de** bons films au cinéma ce week-end.

Some French adjectives have a different meaning depending on whether they are placed **before** a noun or **after** a noun. When they are placed after a noun adjectives usually have a more *litteral* meaning:

> un **homme grand** is a *tall* man.

If the adjectives are placed before a noun the meaning is more *figurative*:

> un **grand homme** is a *great* man.

Possessive Adjectives

Possessive adjectives agree in gender and in number with the nouns they modify. Possessive adjectives agree with the items possessed.

	MASCULINE SINGULAR	FEMININE SINGULAR	PLURAL
my	mon	ma	mes
your	ton	ta	tes
his/her/its	son	sa	ses
our	notre	notre	nos
your	votre	votre	vos
their	leur	leur	leurs

In English, possession can be shown by using **'s.** In French, the preposition **de/d'** is used to show possession.

> Le livre **de** Jacqueline est sur la table.

Synthèse de grammaire

Demonstrative Adjectives

Words like *this, that, these,* and *those* are called demonstrative adjectives.
There are four demonstrative adjectives in French: **ce, cet, cette,** and **ces.**

MASCULINE SINGULAR	MASCULINE SINGULAR (vowel sound)	MASCULINE PLURAL	FEMININE SINGULAR	FEMININE PLURAL
ce livre	**cet** ordinateur	**ces** livres	**cette** chaise	**ces** chaises

To distinguish between *this* and *that* and *these* and *those*, add **–ci** or
–là to the end of any noun.

> J'achète **cette robe-ci** parce que je n'aime pas **cette robe-là**!

Interrogative Adjectives

Certain adjectives in French can be used to form questions. The
interrogative adjective **quel** means *what* and it has four forms.

	SINGULAR	PLURAL
MASCULINE	Quel restaurant?	Quels restaurants?
FEMININE	Quelle classe?	Quelles classes?

When a form of **quel** is followed by **est** or **sont**, it agrees in gender and
number with the noun following the verb.

> **Quelle** est ta couleur préférée?

Quel can also be used as an exclamation. Use a form of **quel** plus
a noun to express the idea *"What a..."*

> **Quelle** belle robe!   *What a beautiful dress!*

Adjectives used as Nouns

When used as a noun, the adjective has a definite article in front of it.
Both the adjective and the article will agree in gender and in number
with the noun to which they refer.

> —Tu préfères la grande maison ou **la petite?**
> —Je préfère **la petite.**

The Adjectives *tout, tous, toute, toutes*

Tout and its forms are used in French to say *all* or *whole*. **Tout** has four
forms and agrees in gender and in number with the noun it modifies.

	SINGULAR	PLURAL
MASCULINE	tout	tous
FEMININE	toute	toutes

> **Toutes** les chemises sont chères!

ADVERBS

Formation of Adverbs

Adverbs modify verbs, adjectives, or other adverbs and tell when, where, why, and to what extent an action is performed. In French, adverbs usually end in **-ment**. To form most adverbs in French, take the feminine form of the adjective and add **-ment**. Common French adverbs are **bien, souvent, de temps en temps, rarement,** and **régulièrement**.

ADJECTIVE (Masculine Singular Form)	ADJECTIVE (Feminine Singular Form)	ADVERB (Feminine Singular Adjective + -ment ending)
sérieux	sérieuse	sérieusement

Paul et Luc étudient **sérieusement** pour leur examen final.

Placement of Adverbs

While adverbs are generally placed near their verbs, they can take other positions in the sentence. Here is a general overview that might help when deciding where to place French adverbs.

TYPE OF ADVERB	EXAMPLES	PLACEMENT IN THE SENTENCE
how much, how often, or how well something is done	**rarement, souvent, bien, mal**	after the verb
adverbs of time	**hier, maintenant, demain**	the beginning or the end of the sentence
some adverbs ending in **-ment**	**normalement, généralement**	the beginning or the end of the sentence

Nous allons **rarement** chez nos cousins.

Patricia a fait du vélo **hier.**

Normalement, je sors avec mes copains après les cours.

Some adverbs are exceptions to these rules and require a special place in the sentence or clause.

ADVERB	PLACEMENT
comme ci comme ça	end of the clause
quelquefois	beginning or end of the clause or after the verb

Paul parle italien **comme ci comme ça**. Il voyage souvent en Italie et **quelquefois** il réussit à communiquer.

The Adverbs *bien* and *mal*

The adjectives **bon** and **mauvais** have irregular adverbs.

ADJECTIVE	ADVERB
bon	bien
mauvais	mal

Ma mère chante **bien,** mais moi, je chante **mal.**

Adverbs with the *passé composé*

The following adverbs are helpful when talking about the past. They can be placed at either the beginning or at the end of a sentence.

hier (matin, après-midi, soir)
yesterday (morning, afternoon, evening)

la semaine dernière/le mois dernier/l'année dernière
last week/last month/last year

soudain *(suddenly)*

Hier, je suis allé au cinéma avec des amis.

Depuis, il y a, ça fait

To say what someone *has been doing* or *for how long* a person has been doing an activity, use **depuis + a time expression**. This expression can also be used to mean **since**.

Nous habitons à Paris **depuis** cinq ans.
We've been living in Paris for 5 years.

Je travaille **depuis** six heures du matin.
I've been working since 6 a.m.

You can also use the expressions **il y a** and **ça fait + a time expression** to say *how long something has been going on.* When you use these expressions, they must be followed by the word **que** and usually come at the beginning of the sentence.

Ça fait une semaine **que** nous attendons.
We've been waiting for a week.

Il y a trois mois **que** Marie est malade.
Marie's been sick for three months.

ARTICLES

Definite Articles

There are four definite articles in French.

	MASCULINE (beginning with a consonant)	FEMININE (beginning with a consonant)	MASCULINE OR FEMININE (beginning with a vowel or vowel sound)
SINGULAR	le	la	l'
PLURAL	les	les	les

The definite article contracts with the preposition **à** to express *at the* or *to the*. It contracts with the preposition **de** to express *of the* or *from the*.

DEFINITE ARTICLE	CONTRACTED FORM WITH *À*	CONTRACTED FORM WITH *DE*
le	au	du
les	aux	des
l'	à l'	de l'
la	à la	de la

Je vais **au** café.

Paul répond **aux** questions.

Vous retournez **à la** gare.

Chantal et Paul vont **à l'**école.

Je sors **du** café.

Le père **des** garçons travaille beaucoup.

Le train part **de la** gare.

La porte **de l'**école est grande.

Indefinite Articles

The indefinite articles in French are **un, une,** and **des. Un** and **une** mean *a* or *an* and **des** means *some*. They agree in gender (masculine or feminine) and number (singular or plural) with the nouns they modify.

	SINGULAR	PLURAL
MASCULINE	un livre	des livres
FEMININE	une carte	des cartes

Un, une, and **des** become **de** after a negative.

Chantal a **un** cours de français.

Ils mangent **des** sandwichs.

Chantal n'a pas **de** cours de français.

Ils ne mangent pas **de** sandwichs.

If **de** comes before a noun beginning with a vowel or vowel sound, it changes to **d'**.

The Partitive Articles

The partitive is used in French to express *a part* or *some* of an item.

Masculine Singular	Feminine Singular	Before a Noun Beginning With a Vowel	Plural
du café	**de la** salade	**de l'**eau	**des** pommes

Je vais prendre **de l'**eau. Pierre va prendre **du** café.

The partitive will change to **de** after a negative.

Aurélie ne mange pas **de** tarte parce qu'elle ne veut pas grossir.

When speaking about a whole item, use the indefinite articles **un, une,** and **des**.

Tu veux **un** croissant ou **une** orange?

COMPARATIVES AND SUPERLATIVES

Comparing Adjectives

To compare adjectives, use the following expressions. Remember to make your adjectives agree in gender and in number with their noun.

To say	Use
more...than	**plus** + adjective + **que**
as...as	**aussi** + adjective + **que**
less...than	**moins** + adjective + **que**

Marie est **plus** généreuse **que** son frère.

Nous sommes **aussi** fatigués **que** vous.

Les amis de Xavier sont **moins** sportifs **que** les amis de David.

Comparing Nouns

To compare things, persons, places, or ideas, use the following expressions. Use **de** before the noun.

To say	Use
more...than	**plus** + **de** + noun + **que**
as...as	**autant** + **de** + noun + **que**
less...than	**moins** + **de** + noun + **que**

Marie a **plus de** livres **que** son frère.

Nous achetons **autant de** CD **que** vous.

Les amis de Xavier font **moins de** voyages **que** les amis de David.

The Superlative of Adjectives

The superlative is used to convey *the best, the most, the least,* or *the worst.* Make your adjective agree in gender and in number with the noun it modifies. Depending on the adjective, the superlative can come either before or after its noun.

> **C'est + definite article + plus/moins + adjective + noun + de + noun**

C'est la plus jolie fille de la classe.

> **le (l')**
> **C'est + definite article + noun + la (l') + plus/moins + adjective + de + noun**
> **les**

C'est la fille la plus intelligente de la classe.

Irregular Comparatives and Superlatives

The adjectives **bon** and **mauvais** have irregular forms in both the comparative and the superlative.

ADJECTIVE	COMPARATIVE	SUPERLATIVE
bon(s)/bonne(s)	meilleur(s)/meilleure(s) aussi bon(s)/bonne(s) moins bon(s)/bonne(s)	le meilleur/la meilleure les meilleurs/les meilleures
mauvais/mauvaise(s)	pire(s) aussi mauvais/mauvaise(s)	le pire/la pire/les pires

INTERROGATIVES

Inversion

One way of asking questions is by using inversion. The subject and verb switch positions and are connected by a hyphen.

> **Tu aimes** le chocolat? → **Aimes-tu** le chocolat?
> **Vous parlez** français? → **Parlez-vous** français?

If your subject is **il, elle,** or **on** and if your verb ends with a vowel, insert **-t-** between the verb and the subject.

> **Elle va** au cinéma ce soir? → **Va-t-elle** au cinéma ce soir?

When you have a noun as the subject, such as a person's name, use the subject and then invert with the corresponding pronoun.

> Est-ce que **Paul** préfère le vert? → **Paul préfère-t-il** le vert?

NEGATIVE EXPRESSIONS

Negative Expressions

The most common negative expression is **ne… pas**. To make a sentence negative, put **ne… pas** around the conjugated verb.

> Vous travaillez bien! → Vous **ne** travaillez **pas** bien!

In the **passé composé**, the negative comes around the helping verb.

> Ils **ont mangé** ensemble. → Ils **n'**ont **pas mangé** ensemble.

Here are more negative expressions in French.

NEGATIVE EXPRESSION		EXAMPLE
ne… pas encore	*not yet*	Ils n'ont **pas encore** mangé.
ne… plus	*no longer*	Elle **ne** mange **plus** de croissants.
ne… ni… ni	*neither nor*	Je n'aime **ni** les bananes **ni** les pommes.
ne… jamais	*never*	Tu **ne** viens **jamais** au parc avec nous.
ne… personne	*no one*	Danièle n'entend **personne** au téléphone.
ne… rien	*nothing*	Nous **ne** faisons **rien** ce soir.
ne… que	*only*	Je n'aime **que** le chocolat suisse.

When used as subjects, both **rien** and **personne** come before **ne**.

> **Rien n'**est impossible!   **Personne n'**écoute Charles!

In the past tense **ne… personne** works differently. Put the **ne** before the helping verb, but position the word **personne** after the past participle.

> —Hier soir, vous avez vu **Marie** au théâtre ?
> —Non je **n'**ai vu **personne** au théâtre.

The negative expressions **ne… rien, ne… personne,** and **ne… que** are often used with the expressions **quelque chose** (*something*) and **quelqu'un** (*someone*).

Two other negative expressions are **ne… aucun(e)** (*no, not any*) and **ne… nulle part** (*nowhere*).

EXPRESSION	CORRESPONDING NEGATIVES
quelque chose	ne… rien; ne… que
quelqu'un	ne… personne, ne… que

Tu veux **quelque chose?**
Do you want something?

Je **ne** veux manger **que** la salade.
I only want the salad.

Vous attendez **quelqu'un?**
personne.
Are you waiting for someone?

Non, nous **n'**attendons

No, we aren't waiting for anyone.

Je **n'**attends **que** mes parents.
*I'm **only** waiting for my parents.*

NOUNS

Feminine form of nouns

Nouns referring to people's professions may be made feminine in a number of ways.

Leave the masculine form unchanged, but change the preceding article.
    (**un** journaliste / **une** journaliste)

Add **–e** to the masculine form of the noun.
    (un avocat / une avocat**e**)

Change the ending of the masculine form of the noun as follows:

	MASCULINE	FEMININE
ien / ienne	un musicien	une musicienne
eur / euse	un serveur	une serveuse
teur / trice	un acteur	une actrice
er / ère	un boulanger	une boulangère
ier / ière	un fermier	une fermière

Add **-sse** to the masculine form of some nouns.
    un prince / une prince**sse**   un maître / une maître**sse**

Make no change at all.
    un professeur   un juge   un ministre

PRONOUNS

Subject Pronouns

Here are the subject pronouns in French.

PERSON	SINGULAR PRONOUNS		PLURAL PRONOUNS	
1ST	je (j')	*I*	nous	*we*
2ND	tu	*you*	vous	*you*
3RD	il/elle/on	*he/she/one, we*	ils/elles	*they*

Tu and **vous** both mean *you*. Here are the rules for using them.

TU	VOUS
• someone your own age	• someone older than you
• someone younger than you	• someone you've just met
• family members	• someone in authority
• friends	• groups
• someone called by his/her first name	

When referring to a group with both masculine and feminine nouns (people or things), use **ils**.

Disjunctive (stress) pronouns

Disjunctive pronouns, also called stress pronouns, correspond to the following subject pronouns:

je	moi	nous	nous
tu	toi	vous	vous
il	lui	ils	eux
elle	elle	elles	elles

Direct Object Pronouns

A **direct object** is the person or thing that receives the action of a verb. A direct object can be either a noun or a pronoun. Direct objects can be replaced by **direct object pronouns**.

DIRECT OBJECT PRONOUNS	
me (m') *me*	**nous** *us*
te (t') *you (fam)*	**vous** *you (formal, plural)*
le/la (l') *him/her, it*	**les** *them*

Direct object pronouns come before the conjugated verb or infinitive.

Paul et Sophie **nous** invitent au restaurant.

Tu veux regarder **la télévision**? → Oui, je veux **la** regarder.

When using a direct object pronoun with a negative, place the negative expression around the direct object pronoun and its verb.

Pierre **n'**entend **pas ses amis.** → Pierre **ne les** entend **pas.**

In the **passé composé**, the direct object pronoun will come before the helping verbs **avoir** or **être**.

Tu **as** regardé **le film français** hier? → Tu **l'as** regardé hier?

In the **passé composé** with **avoir**, the past participle doesn't agree with the subject. It will agree with a preceding direct object.

Michel a écouté **la radio**. → Michel **l'**a écouté**e**.

Nicole n'a pas aimé **les croissants**. → Nicole ne **les** a pas aimé**s**.

Indirect Object Pronouns

An **indirect object** is the person who benefits from the action of the verb. Indirect objects indicate *to whom* or *for whom* something is done. In French, the indirect object is usually preceded by the preposition **à** and is often used with verbs of giving (**donner, offrir, envoyer**) and of communication (**parler, écrire, dire, téléphoner**).

   Nous allons écrire une carte postale **à nos parents**.

INDIRECT OBJECT PRONOUNS	
me (m') *to me*	**nous** *to us*
te (t') *to you*	**vous** *to you (formal, plural)*
lui *to him, to her*	**leur** *to them*

Indirect object pronouns come before the verb. In the present tense, place the object before the conjugated verb.

   Paul et Sophie **nous** envoient une lettre.

If there is an infinitive in the sentence, place the indirect object pronoun in front of the infinitive.

   Tu veux parler <u>à ta mère?</u> → Oui, je veux **lui** parler.

When using an indirect object pronoun with a negative, place the negative expression around the indirect object pronoun and its verb.

   Pierre **ne** téléphone **pas à ses amis**. → Pierre **ne leur** téléphone **pas**.

In the **passé composé,** the indirect object pronoun will come before the helping verbs **avoir** or **être**.

   J'ai dit <u>à ma cousine</u> de venir ce soir. → Je **lui** ai dit de venir ce soir.

The Pronoun *en*

The pronoun **en** replaces **de + noun**. **En** is best understood to mean *some, any, of it,* or *of them.*

   Tu prends **du café?**   *Do you want some coffee?*

   Oui, j'**en** veux bien.   *Yes, I'd really like some.*

You can use the pronoun **en** to replace nouns that follow numbers or expressions of quantity.

   D'habitude, j'achète **beaucoup de pain.** D'habitude, j'**en** achète **beaucoup.**

   Tu as combien **de sœurs?** J'**en** ai **une.**

If there is an infinitive in the sentence, the pronoun **en** comes before the infinitive.

   Je peux **en** manger.

In the **passé composé,** the pronoun **en** comes before the helping verb **avoir** or **être**.

   Nous avons fait **des gâteaux.** Nous **en** avons fait.

A negative expression comes around the pronoun **en** and its verb.

   Paul ne veut pas **de glace?** Non, il **n'en** veut **pas**.

The Pronoun *y*

The pronoun **y** replaces the names of places that start with prepositions like **à, dans, en, chez, sur,** and **sous.**

> Monique travaille **au musée?** → Oui, elle **y** travaille.

If there is an infinitive in the sentence, the pronoun **y** comes before the infinitive.

> Vous voulez voyager **en Italie** l'année prochaine?
>
> Oui, je veux **y** voyager l'année prochaine.

In the **passé composé,** the pronoun **y** comes before the helping verb **avoir** or **être.**

> Nous avons dîné **au restaurant.** → Nous **y** avons dîné.
>
> Elles sont allées **à la bibliothèque.** → Elles **y** sont allées.

Object Pronouns

It is possible to have both a **direct object** and an **indirect object** in the same sentence. When this occurs, place the pronouns before the verb in the following order.

me					
te	le (l')				
se →	la (l') →	lui →	y →	en →	verb
nous	les	leur			
vous					

J'envoie **la lettre à mes parents**.	*I am sending my parents the letter.*
Je **leur** envoie la lettre.	*I am sending* ***them*** *the letter.*
Je **la leur** envoie.	*I am sending* ***it to them.***

The Relative Pronouns *qui, que, dont*

To refer to something or someone already mentioned in conversation, use the relative pronouns **qui** and **que** (*that, which, who,* or *whom*).

Qui, meaning *that, which,* or *who,* is used as the subject of the second clause and is always followed by a verb.

> C'est un étudiant **qui est** très sérieux.

Que, meaning *that, which, whom,* is the object of the second clause and is followed by a subject and a verb.

> Paul est un ami **que nous aimons** beaucoup.

If the **passé composé** follows **que,** the past participle agrees in gender and number with the noun to which **que** refers.

> **La maison que** vous avez achet**ée** est très grande!

Use the relative pronoun **dont** (*that, whom, whose*) to replace a prepositional phrase beginning with **de.**

> Tu parles **de Céline?** Elle travaille à la boulangerie.
>
> La fille **dont** tu parles travaille à la boulangerie.

Relative pronouns with ce

Ce qui, **ce que** and **ce dont** are relative pronouns that may translate as "*what*" meaning "*the thing(s) that.*"

Ce qui acts as the subject of a dependent clause and is usually followed by a verb.

Tu sais **ce qui** est arrivé?   Do you know *what* happened?

Ce que acts as the direct object of a dependent clause and is usually followed by a subject+verb.

Tu sais **ce que** j'aime?   Do you know *what* I like?

Ce dont replaces a prepositional phrase introduced by **de**

Il a envie de quelque chose.   Tu sais **ce dont** il a envie?
He wants something.   Do you know *what* he wants?

Interrogative Pronouns

To ask *which one* or *which ones,* use the appropriate form of the interrogative adjective **lequel**. It refers back to someone or to something already mentioned and agrees in gender and in number with its noun.

	MASCULINE	**FEMININE**
SINGULAR	lequel	laquelle
PLURAL	lesquels	lesquelles

Voici un sandwich au jambon et un sandwich au poulet. **Lequel** veux-tu?

Les chaussures noires ou les chaussures blanches? **Lesquelles** achètes-tu?

Contractions with lequel

The interrogative pronoun **lequel** may also be used as a relative pronoun. It combines with the prepositions **à** and **de** exactly as the definite articles (**le/la/les**) do.

à + lequel = auquel   **de + lequel = duquel**

à + laquelle = à laquelle   **de + laquelle = de laquelle**

à + lesquels = auxquels   **de + lesquels = desquels**

à + lesquelles = auxquelles   **de + lesquelles = desquelles**

Tu connais le café en face **duquel** il habite?

Voici les voitures **auxquelles** il s'intéresse.

Demonstrative Pronouns

The **demonstrative pronoun** is used to refer back to the person(s) or thing(s) already mentioned. Demonstrative pronouns agree in gender and in number with the nouns they replace.

	MASCULINE	**FEMININE**
SINGULAR	celui	celle
PLURAL	ceux	celles

Cette affiche est jolie.

Laquelle? **Celle** qui est sur la table.

To make a distinction between *this one* and *that one,* and to separate *these* from *those,* use **-ci** and **-là**.

Je veux des bananes. **Celles-ci** sont bonnes mais **celles-là** sont mauvaises.
I want some bananas. These are good but those are bad.

VERBS

Present Tense of regular *-er* verbs

Regular verbs ending in **-er** are formed by dropping the **-er** from the verb and adding the appropriate endings.

aimer *(to love/tolike)*	
j'	aime
tu	aimes
il/elle/on	aime
nous	aimons
vous	aimez
ils/elles	aiment

Tu **aimes** chanter avec la radio, n'est-ce pas?

Verbs ending in *-ger* and *-cer*

Verbs ending in **-ger** or **-cer** have a slightly different conjugation pattern. Verbs ending in **-ger**, like **manger**, follow the regular pattern except for the **nous** form. Verbs ending in **-cer**, like **commencer**, also change in the **nous** form.

	manger *(to eat)*	**commencer** *(to begin)*
je	mange	commence
tu	manges	commences
il/elle/on	mange	commence
nous	mangeons	commençons
vous	mangez	commencez
ils/elles	mangent	commencent

Regular -re verbs

Regular verbs ending in **-re** are formed by dropping the **-re** ending and adding the appropriate endings.

attendre *(to wait for)*	
j'	attend**s**
tu	attend**s**
il/elle/on	attend
nous	attend**ons**
vous	attend**ez**
ils/elles	attend**ent**

Regular -ir verbs

Regular verbs ending in **-ir** are formed by dropping the **-ir** ending from the verb and adding the appropriate endings.

finir *(to finish)*	
je	fin**is**
tu	fin**is**
il/elle/on	fin**it**
nous	fin**issons**
vous	fin**issez**
ils/elles	fin**issent**

Stem-changing verbs

Some **-er** verbs, like **préférer** and **acheter**, change their stems in the **je**, **tu**, **il/elle/on**, and **ils/elles** forms of the verb.

préférer *(to prefer)*		acheter *(to buy)*	
je **préfère**	nous préférons	j'**achète**	nous achetons
tu **préfères**	vous préférez	tu **achètes**	vous achetez
il/elle/on **préfère**	ils/elle **préfèrent**	il/elle/on **achète**	ils/elles **achètent**
Verbs like préférer:		**Verbs like acheter:**	
espérer, répéter		amener, emmener, lever, promener	

Tu **préfères** le café.   Elles **achètent** de belles bananes au marché.

Other verbs like **appeler** *(to call)* change their stems by doubling a consonant. Verbs ending in **-yer,** like **nettoyer** *(to clean)*, change the **-y** to **-i.**

appeler *(to call)*		nettoyer *(to clean)*	
j'**appelle**	nous appelons	je **nettoie**	nous nettoyons
tu **appelles**	vous appelez	tu **nettoies**	vous nettoyez
il/elle/on **appelle**	ils/elles **appellent**	il/elle/on **nettoie**	ils/elles **nettoient**
Verbs like appeler:		**Verbs like nettoyer:**	
jeter, épeler, rappeler		balayer, envoyer, essayer (de), payer	

J'**appelle** souvent mon frère.

Laurence ne **nettoie** jamais sa chambre!

The Irregular Verbs *avoir, être, aller,* and *faire*

The verbs **avoir, être, aller,** and **faire** are all irregular.

	avoir *(to have)*	**être** *(to be)*	**aller** *(to go)*	**faire** *(to make, to do)*
je/j'	ai	suis	vais	fais
tu	as	es	vas	fais
il/elle/on	a	est	va	fait
nous	avons	sommes	allons	faisons
vous	avez	êtes	allez	faites
ils/elles	ont	sont	vont	font
Past Participle	eu	été	allé	fait

The Irregular Verbs *vouloir, pouvoir,* and *devoir*

The verbs **vouloir, pouvoir,** and **devoir** are all irregular. They do not follow the normal conjugation pattern like regular **-ir** verbs.

	vouloir *(to want)*	**pouvoir** *(to be able to)*	**devoir** *(must, to have to)*
je	veux	peux	dois
tu	veux	peux	dois
il/elle/on	veut	peut	doit
nous	voulons	pouvons	devons
vous	voulez	pouvez	devez
ils/elles	veulent	peuvent	doivent

The Irregular Verb *prendre*

prendre *(to take, to have food or drink)*			
je	prends	nous	prenons
tu	prends	vous	prenez
il/elle/on	prend	ils/elles	prennent

Other verbs that follow the conjugation of **prendre** are: **apprendre, comprendre,** and **reprendre.**

The Verbs *dormir, sortir,* and *partir*

The verbs **dormir, sortir,** and **partir** follow a different conjugation pattern than regular **-ir** verbs.

	dormir *(to sleep)*	**partir** *(to leave)*	**sortir** *(to go out)*
je	dors	pars	sors
tu	dors	pars	sors
il/elle/on	dort	part	sort
nous	dormons	partons	sortons
vous	dormez	partez	sortez
ils/elles	dorment	partent	sortent

Synthèse de grammaire

The Irregular Verbs *boire* and *voir*

The verbs **boire** and **voir** are both irregular.

	boire (to drink)	**voir** (to see)
je	bois	vois
tu	bois	vois
il/elle/on	boit	voit
nous	buvons	voyons
vous	buvez	voyez
ils/elles	boivent	voient

The Verbs *manquer* and *plaire*

When used with a direct object, **manquer** means *to miss*.

Il a **manqué** le bus.　　He *missed* the bus.

When used with an indirect object and a noun referring to a person, **manquer** means that the person *is missed by someone.*

Mon ami me **manque**.　　I *miss* my friend.
　　　　　　　　　　　　(My friend *is missed by* me).

Tu nous **manques**.　　We *miss* you. (You *are missed by* us).

When used with an indirect object, **plaire** means *to please someone.*

Ce livre me **plaît**.　　This book *pleases* me. (I *like* this book)

The reflexive verb **se plaire** means *to enjoy oneself.*

Je **me suis plu** au parc.　　I *enjoyed myself* at the park.

The reciprocal verb **se plaire** means *to like each other.*

Ils **se sont plu** tout de suite.　　They *liked each other* right away.

The Verbs *savoir* and *connaître*

Both **savoir** and **connaître** mean *to know* and they are irregular verbs.

savoir (to know)		**connaître** (to know; to be acquainted with)	
je sais	nous savons	je connais	nous connaissons
tu sais	vous savez	tu connais	vous connaissez
il/elle/on sait	ils/elles savent	il/elle/on connaît	ils/elles connaissent
Past participle: su		**Past participle:** connu	

Savoir means *to know about something.* It is used to express general knowledge, facts, and also means to know how to do something.

Nous **savons** l'heure. Il est trois heures et demie.

Connaître means *to know* as in the sense of being *acquainted with.* It is used with people, places, works of art, and literature.

Je **connais** bien cet hôtel.

Vous **connaissez** Martin?

The verb **paraître** means to appear, to be published. It is conjugated like **connaître**. Its past participle is **paru**.

The Irregular Verb *mettre*

The verb **mettre** is an irregular verb. Its past participle is **mis**.

mettre *(to put, to put on clothes)*	
je mets	nous mettons
tu mets	vous mettez
il/elle/on met	ils/elles mettent

Tu **mets** un pull bleu? Chantal **met** le CD dans son sac.

The Irregular Verb *conduire*

The verb **conduire** is an irregular verb in the present tense. Its past participle is **conduit**.

conduire *(to drive)*	
je conduis	nous conduisons
tu conduis	vous conduisez
il/elle/on conduit	ils/elles conduisent
passé composé: conduit	

The Irregular Verb *courir*

The verb **courir** is irregular. Its past participle is **couru**.

courir *(to run)*	
je cours	nous courons
tu cours	vous courez
il/elle/on court	ils/elles courent

The Verbs *ouvrir* and *offrir*

The verbs **offrir** and **ouvrir** end in **-ir,** but are conjugated like **-er** verbs.

ouvrir *(to open)*	**offrir** *(to offer)*
j' ouvre	j' offre
tu ouvres	tu offres
il/elle/on ouvre	il/elle/on offre
nous ouvrons	nous offrons
vous ouvrez	vous offrez
ils/elles ouvrent	ils/elles offrent

The Verb *recevoir*

The verb **recevoir** is irregular. Its past participle is **reçu**.

recevoir *(to receive, to get)*	
je reçois	nous recevons
tu reçois	vous recevez
il/elle/on reçoit	ils/elles reçoivent

The Irregular Verb *suivre*

The verb **suivre** is irregular. You can use this verb to say which courses you are taking this year.

suivre *(to follow)*	
je suis	nous suivons
tu suis	vous suivez
il/elle/on suit	ils/elles suivent

The Irregular Verb *vaincre*

Vaincre is an irregular verb in the present tense. Its singular forms are regular, but all of its plural forms change -**c** to -**qu** before adding the usual endings.

vaincre *(to vanquish, to conquer)*	
je vaincs	nous vainquons
tu vaincs	vous vainquez
il/elle/on vainc	ils/elles vainquent
passé composé: vaincu	

The *passé composé* with *avoir*

The **passé composé** tells what happened in the past. The **passé composé** has two main parts, a helping verb (usually the verb **avoir**) and a past participle.

To form the past participle of an -**er** verb, take off the -**er** and add -**é**.
To form the past participle of an -**ir** verb, take off the -**r**. For -**re** verbs, drop the -**re** and add a -**u** to form its past participle.

INFINITIVE	PAST PARTICIPLE
écouter	écouté
choisir	choisi
perdre	perdu

	écouter *(to listen to)*	choisir *(to choose)*	perdre *(to lose)*
j'	ai écouté	ai choisi	ai perdu
tu	as écouté	as choisi	as perdu
il/elle/on	a écouté	a choisi	a perdu
nous	avons écouté	avons choisi	avons perdu
vous	avez écouté	avez choisi	avez perdu
ils/elles	ont écouté	ont choisi	ont perdu

To make the **passé composé** negative, put **ne** and **pas** around the helping verb.

Vous **n'**avez **pas** écouté le professeur.

Past Participles of Irregular Verbs

Here is a list of some irregular verbs and their past participles.

Infinitive	Past Participle	Infinitive	Past Participle
être	**été**	faire	**fait**
avoir	**eu**	pleuvoir	**plu**
vouloir	**voulu**	connaître	**connu**
boire	**bu**	devoir	**dû**
lire	**lu**	dire	**dit**
voir	**vu**	écrire	**écrit**
mettre	**mis**	pouvoir	**pu**
prendre	**pris**	savoir	**su**

The *passé composé* with *être*

Some verbs, mainly verbs of motion like **aller,** use **être** instead of **avoir** as a helping verb in the **passé composé.** For these verbs, the past participle agrees with the subject.

aller *(to go)*	
je suis **allé(e)**	nous sommes **allé(e)s**
tu es **allé(e)**	vous êtes **allé(e)s**
il est **allé**	ils sont **allés**
elle est **allée**	elles sont **allées**

Les professeurs **sont arrivés** en retard pour leurs cours.

Here is a list of verbs that take **être** in the **passé composé.**

Verb	Past Participle	Verb	Past Participle
arriver	**arrivé**	partir	**parti**
descendre	**descendu**	rester	**resté**
entrer	**entré**	tomber	**tombé**
sortir	**sorti**	mourir	**mort**
retourner	**retourné**	naître	**né**
monter	**monté**	venir	**venu**

Verbs with *être* or *avoir* in the *passé composé*

Some verbs can take either **être** or **avoir** to form the **passé composé.** When these verbs have a direct object, the past participle agrees with the direct object if it comes before the past participle.

Anne **est sortie** hier soir avec ses amies.
Anne went out last night with her friends.

Anne **a sorti la poubelle** après le dîner.
Anne took out the trash after dinner.

Anne **l'a sortie** après le dîner.
Anne took it out (the trash) after dinner.

C'est versus *il/elle est*

Use C'est With	Use Il/Elle est With
• someone's name • an article/possessive adjective + a noun • an article + a noun + an adjective	• an adjective by itself • a profession

C'est **Pierre**. Il est **dentiste**. C'est **un restaurant italien**.

Venir and the *passé récent*

The verb **venir** means *to come* and is an irregular verb.

venir *(to come)*	
je viens	nous venons
tu viens	vous venez
il/elle/on vient	ils/elles viennent

A form of **venir** plus the preposition **de** plus an infinitive can be used to express an action that has just occurred.

> Nous **venons de finir** nos devoirs.
> *We have just finished our homework.*

The Imperative

To give a command in French, use the imperative. The imperative form comes from the **tu, nous,** and **vous** forms. In -**er** verbs, the -**s** is dropped from the **tu** form.

	tu	nous	vous
écouter	écoute	écoutons	écoutez
finir	finis	finissons	finissez
attendre	attends	attendons	attendez

To make a command negative, put **ne** and **pas** around the verb.

> **Donne** le livre à Monique! → **Ne donne pas** le livre à Monique!

Reflexive Verbs

Reflexive verbs are used when the same person does and receives the action of the verb. These verbs use reflexive pronouns.

se laver *(to wash oneself)*	
je me lave	nous nous lavons
tu te laves	vous vous lavez
il/elle/on se lave	ils/elles se lavent

Marie **se lave** les cheveux chaque soir et elle **se brosse** les dents.

Reflexive Pronouns with Infinitives

When you use the reflexive verb in the infinitive form, the reflexive pronoun will agree with the subject.

> **Nous** n'allons pas **nous** ennuyer à la plage!

Synthèse de grammaire

Reflexive Verbs in the *passé composé*

All reflexive verbs use **être** to form the **passé composé**.

> Paul **s'est déshabillé** et puis il **s'est couché**.

In the **passé composé** of reflexive verbs, the past participle usually agrees in gender and number with the reflexive pronoun.

se coucher *(to go to bed)*	
je me suis **couché(e)**	nous nous sommes **couché(e)s**
tu t'es **couché(e)**	vous vous êtes **couché(e)(s)**
il/elle/on s'est **couché(e)(s)**	il/elles se sont **couché(e)s**

The past participle agrees with the reflexive pronoun only if the pronoun is a direct object. The reflexive pronoun, however, is not always a direct object.

> Monique **s'est lavée**. Monique **s'est lavé les mains**.

Commands with Reflexive Verbs

When you make an affirmative command with a reflexive verb, connect the reflexive pronoun to the verb with a hyphen.

> **Couche-toi!**   *Go to bed!*

If the command is negative, however, the reflexive pronoun comes before the verb, and **ne... pas** is placed the whole structure.

> **Ne te** couche **pas!**   *Don't go to bed!*

Reciprocal Verbs

Reflexive verbs may be used in their plural forms (**nous/vous/ils/elles**) to express reciprocal actions. When used in this manner, they express the idea of *one another* or *each other*.

Sometimes only context will let you know whether a verb is being used as a **reciprocal** or simply as a **plural reflexive**.

> **Ils** se sont lavé les mains.   *(plural reflexive)*
> *They washed their (own) hands.*

> Ils se sont parlé.   *(reciprocal)*
> *They talked to each other.*

> Nous nous sommes regardés.   *(plural reflexive or reciprocal;*
>   *depends on context)*
> *We looked at ourselves (in a mirror).*   *We looked at each other.*

In the **passé composé**, reciprocal verbs are conjugated with **être** and follow all rules dealing with agreement of past participles.

The *imparfait*

The **imparfait** is used to describe events in the past or to emphasize that certain actions were done habitually. To form the imperfect, drop the **-ons** from the **nous** form of the verb and add the endings. The **only** verb that has an irregular stem is **être: ét-**.

	parler	finir	vendre
je	parlais	finissais	vendais
tu	parlais	finissais	vendais
il/elle/on	parlait	finissait	vendait
nous	parlions	finissions	vendions
vous	parliez	finissiez	vendiez
ils/elles	parlaient	finissaient	vendaient

Remember that **-ger** verbs, like **manger** and **-cer** verbs, like **commencer** have a different stem in the **nous** form than in the other forms of the verb.

	manger	commencer
je	mangeais	commençais
tu	mangeais	commençais
il/elle/on	mangeait	commençait
nous	**mangions**	**commencions**
vous	**mangiez**	**commenciez**
ils/elles	mangeaient	commençaient

The past perfect

Form the **plus-que-parfait** exactly as you do the **passé composé**, but put the appropriate helping verb (**avoir** or **être**) in the **imparfait**. Follow all rules dealing with agreement of past participles.

> **passé composé:**   Elles se sont regardées.
>
> **plus-que-parfait:** Elles s'étaient regardées

Use the past perfect (**plus-que-parfait**) to say that one past action preceded another.

> Son fils lui a dit qu'il **avait fini** ses devoirs.
>   (second action)   (first action)
> Her son told her that he *had finished* his homework.

The Future

The future tense in French is used to tell what will happen. To form the future tense, use the infinitive as the stem and add the future endings. Drop the **-e** from **-re** verbs before you add the future endings.

	parler	**finir**	**vendre**
je	parlerai	finirai	vendrai
tu	parleras	finiras	vendras
il/elle/on	parlera	finira	vendra
nous	parlerons	finirons	vendrons
vous	parlerez	finirez	vendrez
ils/elles	parleront	finiront	vendront

While the endings for the future are the same for all verbs, several verbs have irregular future stems.

aller	**ir-**	**j'irai**	**tu iras**
avoir	**aur-**	**j'aurai**	**tu auras**
devoir	**devr-**	**je devrai**	**tu devras**
être	**ser-**	**je serai**	**tu seras**
faire	**fer-**	**je ferai**	**tu feras**
pouvoir	**pourr-**	**je pourrai**	**tu pourras**
vouloir	**voudr-**	**je voudrai**	**tu voudras**
venir	**viendr-**	**je viendrai**	**tu viendras**
voir	**verr-**	**je verrai**	**tu verras**
envoyer	**enverr-**	**j'enverrai**	**tu enverras**
courir	**courr-**	**je courrai**	**tu courras**
mourir	**mourr-**	**je mourrai**	**tu mourras**

Verbs like **appeler, acheter, lever,** and **préférer** that have spelling changes in the present tense also have spelling changes in the future.

The Future Perfect

Form the future perfect (**futur antérieur**) exactly as you do the **passé composé**, but put the appropriate helping verb in the **futur**.

passé composé: J'ai répondu.

futur antérieur: J'aurai répondu.

passé composé: Elle est arrivée.

futur antérieur: Elle sera arrivée.

Use the **futur antérieur** along with the future to say that one future action will precede another.

J'y travaillerai quand **j'aurai fini** mes études.
 (second action)   (first action)
I will work there when *I (will) have finished* my studies.

The Conditional

The conditional (**le conditionnel**) is used to tell what *would* happen. To form the conditional, use the infinitive as the stem (same as the future stem) and add the endings from the **imparfait**.

	parler	finir	vendre
je	parlerais	finirais	vendrais
tu	parlerais	finirais	vendrais
il/elle/on	parlerait	finirait	vendrait
nous	parlerions	finirions	vendrions
vous	parleriez	finiriez	vendriez
ils/elles	parleraient	finiraient	vendraient

The conditional can also be used to make polite requests.

Est-ce que **tu pourrais** m'aider?　　*Could you help me?*

The Past Conditional

Form the **conditionnel passé** exactly like the **passé composé**, but put the helping verb in the **conditionnel**. Follow all rules of past participle agreement.

J'ai fini.　　　　Elle est revenue.　　　Ils se sont habillés.

J'aurais fini...　　Elle serait revenue...　Ils se seraient habillés...

The past conditional (**conditionnel passé**) is used to express what would have happened in the past if certain conditions had been met.

Use the **plus-que-parfait** in the if clause and **conditionnel passé** in the result clause. The order of the two clauses does not matter.

J'aurais répondu si j'avais su la réponse.
I *would have replied* if I had known the answer.

Si elle m'avait invité, **je serais allé** au cinéma avec elle.
If she had invited me, I *would have gone* to the movies with her.

Use the **conditionnel passé** of pouvoir to say that something could have happened but did not.

Il aurait pu mourir.　　*He could have died.*

Si clauses

To express what happens, will happen, or would happen in different circumstances, use two different types of clauses, an "if" clause and a "result" clause. The if clause will be in either the present or the **imparfait** and the result clause will be in either the present, the future, or the conditional.

> **Si tu étudies** beaucoup, **tu réussis.**
> *If you study a lot, you succeed.*

> **Si tu étudies** beaucoup, **tu réussiras.**
> *If you study a lot, you will succeed.*

> **Nous viendrions si nous avions** le temps.
> *We would come if we had the time.*

You can also use a **si** clause to make an invitation. To do this, you will use *si + on + imparfait*.

> **Si on allait** à la plage ce week-end?
> *How about going to the beach this weekend?*

The *passé composé* versus the *imparfait*

Both the **imparfait** and the **passé composé** can be used to talk about the past.

The **imparfait** is generally used to talk about things that happened over and over again in the past or how things used to be.

> Quand Nicole **était** petite,   *When Nicole was little, her family*
> sa famille **rendait** visite à   *used to visit her grandparents*
> ses grands-parents en été.   *every summer.*

The **imparfait** can also be used to give descriptions of the weather, people, or places.

> Quand on est arrivés, il **faisait** mauvais.
> *When we arrived the weather was bad.*

The **passé composé** is used to tell what happened at a specific moment in the past.

> Ce matin, **j'ai téléphoné** deux fois à Max mais il **n'a pas répondu**!
> *This morning I called Max two times but he didn't answer!*

USE THE IMPARFAIT TO:	USE THE PASSÉ COMPOSÉ TO:
give background information	tell what happened on a particular occasion
set the scene and explain the circumstances in a story	tell the sequence of events in a story (d'abord, ensuite, puis, après)
explain what used to happen repeatedly	indicate a sudden change or the reaction to something
Key words: **souvent, tous les jours, d'habitude, le lundi (mardi, jeudi...etc.)**	Key words: **soudain, à ce moment-là, au moment où, une fois, deux fois...**

The passé simple

The **passé simple** is a past tense that is often used in place of the **passé composé** in historical or literary texts.

Form the **passé simple** by replacing the infinitive ending with **passé simple** endings.

> **-er verbs:** -ai/ -as / -a / -âmes / -âtes / -èrent
>
> **–re and –ir verbs:** -is / -is / -it / -îmes / -îtes / -irent

The verbs avoir, être, faire, mourir, naître and venir are irregular in the passé simple.

avoir	eus / eus / eut / eûmes / eûtes / eurent
être	fus / fus / fut / fûmes / fûtes / furent
faire	fis / fis / fit / fîmes / fîtes / firent
mourir	mourus / mourus / mourut / mourûmes / mourûtes / mourûrent
naître	naquis / naquis / naquit / naquîmes / naquîtes / naquirent
venir	vins / vins / vint / vînmes / vîntes / vinrent

Some other irregular verbs base their stem on their past participle.

boire (bu)	bus / bus /but / bûmes / bûtes / burent
mettre (mis)	mis / mis / mit / mîmes / mîtes / mirent
dire (dit)	dis / dis / dit / dîmes / dîtes / dirent
vivre (vécu)	vécus / vécus / vécut / vécûmes / vécûtes / vécurent

Sequence of tenses in indirect discourse

Use indirect discourse to relate what people have said without quoting them directly. There is a sequence of tenses that must be followed.

MAIN CLAUSE	DEPENDENT CLAUSE
Présent *He says that...*	**Présent** *he is doing...* **Futur** *he will do...* **Passé composé/Imparfait** *he did... he was doing...*
Passé composé *He said that...*	**Imparfait** *he was doing...* **Conditionnel** *he would do...* **Plus-que-parfait** *he had done...*

The Subjunctive of Regular Verbs

The present tense, the **passé composé,** and the future tense are in the indicative mood. There is another mood in French called the **subjunctive** mood that is used after certain expressions like **il faut que.** The subjunctive is used to express emotion, desire, and doubt.

> **Il faut que** nous nous **dépêchions.**
> *We have to hurry!*

> Ma mère **est heureuse que** je **finisse** mes devoirs.
> *My mother is happy that I am finishing my homework.*

Use the **subjunctive** with the following expressions:

Il faut que…   Je veux que…

Il est important que…   Je suis content(e) que…

Il est nécessaire que…   Je suis triste que…

Il est bon que….

To form the subjunctive, drop the **-ent** from the **ils/elles** present tense form of the verb and add the following endings: **-e, -es, -e, -ions, -iez, -ent**

	parler **ils** par**lent**	**finir** **ils** finis**sent**	**vendre** vend**ent**
que je	parle	finisse	vende
que tu	parles	finisses	vendes
qu'il/elle/on	parle	finisse	vende
que nous	parlions	finissions	vendions
que vous	parliez	finissiez	vendiez
qu'ils/elles	parlent	finissent	vendent

The Subjunctive of Irregular Verbs

Some verbs in the subjunctive are irregular because they have different stems for the **nous** and **vous** forms of the verb.

boire	que je boive	que nous buvions
devoir	que je doive	que nous devions
prendre	que je prenne	que nous prenions
venir	que je vienne	que nous venions
voir	que je voie	que nous voyions

	aller	**être**	**avoir**	**faire**
que je (j')	aille	sois	aie	fasse
que tu	ailles	sois	aies	fasses
qu'il/elle/on	aille	soit	ait	fasse
que nous	allions	soyons	ayons	fassions
que vous	alliez	soyez	ayez	fassiez
qu'ils/elles	aillent	soient	aient	fassent

Subjunctive after conjunctions

Certain conjunctions in French must be followed by the **subjonctif**. Some examples are:

à condition que *(provided that)*	en attendant que *(while, until)*
à moins que *(unless)*	jusqu'à ce que *(until)*
afin que *(so that)*	malgré que *(in spite of the fact that)*
avant que *(before)*	pour que (so that)
bien que *(although)*	pourvu que *(provided that)*
de sorte que *(so that)*	sans que *(without)*

Other conjunctions must be followed by the **indicatif**. Some examples are:

parce que (because)	quand (when)
pendant que (while)	lorsque (when)
depuis que (since)	dès que (as soon as)

If both clauses in a sentence have the same subject, sometimes you can use a preposition+infinitive instead of a **conjunction+subjonctif**. Some examples are:

Conjunction	Preposition
à moins que	à moins de
afin que	afin de
avant que	avant de
pour que	pour
sans que	sans
à condition que	à condition de
en attendant que	en attendant de

Il travaille afin que sa famille ait de l'argent.

Il travaille afin d'avoir de l'argent.

Past subjunctive

Form the past subjunctive exactly as you form the **passé composé**, but use the present subjunctive form of the helping verb (**avoir** or **être**).

All rules dealing with past participle agreement apply. All of the expressions and conjunctions that require the subjunctive may also be followed by the past subjunctive to talk about actions that happened or may have happened in the past.

The past infinitive

Form the past infinitive by using the infinitive of the appropriate helping verb, (**avoir** or **être**) followed by the past participle of the main verb.

Use the **past infinitive** to say that one action occurred before another. Compare the following examples:

Present Infinitive:

Je suis ravi de la voir.
I am delighted *to see* her.   (*simultaneous actions*).

Past Infinitive:

Je suis ravi de l'avoir vue hier.
(second action) (first action)
I am delighted *to have seen* her yesterday.

All rules involving agreement of past participles apply to past infinitives as well.

Après s'être levée, elle a fait le lit.

Passive voice

Use passive voice when the subject of the sentence is receiving the action rather than performing the action.

Actif: **Les cyclones détruisent les maisons.**
Hurricanes destroy houses.

Passif: **Les maisons sont détruites par les cyclones.**
Houses are destroyed by hurricanes.

To form passive voice, use a form of **être** followed by the past participle of the main verb. The past participle acts as an adjective and must agree with the subject of the sentence.

Use a phrase introduced by **par** if you want to name the "agent", that is, the person or thing performing the action.

Causative faire

To say that someone has something done by someone else instead of doing it himself or herself, use the causative **faire**.

Form the causative **faire** by using the appropriate form and tense of **faire** or **se faire** followed by the infinitive of the verb of action being performed.

Je fais tondre la pelouse.
I *have* the lawn mowed.

Tu t'es fait couper les cheveux.
You *had* your hair cut.

Ils feront réparer leur voiture.
They *will have* their car repaired.

To tell who did the action, you may add a phrase introduced by **par**.

Je fais tondre la pelouse **par un voisin**.
I have the lawn mowed *by a neighbor*.

Present Participles

Form the **present participle** of French verbs by taking off the **-ons** from the **nous** form and adding the ending -**ant**.

Verb	Nous Form	Present Participle
sortir	sortons	sortant
aller	allons	allant
attendre	attendons	attendant
finir	finissons	finissant
prendre	prenons	prenant
vouloir	voulons	voulant
dormir	dormons	dormant
faire	faisons	faisant

The present participles for **avoir, être,** and **savoir** are irregular.

Verb	Present Participle
être	étant
avoir	ayant
savoir	sachant

Use **en** or **tout en** + **present participle** to indicate that someone is doing one thing while another is going on. It can also show two activities that occur at the same time.

J'ai répondu au téléphone **en mangeant** un croissant.
I answered the phone while eating a croissant.

The present participle can also be used as an adjective. Remember to make it agree in gender and in number with its noun.

C'est une maison **charmante**!

Glossaire français–anglais

This vocabulary includes almost all of the words presented in the textbook, both active (for production) and passive (for recognition only). An entry in **boldface** type indicates that the word or phrase is active. Active words and phrases are practiced in the chapter and are listed in the **Résumé** pages at the end of each chapter. You are expected to know and be able to use active vocabulary.

All other words are for recognition only. These words are found in activities, in optional and visual material, in the **Géoculture, Comparaisons, Lecture, Écriture,** and the **Chroniques.** Many words have more than one definition; the definitions given here correspond to the way the words are used in *Bien dit!*

The number after each entry refers to the chapter where the word or phrase first appears or where it is presented as an active vocabulary word. Active words and phrases from Level 1 and Level 2 are indicated by the Roman numerals I and II.

l' **(auto)biographie, (f.)** *(auto) biography,* II
à *to/at/in + city,* I, II; **À bientôt.** *See you soon.,* I; **à bord** *aboard,* 10; **à cause de** *because of,* 7; **à ce moment-là** *at that moment,* II; **À ce que l'on prétend...** *Allegedly,* 8; **à cette époque** *during that time,* 3; **à côté de** *next to,* I; **À demain.** *See you tomorrow.,* I; **à destination de** *heading for,* I; **à droite de** *to the right of,* I; **à gauche de** *to the left of,* I; **à haute voix** *aloud,* 5; **à l'** *at /to,* II; **À l'aide!** *Help!,* 5; **à la** *at/to,* II; à l'abri de *sheltered,* 10; **à l'attention de** *to the attention of,* 2; **à l'avenir** *in the future,* 9; **à l'étranger** *abroad,* II; **à l'heure** *on time,* I; **à la suite de** *following,* 8; à l'instant *immediately,* 8; **à ma place** *in my place,* 4; **À moi!** *Help!,* 3; **à moins de** *unless,* 4; **à mon avis** *in my opinion,* I; à mon compte *self-employed,* 2C; à part *on its own,* 8C; **à peine** *barely,* II; **à peu près** *about,* II; **à pied** *by foot,* I; **À plus tard.** *See you later.,* I; **à point** *medium,* I; **a priori** *at first glance,* 7; **À propos,...** *By the way,...* 4; À quatre reprises,... *Four times,...* 9G; **À quel nom?** *Under what name?,* I; **à quelle heure** *at what time,* I; **À quelle heure tu as...?** *At what time do you have...?* I; à ras bord *full to the brim,* 7; **À supposer que ce soit vrai...** *If what they say is true...,* 8; **À ton avis,...** *In your opinion,...* 4; **À tout à l'heure.** *See you later.,* I; à travers *through,* 7G; **à vélo** *by bicycle,* I; **À votre service.** *You're welcome.,* I
s' **abattre (sur)** *to swoop down (on),* 6
abattre *to break down,* 8
les **abdominaux, (m. pl.)** *abdominal muscles,* II
l' **abeille, (f.)** *bee,* 5
abîmer *to damage,* 7
abolir *abolish,* 1G
s' **abonner** *to subscribe,* 6
aborder *to land,* 2
aborigène *native/aboriginal* 5G
l' **abricot, (m.)** *apricot,* II
abriter *to shelter,* 3G
absolument *absolutely,* II
abstrait(e) *abstract,* 9
accabler *to crush,* 9
l' acajou, (m.) *mahogany,* 9
accélérer *to accelerate,* 10

l' **accès (handicapé), (m.)** *(handicapped) access,* I
les **accessoires (m. pl.)** *accessories,* I
l' **accident, (m.)** *accident,* 6; **l'accident de la circulation** *traffic accident,* 8
l' **accord, (m.)** *agreement,* 3
accorder *to grant,* 3; **accorder des souhaits** *to grant wishes,* 3
s' accorder *to agree,* 4
accrocher *to hang,* 7
l' **accueil, (m.)** *home page,* II
accueillir *to greet, to welcome, to receive,* 7G
l' **accumulation, (f.)** *accumulation,* 7
l' achat, (m.) *purchase,* 5G
acheter *to buy,* II
achever *to finish,* 7
l' **acteur, (m.)** *actor,* II
l' **activité, (f.)** *activity,* I
l' **actrice, (f.)** *actress,* II
actualiser *refresh,* II
l' **actualité, (f.)** *current events,* 6; **actualité internationale,** *international news,* 6
actuellement *currently,* 2
l' **addition, (f.)** *bill,* I
additionner *to add,* 2
adhérer *to join,* 9
adopter *to adopt,* 4
adorer *to love/to adore,* 1
l' **adresse, (f.)** *address,* II; **l'adresse e-mail** *e-mail address,* I

s' **adresser** to address, I; **Adressez-vous...** *Ask...,* I
aérien(ne) *air/air-related,* II
l' **aérobic,** (f.) *aerobics,* I
aéronautique *aeronautic,* 10
l' **aéroport,** (m.) *airport,* 10
les **affaires,** (f. pl.) *business,* 4
l' **affichage,** (m.) *view,* II
l' **affiche,** (f.) *poster,* 9; **l'affiche électorale** *campaign poster* 8
l' **afficheur,** (m.) *caller ID,* 2
afin de *in order to,* 2
africain(e) *African,* 3
l' **Afrique de l'Ouest,** (f.) *West Africa,* 3
l' **âge,** (m.) *age,* I
âgé(e) *elderly,* II; *old,* 4
l' **agence de location** (f.) *rental agency,* 10
l' **agence de voyages,** (f.) *travel agency,* II
s' **agrandir** *to grow larger, to expand,* 9G
agricole *agricultural,* IG
l' **agriculteur/l'agricultrice** *farmer,* 2
Ah, mais si! J'ai oublié. *Ah, yes! I forgot.,* II
l' **aide,** (m.) *aid,* 8
l' **aide,** (f.) *help,* II
Aide-moi. *Help me.,* 10
aider *to help,* I
les **aïeux,** (m. pl.) *ancestors,* 5
l' **aigle,** (m.) *eagle,* 5
l' **ail,** (m.) *garlic,* II
l' **aile,** (f.) *wing,* 1
ailé(e) *winged,* 10
ailleurs *somewhere else,* 3
aimer *to like/to love,* II; **aimer bien** *to like,* I; **aimer mieux** *to like better/to prefer,* I
ainsi *this way,* 2C
l' **air** (m.) *air,* 7
l' **air d'opéra** (m.) *aria,* 9
aisément *easily,* 8
ajouter *to add,* II
l' **album photos,** (m.) *photo album,* 4
les **alentours,** (m.pl.) *surroundings,* 1
l' **alerte,** (f.) *alert,* 7
l' **Algérie,** (f.) *Algeria,* 3
alimentaire *food,* 2
l' **allée,** (f.) *aisle,* 10
l' **Allemagne,** (f.) *Germany,* II
l' **allemand** (m.) *German (language),* I
allemand(e) *German (adj.),* II
aller *to go,* II; **aller à la pêche** *to go fishing,* 1; **aller au cinéma** *to go to the movies,* 1; **s'en aller** *to run along,* II; **aller de travers** *to go wrong,* II

l' **aller simple** (m.) *one way ticket,* I
l' **aller-retour** (m.) *round-trip ticket,* I
Allô. *Hello.,* 2
Allez au tableau! *Go to the board!,* I; **Allez tout droit jusqu'à...** *Go straight until...,* I; **Allez, encore un petit effort!** *Come on, one last effort!,* 5
l' **alliance,** (f.) *wedding ring,* 4
l' **alligator,** (m.) *alligator,* 5
allongé(e) *oblong,* 9
l' **allume-gaz** (m.) *gas lighter,* II
allumer *to light,* II
allumer (les bougies) *to light (the candles)*
les **allumettes** (f.) *matches,* II
l' **allumeur de réverbères,** (m.) *lamplighter,* 2
alors *so, well/then,* II; **alors que** *while,* II
l' **alpinisme,** (m.) *mountain climbing,* 5
l' **aluminium,** (m.) *aluminum,* 7
l' **amateur (de),** (m.) *lover (of sth.),* IG
l' **ambulance,** (f.) *ambulance,* 8
l' **ambulancier/l'ambulancière** *paramedic,* 8
l' **âme,** (f.) *soul,* 9
s' **améliorer** *to improve,* 7
amener *to bring someone along,* I
américain(e) *American,* I
l' **amertume,** (f.) *bitterness,* 10
l' **ami(e)** *friend,* I
l' **amitié,** (f.) *friendship,* 4
l' **amour,** (m.) *love,* 4
amoureux(-euse) *in love,* 4
amusant(e) *funny/amusing,* II
les **amuse-gueules,** (m. pl.) *snacks,* II
s' **amuser** *to have fun,* II
Amuse-toi bien... *Have fun...,* II
l' **ancêtre,** (m.) *ancestor,* 5G
ancien(ne) *former,* 1G; l'ancien, (m.) *elder,* 4
l' **âne,** (m.) *donkey,* II
anéantir *to annihilate, to destroy,* 8
l' **anglais,** (m.) *English (language),* 1
anglais(e) *English/British,* II
l' **Angleterre,** (f.) *England,* II
l' **animal,** (m.) *animal,* I; **l'animal domestique** *pet,* 2; **l'animal sauvage** *wild animal,* 5; les **animaux,** (m. pl.) *animals,* I
l' **animateur/l'animatrice** *disc jockey,* II
s' **animer** *to come to life*
l' **anneau,** (m.) *ring,* 3
l' **année,** (f.) *year,* 1G; l'année scolaire, (f.) *school year,* 1

l' **anniversaire,** (m.) *birthday,* II
l' **annonce,** (f.) *ad,* 2
annoncer (que) *to announce (that),* 3
annuel(le) *annual, yearly,* 5
annuler *to cancel, stop,* II
l' **anorak,** (m.) *winter jacket,* I
les **Antilles,** (f. pl.) *West Indies,* 9G
août *August,* 5
apparaître *to appear,* 3
l' **appareil,** (m.) *machine,* 10
l' **appareil photo (numérique),** (m.) *(digital) camera,* II
l' **appartement,** (m.) *apartment,* I
appeler *to call,* 2; **s'appeler** *to be named,* I
applaudir *to applaud,* 9
apporter *to bring,* 5
apposer *to affix, to place,* 10
apprendre *to learn,* I; apprendre sur le tas *to learn, to train on the job,* 3
l' **apprentissage,** (m.) *apprenticeship,* 2
apprivoiser *to tame,* 10
appuyer *to press,* 10
après *after,* 1; **après ça** *after that, afterwards,* II
après-demain *day after tomorrow,* II
l' **après-midi** (m.) *afternoon,* I
l' **aquarelle,** (f.) *watercolor,* III
l' **araignée,** (f.) *spider,* II
l' **arbitre,** (m.) *mediator,* 3
l' **arbre,** (m.) *tree,* II
l' **archipel,** (m.) *archipelago*
l' **architecte,** (m./f.) *architect,* 2
l' **architecture,** (f.) *architecture,* 2
l' **argent,** (m.) *silver,* I; *money,* I
l' **armée,** (f.) *army,* I
l' **armoire,** (f.) *wardrobe,* I
l' **arrêt,** (m.) *stop,* I; **l'arrêt de bus** *bus stop,* I; l'arrêt de mort *death sentence,* 4
arrêter *to stop,* II
l' **arrivée,** (f.) *arrival,* I
arriver *to arrive,* II; **arriver (à quelqu'un)** *to happen (to someone),* II
l' **arrosage,** (m.) *watering,* 7
arroser *to water,* 7
l' **article,** (m.) *article,* 6
l' **artisan,** (m.) *artisan, craftsman,* 9
l' **artisanat,** (m.) *craft industry,* 9
l' **artiste,** *artist,* 9
les **arts plastiques,** (m. pl.) *visual arts,* 1
l' **ascenseur,** (m.) *elevator,* I
l' **aspirateur,** (m.) *vacuum cleaner,* I
aspirer *to suck up,* 7
l' **assemblage,** (m.) *assembly,* 10

assembler *to assemble*, 10
s' asseoir *to sit*, 4
  Asseyez-vous! *Sit down!*, I
  assez *quite*, I; *pretty/rather*, II;
    Assez bien. *Pretty well.*, 2
l' **assiette**, (f.) *plate*, I
assis(e) *seated*, 4
l' assistance, (f.) *company, all present*, 8
assurer *to enforce, to secure*, 3G
l' **atelier**, (m.) *studio, workshop*, 9;
  l'atelier d'artiste *art studio*, 9
l' **athlète**, (m./f.) *athlete*, 6
l' **athlétisme**, (m.) *track and field*, I
l' **atmosphère**, (f.) *atmosphere*, 7
l' atout, (m.) *asset*, 2; l'atout maître *master trump*, 5
attendre *to wait*, II
l' **attentat**, (m.) *terrorist attack*, 6
l' attention, (f.) *attention, care*, 8
  atterrir *to land*, 10
  attraper *to catch*, 1
  au *to/at the; to/at + masculine country*, II; **au bord de la mer** *seashore*, II; **au bout de** *at the end of*, II; **au cas où** *in case*, 7; au cours *during*, 7G; au-dessus *above*, 7; **Au fait,...** *By the way . . .*, 9; **Au feu!** *Fire!*, 8; **au fond de** *at the end of*, I; *at the bottom of*, 4; **au milieu de** *in the middle of*, II; **au moment de** *at the time of*, 3; **au moment où** *at the time (when)/as*, II; **au plus tard** *at the latest*, II; **Au revoir.** *Goodbye.*, I; **Au secours!** *Help!*, 5; au sein de *within*, 4; **au sud de** *south of*, 5; **Au voleur!** *Stop thief!*, 8
l' aube, (f.) *dawn*, 10
l' **aubergine**, (f.) *eggplant*, II
  Aucune idée. *I have no idea.*, 2
l' **augmentation**, (f.) *raise*, 6
  aujourd'hui *today*, I
auprès de *next to*, 5
l' aurore australe, (f.) *aurora australis*, 7; l'aurore boréale *aurora borealis*, 7; l'aurore polaire *aurora polaris*, 7
  aussi *also*, 1
aussitôt *immediately*, 7
  autant que *as much as*, II
l' **auteur** *author*, 5
l' **automne**, (m.) *fall*, I
l' automobile, (f.) *automobile*, 7
l' autonomie, (f.) *autonomy*, 3
l' **autoportrait**, (m.) *self-portrait*, 9
l' autorisation, (f.) *authorization*, 10
l' **autoroute**, (f.) *highway*, 6

autour de *around*, II
autrefois *in the past*, 3
aux *to /at*, I
l' **avalanche**, (f.) *avalanche*, 6
avancer *to go forward*, I
avant de *before*, 3
l' avarice, (f.) *greed*, 8
  avec *with*, I; **Avec qui...?** *With whom . . . ?*, I; **avec vue** *with a view*, I
avertir *to warn*, 3
l' **avion**, (m.) *airplane*, II
l' **avis**, (m.) *opinion*, 9
l' **avocat(e)** *lawyer*, 2
  avoir *to have*, II; **avoir besoin de** *to need*, II; **avoir chaud** *to be hot*, I; **avoir de la chance** *to be lucky*, 10; **avoir de la fièvre** *to have a fever*, II; **avoir de la patience** *to have patience*, 5; **avoir de l'expérience** *to have experience*, 2; **avoir entraînement** *to have practice/ training*, II; **avoir envie de** *to feel like*, I; **avoir faim** *to be hungry*, I; **avoir froid** *to be cold*, I; **avoir intérêt à** *to be in one's best interest*, I; **avoir l'air** *to seem*, II; **avoir le temps** *to have time*, II; **avoir les yeux...** *to have . . .eyes*, I; **avoir lieu** *to take place*, 3; **avoir mal (à)** *to hurt/ache*, II; **avoir raison** *to be right*, II; **avoir soif** *to be thirsty*, I; avoir tort *to be wrong*, 7
avouer *to admit*, 4
avril *April*, I

le bac à sable *sandbox*, 5
le bacon *bacon*, I
les bagages (à main), (m. pl.) *(carry-on) luggage*, I
le bagnard *convict*, 9G
le bagne *convict prison*, 9G
la **bague** *ring*, I; la bague de fiançailles *engagement ring*, 4
la **baguette** *loaf of French bread*, I; **la baguette magique** *magic wand*, 3
la baignade *bath, dipping*, 1
se **baigner** *to swim*, II
la **baignoire** *bathtub*, II
la **baisse** *drop*, 6
le bal populaire *village dance*, II
le baladeur *walkman*, I
la balançoire *swing*, 5

balayer *to sweep*, I
le **balcon** *balcony*, I
la **baleine** *whale*, 5
la **balle** *ball*, II
le **ballet** *ballet*, 9
la **ballerine** *ballerina*, 9
le **ballon** *ball, balloon*, II
banal(e) *commonplace*
la **banane** *banana*, II
le banc *bench*, 5
bancal(e) *lame*, 6
la **bande dessinée (BD)** *comic strip*, II
la banderille *banderilla*, 6
la banlieue *suburb*, 1
la **banque** *bank*, I
la barbe *beard*, 3
barbouillé(e) *smeared*, 1
la barre *rail*, 6
la **barre de défilement** *scroll bar*, II
bas(se) *low*, I
le **base-ball** *baseball*, I
le **basket-ball** *basketball*, I, II
les **baskets (f. pl.)** *tennis shoes*, I
la **basse-cour** *barnyard*, II
la **bataille** *battle*, 3
le **bateau** *boat*, II
la **batte** *bat*, I
la **batterie** *drums*, II
le **bayou** *bayou*, 5
beau *handsome/beautiful*, I, II
beaucoup *a lot / much*, 4; **beaucoup (de)** *a lot (of)*, 1
le **beau-père** *stepfather*, II
le **bébé** *baby*
la **Belgique** *Belgium*, II
belle *beautiful*, II
la **belle-mère** *stepmother*, II
la berge *bank*, 5
le besoin *need*, 2
la bête *animal*, 1
le beurre *butter*, I
la **bibliothèque** *library*, I
la **biche** *doe*, 5
le bidon *can*, 7
le bien *property*, 8
  bien *well*, I; **bien cuit(e)** *well-done*, I; **bien entendu** *of course*, I; **bien mûr(e)** *well ripe*, II; **bien sûr** *of course*, I; **Bien sûr que non.** *Of course not.*, 2
bientôt *soon*, II
le **bijou** *jewel*, 9
la **bijouterie** *jewelry*, I
le **bijoutier/la bijoutière** *jeweler*, I
bilingue *bilingual*, 3
le **billet** *bill/ticket*, II; **le billet d'avion** *plane ticket*, I; **le billet de train** *train ticket*, II
la **biologie** *biology*, 1
bio(logique) *organic*, 7

le biscuit *cookie*, II
le bison *buffalo*, 5
la blague *hoax, trick*, 1L
blafard(e) *pale*, 10
blanc(he) *white*, I
le blé *wheat*, 7
blessé(e) *injured*, 6
se blesser *to injure oneself*, II; blesser *to hurt*, 6
bleu(e) *blue*, II
le bloc-notes *scratch pad*, 6
blond(e) *blond(e)*, II
la blouse *smock/lab coat*, II
le blues *blues*, II
le bocal *jar*, 1
le bœuf *beef*, II
boire *to drink*, II
le bois *woods*, II
la boisson *drink*, I
la boîte *box*, II; **la boîte d'allumettes** *box of matches*, II; **la boîte de chocolats** *box of chocolates*, II; **la boîte de conserve** *canned food*, II
le bol *bowl*, II
bon(ne) *good*, I; **Bonne année!** *Happy New Year.*, II; **Bon anniversaire!** *Happy birthday!*, II; **bon appétit** *enjoy your meal*, I; **Bonne idée!** *Good idea!*, 1; **bon marché** *inexpensive*, I; **Bonne route!** *Have a good (road) trip!*, 10; **Bonne soirée!** *Have a good evening!*, II
le bonbon *sweets/candy*, II
le bonheur *happiness*, 9
Bonjour. *Hello./Good morning.*, I
Bonsoir. *Hello./Good evening.*, I
le bord *edge*, II
le bord de la mer *seashore*, 1
borner *to bound, to limit*, 8
le bossu *hunchback*, 7
la botte *boot*, I
la bouche *mouth*, I
bouche bée *with opened mouth, agape*, 1
le boucher/la bouchère *butcher*, II
la boucherie *butcher shop*, II
le bouclage *sealing off*, 6
la boucle d'oreille *earring*, I
bouger *to move*, 9
la bougie *candle*, II
bouillir *to boil*, II
le boulanger/la boulangère *baker*, II
la boulangerie *bakery*, II
le bouleversement *upheaval*, 4
le bouquet de fleurs *bouquet of flowers*, II
la boussole *compass*, II

la bouteille d'eau *bottle of water*, II; **la bouteille de plongée** *scuba tank*, 5; **la bouteille isotherme** *thermos*, II
la boutique *shop*, I
le bracelet *bracelet*, I
la branche *branch*, II
branlant(e) *shaky*, 1L
le bras *arm*, II
bref *in short*, II
briller *to shine*, 4
la brique *brick*, 10
le briquet *lighter*, II
brisé(e) *broken, ruined*, 9
la brochure *brochure*, II
le brocoli *broccoli*, II
la brosse *brush*, II; **la brosse à dents** *toothbrush*, II
se brosser les cheveux *to brush one's hair*, II; **se brosser les dents** *to brush one's teeth*, II
le bruissement *rumbling*, 10
le bruit *noise*, II
brûlé(e) *burnt*, 1
se brûler *to burn oneself*, II
la brume *mist*, 7
brun(e) *brown(-haired)*, I
bruyant(e) *noisy*, II
la bûche de Noël *Yule log*, II
le bulletin de vote *ballot paper*, 8; **le bulletin météo(rologique)** *weather report*, II
le bureau *desk*, I; **le bureau de change** *currency exchange office*, I; **le bureau de vote** *polling station*, 8
le bus *bus*, I
le but *goal*, 3
le buveur *drinker*, 2

C

C'est à environ... de... *It's about...from...*, 5; **C'est avec...** *It's with...*, II; **C'est avec qui?** *Who's in it?*, II; **C'est basé sur une histoire vraie.** *It's based on a true story.*, II; **c'est bon** *it's fine*, II; **C'est complet.** *It's booked.*, I; **c'est compliqué** *it's complicated*, II; **C'est facile de faire...?** *Is it easy to make...?*, II; **C'est incroyable!** *It's incredible!*, 5; **C'est l'heure de...** *It's time to...*, II; **C'est pas génial.** *It's not great.*, II; **C'est pas mal, sans plus.** *It's just O.K.*, II; **Ce n'est pas vrai!** *You're kidding*, 4;

It can't be true!, 5; **C'est possible.** *It's possible.*, II; **C'est pour ça que...** *That's why...*, 7; **c'est tout pour aujourd'hui** *that's all for today*, II; **c'est très simple** *it's very simple*, II; **C'est trop...** *It's too...*, 5; **C'est... le kilo.** *It's...per kilo.*, II
c'est-à-dire *i.e.*, 3
C'était... *It was...*, 1
ça *this/that*, I; **Ça commence à quelle heure?** *At what time does it begin?*, II; **Ça dépend** *That depends*, II; **Ça en vaut la peine.** *It's worth the trouble.*, 5; **ça fait** *since/ago/for*, II; **Ça fait combien (en tout)?** *How much is it (total)?*, I; **Ça fait longtemps...** *It's been a long time...*, 4; **Ça fait...** *It's... (euros).*, I; **Ça m'énerve!** *How annoying!*, II; **Ça m'étonnerait que...** *It would surprise me that...*, 9; **Ça me fait penser à...** *That reminds me of...*; **Ça me plairait d'être...** *I'd like to be a...*, 2; **Ça me plaît beaucoup.** *I really like it.*, I; **Ça n'a pas l'air d'aller.** *You don't seem to be doing well.*, II; **Ça n'a rien à voir avec le roman.** *It has nothing to do with the novel.*, II; **Ça ne m'étonnerait pas que...** *I wouldn't be surprised...*, 7; **Ça ne vaut pas la peine de...** *It's not worth...*, 9; **Ça ne vaut pas le coup de...** *It's not worth the effort...*, 9; **Ça ne vous ennuierait pas de...?** *Would you mind...?*, 2; **Ça parle d'un petit garçon qui...** *It's about a little boy who...*, II; **Ça passe où?** *Where is it playing?*, II; **ça se trouve où?** *where is it found?*, II; **Ça s'écrit...** *It is spelled...*, I; **Ça t'ennuie de...?** *Would you mind...?*, II; **Ça te/vous dit de...?** *Do you feel like...?*, II; **Ça te plaît,...?** *Do you like...?*, I; **Ça va?** *How are you? (informal)*, I; **Ça va aller mieux. It's going to get better.**, II; **Ça, ce sont...** *These are...*, I; **Ça, c'est...** *This is...*, I
la cabine *cabin*, 10; **la cabine téléphonique** *telephone booth*, I
le cabinet *office*, 2; *cabinet*, 8
la cacahuète *peanut*, II

le cadeau *present,* II
le cadet/la cadette *younger, junior,* 3
le cadre *environment,* 8
le cadi *Mohammdan judge,* 8
le café *coffee house,* I; *coffee,* II; **le café au lait** *coffee w/milk,* I
le cahier *notebook,* I
la caisse *checkout/cash register,* II
le caissier/la caissière *cashier,* II
la calculatrice *calculator,* I
  calé(e) *propped,* 6
le calife *caliph,* 3
le calme *calm,* 2
le Cameroun *Cameroon,* 3
le caméscope *video camera,* II
le camion *truck,* 8; **le camion des pompiers** *firetruck,* 8
la campagne *countryside,* 1; **la campagne électorale** *electoral campaign,* 8
  camper *to camp out,* 1
le camping *camping,* II
le canard *duck,* II
le candidat/la candidate *candidate,* 8
la canne à pêche *fishing rod,* 1
le canoë *canoe,* 5
la cantine *cafeteria,* II
  capable *capable, qualified,* 8
  capitonné(e) *padded,* 10
le capot *hood,* 10
la caravane *caravan,* 10
la carotte *carrot,* II
le carreau *small square,* 2
le carrefour *intersection, crossroads,* I
la carrière *career,* 2
la carte *map,* I; **la carte routière** *road map,* 10; **la carte** *menu,* I; **la carte** *card,* I; **la carte bancaire** *bank card,* I; **la carte d'anniversaire** *birthday card,* II; **la carte d'embarquement** *boarding pass,* 10; **la carte d'identité** *I.D. card,* 8; **la carte de vœux** *greeting card,* II; **la carte d'embarquement** *boarding pass,* I; **la carte géographique** *geographic map,* 3; **la carte postale** *postcard,* 1; **la carte téléphonique** *calling card,* I
la cascade *waterfall,* II
la case *hut, cabin,* 1L
la caserne des pompiers *fire station,* 8
le casque *helmet,* I
la casquette *cap,* I
  casser *to break,* 6; **se casser la jambe** *to break one's leg,* II

le casse-tête *club,* 9
le castor *beaver,* 5
la catastrophe *catastrophe,* 6
  causer *to cause,* 7
le cavalier *rider,* 1
le CD *CD,* I
le CDI (centre de documentation et d'information) *library,* II
  ce *this,* I; **Ce n'est pas grave.** *It's not serious.,* II; **Ce n'est pas mon style.** *It's not my cup of tea.,* 9; **ce qui** *what (before verb),* II; **Ce sera tout?** *Will that be all?,* II
la ceinture *belt,* I
  célibataire *single,* 4
la cendre *ash,* 7
  cent *one hundred,* I; **cent un** *one hundred and one,* I
  descentaines de milliers *hundreds of thousands,* 5
le centre aéré *outdoor center,* I; **le centre commercial** *mall,* I; **le centre-ville** *downtown,* I
  cependant *however,* 3
  cerclé(e) *rimmed,* 10
les céréales, (f. pl.) *cereal,* I
le cerf *deer,* 5
le cerf-volant *kite,* I
la cerise *cherry,* II
  certain(e) *some,* 9
  certes *most certainly, to be sure,* 5
le cerveau *brain,* II
  ces *these,* I
  cesser *to cease,* 8
le cessez-le-feu *ceasefire,* 3
  C'est *It's,* I; **C'est chouette!** *Splendid!,* 8; **C'est combien (pour)...?** *How much is (it)...?,* I; **C'est tout à fait toi.** *It's totally you.,* I; **C'est une bonne affaire!** *It's a good deal!,* I; **C'est... arobase... point...** *It's...@...dot...,* I
  cet(te) *this,* I
  chacun(e) *each one,* 8
le chagrin *sorrow, disappointment,* 10
la chaîne *chain,* I, *station,* II; **la chaîne stéréo** *stereo system,* I
la chaise *chair,* 1
la chaleur *heat,* 6
  chamarré(e) *embroidered,* 3
la chambre *bedroom,* I; **la Chambre** *house (government),* 8; **la chambre avec vue** *room with a view,* I
le champ *field,* II
le champignon *mushroom,* II
le champion/la championne *champion,* 6
le changement de vitesse automatique/manuel *automatic

/manual transmission,* 10; **changer (en)** *to change (into),* I; **changer de l'argent** *to exchange money,* II; **changer de vitesse** *to shift gears,* 10
le chant *singing,* 9
  chanter *to sing,* I
le chanteur/la chanteuse *singer,* 2
le chapeau *hat,* I
le chapiteau *circus tent,* 9
  chaque *each/every,* II
la charcuterie *delicatessen,* II
le chariot *shopping cart,* II
le charmeur de serpents *snake charmer,* 3G
la charrette *cart,* 10
  chassé(e) de *expelled, driven out,* 7G
  chasser *to chase away,* 3
le chat *cat,* II
  châtain(s) *light brown(-haired),* I
le château *castle,* II
  chaud(e) *hot,* I
le chauffeur *driver,* 2
la chaussette *sock,* I
la chaussure *shoe,* 1; **les chaussures de randonnée,** (f. pl.) *hiking shoes,* 1
la chauve-souris *bat,* 5
  chavirer *to capsize,* 1
le chef *head,* 8; **le chef de l'état** *head of state,* 8; **le chef-d'œuvre** *master piece,* 9; **le chef d'orchestre** *conductor,* 9;
le chemin *path / way,* 3
la chemise *man's shirt,* I
le chemisier *woman's blouse,* I
le chèque *check,* I; **le chèque-cadeau** *gift card,* II; **le chèque de voyage** *traveler's check,* II
  cher/chère *expensive,* I
  chercher *to look for,* I
le chercheur *researcher,* 3
  chétif/chétive *puny,* 3
le cheval *horse,* I
le chevalet *easel,* 9
le chevalier *knight,* 3
la chevelure *hair,* 9
les cheveux (m. pl.) *hair,* II
la cheville *ankle,* II
la chèvre *goat,* II
  chez *at the house of,* II; **chez moi** *at (my) home,* I
le chien *dog,* II
le chiffre *figure,* 6
la chimie *chemistry,* 1
les chips, (f. pl.) *chips,* II
le chocolat *chocolate,* I; **le chocolat chaud** *hot chocolate,* II
  choisir *to choose,* II
le chômage *unemployment,* 6

le chômeur/la chômeuse *unemployed person*, 6
la chorégraphie *choreography*, 9
la chose *thing*, I
chrétien(ne) *Christian*, 1G
le christianisme *Christianity*, 1G
cibler *to target*, 6
le ciel *sky*, 5; les cieux, (pl.) *heaven*, 5
la cigale *cicada*
la cigogne *stork*, 5
le cinéaste *film director*, 7
le cinéma *movie theater*, 1
cinq *five*, I
cinquante *fifty*, I
cinquième *fifth*, 2L
la circulation *traffic*, 8
le cirque *circus*, 9
la citerne *tank*, 7
le citoyen/la citoyenne *citizen*, 9G
la citoyenneté *citizenship*, 9G
la citrouille *pumpkin*, 3
clair(e) *light*, I
la classe *classroom*, 1
classer *to file*, 7G
le classeur *binder*, I
classique *classical*, I
le clavier *keyboard*, II
le climat *climate*, 7
la climatisation *air conditioning*, I
cliquer *to click*, II
le clown *clown*, 3
le club (de tennis, de foot) *(sports) club*
le coca *soda, Coke*, II
le cochon *pig*, II
le cockpit *cockpit*, 10
le code postal *zip code*, I
le cœur *heart*, II
le coffre *trunk*, 10
se coiffer *to do one's hair*, II
le coiffeur/la coiffeuse *hairdresser*, 2
coincé(e) *stuck*, 4
la colère *anger*, 6
le colis *package*, I
la collection *collection*, 6
collectionner *to collect*, II
le collier *necklace*, I
le colon *settler, colonist*, 5G
la colonie *colony*, 3; la colonie de vacances *summer camp*, II
la colonisation *colonization*, 3
le combat *fight*, 3
combattre *to fight*, 3
combien (de) *how much/how many*, I; Combien vous en faut-il? *How many do you need?*, II
la combinaison de plongée *wetsuit*, 5
le combiné *receiver*, 2

combler *to shower*, 9
la comédie *comedy*, II; la comédie musicale *musical*, 9
le commandant de bord *captain*, 10
la commande *order*, 2
le commencement *beginning*, 3
commencer *to begin*, II
comment *how*, II; Comment allez-vous? *How are you? (formal)*, I; Comment ça s'écrit? *How do you write that?*, I; Comment ça va? *How are you? (informal)*, I; Comment c'est,...? *How is ...?*, I; Comment dit-on... en français? *How do you say ... in French?*, I; Comment est ton cours de...? *How is your ... class?*, I; Comment est...? *How is ...?*, I; Comment est-ce qu'on fait pour...? *What do you do to ...?*, II; Comment est-ce qu'on fait...? *How do you make ...?*, II; Comment il/elle s'appelle? *What's his/her name?*, I; Comment peut-on rejoindre...? *How do you meet up with ...?*, 10; Comment s'est passé(e)...? *How did ... go?*, II; Comment sont...? *How are ...?*, I; Comment trouves-tu...? *How do you like ...?*, 9; Comment tu épelles...? *How do you spell ...?*, I; Comment tu t'appelles? *What is your name?*, I; Comment tu t'appelles? *What's your name?*, II; Comment tu trouves...? *What do you think of ...?*, I; Comment va...? *How is ...?*, 4
le commerçant/la commerçante *retailer*, 8C
le commissariat de police *police station*, 8
la commode *chest of drawers*, I
la commune *town*, 7C
la compagnie *company*, II; la compagnie aérienne *airline company*, 10
le compartiment *compartment*, I
la compétition *contest/competition*, II
complet (complète) *booked/full*, I
complètement *completely*, II
le complexe sportif *sports facilities*, 1
compliqué(e) *complicated*, II
composter *to punch (a ticket)*, I
comprendre *to understand*, I
le comprimé *compress/tablet*, I
la comptabilité *accounting*, 2
le comptable/la comptable *accountant*, 2

le comptoir *trading post*, 3
le concours *competitive exam*, 6
le conducteur/la conductrice *driver*, 10
conduire *to drive*, 8
la conduite *behavior / comportment*, 3
les confettis, (m. pl.) *confetti*, II
confier *to entrust*, 8
confirmer *to confirm*, 10
la confiture *jam*, I
le conflit *conflict*, 3
conjointe *joint*, 4C
conjurer *to beg*, 3
connaître *to know*, II
conquérir *to conquer*, 3G
la conquête *conquest*, 3
consacré(e) *devoted*, 6
le conseil *advice*, 3
conseiller *to advise*, I
le conseiller/la conseillère d'éducation *school counselor*, 1; le conseiller familial *family counselor*, 4
consentir *to agree, to consent*, 4
la conséquence *consequence*, 7
la conservation *preservation*, 7
conserver *to keep*, 6
la consigne *baggage locker*, I; *order*, 2; les consignes de sécurité, (f. pl.) *safety procedures*, 10
consommer *to consume/eat*, II
le constat *report*, 8
le constructeur *builder*, 10
construire *to build*, 1G
contacter *to contact*, 8
le conte *tale*, 3
contenir *to contain*, 7
content(e) *happy*, II
le conteur *storyteller*, 3g
continuer *to continue*, I
la contravention *fine*, 8
contre *against*, 8
le contrôleur *ticket collector*, I
convaincre *to convince*, 7
convenir *to agree*, 3
se convertir *to become converted*, 3G
le copain/la copine *friend*, 1
le coquillage *sea shell*, 9
la coquille *shell*, 9
le corail *coral*, 5
la corde *rope*, 5
le corps *body*, II
la correspondance *connecting flight / connection*, I
corriger *to correct*, I
la Corse *Corsica*, 1G
la corvée *chore*, I
le costume *suit*, I
la côte *coast*, 7

le coteau *hill*, 10
le **coton** *cotton*, I
le **cou** *neck*, II
se **coucher** *to go to bed*, II
le coucher de soleil *sunset*, 2
la **couchette** *built-in bunk*, I
le couillon *idiot*, 1
la **coulée de lave** *lava flow*, 7
couler *to run/to drip, to flow* II
la **couleur** *color*, I
le couloir *hallway*, 7
la **country** *country music*, II
le **coup** *blow*, 6; **le coup
    d'état** *hostile take over*, 3; **le
    coup de foudre** *love-at-first-
    sight*, 4
coupable *guilty*, 3
couper *to cut*, II; **couper (les
    cheveux)** *to cut (hair)*, 2; **se
    couper** *to cut oneself*, II
le **coupe-vent** *windbreaker*, I
la **cour de récré(ation)** *schoolyard*, II
Courage,... *Cheer up,...*, 5
le **courant** *current*, 7
la **courge** *gourd*, 7
la **courgette** *zucchini*, II
courir *to run*, II
couronner *to crown*, 1G
le **courrier** *mail*, 6; **le courrier des
    lecteurs** *letters to the Editor*, 6
le **cours** *class(es)*, 1
court(e) *short (length)*, II
le **cousin/la cousine** *cousin*, II
le **couteau** *knife*, I
coûter *to cost*, I
le **couturier/la couturière** *fashion
    designer*, 2
le **couvert** *table setting*, I
la **couverture** *cover*, 6
la couverture *blanket*, 7
couvrir *to cover*, 3G
craindre *to fear*, 5
la crainte *fear*, 8
le cratère *crater*, 3G
la cravate *tie*, I
le **crayon** *pencil*, I
le **crayon (de couleur)** *(colored)
    pencil*, I
créatif(-ive) *creative*, I
créer *to create*
la **crème à raser** *shaving cream*, II;
    la crème solaire *sunscreen*, II
la crémerie *dairy market*, II
creuser *to dig*, 7C
creux/creuse *empty, hollow*, 10
la **crevette** *shrimp*, II
la **critique** *critic*, 6; **le/la critique
    d'art** *art critic*, 9
le **crocodile** *crocodile*, 5
croire (à) *to think/to believe (in)*,
    II; **croire que** *to think that*, 7

la croisade *crusade*, 1G
le **croissant** *croissant*, I
le **croque-monsieur** *toasted ham
    and cheese sandwich*, II
le **croquis** *sketch*, 9
la **croyance** *belief*, 3
la cruauté *cruelty*, 8
cube *cubic*, 7
cueillir *to pick/to gather*, 5
la **cuillère** *spoon*, I
la **cuillerée à café** *teaspoon*, II;
    **la cuillerée à
    soupe** *tablespoon*, II
le cuir *leather*, I
la **cuisine** *cooking, kitchen* I
le **cuisinier/la cuisinière** *cook*, 2
culinaire *culinary*, 1G
Culture *Arts page*, 6
le **curriculum vitæ** *resumé*, 2
le **cybercafé** *Internet café*, I
le **cyclone** *hurricane*, 7

d'abord *first*, I
D'accord. *Okay.*, II
d'ailleurs *besides*, 4
D'après toi,... *In your
    opinion,...*, 4
D'un côté... d'un autre... *On one
    hand . . . on the other hand . . .*, 7
le Danemark *Denmark*, II
le **danger** *danger*, 3; **en danger** *in
    danger*, 3
dangereux(-euse) *dangerous*, II
danois(e) *Danish*, II
dans *in/inside*, II; **dans le cadre
    de** *in the context of*, 2; **dans
    le nord de** *in the north of*, 5;
    dans un pays lointain *in a far
    away country*, 3; **Dans..., il y
    a...** *In . . ., there is . . .*, I
la danse *dancing*, 9
le **danseur/la danseuse** *dancer*, 9
danser *to dance*, I
d'après moi *according to me*, I
le **dauphin** *dolphin*, 5
de *of/from + city, feminine
    country*, I; **de bonne
    heure** *bright and early*, II; **de
    bonne/mauvaise humeur** *in
    a good/bad mood*, 4; **de la/l'** *of
    the*, I; **de la/l'** *some, from*, II;
    De quelle couleur sont...? *What
    color are . . .?*, II; **De quoi ça
    parle?** *What's it about?*, II;
    De quoi tu as besoin? *What
    do you need?*, I; **de temps en
    temps** *from time to time*, I

débarquer *to disembark*, 10
débarrasser *to clear
    (something)*, I; **débarrasser la
    table** *to clear the table*, I
le **débat télévisé** *televised debate*, 8
le **déboire** *difficulty*, 3
débutant(e) *beginner*, 2
le **décalage horaire** *time
    difference*, 10
décembre *December*, I
le **déchet** *waste*, 10
décidé(e) *determined*, 4
déclarer (que) *to declare (that)*, 3
décoller *to take off*, 10
la **décolonisation** *decolonization*, 3
le **décor** *scenery/set*, 9
le **décorateur/la décoratrice** *interior
    designer*, 2
décoratif(-ive) *ornamental,
    decorative*, 9
la **décoration** *decoration*, II
décorer *to decorate*, II; **décorer
    la salle** *to decorate the
    room*, II
découvrir *to discover*, 5G
le **décret** *executive order*, 9G
décrire *to describe*, 9G
décrocher *to pick up*, 2
déçu(e) *disappointed*, 4
la **déesse** *goddess*, 3
défaire *to undo*, 9
défendre *to protect, to defend*, 5G
Défense de... *You musn't . . .*, 5
déferler *to break (waves)*, 1L
le **défilé** *parade*, II
définir *to define*, 8
la **déforestation** *deforestation*, 7
les **dégâts,** (m. pl.) *damage*, 7
dehors *outside*, 10
déjà *already*, II
le **déjeuner** *lunch*, I
Délicieux(-euse)! *Delicious!*, I
le **deltaplane** *hang gliding*, 5
délivrer *to rescue*, 3
demain *tomorrow*, I
se **demander** *to wonder*, II;
    demander un prêt *to apply for
    a loan*, 4
se **démarquer** *to differentiate oneself
    from*, 2C
démarrage *home (Internet)*, II
démarrer *to start up*, II
déménager *to move (location), to
    move out*, 3
demeurer *to stay*, 3; *to
    remain*, 6
demi(e) *half*, I
le **demi-frère** *half-brother*, I
la **demi-pension** *room with
    breakfast and one meal*, 1
la **demi-sœur** *half-sister*, I

démissionner *to resign,* 8

la démocratie *democracy,* 8

démonter la tente *to take down the tent,* II

la **dentelle** *lace,* 7G

le **dentifrice** *toothpaste,* II

le **dentiste** *dentist,* II

les **dents,** (f. pl.) *teeth,* II

le **déodorant** *deodorant,* II

le **départ** *departure,* I

dépasser *to pass beyond,* 3

se **dépêcher** *to hurry,* II

Dépêche-toi! *Hurry up!,* II

dépendre *to depend,* II

dépenser *to spend,* 7

déposer *to deposit,* I

la **dépouille** *skin,* 8

déprimant(e) *depressing,* II

depuis *since/ago* II

le **député/la députée** *congressman/congresswoman,* 8

déranger *to disturb,* I

dernier(-ière) *last/latest,* II

derrière *behind,* I

des *of the,* I; *some, from,* II

dès *as early as,* 7

le **désastre** *disaster,* 3

descendre *to go down/to get out,* II; **descendre des rapides** *to shoot the rapids,* 5

le **désert** *desert,* 7

se **déshabiller** *to get undressed,* II

le **désinfectant** *disinfectant,* II

désirer *to want,* I

désolé(e) *sorry,* I

Désolé(e), je n'ai pas le temps. *Sorry, I don't have the time.,* II

despotique *tyrannical,* 8

le **dessin** *drawing,* I; **le dessin humoristique** *cartoon,* 6

dessiner *to draw,* I

le **destin** *destiny,* 10

la **destination** *destination,* I

destiné(e) *aimed,* 6

détenir *to hold/to be in possession of,* 6

détester *to hate,* II

détruire *to destroy,* 6

le **DEUG** *diploma obtained after 2 years of college,* 1

deux *two,* I

deux cent un *two hundred and one,* I

deux cents *two hundred,* I

deuxième *second,* I; **la deuxième classe** *second class,* I; **la Deuxième Guerre mondiale,** *World War II,* 3

devant *in front (of),* I

développer *to develop,* 6

devenir *to become,* 1G

Devine... *Guess...,* 4

deviner *to guess,* 4

la **devise** *motto*

devoir *to have to/must,* II

le **devoir** *duty,* 4; **le devoir,** *homework,* 1

d'habitude *usually,* I

le **diamant** *diamond,* 4

la **dictature** *dictatorship,* 8

le **dictionnaire** *dictionary,* I

le **dicton** *old saying, maxime,* 7

le **dieu** *god,* 3

différent(e) de *different from,* II

difficile *difficult,* I

diffusé(e) *distributed,* 6

digne *worth,* 4

se **diluer** *to become diluted,* 10

dimanche *Sunday,* I

dîner *to have dinner,* I

le **diplôme** *diploma,* 2

dire *to say/to tell,* II

direct(e) *live,* II

diriger *to lead/to be in charge of,* 2

le **discours** *speech,* 8

discuter (avec des amis) *to talk (with friends),* I

Dis-moi,... *Tell me, ...,* II

disparaître *to disappear,* 3

disponible (pour) *available (for),* I

se **disputer** *to argue (with one another),* 4

les **distinctions** (f. pl.) *honors,* 8

distraire *to entertain,*

le **distributeur d'argent** *cash machine,* I; **le distributeur de billets** *ticket machine,* I

dites-moi *tell me,* I

diviser *to divide,* 3G

divorcer *to divorce,* 4

dix *ten,* I

dix-huit *eighteen,* I

dix-neuf *nineteen,* I

dix-sept *seventeen,* I

le **docteur/la doctoresse** *doctor,* 2

le **document** *document,* II

le **documentaire** *documentary,* II

le **documentaliste/la documentaliste** *librarian,* II

le **doigt** *finger,* II; **le doigt de pied** *toe,* II

le **domicile** *residence,* 10

dominer *to master,* 3; *to overlook,* 8

le **don** *gift,* 6

donc *therefore,* 7

donner *to give,* I; **donner carte blanche à quelqu'un** *to give someone free choice,* 4; **donner la mesure** *to set the tempo,* 9; **se donner rendez-vous** *to make a date (with one another),* 4

Donnez-moi... *Give me...,* I

dormir *to sleep,* II

le **dos** *back,* II

la **douane** *customs,* 10

le **doublage** *dubbing, doubling,* 3

le **doubleur/la doubleuse** *dubber,* 3

doucement *slowly,* 10

la **douceur** *softness,* 10

la **douche** *shower,* II

la **douzaine d'œufs** *a dozen eggs,* II

douze *twelve,* I

le **dramaturge** *playwright,* 9

le **drame** *drama,* II

le **drap** *cloth,* 3; *sheet,* 7

le **drapeau** *flag,* 3

le **dressage** *training,* 1C

dresser *to draw up,* 8; **dresser un constat** *to draw up a report,* 8

le **droit** *right,* 8; **le droit de vote** *right to vote,* 8

la **droite** *right,* I

drôle *funny,* II

du *of the,* I; **du** *some, from,* II

dû(e) à *due to,* 7

du... au *from the . . . to the . . . ,* I

le **duo** *duet,* 3

dur(e) *hard,* 6

durable *lasting,* 9

la **durée (de)** *period (of),* 2

durer *to last,* 6

du reste *moreover,* 2C

le **DVD** *DVD,* I

l' **eau,** (f.) *water,* I; **l'eau minérale,** (f.) *mineral water,* I

échanger *to exchange,* 4

échapper *to escape,* 8

l' **écharpe,** (f.) *winter scarf,* I

l' **échec,** (m.) *failure,* 9

les **échecs,** (m. pl.) *chess,* I

l' **éclair,** (m.) *lightning flash,* 7

s' **éclairer** *to light up,* 10

l' **éclat,** (m.) *shine,* 7

éclater *to burst / to erupt,* 3

l' **école,** (f.) *school,* I

l' **écologiste,** (m./f.) *environmentalist,* 7

l' **Économie** (f.) *business page,* 6

écouter *to listen,* I; **écouter de la musique** *to listen to music,* I

les **écouteurs,** (m. pl.) *headphones,* I

Écoutez! *Listen!,* I

l' **écran,** (m.) *screen,* II

écrasé(e) *squashed,* 10

s' écraser *to crash,* 2
l' écrevisse, (f.) *crawfish,* 5
écrire *to write,* II
écrit(e) *written,* 6
l' écriture, (f.) *writing,* 6
l' écrivain, (m.) *writer,* 9G
l' écureuil, (m.) *squirrel,* 5
édicter *to enact, to edict,* 6
l' édifice, (m.) *building,* 7G
l' édition, (f.) *edition,* 6
l' éducation musicale, (f.) *music education,* I
effacer *to erase,* I
effectuer *to carry out,* 6; **effectuer (une année d'études)** *to complete (a year of studies),* 2
l' effet, (m.) *effect,* 7; **l'effet de serre, (m.)** *greenhouse effect,* 7
effrayer *to scare,* 8
l' égalité *equality*
l' église, (f.) *church,* I
l' électeur/l'électrice *voter,* 8
l' élection, (f.) *election,* 8
électoral(e) *electoral,* 8
l' électricien/ l'électricienne *electrician,* 2
électriser *to thrill,* 6
l' électroménager, (m.) *appliances,* 7
élégant(e) *elegant,* I
l' élevage, (m.) *breeding,* 1
l' élève, (m./f.) *student,* 1
élevé(e) *high,* 3G
élire *to elect,* 3
elle *she,* I; **Elle est comment,...?** *How is ...?,* I
elles *they (fem),* I
élu(e) *elected,* 8
l' e-mail, (m.) *e-mail,* I
s' émanciper *to free oneself*
emballer *to wrap,* II; **emballer les cadeaux** *to wrap the presents,* II
embarquer *to board,* 10
emboutir *to crash into,* 6
embrasser *to kiss, to hug,* 10
émigrer *to emigrate,* 5G
l' émission de variétés, (f.) *variety show,* II
les **émissions télé,** (f. pl.) *television programs,* II
emménager *to move in,* 4
emmener *to lead, to take,* 8
empêcher *to prevent,* 9G
l' empereur, (m.) *emperor,* 3
l' empire, (m.) *empire,* 3
empirer *to worsen,* 7
l' emploi, (m.) *job,* 2; **l'emploi du temps** *schedule,* 1
l' employé(e), (m./f.) *employee,* I

emporter *to take (with),* II
l' empreinte, (f.) *print,* 1
l' emprunt, (m.) *loan,* 4
emprunter *to borrow,* 1; **emprunter (des livres)** *to borrow (books),* 1
en *to/at + feminine country,* I; **en** *in/to,* II; **en** *some of it (them)/any of it (them),* II; **en argent** *(of) silver,* I; **en avance** *early,* I; **en baisse** *dropping,* 6; **en bas** *downstairs,* I; **en bus** *by bus,* I; **En ce qui me concerne...** *As far as I'm concerned ...,* 8; **en colère** *angry,* 6; **en dehors** *outside,* 9; **en face de** *across from,* I; **en grève** *on strike,* 6; **en haut** *upstairs,* I; **en jean** *(of) denim,* I; **en laine** *(of) wool,* I; **en lin** *(of) linen,* I; **en même temps (que)** *at the same time (as),* II; **en métro** *by subway,* ; **en or** *(of) gold,* I; **en premier** *first/firstly,* II; **en principe** *theoretically,* 7; **en provenance de** *from,* I; **en quel mois** *which month,* I; **En quelle saison...?** *In which season ...?,* I; **en quête de** *in pursuit of,* 3; **en retard** *late,* I; en route *on the way,* 5C; **en solde** *on sale,* I; **en taxi** *by taxi,* I; **en train de** *in the process of,* II; **en voiture** *by car,* I
encadrer *to frame,* 9
enchaîner *to continue,* 2
enchanté(e) *enchanted,* 3; **Enchanté(e)!** *Delighted!,* I
encore *more,* I; *yet/again,* I
encourager *to encourage,* I
endommager *to damage,* 7
s' **endormir** *to fall asleep,* II
endurant(e) *enduring, resistant*
l' énergie, (f.) *energy,* 7
énervé(e) *annoyed,* 4
énerver *to annoy,* II; **s'énerver** *to get annoyed,* 4
l' enfance, (f.) *childhood,* 4
l' enfant, (m./f.) *child,* I
enfermer *to shut, to confine,* 9
enfler *to swell,* 9
englober *to include,* 2C
engloutir *to swallow,* 1L
l' enjambée, (f.) *step,* 2
enlever *to remove,* 6; **enlever ses vêtements** *to take off one's clothes,* II

l' **ennemi(e)** *enemy,* 3
ennuyeux(-euse) *boring,* II
enregistrer *to record,* 6; *to check in,* 10
s' **enrouler** *to wrap (oneself),* 3
enseigner *to teach,* 7
ensemble *together,* 4
l' ensemble *whole,* 4
ensuite *then/next,* II
entendre *to hear,* I; **entendre parler de** *to hear about,* 6
l' entraînement, (m.) *training,* 1
entre *between,* I; **Entre parenthè-ses,...** *Incidentally,... .,* 9; **entre... et** *between ... and (in between),* I
l' entrée (f.) *entry hall,* 7
entreprendre *to undertake,* 2
entre autres *among others,* 4
entrer *to enter,* II
entretenir *to take care of,* 10
l' entretien, (m.) *interview,* 2; *maintenance,* 10
l' entrevue, (f.) *interview,* 2
l' enveloppe, (f.) *envelope,* I
environ *approximately,* II
l' environnement, (m.) *environment,* 7
l' envol, (m.) *taking flight,* 1
s' envoler *to take off,* 9
envoûtant(e) *entrancing, bewitching,* 10
envoyer *to send,* II; **envoyer des e-mails** *to send e-mails,* I; **envoyer les invitations** *to send the invitations,* II
l' éolienne, (f.) *windmill,* 7
épaissir *to thicken,* 5
l' épaule, (f.) *shoulder,* II
l' épée, (f.) *sword,* 3
épeler *to spell,* I
l' épicerie, (f.) *grocery store,* II
les **épices,** (f. pl.) *spices,* II
l' épicier/l'épicière *grocer,* II
éponger *to wipe (the sweat),* 2
l' épouse (f.) *spouse,* 4
épouser *to marry,* 7G
l' EPS (éducation physique et sportive), (f.) *Physical education (P.E.),* I
l' épreuve, (f.) *test,* 1
l' épuration, (f.) *purification,* 7C
l' équilibre *balance,* 6
équilibré(e) *balanced,* II
l' équipage, (m.) *crew,* 10
l' équipe, (f.) *team,* 6
l' équipement, (m.) *equipment,* 5
équiper *to equip,* 7
l' équitation, (f.) *horse riding*
l' équité, (f.) *equity,* 3
l' errance, (f.) *wandering,* 3
l' éruption, (f.) *eruption,* 7

Glossaire français–anglais

Glossaire français-anglais

l' **escalade,** (f.) *mountain climbing,* II
l' **escale,** (f.) *stopover, layover,* 10
l' **escalier,** (m.) *staircase,* I
l' esclavage, (m.) *slavery*
l' esclave, (m.) *slave*
l' **Espagne,** (f.) *Spain,* 10
espagnol(e) *Spanish,* II
l' **espèce,** (f.) *species,* 5
l' **espérance,** (f.) *hope,* 9
espérer *to hope,* II
l' **esprit** (m.) *spirit,* 4
les **essais nucléaires** (m.) *nuclear testing,* 9G
essayer *to try (on),* I
l' **essence,** (f.) *gasoline,* 7; **l'essence sans plomb,** (f.) *unleaded gasoline,* 10
les **essuie-glaces,** (m. pl.) *windshield wipers,* 10
est-ce que *is it that/does,* II
estimer *to estimate,* 7; **s'estimer** *to have a high opinion of oneself,* 8
l' **estomac,** (m.) *stomach,* II
Es-tu en forme? *Are you in shape?,* II
l' **estuaire,** (m.) *estuary,* 5
et *and,* I; **Et toi?** *How about you? (informal),* I; **Et vous?** *How about you? (formal),* I
établir *to establish,* 3
l' **étage,** (m.) *floor,* I
l' **étagère,** (f.) *bookshelf,* I
l' étalage, (m.) *display,* 7
étancher *to quench,* 10
l' **état,** (m.) *state,* 8
l' **été,** (m.) *summer,* II
éteindre *to extinguish,* 8
s' **étendre** *to spread, to stretch,* 3G
éternuer *to sneeze,* II
l' étiquette, (f.) *label,* 10
étiqueter *to label,* 10
l' **étoile,** (f.) *star,* 2
étonner *to surprise,* 7
étouffer *to smother,* 10
étranger(-ère) *foreign,* II
étrangler *to strangle,* 3
être *to be,* II; **être amoureux(-euse)** *to be in love,* 4; **être au chômage** *to be unemployed,* 2; **être au courant de** *to be aware of,* 6; être d'accord *to agree,* 4; **être en baisse** *to be falling,* 6; **être en colère** *to be angry,* 6; **être en forme** *to be in shape/healthy,* II; **être en retard** *to be late,* II; **être en retenue** *to be in detention,* II; **être engagé(e)** *to be hired,* 2; **être fatigué(e)** *to be tired,* II;

être fiancé(e) *to be engaged,* 4; **être licencié(e)** *to be fired,* 2
étroit(e) *tight,* I
l' **étudiant/l'étudiante** *student,* 2
étudier *to study,* I
évacuer *to evacuate,* 7
s' **évanouir** *to vanish,* 10
l' **évasion,** (f.) *escape,* 9G
éventuel(le) *possible,* 4
évidemment *obviously,* II
éviter *to avoid,* 6
évoluer *to move around,* 5
s' **exalter** *to grow excited,* 7
Excellent(e)! *Excellent!,* II
Excusez-moi *Excuse me,* I
exécuter *to execute, to carry out,* 8
l' **exercice,** (m.) *activity,* I; *exercise,* II
exiger *to require,* 10
existant(e) *existing,* 10
expliquer *to explain,* 9
l' **explorateur,** (m.) *explorer,* 3
explorer *to explore,* 3
exposer *to unfold,* 7; *to exhibit,* 9
l' **exposition,** (f.) *exhibit,* 6
exprimer *to express,* 5
expulser *to expel,* 5G
l' **extrait,** (m.) *excerpt,* 2
l' **extraterrestre,** (m./f.) *extraterrestrial,* 6

F

la **fable** *fable,* 3
fâché(e) *angry,* 4
facile *easy,* I
la **façon** *manner,* 6
le **facteur** *mail carrier,* I
faire *to do/to make,* II; **faire (la France)** *to visit (France),* I; **faire cuire** *to cook/to bake,* II; **faire de l'alpinisme** *to mountain climb,* 5; **faire de l'escalade** *to mountain climb,* II; **faire de la balançoire** *to swing,* II; **faire de la musculation** *to lift weights,* II; **faire de la photo** *to do photography,* 1; **faire de la planche à voile** *to windsurf,* II; **faire de la plongée sous-marine** *to go scuba diving,* 5; **faire de la randonnée** *to go hiking,* 1; **faire de la vidéo amateur** *to make amateur videos,* II; **faire de la voile** *to go sailing,* II; **faire des activités** *to do activities,* 1; **faire des châteaux de sable** *to*

make sandcastles, II; **faire des clés** *to make keys,* 2; **faire des études** *to study,* 2; **faire des farces** *to play practical jokes,* II; **faire des heures supplémentaires** *to work overtime,* 2; **faire du skate** *to skateboard,* 1; **faire du canoë-kayak** *to go canoeing/kayaking,* 5; **faire du deltaplane** *hang gliding,* 5; **faire du manège** *to go on a carousel,* II; **faire du parachutisme** *parachuting,* 5; **faire du rafting** *to go rafting,* 5; **faire du sport** *to play sports,* I; **faire du théâtre** *to do theater/drama,* II; **faire escale** *to make a stopover,* I; ; faire la connaissance de *to meet so./to get acquainted with so.,* 2; **faire la cuisine** *to cook,* I; **faire la fête** *to party,* I; **faire la lessive** *to do the laundry,* I; **faire la poussière** *to dust,* II; **faire la queue** *to stand in line,* I; **faire la révision** *to have one's car checked,* 10; **faire la sieste** *to take a nap,* II; **faire la vaisselle** *to do the dishes,* I; **faire le ménage** *to clean the house,* II; **faire le plein** *to fill up,* 10; **faire le tour du monde** *to take a world tour,* II; **faire le tour du monde à la voile** *to sail around the world,* 5; **faire les courses** *to go grocery shopping,* II; **faire les magasins** *to go shopping,* 1; **faire les valises** *to pack the bags,* I; faire mouvoir *to put in motion,* 8; **faire naufrage** *to wreck,* 7; faire partie de *to be part of,* 7G; **faire sa toilette** *to clean (oneself) up,* II; faire semblant *to pretend,* 10; **faire ses devoirs** *to do one's homework,* II; **faire son lit** *to make one's bed,* I; **faire un apprentissage** *to train/to have an apprenticeship,* 4; **faire un emprunt** *to apply for a loan,* 4; **faire un feu de camp** *to make a campfire,* II; **faire un pique-nique** *to go on a picnic,* I; **faire un séjour** *to stay/to sojourn,* II; **faire un stage** *to be in training/to do an internship,* 2; **faire un voyage** *to take a trip,* I; **faire un voyage organisé** *to take an organized trip,* II; **faire une demande de visa** *to*

apply for a visa, II; **faire une expérience** *to do an experiment,* II; **faire une randonnée** *to go hiking,* II; **faire une recherche** *to do a Web search,* II; **faire une réservation** *to make a reservation,* II; **faire une visite guidée** *to take a guided tour,* II; **se faire vacciner** *to get vaccinated,* II
les faits divers, (m. pl.) *miscellaneous news,* 6
falloir *to have to/to be necessary,* II
la famille *family,* II
fantastique *fantastic / fantasy,* 3
le fantôme *ghost,* 3
la farine *flour,* II
fascinant(e) *fascinating,* I
fatigué(e) *tired,* 7
la fatuité *self-conceit,* 3
la faune˜ *fauna,* 5
le fauteuil *armchair,* I; **le fauteuil pliant** *folding chair,* II
faux *off-key,* 9
faux(fausse) *false,* 8
les favoris, (m. pl.) *favorites (Internet),* II
fécond(e) *fertile/fruitful,* 5
la fée *fairy,* 3
féliciter *to congratulate,* 7
féminin(e) *feminine/female,* 6
la femme *wife,* I; *woman,* 4
la fenêtre *window,* II
le fer *iron*
la ferme *farm,* II
fermer *to close,* I
le fermier/la fermière *farmer, 2*
le festin *banquet,* 3
la fête *party / holiday,* II; **la fête des mères** *Mother's Day,* II; **la fête des pères** *Father's Day,* II; **la fête nationale** *national holiday,* II
fêter *to celebrate,* 1G
le feu *traffic light,* I; **le feu** *fire,* 7; **le feu de camp** *campfire,* 7
la feuille *sheet,* I; *leaf,* II; **la feuille de papier** *piece of paper,* I
le feuilleton *television series,* II
les feux d'artifice, (m. pl.) *fireworks,* II
février *February,* I
se fiancer *to get engaged,* 4
le fichier *file,* II
fidèle *faithful,* 2
fiévreux(-euse) *feverish,* 10
se figurer *to imagine,* 4
Figure-toi que *Imagine that,* II
la fille *girl, daughter,* I; **la fille unique** *only daughter,* I
le film *film/movie,* II; **le film classique** *classic movie,* II; **le**

film d'action *action movie,* II; **le film d'aventures** *adventure movie,* II; **le film d'espionnage** *spy movie,* II; **le film d'horreur** *horror movie,* II; **le film de guerre** *war movie,* II; **le film de science-fiction** *science-fiction movie,* II; **le film étranger** *foreign film,* II
le fils *son,* I; **le fils unique** *only son,* I
la fin *end,* 3
fin(e) *slender,* 6
finalement *finally,* II
finir *to finish,* II
le flacon *perfume bottle, flask,* 10
le flamant rose *flamingo,* II
flamboyant(e) *blazing,* 7
flatteur(-euse) *flattering,* 6
la fleur *flower,* II
le fleuriste *flower shop,* I
le fleuve *river,* II
la flore *flora,* 5
le flot *wave, flood, tide,* 5
flotter *to float,* 7
la fois *time,* I; **...fois par...** *... times a ...,* II
foncé(e) *dark,* I
le fonctionnaire *civil servant,* 8
fonder *to found,* 6
les fonds marins, (m. pl.) *sea floor,* 9G
le football *soccer,* I
la force *force/strength,* 7
la forêt *forest,* II
le forfait *set price,* 10
la formation *training,* 2
la formule *incantation/phrase,* 3
fort(e) *stout strong,* I
fou(folle) *crazy,* 10
le foulard *scarf,* I
la foule *crowd,* II
se fouler la cheville/le poignet *to twist one's ankle/wrist,* II
le four *oven,* II
la fourchette *fork,* I
fournir *to supply,* 1
la fourniture *supply,* I; **les fournitures scolaires** (f. pl.) *school supplies,* I
le foyer *home,* 3
la fraîcheur *coolness/chilliness,* 10
frais (fraîche) *cool,* 4
la fraise *strawberry,* II
la framboise *raspberry,* II
le français *French (language),* 1
français(e) *French,* 1
la France *France,* II
franchement *honestly,* I
frappant(e) *striking*
la fraternité *brotherhood*

le frein à main *hand brake,* 10
freiner *to brake,* 10
frénétiquement *with frenzy, madly,* 7
le frère *brother,* II
friable *friable, crumbly,* 7
les frites, (f. pl.) *fries,* I
froid(e) *cold,* I
le fromage *cheese,* I
la fromagerie *cheese market,* II
le front *forehead,* II
la frontière *border,* 7G
le fruit *fruit,* II; **les fruits de mer,** (m. pl.) *seafood,* II; **les fruits secs** *dried fruit,* II
la fumée *smoke,* 7
fumer *to smoke,* II
furieux(-euse) *furious,* 4
la fusée *rocket,* 5

G

gagner *to win,* II; **gagner de l'argent** *to earn money,* 2
la galerie d'art *art gallery,* 9
le gant *glove,* I
le garage *garage,* I
le garçon *boy,* I
le garde-manger *pantry,* 3
garder des enfants *to babysit,* II
la gare *train station,* I
garer *to park,* 10
le gasoil *diesel,* 10
gaspiller *to waste,* 7
le gâteau *cake,* 2
la gauche *left,* 8
gaulois(e) *Gallic, of Gaul,* IG
le gaz *natural gas,* 7
le géant/la géante *giant,* 3
le gel douche *shower gel,* II
la gêne *constraint,* 8
gêné(e) *embarrassed,* 4
généreux(-euse) *generous,* I
génial(e) *great,* I
le génie *genie,* 3
génial(e) *genius,* 2
le genou *knee,* II
le genre *genre,* 9
gentil(le) *sweet,* II
la géographie *geography,* I
le gibier *game,* 3
gigoter *to kick,* 1
le gilet de sauvetage *life jacket,* 5
la glace *ice cream,* II
glacé(e) *icy,* 10
la glacière *ice cooler,* I
la glissade *slip, slide,* 5
le glissement de terrain *landslide,* 7
glisser *to slide, to slip,* 10
la gomme *eraser,* 4

gommer *to erase,* 10
gonfler *to grow,* 7
la gorge *throat,* II
le goudron *tar* 10
la gourde *canteen,* 1
le goût *taste,* 6
le gouvernement *government,* 8
gouverner *to rule,* 1G
grâce à *thanks to,* 6
grand(e) *big/tall,* II
la grande surface *superstore,* I
grandiloquent(e) *pompous,* 10
grandir *to grow (up),* I
la grand-mère *grandmother,* II
le grand-parent *grandparent,* I
le grand-père *grandfather,* II
la grange *barn,* II
gratuit(e) *free,* 6
grave *serious,* 4
graver *to burn (a CD),* II
le graveur de CD/DVD *CD/DVD
burner,* II
gravir *to climb,* 6
la gravure *etching,* 9
grec(grecque) *Greek,* II
la Grèce *Greece,* II
la grêle *hail,* 7
la grenadine *pomegranate syrup,* II
la grenouille *frog,* 5
grésiller *to chirp,* 7
la grève *strike,* 6
la griffe *label, signature,* 6
grimper aux arbres *to climb
trees,* II
grincer *to grate,* 10
gris(e) *gray,* I
gros(se) *fat,* I
le (gros) titre *headline,* 6
grossir *to gain weight,* II
la grotte *cave,* 5
la guêpe *wasp,* 5
la guerre *war,* 1G
le guichet *window/counter/ticket
office,* I
le guide *guidebook,* II, *guide,* 5
guidé(e) *guided,* II
guillotiner *to guillotine*
la guitare *guitar,* II
le gymnase *gymnasium,* II

habile *skilled,* 9
s' habiller *to get dressed,* II
l' habit (m.) *clothes,* 3
habiter *to live,* I
le hall *lobby,* I; **le hall
d'arrivée** *arrival hall,* 10
la halte *stop,* 5

Hanoukkah *Hanukkah,* II
les haricots verts, (m. pl.) *green
beans,* II
la hâte *haste,* 7
hâtif(-ive) *hasty, hurried,* 5
haut(e) *high,* I
la haute couture *high fashion,* 2
l' hebdomadaire, (m.) *weekly
publication,* 6
l' herbe (f.) *grass, herb* 7
le hérisson *hedgehog,* 3
l' héroïne, (f.) *heroine,* 3
héroïque *heroic,* 3
le héron *heron,* 5
le héros *hero,* 3
l' heure, (f.) *hour,* I; **des heures
supplémentaires** *overtime,* 2
heureusement *fortunately,* II
heureux(-euse) *happy,* 4
hier *yesterday,* I
le hip-hop *hip-hop,* II
l' histoire, (f.) *history,* I; *story,* 3
l' hiver, (m.) *winter,* I
le hockey *hockey,* I
l' honneur (m.) *honor,* 8
l' hôpital, (m.) *hospital,* I
l' horaire, (m.) *schedule,* I
l' horloge, (f.) *clock,* 7
l' horlogerie, (f.) *clock trade,* 7
l' horodateur, (m.) *parking stub
machine,* 10
horrible *horrible,* I
hors *apart,* 10
l' hôtel, (m.) *hotel,* 1
l' hôtesse, (f.) *stewardess,* I,
l'hôtesse de l'air, (f.) *flight
attendant,* 10
le hublot *window,* 3
l' huile (d'olive), (f.) *(olive) oil,* II
huit *eight,* I
l' huître, (f.) *oyster,* II
humain(e) *human,* 3
l' humeur,(f.) *mood,* 4; **de bonne/
mauvaise humeur** *in a good/
bad mood,* 4
hybride *hybrid,* 7
l' hymne national, (m.) *national
anthem,* II

l' identité, (f.) *identification,* 8
l' iguane, (m.) *iguana,* 5
il *he,* I; **Il/Elle coûte
combien,...?** *How much does . . .
cost?,* I; **Il/Elle coûte...** *It costs
. . .,* I; **Il/Elle est brun(e)** *He/
She has brown hair.,* I; **Il/Elle
est comment...?** *How is . . .
?,* I; **Il/Elle est horrible.** *It's
horrible.,* I; **Il/Elle est très...** *He/
She is very . . .,* I; **Il/Elle me
va,...?** *How does . . . fit me?,* I;
Il/Elle n'est ni... ni... *He/She
is neither . . . nor . . .,* I; **Il/Elle
s'appelle...** *His/Her name is
. . .,* I; **Il/Elle te plaît,...?** *Do
you like . . .?,* I; **Il aime...** *He
likes . . .,* II; **Il en a déjà
plein.** *He already has plenty of
them.,* II; **Il est bon/Elle est
bonne,...?** *Is the . . . good?,* I;
; **Il est deux heures dix.** *It is
ten past two.,* I; **Il est deux
heures.** *It is two o'clock.,* I; **Il
est deux heures et demie.** *It
is two thirty.,* I; **Il est deux
heures et quart.** *It is a quarter
past two.,* I; **Il est génial!** *It's
great!,* II; **Il est important
que tu le désinfectes.** *It is
important that you disinfect
it.,* II; **Il est interdit de...** *It
is forbidden to . . .,* 5; **Il est
midi.** *It is noon.,* I; **Il est
minuit.** *It is midnight.,* I; **Il/
Elle est persuadé(e) que...** *He/
She's convinced that . . .,* 6; **Il
est possible/probable que...** *It's
possible that . . .,* 6; **Il est
probable que...** *It's likely that .
. .,* 8; **Il est temps de...** *It's time
to . . .,* II; **Il est trois heures
moins le quart.** *It is quarter till
three.* ; **Il est trois heures moins
vingt.** *It is twenty till three.;* **Il
est une heure.** *It is one o'clock.;*
Il était une fois... *Once upon
a time . . .,* 3; **Il faisait...** *The
temperature was . . .,* 1; **Il fait
beau.** *It's nice outside.,* I;
Il fait chaud. *It's hot.,* I; **Il
fait froid.** *It's cold.,* I; **Il fait
mauvais.** *It's bad weather.,* I;
**Il faudrait que tu fasses du
yoga.** *You should do yoga.,* II;
Il faudrait que... *It would be
necessary for . . . to . . .,* 2; **il
faut** *it is necessary,* II; **Il faut
que je me fasse vacciner avant
de partir au Sénégal.** *I have
to get vaccinated before going
to Senegal.,* II; **Il faut que tu
achètes un médicament.** *You
need to buy medicine.,* II;
Il m'a expliqué que... *He
explained to me that . . .,* 8;
Il me faut... *I need . . .,* II;
Il me semble que... *It seems*

to me that . . ., 6; **Il n'est pas mal.** *It's not bad.*, 9; **Il n'y a pas d'histoire.** *There's no story.*, II; **Il ne faut surtout pas oublier nos chèques de voyage.** *We especially must not forget our traveler's checks.*, II; **Il neige.** *It's snowing.*, I; **Il n'y en a pas.** *There aren't any.*, I; **Il pleut.** *It's raining.*, I; **Il se peut que...** *It might . . .*, 6; **Il te faut autre chose?** *Do you need anything else?*, II

il y a *since/ago/for*, II; *There is/are...*, II; **Il y a beaucoup de suspense.** *There's a lot of suspense.*, II; **il y a bien longtemps** *a long time ago*, 3; **Il y a des nuages.** *It's cloudy.*, I; **Il y a du soleil.** *It's sunny.*, I; **Il y a du vent.** *It's windy.*, I; **Il y avait...** *There were . . .*, II; **Il y en a...** *There are . . . of them.*, I

Il/Elle est... *He/She is . . .*, II; **Il/Elle est comment, ton ami(e)?** *What is your friend like?*, II

Il/Elle ne te va pas du tout. *It doesn't suit you at all.*, I

l' **île**, (f.) *island*, 5

illustrer *to illustrate*, 2

l' **îlot**, (m.) *small island*, 9G

ils *they (masc.)*, I

Ils/Elles sont comment,...? *What are . . . like?*, I; **Ils/Elles sont soldé(e)s à...** *They are on sale for . . .*, I; **Ils ont l'air de...** *They seem . . .*, 9; **Ils sont...** *They are . . .*, II

Ils vécurent heureux et eurent beaucoup d'enfants. *They lived happily ever after and had many children.*, 3

l' **iguane**, (m.) *iguana*, 5

l' **immeuble**, (m.) *apartment building*, I

l' **immigrant(e)** *immigrant*, 8

immobile *motionless, unmoved*, 9

l' **imperméable**, (m.) *raincoat*, I

importuner *to bother*, 3

l' **impôt**, (m.) *tax*, 1G

impressionnant(e) *impressive*

impressionner *to impress*, 4

l' **imprimante**, (f.) *printer*, II

imprimer *to print*, II

l' **imprimerie** (f.) *printing*, 8

les **impuretés**, (f. pl.) *impurities*, 7

l' **inégalité**, (f.) *inequality*, 4

inamovible *irremovable*, 8

l' **incendie**, (m.) *fire*, 7

l' **inconvénient**, (m.) *disadvantage*, 7

l' **Inde**, (f.) *India*

l' **indépendance**, (f.) *independence*, 3

indifférent(e) *indifferent*, 4

l' **indigène**, (m.) *native*, 5G

l' **infirmerie**, (f.) *nurse's office*, II

l' **infirmier/l'infirmière** *nurse*, 2

l' **informaticien(ne)** *computer scientist*, 2

les **informations**, (f. pl.) *news*, II

l' **informatique**, (f.) *computer science*, II

s' **informer** *to find out*, II; **s'informer sur Internet** *to find out/to inquire on the Internet*, II

l' **ingénieur**, (m.) *engineer*, 2

l' **inimitié**, (f.) *enmity*, 3

l' **inondation**, (f.) *flood*, 7

inquiet (-iète) *worried*, 4

inscrire *to write down*, 6

l' **insecte**, (m.) *insect*, II

insistant(e) *strong*, 7

inspirer *to inspire*, 1

installer *to install*, 2; **s'installer** *to settle, to move to* 4

instamment *earnestly*, 3

l' **instituteur/ l'institutrice** *elementary school teacher*, 2

intellectuel(le) *intellectual*, II

intelligent(e) *intelligent / smart*, II

Interdiction de... *. . . is not allowed*, 5

interdir *to forbid*, 5

intéressant(e) *interesting*, I

l' **intérêt**, (m.) *interest*, I

l' **interface**, (f.) *interface*, II

intérieur(e), (m.) *domestic*, 10

l' **international(e)** *international*, 6

l' **Internet**, (m.) *Internet*, I

l' **interprète**, (m./f.) *interpreter*, 2

l' **interro(gation)**, (f.) *quiz*, II

l' **interrupteur**, (m.) *switch*, 7

intervertir *to reverse*, 6

intriguer *to plot*, 3

inutile *useless*, 9

l' **invasion**, (f.) *invasion*, 3

l' **invention**, (f.) *invention*, 7

l' **invité(e)** *guest*, II

l' **Irlande**, (f.) *Ireland*, 1

irréel(le) *unreal*, 3G

issu(e) *born of*, 1

l' **Italie**, (f.) *Italy*, II

italien(ne) *Italian*, II

l' **itinéraire**, (m.) *itinerary / route*, II

J'adore... *I love . . .*, I

J'ai... ans. *I am . . . years old.*, II

J'ai besoin de... *I need to . . .*, II; **J'ai besoin de faire...** *I need to have . . .*, 2; **J'ai complètement oublié!** *I completely forgot!*, II; **J'ai entendu dire que...** *I heard that . . .*, 4; **J'ai grossi.** *I gained weight.*, II; **J'ai l'impression de/que...** *I have the feeling that . . .*, 9; **J'ai le nez qui coule.** *I have a runny nose.*, II; **J'ai le vertige!** *I'm dizzy!*, 5; **J'ai mal au cœur.** *I'm nauseated.*, II; **J'ai mal aux dents/à la tête/à l'estomac.** *I have a toothache/ headache/stomachache.*, II; **J'ai mal partout.** *I ache everywhere.*, II; **J'ai peur des/ que...!** *I'm afraid of/that . . .!*, 5; **J'ai sommeil.** *I'm sleepy.*, II

J'aime bien... *I like...*, I; **J'aime bien..., mais je préfère...** *I like . . ., but I prefer . . .*, 1; **J'aime mieux...** *I like . . . better.*, I

J'aimerais... *I would . . .* II

J'en suis sûr(e) *I'm sure of it.*, 7

J'espère que tu vas passer... *I hope that you have...*, II

jadis *long ago*, 3

J'adore... *I love...*, II

jamais *never*, II; **Jamais de la vie!** *Not in a million years!*, 4

la **jambe** *leg*, II

le **jambon** *ham*, I

janvier *January*, I

le **jardin** *yard/garden*, I

jaune *yellow*, I

le **jazz** *jazz*, II

je *I*, I; **Je cherche...** *I'm looking for . . .*, I; **Je cherche... pour mettre avec...** *I am looking for . . . to wear with . . .*, I; **Je déteste... j'adore...** *I hate . . . I love . . .*, 1; **Je dois...** *I must . . .*, II; **Je dois faire...** *I need to have . . .*, 2; **Je doute que...** *I doubt that . . .*, 6; **Je fais...** *I do . . .*, I; **Je fais du...** *I wear a size . . .*, I; **Je joue...** *I play . . .*, I; **Je l'ai trouvée passionnant(e)!** *I found it fascinating!*, 9; **Je l'ai gagnée.** *I won it.*, II; **Je le/la trouve...** *I think he/she is . . .*, I; **Je m'appelle...** *My name is...*, II; **Je me demande si...** *I wonder if . . .*, II; **Je me sens mal.** *I feel ill.*, II; **Je me**

suis coupé le doigt. *I cut my finger.*, II; **Je meurs de...!** *I'm dying of . . . !*, 5; **Je n'arrive pas à me décider.** *I can't decide.*, 1 ;**Je n'arrive pas à me garer, tu peux m'aider?** *I can't manage to park; can you help me?*, 10; **Je n'en ai pas la moindre idée.** *I haven't the least idea.*, 4; **Je n'en peux plus!** *I can't do anymore!*, 5; **Je n'en reviens pas!** *I can't get over it!*, 5; **Je n'en sais rien.** *I have no idea.*, 1; **Je n'ai pas de... mais...** *I don't have any . . . but . . .*, I; **Je n'aime pas beaucoup...** *I don't like . . . very much.*, II; **Je ne comprends pas.** *I don't understand.*, I; **Je ne crois pas que...** *I don't think that . . .*, 6; **Je ne fais rien.** *I'm not doing anything.*, I; **Je ne joue pas...** *I don't play . . .*, I; **Je ne le vois plus.** *I don't see him anymore.*, 4; **Je ne me sens pas très bien.** *I don't feel very well.*, II; **Je ne partage pas ton point de vue.** *I don't share your point of view.*, 8; **Je ne pense pas que...** *I don't think that . . .*, 6; **Je ne sais pas comment...** *I don't know how . . .*, 10; **Je ne sais pas quoi faire!** *I don't know what to do!*, II; **Je ne sais pas quoi prendre.** *I don't know what to take.*, I; **Je ne te conseille pas ce reportage. Il est nul.** *I don't recommend this report. It's worthless.*, II; **Je n'en sais rien.** *I don't know anything about it.*, II; **Je parie que...** *I bet that . . .*, II; ; **Je peux essayer...?** *May I try on . . . ?*, I; **Je peux vous aider?** *May I help you?*, I; **Je peux vous montrer...?** *May I show you . . . ?*, I; **Je préfère...** *I prefer . . .*, I; **Je suis certain(e) que...** *I'm certain that . . .*, 6; **Je suis convaincu(e) que...** *I'm convinced that . . .*, 7; **Je suis fatigué(e).** *I'm tired.*, II; **Je suis ravi(e) que...** *I'm delighted that . . .*, 4; **Je suis stressé(e).** *I'm stressed.*, II; **Je suis sûr(e) que...** *I'm sure that . . .*, 6; **Je suis trop occupé(e),** *I'm too busy,* II; **Je suppose que...** *I suppose that . . .*, 7; **Je t'écoute!** *I'm listening!*, 6;

Je te/vous présente... *Let me introduce you to . . .*, I; **Je te conseille de...** *I advise you to . . .*, I; **Je te plains.** *I feel sorry for you.*, II; II; **Je te recommande plutôt de...** *You should . . . instead of . . .*, 9; **Je te/vous souhaite...** *I wish you . . .*, II; **Je trouve ça...** *I think it's . . .*, I; **Je vais...** *I am going to . . .*, I; **Je vais prendre...** *I will have . . .* I; **Je voudrais...** *I would like . . .*, I; **Je voudrais faire le tour du monde.** *I would like to take a world tour.*, II; **Je voudrais quelque chose pour...** *I would like something for . . .*, I
le jean *jeans,* I
J'en ai... *I have . . . of them.*
jeter *to throw,* I
le jeu *game,* II
le jeu vidéo *video game,* I
jeudi *Thursday,* I
le jeune *young man,* II
les **jeunes gens,** (m. pl.) *young men,* 4
le jogging *jogging,* I
le jongleur/la jongleuse *juggler,* 9
la joue *cheek,* II
jouer *to play,* II; **jouer à chat perché** *[similar to tag],* II; **jouer à des jeux vidéo** *to play video games,* I; **jouer à la marelle** *to play hopscotch,* II; **jouer à la poupée** *to play dolls,* II; **jouer au ballon** *to play ball,* II; **jouer au base-ball** *to play baseball,* I; **jouer au basket-ball** *to play basketball,* 1; **jouer au football** *to play soccer,* I; **jouer au tennis** *to play tennis,* II; **jouer au train électrique** *to play with electric trains,* II; **jouer au volley-ball** *to play volleyball,* 1; **jouer aux billes** *to play marbles,* II; **jouer aux cartes** *to play cards,* I; **jouer aux dames** *to play checkers,* II; **jouer aux échecs** *to play chess,* I; **jouer aux petites voitures** *to play with toy cars,* II; **jouer de la guitare** *to play guitar,* 1
le joueur *player,* 5
le jour *day,* I; **le jour de l'an** *New Year's Day,* II; le**jour férié** *public holiday,* 10
le journal *newspaper,* I
le journaliste/la journaliste *journalist,* 2

Joyeux Noël *Merry Christmas,* II
le juge *judge,* 2
juillet *July,* I
juin *June,* I
les jumeaux/les jumelles *twins,* 4
les jumelles, (f. pl.) *binoculars,* 7
la jument *mare,* 1
la jupe *skirt,* I
jurer *to swear,* 3
juridique *judicial,* 4
le jus *juice,* I; **le jus de fruit** *fruit juice,* II; **le jus de pomme** *apple juice,* I; **le jus d'orange** *orange juice,* I
Jusqu'à quelle heure...? *Until what time . . . ?,* I

le kilo(gramme) *kilogram,* II
le kiosque *stand,* 6; **le kiosque à journaux** *newspaper stand,* 6
klaxonner *to honk,* 10

la *the,* I; *her/it,* II
là *here/there,* I; **Là, c'est...** *Here is . . .,* I
le laboratoire *laboratory,* 1
le lac *lake,* II
lâcher *to release,* 6
la laine *wool,* I
laissé(e) *left,* 10
laisser *to leave,* 10
laisser les mains libres *to let decide,* 4
le lait *milk,* I
le lambeau *shred,* 7
la lampe *lamp,* I; **la lampe de poche** *flashlight,* II
la lance *spear,* 9
lancer *to throw,* I; *to launch,* 6
la lanterne *lantern,* II
la langue *language,* 5G; **la langue maternelle** *birth tongue,* 2
le lapin *rabbit,* II
la plupart (de) *most (of),* 5G
large *loose,* I; *wide,* 10
le large *space, room,* 10
le lavabo *sink,* II
la lave *lava,* 7
laver *to wash,* I
se laver la figure *to wash one's face,* II; **laver la voiture** *to wash the car,* I; **se laver les cheveux** *to wash one's hair,* II

le lave-vaisselle *dishwasher*, I
  le *the*, I; *him/it*, II; **Le lundi,...** *On Mondays, . . .*, II; **Le soir,...** *Every evening, . . .*, 1
la leçon *lesson*, 3; **la leçon de conduite** *moral*, 3
le lecteur *reader*, 6; **le lecteur de CD/DVD** *CD/DVD player*, I
la légende *legend*, 3; *caption*, 6
léger(-ère) *light*, II
le légume *vegetable*, II
le lendemain *the next day*, 3
  lent(e) *slow*, 9
  lequel/laquelle/lesquels *which*, II
  les *the*, I; *them*, II
la lessive *laundry*, I
la lettre *letter*, I
  leur *their*, I
  leur *(indirect object) (to) them*, II
  lever *to raise*, I; **se lever** *to get up/stand up*, II
la lèvre *lip*, II
le lézard *lizard*, II
la liberté *freedom*, 5
le libraire *bookseller*, 2
la librairie *bookstore*, I
  libre *free*, I
le lien *link (Internet)*, II
  lié(e) *linked*, 5
le lieu *location, place*, 1G
la limonade *lemon-lime soda*, II
le lin *linen*, I
le liquide (argent) *cash*, I
  lire *to read*, I
le lit *bed*, I; **le lit double** *double bed*, I; **le lit simple** *single bed*, I
le litige *litigation*
le litre *liter*, II; **le litre de jus d'orange** *liter of orange juice*, II
  littéraire *literary*, II
le livre *book*, I
la livre (f) *pound of*, II; **la livre de cerises** *pound of cherries*, II
  livrer *to deliver*, 2
le livreur *delivery boy*, 2
  loger *to lodge, to accommodate*, 2
le logiciel *software*, II
la loi *law*, 8
  loin de *far from*, I
  lointain(e) *far away*, 9
le loisir *leisure, spare time*, 10
le lombric *worm*, 7C
  long(ue) *long*, II
  longtemps *a long time*, 3
  lors de *during*, 8
  lorsque *when*, 8
la lotion anti-moustiques *mosquito repellent*, 1
la louange *praise*, 9
  louer *to rent*, 4

le loup *wolf*, 5
  lourd(e) *heavy*, 10
la lueur *glimmer*, 7
  lui *(indirect object)(to) him/her*, II
la lumière *light*, II
  lunaire *lunar*, 10
  lundi *Monday*, I
la lune *moon*, 3G
les lunettes, (f. pl.) *glasses*, I; **les lunettes de soleil,** (f. pl.) *sunglasses*, II
la lutte *fight*, 8
le lutteur *fighter*, 4
le lycée *high school*, 1

  ma *my*, I
la machine à calculer *calculator*, 2
le maçon *mason*, 4
  madame *Mrs.*, I; **Madame,..., s'il vous plaît?** *Ma'am, . . ., please?*, II
  mademoiselle *Miss*, I
le magasin *shop/store*, I
le magazine *magazine*, I; **le magazine féminin** *women's magazine*, 6
le Maghreb *Maghreb*, 3
le magicien/la magicienne *magician*, 3
la magie *magic*, 3
  magique *magic*, 3
la magistrature *magistracy*, 8
  se magner *(slang) to hurry*, II
  mai *May*, I
  maigre *skinny*, 4
  maigrir *to lose weight*, II
le maillon *link*, 10
le maillot de bain *swimsuit*, I
la main *hand*, II
  maintenant *now*, I
  se maintenir *to last*, 8
le maire *mayor*, 10
la mairie *city hall*, 8
  mais *but*, I; **Mais oui!** *But of course!*, II
le maïs *corn*, 7
la maison *house*, II; **la Maison des jeunes et de la culture (MJC)** *recreation center*, I
le maître *master*, 7
la maîtrise *control*, 6; *Master degree*, 8
  maîtriser *to control*
  mal *badly*, I; *evil*, 3
  malade *sick*, II
  maléfique *evil*, 3
  malgré *despite*, 3
  malhabile *clumsy*, 5
le malheur *misfortune*, 7

  Malheureusement,... *Unfortunately,...,* 4
le Mali *Mali*, 3
le mandat *money order*, I
  manger *to eat*, II
le manguier *mango tree*, 1
la manie *obsession*, 6
  manier *to wield*, 8
la manière *manner*, 5
la manifestation *protest*, 8
  manquer *to miss*, I
le manteau *coat*, I
le maquillage *make-up*, II
  se maquiller *to put on make-up*, II
le marais *marsh, swamp*, 5G
la marâtre *evil stepmother*, 3
le marchand/la marchande *vendor*, 6; **le marchand de journaux** *newspaper vendor*, 6
le marché *open-air market*, I
  marcher *to work / run*, II
  mardi *Tuesday*, I
la marée *tide*, 5G; **la marée noire** *oil slick*, 7
le mari *husband*, I
  se marier *to get married*, 4
la marmaille *gang of kids*, 1
le Maroc *Morocco*, 3
la maroquinerie *leather goods* I
la marque *brand*, 2
la marraine *godmother*, 3
  marrant(e) *funny*, II
  marron *brown*, II
  mars *March*, 1
le mascara *mascara*, II
le masque de plongée *diving mask*, I; 5
le massif de fleurs *flowerbed*, 5
le matériau *material*, 9
les mathématiques (les maths), (f. pl.) *mathematics*, I
la matière *school subject*, 1; **les matières grasses,** (f. pl.) *fatty substances*, II, les matières premières, (f. pl.) *raw materials*, 7G
le matin *morning*, I
la matinée *morning*, II
  mauvais(e) *bad*, I
  me (m') *(direct object) me, (indirect object) (to) me*, II
le mécanicien/la mécanicienne *mechanic*, 2
  méchant(e) *mean*, 1
la médaille *medal*, 6; **la médaille d'or** *gold medal*, 6
le médecin *doctor*, II
les médias (m. pl.) *media*, 6
le médicament *medicine*, I
la méduse *jellyfish*, 5
  se méfier *to beware*, I; **Méfie-toi des...** *Look out for . . .*, 5

mélanger *to mix,* II
mêler *to mix,* 5
le melon *melon,* II
même *even,* 1G
menacer *to threaten,* 7
se **ménager** *to spare oneself,* 10
mener *to lead,* 1G; **mener à bien** *to manage successfully,* 4
le mensuel *monthly,* 6
la menthe *mint,* I
la mer *sea,* II
merci *thank you,* I
mercredi *Wednesday,* I
la mère *mother,* II
la mémoire *memory,* 10
mépriser *to despise,* 2
la merveille *marvel, wonder,* 9
mes *my,* I; **Mes sincères condoléances.** *My deepest sympathies.,* 4
la mesquinerie *pettiness,* 3
la mesure *beat,* 9
la Météo *weather page,* 6
le métier *trade,* 2
le métro *subway,* I
le metteur en scène *director,* 9
mettre *to set,* I; *to put, to wear,* II;
se **mettre** *to put on,* II; **mettre en cause** *to implicate,* 6; se **mettre en pyjama/en chemise de nuit** *to put on pajamas/ nightgown,* II; **mettre la table/le couvert** *to set the table,* I; **mettre au courant** *to inform,* 3
le meuble *furniture,* 1
le meurtrier *murderer,* 6
le Mexique *Mexico,* 1G
le Mexicain *Mexican,* 1G
midi *noon,* I
le Midi *south of France,* 10
mignon(ne) *cute,* I
migrateur *migratory,* 5G
le million *million,* 7
mince *thin,* II
la mine *appearance,* II
mineur(e) *minor,* 4
le ministre *secretary,* 6; *minister,* 8; **le ministre du Travail** *Secretary of Labor,* 6
minuit *midnight,* I
la minuterie *automatic time switch,* 7
le miroir *mirror,* II
la mise au point *fine tuning, adjustment,* 10
la misère *poverty,* 5
le mobile *cell phone,* I
le modèle *model,* 9
modéré(e) *moderate,* 8
moderne *modern,* I
moi *me,* I; **Moi aussi.** *Me,*

too., II; **Moi non plus.** *Me neither.,* II; **Moi si.** *I do.,* II; **Moi, j'aime... Et toi?** *I like . . . And you?;* **Moi, je n'aime pas...** *I don't like . . . ,* II
moindre *least,* 4
moins *minus,* I; **moins... que** *less . . . than,* II
le mois *month,* I; **le mois dernier** *last month,* I
moisir *to mold,* 7
la moisson *harvest, crop,* 9
le moment *moment,* I
mon *my,* I; **mon for intérieur** *my mind* 4; **Mon/Ma pauvre.** *Poor thing.,* II; **Mon rêve, ce serait de...** *My dream would be to . . . ,* II; **Mon... préféré, c'est...** *My favorite . . . is . . . ,* 1
la monarchie *monarchy,* 3
le monde *world,* 7
mondial(e) *world-wide,* 7G
le moniteur/la monitrice *instructor,* 2
la monnaie *change (coins),* I
le monsieur *gentleman* I
le monstre *monster,* 3
la montagne *mountain,* 1
monter *to go up,* II; **monter à cheval** *to go horseback riding,* II; **monter la tente** *to pitch a tent,* II
la montre *watch,* I; **Montre-moi!** *Show me!,* 6
se **moquer** *to mock,* 10
le morale *morality,* 3
le morceau *piece,* II; **le morceau de fromage** *piece of cheese,* II
mordre *to bite,* 5
la morsure *bite,* 6
la mort *death*
mort(e) *dead,* 3
le moteur *engine,* 10; **le moteur de recherche** *search engine,* II
le motif *motif, pattern, ornament,* 9
mou(molle) *soft, weak,* 6
la mouche *fly,* II
le mouchoir *handkerchieft,* 2
mouillé(e) *wet,* 10
mourir *to die,* 4
le moustique *mosquito,* II
le mouton *sheep,* II
le moyen *means,* 7
le Moyen-Âge *Middle-Age,* 7G
les moyens de transport (m. pl.) *means of transportation,* 7
le Moyen-Orient *Middle East,* 3
le MP3 *MP3,* I
muet(te) *silent,* 9
le mulet *mule,* 3
multiplier *to multiply,* 2

muni(e) *fitted,* 7
le mur *wall,* 5
mûr(e) *ripe,* II
le muscle *muscle,* II
le musée *museum,* I
le musicien/la musicienne *musician,* 2
la musique *music,* II
la mutinerie *mutiny,* 9G

la nacre *mother-of-pearl,* 9
nager *to swim,* I
le nain/la naine *dwarf,* 3
la naissance, *birth,* 1G
naître *to be born,* 4
la nappe *table cloth,* I
natal(e) *native,* 2
la natte *mat,* 4
la nature *nature,* II; **la nature morte** *still life,* 9
naturel(le) *natural,* 7
le naufrage *shipwreck,* 7
le navigateur *browser,* II
naviguer *to navigate,* II
ne... jamais *never,* I; **ne... pas** *not,* I; **ne pas avoir le temps** *not to have the time,* II; **ne... pas encore** *not yet,* I; **ne... personne** *no one,* I; **ne... plus** *no longer,* I; **ne... que** *only,* 8; **ne... rien** *nothing,* I; **Ne t'en fais pas!** *Don't worry!,* II; **Ne va surtout pas voir..., il chante faux!** *Don't go see . . . He sings off-key!,* 9
la neige *snow,* 7
neiger *to snow,* I
le nerf *nerve,* 4
nettoyer *to clean,* 2
neuf(neuve) *new,* I
neutre *neutral,* 7G
le neveu *nephew,* I
le nez *nose,* I
la nièce *niece,* I
le niveau *level,* 1
la noblesse *nobility,* 8
Noël *Christmas,* II
noir(e) *black,* I
la noix de coco *coconut,* 9
le nom *name,* I
nombreux(-euse) *numerous,* 6
nommer *to name,* 8
non *no,* I
non-fumeur *non-smoking,* I
nos *our,* I
notamment *in particular, among others,* 4

la **note** *grade,* II
notre *our,* I
N'oublie pas... *Don't forget . . .,* II
se **nourrir** *to feed oneself,* II
nous *we,* I; *(to) us,* II
Nous sommes... *There are... of us.,* I; **Nous sommes...** *Today is...,* I
nouveau(nouvelle) *new,* II
les **nouvelles,** (f. pl.) *news,* 6
novembre *November,* I
nu(e) *naked,* 9
le **nuage** *cloud,* I
la **nuance** *shade,* 2
les **nues,** (f. pl.) *clouds,* 9
la **nuit** *night,* I
le **numéro** *number,* I; **le numéro précédent** *previous issue,* 6; **le numéro de téléphone** *phone number,* I

l' **objectif,** (m.) *lens,* 9
l' **objet,** (m.) *objective,* 2
obliger *to bind, to compel,* 8
obséder *to obsess,* 6
observer *to watch,* 5
obtenir *to obtain,* 3
occupé(e) *busy,* II
s' **occuper (de)** *to take care (of),* II
octobre *October,* I
l' **odeur,** (f.) *smell,* 2
l' **odorat,** (m.) *smell,* 2
l' **œil,** (m.) *eye,* II
l' **œuf,** (m.) *egg,* I
l' **œuvre,** (f.) *work, masterpiece,* 6; **l'œuvre d'art,** *work of art,* 9
l' **office de tourisme,** (m.) *tourist center,* II
offrir *to offer,* II
l' **ogre/l'ogresse** *ogre,* 3
l' **oie,** (f.) *goose,* 5
l' **oignon,** (m.) *onion,* II
l' **oiseau,** (m.) *bird,* II
olfactif(-ive) *olfactory,* 2
l' **olive,** (f.) *olive,* II
l' **olivier,** (m.) *olive tree,* 7
l' **ombre,** (f.) *shadow,* 7
l' **omelette,** (f.) *omelet,* I
on *one/we,* I, **On a...** *We have . . .,* I; **On a droit à... maximum.** *You are allowed up to...,* 10; **On a rapporté que...** *It was reported that . . .,* 3; **On dirait que...** *You would say that . . .,* 9; **On fait...?** *Shall we do...?,* I; **On m'a dit de...** *I was told to . . .,* 8 ; **On m'a indiqué**

comment... *I was told how . . .,* 8 ; **On m'a informé de...** *I was informed of . . .,* 8 ; **On m'a montré où...** *I was shown where . . .,* 8; **On pourrait...** *We could . . .,* I ; **On prévoit... pour...** *They are predicting . . . for . . .,* 7 ; **On raconte qu'autrefois...** *It is said that, in times past, . . .,* 3; **On va...?** *How about going to . . .?,* I
l' **oncle,** (m.) *uncle,* II
ondulant(e) *flowing,* 7
onze *eleven,* I
l' **opéra,** (m.) *opera,* 9
l' **opposition,** (f.) *opposition,* 8
l' **or,** (m.) *gold,* I
l' **orage,** (m.) *thunderstorm,* 7
orange *orange,* I
l' **orchestre,** (m.) *orchestra,* 9
l' **ordinateur,** (m.) *computer,* I; **l'ordinateur (portable),** (m.) *(laptop) computer,* II
ordonner *to command,* 4
l' **oreille,** (f.) *ear,* I
organisé(e) *organized,* II
organiser *to plan / to organize,* II; **organiser une soirée/fête** *to plan a party,* II
l' **orignal,** (m.) *moose,* 5
orner *to decorate,* 9
l' **orphelin(e)** *orphan,* 4
l' **os,** (m.) *bone,* II
oser *to dare,* 2
ou *or,* I
où *where,* II; **Où ça?** *Where?,* I; **Où est...?** *Where is . . .?,* I; **Où est-ce que je pourrais trouver...?** *Where could I find . . .?,* II; **Où se trouve...?** *Where is . . .?,* I
oublier *to forget,* II
oui *yes,* I
l' **ouïe** (f.) *hearing,* 9
l' **ouragan,** (m.) *hurricane,* 7
l' **ours,** (m.) *bear,* 5
l' **outil,** (m.) *tool,* II
l' **ouverture,** (f.) *opening,* 4
l' **ouvreuse,** (f.) *usherette,* 9
ouvrir *to open,* II; **ouvrir une session** *to open a session,* II

pacifiquement *peacefully,* 3
la **page** *page,* I
le **pain** *bread,* I
la **paix** *peace,* 3
le **palais** *palace,* 3

la **palette** *palette,* 9
les **palmes,** (f. pl.) *flippers,* I
le **pamplemousse** *grapefruit,* I
la **panne** *break down,* 10
le **panneau** *sign/panel,* 7; **le panneau solaire** *solar panel,* 7
le **pansement** *bandage,* I
le **pantalon** *pair of pants,* I
la **pantoufle** *slipper,* 3
le **pape** *pope,* 1G
la **papeterie** *stationery store,* I
le **papier** *paper,* I; **les papiers d'identité,** (m. pl.) *personal documents (ID),* 8
le **papillon** *butterfly,* 5
le **paquebot** *liner/cruise ship,* 10
le **paquet** *package,* II; **le paquet de pâtes** *package of pasta,* II
par la suite *afterwards,* 3
le **parachute** *parachute,* 5
le **parachutisme** *sky diving,* 5
par ailleurs *moreover,* 2
par terre *on the floor,* 4
paraître *to appear, to be published* 6
le **parapluie** *umbrella,* I
le **parc** *park,* I; **le parc naturel** *nature reserve,* 5
parcourir *to go over, to wander through,* 5
parcouru(e) *covered,* 10
pardon *excuse me,* I; **Pardon, savez-vous où est...?** *Excuse-me, do you know where . . . is?,* I
le **pare-brise** *windshield,* 10
le **parent** *parent,* I
parer *to dress up,* 3
paresseux(-euse) *lazy,* I
parfois *sometimes,* 3
le **parfum** *perfume,* 9
le **parfumeur** *perfumer,* 1
le **pari** *bet,* 10
parier *to bet,* 7
le **parking** *parking lot,* I
le **parlement** *parliament,* 8
parler *to speak,* II; **se parler** *to speak (to one another),* 4
parmi *among,* 3
la **parole** *word,* 10
partager *to share,* 8
le **parti politique** *political party,* 8
participer (à) *to participate in,* 8
le **particulier** *private person,* 8
partir *to leave,* 1; **partir en vacances** *to leave on vacation,* 1; **partir en voyage** *to go on a trip,* II
la **partition** *score/sheet music,* 9
partout *everywhere,* 2
parvenir *to reach,* 3; parvenir à *to manage to,* 2; **parvenir à son but** *to reach one's goal,* 3

le pas *step,* 7
   pas de *not any,* II; **pas de problème** *no problem,* II; **pas du tout** *not at all,* I; **pas encore** *not yet,* 10; **Pas grand-chose.** *Not much.,* I; **Pas maintenant. Je dois d'abord...** *Not now. First, I have to . . . ,* II; **Pas mal.** *Not bad.,* I; **Pas mauvais.** *Not bad.,* I; **Pas moi.** *Not me./I don't.,* II; **Pas nécessairement.** *Not necessarily.,* 4; **Pas possible!** *Really?!,* 4; *Impossible!,* 5; **Pas question!** *Out of the question!,* I
le **passage secret** *secret passage,* 3
le **passager/la passagère** *passenger,* 10
   passager(ère) *transitory,* 9
le **passeport** *passport,* II
   passer (à un endroit) *to stop by,* I; **passer (quelqu'un)** *to transfer,* 2; **se passer** *to happen,* II; passer *to spend,* 1G; passer de... à *to go from . . . to . . . ,* 1G; se passer de *to do without,* 4; **passer la douane** *to go through customs* 10; **passer l'aspirateur** *to vacuum,* I
   passible *liable,* 3
   passionnant(e) *exciting,* II; *fascinating,* 9
   passionner *to fascinate/to excite,* 6
la **pastèque** *watermelon,* II
les **pâtes,** (f. pl.) *pasta,* I
le **patin à glace** *ice-skating,* I
le **patineur/la patineuse** *(ice) skater*
la **patinoire** *ice-skating rink,* I
la **pâtisserie** *pastry shop,* II
le **pâtissier/la pâtissière** *baker,* 2
le **patrimoine** *estate,* 8
   payant(e) *which must be paid for,* 10
   payer *to pay,* I; **payer avec une carte** *to pay with a credit card,* I; **payer en liquide** *to pay cash,* I; **payer par chèque** *to pay by check,* I
le pays *country,* 1G
le **paysage** *landscape,* 9
le paysan *peasant,* 7G
la **pêche** *peach,* II
le péage *toll,* 10
la **pédale d'embrayage** *clutch,* 10
le **peigne** *comb,* II
le **peignoir** *(bath)robe,* II
   peindre *to paint,* 9
le **peintre** *painter,* 9

la **peinture** *painting,* 9; la **peinture abstraite** *abstract painting,* 9; la **peinture à l'huile** *oil paint,* 9; la **peinture naïve** *primitive painting,* 9
le **pélican** *pelican,* 5
la **pelouse** *lawn,* I
la **pellicule** *film,* 9
   pendant *during,* II; **pendant les vacances** *during vacation,* II; pendant que *while/during,* II; **Pendant que j'y pense,...** *While I'm thinking about it, . . . ,* 9
   pendre *to hang,* 7
   pénétrant(e) *penetrating,* 7
   pénétrer *to enter,* 9G
   pénible *tiresome/difficult,* I; *annoying,* II
la **pénombre** *semi-darkness,* 4
   penser *to think,* II
la **pension complète** *room with three meals included,* 1
   perdre *to lose,* II; **se perdre** *to get lost,* 5
le **père** *father,* II
   perfectionner *to perfect,* 6
la **période** *period (of time),* 3
le **périodique** *periodical,* 6
les **péripéties** (f. pl.) *change of fortune, ups and downs,* 3
le **périple** *tour,* 5
la **perle** *pearl,* 9
   permettre *to allow,* 7G
le **permis de conduire** *driver's license,* 8
   pernicieux(euse) *pernicious, injurious, harmful,* 8
   persan(ne) *Persian,* 8
le **personnage (principal)** *(main) character,* II
   personne *nobody,* II
le personnel *staff,* 4
   personnifié(e) *personified,* 3
   pesant(e) *heavy,* 6
se **peser** *to weigh oneself,* II
le **pesticide** *pesticide,* 7
   petit(e) *little, small,* II
le **petit-déjeuner** *breakfast,* I
la **petite-fille** *granddaughter,* I
les **petits-enfants** *grandchildren,* I
les **petites annonces,** (f. pl.) *classifieds,* 6
le **petit-fils** *grandson,* I
les **petits pois,** (m. pl.) *peas,* II
le **pétrolier** *oil tanker,* 7
le **peuple** *nation/people,* 3
la **peur** *fear,* 4
le **phare** *head/taillight,* 10
la **pharmacie** *pharmacy,* I
le **pharmacien/la pharmacienne** *pharmacist,* 2

le **phénomène** *phenomenon,* 7
la **photo** *photo,* 5, **la photo d'identité** *I.D. photo,* 8
la physique *physics,* 1
le **pianiste/la pianiste** *pianist,* 9
le **piano** *piano,* II
la **pièce** *room,* I; *coin,* II; **la pièce de théâtre** *play,* II
le **pied** *foot,* II
la **pierre** *stone,* 3
les **pierreries** *precious stones, gems,* 3
le **pilote** *pilot,* I
le **piment mûr** *ripe pimento,* 4
le **pin** *pine tree,* 7
le **pinceau** *brush,* 5
le **pique-nique** *picnic,* I
   piquer *to sting,* 5
le **pire** *the worst,* 6
la **piscine** *swimming pool,* I
la **piste** *circus ring,* 9; *runway,* 10; **la piste (d'athlétisme)** *track,* II
la pizza *pizza,* I
le **placard** *closet/cabinet,* 8
la **place (assise)** *seat,* I
   placer *to place,* I
la **plage** *beach,* II
   plaire *to like/to appeal,* 9; **se plaire** *to please (one another),* 4
le **plan** *map,* II
la **planche** *plank, board,* 1; **la planche à voile** *windsurf,* 1; **la planche de surf** *surfboard,* I
la **planète** *planet,* 7
la **plante** *plant,* I
   planter *to crash (a computer),* II
le **planteur** *grower of vegetable,* 7
   plat(e) *flat,* 10
le **plat** *dish,* 9
   plein(e) *full/plenty,* II
le **plein** *full tank,* 10
le **plein air** *open air/outdoors,* II; de plein gré *own free will,* 4
   pleurer *to cry,* 7
   pleuvoir *to rain,* II
le **plombier** *plumber,* 2
la **plongée** *scuba diving,* 9G; **la plongée sous-marine** *scuba diving,* 5
la **pluie** *rain,* 7
   plus *no longer,* I; **plus de ... que** *more of . . . than,* II; **Plus ou moins.** *More or less.,* I; **plus tard** *later on,* 2; *later,* 3; **plus... que** *more . . . than,* II
   plusieurs *several,* IG
   plutôt *rather,* 9
le **pneu** *tire,* 10; **le pneu à plat** *flat tire,* 10
le **poids** *weight,* 8
le **poignet** *wrist,* II

le poing *fist*, 7
la pointure *shoe size*, I
la poire *pear*, II
les pois chiches, (m. pl.) *chick peas*
le poisson *fish*, 1
la poissonnerie *fish market*, II
le poissonnier/la poissonnière *fish monger*, II
le poivre *pepper*, I
le poivron *bell pepper*, II
la police *police*, 8
le policier *police officer*, 8
la politique *politics*, 8
polluant(e) *polluting*, 7
pollué(e) *polluted*, II
polluer *to pollute*, 7
la pollution *pollution*, 7
la pomme *apple*, II; **la pomme de terre** *potato*, II
la pompe à essence *gasoline pump*, 10
les pompes, (f. pl.) *push ups*, II
le pompier *fireman*, 8
le pont *bridge*, I
la pop *pop*, II
le porc *pork*, I
le portable *cell phone*, I; **le portable** *laptop*, I
la porte *door*, I; **la porte d'embarquement** *boarding gate*, I
le porte-bagages *luggage carrier / rack*, I
le portefeuille *wallet*, I
le porte-monnaie *change purse*, I
porter *to wear*, I; *to carry*, 7; **porter secours** *to bring aid*, 7
le porteur *carrier, bearer*, 6
la portière *car door*, 10
le portrait *portrait*, 9
portugais(e) *Portuguese*, II
le Portugal *Portugal*, II
poser *to pose*, 9; **poser sa candidature** *to apply for a job*, 4; poser (une question) *to ask*, 6
posséder *to possess*, 1
la poste *post office*, I
le poste *position*, 10
le poster *poster*, I
le pot *jar*, II; **le pot de confiture** *jar of jam*, II
la poterie *pottery*, 9
le potier/la potière *potter*, 9
la potion *potion*, 3
la poubelle *trash*, I
la poule *hen*, II
le poulet *chicken*, II
le poumon *lung*, II
pour lors... *so..., then...*, 8
Pour ma part... *As for me...*, 8
pour une fois *for once*, II

pourquoi *why*, II; **Pourquoi pas?** *Why not?*, II
Pourriez-vous...? *Could you...?*, 2
la poussière *dust*, 7
poursuivre *to pursue, to continue*, 2
pouvoir *to be able to/can*, II
le pouvoir *power*, 3; **les pouvoirs magiques** *magic powers*, 3
la prairie *meadow*, II
la précaution *precaution*, 7
précédent(e) *previous*, 6; **précédente** *back (Internet)*, II
précieux(-euse) *precious*, 4
précipiter *to rush*, 5
préféré(e) *favorite*, I
préférer *to prefer*, II
premier/première *first*, I
le premier étage *second floor*, I
le premier ministre *prime minister*, 8
le premier plan *limelight, forefront*, 9
la première *first night*, 9
la première classe *first class*, I
la première page *front page*, 6
prendre *to take*, II; **prendre garde à** *to watch out for*, 7; **prendre la température** *to take someone's temperature*, II; **prendre le bus** *to take the bus*, II; **prendre le petit-déjeuner** *to have breakfast*, II; **prendre sa retraite** *to retire*, 4; **prendre un bain** *to take a bath*, II; **prendre une douche** *to take a shower*, II
Prends garde à... *Pay attention to...*, 5
Prenez... *Take...*, I
le préparateur *preparer, maker*, 2
préparer *to prepare*, II; **se préparer** *to get ready*, II; **préparer les amuse-gueules** *to prepare the snacks*, II; **préparer son sac** *to get one's backpack ready*, II
prépondérant(e) *main*, 6C
près de *next to*, I
le présentateur/la présentatrice *newscaster*, II
présenter *to introduce*, II; **se présenter** *to run as a candidate*, 8
le président *president*, 3
presque *almost*, 1
la presse (spécialisée) *(specialized) press*, 6; **la presse à sentation** *tabloids*, 6
presser *to squeeze*, 6; presser le pas *to hurry*, 5

la pression *pressure*, 10
prêt(e) *ready*, II
le prêt-à-porter *ready-to-wear*, 2
prêter *to lend*, I
prévenir *to warn*, 10
prévoir *to foresee*, 6; *to predict*, 7
Prière de ne pas... *Please don't...*, 5
le prince/la princesse *prince/ princess*, 2
le principe *principle*, 7
le printemps *spring*, II; le printemps pourri *rainy spring*, 7
la prison *prison*, 8
prisonnier(-ière) *imprisoned*, 3
se priver *to deprive oneself*, II
la probité *integrity*, 8
le problème *problem*, 7
le procédé *process*, 7
prochain(e) *next*, II; **la prochaine fois** *next time*, II
proche *close to*, 1
proclamer *to proclaim*, 4
produire *to produce*, 7; **se produire** *to take place*, 6
le produit bio(logique) *organic product*, 7
le professeur/la professeur *teacher/ professor*, 2
la profession *profession*, 2
Profite bien de... *Enjoy...*, II
profiter *to make the most of/to enjoy*, II
le programme télé *t.v. program*, II
promener *to take for a walk*, I; *to walk (a dog)*, I; **se promener** *to take a stroll*, II
promettre *to promise*, 3
prononcer *to pronounce*, I
propre *clean*, II; *own*, 3
le propriétaire *owner*, 7
prospérer *to flourish*, 7
le protecteur *protector*, 8
le protectorat *protectorate*, 3
protéger *to protect*, 7
provoquer *to produce/to provoke*, 7
le public *public*, 6
publier *to publish*, 6
puis *then*, I
la puissance *power*, 5
le puits *well*, 10
le pull *sweater*, II
pur(e) *clear*, II
le pur-sang *thoroughbred horse*, 1

Qu'est-ce que *What*, I; **Qu'est-ce qu'elle est bien, cette pub!** *What a good*

commercial!, II; **Qu'est-ce qu'il vous faut?** *What do you need?*, II; **Qu'est-ce qu'il y a dans...?** *What's in . . .?*, II; **Qu'est-ce qu'on joue au cinéma?** *What's playing at the movie theater?*, II; **Qu'est-ce que ça raconte?** *What's it about?*, II; **Qu'est-ce que je pourrais offrir à...?** *What could I get for . . .?*, II; **Qu'est-ce que tu aimes faire?** *What do you like to do?*, I; **Qu'est-ce que tu aimes faire pendant les vacances?** *What do you like to do during vacation?*, II; **Qu'est-ce que tu aimes regarder à la télé?** *What do you like to watch on TV?*, II; **Qu'est-ce que tu as l'intention de faire...?** *What do you intend to do . . .?*, 2; **Qu'est-ce que tu as lu d'intéressant récemment?** *What have you read lately that's interesting?*; **Qu'est-ce que tu as?** *What's wrong?*, II; **Qu'est-ce que tu en penses?** *What do you think?*, 4; **Qu'est-ce que tu fais...?** *What are you doing on . . .?*, I; **Qu'est-ce que tu fais comme sport?** *What sports do you play?*, I; **Qu'est-ce que tu feras plus tard?** *What will you do later on?*, 2; **Qu'est-ce que tu penses de...?** *What do you think of . . .?*, 9; **Qu'est-ce que tu utilises comme...?** *What do you use as . . .?*, II; **Qu'est-ce que tu veux... comme...?** *What . . . do you want to . . .?*, 1; **Qu'est-ce que vous comptez... comme...?** *What are you planning on . . . as . . .?*, 2; **Qu'est-ce que vous me conseillez?** *What do you recommend?*, I; **Qu'est-ce qui s'est passé?** *What happened?*, 6; **Qu'est-ce qui...?** *What . . .?*, 6

le **quai** *platform*, I

quand *when*, 1; **Quand est-ce que tu as...?** *When do you have . . .?*, I; **Quand est-ce que...?** *When . . . ?*, I; **Quand j'aurai fini mes études,...** *When I'm done with my studies, . . .* 2; **Quand j'avais... ans,...** *When I was . . . years old, . . .*, II; **Quand j'étais petit(e),...** *When I was little, . . .*, II; **Quand j'étais plus jeune,...** *When I was younger, . . .*, II

quarante *forty*, I

le **quart** *quarter*, I

quatorze *fourteen*, I

quatre *four*, I

quatre-vingt-dix *ninety*, I

quatre-vingt-onze *ninety one*, I

quatre-vingts *eighty*, I

quatre-vingt-un *eighty one*, I

que (qu') *what*, II

quel(quelle) *which*, I; **Quel est le chemin le plus rapide pour...?** *What is the fastest way to . . .?*, 10; **Quel est ton avis sur...?** *What is your opinion of . . .?*, 9; **Quel jour sommes-nous?** *What day is today?*, 1; **Quel temps fait-il?** *What is the weather like?*, 1; **Quel... tu vas...?** *What . . . are you going to . . .?*, 1; **Quelle est ton adresse e-mail / mail?** *What is your e-mail address?*, I; **Quelle heure est-il?** *What time is it?*, I; **Quelle horreur!** *How horrible!*, 5; **Quelle pointure faites-vous?** *What shoe size do you wear?*, I; **quelle qu'elle soit** *whatever it may be*, 3; **Quelle sorte de/d'...?** *What type of . . .?*, II; **Quelle sortie faut-il prendre pour...?** *Which exit do you take for . . .?*, 10; **Quelle taille faites-vous?** *What size do you wear?*, I

quelles *which*, I; **Quelles sont tes activités préférées?** *What are your favorite activities?*, I

quelque part *somewhere*, 2

Quelque temps après,... *Some time later,...*, 3

quelqu'un *someone*, II

quels *which*, I

se **quereller** *to quarrel*, 3

la **quête** *quest*, 3

la **queue** *line*, I

qui *who*, II; **Qui c'est, ça?** *Who is that?*, I; **Qui est-ce que/ qui...?** *Who...?*, 6

la **quiche** *quiche*, I

quinze *fifteen*, I

se **quitter** *to leave (one another)*, 4

Quoi de neuf? *What's new?*, 4

le **quotidien** *daily paper*, 6

la **raclée** *spanking*, 1

Raconte! *Tell me!*, 4

raconter *to tell*, 3

raccourcir *to make shorter*, 6

raccrocher *to hang up*, 2

la **radio** *radio*, I

le **rafia tressé** *braided palm*, 4

rajouter *add*, 6

la **raison** *reason*, IG

ralentir *to slow down*, 10

rallumer *to relight*, 2

ramener *to bring back*, 10

la **ramure** *foliage*, 7

la **randonnée** *hike*, 1

le **rang** *rank*, 8

ranger *to put away/to tidy up*, II; **se ranger** *to agree*, 4; **ranger la maison** *to tidy up the house*, II; **ranger sa chambre** *to pick up one's bedroom*, I; **ranger ses affaires** *to put one's things away*, II

le **rap** *rap*, II

rapide *fast*, 10

les **rapides** *rapids*, 5

rappeler *to remind*, II; **se rappeler** *to recall/to be reminded*, 1

Rapporte-moi... *Bring me back...*, II

rapporter *to bring back*, II

la **raquette** *racket*, II

rarement *rarely*, II

se **raser** *to shave*, II

le **rasoir (électrique)** *(electric) razor*, II

se **rassasier** *to satisfy one's hunger*, 3

rassembler *to gather*, 9

rassurer *to reassure*, 10

Rassure-toi. *Don't worry.*, 10

rater *to miss*, I; *to fail (an exam, a class)*, II

le **raton laveur** *raccoon*, 5

ravager *to ravage/to destroy*, 7

ravauder *to mend*, 6

le **rayon** *department*, I; **le rayon d'action** *range (aircraft)*, 10; **le rayon bijouterie** *jewelry department*, I; **le rayon maroquinerie** *leather goods department*, I; **le rayon plein air** *outdoor goods department*, I

le **raz-de-marée** *tidal wave*, 7

le **rebondissement** *twist*, II

recenser *to register*, 7

la **réception** *reception*, I

la **réceptionniste** *receptionist*, I

la **recette** *recipe*, 5

recevoir *to receive/to get*, II

le **réchaud** *camping stove*, II

le **réchauffement** *warming*, 7

la **recherche** *research*, 7

rechercher *to search*, II

le **récit** *story*, 3

réclamer *to claim*, 5

recommander *to recommend*, I
la récompense, *reward*, 8
récompenser *to reward*, 7
se réconcilier *to make up*, 4
la reconnaissance *recognition*, 2
reconnaître *to recognize*, 3G
le record *record*, 6
recouvrir *to cover*, 7
la récré(ation) *break*, I
recruter *to recruit*, 9
le recueil de poésie *anthology of poems*, II
recueillir *to collect*, 10
reculé(e) *remote*, 3
le recyclage *recycling*, 7
recycler *to recycle*, 7
le rédacteur/la rédactrice en chef *editor-in-chief*, 6
la rédaction *editorial*, 6C
redevable *indebted*, 6
redire *to say again*, 5
réduire *to reduce*, 7
refermer *to close*, 10
refléter *to reflect*, 3
regagner *to go back*
le regard *look, glance*, 9
regarder *to look at, to watch*, I; *to concern*, 4; **regarder des dessins animés** *to watch cartoons*, II; **regarder la télé** *to watch TV*, I; Regardez (la carte)! *Look (at the map)!*, I
le reggae *reggae*, II
le régime *diet*, II; **le régime politique** *political regime*, 8
la région (sinistrée) *(stricken) region*, 7
la règle *ruler*, I; *rule*, 4
régler *to tune/to adjust*, 10; *to regulate*, 8 **régler la pression des pneus** *to adjust the tire pressure*, 10
le règne *reign*, 3G
regretter *to regret, to be sorry* 4
régulièrement *regularly*, I
la reine *queen*, 3
rejeter *to throw back*, 9
rejoindre *to meet up*, 10
se réjouir *to delight*, 6
relâcher *to loosen*, 8
se relaxer *to relax*, II
relier *to link*, 4
se remarier *to remarry*, I
remercier *to thank*, II
remettre *to put back*, 6
la remise *shed*, 7
remonter *to date, to go back to*, 6
remplacer *to replace*, 2
remporter *to take back/to win*, 6
la reprise *repeat, rerun*, 6
le renard *fox*, 5
renarrer *to tell again*, 3

la rencontre *connection, meeting*, 3
se rencontrer *to meet (one another)*, 4
le rendez-vous *date*, 4; *place of meeting*, IG
rendre *to give back*, I; **rendre (un livre)** *to return (a book)*, II; **rendre visite (à une personne)** *to visit (a person)*, 1
la renommée *fame*, 7G
se renseigner *to become informed*, II
la rentrée *beginning of classes/first day of classes*, 1
rentrer *to return (home)*, II; **rentrer à la maison** *to return home*, II
répandre *to pour out, to spill*, 5
réparateur *refreshing*, 6
réparer (les voitures) *to fix (cars)*, 2
repartir *to leave*, 7
le repas *meal*, I
repasser le linge *to iron*, 2
repeindre *to repaint (the house)*, 2
répéter *to repeat*, I
Répétez! *Repeat!*, I; **Répétez, s'il vous plaît?** *Could you please repeat that?*, I
répondre (à) *to answer*, I
le reportage *report*, II; **le reportage sportif** *sports report*, II
le repos *rest*, 2
se reposer *to rest*, II
reprendre *to have more*, I; *to go over*, 6
la représentation *performance*, 9
la reprise *repeat, rerun*, 6
reproduire *to reproduce*, 9
la république *republic*, 3
réputé(e) *well-known, famous*, 3G
requérir *to require*, 1
le requin *shark*, 5
la réservation *reservation*, II
réserver *to book/to reserve*, 10
le réservoir *tank*, 10
résider *to reside, to live*, 1G
ressembler *to be like, to look like*, 3G
ressentir *to feel* 4
le ressort *spring*, 6
les ressources naturelles, (f. pl.) *natural resoources*, 7
rester *to stay*, II; **rester chez soi** *to stay at home*, II
se rétablir *to recover*, 8
retirer *to withdraw*, I
rétorquer *to retort*, 3
le retour *return*, 1
retourner *to return*, II; **Retournez à vos places!** *Go back to your seats!*, I

retracer *to recount*, 10
se retrouver *to find/to meet (one another)*, 4
le rétroviseur *rearview mirror*, 10
la réunion *meeting*, 5C
réussir (à) *to pass (an exam)/to succeed*, I
le rêve *dream*, II
le réveil *alarm*, II; *awakening*, 1G
se réveiller *to wake up*, II
le réveillon *midnight feast*, II
la revendication *demand*, 4
revenir *to come back*, 5
rêver (de) *to dream (of*, 5
le réverbère *street light*, 2
la révision *tune up*, 10
se revoir *to see (one another) again*, 4
la revue *journal*, 6
le rez-de-chaussée *first floor*, I
le rhume *cold*, I
rien *nothing*, II; **Rien de spécial.** *Nothing special.*, 4; **rien ne marche** *nothing is working*, II
rigoureux(-euse) *harsh*, 9G
la rigueur *rigor, harshness*, 2
rire *to laugh*, 9
la rive *bank*, 5
la rivière *river*, II
le riz *rice*, I
la robe *dress*, I
le robinet *faucet*, II
le rocher *rock*, II
le roi *king*, 3
le rôle *part*, 7
le roman *novel*, II; **le roman d'amour** *romance novel*, II; **le roman fantastique** *fantasy novel*, II; **le roman historique** *historical novel*, II; **le roman policier** *mystery novel*, II
rompre *to break*, 4
rond(e) *round*, 9
la ronde *rounds, patrol*, 9
le ronron *purring*, 10
la rose *pink*, I
la rosée *dew*, 9
la roue à dents *cogged wheel*, 2; **la roue de secours** *spare tire*, 10
rouge *red*, I
le rouge à lèvres *lipstick*, II
la rouille *rust*, 1
la route *road*, 10
roux/rousse *red-head(ed)*, II
le royaume *kingdom*, 3; le Royaume-Uni *United Kingdom*, 10
la rubrique *column*, 6
la rue *street*, I
le ruisseau *stream*, II

sa *his/her*, I
le sable *sand*, 7
le sac à dos *backpack*, I; **le sac à main** *purse*, I; **le sac de couchage** *sleeping bag*, 1; **le sac de voyage** *travel bag*, 1; **le sac en plastique** *plastic bag*, II
la **sagesse** *wisdom*, 4
saignant(e) *rare*, I
la **Saint-Sylvestre** *New Year's Eve*, II
la **saison** *season*, I
la **salade** *salad*, I
le **salaire** *salary*, 2
sale *dirty*, II
la **salle** *room*, I; **la salle à manger** *dining room*, I; **la salle d'embarquement** *departure lounge*, 10; **la salle d'informatique** *computer room*, 1; **la salle de bain** *bathroom*, I; **la salle de classe** *classroom*, 1
le salon *living room*, I
saluer *to greet, to bow*, 2
Salut. *Hi./Goodbye.*, I
samedi *Saturday*, I
la **sandale** *sandal*, I
le sandwich *sandwich*, I; **le sandwich au jambon** *ham sandwich*, II
le **sang** *blood*, 5
le **sanglier** *wild boar*, 5
sans *without*, I; **sans doute** *without a doubt*, II; **sans fil** *cordless*, 2
la **santé** *health*, II
le **sapeur-pompier** *fireman*, 8
le sapin de Noël *Christmas tree*, II
le saucisson *salami*, I
le **saut** *jump*, 5
sauter à la corde *to jump rope*, II; **sauter des repas** *to skip meals*, II
sauvage *wild*, 5
sauvegarder *to save (a document)*, II
sauver *to rescue*, 3
Savez-vous...? *Do you know . . . ?*, I
savoir *to know*, II
le **savon** *soap*, II
le **scénariste/la scénariste** *screenwriter*, 6
la **scène** *stage*, 9
scolaire *scholastic*, I
sculpter *to sculpt*, 9
le **sculpteur** *sculptor*, 6
la **sculpture** *sculpture*, 9
se déplacer *to move/to travel*, 3
se réjouir *to rejoice*, 6

se terminer *to come to an end*, 3
la **séance** *showing*, II
sec(sèche) *dry*, 7
le **sèche-cheveux** *blow-dryer*, II
se sécher les cheveux *to dry one's hair*, II
la **sécheresse** *drought*, 7
la **Seconde Guerre mondiale** *World War II*, 3
secouer *to shake*, 7
le **secours** *help / aid*, 7
le **secrétaire/la secrétaire** *secretary*, 2
séculaire *something that has existed for centuries*, 4
seize *sixteen*, I
le **séjour** *stay / sojourn*, II
le **sel** *salt*, I
le **self** *cafeteria*, 1
selon *according to*, 4
la **semaine** *week*, 1; **la semaine dernière** *last week*, I
le **sénateur/la sénatrice** *senator*, 8
le **sens** *interpretation, meaning*, 8
la **sentence** *decision, verdict*, 3
le sentier *path*, II
se sentir *to feel*, 2
se séparer *to separate, to part (from)*
sept *seven*, I
septembre *September*, I
la **séquelle** *after-effects*, 6
la **série** *series*, II
sérieux(-euse) *serious*, II
le **serment** *oath*, 8
le **serpent** *snake*, 8
serré(e) *tight*, I
le **serveur/la serveuse** *waitperson*, 2
le **service** *service*, 2; **le service public** *government service*, 8
la **serviette** *napkin*, I; **la serviette de bain** *bath towel*, II; **la serviette de toilette** *hand towel*, II
se servir *to use*, 2
ses *his/her*, I
seul(e) *only*
le **shampooing** *shampoo*, II
le **short** *a pair of shorts*, I
si *if*, II; *yes (to negative question)*, II
le **siècle** *century*, 3
le **siège** *seat*, 10
siéger *to hold a seat*, 8
la sieste *nap*, II
la **signature** *signature*, 8
signer *to sign*, 3
s'il te plaît *please*, I
s'il vous plaît *please*, II
Silence! *Quiet!*, I
le **sillon** *furrow*, 5
simple *simple*, II
simulé(e) *fictitious*

sinistré(e) *stricken*, 7
la **sirène** *siren*, 8
le **sirop** *syrup*, I; **le sirop d'érable** *maple syrup*, 5; **le sirop de menthe** *mint syrup*, II
sirupeux(-euse) *sirupy*, 6
le **sitcom** *sitcom*, II
le **site** *website*, II; **le site d'une compagnie aérienne** *airline website*, II
situé(e) *located* 6
six *six*, I
le **skate(board)** *skateboarding*, I
le **ski** *skiing / skis*, I
le **slogan publicitaire** *advertising slogan*, 2
le **SMS** *instant message*, I
le **soap** *soap opera*, II
la **société** *company*, 2; *society*, 8; **la société privée** *private company*, 10
la **sœur** *sister*, II
le **sofa** *couch*, II
la **soie** *silk*, I
la **soif** *thirst*, 10
soigner *to care for*, 2
le **soin** *care*, 4
le **soir** *evening*, I
la **soirée** *party / mixer*, II; **la soirée costumée** *costume party*, II
soixante *sixty*, I
soixante et onze *seventy one*, I
soixante-dix *seventy*, I
soixante-douze *seventy two*, I
le **sol** *ground*, 7; **le sol en terre battue** *mud floor*, 4
solaire *solar*, 7
le **soldat** *soldier*, 3
les **soldes** (f.) *sale*, I
le **soleil** *sun*, I
solitaire *solo*, 5
le **sommeil** *sleep*, II
le **sommet** *peak*, II
son *his/her*, I
le **son** *sound*, II
le **sondage** *survey*, 8
songer *to dream, to think*, 1
sonner *to ring*, II
la **sonnerie** *ringing*, 2
le **sorcier** *sorcerer*, 3
la **sorcière** *witch*, 3
le **sort** *spell*, 3
la **sorte** *type*, II
la **sortie** *dismissal*, I; *exit*, 10; **la sortie de secours** *emergency exit*, 10
sortir *to go out*, II; *to take out*, 10; **sortir la poubelle** *to take out the trash*, I
soudain(e) *sudden, unexpected*, 8
souffler *to blow*, 7

le souhait *wish*, 3
souhaiter *to wish*, II; **souhaiter une bonne nuit** *to say good night*, II
soumettre *to keep under*, 4
soumis(e) *subjected*, 8
le soupir *sigh*, 9
souple *supple, flexible*, 9
la source *spring*, 3G ; **la source d'énergie** *energy source*, 7
le sourcil *eyebrow*, II
sourd(e) *deaf*, 3
la souris *mouse*, II
sous *under*, I
les sous, (m. pl.) *money*, 1
le sous-produit *by-product*, 6
les sous-titres, (m. pl.) *subtitles*, II
soustraire *to subtract*, 2
soutenir *to support*, 8
souterrain(e) *underground*, 3G
se souvenir *to remember*, 7G
souvent *often*, 3
le souverain *monarch* 3
la souveraineté *sovereignty*, 5G
spécialisé(e) *specialized*, 6
le spectacle *show*, II; **le spectacle son et lumière** *sound and light show*, II
le spectateur/la spectatrice *spectator/audience*, 9
la spéléologie *caving / spelunking*, 5
le sport *sports*, I; **les sports extrêmes** *extreme sports*, 5; **les Sports,** (m. pl.) *sports page*, 6
sportif(-ive) *athletic*, II;
le spot publicitaire *commercial*, II
le stade *stadium*, I
le stage *internship*, 2
la station de métro *subway station*, I
la station-relais *relay station*, 10
la station-service *gas station*, 10
le stationnement *parking*, 10
la statue *statue*, 9
la statuette *statuette*, 9
le steak *steak*, I
stressant(e) *stressful*, II
le stewart *flight attendant*, 10
stimuler *to stimulate*, 7
le style *style*, 9
le stylo *pen*, I
subir *to suffer, to undergo*, 3
le substrat *substratum*, 7
le succès *success*, 6
le sucre *sugar*, II
sucré(e) *sweetened*, 10
la Suède *Sweden*, II
suggérer *to suggest*, 3
la Suisse *Switzerland*, II
suivant(e) *following*, 9

suivante *forward (Internet)*, II
suivre *to follow*, II; **suivre un cours** *to take a class*, II
le sultan *sultan*, 3
le super *regular gas*, 10
superflu(e) *superfluous, unnecessary*, 6
supposer *to suppose*, 7
supprimer *to exterminate*, 4; *to delete*, 6
sur *on*, I; **sur le point de** *about to*, II
sûr(e) *certain*, 7
le surf *snowboarding, surfing*, I
surfer *to surf*, I; **surfer sur Internet** *to surf the Net*, I
surnommer *to nickname*
surprenant(e) *surprising*, 9
surtout *above all, especially*, 5; **Surtout pas!** *Certainly not!*, 4
surveiller *to observe*, 5
suspendu(e) *hanging*, 10
le suspense *suspense*, II
les SVT *natural sciences*, 1
le sweat-shirt *sweat-shirt*, I
sympa(thique) *nice*, I
le syndicat *union*, 2

ta *your (informal f.)*, I
la table *table*, I; **la table basse** *coffee table*, I; **la table de nuit** *night stand*, I
le tableau *board*, I; **le tableau** *painting on canvas*, 6; **le tableau d'affichage** *information board*, I; **le tableau de bord** *dashboard*, 10
la tablette *tablet*, II
le tablier *apron*, 10; *hood (of a fireplace)*
les tâches ménagères, (f. pl.) *housework*, 4
la taille *clothing size*, I
le taille-crayon *pencil sharpener*, I
le tailleur *woman's suit*, I
talentueux(-euse) *talented*, 2
tandis que *while*, 2
le tangage *pitching*, 1
tant que *as much as*, 5; **Tant que j'y suis,...** *As long as I'm here, . . .*, 9
la tante *aunt*, II
tape-à-l'œil *flashy*, I
le tapis *rug*, I; **le tapis volant** *flying carpet*, 3
tard *late*, II
tardif(-ive) *late, tardy*, 7
le tarif *fee*, I; **le tarif réduit** *reduced fee/discount*, I

la tarte *pie*, I; **la tarte aux pommes** *apple pie*, II
la tartine *bread with butter or jam*, I
la tasse *cup*, II
le taureau *bull*, 1G
le taxi *taxi*, I
te (t') *te*, II; *(to) you*, II
la techno *techno music*, II
le tee-shirt *t-shirt*, I
teindre les cheveux *to dye hair*, 2
la teinturerie *dry cleaner's*, 2
le teinturier/la teinturière *dry cleaner*, 2
la télé(vision) *television*, I
télécharger *to download*, II
la télécommande *remote control*, II
le téléphone *telephone*, I
téléphoner (à des amis) *to call (friends)*, I; **se téléphoner** *to telephone (one another)*, 4
tellement *so, so much/really*, II
témoigner *to witness*, 6
le témoin *witness*, 8
la température *temperature*, 6
la tempête *storm*, 7; **la tempête de neige/sable** *snow/sand storm*, 7
le temps *weather*, I; *time*, I; **le temps libre** *free time*, I
tenir *to hold*, 5; **tenir une réunion** *to hold a meeting*, 4; **se tenir au courant** *to be kept informed* 3
le tennis *tennis*, I
la tente *tent*, 1
le terminal *terminal*, I
se terminer *to end*, 3
le terrain *land*, 7; **le terrain de sport** *sports field*, II
la terreur *terror*, 5G
le terrier *burrow*, 3
tes *your (informal pl.)*, I
la tête *head*, I
le texto *instant message*, I
le théâtre *drama*, I; *theater*, 9
le ticket *ticket*, I
Tiens. *Here.*, I
le tiers *third*, 6C
la tige *stem*, 7
le timbre *stamp*, I
timide *shy*, I
tiqueté(e) *speckled*, 1
tirer *to pull*, 2
le titre *title*, 6; **le (gros) titre** *headline*, 6
le toast *toast*, I
toi *you*, I; **Toi non plus.** *You, neither!*, 4
la toile *canvas*, 9; **la toile d'araignée** *spider web*, II; la toile de jute *jute cloth*, 7
les toilettes, (f. pl.) *restroom*, I
la tomate *tomato*, II

la tombe *tomb, grave*, 1
tomber *to fall*, I; **tomber amoureux(-euse)** *to fall in love*, 4; **tomber en panne** *to break down*, 10; **tomber malade** *to get sick*, 4
ton *your (informal m.)*, I
tondre *to mow*, I; **tondre la pelouse** *to mow the lawn*, I
le tonnerre *thunder*, 7
la tornade *tornado*, 7
la tortue *turtle*, II
tôt *early*, II
la touche *key*, II
le toucher *feel, touch*, 9
toujours *always*, I
la tour *tower*, 3; **la tour de contrôle** *control tower*, 10
le tour II; *potter's wheel*, 9
le tourbillon *whirlwind*, 9
le tourisme *tourism*, II
la tournée *tour*, 9
tourner *to turn*, I; **Tournez au/à la prochain(e)...** *Turn at the next...*, I
tous les deux jours *every other day*, 1; **tous les jours** *every day*, 1; **tous les mercredis** *every Wednesday*, II; **Tous mes vœux de bonheur.** *I wish you all the best.*, 4
tousser *to cough*, II
tout(toute) *all*, I; **tout à coup** *suddenly*, 7; **tout à fait** *totally/absolutely*, I; **tout à l'heure** *very soon*, II; **tout de suite** *right away/immediately*, I; **tout droit** *straight ahead*, I; **tout près** *right next to*, II; **toute la nuit** *all night*, I; **Toutes mes félicitations!** *Congratulations!*, 4
toutefois *however*, 6;
la toux *cough*, I
le tracteur *tractor*, II
le traducteur/la traductrice *translator*, 2
trahir *to betray*, 7
le train *train*, II
le traîneau *sleigh*, 5
traîner *to trail behind/dawdle*, II
le traité (de paix) *(peace) treaty*, 3
le traitement *treatment*, 7
traiter *to talk about*, 9
le traître *traitor*, 3
la tranche *slice*, II; *bracket*, 6; **la tranche de jambon** *slice of ham*, II
tranquille *peaceful*, II
la tranquillité *peace of mind*, 7
transférer *to transfer*, 2

transformer *to transform/to change*, 3
le transport *transportation*, 7
transporter *to carry*, 7
le trapéziste/la trapéziste *trapeze artist*, 9
travailler *to work*, I; **travailler à temps partiel** *to work part-time*, 2; **travailler à temps plein** *to work full-time*, 2; **travailler dans** *to work in*, 2
traverser *to cross*, I
treize *thirteen*, I
le tremblement de terre *earthquake*, 7
trembler *to shake, to shiver*, 1
trente *thirty*, I
trente et un *thirty-one*, I
très *very*, II; **très bien** *very well*, I; **très mal** *very badly*, I
le trésor *treasury*, 8
la tribu *tribe*, (7G)
triste *sad*, 4
trois *three*, I
le tronc *trunk*, 7
trop (de) *too/too much*, II
tropical(e) *tropical*, 5
le trou *hole*, 7
la trousse *pencil case*, I; **la trousse de premiers soins** *first-aid kit*, II; **la trousse de toilette** *vanity case*, II
trouver *to find/to think*, I; *to like*, 9; **trouver du travail** *to find work*, 4; **se trouver** *to be located*, II
tu *you*, I
Tu as bien...? *Are you sure you...?*, II
Tu as déjà...? *Did you already...?*, II
Tu as intérêt à... *You'd better...*, I
Tu as pensé à...? *Have you thought of...?*, II
Tu as peut-être raison. *You could be right.*, II
Tu as prévenu... que...? *Did you warn... that...?*, 10; **Tu as vu...?** *Did you see...?*, 6; **Tu connais la dernière?** *Did you hear the latest?*, 6; **Tu devrais...** *You should...*, II; **Tu ferais mieux de...** *You'd better...*, 10; 4; **Tu n'as pas changé!** *You haven't changed!*, 4; **Tu sais quoi?** *Do you know what?*, 6; **Tu savais que...** *Did you know that...?*, 4; **Tu y es presque!** *You're almost there!*, 5
le tuba *snorkel*, I
le tube *tube*, 9; **le tube de peinture à l'huile** *tube of oil painting*, 9

tuer *to kill*, 3
la Tunisie *Tunisia*, 3
la tutelle *guardianship*, 4
le tuteur/la tutrice *monitor*, 2
le tutu *tutu*, 9

un/une *one* I; **un peu trop...** *a little bit too...*, I; **une fois que** *once*, 3
la une *front page*, 6
unique *only*, I
l' unité centrale, (f.) *CPU*, II
les urgences, (f. pl.) *emergency room*, 8
l' urne, (f.) *ballot box*, 8
usé(e) *worn out*, 3
l' usine, (f.) *factory*, 7
l' ustensile, (m.) *household utensil*, II
utile *useful*, 8
utiliser *to use*, I

Va te coucher. *Go to bed.*, II
Va voir ..., sur scène *Go see... on stage.*, 9
les vacances, (f. pl.) *vacation*, I
le vacancier/la vacancière *vacationist*, 6
la vache *cow*, II
la vague *wave*, 6; **la vague de chaleur** *heat wave*, 6
vaincre *to defeat*, 1G
la vaisselle *dishes*, I
valider *OK (Internet)*, II
la valise *suitcase*, I
la vallée *valley*, II
vaniteux(-euse) *vain*, 2
la vannerie *wickerwork*, 9
la vedette *movie star*, II
végétal(e) *plant (life)*
la veille *the night before*, 3; *eve*, 10
la veine *grain in the wood*, 9
le vélo *bike*, I; **le vélo tout terrain** *mountain bike*, I
le vendeur/la vendeuse *salesperson*, 2
vendre *to sell*, II
vendredi *Friday*, I
se venger *to take revenge*, 3
venir *to come*, II; **venir de** *to have just (done something)*, II
le vent *wind*, I
la vente *sale*, 2
le ver de terre *(earth)worm*, 7

la verdure *verdure, greenness,* 7
la vérité *truth,* 6
le vernissage *private viewing,* 9
le verre *glass,* 7
vers *about,* 8; **vers l'ouest** *towards the west,* 5
verser *to pour,* 5
la version originale (VO) *original version,* II
vert(e) *green,* II
le vertige *dizziness,* 10
la vertu *virtue,* 8
la veste *jacket,* I
le vestibule *entry hall,* 9G
le vêtement *clothe,* I
le vétérinaire *veterinarian,* 2
le veuf *widower,* 4
la veuve *widow,* 4
Veuillez trouver ci-joint *Please find enclosed,* 2
vexé(e) *offended,* 4
la victime *victim,* 3
la victoire *victory,* 6
la vidéo amateur *amateur filmmaking*
le vidéoclip *music video,* II
vide *empty,* 6
le vide *emptiness,* 10
vider *to empty,* I; **vider le lavevaisselle** *to empty the dishwasher,* I
la vie *life,* II
vieux/vieille *old,* II
vif (vive) *bright,* 9
la vigne *vine,* 7
vilain(e) *ugly,* 3
le village *village,* II
la ville *city,* II
vingt *twenty,* I
vingt et un/vingt et une *twenty-one,* I
vingt-cinq *twenty-five,* I
vingt-deux *twenty-two,* I
vingt-huit *twenty-eight,* I
vingt-neuf *twenty-nine,* I

vingt-quatre *twenty-four,* I
vingt-sept *twenty-seven,* I
vingt-six *twenty-six,* I
vingt-trois *twenty-three,* I
violent(e) *violent,* 6
violet(te) *purple,* I
le violoniste/la violoniste *violonist,* 9
la vipère *viper,* 3
le visa *visa,* I
vis-à-vis de *towards,* 3G
le visage *face,* II
la visite *visit/tour,* II; **visiter (un endroit)** *to visit (a place),* II
la vitamine *vitamin,* II
vite *fast,* 2
la vitesse *speed,* 10
la vitre *window,* 10
vivant(e) *vibrant,* II; *alive,* 4
vivement *deeply,* 4
vivre *to live,* 4
le vizir *vizier,* 3
voici *here is,* 1
la voie *track,* I; *way, road,* 10
voilà *here is . . . ,* I; *here,* II
la voile *sail,* II
le voile *veil,* 9
voir *to see,* II
le voisinage *neighborhood, proximity,* 3
la voiture *car,* I; **la voiture de sport** *sports car,* I
le vol *flight,* I; *theft,* 6; **le vol direct** *direct flight,* 10; **le vol intérieur** *domestic flight,* 10; **le vol international** *international flight,* 10; **le vol sans escale** *non-stop flight,* 10
le volant *steering wheel,* 10
le volcan *volcano,* 7
voler *to steal,* 6
le voleur/la voleuse *thief,* 6
le volley *volleyball,* I
la volonté *will,* 4

la volute bleutée *bluish smoke,* 7
la variété *variety, diversity,* 9G
la voilure *aerofoil, sail,* 9
vos *your (formal pl.),* I
voter *to vote,* 8
votre *your (formal),* I
vouloir *to want,* II
vous *you,* II; *(to) you,* II; **Vous serait-il possible de contacter mes parents?** *Would it be possible for you to contact my parents?,* 8
la voûte *vault,* 7
le voyage *trip,* II
voyager *to travel,* II
le voyageur *traveler,* 8
vrai(e) *true,* 6
vraiment *really,* 4
le VTT *mountain bike,* I
la vue *view,* I; *sight,* 9

le wagon *(railroad) car,* I; **le wagon-restaurant** *buffet car,* I
le week-end *weekend,* II

y *there,* II
le yaourt *yogurt,* II
les yeux, (m. pl.) *eyes,* II
le yoga *yoga,* II

zéro *zero,* I
le zoo *zoo,* I

Glossaire français-anglais

Glossaire anglais–français

This vocabulary includes all of the words presented in to the **Vocabulaire** sections of the chapters. These words are considered active—you are expected to know them and be able to use them. French nouns are listed with the definite article. Expressions are listed under the English word you would most likely reference. The number after each entry refers to the chapter in which the word or phrase is introduced. Words and phrases from Level 1 and Level 2 are indicated by the Roman numerals I and II.

To be sure you are using French words and phrases in their correct context, refer to the chapters listed. You may also want to look up French phrases in the **Liste d'expressions,** pages R22–R25.

a little bit too... *un peu trop...*, I; **a long time** *longtemps*, 3; **a long time ago** *il y a bien longtemps*, 3; **a lot (of)** *beaucoup (de)*, 1; **a lot/much** *beaucoup*, 4; **a pair of shorts** *le short*, I
abdominal muscles *les abdominaux, (m. pl.)*, II
aboard *à bord*, 10
about *à peu près*, II; **about to** *sur le point de*, II
above all, especially *surtout*, 5
abroad *à l'étranger*, II
absolutely *absolument*, II
abstract *abstrait(e)*, 9
to accelerate *accélérer*, 10
access *l'accès, (m.)*, I
accessories *les accessoires (m. pl.)*, I
accident *l'accident, (m.)*, 6
according to me *d'après moi*, I
accumulation *l'accumulation, (f.)*, 7
across from *en face de*, I
action movie *le film d'action*, II
activity *l'activité, (f.)*, I; *l'exercice, (m.)*, I
actor *l'acteur, (m.)*, II
actress *l'actrice, (f.)*, II
to add *ajouter*, II
address *l'adresse, (f.)*, II
to address *adresser (s')*, I
to adjust the tire pressure *régler la pression des pneus*, 10
to adopt *adopter*, 4
adventure movie *le film d'aventures*, II

to advise *conseiller*, I
aerobics *l'aérobic, (f.)*, I
African *africain(e)*, 3
after *après*, 1
afternoon *après-midi, (m.)*, I
afterwards *par la suite*, 3; *après ça*, II
age *l'âge, (m.)*, I
aid *l'aide, (f.)*, 8
air *l'air, (m.)* 7; **air/air-related** *aérien(ne)*, II; **air conditioning** *la climatisation*, I
airline website *le site d'une compagnie aérienne*, II
airport *l'aéroport, (m.)*, 10
aisle *l'allée, (f.)*, 10
alarm *le réveil*, II
alert *l'alerte, (f.)*, 7
Algeria *l'Algérie, (f.)*, 3
all night *toute la nuit*, I
Allegedly... *À ce que l'on prétend...*, 8
alligator *l'alligator, (m.)*, 5
already *déjà*, II
also *aussi*, 1
aluminum *l'aluminium, (m.)*, 7
always *toujours*, I
amateur film-making *le vidéo amateur*, II
ambulance *l'ambulance, (f.)*, 8
American *américain(e)*, I
among *parmi*, 3
and *et*, I
anger *la colère*, 6
angry *fâché(e)*, 4; *en colère*, 6
animal(s) *l'animal, (m.), les animaux, (m. pl.)*, I
ankle *la cheville*, II
to announce (that) *annoncer (que)*, 3

to annoy *énerver*, II; **annoyed** *énervé(e)*, 4; **annoying** *pénible*, II
to answer *répondre (à)*, I
apartment *l'appartement, (m.)*, I; **apartment complex** *l'immeuble, (m.)*, I
to appear *apparaître*, 3; **to appear** *paraître*, 6
appearance *la mine*, II
to applaud *applaudir*, 9
apple *la pomme*, II; **apple juice** *le jus de pomme*, I; **apple pie** *la tarte aux pommes*, II
to apply for a job *poser sa candidature*, 4; **to apply for a visa** *faire une demande de visa*, II
approximately *environ*, II
apricot *l'abricot, (m.)*, II
April *avril*, I
to argue (with one another) *disputer (se)*, 4
arm *le bras*, II
armchair *le fauteuil*, I
army *l'armée, (f.)*, I
arrival *l'arrivée, (f.)*, I; **arrival hall** *le hall d'arrivée*, 10; **to arrive** *arriver*, II
art critic *le critique d'art*, 6; **art gallery** *la galerie d'art*, 9
article *l'article, (m.)*, 6
artist *l'artiste, (m./f.)*, 9
Arts page *Culture*, 6
as much as *autant que*, II
ash *la cendre*, 7
Ask... *Adressez-vous...*, I
at/to *à, à l', à la, au, aux*, II; **at first glance** *a priori*, 7; **at (my) home** *chez moi*, I; **at that**

moment *à ce moment-là,* II; **at the end of** *au fond de,* I; *au bout de,* II; **at the house of** *chez,* II; **at the latest** *au plus tard,* II; **at the same time (as)** *en même temps (que),* II; **at the time (when)/as** *au moment où,* II; **at the time of** *au moment de,* 3; **at what time** *à quelle heure,* I

athletic *sportif(-ive),* II

atmosphere *l'atmosphère, (f.),* 3

attention *à l'attention de,* 2

August *août,* 5

aunt *la tante,* II

authorization *l'autorisation, (f.),* 10

(auto)biography *l'(auto) biographie, (f.),* 3

automatic transmission *le changement de vitesse automatique,* 10

automobile *l'automobile, (f.),* 7

autonomy *l'autonomie, (f.),* 3

available (for) *disponible (pour),* I

avalanche *l'avalanche, (f.),* 6

to babysit *garder des enfants,* II

back (Internet) *précédente,* II

backpack *le sac à dos,* 1; *le sac (à dos),* I

bacon *le bacon,* I

bad *mauvais(e),* I; **badly** *mal,* I

baggage locker *la consigne,* I

baker *le boulanger, la boulangère,* I

bakery *la boulangerie,* II

balanced *équilibré(e),* II

balcony *le balcon,* I

ball, balloon *le ballon,* II; **ball** *la balle,* II

ballerina *la ballerine,* 9

ballet *le ballet,* 9

ballot box *l'urne, (f.),* 8

ballot paper *le bulletin de vote,* 8

banana *la banane,* II

bandage *le pansement,* I

bank *la banque,* I; **bank card** *la carte bancaire,* I

barely *à peine,* II

barn *la grange,* II

barnyard *la basse-cour,* II

baseball *le base-ball,* I

basketball *le basket-(ball),* I

bat *la chauve-souris,* 5; **bat** *la batte,* I

bath towel *la serviette de bain,* II

bathroom *la salle de bain,* I

bathtub *la baignoire,* II

battle *la bataille,* 3

bayou *le bayou,* 5

to be *être,* II; **to be able to/ can** *pouvoir,* II; **to be aware of** *être au courant de,* 6; **to be born** *naître,* 4; **to be cold** *avoir froid,* I; **to be hot** *avoir chaud,* I; **to be hungry** *avoir faim,* I; **to be in detention** *être en retenue,* II; **to be in one's best interest** *avoir intérêt à,* I; **to be in shape/healthy** *être en forme,* II; **to be in training/to do an internship** *faire un stage,* 2; **to be late** *être en retard,* II; **to be located** *trouver (se),* II; **to be lucky** *avoir de la chance,* 10; **to be named** *appeler (s'),* I; **to be right** *avoir raison,* II; **to be thirsty** *avoir soif,* I; **to be tired** *être fatigué(e),* II; **to be unemployed** *être au chômage,* 2

beach *la plage,* II

bear *l'ours, (m.),* 5

beat *la mesure,* 9

beautiful *beau/belle,* II

beaver *le castor,* 5

because of *à cause de,* 7

to become informed *renseigner (se),* II

bed *le lit,* I

bedroom *la chambre,* I

bee *l'abeille, (f.),* 5

beef *le bœuf,* II

before *avant de,* 3

to begin *commencer,* II

beginning *le commencement,* 3

behavior/comportment *la conduite,* 3

behind *derrière,* I

Belgium *la Belgique,* II

belief *la croyance,* 3

bell pepper *le poivron,* II

belt *la ceinture,* I

to bet *parier,* 7

between *entre,* I; **between... and (in between)** *entre... et,* I

to beware *méfier (se),* I

big/tall *grand(e),* II

bike *le vélo,* I

bill/ticket *le billet,* II; **bill** *l'addition, (f.),* I

binder *le classeur,* I

binoculars *les jumelles, (f. pl.),* 7

bird *l'oiseau, (m.),* II

birthday *l'anniversaire, (m.),* II; **birthday card** *la carte d'anniversaire,* II

to bite *mordre,* 5

black *noir(e),* I

blond(e) *blond(e),* II

blow-dryer *le sèche-cheveux,* II

blue *bleu(e),* II; **blues** *le blues,* II

board *le tableau,* I

to board *embarquer,* 10

boarding gate *la porte d'embarquement,* I; **boarding pass** *la carte d'embarquement,* I, 10

boat *le bateau,* II

body *le corps,* II

to boil *bouillir,* II

bone *l'os, (m.),* II

book *le livre,* I

to book/to reserve *réserver,* 10

booked/full *complet,* I

bookseller *le libraire,* 2

bookshelf *l'étagère, (f.),* I

bookstore *la librairie,* I

boot *la botte,* I

boring *ennuyeux(-euse),* II

to borrow (books) *emprunter (des livres),* 1

bottle of water *la bouteille d'eau,* I

bouquet of flowers *le bouquet de fleurs,* II

bowl *le bol,* II

box *la boîte,* II; **box of chocolates** *la boîte de chocolats,* II; **box of matches** *la boîte d'allumettes,* II

boy *le garçon,* I

bracelet *le bracelet,* I

brain *le cerveau,* II

to brake *freiner,* 10

branch *la branche,* II

bread *le pain,* I; **bread with butter or jam** *la tartine,* I

break *la récréation,* I; **break down** *la panne,* 10; **to break down** *tomber en panne,* 10; **to break one's leg** *casser la jambe (se),* II

breakfast *le petit-déjeuner,* I

bridge *le pont,* I

bright and early *de bonne heure,* II

to bring *apporter,* 5; **to bring aid** *porter secours,* 7; **to bring back** *rapporter,* II; **to bring someone along** *amener,* I

broccoli *le brocoli,* II

brochure *la brochure,* II

brother *le frère,* II

brown *le marron,* II; **brown(-haired)** *brun(e),* I

browser *le navigateur,* II

brush *la brosse,* II

to brush one's hair *brosser les cheveux (se),* II

to brush one's teeth *brosser les dents (se),* II

buffalo *le bison,* 5

buffet car *le wagon-restaurant,* I

to burn (a CD) *graver,* II

to burn oneself *brûler (se),* II
to burst/to erupt *éclater,* 3
bus *le bus,* I; **bus stop** *l'arrêt de bus, (m.),* I
business page *l'Économie (f.),* 6
busy *occupé(e),* II
but *mais,* I
butcher *le boucher, la bouchère,* II; **butcher shop** *la boucherie,* II
butter *le beurre,* I
butterfly *le papillon,* 5
to buy *acheter,* II; **to buy a guidebook** *acheter un guide,* II
by bicycle *à vélo,* I
by bus *en bus,* I
by car *en voiture,* I
by foot *à pied,* I
by subway *en métro,* I
by taxi *en taxi,* I

cabin *la cabine,* 10
cabinet *le cabinet,* 8
cafeteria *le self,* 1; *la cantine,* II
cake *le gâteau,* 2
calculator *la calculatrice,* I
caliph *le calife,* 3
to call (friends) *téléphoner (à des amis),* I; **to call** *appeler,* 8
calling card *la carte téléphonique,* I
calm *le calme,* 2
Cameroon *le Cameroun,* 3
to camp out *le camper,* 1
campaign *la campagne,* 8
camping *le camping,* II; **camping stove** *le réchaud,* II
to cancel *annuler,* 10
candidate *le candidat,la candidate,* 8
candle *la bougie,* II
canned food *la boîte de conserve,* II
canoe *le canoë,* 5
canteen *la gourde,* 1
canvas *la toile,* 9
cap *la casquette,* I
captain *le commandant de bord,* 10
caption *la légende,* 6
car *la voiture,* I; **car (in a train)** *le wagon,* I; **car door** *la portière,* 10
card *la carte,* I
to care for *soigner,* 2
career *la carrière,* 2
carrot *la carotte,* II
to carry *porter,* 7
(carry-on) luggage *les bagages (à main), (m. pl.),* I
cartoon *le dessin humoristique,* 6

cash *le liquide (argent),* I; **cash machine** *le distributeur d'argent,* I
cashier *le caissier, la caissière,* II
castle *le château,* II
cat *le chat,* II
catastrophy *la catastrophe,* 6
to catch (a fish) *attraper (un poisson),* 1
to cause *causer,* 7
cave *la grotte,* 5
caving/spelunking *la spéléologie,* 5
CD *le CD,* I; **CD/DVD player** *le lecteur de CD/DVD,* I; **CD/DVD burner** *le graveur de CD/DVD,* II
ceasefire *le cessez-le-feu,* 3
cell phone *le mobile,* I; *le portable,* I
century *le siècle,* 3
cereal *les céréales, (f. pl.),* I
chain *la chaîne,* I
chair *la chaise,* 1
champion *le champion(-ne),* 6
change (coins) *la monnaie,* I
change of gear *le changement de vitesse,* 10
change purse *le porte-monnaie,* I
to change (into) *changer (en),* I; **to change gear** *changer de vitesse,* 10; **to change money** *changer de l'argent,* II
check *le chèque,* I
to check in *enregistrer,* 10
checkout/cash register *la caisse,* II
cheek *la joue,* II
cheese *le fromage,* I; **cheese market** *la fromagerie,* II
chemistry *la chimie,* 1
cherry *la cerise,* II
chess *les échecs, (m.pl.),* I
chest of drawers *la commode,* I
chicken *le poulet,* II
child *l'enfant, (m./f.),* I; **childhood** *l'enfance, (f.),* 4
chips *les chips, (f. pl.),* II
chocolate *le chocolat,* I
to choose (the music) *choisir (la musique),* II
chore *la corvée,* I
choregraphy *la chorégraphie,* 9
Christmas *Noël,* II; **Christmas tree** *le sapin de Noël,* II
church *l'église, (f.),* I
circus *le cirque,* 9; **circus ring** *la piste,* 9; **circus tent** *le chapiteau,* 9
city *la ville,* II; **city hall** *la mairie,* 8
civil servant *le fonctionnaire,la fonctionnaire* 8
class(es) *le(s) cours,* 1
classic movie *le film classique,* II

classical *classique,* I
classifieds *les petites annonces, (f. pl.),* 6
classroom *la classe,* 1
clean *propre,* II
to clean *nettoyer,* 2; **to clean (oneself) up** *faire sa toilette,* II; **to clean the house** *faire le ménage,* II
clear *pur(e),* II
to clear (something) *débarrasser,* I; **to clear the table** *débarrasser la table,* I
to click *cliquer,* II
to climb trees *grimper aux arbres,* II
to close *fermer,* I
closet/cabinet *le placard,* 8
clothe *le vêtement,* I
clothing size *la taille,* I
cloud *le nuage,* I
clown *le clown,* 3
clutch *la pédale d'embrayage,* 10
coast *la côte,* 7
coat *le manteau,* I
cockpit *le cockpit,* 10
coffee *le café,* II; **coffee house** *le café,* I; **coffee table** *la table basse,* I; **coffee with milk** *le café au lait,* I
coin *la pièce,* II
cold *froid(e),* I; *le rhume,* I
to collect *collectionner,* II
collection *la collection,* 6
colonization *la colonisation,* 3
colony *la colonie,* 3
color *la couleur,* I
(colored) pencil *le crayon (de couleur),* I
column *la rubrique,* 6
comb *le peigne,* II;
to comb (one's hair) *peigner (les cheveux) (se),* II
to come *venir,* II
to come to an end *se terminer,* 3
comedy *la comédie,* II
comic strip *la bande dessinée (BD),* II
commercial *le spot publicitaire,* II
company *la compagnie,* II
compartment *le compartiment,* I
compass *la boussole,* II
to complete (a year of studies) *effectuer (une année d'études),* 2
completely *complètement,* II
complicated *compliqué(e),* II
compress/tablet *le comprimé,* I
computer *l'ordinateur, (m.),* I; **computer room** *la salle d'informatique,* 1, II; **computer science** *l'informatique, (f.),* II; **computer scientist** *l'informaticien, l'informaticienne,* 2

conductor *le chef d'orchestre,* 9
confetti *les confettis, (m. pl.),* II
to confirm *confirmer,* 10
conflict *le conflit,* 3
congressman *le député,* 8
congresswoman *la députée,* 8
connecting flight/connection *la correspondance,* I
conquest *la conquête,* 3
consequence *la conséquence,* 7
to consume/eat *consommer,* II, 7
to contact *contacter,* 8
contest/competition *la compétition,* II
to continue *continuer,* I
control tower *la tour de contrôle,* 10
to convince *convaincre,* 7
cook *le/la cuisinier(-ière),* 2
to cook *faire la cuisine,* I; to cook/ to bake *faire cuire,* II
cookie *le biscuit,* II
cooking *la cuisine,* I
coral *le corail,* 5
to correct *corriger,* I
to cost *coûter,* I
costume party *la soirée costumée,* II
cotton *le coton,* I
couch *le sofa,* I
cough *la toux,* I
to cough *tousser,* II
country *la country,* II
countryside *la campagne,* 1
cousin *le/la cousin(e),* II
cover *la couverture,* 6
cow *la vache,* II
CPU *l'unité centrale, (f.),* II
to crash (a computer) *planter,* II
to crash into *emboutir,* 6
crawfish *l'écrevisse, (f.),* 5
creative *créatif(-ive),* I
crew *l'équipage, (m.),* 7
critique *la critique,* 6
crocodile *le crocodile,* 6
croissant *le croissant,* I
to cross *traverser,* I
crowd *la foule,* II
cup *la tasse,* II
currency exchange office *le bureau de change,* I
current events *l'actualité, (f.),* 6
currently *actuellement,* 2
customs *la douane,* 10
to cut (hair) *couper (les cheveux),* 2; to cut oneself *couper (se),* II
cute *mignon(ne),* I
cyclone *le raz-de-marée,* 7

daily *le quotidien,* 6
dairy market *la crémerie,* II
damage *le dégât,* 7
to damage *abîmer, endommager,* 7
to dance *danser,* I
dancing *la danse,* 9
dangerous *dangereux(-euse),* II
Danish *danois(e),* II
dark *foncé(e),* I
dashboard *le tableau de bord,* 10
date *le rendez-vous,* 4
day *le jour,* I; day after tomorrow *après-demain,* II
December *décembre,* I
to declare (that) *déclarer (que),* 3
decolonization *la décolonisation,* 3
to decorate (the room) *décorer (la salle),* II
decoration *la décoration,* II
deer *le cerf,* 5
deforestation *la déforestation,* 7
delicatessen *la charcuterie,* II
to deliver *livrer,* 2
delivery boy *le livreur,* 2
Denmark *le Danemark,* II
dentist *le dentiste, la dentiste* II
deodorant *le déodorant,* II
department *le rayon,* I
departure *le départ,* I; departure lounge *la salle d'embarquement,* 10
to depend *dépendre,* II
to deposit *déposer,* I
depressing *déprimant(e),* II
to deprive oneself *priver (se),* II
desk *le bureau,* I
despite *malgré,* 3
destination *la destination,* I
to destroy *détruire,* 6; *ravager,* 7
developed *développé(e),* 6
devoted *consacré(e),* 6
dictatorship *la dictature,* 8
dictionary *le dictionnaire,* I
to die *mourir,* 4
diesel *le gasoil,* 10
diet *le régime,* II
different from *différent(e) de,* II
difficult *difficile,* I
(digital) camera *l'appareil photo (numérique), (m.),* II
dining room *la salle à manger,* I
direct flight *le vol direct,* 10
dirty *sale,* II
to disappear *disparaître,* 3
disappointed *déçu(e),* 4
disaster *le désastre,* 3
disc jockey *l'animateur, l'animatrice,* II

to disembark *débarquer,* 10
dishes *la vaisselle,* I
dishwasher *le lave-vaisselle,* I
disinfectant *le désinfectant,* II
dismissal *la sortie,* I
to disturb *déranger,* I
diving mask *le masque de plongée,* I
to divorce *divorcer,* I
to do/to make *faire,* II; to do a web search *faire une recherche,* II; to do activities *faire des activités,* 1; to do amateur video *faire de la vidéo amateur,* 1; to do an experiment *faire une expérience,* II; to do the dishes *faire la vaisselle,* I; to do housework *faire le ménage,* 2; to do the laundry *faire la lessive,* I; to do one's hair *coiffer (se),* II; to do one's homework *faire ses devoirs,* II; to do photography *faire de la photo,* 1; to do theater/ drama *faire du théâtre,* II
doctor *le docteur,* 2; *le médecin,* II
document *le document,* II; documents *les papiers, (m. pl.),* 8
documentary *le documentaire,* II
doe *la biche,* 5
dog *le chien,* II
dolphin *le dauphin,* 5
domestic *l'intérieur, (m.),* 10; domestic flight *le vol intérieur,* 10
donkey *l'âne, (m.),* II
door *la porte,* I
double bed *le lit double,* I
to download *télécharger,* II
downstairs *en bas,* II
downtown *le centre-ville,* I
dozen *la douzaine,* II
drama *le théâtre,* I; *le drame,* II
to draw *dessiner,* I
to draw up (a report) *dresser (un constat),* 8
drawing *le dessin,* I
dream *le rêve,* II
dress *la robe,* I
dried fruit *les fruits secs, (m. pl.),* II
drink *la boisson,* I
to drink *boire,* II
to drive *conduire,* 8
driver *le conducteur,* 10
driver's license *le permis de conduire,* 8
drop *la baisse,* 6; dropping *en baisse,* 6
drought *la sécheresse,* 7
drums *la batterie,* II

to dry one's hair *sécher les cheveux (se)*, II
dry cleaner's *la teinturerie*, 2
duck *le canard*, II
due to *dû à*, 7
during *pendant*, II; **during that time** *à cette époque*, 3; **during vacation** *pendant les vacances*, II
to dust *faire la poussière*, II
DVD *le DVD*, I
to dye hair *teindre les cheveux*, 2

each/every *chaque*, II
eagle *l'aigle, (m.)*, 5
ear *l'oreille, (f.)*, I
early *en avance*, I; *tôt*, II
earring *la boucle d'oreille*, I
earth/ground/dirt *la terre*, 7
earthquake *le tremblement de terre*, 7
easel *le chevalet*, 9
easy *facile*, I
to eat *manger*, II
edge *le bord*, II
edition *l'édition, (f.)*, 6
editor-in-chief *le rédacteur en chef, la rédactrice en chef*, 6
effect *l'effet, (m.)*, 7
egg *l'œuf, (m.)*, I
eggplant *l'aubergine, (f.)*, II
eight *huit*, I
eighteen *dix-huit*, I
eighty *quatre-vingts*, I; **eighty-one** *quatre-vingt-un*, I
elderly *âgé(e)*, II
to elect *élire*, 3
election *l'élection, (f.)*, 8
electoral *électoral*, 8; **electoral campaign** *la campagne électorale*, 8; **electoral poster** *l'affiche électorale, (f.)*, 8
(electric) razor *le rasoir (électrique)*, II
electrician *l'électricien, (m.), l'électricienne, (f.)*, 2
elegant *élégant(e)*, I
elementary school teacher *l'instituteur, l'institutrice*, 2
elevator *l'ascenseur, (m.)*, I
eleven *onze*, I
e-mail *l'e-mail, (m.)*, I; **e-mail address** *l'adresse e-mail, (f.)*, I
embarassed *gêné(e)*, 4
emergency room *les urgences, (f. pl.)*, 8
emperor *l'empereur, (m.)*, 3
empire *l'empire, (m.)*, 3

employee *l'employé(e)*, I
to empty *vider*, I; **to empty the dishwasher** *vider le lave-vaisselle*, I
enchanted *enchanté(e)*, 3
to encourage *encourager*, I
end *la fin*, 3
energy *l'énergie, (f.)*, 7
engine *le moteur*, 10
England *l'Angleterre, (f.)*, II
English/British *anglais(e)*, II
enjoy your meal *bon appétit*, I
Enjoy... *Profite bien de...*, II
enemy *l'ennemi(e)*, 3
to enter *entrer*, II
envelope *l'enveloppe, (f.)*, I
environment *l'environnement, (m.)*, 7;
environmentalist *l'écologiste, (m.)*, 7
to equip *équiper*, 7
equipment *l'équipement, (m.)*, 5
eraser *la gomme*, 4
eruption *l'éruption, (f.)*, 7
to establish *établir*, 3
etching *la gravure*, 9
to evacuate *évacuer*, 7
evening *le soir*, I
every day *tous les jours*, 1; **every other day** *tous les deux jours*, 1; **every Wednesday** *tous les mercredis*, II
evil *mal*, 3; *maléfique*, 3; **evil stepmother** *la marâtre*, 3
to exchange *échanger*, 4
exciting *passionnant(e)*, II
excuse-me *pardon*, I
exercise *l'exercice, (m.)*, II
exhibit *l'exposition, (f.)*, 6
to exhibit *exposer*, 9
exit *la sortie*, 10
expensive *cher/chère*, I
experiments *travaux pratiques*, 1
to explore *explorer*, 3
explorer *l'explorateur, l'exploratrice*, 3
explosion *l'explosion, (f.)*, 6
to extinguish *éteindre*, 8
extreme sport(s) *le(s) sport(s) extrême(s)*, 5
eye *l'œil, (m.)*, II; **eyes** *les yeux, (m. pl.)*, II
eyebrow *le sourcil*, II

fable *la fable*, 3
face *le visage*, II
factory *l'usine, (f.)*, 7
to fail (an exam, a class) *rater*, II

fairy *la fée*, 3
fall *l'automne, (m.)*, I
to fall *tomber*, I; **to fall asleep** *endormir (s')*, II; **to fall in love** *tomber amoureux (-euse)*, 4; **to fall sick** *tomber malade*, 4
family *la famille*, II
fantastic/fantasy *fantastique*, 3
fantasy novel *le roman fantastique*, II
far away *lointain(e)*, 9
far from *loin de*, I
farm *la ferme*, II
farmer *l'agriculteur, l'agricultrice*, 2
to fascinate/to excite *passionner*, 6
fascinating *passionnant(e)*, 9; *fascinant(e)*, I
fast *rapide*, 10
fat/big *gros(se)*, II, I
father *le père*, II
Father's Day *la fête des pères*, II
fatty substances *les matières grasses, (f. pl.)*, II
faucet *le robinet*, II
favorite *préféré(e)*, I; **favorites (Internet)** *les favoris, (m. pl.)*, II
February *février*, I
fee *le tarif*, I
to feed oneself *nourrir (se)*, II
to feel like *avoir envie de*, I
feminine/female *féminin(e)*, 6
field *le champ*, II
fifteen *quinze*, I
fifth *cinquième*, 2L
fifty *cinquante*, I
fight *le combat*, 3
to fight *combattre*, 3
figure *le chiffre*, 6
file *le fichier*, II
to fill up *faire le plein*, 10
film/movie *le film*, II
finally *finalement*, II
to find/to like *trouver*, 9
to find/to meet (one another) *retrouver (se)*, 4
to find/to think *trouver*, I
to find out/to inquire on the Internet *informer sur Internet (s')*, II
to find out *informer (s')*, II
fine *la contravention*, 8
finger *le doigt*, II
to finish *finir*, II
Fire! *Au feu!*, 8; **fire** *l'incendie, (m.)*, 7; *le feu*, 8
fireman *le pompier*, 8
fire station *la caserne des pompiers*, 8
firetruck *le camion des pompiers*, 8
fireworks *les feux d'artifice, (m. pl.)*, II

first *d'abord*, I; **first** *premier (ère)*, I; **first/firstly** *en premier*, II; **first class** *la première classe*, I; **first floor** *le rez-de-chaussée*, I; **first-aid kit** *la trousse de premiers soins*, II

fish *le poisson*, 1; **fish market** *la poissonnerie*, II; **fish monger** *le poissonnier, la poissonnière*, II

fishing rod *la canne à pêche*, 1

five *cinq*, I

to **fix (cars)** *réparer (les voitures)*, 2

flag *le drapeau*, 3

flamingo *le flamant rose*, II

flashlight *la lampe de poche*, II

flashy *tape-à-l'œil*, I

flat *plat(e)*, 10; **flat tire** *le pneu crevé*, 10

flight *le vol*, I; **flight attendant** *l'hôtesse de l'air, (f.)*, 10

flippers *les palmes, (f. pl.)*, I

flood *l'inondation, (f.)*, 7

floor *l'étage, (m.)*, I

flora and fauna *la flore et la faune*, 5

flour *la farine*, II

flow *la coulée*, 7

flower *la fleur*, II

flower shop *le fleuriste*, I

fly *la mouche*, II

flying carpet *le tapis volant*, 3

folding chair *le fauteuil pliant*, II

to **follow** *suivre*, II

foot *le pied*, II

for once *pour une fois*, II

force/strength *la force*, 7

forehead *le front*, II

foreign *étranger(-ère)*, II; **foreign film** *le film étranger*, II

to **foresee** *prévoir*, 6

forest *la forêt*, II

to **forget** *oublier*, II

fork *la fourchette*, I

fortunately *heureusement*, II

forty *quarante*, I

forward (Internet) *suivante*, II

four *quatre*, I; **fourteen** *quatorze*, I

fox *le renard*, 5

to **frame** *encadrer*, 9

France *la France*, II

free *gratuit(e)*, 6; *libre*, I; **free time** *le temps libre*, I

freedom *la liberté*, 5

French *français(e)*, 1

Friday *vendredi*, I

friend *l'ami, (m.)*, I; *l'amie, (f.)*, I; *la copine*, II; *le copain*, 1

friendship *l'amitié, (f.)*, 4

fries *les frites, (f. pl.)*, I

frog *la grenouille*, 5

from *en provenance de*, I; *de*, II; **from the… to the…** *du… au*, I; **from time to time** *de temps en temps*, I

front page *la une*, 6

fruit *le fruit*, II; **fruit juice** *le jus de fruit*, II

full tank *le plein*, 10; **full/plenty** *plein(e)*, II; **full-board** *la pension complète*, 1

funny *drôle*, II; *marrant(e)*, II

funny/amusing *amusant(e)*, II

furious *furieux(-euse)*, 4

to **gain weight** *grossir*, II

game *le jeu*, II

garage *le garage*, I

garlic *l'ail, (m.)*, II

gas *l'essence, (f.)*, 7; *le gaz*, 7; **gas leak** *la fuite de gaz*, 6; **gas station** *la station-service*, 10

gasoline pump *la pompe à essence*, 10

gate *la porte*, 10

generous *généreux(-euse)*, I

genie *le génie*, 3

genre *le genre*, 9

geographic map *la carte géographique*, 3

geography *la géographie*, I

German *allemand(e)*, II

Germany *l'Allemagne, (f.)*, II

to **get dressed** *habiller (s')*, II

to **get information in a travel agency** *renseigner dans une agence de voyages (se)*, II

to **get married** *marier (se)*, 4

to **get one's backpack ready** *préparer son sac*, II

to **get ready** *préparer (se)*, II

to **get undressed** *déshabiller (se)*, II

to **get up/stand up** *lever (se)*, II

to **get vaccinated** *faire vacciner (se)*, II

ghost *le fantôme*, 3

gift card *le chèque-cadeau*, II

girl, daughter *la fille*, I

to **give** *donner*, I; **to give back** *rendre*, I

glass *le verre*, 7; **glasses** *les lunettes, (f. pl.)*, I

glove *le gant*, I

to **go** *aller*, II; **to go down/to get out** *descendre*, II; **to go fishing** *aller à la pêche*, 1; **to go forward** *avancer*, I; **to go grocery shopping** *faire les courses*, II; **to go hiking** *faire de la randonnée*, 1; *faire une randonnée*, II; **to go on a carousel** *faire du manège*, II; **to go on a picnic** *faire un pique-nique*, I; **to go on vacation** *partir en voyage*, II; **to go out** *sortir*, II; **to go rafting** *faire du rafting*, 5; **to go sailing** *faire de la voile*, II; **to go scuba diving** *faire de la plongée sous-marine*, 5; **to go shopping** *faire les magasins*, 1; **to go through customs** *passer la douane*, 10; **to go to a coffee shop** *aller au café*, I; **to go to bed** *coucher (se)*, II; **to go to summer camp** *aller en colonie de vacances*, II; **to go to the circus** *aller au cirque*, II; **to go to the movies** *aller au cinéma*, 1; **to go to the pool** *aller à la piscine*, I; **to go to work** *aller au travail*, II; **to go up** *monter*, II; **to go windsurfing** *faire de la planche à voile*, 1; **to go wrong** *aller de travers*, II

goal *le but*, 3

goat *la chèvre*, II

god *le dieu*, 3; **goddess** *la déesse*, 3; **godmother** *la marraine*, 3

gold *l'or, (m.)*, I; **gold medal** *la médaille d'or*, 6

good *bon/bonne*, I

Good idea! *Bonne idée!*, 1

Goodbye. *Au revoir.*, I

government *le gouvernement*, 8; **government service** *le service public*, 8

grade *la note*, II

grandchild *le petit-enfant*, I

granddaughter *la petite-fille*, I

grandfather *le grand-père*, II

grandmother *la grand-mère*, II

grandparent *le grand-parent*, I

grandson *le petit-fils*, I

to **grant** *accorder*, 3; **to grant wishes** *accorder des souhaits*, 3

grapefruit *le pamplemousse*, I

gray *gris(e)*, I

great *génial(e)*, I

Greece *la Grèce*, II

Greek *grec/grecque*, II

green *vert(e)*, II; **green beans** *les haricots verts, (m. pl.)*, II; **greenhouse effect** *l'effet de serre, (m.)*, 7

greeting card *la carte de vœux*, II

grocer *l'épicier, (m.), l'épicière, (f.)*, II

grocery store *l'épicerie, (f.)*, II

to **grow (up)** *grandir*, I

to **guess** *deviner*, 4

guest *l'invité(e)*, II

guidebook *le guide*, II
guided *guidé(e)*, II
guitar *la guitare*, II
gymnasium *le gymnase*, II

hail *la grêle*, 7
hair *les cheveux (m. pl.)*, II;
hairdresser *le coiffeur, la coiffeuse* 2
half *demi(e)*, I; **half-board** *la demi-pension*, 1; **half-brother** *le demi-frère*, I; **half-sister** *la demi-sœur*, I
ham *le jambon*, I; **ham sandwich** *le sandwich au jambon*, II
hand *la main*, I; **hand brake** *le frein à main*, 10; **hand towel** *la serviette de toilette*, II
handicap access *l'accès handicapé, (m.)*, I
handsome/beautiful *beau/belle*, I, II
hang gliding *le delta-plane*, 5
Hannukkah *Hanoukkah*, II
to **happen** *passer (se)*, II
to **happen (to someone)** *arriver (à quelqu'un)*, II
happy *heureux(-euse)*, 4; *heureuse*, I; *content(e)*, II
Happy birthday! *Bon anniversaire!*, II
Happy New Year *bonne année*, II
hat *le chapeau*, I
to **hate** *détester*, II
to **have** *avoir*, II; **to have a fever** *avoir de la fièvre*, II; **to have breakfast** *prendre le petit-déjeuner*, II; **to have dinner** *dîner*, I; **to have… eyes** *avoir les yeux...*, I; **to have fun** *amuser (s')*, II; **to have just (done something)** *venir de*, II; **to have more** *reprendre*, I; **to have one's car checked** *faire la révision*, 10; **to have practice/training** *avoir entraînement*, II; **to have time** *avoir le temps*, II; **to have to/must** *devoir*, II; **to have to/to be necessary** *falloir*, II
he *il*, I
head *le chef*, 8; **head (body)** *la tête*, I; **head of state** *le chef de l'État*, 8; **head/taillight** *le phare*, 10
headline *le gros titre*, 6
heading for *à destination de*, I
headphones *les écouteurs, (m. pl.)*, I

to **hear** *entendre*, I; **to hear about** *entendre parler de*, 6
health *la santé*, II
heart *le cœur*, II
heat *la chaleur*, 6; **heat wave** *la vague de chaleur*, 6
helmet *le casque*, I
help/aid *le secours*, 7; **Help!** *À moi!*, 3; *À l'aide!*, 5, 8; *Au secours!*, 5; **help** *l'aide, (f.)*, II
to **help** *aider*, I
hen *la poule*, II
her/it *la*, II
here/there *là*, I
here *voilà*, II
Here. *Tiens.*, I
here is *voici*, 1
hero *le héros*, 3
heroic *héroïque*, 3
heroine *l'héroïne, (f.)*, 3
heron *le héron*, 5
high *haut(e)*, I; **high school** *le lycée*, 1; **highway** *l'autoroute, (f.)*, 6
hike *la randonnée*, 1
hiking shoes *les chaussures de randonnée, (f. pl.)*, 1
him/it *le*, II
hip-hop *le hip-hop*, II
his/her *sa, ses, son*, I
historical novel *le roman historique*, II
history/geography *l'histoire-géo, (f.)*, 1
history/story *l'histoire, (f.)*, 3, I
hockey *le hockey*, I
to **hold/to be in possession of** *détenir*, 6
to **hold a seat** *siéger*, 8
home (Internet) *démarrage*, II
home page *l'accueil, (m.)*, II
homework *les devoirs, (m. pl.)*, 1
honestly *franchement*, I
to **honk** *klaxonner*, 10
hood *le capot*, 10
to **hope** *espérer*, II
horrible *horrible*, I
horror movie *le film d'horreur*, II
horse *le cheval*, II
hospital *l'hôpital, (m.)*, I
hot *chaud(e)*, I; **hot chocolate** *le chocolat chaud*, II
hotel *l'hôtel, (m.)*, 1
hour *l'heure, (f.)*, I
house *la maison*, II
house coat *le peignoir*, II
house (government) *la Chambre*, 8
how *comment*, II
how many/how much *combien de (d')*, II; **how much/how many** *combien*, I
however *cependant*, 3

human *humain(e)*, 3
to **hurry** *dépêcher (se)*, II; *magner (se)*, II; **Hurry up!** *Dépêche-toi!*, II
to **hurt/ache** *avoir mal (à)*, II
husband *le mari*, I
hybrid *hybride*, 7

I *je*, I
I.D. card *la carte d'identité*, 8
I.D. photo *la photo d'identité*, 8
i.e. *c'est-à-dire*, 3
ice cooler *la glacière*, I
ice cream *la glace*, II
ice skater *le patineur, la patineuse*, 6
ice-skating *le patin à glace*, I
ice-skating rink *la patinoire*, I
identification *l'identité, (f.)*, 8
if *si*, II
iguana *l'iguane, (m.)*, 5
to **imagine** *figurer (se)*, 4; **Imagine that** *Figure-toi que*, II
immigrant *l'immigrant(e)* 8
Impossible! *Pas possible!*, 5
imprisonment *l'emprisonnement, (m.)*, 6
to **improve** *améliorer (s')*, 7
in/inside *dans*, II; **in/to** *en*, II; **in a far away country** *dans un pays lointain*, 3; **in a good/bad mood** *de bonne/mauvaise humeur*, 4; **in case** *au cas où*, 7; **in front (of)** *devant*, I; **in love** *amoureux(-euse)*, 4; **in my opinion** *à mon avis*, I; **in my place** *à ma place*, 4; **in pursuit of** *en quête de*, 3; **in short** *bref*, II; **in the context of** *dans le cadre de*, 2; **in the middle of** *au milieu de*, II; *en train de*, II; **in the north of** *dans le nord de*, 5; **in the past** *autrefois*, 3
incantation/phrase *la formule*, 3
independence *l'indépendance, (f.)*, 3
indifferent *indifférent(e)*, 4
inexpensive *bon marché*, I
information board *le tableau d'affichage*, I
to **injure oneself** *blesser (se)*, II
injured *blessé(e)*, 6
insect *l'insecte, (m.)*, II
to **install** *installer*, 2
instant message *le SMS*, I; *le texto*, I
intellectual *intellectuel(le)*, II

intelligent/smart *intelligent(e)*, II
interest *l'intérêt, (m.)*, I
interesting *intéressant(e)*, I
interface *l'interface, (f.)*, II
international *international(e)*, 6; **international flight** *le vol international*, 10; **international news** *l'actualité internationale, (f.)*, 6
Internet *l'Internet, (m.)*, I; **Internet café** *le cybercafé*, I
interpretation, meaning *le sens*, 8
intersection, crossroads *le carrefour*, I
to introduce *présenter*, II
invasion *l'invasion, (f.)*, 3
invention *l'invention, (f.)*, 7
Ireland *l'Irlande, (f.)*, 1
iron *le fer*
to iron *repasser le linge*, 2
is it that/does *est-ce que*, II
issue *le numéro*, 6
it is necessary *il faut*, II
Italian *italien(ne)*, II
Italy *l'Italie, (f.)*, II
itinerary/route *l'itinéraire, (m.)*, II

jacket *la veste*, I
jam *la confiture*, I
January *janvier*, I
jar *le pot*, II; **jar of jam** *le pot de confiture*, II
jazz *le jazz*, II
jeans *le jean*, I
jewel *le bijou*, 9; **jewelry** *la bijouterie*, I; **jewelery department** *le rayon bijouterie*, I
job *le métier*, 2
jogging *le jogging*, I
journal *la revue*, 6
juggler *le jongleur, la jongleuse* 9
juice *le jus*, I
July *juillet*, I
to jump rope *sauter à la corde*, II
June *juin*, I

key *la touche*, II
keyboard *le clavier*, II
kilogram *le kilo(gramme)*, II
king *le roi*, 3
kingdom *le royaume*, 3
kitchen *la cuisine*, I
kite *le cerf-volant*, I

knee *le genou*, II
knife *le couteau*, I
to know (to be familiar with) *connaître*, II; **to know (a fact)** *savoir*, II

laboratory *le laboratoire*, 1
lake *le lac*, II
lamp *la lampe*, I
land *le terrain*, 7
to land *atterrir*, 10
landscape *le paysage*, 9
landslide *le glissement de terrain*, 7
lantern *la lanterne*, II
laptop *le portable*, I; **(laptop) computer** *l'ordinateur (portable), (m.)*, II
last/latest *le dernier, la dernière* II; **last month** *le mois dernier*, I; **last week** *la semaine dernière*, I
to last *durer*, 6
late *en retard*, I; **late** *tard*, II
later *plus tard*, 3; **later on** *plus tard*, 2
laundry *la lessive*, I
lava *la lave*, 7; **lava flow** *la coulée de lave*, 7
law *la loi*, 8
lawn *la pelouse*, I
lawyer *l'avocat, (m.)*, *l'avocate, (f.)*, 2
lazy *paresseux(-euse)*, I
leaf *la feuille*, II
leak *la fuite*, 6
to learn *apprendre*, I
leather *le cuir*, I; **leather department** *le rayon maroquinerie*, I; **leather goods** *la maroquinerie*, I
to leave *partir*, 1; **to leave (one another)** *quitter (se)*, 4; **to leave on vacation** *partir en vacances*, 1
left *la gauche*, 8
leg *la jambe*, II
legend *la légende*, 3
lemon-lime soda *la limonade*, II
to lend *prêter*, I
less... than *moins... que*, II
lesson *la leçon*, 3
letter *la lettre*, I; **letters to the Editor** *le courrier des lecteurs*, 6
librarian *le documentaliste, la documentaliste* II
library *la bibliothèque*, I; **library** *le CDI (centre de documentation et d'information)*, II
license *le permis*, 8

life *la vie*, II; **life jacket** *le gilet de sauvetage*, 5
to lift weights *faire de la musculation*, II
light (adj.) *clair(e)*, I; **light (weight)** *léger(ère)*, II; **light (n.)** *la lumière*, II; **light brown (-haired)** *châtain(s)*, I
to light (the candles) *allumer (les bougies)*, II
lighter *le briquet*, II
lightning flash *l'éclair, (m.)*, 7; **to like/to appeal** *plaire*, 9; **to like/to love** *aimer*, II; *aimer bien*, I
to like better/to prefer *aimer mieux*, I
line *la queue*, I
linen *le lin*, I
link (Internet) *le lien*, II
lip *la lèvre*, II; **lipstick** *le rouge à lèvres*, II
to listen *écouter*, I; **to listen to music** *écouter de la musique*, I
liter *le litre*, II; **liter of orange juice** *le litre de jus d'orange*, II
literary *littéraire*, II
little, small *petit(e)*, II
live *direct(e)*, II
to live *vivre*, 4; *habiter*, I
living room *le salon*, I
lizard *le lézard*, II
loaf of French bread *la baguette*, I
lobby *le hall*, I
long *long(ue)*, II; **long ago** *jadis*, 3
to look at, to watch *regarder*, I
to look for *chercher*, I
loose *large*, I
to lose *perdre*, II
love *l'amour, (m.)*, 4
to love/to adore *adorer*, 1
love-at-first-sight *le coup de foudre*, 4
low *bas(se)*, I
luggage carrier/rack *le porte-bagages*, I
lunch *le déjeuner*, I
lung *le poumon*, II

magazine *le magazine*, I
Maghreb *le Maghreb*, 3
magic *la magie*, 3; **magic** *magique*, 3; **magic wand** *la baguette magique*, 3
magician *le magicien, la magicienne* 3

mail *le courrier*, 6; **mail carrier** *le facteur*, I

main character *le personnage principal*, II

to **make amateur videos** *faire de la vidéo amateur*, II; **to make a campfire** *faire un feu de camp*, II; **to make a date (with one another)** *donner rendez-vous (se)*, 4; **to make keys** *faire des clés*, 2; **to make one's bed** *faire son lit*, I; **to make a reservation** *faire une réservation*, II; **to make sandcastles** *faire des châteaux de sable*, II; **to make a stopover/ layover** *faire escale*, I; **to make a stopover** *faire escale*, I; **to make the most of/to enjoy** *profiter*, II; **to make up** *réconcilier (se)*, 4

make-up *le maquillage*, II

Mali *le Mali*, 3

mall *le centre commercial*, I

man's shirt *la chemise*, I

manual transmission *le changement de vitesse manuel*, 10

map *la carte*, I; *le plan*, II

maple syrup *le sirop d'érable*, 5

March *mars*, 1

mascara *le mascara*, II

math *les maths, (f. pl.)*, 1

mathematics *les mathématiques, (f. pl.)*, I

May *mai*, I

me *moi*, I

meadow *la prairie*, II

meal *le repas*, I

mean *méchant(e)*, 1

means *le moyen*, 7

means of transportation *le moyen de transport*, 7

mechanic *le mécanicien, la mécanicienne* 2

medal *la médaille*, 6

media *les médias*, 6

medicine *le médicament*, I

medium *à point*, I

to **meet (one another)** *rencontrer (se)*, 4

to **meet up** *rejoindre*, 10

melon *le melon*, II

menu *la carte*, I

Merry Christmas *Joyeux Noël*, II

Middle East *le Moyen-Orient*, 3

midnight *minuit*, I; **midnight feast** *le réveillon*, II

milk *le lait*, I

mineral water *l'eau minérale, (f.)*, I

minister *le ministre*, 8

minor *mineur(e)*, 4

mint *la menthe*, I; **mint syrup** *le sirop de menthe*, II

minus *moins*, I

mirror *le miroir*, II

miscellaneous news *les faits divers, (m. pl.)*, 6

Miss *mademoiselle*, I

to **miss** *manquer*, I; *rater*, I

to **mix** *mélanger*, II

model *le modèle*, 9

modern *moderne*, I

moment *le moment*, I

monarch/sovereign *le souverain*, 3

monarchy *la monarchie*, 3

Monday *lundi*, I

money *l'argent, (m.)*, I; **money order** *le mandat*, I

monster *le monstre*, 3

month *le mois*, I

monthly *le mensuel*, 6

moose *l'orignal, (m.)*, 5

moral *la morale*, 3

more *encore*, I; **more… than** *plus... que*, II

morning *le matin*, I; *la matinée*, II

Morocco *le Maroc*, 3

mosquito *le moustique*, II; **mosquito repellent** *la lotion anti-moustiques*, 1

mother *la mère*, II

Mother's Day *la fête des mères*, II

mountain *la montagne*, 1; **mountain bike** *le VTT (le vélo tout terrain)*, 5, I

to **mountain climb** *faire de l'escalade*, II

mountain climbing *l'alpinisme, (m.)*, 5; *l'escalade, (f.)*, II

mouse *la souris*, II

mouth *la bouche*, I

to **move** *bouger*, 9; **to move (location), to move out** *déménager*, 3; **to move/ to travel** *se déplacer*, 3

movie premiere *la première*, 9; **movie star** *la vedette*, II; **movie theater** *le cinéma*, 1

to **mow (the lawn)** *tondre (la pelouse)*, I

MP3 *le MP3*, I

Mr. *monsieur (M.)*, I

Mrs. *madame (Mme)*, I

murderer *le meurtrier, la meurtrière* 6

muscle *le muscle*, II

museum *le musée*, I

mushroom *le champignon*, II

music *la musique*, II; **music education** *l'éducation musicale, (f.)*, I; **music video** *le vidéoclip*, II

musical *la comédie musicale*, 9

my *ma, mes, mon*, I

mystery novel *le roman policier*, II

name *le nom*, I

nap *la sieste*, II

napkin *la serviette*, I

national anthem *l'hymne national, (m.)*, II

national holiday *la fête nationale*, II

natural *naturel(le)*, 7; **natural gas** *le gaz*, 6; **natural sciences** *les SVT*, 1

nature *la nature*, II; **nature reserve** *le parc naturel*, 5

to **navigate** *naviguer*, II

neck *le cou*, II

necklace *le collier*, I

to **need** *avoir besoin de*, II

nephew *le neveu*, I

never/not ever *ne...jamais*, I, II; **never** *jamais*, II

new *nouveau,nouvelle*, II; **New Year's Day** *le jour de l'an*, II; **New Year's Eve** *la Saint-Sylvestre*, II

news *les informations, (f. pl.)*, II

newscaster *le présentateur/ la présentatrice*, II

newspaper *le journal*, I; **newspaper stand** *le kiosque à journaux*, 6; **newspaper vendor** *le marchand /la marchande de journaux*, 6

next *prochain(e)*, II; **next time** *la prochaine fois*, II; **next to** *à côté de*, I; **next to** *près de*, I

nice *sympathique*, I

niece *la nièce*, I

night *la nuit*, I

nightgown *la chemise de nuit*, II

night stand *la table de nuit*, I

nine *neuf*, I; **nineteen** *dix-neuf*, I

ninety *quatre-vingt-dix*, I; **ninety-one** *quatre-vingt-onze*, I

no *non*, I; **no longer** *ne... plus*, I; **no longer** *plus*, I; **no more/ no longer/not anymore** *ne... plus*, II; **no one** *ne... personne*, I; **no problem** *pas de problème*, II

nobody *personne*, II; **nobody/ no one** *ne...personne*, II

noise *le bruit*, II

noisy *bruyant(e)*, II

non-smoking *non-fumeur*, I

non-stop flight *le vol sans escale*, 10

noon *midi*, I
nose *le nez*, I
not *ne... pas*, I; II; **not any** *pas de*, II; **not at all** *pas du tout*, I; **not yet** *pas encore*, 10; **not yet** *ne... pas encore*, I; II
to not have the time *ne pas avoir le temps*, II
notebook *le cahier*, I
nothing/not anything *ne...rien*, I, II; *rien*, II
nothing is working *rien ne marche*, II
novel *le roman*, II
November *novembre*, I
now *maintenant*, I
number *le numéro*, I
nurse *l'infirmier, l'infirmière* 2
nurse's office *l'infirmerie, (f.)*, II

objective *l'objet, (m.)*, 2
to obtain *obtenir*, 3
obviously *évidemment*, II
October *octobre*, I
of/from + city, feminine country *de*, I
of course *bien entendu*, I; *bien sûr*, I
(of) denim *(en) jean*, I
(of) gold *(en) or*, I
(of) linen *(en) lin*, I
(of) silver *(en) argent*, I
of the *de l', de la, des, du*, I
(of) wool *(en) laine*, I
offended *vexé(e)*, 4
to offer *offrir*, II
off-key *faux*, 9
often *souvent*, 3
ogre *l'ogre, (m.)*, 3
ogress *l'ogresse, (f.)*, 3
oil paint *la peinture à l'huile*, 9
oil slick *la marée noire*, 7
oil tanker *le pétrolier*, 7
OK (Internet) *valider*, II
Okay. *D'accord*, II
old *âgé(e)*, 4; *vieux, vieille*, II
olive *l'olive, (f.)*, II; **(olive) oil** *l'huile (d'olive), (f.)*, II
omelet *l'omelette, (f.)*, I
on *sur*, I; **on sale** *en solde*, I; **on strike** *en grève*, 6; **on time** *à l'heure*, I
once *une fois que*, 3
one *un/une*, I; **one hundred** *cent*, I; **one hundred and one** *cent un*, I;
one/we *on*, I
one way *aller simple*, I

onion *l'oignon, (m.)*, II
only *ne... que*, 8; *unique*, I; **only daughter** *la fille unique*, I; **only son** *le fils unique*, I
to open *ouvrir*, II; **to open a session** *ouvrir une session*, II
open air/outdoors *le plein air*, II
open air market *le marché*, I
opera *l'opéra, (m.)*, 9
opinion *l'avis, (m.)*, 9
opposition *l'opposition, (f.)*, 8
or *ou*, I
orange *orange*, I; **orange juice** *le jus d'orange*, I
orchestra *l'orchestre, (m.)*, 9
organic *bio(logique)*, 7; **organic product** *le produit bio(logique)*, 7
organized *organisé(e)*, II
original version *la version originale (VO)*, II
orphan *l'orphelin, l'orpheline*, 4
our *nos, notre*, I
outdoor center *le centre aéré*, I
outdoor goods department *le rayon plein air*, I
oven *le four*, II
own *propre*, 3
oyster *l'huître, (f.)*, II

to pack one's suitcase *faire sa valise*, II
to pack the bags *faire les valises*, I
package *le colis*, I; *le paquet*, II; **package of pasta** *le paquet de pâtes*, II
page *la page*, I
painter *le peintre*, 9
painting *la peinture*, 9; *le tableau*, I; **painting on canvas** *le tableau*, 9
pair of pants *le pantalon*, I
pajamas *le pyjama*, II
palace *le palais*, 3
palette *la palette*, 9
paper *le papier*, I
parachute *le parachute*, 5
parade *le défilé*, II
paramedic *l'ambulancier, l'ambulancière*, 8
parent *le parent*, I
park *le parc*, I
to park *garer*, 10
parking *le parking*, I
parliament *le parlement*, 8
party/holiday *la fête*, II; **party/mixer** *la soirée*, II
to party *faire la fête*, I

to pass (an exam, a class) *réussir (à un examen)*, II; **to pass/ to succeed** *réussir (à)*, I
passenger *le passager/la passagère*, 10
passport *le passeport*, II
pasta *les pâtes, (f. pl.)*, I
pastry shop *la pâtisserie*, II
path *le sentier*, II
path/way *le chemin*, 3
to pay *payer*, I; **to pay by check** *payer par chèque*, I; **to pay cash** *payer en liquide*, I; **to pay with a credit card** *payer avec une carte*, I
peace *la paix*, 3
peaceful *tranquille*, II; **peacefully** *pacifiquement*, 3
peach *la pêche*, II
peak *le sommet*, II
peanut *la cacahuète*, II
pear *la poire*, II
peas *les petits pois, (m. pl.)*, II
pelican *le pélican*, 5
pen *le stylo*, I
pencil *le crayon*, I; **pencil case** *la trousse*, I; **pencil sharpener** *le taille-crayon*, I
people (population) *le peuple*, 3
pepper *le poivre*, I
performance *la représentation*, 9
period (of) *la durée (de)*, 2; **period (of time)** *la période*, 3
periodical *le périodique*, 6
personified *personnifié(e)*, 3
pesticide *le pesticide*, 7
pet *l'animal domestique, (m.)*, 2
pharmacist *le pharmacien, la pharmacienne*, 2
pharmacy *la pharmacie*, I
phenomenon *le phénomène*, 7
phone number *le numéro de téléphone*, I
photo *la photo*, 5; **photo album** *l'album photos, (m.)*, 4; **photo camera** *l'appareil photo, (m.)*, II
Physical education (P.E.) *l'EPS (éducation physique et sportive), (f.)*, I
physics *la physique*, 1
piano *le piano*, II
to pick up one's bedroom *ranger sa chambre*, I
picnic *le pique-nique*, I
pie *la tarte*, I
piece *le morceau*, II; **piece of cheese** *le morceau de fromage*, II; **piece of paper** *la feuille de papier*, I
pig *le cochon*, II
pilot *le pilote*, I

pink *rose*, I
to pitch a tent *monter la tente*, II
pizza *la pizza*, I
to place *placer*, I
to plan/to organize *organiser*, II
to plan a party *organiser une soirée/fête*, II
plane *l'avion, (m.)*, II; **plane ticket** *le billet d'avion*, I
planet *la planète*, 7
plant *la plante*, I
plastic bag *le sac en plastique*, II
plate *l'assiette, (f.)*, I
platform *le quai*, I
play *la pièce de théâtre*, II
to play *jouer*, II; **to play ball** *jouer au ballon*, II; **to play baseball** *jouer au base-ball*, I; **to play cards** *jouer aux cartes*, I; **to play checkers** *jouer aux dames*, I; **to play chess** *jouer aux échecs*, I; **to play dolls** *jouer à la poupée*, II; **to play guitar** *jouer de la guitare*, 1; **to play hopscotch** *jouer à la marelle*, II; **to play marbles** *jouer aux billes*, II; **to play "off-ground" tag [similar to tag]** *jouer à chat perché*, II; **to play practical jokes** *faire des farces*, II; **to play soccer** *jouer au football*, I; **to play sports** *faire du sport*, I; **to play tennis** *jouer au tennis*, II; **to play video games** *jouer à des jeux vidéo*, I; **to play with electric trains** *jouer au train électrique*, II; **to play with matchbox cars** *jouer aux petites voitures*, II
playground *la cour de récré(ation)*, II
please *s'il te plaît*, I; *s'il vous plaît*, II
to please (one another) *plaire (se)*, 4
to plot *intriguer*, 3
plumber *le plombier*, 2
poetry collection *le recueil de poésie*, II
police officer *le policier*, 8
police station *le commissariat de police*, 8
political *la politique*, 8; **political party** *le parti politique*, 8
polling station *le bureau de vote*, 8
to pollute *polluer*, 7
polluted *pollué(e)*, II
polluting *polluant(e)*, 7
pollution *la pollution*, 7
pomegranate syrup *la grenadine*, II
pop *la pop*, II

pork *le porc*, I
portrait *le portrait*, 9
Portugal *le Portugal*, II
Portuguese *portugais(e)*, II
to pose *poser*, 9
post office *la poste*, I
postcard *la carte postale*, 1
poster *l'affiche, (f.)*, 9; **poster** *le poster*, I
potato *la pomme de terre*, II
potion *la potion*, 3
potter *le potier*, 9
pottery *la poterie*, 9
pound (of cherries) *la/une livre (de cerises)*, II; **pound of** *la livre (f.)*, II
power *le pouvoir*, 3
precaution *la précaution*, 7
precious *précieux/précieuse*, 4
to predict *prévoir*, 7
to prefer *préférer*, II
to prepare *préparer*, II; **to prepare the snacks** *préparer les amuse-gueules*, II
present *le cadeau*, II
preservation *la conservation*, 7
president *le président*, 3
to press *appuyer*, 10
press *la presse*, 6
pressure *la pression*, 10
pretty/rather *assez*, II
previous *précédent(e)*, 6
prime minister *le premier ministre*, 8
prince *le prince*, 3
princess *la princesse*, 3
principle *le principe*, 7
to print *imprimer*, I
printer *l'imprimante, (f.)*, II
prison *la prison*, 8
private viewing *le vernissage*, 9
problem *le problème*, 7
to produce *produire*, 7; **to produce/to provoke** *provoquer*, 7
to pronounce *prononcer*, I
protectorate *le protectorat*, 3
protest *la manifestation*, 8
public *le public*, 6
published *publié(e)*, 6
to punch (a ticket) *composter*, I
puny *chétif/chétive*, 3
purple *violet(te)*, I
purse *le sac (à main)*, I
push ups *les pompes, (f. pl.)*, II
to put away/to tidy up *ranger*, II
to put on *mettre (se)*, II; **to put on makeup** *maquiller (se)*, II; **to put on pajamas/nightgown** *mettre en pyjama/en chemise de nuit (se)*, II

to put one's things away *ranger ses affaires*, II
to put, to wear *mettre*, II

quarter *le quart*, I
queen *la reine*, 3
quest *la quête*, 3
quiche *la quiche*, I
Quiet! *Silence!*, I
quite *assez*, I
quiz *l'interro(gation), (f.)*, II

rabbit *le lapin*, II
raccoon *le raton laveur*, 5
racket *la raquette*, II
radio *la radio*, I
to rain *pleuvoir*, II
raincoat *l'imperméable, (m.)*, I
to raise *lever*, II
rap *le rap*, II
rapids *les rapides, (m. pl.)*, 5
rare *saignant(e)*, I; **rarely** *rarement*, II
raspberry *la framboise*, II
rather *plutôt*, 9
to ravage/to destroy *ravager*, 7
to reach *parvenir*, 3; **to reach one's goal** *parvenir à son but*, 3
to read *lire*, I
reader *le lecteur, la lectrice* 6
ready *prêt(e)*, II
Really?! *Pas possible!*, 4
rearview mirror *le rétroviseur*, 10
to reassure *rassurer*, 10
to recall/to be reminded *rappeler (se)*, 1
to receive/to get *recevoir*, II
reception *la réception*, I
receptionist *le réceptionniste, la réceptionniste*, I
to recommend *recommander*, 9
record *le record*, 6
to record *enregistrer*, 6
recreation center *la Maison des jeunes et de la culture (MJC)*, I
recycling *le recyclage*, 7
red *rouge*, I; **red-head(ed)** *roux/rousse*, I
to reduce *réduire*, 7
reduced fee/discount *le tarif réduit*, I
to reflect *refléter*, 3
refresh *actualiser*, II

reggae *le reggae*, II
region *la région*, 7
to regret, to be sorry *regretter*, 4
regular gas *le super*, 10
regularly *régulièrement*, I
to rejoice *se réjouir*, 6
to relax *relaxer (se)*, II
to remarry *remarier*, I
to remind *rappeler*, II
remote *reculé(e)*, 3; remote
   control *la télécommande*, II
to rent *louer*, 4
rental agency *l'agence de
   location*, 10
to repaint (the house) *repeindre*, 2
Repeat! *Répétez!*, I
to repeat *répéter*, I
to replace *remplacer*, 2
report *le constat*, 8; report *le
   reportage*, I
republic *la république*, 8
reservation *la réservation*, II
to resign *démissionner*, 8
to rest *reposer (se)*, II
restroom *les toilettes, (m. pl.)*, I
résumé *le curriculum vitae*, 2
to retire *prendre sa retraite*, 4
return *le retour*, 1
to return *retourner*, II; to return (a
   book) *rendre (un livre)*, II; to
   return (home) *rentrer*, II; to
   return to the house *rentrer à la
   maison*, II
rice *le riz*, I
to ride a horse *monter à cheval*, II
right *le droit*, 8; right *la droite*, I;
   right away/immediately *tout
   de suite*, I; right next to *tout
   près*, II; right to vote *le droit de
   vote*, 8
ring *la bague*, I
to ring *sonner*, II
ripe *mûr(e)*, II
river *le fleuve*, II; *la rivière*, II
road *la route*, 10
rock *le rocher*, II
romance novel *le roman
   d'amour*, II
room *la pièce*, I; *la salle*, I; room
   with a view *la chambre avec
   vue*, I
rope *la corde*, 5
round-trip *aller-retour*, I
rug *le tapis*, I
ruler *la règle*, I
to run *courir*, II; to run/
   drip *couler*, II; to run
   along *aller (s'en)*, II
runway *la piste*, 10

sad *triste*, 4
safety procedures *les consignes de
   sécurité, (f. pl.)*, 10
sail *la voile*, II
to sail around the world *faire le tour
   du monde à la voile*, 5
salad *la salade*, I
salami *le saucisson*, I
sale *les soldes (f. pl.)*, I
salesperson *le vendeur, la
   vendeuse*, 2
salt *le sel*, I
sand *le sable*, 7
sandal *la sandale*, I
sandwich *le sandwich*, I
Saturday *samedi*, I
to save (a document) *sauvegarder*, II
to say/tell *dire*, II; to say good
   night *souhaiter une bonne
   nuit*, II
scarf *le foulard*, I
scenery/set *le décor*, 9
schedule *l'horaire, (m.)*, I
scholastic *scolaire*, I
school *l'école, (f.)*, I; school
   counselor *le conseiller/la
   conseillère d'éducation*, 1; school
   subject *la matière*, 1; school
   supplies *les fournitures scolaires
   (f. pl.)*, I; schoolyard *la cour de
   récréation*, 1
science-fiction movie *le film de
   science-fiction*, II
score/sheet music *la partition*, 9
screen *l'écran, (m.)*, II
scroll bar *la barre de défilement*, II
scuba diving mask *le masque de
   plongée*, 5
scuba tank *la bouteille de
   plongée*, 5
to sculpt *sculpter*, 9
sculptor *le sculpteur*, 6
sculpture *la sculpture*, 9
sea *la mer*, II; seafood *les fruits de
   mer, (m. pl.)*, II
to search *rechercher*, II
seashore *le bord de la mer*, 1; *au
   bord de la mer*, II
season *la saison*, I
seat *le siège*, 10; *la place*, I; *la place
   assise*, I
second *deuxième*, I; second
   class *la deuxième classe*, I;
   second floor *le premier étage*, I
secretary *la secrétaire*, 2;
   secretary *le ministre*, 6
Secretary of Labor *le ministre du
   travail*, 6

to see *voir*, II; to see (one another)
   again *revoir (se)*, 4
to seem *avoir l'air*, II
self-portrait *l'autoportrait, (m.)*, 9
to sell *vendre*, II
senator *le sénateur, la sénatrice*, 8
to send *envoyer*, II; to send
   e-mails *envoyer des e-mails*, I; to
   send the invitations *envoyer les
   invitations*, II
September *septembre*, I
serial *le feuilleton*, II
series *la série*, II
serious *sérieux (-euse)*, II
service *le service*, 2
to set *mettre*, I; to set the
   table *mettre la table*, I; *mettre le
   couvert*, I
to settle, to move to *installer (s')*, 4
seven *sept*, I
seventeen *dix-sept*, I
seventy *soixante-dix*, I; seventy-
   one *soixante et onze*, I; seventy-
   two *soixante-douze*, I
to shake *secouer*, 7
shampoo *le shampooing*, II
to share *partager*, 8
shark *le requin*, 5
to shave *raser (se)*, II
shaving cream *la crème à raser*, II
she *elle*, I
sheep *le mouton*, II
sheet *le drap*, 7; sheet *la feuille*, I
shipwreck *le naufrage*, 7
shoe *la chaussure*, 1; shoe size *la
   pointure*, I
shop *la boutique*, I; shop/store *le
   magasin*, I
shopping cart *le chariot*, II
short (length) *court(e)*, II
shoulder *l'épaule, (f.)*, II
show *le spectacle*, II
shower *la douche*, II; shower
   gel *le gel douche*, II
showing *la séance*, II
shrimp *la crevette*, II
shy *timide*, I
sick *malade*, II
sign/panel *le panneau*, 7
signature *la signature*, 8
silk *la soie*, I
silver *l'argent, (m.)*, I
simple *simple*, II
since/ago *depuis*, II; since/ago/
   for *ça fait*, II; *il y a*, II
to sing *chanter*, I
singing *le chant*, 9
single *le célibataire*, 4; single
   bed *le lit simple*, I
sink *le lavabo*, II
siren *la sirène*, 8

sister *la sœur*, II
sitcom *le sitcom*, II
six *six*, I
sixteen *seize*, I
sixty *soixante*, I
skateboarding *le skate(board)*, I
sketch *le croquis*, 9
skiing/skis *le(s) ski(s)*, I
to skip meals *sauter des repas*, II
skirt *la jupe*, I
sky diving *le parachutisme*, 5
sleep *le sommeil*, II
to sleep *dormir*, II
sleeping bag *le sac de couchage*, 1; sleeping car *la couchette*, I
slice *la tranche*, II; slice of ham *la tranche de jambon*, II
slide *le glissement*, 7
slipper *la pantoufle*, 3
to slow down *ralentir*, 10
smock/lab coat *la blouse*, II
smoke *la fumée*, 7
to smoke *fumer*, II
snacks *les amuse-gueules, (m. pl.)*, II
snake *le serpent*, II
to sneeze *éternuer*, II
snorkel *le tuba*, I
snow *la neige*, 7
to snow *neiger*, I
snowboarding *le surf*, I
so, so much/really *tellement*, II; so, well/then *alors*, II
soap *le savon*, II; soap opera *le soap*, II
soccer *le football*, I
society *la société*, 8
sock *la chaussette*, I
soda, Coke *le coca*, II
software *le logiciel*, I
solar *solaire*, 7; solar panel *le panneau solaire*, 7
soldier *le soldat*, 7
solo *solitaire*, 5
some, from *de l', de la, des, du*, II; some of it(them)/any of it(them) *en*, II
someone *quelqu'un*, II
sometimes *parfois*, 3
son *le fils*, I
soon *bientôt*, II
sorcerer *le sorcier*, 3
sorry *désolé(e)*, I
sound *le son*, II; sound and light show *le spectacle son et lumière*, II
source *la source*, 7
south of *au sud de*, 5
Spain *l'Espagne, (f.)*, II
Spanish *espagnol(e)*, II
spare tire *la roue de secours*, 10

to speak *parler*, II; to speak (English) *parler (anglais)*, I; to speak (French) *parler (français)*, I; to speak (to one another) *parler (se)*, 4
specialized press *la presse spécialisée*, 6; specialized press *spécialisé(e)*, 6
species *l'espèce, (f.)*, 5
speckled *tiqueté*, 1
speed *la vitesse*
to spell *épeler*, I
spices *les épices, (f. pl.)*, II
spider *l'araignée, (f.)*, II; spider web *la toile d'araignée*, II
spoon *la cuillère*, I
sports *le sport*, I; sports car *la voiture de sport*, I; (sports) club *le club (de tennis, de foot)*, I; sports facilities *le complexe sportif*, 1; sports field *le terrain de sport*, II; sports page *les Sports, (m. pl.)*, 6; sports report *le reportage sportif*, II
spring *le printemps*, II
spy movie *le film d'espionnage*, II
squirrel *l'écureuil, (m.)*, 5
stadium *le stade*, I
stage *la scène*, 9
staircase *l'escalier, (m.)*, I
stamp *le timbre*, I
stand *le kiosque*, 6
to stand in line *faire la queue*, I
to start up *démarrer*, II
state *l'état, (m.)*, 8
station *la chaîne*, II
stationary store *la papeterie*, I
statue *la statue*, 9
stay/sojourn *le séjour*, II
to stay *rester*, II; to stay/to sojourn *faire un séjour*, II; to stay at home *rester chez soi*, II
steak *le steak*, I
steering wheel *le volant*, 10
stepfather *le beau-père*, II
stepmother *la belle-mère*, II
stereo system *la chaîne stéréo*, I
stewardess *l'hôtesse, (f.)*, I
still life *la nature morte*, 9
to sting *piquer*, 5
stomach *l'estomac, (m.)*, II
stone *la pierre*, 3
stop *l'arrêt, (m.)*, I
to stop (Internet) *arrêter/annuler*, II
to stop by *passer (à un endroit)*, I
stopover, layover *l'escale, (f.)*, 10
stork *la cigogne*, 5
storm *la tempête*, 7
story *le récit*, 3
stout/strong *fort(e)*, I
straight ahead *tout droit*, I
strawberry *la fraise*, II

stream *le ruisseau*, II
street *la rue*, I
stressful *stressant(e)*, II
stricken *sinistré(e)*, 7
strike *la grève*, 6
student *l'élève, (m.)*, 1
studio *l'atelier, (m.)*, 9
to study *faire des études*, 2; to study *étudier*, I
style *le style*, 9
to subscribe *abonner (s')*, 6
subtitles *les sous-titres, (m. pl.)*, II
subway *le métro*, I; subway station *la station de métro*, I
sugar *le sucre*, II
to suggest *suggérer*, 3
suit *le costume*, I
suitcase *la valise*, I
sultan *le sultan*, 3
summer *l'été, (m.)*, II; summer camp *la colonie de vacances*, II
sun *le soleil*, I
Sunday *dimanche*, I
sunglasses *lunettes de soleil, (f. pl.)*, II
sunscreen *la crème solaire*, II
superstore *la grande surface*, I
supply *la fourniture*, I
to suppose *supposer*, 7
to surf *surfer*, I; to surf the Net *surfer sur Internet*, I
surfboard *la planche de surf*, I
to surprise *étonner*, 7
surprising *surprenant*, 9
survey *le sondage*, 8
suspense *le suspense*, II
sweater *le pull*, II
sweat-shirt *le sweat-shirt*, I
Sweden *la Suède*, II
to sweep *balayer*, I
sweet *gentil(le)*, II
sweets/candy *le bonbon*, II
to swim *nager*, I; *baigner (se)*, II
swimming pool *la piscine*, I
swimsuit *le maillot de bain*, I
to swing *faire de la balançoire*, II
Switzerland *la Suisse*, II
to swoop down (on) *abattre (s') (sur)*, 6
syrup *le sirop*, I

t.v. program *le programme télé*, II
table *la table*, I; table cloth *la nappe*, I; table setting *le couvert*, I; tablespoon *la cuillerée à soupe*, II
to take *prendre*, II; to take (with) *emporter*, II; to take a

bath *prendre un bain*, II; **to take a class** *suivre un cours*, II; **to take a guided tour** *faire une visite guidée*, II; **to take a nap** *faire la sieste*, II; **to take a shower** *prendre une douche*, II; **to take a stroll** *promener (se)*, II; **to take a trip** *faire un voyage*, I; **to take a world tour** *faire le tour du monde*, II; **to take an organized trip** *faire un voyage organisé*, II; **to take back/ to win** *remporter*, 6; **to take care (of)** *occuper (de) (s')*, II; **to take down a tent** *démonter la tente*, II; **to take for a walk** *promener*, I; **to take off one's clothes** *enlever ses vêtements*, II; **to take off** *décoller*, 10; **to take out the trash** *sortir la poubelle*, I; **to take place** *avoir lieu*, 3; *produire (se)*, 6; **to take someone's temperature** *prendre la température*, II; **to take the bus** *prendre le bus*, II
tale *le conte*, 3
to talk (with friends) *discuter (avec des amis)*, I
tank *le réservoir*, 10
taste *le goût*, 6
taxi *le taxi*, I; **taxi driver** *le chauffeur de taxi*, 2
teacher/professor *le professeur, la professeur*, 2
team *l'équipe, (f.)*, 6
teaspoon *la cuillerée à café*, II
techno *la techno*, II
telephone *le téléphone*, I; **telephone booth** *la cabine téléphonique*, I
to telephone (one another) *téléphoner (se)*, 4
television *la télé(vision)*, I; **television programs** *les émissions télé, (f. pl.)*, II
to tell *raconter*, 3
tell me *dites-moi*, I
ten *dix*, I
tennis *le tennis*, I; **tennis shoes** *les baskets (f. pl.)*, I
tent *la tente*, 1
terminal *le terminal*, I
terrorist attack *l'attentat , (m.)*, 6
to thank *remercier*, II
thank you *merci*, I
the *la, (l'), le (l'), les*, I; **the next day** *le lendemain*, 3; **the night before** *la veille*, 3
theater *le théâtre*, 9
theft *le vol*, 6
their *leur(s)*, 3

them *les*, II
then *puis*, I; **then/next** *ensuite*, II
theoretically *en principe*, 7
there *y*, II
therefore *donc*, 7
thermos *la bouteille isotherme*, II
these *ces*, I
they (fem) *elles*, I; **they (masc)** *ils*, I
thief *le voleur, la voleuse*, 6
thin *mince*, II
thing *la chose*, I
to think *penser*, II; **to think/ believe** *croire*, II; **to think that** *croire que*, II
thirteen *treize*, I
thirty *trente*, I; **thirty-one** *trente et un*, I
this *ce, cet, cette*, I; **this/that** *ça*, I
to threaten *menacer*, 7
three *trois*, I
throat *la gorge*, II
to throw *jeter*, I; *lancer*, I
thunder *le tonnerre*, 7; **thunderstorm** *l'orage, (m.)*, 7
Thursday *jeudi*, I
ticket *le ticket*, I; **ticket collector** *le contrôleur*, I; **ticket machine** *le distributeur de billets*, I
to tidy up the house *ranger la maison*, II
tie *la cravate*, I
tight *étroit(e)*, I; **tight** *serré(e)*, I
time *la fois*, I; *le temps*, I; **time difference** *le décalage horaire*, 10
times a week *fois par semaine*, II; **times per...** *fois par...*, I
tire *le pneu*, 10
tiresome/difficult *pénible*, I
title *le titre*, 6
to /at + city *à*, I; **to/at + feminine country** *en*, I; **to/at + masculine country** *au*, I; **to/at the** *au, aux*, I
(to) him/her *lui*, II
(to) me *me (m')*, II
to the left of *à gauche de*, I
to the right of *à droite de*, I
(to) them *leur*, II
(to) us *nous*, II
(to) you *te (t')*, II; **(to) you** *vous*, II
toast *le toast*, I
toasted ham and cheese sandwich *le croque-monsieur*, II
today *aujourd'hui*, I
toe *le doigt de pied*, II
together *ensemble*, 4
tomato *la tomate*, II
tomorrow *demain*, I
too/too much *trop*, II
tool *l'outil, (m.)*, II

toothbrush *la brosse à dents*, II
toothpaste *le dentifrice*, II
tornado *la tornade*, 7
totally/absolutely *tout à fait*, I
tour *le tour*, II
tourism *le tourisme*, II
tourist center *l'office de tourisme, (m.)*, II
towards the west *vers l'ouest*, 5
track *la voie*, I; *la piste (d'athlétisme)*, II
track and field *l'athlétisme, (m.)*, I
tractor *le tracteur*, II
trading post *le comptoir*, 3
traffic *la circulation*, 8
traffic light *le feu*, I
to trail behind/dawdle *traîner*, II
to train/to have an apprenticeship *faire un apprentissage*, 4
train *le train*, II; **train station** *la gare*, I; **train ticket** *le billet de train*, II
training *la formation*, 2
traitor *le traître*, 3
to transform *transformer*, 3
translator *le traducteur, la traductrice*, 2
transportation *le transport*, 7
trash *la poubelle*, I
to travel *voyager*, II
travel agency *l'agence de voyages, (f.)*, II
travel bag *le sac de voyage*, 1
traveler's check *le chèque de voyage*, II
tree *l'arbre, (m.)*, II
trip *le voyage*, II
tropical *tropical(e)*, 5
truck *le camion*, 8
trunk *le coffre*, 10
to try (on) *essayer*, I
t-shirt *le tee-shirt*, I
tube *le tube*, 9
Tuesday *mardi*, I
to tune/to adjust *régler*, 10
tune up *la révision*, 10
Tunisia *la Tunisie*, 3
to turn *tourner*, I
turtle *la tortue*, II
tutu *le tutu*, 9
twelve *douze*, I
twenty *vingt*, I; **twenty-eight** *vingt-huit*, I; **twenty-five** *vingt-cinq*, I; **twenty-four** *vingt-quatre*, I; **twenty-nine** *vingt-neuf*, I; **twenty-one** *vingt et un/vingt et une*, I; **twenty-seven** *vingt-sept*, I; **twenty-six** *vingt-six*, I; **twenty-three** *vingt-trois*, I; **twenty-two** *vingt-deux*, I

twin *le jumeau, la jumelle*, 4
to **twist one's ankle/wrist** *fouler la cheville/le poignet (se)*, II
twist *le rebondissement*, II
two *deux*, I; **two hundred** *deux cents*, I; **two hundred and one** *deux cent un*, I
type *sorte*, II

umbrella *le parapluie*, I
uncle *l'oncle, (m.)*, II
under *sous*, I
to **understand** *comprendre*, I
to **undo** *défaire*, 9
Unfortunately,... *Malheureusement,...*, 4
union *le syndicat*, 2
unleaded gas *l'essence sans plomb, (f.)*, 10
upstairs *en haut*, I
usher *l'ouvreuse, (f.)*, 9
to **use** *utiliser*, I
usually *d'habitude*, I

vacation *les vacances, (f. pl.)*, I
vacationist *le vacancier, la vacancière*, 6
to **vacuum** *passer l'aspirateur*, I
vacuum cleaner *l'aspirateur, (m.)*, I
valley *la vallée*, II
vanity case *la trousse de toilette*, II
variety show *l'émission de variétés, (f.)*, II
vegetable *le légume*, II
vendor *le marchand, la marchande*, 6
very *très*, II; **very badly** *très mal*, I; **very soon** *tout à l'heure*, II; **very well** *très bien*, I
veterinarian *le vétérinaire, la vétérinaire*, 2
vibrant *vivant(e)*, II
victim *la victime*, 3
victory *la victoire*, 6
video camera *le caméscope*, II
video game *le jeu vidéo*, I
view *la vue*, I
view (Internet) *l'affichage, (m.)*, II
village *le village*, II
village dance *le bal populaire*, II
violent *violent(e)*, 6

visa *le visa*, I

visit/tour *la visite*, II
to **visit (a person)** *rendre visite (à une personne)*, 1; **to visit (a place)** *visiter (un endroit)*, II; **to visit (France)** *faire (la France)*, I
visual arts *les arts plastiques, (m. pl.)*, 1
vitamin *la vitamine*, II
vizier *le vizir*, 3
volcano *le volcan*, 7
volleyball *le volley*, I
to **vote** *voter*, 8
voter *l'électeur, l'électrice*, 8

to **wait** *attendre*, II
waitperson *le serveur, la serveuse*, 2
to **wake up** *réveiller (se)*, II
to **walk (the dog)** *promener (le chien)*, I
walkman *le baladeur*, I
wallet *le portefeuille*, I
to **want** *désirer*, I; *vouloir*, II
war movie *le film de guerre*, II
wardrobe *l'armoire, (f.)*, I
warming *le réchauffement*, 7
to **warn** *prévenir*, 10
to **wash** *laver*, I; **to wash one's face** *laver la figure (se)*, II; **to wash one's hair** *laver les cheveux (se)*, II; **to wash the car** *laver la voiture*, I
wasp *la guêpe*, 5
waste *les déchets, (m. pl.)*, 10
watch *la montre*, I
to **watch cartoons** *regarder des dessins animés*, II; **to watch out for** *prendre garde à*, 7; **to watch TV** *regarder la télé*, I
water *l'eau, (f.)*, I
to **water (the plants)** *arroser (les plantes)*, I
watercolor *l'aquarelle, (f.)*, III
waterfall *la cascade*, II
watermelon *la pastèque*, II
wave *la vague*, 6
we *nous*, I
to **wear** *porter*, I
weather *le temps*, I
weather page *la Météo*, 6
weather report *les prévisions météorologiques, (f. pl.)*, 6; *le bulletin météo(rologique)*, II
website *le site*, II
Wednesday *mercredi*, I
week *la semaine*, 1
weekend *le week-end*, II
weekly *l'hebdomadaire, (m.)*, 6
to **weigh oneself** *peser (se)*, II

well *bien*, I; **well-done** *bien cuit*, I; **well ripe** *bien mûr(e)*, II
West Africa *l'Afrique de l'Ouest, (f.)*, 3
wetsuit *combinaison de plongée*, 5
whale *la baleine*, 5
what *que (qu')*, II; **what (before verb)** *ce qui*, II
wheel *le tour de potier*, 9
when *quand*, 1
where *où*, II
which *quel, quelle, quels, quelles*, I; **which month** *en quel mois*, I; **which one(s)** *lequel, laquelle, lesquels, lesquelles*, II
while *alors que*, II; **while/during** *pendant que*, II
white *blanc(he)*, I
who *qui*, II
why *pourquoi*, II
widow *la veuve*, 4
widower *le veuf*, 4
wife *la femme*, I
wild animal *l'animal sauvage, (m.)*, 5
wild boar *le sanglier*, 5
to **win,** *gagner* II
wind *le vent*, I
windbreaker *le coupe-vent*, I
windmill *l'éolienne, (f.)*, 7
window/counter/ticket office *le guichet*, I
window (seat on a plane) *le hublot*, 3; **window** *la fenêtre*, II
windshield *le pare-brise*, 10
windshield wipers *les essuie-glaces, (m. pl.)*, 10
to **windsurf** *faire de la planche à voile*, II
windsurfing *la planche à voile*, 1
winter *l'hiver, (m.)*, I
winter jacket *l'anorak, (m.)*, I
winter scarf *l'écharpe, (f.)*, I
wish *le souhait*, 3
to **wish** *souhaiter*, II
witch *la sorcière*, 3
with *avec*, I; **with a view** *avec vue*, I; **with whom** *avec qui*, I
to **withdraw** *retirer*, I
without *sans*, I; **without a doubt** *sans doute*, II
wolf *le loup*, 5
woman's blouse *le chemisier*, I
woman's suit *le tailleur*, I
to **wonder** *demander (se)*, II
woods *le bois*, II
wool *la laine*, I
to **work** *travailler*, I; **to work/run** *marcher*, II; **to work half-time** *travailler à mi-temps*, 2; **to work in** *travailler dans*, 2; **to work overtime** *faire des heures*

supplémentaires, 2; **to work part-time** *travailler à temps partiel,* 2

work, masterpiece *l'œuvre, (f.),* 6

work of art *l'œuvre d'art, (f.),* 9

world *le monde,* 7

World War II *la Seconde Guerre mondiale,* 3

worried *inquiet(-iète),* 4

to worsen *empirer,* 7

to wrap *emballer,* II; **to wrap the presents** *emballer les cadeaux,* II

wrist *le poignet,* II

to write *écrire,* II

written *écrit(e),* 6

yard/garden *le jardin,* I

yellow *jaune,* I

yes *oui,* I; **yes (to negative question)** *si,* II

yesterday *hier,* I

yet/again *encore,* I

yoga *le yoga,* II

yogurt *le yaourt,* II

you *toi,* I; *tu,* I; *vous,* II

young *le jeune,* II

your (formal) *vos,* I; **your (formal)** *votre,* I; **your (informal)** *ta,* I; **your (informal)** *tes,* I; **your (informal)** *ton,* I

Yule log *la bûche de Noël,* II

zero *zéro,* I

zip code *le code postal,* I

zoo *le zoo,* I

zucchini *la courgette,* II

Index de grammaire

Page numbers in boldface type refer to the first presentation of the topic. Other page numbers refer to the grammar topic in subsequent presentations or in *Bien dit!* features. The Roman numeral I preceding page numbers indicates Level 1; the Roman numeral II indicates Level 2; the Roman numeral III indicates Level 3. For more grammar references, see the **Synthèse grammaticale** on pages R26–R57.

à I: **56,** 118, 334; II: **102;** III: **230,** 284, 408
à: combined with **le** to form **au** I: **56,** 334; II: **102;** III: **318,** 408, see also contractions, see also prepositions
à: combined with **les** to form **aux** I: **56,** 334; II: **102;** III: **318,** 408, see also contractions, see also prepositions
à: with **commencer** I: **118**
à: with countries and cities I: **334;** III: **408,** see also prepositions
à: with the verb **croire** III: **230,** see also prepositions
à condition que III: **294,** see also conjunctions
à moins que III: **294,** see also conjunctions
acheter: present tense I: **128;** II: **22**
acheter: spelling changes in the future tense II: **252;** III: **48,** 330, 420
adjectives I: **84,** 86, 130, 226, 228; II: **12,** 14, 164, 210, 212, 214; III: **62,** 104, 280, 372, 382
adjectives: agreement I: **84,** 86, 130, 132, 226, 228; II: **12,** 14, 210, 212, 214; III: **372**
adjectives: as nouns I: **130**
adjectives: collective adjectives **tout, tous, toute, toutes** II: **164**
adjectives: demonstrative adjectives **ce, cet, cette, ces** I: **226**
adjectives: ending in **-el** and **-ng** II: **12**
adjectives: ending in **-eux** and **-if** I: **84;** II: **12**
adjectives: feminine forms I: **84,** 86, 130, 132, 226, 228; II: **12,** 14, 210, 212, 214; III: **372**
adjectives: interrogative adjectives **quel, quelle, quels, quelles** I: **228**
adjectives: irregular adjectives **beau, nouveaux, vieux** I: **86;** II: **14**
adjectives: irregular feminine forms I: **84,** 86
adjectives: **marron** II: **12**
adjectives: masculine forms ending in **-s** I: **84**
adjectives: masculine forms ending in unaccented **-e** I: **84;** II: **12**
adjectives: placement I: **84,** 86, 226, 228; II: **14**
adjectives: plural forms I: **84,** 86, 226, 228; II: **12,** 14
adjectives: placed before the noun I: **84,** 86, 226, 228; II: **14**
adjectives: possessive adjectives I: **94**
adjectives: present participles used as adjectives II: **316;** III: **62,** 372

adjectives: whose meaning changes based on placement III: **104**
adjectives: with the comparative II: **210,** 214; III: **280,** 382
adjectives: with the superlative II: **212,** 214; III: **280,** 382
adorer II: **22**
adverbs: **comme ci comme ça, de temps en temps, quelquefois** II: **202;** III: **412**
adverbs: **dès que, lorsque, quand** III: **292**
adverbs: ending in **-ent** or **-ant** III: **322**
adverbs: ending in **-i** or **-e** III: **322**
adverbs: general formation I: **158;** III: **322,** 412
adverbs: general placement II: **202;** III: **232,** 412
adverbs: irregular adverbs **beaucoup** and **trop** III: **322,** 412
adverbs: irregular adverbs **bien** and **mal** I: **158;** III: **322**
adverbs: **quelque part** and **quelquefois** III: **232,** 412
adverbs: **souvent, de temps en temps, rarement, regulièrement** I: **158;** III: **412**
adverbs: superlative of adverbs III: **280,** 382
adverbs: with the **passé composé** I: **242;** III: **412**
afin que III: **294,** see also conjunctions
aimer: **aimer** + infinitive I: **46**
aimer: future tense III: **48**
aimer: present-tense I: **46;** III: **10**
aller: **aller** + infinitive (**futur proche**) I: **167;** II: **178;** III: **14**
aller: **passé simple** III: **100**
aller: irregular conditional stem II: **286;** III: **330**
aller: irregular future tense stem II: **252;** III: **48,** 420
aller: irregular imperative forms I: **202**
aller: irregular subjunctive forms II: **276;** III: **150,** 410
aller: present tense I: **167,** 310; III: **12**
aller: with the **passé composé** I: **274,** 346; III: **22**
amener I: **128**
amener: vs. **apporter** III: **202**
appeler: present tense I: **332**
appeler: spelling changes in the future tense II: **252;** III: **48,** 330, 420
apporter: vs. **amener** III: **202**
apprendre I: **200,** 310
après III: **284,** see also prepositions
arriver: past participle I: **274;** II: **60**
arriver: with the **passé composé** I: **274,** 346; II: **60**
articles: definite articles I: **44;** II: 318
articles: indefinite articles I: **24,** 188, 314; II: 318

faire: passé simple III: **100**
faire: present tense I: **154,** 310; III: **12**
faire: causative **faire** III: **52,** 424
faire: causative **faire** with reflexive verbs III: **52,** 424
faire: causative **faire** with the **passé composé** III: **52,** 424
faire: idiomatic expressions I: **336;** III: **206**
faire: irregular conditional stem II: **286;** III: **330**
faire: irregular future tense stem II: **252;** III: **48,** 420
faire: irregular past participle I: **240,** 344; II: **58;** III: **22**
faire: irregular subjunctive forms II: **276;** III: **150,** 410
faire: present participle II: **316**
finir: conditional II: **286**
finir: future tense II: **250**
finir: imparfait II: **198**
finir: passé simple III: **100**
finir: present tense I: **190,** 272, 310; II: **24**
finir: present participle II: **316**
finir: subjunctive II: **274**
futur II: **250;** III: **48,** 420
futur: formation II: **250;** III: **48,** 420
futur: with **dès que, lorsque, quand** III: **292,** see also adverbs
futur proche I: **167;** II: **178;** III: **14,** see also **aller**
futur proche: with reflexive verbs II: **178**
future perfect III: **60**

grandir I: **190,** 310
grossir I: **190,** 310; II: **24**

hier with **soir/matin/après-midi** to talk about the past I: **242,** see also adverbs

idiomatic expressions: verbs with idioms III: **206**
idiomatic expressions: with **avoir** I: **170;** III: **206**
idiomatic expressions: with **être** I: **240;** III: **206**
idiomatic expressions: with **faire** I: **336;** III: **206**
idiomatic expressions: with **mettre** III: **206**
idiomatic expressions: with **prendre** III: **206**
il/elle I: **12, 14,** see also pronouns
il/elle: as the subject of an inversion question I: **312;** II: **90;** III: **370,** see also interrogatives, see also inversion
il/elle est: vs. **c'est** I: **98;** II: **318**
il est bon que II: **278,** see also subjunctive
il est important que II: **274,** 276, see also subjunctive
il est nécessaire que II: **362,** see also subjunctive
il faut que II: **274,** 276, 362, see also subjunctive
il ne faut pas que II: **362,** see also subjunctive

il n'est pas nécessaire que II: **362,** see also subjunctive
il y a: past participle I: **240**
il y a: to say *for how long* or *since* II: **136**
ils/elles I: **12, 14,** see also pronouns
imparfait II: **198,** 200, 238, 240, 288, 354, 364, 366; III: **24**
imparfait: formation II: **198**
imparfait: vs. **passé composé** II: **200,** 238, 364; III: **24**
imparfait: with **être en train de** II: **240,** 366
imparfait: with **si + on + imparfait** II: **288,** 354
imparfait: with **si clauses** II: **288,** 354
imperatives I: **202,** 302; II: **176;** III: **192,** 240, see also commands
imperatives: negative commands I: **202,** 302; II: **176;** III: **192,** 240, see also commands
imperatives: negative commands with reflexive verbs II: **176;** III: **192,** see also commands
imperatives: with reflexive verbs II: **176;** III: **192,** see also commands
indefinite articles: in negative sentences I: **24,** see also articles, see also negatives
indefinite articles: **un, une, des** I: **24,** 188, 314, see also articles
indirect object pronouns II: **48,** 122, 350; III: **240,** see also pronouns
indirect object pronouns: placement II: **48,** 122, 350; III: **240,** see also pronouns
indirect object pronouns: with the **passé composé** II: **122,** 350; III: **138,** 240, see also pronouns
indirect objects: verbs that take an indirect object III: **138**
indirect objects: with the verb **manquer** III: **142**
infinitives: past infinitive III: **116**
infinitives: verbs followed directly by an infinitive III: **204**
infinitives: verbs that take **à** before an infinitive III: **204**
infinitives: verbs that take **de** before an infinitive III: **204**
information questions I: **156;** II: **90;** III: **242,** see also interrogatives, see also questions
information questions: using inversion I: **312;** II: **90,** see also interrogatives, see also inversion, see also questions
interrogative adjectives: **quel, quelle, quels, quelles** I: **228,** see also adjectives
interrogative pronouns: **lequel, laquelle, lesquels, lesquelles** II: **326;** III: **318,** see also pronouns
interrogatives: information questions I: **156,** 312; II: **90;** III: **242**
interrogatives: inversion I: **312;** II: **90;** III: **370**
interrogatives: question words I: 60, **156,** 228; II: **90;** III: **242**
interrogatives: yes/no questions I: **60,** 156, 312; II: **90;** III: **370**
inversion I: **312;** II: **90;** III: **370,** see also interrogatives, see also questions
inversion: with the **passé composé** I: **312;** III: **370,** also see interrogatives, see also questions

je I: **12, 14,** see also pronouns
je: contraction to **j'** before vowel sound I: **14**
je: je voudrais as a polite form of **je veux** I: **192**
je m'appelle vs. **j'appelle** I: **332**

Index de grammaire

je suis content(e) que II: **278**, see also subjunctive
je suis triste que II: **278**, see also subjunctive
je veux que II: **278**, see also subjunctive
jeter I: **332**
jouer II: **22**
jusqu'à ce que III: **294**, see also conjunctions

la: definite article I: **44**, 130, see also articles
la: direct object pronoun II: **46**, 350; III: **240**, see also pronouns
lancer I: 118
le: before days of the week to express routine actions I: **120**
le: definite article I: **44**, 120, 130, see also articles
le: direct object pronoun II: **46**, 350; III: **240**, see also pronouns
le: with **moins, mieux,** or **plus** to form superlative of adverbs III: **280**, 382, see also superlative
le/la/les plus/moins + adjective + **de** II: **212**, 330; III: **382**, see also superlative
lequel, laquelle, lesquels, lesquelles II: **326**, III: **318**, see also pronouns
lever I: 128
les: definite article I: **44**, 130, see also articles
les: direct object pronoun II: **46**, 350; III: **240**, see also pronouns
lire: irregular past participle I: **240**, 344; III: **22**
leur: indirect object pronoun II: **48**, 350, see also pronouns
loin de III: **284**, see also prepositions
lorsque III: **292**, see also adverbs
lui: disjunctive pronoun III: **154**, see also pronouns
lui: indirect object pronoun II: **48**, 350; III: **240**, see also pronouns

maigrir I: **190**, 310; II: **24**
mais I: **58**, see also conjunctions
mal I: **158**, see also adverbs
malgré que III: **294**, see also conjunctions
manger: present tense I: **118**
manger: stem changes in the **imparfait** II: **198**
manquer III: **142**
manquer: with a direct object III: **142**
manquer: with an indirect object III: **142**
mauvais: irregular adverb **mal** I: **158**, see also adverbs
mauvais: irregular comparative and superlative forms II: **214**, 330
me: direct object pronoun II: **46**, 350; III: **240**, see also pronouns
me: indirect object pronoun II: **48**, 350; III: **240**, see also pronouns
me: reflexive pronoun II: **162**, see also pronouns
meilleur(e) II: **214**, 330; III: **280**, 382, see also comparative, see also superlative
mettre: future tense stem II: **250**
mettre: idiomatic expressions III: **206**
mettre: irregular past participle I: **240**, 344; II: **58**; III: **22**

mettre: present tense I: **230**, 310
mieux: irregular comparative of **bien** III: **280**, 382
mieux: with **le** to form superlative of adverbs III: **280**, 382
moi: disjunctive pronoun III: **154**, 240, see also pronouns
moins: with **le** to form superlative of adverbs III: **280**, 382
moins + adjective + **que** II: **210**, 330; III: **280**, 382, see also comparative
moins bon(ne)(s) II: **214**, see also comparative, see also superlative
moins de II: **210**; III: **280**, 382, see also comparative
monter: past participle I: **274**; II: **60**
monter: with a direct object in the **passé composé** II: 242
monter: with the **passé composé** I: **274**, 346; II: **60**, 242
mourir: past participle I: **274**; II: **60**
mourir: with the **passé composé** I: **274**, 346; II: **60**

naître: past participle I: **274**; II: **60**
naître: with the **passé composé** I: **274**, 346; II: **60**
ne: contraction to **n'** before vowel sound I: **26**, 202, 238, 264
ne... que II: **124**
negatives I: **26**, 202, 238, 264, 302, 344; II: **10**, 62, 124, 162, 176; III: **10**, 22, 240, 244
negatives: ne... aucun(e) III: **244**
negatives: ne... jamais I: **264**; II: **62**; III: **244**
negatives: ne... ni... ni... I: **264**; III: **244**
negatives: ne... nulle part III: **244**
negatives: ne... pas I: **26**, 202, 238, 264, 302, 344; II: **10**, 62, 162; III: **10**, 240, 244
negatives: ne... pas encore I: **264**; II: **62**; III: **244**
negatives: ne... pas with the **passé composé** I: **238**, 344; III: **22**
negatives: ne... pas with reflexive verbs II: **162**
negatives: ne... personne I: **264**; II: **124**; III: **244**
negatives: ne... personne as the subject of a sentence II: **124**
negatives: ne... plus I: **264**; II: **62**; III: **244**
negatives: ne... rien I: **264**; II: **62**, 124; III: **244**
negatives: ne... rien as the subject of a sentence II: **124**
negatives: with commands I: **202**, 302; II: **176**; III: **240**
negatives: with indefinite articles I: **24**, see also articles
negatives: with reflexive verbs I: **238**, 264, 344; II: **162**, 176
negatives: with the **passé composé** I: **238**, 264, 344; III: **22**, 244
negatives: without complete sentences II: **62**
nettoyer: present tense I: **276**, 310
nouns: as direct objects II: **46**
nouns: as subjects I: **12**, 312
nouns: ending in -al I: **48**
nouns: ending in -eau/-eu I: **48**
nouns: determining masculine and feminine I: **44**
nouns: feminine forms III: **50**
nouns: feminine forms ending in -e III: **50**
nouns: feminine forms ending in -esse III: **50**
nouns: irregular plural forms I: **24**, 48
nouns: masculine and feminine forms III: **50**
nouns: proper nouns in inversion questions I: **312**

Index de grammaire

Remerciements

ACKNOWLEDGMENTS

For permission to reprint copyrighted material, grateful acknowledgment is made to the following sources:

"Chevaux de polo" by Ariane Bavelier from *Le Figaro*, April 7, 2004. Text Copyright © by Le Figaro. Reprinted by permission of *Le Figaro*.

"Dépollution par le lombric" by Fabien Gruhier from *Le Nouvel Observateur*, No 2113, May 11, 2005. Text copyright © 2005 by *Le Nouvel Observateur*. Reprinted by permission of the publisher.

"Designer olfactif" by Jean-Baptiste François from *Phosphore*, June 2005, No. 288. Text copyright © 2005 by Bayard Presse. Reprinted by permission of the publisher.

"Georges Braque" from *Capitale de la douleur* by Paul Eluard. Text copyright © 1925 by Éditions Gallimard. Reprinted by permission of Éditions Gallimard, www.gallimard.fr.

"Je viens d'une ile de soleil" from *Points cardinaux* (Holt Rinehart and Winston, Montréal, 1966). Text copyright © 1966 by Anthony Phelps. Reprinted by permission of Anthony Phelps.

Excerpt from "Jean de Florette" by Marcel Pagnol from Marcel Pagnol: *Œuvres complètes III, Souvenirs et romans*. Text copyright ©1955 by Marcel Pagnol. Reprinted by permission of Éditions de Fallois.

"La littérature maghrébine en français" by Hafsa Benmchich, accessed August 25, 2006, at Ecrit-vains Web site at http://ecrits-vains.com/points_de_vue/hafs_benmchich.htm. Text copyright © by Hafsa Benmchich. Reprinted by permission of the author.

Excerpt from "La Musique et les jeunes" by Racha el-Halabi from *L'Orient Le Jour Junior*. Text copyright © 2009 by Société Générale de Presse et d'Edition. Reprinted by permission of Société Générale de Presse et d'Edition.

"L'écriture" by Françoise Giroud from *Profession journaliste: Conversations avec Martine de Rabaudy*. Text copyright © 2001 by Hachette Littératures. Reprinted by permission of Hachette Littératures.

Excerpt from *Le fils d'Agatha Moudio* by Francis Bebey. Text copyright ©1968 by Éditions CLE. Reprinted by permission of Éditions CLE.

Excerpt from *Le Petit Prince* by Antoine de Saint-Exupéry. Text copyright 1943 by Harcourt, Inc.; text copyright renewed © 1971 by Consuelo de Saint-Exupéry. Reprinted by permission of Harcourt, Inc. and electronic format by permission of Éditions Gallimard.

"Les oies voyageuses: Des allers-retours à ne pas manquer" from *Bonjour Québec* Web site, accessed June 14, 2006, at http://www.bonjourquebec.com/qc-fr/oiseaux.html.

Text copyright © 2006 by Ministère du Tourisme and Bell Canada. Reprinted by permission of the Ministère du Tourisme, Québec.

"Les origines de l'inimitié entre l'homme et les animaux" by Najima Thay Thay from *Aux origines du monde: Contes et légendes du Maroc*. Text copyright © 2001 by Flies France. Reprinted by permission of the publisher.

Excerpt from "Liberté de la presse: la France 44è au classement mondial" 10/20/2010 from *Le Nouvel Observateur* Web site, accessed 12/13/11 at http://tempsreel. nouvelobs.com/medias/20101020.OBS1540/liberte-de-la-presse-la-france-44e-au-classement-mondial.html. Text copyright © by *Le nouvel Observateur*. Reprinted by permission of *Le Nouvel Observateur*.

"M6 bouleverse le Code de la famille: Des nouveaux droits pour les Marocaines" by Olivia Marsaud from *Afrique sur l'Internet* Web site, accessed August 14, 2006, at http://www.afrik.com/article6670.html. Text copyright © 2006 byAfrik.com. Reprinted by permission of the copyright holder.

"Matisse parle" from *Le Nouveau Crève-coeur* by Louis Aragon. Text copyright © 1948 by Éditions Gallimard. Reprinted by permission of Éditions Gallimard, www.gallimard.fr.

"Naissance d'un géant" by Bruno D. Cot from *L'Express*, May 3, 2004. Text copyright © 2004 by *L'Express*. Reprinted by permission of *Le Figaro*.

Excerpt from "Pourquoi Xynthia a un nom pareil" by C.B. from the *Libération* Web site, accessed 12/13/11 at http://www.liberation.fr/societe/0101622245-pourquoi-xynthia-a-un-nom-pareil. Copyright © by *Libération*. Reprinted by permission of *Libération*.

Excerpt from *Un été pour mémoire* by Philippe Delerm. Text copyright ©2000 by Éditions du Rocher. Reprinted by permission of Éditions du Rocher.

Un papillon dans la cité by Gisèle Pineau. Text copyright ©1996 by Éditions Sépia. Reprinted by permission of Éditions Sépia.

Excerpt from "Une nouvelle étude sur les habitudes médias des jeunes brise les stereotypes," from World Association of Newspapers Web site, accessed 12/13/11 at http://www.wan-press.org/article.php3?id_article=17404. Copyright ©2004 by World Association of Newspapers Reprinted by permission of World Association of Newspapers.

"Vos 10 Français préférés de l'Histoire" from *L'internaute*. Text copyright @ 2011 by Benchmark Group. Reprinted by permission of publisher.

PHOTOGRAPHY CREDITS

All images by HRW Photo unless otherwise noted.
COVER CREDITS: (b) ©Matthieu Colin/hemis.fr/Getty Images.
TABLE OF CONTENTS: vi (tl) ©Neil Setchfield/Getty Images; vi (tc) ©Agence Images/Alamy; vii (tl) ©Richard Bouhet/Imaz Press Reunion/Gamma Press Images; vii (tr) ©Royalty-Free/CORBIS; viii (l) ©Image Source Limited; viii (t) ©Look GMBH/eStock Photo; ix (tl) ©David Jones/Alamy; ix (tc) ©Royalty-Free/CORBIS; x (l) ©Philip Coblentz/Brand X Pictures; x (t) ©Image Ideas, Inc./Jupiter Images/Getty Images; xi (tc) ©Jeremy Woodhouse/Corbis; xi (tl) ©Owaki-Kulla/CORBIS; xii (t) ©goodshoot. com; xii (l) ©Royalty-Free/CORBIS; xiii (t) ©Image Source Limited; xv (tc) ©Royalty-Free/CORBIS; xvi (br) ©Royalty-Free/CORBIS; xvii (tl) ©eddie linssen/Alamy, (cr) ©Victora Smith/Houghton Mifflin Harcourt, (bl) ©laflor/iStockPhoto.com/Getty Images; xx ©PhotoDisc/Getty Images; xxi (r) ©SW Productions/Getty Images;
CHAPTERS 1 & 2 GÉOCULTURE: xxii (b) ©Image Source, Ltd.; xxii (cr) ©Bettmann/CORBIS; xxii (tr) ©Bob Krist/CORBIS; 1 (br) ©Agence Images/Alamy; 1 (cl) ©Homer Sykes/Alamy; 1 (bl) ©Stephen Bardens/Alamy; 1 (tl) ©Art Kowalsky/Alamy; 1 (tr) ©Neil Setchfield/Getty Images; 2 (tl) ©Bettmann/CORBIS; 2 (bl) ©Pictor International/ImageState/Alamy; 2 (br) ©Erich Lessing/Art Resource, NY; 2 (tr) ©Summerfield Press/CORBIS; 3 (tl) ©Scala/Art Resource, NY; 3 (r) ©Royalty-Free/CORBIS; 3 (c) ©Bettmann/CORBIS; 3 (bl) ©Bettmann/CORBIS.
CHAPTER 1: 9 (bcr) ©Royalty-Free/CORBIS; 9 (br) ©Creatas; 11 (t) © BE&W agencja fotograficzna Sp. z o.o./Alamy; (1) Justin Kase/Alamy; (2) ©Sami Sarkis/Getty Images; (3) SW Productions/Getty Images; 14 (1, 2, 3) ©Royalty Free/CORBIS; 16 (r) ©James D. Morgan/Rex USA; 17 (t) ©Owen Franken/Corbis; 17 (br) ©Joe Sohm//Visions of America, LLC/Alamy Images; 18 (bl) ©PhotoDisc/Getty Images; 18 (br) ©Goodshoot/PunchStock; 18 (c) ©Jacques Pierre/hemis/Getty Images; 19 (tl) ©PhotoDisc/Getty Images; 19 (bl) ©Sam Dudgeon/Houghton Mifflin Harcourt; 19 (cl) ©Nacivet/Getty Images; 21 (tr) ©Gareth McCormack/Alamy; 21 (1) ©image100/Alamy; 21 (2) ©Blend Images/Alamy; 21 (3) ©Sarkis Images/Alamy; 21 (5) ©Jean-Luc Armand/Photononstop; 21 (6) ©Comstock/Punchstock; 25 (1) ©Hulton|Archive/Getty Images; 25 (2) ©Image Ben Kopilow/Acclaim Stock Photography; 25 (3) ©Royalty Free/CORBIS; 25 (4) ©Steve Skjold/Alamy; 28 (t) ©BASSOULS SOPHIE/CORBIS SYGMA; 29 (t) ©Thomas Eckerle/Jupiterimages; 29 (br) ©Ignolf Pompe 8/Alamy Images;

30 (bc) ©Hemis/Alamy Images; 30 (tl) ©Holger Wulschlaeger/Shutterstock; 32 ©Royalty Free/CORBIS; 33 (bl) © Royalty Free/CORBIS; 33 (br) ©Anneliese Villiger/zefa/Corbis; 34 (1, 2) ©Royalty Free/CORBIS; 34 (3) ©PhotoDisc/Getty Images; 34 (4) ©Jeffrey Coolidge/Corbis; 40 (a) ©StockShot/Alamy; 41 (c) The Granger Collection, New York.
CHAPTER 2: 45 (b) ©David Buffington/Photodisc/Getty Images; 45 (l) ©Banana/photononstop; 45 (t) ©Paul Almasy/CORBIS; 45 (r) ©Eric Futran/Chefshots/Getty Images; 46 (tr) ©Tetra Images/Alamy Images; 46 (1) ©PhotoDisc/gettyimages; 46 (2) ©Anne Nosten/Gamma-Rapho/Getty Images; 46 (3, 4) ©Royalty Free/CORBIS; 46 (5) ©Corbis; 46 (6) ©Annebique Bernard/CORBIS Sygma; 49 (tr) ©L. Langemeier/A. B./zefa/CORBIS; 49 (1) ©PunchStock; 49 (2) ©Tetra Images/Alamy Images; 49 (3) ©Tom Stewart/CORBIS; 49 (4) ©Charles Thatcher/Stone/Getty Images; 54 (r) ©Charlie Abad/Photononstop; 54 (c) ©PunchStock; 55 (b) ©AP Photo/Michel Lipchitz; 55 (t) ©Alain Le Bot/Gamma Press Images; 56 (tl) ©Emely/zefa/CORBIS; 57 (t) ©Emely/zefa/CORBIS; 58 (a) ©Jack Star/Photodisc Green/gettyimages; 58 (b) ©PunchStock; 58 (c) ©PunchStock; 61 (tr) ©Dennis Galante/CORBIS; 61 (1) ©Royalty Free/CORBIS; 61 (2) ©David De Lossy/Photodisc Green/Getty Images; 61 (3, 4) ©PunchStock; 66 (t) ©Bettmann/CORBIS; 70 (r) ©PunchStock; 72 (a) ©Mark Andersen/Jupiterimages; 72 (b) imagebroker/Alamy; 72 (c) ©Anne Nosten/Gamma-Rapho/Getty Images; 72 (d) ©Bonnie Kamin/PhotoEdit, Inc.; 78 (1) ©PunchStock; 78 (2) ©Larry Williams/CORBIS; 78 (3) ©PunchStock; 78 (4) ©Peter Casolino/Alamy; 78 (5) ©Patrick Ramsey/Imagestate; 78 (inset) ©Michael Prince/Corbis; 79 Art: ©2012 Artists Rights Society (ARS), New York/ADAGP, Paris. Musee Leger, Biot, France Photo: ©Erich Lessing/Art Resource, NY; 80 ©Photononstop/SuperStock; 81 (cl) ©Peter Dazeley/Getty Images; 81 (tr) ©Directphoto.org/Alamy Images; 82 (tl) ©David Frazier/Photo Edit; 84 (cl) ©Pierre Perrin/Sygma/Corbis; 84 (bl) ©Roger Viollet/Getty Images; 84 (cr) ©Roger Viollet/Getty Images; 85 (br) ©Graziano Arici/age fotostock; 85 (tl) NASA; 85 (cr) ©GIRAUD PHILIPPE/CORBIS SYGMA; 86 (b) ©Robert Harding Picture Library Ltd/Alamy; 86 (c) ©Jim and Mary Whitmer; 87 (cl) ©Ian Cumming/Axiom/Aurora Photos; 88 (cr) ©POPPERFOTO/Alamy; 88 (bl) ©Royalty-free/CORBIS; 88 (tl) ©Hulton-Deutsch Collection/CORBIS; 89 (tr) ©David Boag/Alamy; 89 (bl) ©DK Limited/CORBIS; 89 (tr) ©Dave Starrett; 89 (bl) ©Getty Images; 89 (bl) ©Archives du 7eme Art/Photos 12/Alamy Images; 89 (t) ©Jezper/Alamy Images.

CHAPTER 3 & 4 GEOCULTURE: 90 (t) ©GILLES NICOLET/Peter Arnold, Inc./Getty Images; 90 (cr) ©Eric Meola/Getty Images; 90 (b) ©David Jones/Alamy; 91 (t) ©Frans Lemmens/Getty Images; 91 (cl) ©Sylvain Grandadam/Robert Harding Picture Library/Alamy; 91 (cr) ©Steve Lewis/Getty Images; 91 (bl) ©Stephane Frances/hemis.fr/Getty Images; 91 (br) ©Look GMBH/eStock Photo; 92 (t) ©Arco Images GmbH/Alamy; 92 (cl) ©Sandro Vannini/CORBIS; 92 (b) ©HIP/Art Resource, Inc.; 92 (cr) ©A. Van Zandbergen/BRUCE COLEMAN INC./Alamy; 93 (tl) The Bombardment of Algiers by the Royal Navy, 1816, engraved by J. Bailey for 'The Naval Chronology of Great Britain' by J. Ralfe, published 1820 (coloured engraving), Whitcombe, Thomas (c.1752-1824) (after)/Private Collection/The Stapleton Collection/The Bridgeman Art Library; 93 (bl) ©Ivan Vdovin/Alamy; 93 (cr) ©Bettmann/CORBIS; 93 (br) ©HIRB/Index Stock Imagery, Inc./Photolibrary.

CHAPTER 3: 94-95: (Spread) ©Travel Pictures/Alamy; 100 (tl) ©Black Star/Alamy; 103 (tr) ©PunchStock; 103 (1) ©PunchStock; (2) ©Myron Jay Dorf/CORBIS; (3) ©Hermann/Starke/CORBIS; 103 (4) ©B.S.P.I./CORBIS; 108 (c) ©Stefano Bianchetti/CORBIS; 108 (t) ©CORBIS; 108 (br) ©Photos 12/Alamy; 109 (t) ©AP Photos; 109 (t) ©AFP/Getty Images; 110 (map) ©Royalty Free/CORBIS; (1) ©Bettmann/CORBIS; (2) ©AP Photo/Visar Kryeziu; (3.) ©Réunion des Musées Nationaux/Art Resource, NY; (4.) ©Robert van der Hilst/CORBIS; 113 (cat) Cindy Bland Verheyden; 113 (4) ©Digital Vision/Getty Images; 122 ©The Print Collector/Alamy; 130 (a) ©AP Photo/Tim Graham; (b) ©AP Photo/Michel Gangne; (c) ©Leemage/Universal Images Group/Getty Images; (d) ©Royalty-Free/CORBIS; 130 (e) ©Archive Holdings, Inc./Getty Images; 130 (inset) ©Images.com/CORBIS; 130 (1) ©Comstock; 131 The Granger Collection, NY.

CHAPTER 4: 132-133 ©MANAUD JEAN-LUC/HOA-QUI/Eyedea Presse; 144 ©Moroccan Governmen/AP/Wide World Photos; 145 (t) ©PunchStock; 146 (tr) ©Tim mannakee/Alamy; 146 (br) ©David Turnley/CORBIS; 146 (cr) ©Tom Stoddart Archive/Getty Images; 147 (cl) ©World Religions Photo Library/Alamy; 148 (a) ©Paul Barton/CORBIS; 148 (b) ©Punchstock; 148 (c) ©Zoran Steiner/AAI/Age Fotostock America; 148 (d) ©CORBIS; 148 (e) ©VStock/Alamy; 148 (bl) © Orit Allush/Alamy; 151 (2) ©Royalty Free/CORBIS; 151 (3) ©Brand X Pictures; 153 (1) ©Medioimages/Getty Images; 153 (2) ©Stockdisc/Getty Images; 153 (3) ©Steve Hamblin/Alamy; 153 (4) ©Royalty Free/CORBIS; 156 (t) ©Pierre Rene-Worms; 156 (b) ©Eric Travers/Gamma; 157 (c) ©Robert Harding Picture Library Ltd/Alamy; 158 (t) ©Yvan Travert/Photononstop; 160 (r) ©Archive Films/Getty Images; 168 (a, b) PunchStock; 168 (c) ©Photononstop/Photolibrary; 168 (d) ©AP Photo/Jalil Bounhar; 168 (e) Royalty Free/CORBIS; 168 (cl, cr) ©PunchStock; 169 The wedding party, c.1905 (oil on canvas), Rousseau, Henri J.F. (Le Douanier) (1844-1910)/Musee de l'Orangerie, Paris, France/Giraudon/The Bridgeman Art Library; 170 (cr) ©ANNEBICQUE/CORBIS SYGMA; 172 (bl) ©Roger Viollet/Getty Images; 172 (br) The Granger Collection, New York; 173 ©Christies Images/Corbis; 174 (br) ©Content Mine International/Alamy; 174 (cl) ©Richard Melloul/Sygma/Corbis; 175 (cr) ©Content Mine International/Alamy; 175 (t) ©Bruno Calvo/Warner Bros/Bureau L.A. Collection/Co; 176 (cr) ©Monkey Business images/Shutterstock; 176 (tr) ©PIXFOLIO/Alamy; 176 (tl) ©AFP/Getty Images; 177 (tl) ©RubberBall/Alamy; 177 (br) ©Nik Wheeler/CORBIS; 177 (tr) ©Bruno Barbey/Magnum Photos; 178 (tr) ©Bettmann/CORBIS; 179 (bl) ©Alain Nogues/CORBIS SYGMA; 179 (t) ©Peter Barritt/Alamy Images.

CHAPTER 5 & 6 GEOCULTURE: 180 (tr) ©Royalty Free/CORBIS; 180 (cr) ©Tim Graham/Alamy; 180 (br) ©Nikreates/Alamy Images; 181 (tl) ©Andre Jenny/Alamy; 181 (tr) Winston Fraser/Alamy; 181 (bl) ©Larry Luxner; 181 (cl) ©All Canada Photos/Getty Images; 181 (br) ©Fotosearch/Age Fotostock America, Inc.; 182 (tl) The First Landing of Christopher Columbus (1450-1506) in America, 1862 (oil on canvas), Puebla Tolin, Dioscoro Teofilo (1832-1901)/Ayuntamiento de Coruna, Spain/The Bridgeman Art Library; 182 (tr) The Expulsion of the Acadians in 1755, 1900 (oil on canvas), Beau, Henri (1865-1949) (after)/Musee Acadien de l'Universite de Moncton, Canada/Archives Charmet/The Bridgeman Art Library; 182 (c) ©Blue Lantern Studio/Corbis; 182 (br) ©North Wind Picture Archives/Alamy Images; 183 (bl) ©Ron Poline/CP Images; 183 (l) ©Owen Franken/CORBIS; 183 (r) ©AFP/Getty Images.

CHAPTER 5: 184-185 ©age fotostock/Superstock; 186 (alligator) ©BALDWIN JR., CARSON/Animals Animals - Earth Scenes; 186 (bg- top) ©Roy Corral/CORBIS; 186 (beaver) ©Eric Dresser; 186 (moose) ©Eric Dresser; 186 (eagle) ©Paul Nicklen/National Geographic/Getty Images; 186 (butterfly) ©Photodisc/Getty Images; 186 (crayfish) ©Ragnar Schmuck/gettyimages; 186 (bg- bottom) ©QT Luong/Terra Galleria Photography; 186 (wolf) ©Photodisc/Getty Images; 187 (dolphins) ©PunchStock; 187 (jellyfish) ©Melba Photo Agency/Alamy Images; 187 (fruit bat) ©Mark A. Johnson/CORBIS; 187 (iguana) ©Charles & Josette Lenars/CORBIS; 187 (caves) ©David De Lossy/Getty Images; 187 (bg) ©Brian J. Skerry/National Geographic/Getty Images; 188 (b) ©Paul S. Dovie; 188 (a) ©Royalty-free/CORBIS; 188 (b) Royalty free/CORBIS; 188 (c) ©Royalty Free/CORBIS; 188 (d) ©James H. Robinson/Photo Researchers, Inc.; 188 (e) ©Corbis; 188 (f) ©Wayne R. Bilenduke/Image Bank/Getty Images; 196 (b) ©MVPhoto/Shutterstock; 196 (b) ©Anthony Dunn/Alamy Images; 196 (t) ©Wildlife Pictures/Alamy Images; 197 (t) ©James Dawson/Image Farm/Jupiterimages; 197 (br) ©Tom Oliveira/Fotolia; 198 (tr) ©Corel; 198 (cl) ©Royalty-Free/CORBIS; 198 (b) ©Nick Rains/Cordaly Photo Library/CORBIS; 198 (cr) ©PICIMPACT/

CORBIS; 198 (tl) ©Hemis/Alamy Images; 199 (tl) ©Bill Ross/Corbis; 199 (tr) ©Joggie Botma/Alamy Images; 199 (c) ©Dave Porter Peterborough UK/Britain On View/Getty Images; 203 (t) ©David R. Frazier Photolibrary, Inc./Alamy; ; 203 (1) ©Royalty Free/CORBIS; 203 (2) ©Owaki-Kulla/CORBIS; 203 (3) ©PunchStock; 203 (4) ©Arthur Tilly/Getty Images; 204 ©Andrew Bain/Lonely Planet Images/Getty Images; 205 (t) ©Christian Arnal/Photononstop; 205 (1) ©Don Mason/CORBIS; 205 (2) ©Joe McBride/Stone/Getty Images; 205 (3) ©Jonathan Blair/CORBIS; 205 (4) ©Cydney Conger/CORBIS; 208 (t) ©Helene Maïa; 208 (bl) ©VIEW Pictures Ltd/Alamy; 208 (br) ©JS Callahan/tropicalpix/Alamy; 209 (cr) ©Philippe Renault/hemis.fr/Getty Images; 209 (tr) ©Bertrand Rieger/hemis.fr/Getty Images; 210 (t) ©Travel Ink Photo Library/Index Stock Imagery, In; 210 (b) ©Photographer/Creatas Images/Jupiterimages; 211 ©Koji Yamashita/PanStock/Jupiterimages; 212 ©Creatas Images/Jupiterimages; 220 (inset) ©PunchStock; 221 ©Academy of Natural Sciences of Philadelphia/CORBIS.

CHAPTER 6: 224 (l) ©Charles Platiau/Reuters/Corbis; 225 (c) Reuters/CORBIS; 226 (c) ©Lynn Goldsmith/CORBIS; 226 (d) ©David R. Frazier Photolibrary, Inc./Alamy; 231 (tl) ©AF Archive/Alamy Images; 231 (bl) ©nagelestock.com/Alamy; 231 (tr) ©Dan Bum-Forti/Getty Images; 231 (br) ©PunchStock; 233 (4) ©Cartoon Stock; 234 ©MEHDI FEDOUACH/AFP/Getty Images; 235 (br) Philippe Giraud/CORBIS; 235 (t) ©Jake Lyell/Alamy Images; 236 (br) ©Thierry Monasse/AP/Wide World Photos; 236 (t) ©Christof Stache/AP/Wide World Photos; 236 (bl) ©James Leynse/CORBIS; 237 (cr) ©Image Source Limited; 237 (t) ©Cut and Deal Ltd/Alamy; 239 (r) ©Daniel Thierry/Photolibrary; 239 (r) ©Daniel Thierry/Photononstop; 241 (2) ©GDT/Getty Images; 241 (3) ©Benelux Press/Index Stock Imagery, Inc.; 241 (4) ©Chris Rogers/Index Stock Imagery, Inc.; 246 (tl) ©Pelletier Micheline/CORBIS; 246 (cr) ©Richard Melloul/CORBIS; 246 (br) ©Lipnitzki/Roger Viollet/Getty Images; 249 (t) ©Micheline Pelletier/CORBIS; 250 (r) ©Royalty Free/Masterfile; 251 (b) ©E.A. Ornelas/ZUMA/CORBIS; 252 (c) ©PunchStock; 252 (d) ©Charles Platiau/Reuters/Corbis; 258 (a) ©Gregoire Elodie/Gamma Press Images; 258 (c) ©Michel Euler/AP/Wide World Photos; 259 Snobbery, caricature from the front cover of the magazine 'Le Rire', 24 April 1897 (litho), Toulouse-Lautrec, Henri de (1864-1901)/Private Collection/Roger-Viollet, Paris/The Bridgeman Art Library; 260-261 (bg) ©Matthew Wakem/Aurora Photos/Alamy Images; 260 (cl) Chris Martin Bahr/ardea.com; 260 (bl) Karl Ammann/naturepl.com; 260 (tl) ©David Pike/Nature Picture Library; 261 (tl) Paul A. Souders/CORBIS; 261 (cl) ©Steve Bloom/stevebloom.com; 261 (br) ©Digital Vision/Getty Images; 262 (cr) ©Philippe Giraud/CORBIS SYGMA; 262 (bl) ©Guenter Rossenbach/zefa/Corbis; 263 (bg) ©AGUILAR PATRICE/Alamy; 263 (tl) ©Owen Franken/Corbis; 264 ©Buzz Pictures/Alamy; 265 (bl) ©AP/WideWorld Photo; 265 (tr) ©Erik Decamp/Sygma/Corbis; 266 (bl) ©Ivan Milutinovic/Reuters/Corbis; 266 (cl) ©AFP/Getty Images; 267 (br) ©AFP/Getty Images; 267 (tl) ©Getty Images; 267 (cr) ©Christian Liewig/Liewig Media Sports/Corbis; 268 (bl) ©Reuters/CORBIS; 268 (tr) ©Tim de Waele/Corbis; 269 (br) ©Ian Shaw/Alamy; 269 (cl) ©Christian Liewig/Liewig Media Sports/Corbis; 269 (tr) ©Yves Forestier/CORBIS.

CHAPTER 7 & 8 GEOCULTURE: 270 (tc) ©Wilmar Photgraphy.com/Alamy; 270 (t) ©Matthieu Colin/hemis.fr/Getty Images; 270 (b) ©Brian Harris/Alamy; 270 (inset) ©Danita Delimont/Alamy; 271 (br) ©Agence Images/Alamy; 271 (tl) ©StockShot/Alamy; 271 (c) ©Richard Klune/Alamy; 271 (bl) ©Vittoriano Rastell/CORBIS; 271 (tr) ©Oliver Benn/Getty Images; 272 (tl) ©Erich Lessing/Art Resource, NY; 272 (r) The Treaty of Westphalia, 1648 (pen & ink on paper), French School, (17th century)/Ministere des Affaires Etrangeres, Paris, France/Flammarion Giraudon/The Bridgeman Art Library; 272 (bl) Emperor Charlemagne, c.1511-13 (oil on panel), Durer or Duerer, Albrecht (1471-1528)/Germanisches Nationalmuseum, Nuremberg, Germany/The Bridgeman Art Library; 272 (tc) ©Guido Alberto Rossi/TIPS Images; 273 (tr) ©Photo B.D.V./CORBIS; 273 (br) ©Stringer/Reuters Picture Archive; 273 (tl) ©DIZ Muenchen GmbH/Sueddeutsche Zeitung Photo/Alamy Images.

CHAPTER 7: 274-275 ©Yves Herman/Reuters/Corbis; 276 (bl) ©George McCallum Photography/Alamy; 276 (r) ©Royalty Free/CORBIS; 276 (tl) ©PunchStock; 277 (tl) ©Thomas Allen/Digital Vision/gettyimages; 277 (tr) ©Royalty Free/CORBIS; 277 (cr) ©Alessandro Della Valle/epa/CORBIS; 277 (cl) ©IMAZ PRESS REUNION/Gamma Press Images; 278 (a) ©Scott Warren/Aurora; 278 (b) ©Digital Vision/Getty Images; 278 (c) ©Anatoly Maltsev/epa/CORBIS; 278 (d) ©Paul Pegler/Alamy; 278 (e) ©Stockbyte/Getty Images; 283 (a) ©Stockshot/Alamy Images; 283 (b) ©Reuters/CORBIS; 283 (c) Mike Kelly/Getty Images; 283 (d) ©Holt Studios International Ltd/Alamy; 283 (e) ©Stone/Getty Images; 287 (tl) ©Sebastien Baussais/Alamy; 287 (br) ©Directphoto.org/Alamy; 288 (tr) ©PunchStock; 288 (tl) ©PhotoDisc/Getty Images; 288 (tl) ©nagelestock.com/Alamy; 288 (br) ©Artville/Getty Images; 289 (cl) ©FAN travelstock/Alamy; 289 (tr) ©Photofusion Picture Library/Alamy; 289 (tl) ©Owen Franken/CORBIS; 289 (cr) ©David Cooper/Toronto Star/ZUMA/CORBIS; 290 (1) ©Peter Beck/CORBIS; 290 (2) ©Sidali-Djenidi/Gamma Press Images; 290 (3) ©Doug Wilson/Alamy; 290 (4) ©Steven Poe/Alamy; 293 (tr) ©Alamy Images; 293 (1) ©Charles O'Rear/CORBIS; 293 (2) ©Photodisc Blue/Getty Images; 293 (3) ©Photofusion Picture Library/Alamy; 293 (4) ©Cephas Picture Library/Alamy; 295 (t) ©PunchStock; 295 (1) ©Michael Puche/Shutterstock; 295 (2,4) ©Royalty Free/CORBIS; 298 (bg) HRW Photo Research Library/Phototone; 298 (t) ©Time & Life Pictures/Getty Images; 298 (br) ©AF Archive/Alamy Images; 299 (t) ©Everett Collection, Inc.; 300 ©Photos12.com - Collection Cinema; 302 ©Franz-Marc Frel/CORBIS; 304 (a) ©Grantpix/Index Stock Imagery, Inc.;

304 (b) ©Jonathon Renouf/Aurora; 304 (c) ©dfwalls/Alamy Images; 304 (d) ©Camera Lucida/Alamy; 310 (a) ©Camera Lucida/Alamy; 310 (b) ©Ryan McVay/Photodisc Blue/gettyimages; 310 (c) ©Corbis; 311 (c) ©Bridgeman Art Library, London/SuperStock.

CHAPTER 8: 314 (tr) ©Geert Vanden Wijngaert/AP/Wide World Photos; 314 (tl) ©Charles Platiau/CORBIS; 314 (br) ©Michel Setboun/CORBIS; 314 (bl) ©Pascal le Segretain/Getty Images; 315 (cr) ©Laurent Rebours/AP/Wide World Photos; 315 (cl) ©GREGOIRE ELODIE/Gamma; 315 (t) ©Bassignac Gilles/Gamma; 315 (inset) ©Bertrand Guay/AFP/Getty Images; 316 (a) ©CHARLES PLATIAU/Reuters/Corbis; 316 (b) ©Owen Franken/CORBIS; 316 (c) ©Pascal le Segretain/Getty Images; 316 (d) ©The Art Archive/Corbis; 316 (e) ©Nik Wheeler/CORBIS; 316 (f) ©PASCAL ROSSIGNOL/Reuters/Corbis; 316 (bl) ©VINCENT KESSLER/Reuters/CORBIS; ; 318 (a) ©Royalty-Free/CORBIS; 318 (b) ©Thierry Tronnel/CORBIS; 318 (c) ©Zoran Petrovic/Alamy; 318 (d) ©Victor Tonelli/Reuters/Corbis; 323 (l) ©Royalty-Free/CORBIS; 323 (r) ©Royalty-Free/CORBIS; 324 ©agefotostock/SuperStock; 325 (br) ©David Pollack/CORBIS; 325 (tl) ©Patrick Robert/CORBIS; 326 (bl) ©epa/CORBIS; 326 (c) ©Thierry Orban/CORBIS SYGMA; 326 (br) ©Bassignac-Turpin/Gamma; 327 (inset) ©Royalty-Free/CORBIS; 327 (r) ©Royalty-Free/CORBIS; 327 (t) ©Chris Pancewicz/Alamy Images; 328 ©Dieter Assmann/dpa/Corbis; 331 (tr) ©French Finance Ministry/AP/Wide World Photos; 331 (a) ©Picture Contact/Alamy; 331 (b) ©John Foxx/Alamy; 331 (c) ©Royalty-Free/CORBIS; 331 (d) ©Brand X Pictures; 336 (br) Declaration of the Rights of Man and Citizen, 1789 (oil on canvas), French School, (18th century)/Musee de la Ville de Paris, Musee Carnavalet, Paris, France/Giraudon/The Bridgeman Art Library; 336 (tl) ©Mary Evans Picture Library; 337 (r) ©ImageDJ/Alamy; 337 (bl) Liberty (oil on canvas) by Vallain, Nanine (fl. 17)/The Bridgeman Art Library; 338 (br) ©Bettmann/CORBIS; 338 (tl) ©Reuters/CORBIS; 339 (br) Brand X Pictures/RF; 340 (r) ©CHARLES PLATIAU/Reuters/Corbis; 342 (1) ©LIO/CORBIS SYGMA; 342 (2) ©Ted Pink/Alamy; 342 (3) ©Phillippe Wojazer/Reuters/CORBIS; 342 (4) ©Horacio Villalobos/CORBIS; 348 (a) ©Jacques Loic/Photononstop; 348 (b) ©Royalty-Free/CORBIS; 348 (c) ©Bertrand Bechard/Maxppp/ZUMA; 348 (d) ©Jacques Loic/Photononstop; 349 ©Reunion des Musees Nationaux/Art Resource, NY. 350-351 ©Bryan F. Peterson/CORBIS; 350 (bl) ©Airbus Industrie/Handout/CORBIS; 351 (b) ©qaphotos.com/Alamy; 351 (cl) ©Mark ZYLBER/Alamy; 352 (bl) ©Goodshoot/Punchstock; 352 (l) ©Getty Images; 353 (tl) ©Comstock Images/Getty Images; 353 (b) ©David R. Frazier Photolibrary, Inc./Alamy Images; 354 (br) STOCKFOLIO/Alamy; 354 (t) ©Alexis Rosenfeld/Photo Researchers, Inc.; 355 (tr) Photodisc/Getty Images; 356 (c) ©POPPERFOTO/Alamy; 356 (bl) ©Derek Croucher/CORBIS; 357 (c) ©Tramonto/age fotostock; 357 (tr) ©Richard Cooke/Alamy; 357 (br) ©Jacques Langevin/Sygma/Corbis; 357 (tl) ©Getty Images; 358 (cl) ©Matthias Kulka/CORBIS; 358 (b) ©Matthias Kulka/CORBIS; 359 (tr) ©Itstock Free/Jupiterimages; 359 (cl) ©Comstock/Jupiterimages; 359 (tl) ©Itstock Free/Jupiterimages; 359 (cr) ©Itstock Free/Jupiterimages.

CHAPTER 9 & 10 GEOCULTURE: 360 (tr) ©Reuters/CORBIS; 360 (cr) ©Dave G. Houser/CORBIS; 360 (b) ©Jeff Hunter/Getty Images; 361 (c) ©Peter Adams/zefa/CORBIS; 361 (tr) ©Nik Wheeler/CORBIS; 361 (br) ©Yves Talensac/Photononstop; 361 (bl) ©Yves Talensac/Photononstop; 361 (tl) ©John Sylvester/Alamy Images; 362 (tl) ©Bridgeman-Giraudon/Art Resource, N Y; 362 (br) ©Banana Pancake/Alamy Images; 362 (bl) ©Christel Gerstenberg/Corbis; 363 (r) ©Mark Lewis/Alamy; 363 (bl) ©Nogues Ala/CORBIS Sygma; 363 (c) ©CORBIS; 363 (t) ©James Lyon/Lonely Planet Images.

CHAPTER 9: 364-365 Siegfried Tauqueur/eStock Photo; 366 (tl) ©Russell Monk/Masterfile; 366 (tr) ©Dan Lim/Masterfile; 366 (bl) ©PhotoDisc/Getty Images; 366 (cl) ©C Squared Studios/Photodisc Green/Getty Images; 366 (br) ©AP/Wide World Photos; 367 (r) ©Iconotec/Alamy; 367 (cr) ©Franklin McMahon/CORBIS; 367 (tl) ©Fine Art Photographic Library/CORBIS; 367 (bl) © Corbis; 367 (cr) ©Fine Art Photographic Library/CORBIS; 368 (1) ©PunchStock; 368 (2) ©Peter Beck/CORBIS; 368 (3) ©Rubberball Productions/Getty Images; 368 (4) ©Travel Ink Photo Library/Index Stock Imagery, Inc./Photolibrary; 371 (cr) ©Keith Levit/Alamy; 371 (br) Art: ©Jean-Paul Lemieux, courtesy Gestion A.S.L. Photo: ©Musee des beaux-arts du Quebec; 373 (tr) ©Tim McGuire/Getty Images; 373 (1) ©George Doyle/Getty Images; 373 (2) ©Royalty Free/CORBIS; 373 (3) ©Digital Vision/Getty Images; 373 (4) ©Digital Vision/Getty Images; 373 (4) ©Dennis MacDonald/Alamy; 375 (tl) Copyright 1998-2001 EyeWire, Inc. All rights reserved; 374 (l) ©Image Source Limited; 374 (c) Art: ©2010 Successió Miró/Artists Rights Society (ARS), New York/ADAGP, Paris. Photo: ©Albright-Knox Art Gallery/CORBIS; 375 (c) ©DAJ/Alamy; 374 (r) ©Royalty Free/CORBIS; 376 (l) ©MELBA PHOTO AGENCY/Alamy; 376 (r) ©Douglas Peebles Photography/Alamy; 378 (l) ©FotoIJ/Alamy; 378 (tr) ©Robbie Jack/CORBIS; 378 ©Esteban Cobo/epa/CORBIS; 378 (tl) ©Robbie Jack/CORBIS; 378 (b) ©Ryan McVay/Getty Images; 379 (tl) ©stale edstrom/Alamy; 379 (tc) ©Robert E. Klein/AP/Wide World Photos; 379 (tr) ©Ingram Publishing/Alamy; 379 (bl) ©supershoot/Alamy; 379 (bc) ©Steph/VISUAL/ ZUMA; 379 (br) ©Swim ink 2, LLC/CORBIS; 380 (1) ©Lebrecht Music & Arts/Alamy; 380 (2) Poster advertising the 'Cirque d'Hiver de Paris' featuring the Fratellini Clowns, c.1927 (colour litho), French School, (20th century)/Bibliotheque Nationale, Paris, France/Giraudon/The Bridgeman Art Library; 380 (3) ©Swim Ink 2, LLC/CORBIS; 380 (tr) ©SWIM INK 2, LLC/CORBIS; 384 ©Hemis/Alamy; 388 (tl) ©Michel Setboun/CORBIS; 388 (b) Henri Matisse (1869-1954). "The Nightmare of the White Elephant", plate IV from the 1946

illustrated book "Jazz". ©2012 Succession H. Matisse/Artists Rights Society (ARS), New York. Photo: Archives H. Matisse; 389 (bl) Art: ©2012 Succession H. Matisse/Artists Rights Society (ARS), New York. Photograph: Archives Henri Matisse; 390 (bl) Art: ©2012 Artists Rights Society (ARS), New York/ADAGP, Paris. Photo: ©Peter Willi/The Bridgeman Art Library; 390 (r) Art: ©2012 Artists Rights Society (ARS), New York/ADAGP, Paris. Photo: ©The Bridgeman Art Library; 390 (tl) ©Roger Viollet/Getty Images; 391 Art: ©2012 Artists Rights Society (ARS), New York/ADAGP, Paris. Photo: ©The Bridgeman Art Library; 392 (r) Art: ©2012 Artists Rights Society (ARS), New York/ADAGP, Paris. Photo: ©The Bridgeman Art Library; 393 ©Robert Capa/Cornell Capa/Magnum Photos; 400 (a) ©PunchStock; 400 (b) ©Yellow Dog Productions/Riser/Getty Images; 400 (c) ©David Robertson/Alamy; 400 (d) ©Royalty Free/CORBIS; 400 (cr) ©Douglas Peebles Photography/Alamy; 401 ©2012 Artists Rights Society (ARS), New York/ADAGP, Paris. Photo: ©Giraudon/The Bridgeman Art Library.

CHAPTER 10: 402-403 ©Hemis/Alamy Images; 404 (bl) ©PunchStock; 404 (t) ©PunchStock; 404 (br) ©Arctic Images/Workbook Stock/Getty Images; 405 (cl) ©Digital Vision/gettyimages; 405 (r) ©Patrik Giardino/CORBIS; 405 (tl) ©PunchStock; 409 (bl) ©Royalty Free/CORBIS; 409 (cr) ©Image Source Limited; 409 (tl) ©Diane Macdonald/Photodisc Blue/Getty Images; 411 (tr) ©PunchStock; 411 (1) ©Royalty Free/CORBIS; 411 (2) ©PunchStock; 411 (3) ©PhotoDisc/Getty Images; 412 ©PunchStock; 414 (r)© Airbus Industrie/Handout/CORBIS; 415 (tl) ©Peter Titmuss/Alamy; 415 (br) ImageState/Alamy; 416 (tl) ©Lawrence Manning/Corbis; 416 (tr) ©pixel shepherd/Alamy; 416 (br) ©Bruce Benedict/Transtock Inc./Alamy; 416 (cr) ©Andrew Woodley/Alamy; 417 (cr) ©Kathy deWitt/Alamy; 417 (t) ©Royalty Free/CORBIS; 417 (cl) ©Mike Powell/Photodisc Red/Getty Images; 417 (tr) ©PunchStock; 418 (a) ©Royalty Free/CORBIS; 418 (b) ©Volker Moehrke/CORBIS; 419 (r) ©Jean-Marc Romain/photononstop; 421 (tr) ©PhotoDisc/Getty Images; 421 (1) ©Brian Elliott/Alamy; 421 (2) ©Transtock Inc./Alamy; 421 (3) ©PunchStock; 421 (4) ©David J. Green/Alamy; 423 (tr) ©Manchan/gettyimages; 423 (1) ©Artville/Getty Images & ©PhotoDisc/Getty Images; 423 (2) ©Photodisc/Getty Images; 423 (3) ©Brand X Pictures/Getty Images; 423 (4) ©C Squared Studios/Photodisc Green/Getty Images & ©Siede Preis/Photodisc Green/Getty Images; 426 (r) ©Eric Fougere/CORBIS SYGMA; 430 ©Design Pics Inc./Alamy; 432 (a) ©Hemis/Alamy Images; 432 (b) ©Roger Tully/Getty Images; 432 (c) ©PunchStock; 438 (a) ©Leonid Serebrennikov/Alamy; 438 (b) ©PunchStock; 438 (c) ©George Logan/Getty Images; 439 Matisse, Henri (1869-1954). "The Regattas at Nice, 1921". ©2012 Succession H. Matisse/Artists Rights Society (ARS), New York; 440 Impression: Sunrise, 1872 (oil on canvas), Monet, Claude (1840-1926)/Musee Marmottan Monet, Paris, France/Giraudon/The Bridgeman Art Library International; 441 (cl) ©Christie's Images/CORBIS; 441 (tr) ©Superstock/Superstock; 442 (tl) The Granger Collection, New York; 442 (br) Henri Matisse (1869-1954). "Harmonie rouge (La Desserte), 1908". Hermitage Museum, St. Petersburg, Russia. ©2012 Succession H. Matisse/Artists Rights Society (ARS), New York; 443 (tl)) Art: ©2012 Artists Rights Society (ARS), New York/ADAGP, Paris. Photo: ©The Bridgeman Art Library; 443 (cr) Art: ©2012 C. Herscovici, Brussels/Artists Rights Society (ARS), NY. Photo:©Peter Willi/Superstock; 444 (br) Art: ©2012 Artists Rights Society (ARS), NY, ADAGP, Paris. Photo: ©Banque d'Images, ADAGP/Art Resource, NY; 444 (bl) The Thinker (Le Penseur) (bronze), Rodin, Auguste (1840-1917)/Private Collection/Giraudon/The Bridgeman Art Library Internationa; 444 (t) ©Richard Cummins/CORBIS; 445 (tl) ©Erich Lessing/Art Resource, NY; 445 (cr) Art: ©2012 Artists Rights Society (ARS), New York/ADAGP, Paris/Succession Marcel Duchamp. Photo: ©Cameraphoto/Art Resource, NY; 445 (tr) ©2012 Artists Rights Society (ARS), NY, DACS Paris. Photo: ©Giraudon/The Bridgeman Art Library International; 445 (bl) ©Norman Parkinson Limited/Corbis; 446 (tl) ©Mary Evans Picture Library/Alamy; 446 (bl) ©Pierre Vauthey/CORBIS SYGMA; 446 (tr) ©Edward Boone/For Picture/Corbis; 446 (cr) ©Photodisc/Getty Images; 447 (tr) ©Marianne Rosenstiehl/Sygma/Corbis; 447 (br) ©Stephane Cardinale/People Avenue/Corbis; 447 (cl) ©AFP/Getty Images; 448 (cr) ©Lebrecht Music and Arts Photo Library/Alamy; 448 (l) ©Lawrence Migdale/Getty Images; 449 (cl) Photgraphy ©DrumSkull Drums; 449 (cl) Photgraphy ©DrumSkull Drums; 449 (tl) ©Lindsay Hebberd/CORBIS.

BACKMATTER: R8 (bl) ©ImageState; R9 (tc) ©Alan Bailey/Rubberball/Alamy; R9 (b) ©Artville/Getty Images; R10 (tr) I©ngram Publishing; R10 (c) ©Photodisc/Getty Images; R12 (t) ©Getty Images/Photodisc; R13 (l) ©Comstock; R13 (tr) ©Dougal Waters/Getty Images; R15 (l) ©Brand X Pictures; R16 (bl) ©Royalty-Free/CORBIS; R16 (br) ©PhotoDisc/Getty Images; R16 (cr) ©Royalty-Free/CORBIS; R17 (cr) ©Ingram Publishing; R17 (bl) ©PhotoDisc/Getty Images; R17 (tr) ©Digital Vision/gettyimages; R17 (c) ©Ingram Publishing; R17 (tl) ©PhotoDisc/Getty Images; R17 (br) ©Ingram Publishing; R18 ©Royalty-Free/CORBIS; R18 (br) ©Royalty-Free/CORBIS; R18 (br) ©COMSTOCK, Inc.; R18 (bl) ©PhotoDisc/Getty Images; R18 (c) ©PhotoDisc/Getty Images; R18 (tr) PhotoDisc/Getty Images; R18 (cl) ©The Stocktreck Corp/Brand X Pictures/Getty Images; R19 ©Getty Images/Photodisc; R19 (tl) ©Royalty-Free/CORBIS; R19 ©Index Stock; R19 (br) ©PhotoDisc/Getty Images; R20 (cr) ©PhotoDisc/Getty Images; R20 (br) ©Image Source Limited; R20 (tc) ©Royalty-Free/CORBIS; R20 (tr) ©PhotoDisc/Getty Images; R20 (cl) ©COMSTOCK, Inc.; R21 (l) ©Royalty Free/CORBIS; R21 (c) ©Royalty-Free/CORBIS; R21 (b) ©PhotoDisc/Getty Images; R21 (cr) ©PhotoDisc/Getty Images.